무아인 **진아**

옮긴이 ● 대성(大晟)

선불교와 비이원적 베단타의 내적 동질성에 관심을 두고, 라마나 마하르쉬의 '아루나찰라 총서'와 마하라지 계열의 '마하라지 전서'를 집중 번역하면서, 성엄선사의 『마음의 노래』, 『지극한 도는 어렵지 않다』, 『지혜의 검』, 『선의 지혜』, 『대의단의 타파, 무방법의 방법』, 『부처 마음 얻기』, 『비추는 침묵』, 『법고』 등 '성엄선서' 시리즈와 『눈 속의 발자국』, 『바른 믿음의 불교』 등을 번역했다. 그 밖에도 허운화상의 『참선요지』와 『방편개시』, 감산대사의 『감산자전』, 혜능대사의 『그대가 부처다: 영어와 함께 보는 육조단경, 금강경구결』 등을 옮겼다.

마하라지 전서 **6**

무아인 진아 – 스리 라마깐트 마하라지와의 대담

지은이 | 스리 라마깐트 마하라지
엮은이 | 앤 쇼
옮긴이 | 대성(大晟)
펴낸이 | 이효정
펴낸곳 | 도서출판 탐구사

초판 발행일   2017년 6월 20일
개정2판 발행일 2023년 12월 22일

등록 | 2007년 5월 25일(제208-90-12722호)
주소 | 04097 서울 마포구 광성로 28, 102-703(신수동, 마포벽산 e솔렌스힐)
전화 | 02-702-3557 Fax | 02-702-3558
e_mail | tamgusa@naver.com

값은 뒤표지에 있습니다. 잘못된 책은 바꾸어 드립니다.

ISBN 978-89-89942-61-0 03270

마하라지 전서 ⑥

무아인 진아

스리 라마깐트 마하라지와의 대담

스리 라마깐트 마하라지 말씀
앤 쇼 엮음
대성(大晟) 옮김

탐구사

Selfless Self *:* Talks with Shri Ramakant Maharaj

Edited by Ann Shaw
Second Edition, 2015

Published by Selfless Self Press, UK
e-mail: admin@selfless-self.com, admin@ramakantmaharaj.net
websites: www.selfless-self.com, www.ramakantmaharaj.net

English edition copyright ⓒ 2015 Ann Shaw
Korean translation copyright ⓒ 2017, 2023 Tamgusa Publishing

This Korean edition is published by agreement with Selfless Self Press, UK.

이 책의 판권은 Selfless Self Press와 맺은 계약에 의해 도서출판 탐구사에 있습니다.
저작권법에 의해 보호받는 저작물이므로 이 책의 내용 전부나 일부를 무단 전재하거나 복사하는 것은 허용되지 않습니다.

| 스리 라마깐트 마하라지 |

구도자란 그 자신을 추구하는 사람입니다.

— 스리 니사르가닷따 마하라지

저는 헌신자와 하나입니다. 어떤 존재 안에도 저 외에 다른 어떤 자아도 없습니다.
이것은 두 번째가 없는 단일성입니다.

— 스리 싯다라메쉬와르 마하라지

'나'라고 말하는 것은 환幻이고, '너'라고 말하는 것도 환이며,
신이라고 말하는 것도 환이다. 일체가 환이다.

— 샹까라짜리야

세계는 그대의 자연발로적 현존의 투사물입니다.

실재의 달인이 될 것이지 철학과 영성의 달인이 되는 데 그치지 마십시오.
교수는 진리에 대해 이야기하는 것으로써 가르칠지 모르지만,
스승은 진리를 살아냅니다.

그대가 이미 있는데, 왜 "내가 있다"에 머무릅니까?
그대가 해야 할 일은
몸이 그대의 정체성이 아니라는 것을 깨닫는 것이 전부입니다.

— 스리 라마깐트 마하라지

차례

서문 15
편자의 말 19
머리말 23
스리 라마깐트 마하라지는 누구인가? 27
인쩌기리 나브나트 삼쁘라다야 계보 29

제1부 자기탐구
1. 그대는 이미 깨달아 있다 35
2. 영적인 공부의 목적은 무엇인가? 37
3. 무아인 진아 40
4. 세 가지 단계 42
5. 그대는 몸이 아니라 몸의 보유자이다 45
6. 그대는 백만장자이지 거지가 아니다 50
7. 그대가 목적지인데 왜 계속 돌아다니는가? 54
8. 전 세계는 그대의 자연발로적 투사물이다 57
9. 신적인 본질 60
10. 영원히 살고 싶어 하는 것은 누구인가? 64
11. 경험자도 없고 경험도 없다 68
12. 니사르가닷따 마하라지를 만남 73
13. 청자聽者의 이야기 77
14. 명상이 필수적이다 82
15. 몸은 이웃집 아이다 86
16. 몸-지知에서 벗어나라 89

17. 모든 기억을 지워라 93
18. 그대는 무無형상이다 97
19. 영적인 삶의 비결 100
20. 구루는 거울 이상이다 103
21. 스승은 그대의 힘을 되살려준다 107
22. 그대 자신의 웹사이트를 방문하라 113
23. 물웅덩이 말고, 바다에서 헤엄쳐라 116
24. 자신의 두 발로 서라 118
25. 휘젓고, 휘젓고, 휘저어라 122
26. 자연발로적 힘 125
27. 마음, 생각의 흐름 128
28. 그대만 있다, 그대만 있다! 132
29. 그대의 집을 청소하라 136
30. 명상은 만성질환에 대한 항바이러스제이다 143
31. 나의 현존이 도처에 있다 146
32. 남 만트라—마스터키 149
33. 완전한 자기투신이 필요하다 152
34. 스승은 기적을 행하는 사람이 아니다 155
35. 환자 160
36. 비가 올 때는 우산을 써라 165
37. 장난감 가지고 놀기 171
38. 그대의 현존은 하늘과 같다 173
39. 그대가 그것이다 178
40. 음식-몸-지知 182
41. 스승은 궁극이다 186
42. 밧줄과 뱀 191
43. 일체가 무無에서 나온다 196
44. 실재가 '보이지 않는 청자' 안에 새겨진다 200

45. 집중자에게 집중하라 207
46. 단어들은 지시물일 뿐이다 210
47. 일체가 그대와 함께 시작하고 끝난다 212
48. 누가 친견親見을 원하는가? 215
49. 그대는 재에 덮여 있다 219
50. 하나됨을 향해 나아가는 융해 과정 222
51. '나의 과거'란 없다 225
52. 이것은 하나의 긴 꿈이다 229
53. 독립하여 날아라! 233
54. 실재를 문신처럼 새겨라 235
55. 그대는 이미 자유롭다 238
56. 누가 햇수를 세고 있는가? 241
57. 좋은 파일들이 오염된다 246
58. 하나됨은 어머니도 없고 아버지도 없다 249
59. 죽음이라는 유령에게 야유를 보내라 251
60. 존재성 이전에 그대의 가족이 어디 있었는가? 255
61. 누가 고통 받고 있는가? 257
62. 그대 자신에게서 떠나는 여행을 하지 말라 261
63. 보이지 않는 명상자가 그대의 스승이다 263
64. '그대'가 평안을 어지럽히고 있다 266

제2부 진아지
65. 영靈은 그 자신의 정체성을 모른다 271
66. 기회를 허비하지 말라 275
67. 누가 좋고 누가 나쁜가? 278
68. 세련된 단어들 284
69. 전능한 신 291
70. 우주는 그대 안에 있다 295

71. 어떤 일도 일어나고 있지 않다 301
72. 뇌의 세척 305
73. 실종된 진리가 그대를 발견했다 310
74. 그대가 진리다 315
75. 누구의 심장인가? 317
76. '나'를 붙들려고 애쓰기 322
77. 위조지폐 325
78. 감로나무가 그대 안에 심어졌다 327
79. 우리에게 스승이 필요한가? 334
80. 스승의 환영幻影 337
81. 단어 없는 실재 339
82. 평상하고, 단순하고, 겸허하라 342
83. 궁극적 실재는 얼굴이 없다 344
84. 스승은 그대 안의 '신'을 그대에게 보여준다 346
85. 그대의 하드드라이브가 막혀 있다 350
86. 이런 것들은 단어일 뿐이다 355
87. 곤충 응보 359
88. 그대 자신을 축복하라 364
89. 누가 사랑에 빠지는가? 369
90. 그대가 읽은 모든 것을 잊어라! 371
91. 내 스승님은 위대하시다 375
92. 특공대 훈련 378
93. 그대는 하늘보다 더 미세하다 380
94. 그 발견자가 궁극적 진리다 383
95. 그대가 '독자'를 별개로 만들었다 385
96. 신의 안경 388
97. 업무를 포기해야 하는가? 391
98. 하늘에는 '나'가 없다 394

99. 자기사랑 398
100. 완전정지가 있어야 한다! 401
101. 실재를 알라 405
102. 그 모든 책 읽기―누구를 위한 것인가? 411
103. "내가 있다" 415
104. "내가 있다"는 환幻이다 419
105. 단어들 너머, 세계들 너머 422
106. 기적은 그대 안에 있다 428
107. 그대와 함께하라 434
108. 그대가 사두이고, 그대가 스승이다 438
109. 위도 없고 아래도 없다 441
110. 공은 그대의 코트에 있다 445
111. 과감히 개념들 없이 살라 447
112. 기적을 넘어선 지知 451
113. 두려움의 바다에서 헤엄치기 455
114. 그대 자신의 책을 읽어라 457
115. 그대의 이야기 460
116. 그대는 수탁자이다 463
117. 실재가 그대의 심장을 건드려야 한다 466
118. 산꼭대기 469
119. 스승은 신의 신이다 473
120. 스승이 불을 점화한다 477
121. 마야는 그대가 궁극적 진리에 도달하는 것을 원치 않는다 481
122. 망치질, 또 망치질 484
123. 그대의 위대함에 절하라 485
124. 그대의 비밀을 알아야 한다 487
125. 힘의 전이 491
126. 영적인 깨침 494

127. 도랑으로 도로 떨어지기 499
128. 근본 원인을 고수하라 502
129. 자신을 돌아보라! 505
130. 어떤 나라도, 어떤 국적도 없다 508
131. 내면을 보라 513
132. 알려는 열망으로 불타서 515
133. 화를 내지 말라 518
134. 그대가 세계를 낳았다 519
135. 가슴 사랑 521
136. 그대 자신의 영화 속에서 연기하라 525
137. 또 다른 꿈을 원하는가? 529
138. 그대는 세계와 별개이다 531
139. 실체감 있는 침묵 535
140. 바다에 합일되라 537
141. 무無는 무無이다 540
142. 신선한 귀로 듣기 543
143. 왕좌에 앉은 왕 545
144. 이것은 관념이 아니고 개념이 아니다 549
145. 공개적인 비밀 552
146. 덩굴나무 553
147. 값을 따질 수 없는 만트라 557
148. 죽음 559
149. 그대는 신 이전이다 564
150. 그들은 보이지 않는 존재로부터 말한다 570
151. 빛의 원들 573
152. 닭과 계란 578
153. 최초의 탄생 이전에는 업業이 어디 있었는가? 582
154. 확신 587

155. 더 이상 여행하지 말라 589
156. 어릿광대짓을 그만두라 594

제3부 진아 깨달음

157. 초콜릿을 씹어라 597
158. 서서히, 말없이, 엉구적으로 601
159. 실재에 충성하라 603
160. 그대의 실재를 끌어안으라 606
161. 그대의 무아인 진아를 규명하라 610
162. 그대에게 투신하라 615
163. 충만한 빛 속에서 619
164. 최후의 순간을 즐겁게 만들라 622
165. 비상한 행복 631
166. 실재는 단어들과 무관하다 635
167. 무아인 진아 안에 있으라 639
168. 실재의 달인이 되라 643
169. 무념의 실재 646
170. 그 비밀을 즐겨라 649
171. 무아인 진아와 어울려라 651
172. 그대의 행복이 나의 행복 654
173. 치열한 열망 656
174. 나는 아무것도 모른다 658
175. 만족으로 불타올라 661
176. 마음이 사라지다 664
177. 그대의 이야기: 가장 위대한 이야기 667

용어 해설 669
옮긴이의 말 671

일러두기

1. 본문에서 **돋움체**로 표시된 단어들은 원문에서 대문자로 시작하는 단어이고, 다소 굵게 표시된 단어들은 원문에 이탤릭체로 표시된 단어이다.
2. 본문 중의 **진하게** 표시된 문단들은 원서에서 강조하기 위해 부각시킨 부분이다.
3. 분문 중 꺾쇠표 안의 말은 편자의 것이고, 작은 둥근 괄호 안에 든 말들은 간단한 역주이거나 문맥의 흐름을 고려하여 역자가 보충한 부분이다.
4. 각주는 모두 옮긴이의 역주이며, *T.*(Translator의 약자)로 표시하였다.

서문

보기 드물게 진아를 깨달은 스승이신 라마깐트 마하라지님이 우리들 가운데 계신 것은 우리에게 큰 행운이다. 영어로 말씀하시는 이 스승은 스리 니사르가닷따 마하라지의 직제자이다. 니사르가닷따 마하라지의 가르침을 담고 있는 『아이 앰 댓』[1973, 모리스 프리드먼 편]은 고대의 비이원론적 가르침을 세상 사람들에게 널리 알리는 데 큰 도움을 주었다. 그 책은 이제 20세기의 가장 위대한 영적인 고전 중 하나로 널리 여겨지고 있다.

본서 『무아인 진아』는 『아이 앰 댓』의 발자취를 따른다. 이것은 번역자나 통역자가 필요 없이 영어로 말씀한 그대로 전해지는, 이 스승의 희석되지 않은 말씀이다. 이 얼마나 큰 혜택인가! 그것은 더없이 귀중하고 희유한 이 가르침이 잘못 해석될 가능성을 줄여준다. 그 대담들을 녹음하여 최대한 마하라지님이 말씀하신 그대로 옮겨 썼다. 본서의 목적은 그 의미를 명료하고 단순하게 전달하는 것이다. 이 가르침은 획기적이고 근본적이며 절대적이다. "우리 계보에서는 우리가 그대의 '보이지 않는 현존'에게 '직접지直接知'를 주지, 그대의 정체성이 아닌 그 몸-형상에게 주지 않습니다."라고 스승님은 말씀하신다.

이것은 깨어남 혹은 깨달음이라는 주제에 관해 지성에 자료를 제공하는 단지 또 한 권의 책이 아니다. 이 책에 있는 지知는 지적인 지知가 아니라 '자연발로적 지知'·직접지直接知이며, 그것은 브라만·마야 등의 어휘를 넘어선다. "우리 계보의 스승님들은 직접지를 더 쉽게 전하기 위해 당신들의 가르침에서 세련된 단어들을 잘 쓰지 않았습니다."라고 당신은 밝힌다. 라마깐트 마하라지님은 한 걸음 더 나아가 이런 '달콤한' 단어들을 가능한 한 피하고 일체 어떤 언어도 없는 '실재'에, 즉 '언어 이전'의 상태에 집중한다.

『무아인 진아』는 구도자에게 더 많은 지침(pointers)을 안겨주는 개념들로 가득 차 있지 않다. 이것은 지침들을 넘어서 있고 지知를 넘어서 있으며, "단어와 세계들을 넘어서" 있다. 이 책은 스승님의 현존으로 진동한다. 당신이 책 속에 현저히 존재하면서 독자를 그 자신에게 돌아가도록 인도한다. 당신은 마치 우리가 당신 곁에 앉아 있는 것처럼 가깝게 현존한다.

"이 지知, 제 스승님이 저와 함께 나누신 그 지知를 함께 나누는 것이 저의 임무입니다." 그런 의도에서 당신은 편자가 이 가르침을 단순하고 실제적인 언어로 제시하는 과업을 수행하도록 인가하셨다. 이 책은 초심자들과 진보된 사람들에 공히 '사용자 친화적'임은 물론이고, 아드와이타(Advaita), 곧 단일성·비이원성에 아주 생소한 왕초보에게도 역시 그러하다. 책의 제목 "무아인 진아"는 스승님이 고르셨고, '실재'를 더 쉽게 성찰하고, 내관하고, 흡수할 수 있게 하기 위한 이 책의 판형도 스승님이 고르신 것이다(원서 초판의 판형은 정사각형 형태였다. -역자).

스승님 안의 '보이지 않는 화자話者'와 우리 안의 '보이지 않는 청자聽者'는 같은 하나이다. 당신은 우리 안의 보이지 않는 청자에게 말한다. 보이지 않는 청자의 녹음기는 늘 켜져 있고, 온전히 현존하면서 일체를 받아들인다. 당신이 말씀을 하실 때, 그것은 '실재의 바닥없는 바다', '무념의 실재'에서 나오는 말씀이다.

"이 책은 그대의 이야기, '무아인 진아의 이야기'를 들려줍니다"라고 스승님은 말씀하신다. "이것은 그대의 실재를 단순하게 직접적으로 전달하는 책이고, 저의 스승이신 니사르가닷따 마하라지님의 힘과 에너지가 그것을 받쳐줍니다. 우리는 단일성에서 나오는 어떤 에너지를 상대하고 있습니다. 이것은 독자·청자·저자가 하나임을 의미합니다. 어떤 차이도, 어떤 분리도 없습니다. 그것은 모두 하나입니다. 그래서 이 책이 살아 있습니다. 그대는 그 에너지와 하나가 됩니다. 그 물질, 그 에너지가 이 책 안에 들어가 있습니다."

나아가 당신은 이렇게 설명한다. "그것은 마치 어떤 사람이 그대의 이야기, 그대의 전기를 썼는데, 나중에 그대가 '아, 이건 내 전기야!' 하고 외치는 것과 같습니다. 이 책을 읽고 있을 때 그대는 이 책이 그대에 대해 이야기하고 있다는 것을 '압니다'. '아, 이건 나의 지知야!' 이 희유한 지知·이해·단일성의 상태가 이 책의 바탕 자체에 짜여 들어가 있습니다. 사실 이 책의 그 바탕이 이 책을 독특하게 만듭니다. 이 책을 읽을 때 그대는 그 소재와 하나입니다. 그렇다는 인식이 있습니다."

스리 라마깐트 마하라지의 말씀은 토론에 적합하지 않다. 당신은 '아는 자', 곧 진인(Jnani)이며, 진인의 말씀은 우리의 내적인 스승을 다시 깨우는 잠재력을 가지고 있다. 그것을 다시 깨우기 위해서 **자기탐구·명상**과 더불어 망치질(hammering)과 반복의 방법을 사용해 환幻의 층들을 꿰뚫게 된다.

몸은 하나의 물질적 몸이고, 모든 지知는 물질적 지知이다. 지知 아님(모름)이 지知이다. 스승님은 말씀하신다. "그대는 불생不生입니다. 그대는 몸이 아니고, 몸이 아니었고, 몸으로 남아 있지 않을 것입니다." 그대가 아닌 것의 이 실재가 온전히 받아들여질 때, 그것을 '자연발로적 확신'이라고 한다.

"일체가 그대 안에 있습니다. 그대가 근원입니다." 이 책에 나오는 것은 그대의 이야기, 무아인 진아의 이야기이다. 아무튼 지금까지는 이 너무나도 중요한 근원 서적, 곧 '그대'를 놓쳤거나, 간과했거나, 전혀 발견조차 못하고 있었다. '셀카' 같은 것들이 넘쳐나는 세상에서 '그대의 이야기', "무아인 진아"의 이야기가 아예 간과되어 왔다는 것은 놀라운 일이 아닐 것이다!

어떻게 해서 그렇게 되었나? 스승님은 니사르가닷따 마하라지의 말씀을 인용하신다. "그대는 자신의 무아인 진아를 잊어버렸습니다. 그대의 무아인 진아 외에는 어떤 신도, 브라만도, 아뜨만도, 빠라마뜨만도, 스승도 없습니다." 실재·스승·신·브라만에 대한 올바른 모든 '영적인' 책을 읽었다 해도, 스승님은 이렇게 물으신다. "그대는 그 책들을 읽었지만, 그 '읽는 자'를 읽은 적이 있습니까?"

"그대는 지知를 얻었지만 그것은 이 모든 몸-지知의 개념에서 나온 건조한 지知이지, **참된 지知**가 아니고, **진아지**眞我知(Self-knowledge)가 아니고, 그대의 지知가 아닙니다. '존재성 이전'에는 그대에게 형상이 없었습니다. 어떤

서문 17

지知도, 어떤 책도 없었습니다. 니사르가닷따 마하라지님은 이렇게 말합니다. '존재성 이전에 그대가 있던 그대로 머무르라. 그러면 그대에게 어떤 문제도 없을 것이다!'"

"그 모든 책, 그 모든 독서, 그것은 누구를 위한 것입니까?"라고 스승님은 반문하신다. "그리고 그대의 결론은 무엇입니까?" 그 결론은, 우리가 이 모든 영적인 책들을 읽는 동안 우리 자신의 책을 읽는 것을 잊어버렸다는 것이다! 우리의 근원 서적, 저 근본 **지침서**, 저 필수적인 **토대 교과서**, 곧 형상 없는 그대, 무無형상의 그대를 잊어버린 것이다!

이 책, 곧 **최종본**인 "무아인 진아"는 그대의 주의를 벗어나 있었다. 이 책은 어떤 도서관이나 서점에서도 찾을 수 없다. 그대는 "무아인 진아"를 잊어버리고 있었다. 그대의 '필독서' 목록에 너무나도 중요한, 단 한 번 나오는 그대 자신의 자서전을 넣는 것을 잊어버렸다. 이제라도 넣는 것이 낫다! 마침내 스승의 은총으로 그것을 발견했으니 말이다.

이 책은 무아인 진아에 의해 무아인 진아를 위해 쓰여졌다. 화자인 라마깐트 마하라지와 보이지 않는 독자는 같은 하나이다. 이것은 그대의 이야기이자 유일하게 참된 이야기이다. 스승은 무아인 진아의 책을 펼쳐 시작도 없고 끝도 없는 그대의 이야기를 들려주기 시작한다.

이 책의 면면은 그대의 잊힌 **정체성**, 그대의 **궁극적 실재**를 상기시켜 준다. 『무아인 진아』는 바로 그대 자신의 휴대용 스승이요, **구루**요, 그대의 '**영적 전기**'로서 서서히, 말없이, 영원히 그대를 집으로 인도해 줄 것이다.

편자의 말

『무아인 진아: 스리 라마깐트 마하라지와의 대담』은 '자기탐구', '진아지', '진아 깨달음'의 3부로 나뉜다. 이것은 어떤 과정도 없고 어떤 정해진 순서도 없다는 이해를 전제로 한 것이다. 이 책은 전례가 없는 단순성으로 빛난다. 이 드높은 가르침이 질서정연하게 배치되어 그 명료함을 더한다.

독서와 청문: 이 대담들은 응집력 있는 하나의 전체로서 조직적으로 배열되어 있어, 독자를 토대에서부터 정상 또는 그 너머까지 데려다주는 하나의 지침서나 안내서로 읽을 수가 있다. 처음부터 끝까지 천천히 읽고 흡수하는 것이 최선이다.

스승님은 그대에게 말씀하시는 것이 아니라 그대 안의 '보이지 않는 청자'에게 말씀하신다. 내면의 귀로 이 가르침이라는 음악에 귀를 기울이고, 의문 없이 그것을 흡수하라. 그 말씀들이 그대를 해체하게 하라. 스승님은 최고의 지知를 분명하고 직접적인 방식으로 설하고 있다. 당신은 **실재**로써 그대를 망치질 하여 그대를 납득시키려고 한다! 열려 있으면서 잘 받아들이고, 자기확신을 키워라!

이 책에서 최대한을 얻어내려면 **자기탐구**(Self-enquiry)가 필수적이다. 집중을 위한 하나의 도구로서 명상이 권장된다. 자신이 좋아하는 어떤 만트라든 사용하라. "나는 **브라만**이다, **브라만**이 나다", (혹은 같은 의미인) "아함 브라마스미(*Aham Brahmasmi*)" 기타 무엇이든 그대에게 가장 효과가 있는 것이면 된다. 만약 그럴 기분이 든다면 헌가獻歌를 부르라. 그것은 **영**靈(Spirit)을 고양시키니 말이다. 아니면 **마하라지**의 웹사이트에서 바잔(*bhajans*-헌가)을 들어도 될 것이다. 부담을 느끼지 말라! 그대에게 맞는 것을 하라!

가르치는 방법: 몸에 밴 환幻과 개념들을 바꿔놓아 독자/청자를 납득시키기 위한 방법으로서 망치질이 사용된다. 이 반복은 때로 좀 지루하게 보일 수도 있지만, 실은 몸-지知(body-knowledge)를 씻어내는 과정에는 필수적이다. 평생에 걸쳐 받아들인 인상들을 지워내야 하고, 그래서 꾸준한 인내가 절대적으로 중요하다.

지침이 아니다: 이 책의 가르침은 그것을 개념들로 읽거나 단순한 지침 혹은 관념으로 받아들이라고 있는 것이 **아니다**. 토론을 벌일 일이 없다. 말씀 이면의 의미를 찾으라. 이 책은 **실재**를 직접 전달하는 **자연발로적 지**知로 충만해 있다. **자연발로적 지**知는 지적인 지知와 무관하다. 깨달은 스승에게서 나오는 이런 종류의 지知는 매우 희유하다.

자연발로적 지知는 **실재**나 그 깨달은 스승과 분리할 수 없다. 그것은 지知를 넘어선 **단일성**이며, 따라서 지성으로 그것을 파악하거나 이해할 수 없다. 백지처럼 되어, 마치 책이라고 읽어본 것으로는 첫 책인 양 이 책을 읽으려고 노력하라. "그대가 지금까지 읽거나 들은 일체를 잊어버리고, 그냥 들으십시오!"

스승을 믿어라: 당신의 말씀은 **진리**이며, 이 역시 토론에 적합하지 않다. 이 말씀들은 그대를 뚫고 들어가 그대의 **내적인 스승**을 깨우는 막대한 잠재력을 가지고 있다. 말에 얽매이지 말고 그것을 너무 문자적으로 받아들이지 말라. **마하라지**는 그대를 납득시키려고 한다. 그대가 듣는 내용을 받아들이고, 그대 자신을 납득시키고, 그 확신이 깊어지게 하라.

이 대화를 규칙적으로 읽고 그것을 숙고하면 그대의 **영적인 힘**이 확실히 되살아날 것이다. 영적인 진리로 빛나는 이 책의 한 줄 한 줄이 스승님의 **현존**으로 맥동한다. 스승님에게서 나오는 빛의 집속광集束光들이 당신의 말씀을 뚫고 나와 그대의 **스승적 본질**을 점화한다. 이 지知는 그대의 지知이다. 그것은 그대의 정당한 상속물이다. 스스로 노력하라! 그것을 다 받으라!

니사르가닷따 마하라지의 스승인 싯다라메쉬와르 마하라지는 말했다. "깨달은 이들은 참으로 그들 자신의 체험이라는 샘을 원천으로 하여 말하며, 그들의 말에는 큰 확신이 있다. 그들의 말은 에고의 무지를 폐기하는 능력이 있다. 그들이 말한 한 마디 한 마디가 자신의 **참된 자아**에 대한 독자의 무지를 근절하고 그의 **존재**의 **참된 성품**을 드러내는 힘을 가지고 있다."

마하라지의 요청에 따라 이 책에는 산스크리트 용어가 거의 없다. 이 가르침의 목표는 모든 개념, 모든 몸-지知를 근절하고 '존재성 이전', 곧 언어와 단어들이 없고, 지知가 없는 무無의 상태로 돌아가게 하기 위한 것이다.

이 **직접적 가르침**, 이 **자연발로적 지**知를 책으로 엮는 일은 큰 영예이자 사람을 매우 겸허하게 만드는 특권이다. 유일한 의도가 있었다면, 스승님의 가르침을 따르면서 **무아인 진아**가 펜을 인도하는 것을 믿고 그 **진아**에 자신을 열어 두는 것이었다. 혹시 누락이나 오류가 있다면 진지하게 사과드리는 바이다.

2015년 3월 10일 런던에서

편자 앤 쇼(Ann Shaw)

머리말

스리 라마깐트 마하라지는 의사와 같다. 새로 온 사람이 자신을 소개한다. 이 구도자의 증세는 치료법을 찾아 당신을 찾아온 이전의 어떤 사람과도 다르지 않다. 진단은 '오인된 정체성'이라는 진단이다. 그 환자의 상태는 보편적인 것이고, 그는 '만성적 환幻'으로 고통 받고 있다. 그는 자신이 불생不生(unborn)이라는 것을 모른다.

궁극적 진리의 화신인 스승님은 무엇을 해야 하는지를 아는 폭로자이기도 하다. 당신은 지체 없이 작업에 착수한다. 그리고 일류의사 같은 기술과 정밀함으로 수술을 시작한다. 스승님은 매일 이 '환자들'을 수술한다. 그 중 일부는 작은 수술이지만 대다수에게 필요한 것은 집중치료이고, 큰 개편 작업이다. 당신은 앞에 놓인 '몸'을 한두 군데 절개하고 주저 없이 몸-지知의 무수한 층들을 베어 들어가 문제의 핵심, 곧 질환의 근원에 도달한다.

뿌리 깊은 가지와 집착들은, 그것이 지적인 것이든, 에고적인 것이든, 개인적·사회적·가족적·윤리적인 것이든, 경험적인 것이든, 영적인 것이든 다 내버려진다. 세계의 여러 철학과 종교들을 포함한 이론적 지知와 책에서 얻은 지知 등은 모두 쓰레기 수거함에 던져지고, 해체 과정이 준비된다.

전통적 의식과 명시적 행위준칙은 널리 신봉되는 순응주의적/비순응주의적·대안적·비인습적 신념체계와 함께 하늘 높이 날려간다. 무수한 형태의 온갖 영적인 공부(spirituality)가 집중 조명을 받는다.

스승님의 지知는 살아 있는 지知, **자연발로적 지知**, 실용적 지知이다. 당신은 모든 관념, 선입견과 어릴 때부터 오늘날까지 배워온 모든 것의 유효성을 되묻는다.

'알려진' 모든 것은 모조리 '몸-지知'이고 '몸과 관련된 지知'이다. '존재성 이전'에는 어떤 '몸'도 없었고 '몸-지知'도 없었다. 따라서 이제까지의 모든 것, 그동안 축적한 모든 지知는 바깥에서 가져온 간접적 지知이고, 쓸데없는 환幻이다.

"그대의 토대는 **실재**가 아니라 환幻 위에 건립되었습니다." 이것은 이 의사가 가장 최근의 환자에게 내린 진단이다. "존재성 이전에는 그대에게 어떤 언어도, 어떤 지知도, 어떤 영적인 공부도 필요 없었습니다." 따라서 이 증세에 대해 쓸 수 있는 유일한 치료법은 모든 환幻, 즉 개념·기억·경험 등을 포함한 모든 몸-지知를 해소하는 것이다. "일체를 잊어버리십시오!"

"그러면 영적인 공부는 어떻습니까?" 신참이 묻는다. 당신은 이렇게 답변한다. "영적인 공부의 목적은 진정한 의미에서 그대 자신을 알고, 환幻을 지워버리고, 모든 몸-지知를 해소하는 것입니다. 현재 그대는 몸-형상을 한 그대 자신을 압니다. 그것은 그대의 **정체성**이 아닙니다. 그대의 **자연발로적 현존**은 말이 없고, 보이지 않고, 익명인, 정체불명의 정체성입니다."

이 의사는 외관상 개인의 실체를 떠받치고 있고, 실로 사회의 바탕 자체를 떠받치고 있는 것처럼 보이는 일체의 거짓됨과 공허함의 밑바닥을 빼버린다. 지각 가능하고 인식 가능한 모든 것, 기성의 규범으로 통상 받아들여지고 그렇게 여겨지는 것들이 엄밀히 조사되고 해부된다. 이처럼 당신은 몸-정체성·자아감·세계 지각이라는 신화를 폭파한다. 사실 당신은 현실의 구성물들과 자아상을 그 핵심에 이르기까지 체계적으로 반문하고 파기한다.

당신은 이른바 '현실'을 가리키게 된 환적인 개념들을 하나하나 격추한다. 사람들이 이 삶이라는 긴 꿈 속을 헤매고 다니게 하는 그 열기구 풍선들, 곧 존재이유들을 터뜨려 버린다. 당신은 달인의 정확한 솜씨로 환幻의 많은 층들을 베어 들어가 마침내 그 환자의 '**실재**', '**궁극적 진리**', '**궁극적 실재**'를 드러낸다.

스승님은 이른바 개인의 취약한 토대들, 곧 자기지각과 자기동일시들을 흔들고, 한때 편안했던 그의 집을 허문다. 때가 되면 환幻 위에 건립되어 있던 그 토대들이 무너지기 시작하면서, **실재**가 확고하고 매우 견고한 토대

위에 확립될 수 있는 길을 준비한다.

  이 의사의 평가와 조언은 어떤 것인가? "그 몸은 하나의 물질적 몸입니다"라고 당신은 말한다. "그 물질적 몸이 아는 모든 것은 물질적 지知이며, 따라서 환幻입니다." 당신은 그 환자에게 이렇게 조언한다. "어릴 때부터 오늘날까지의 모든 것을 지워버리십시오. 빈 스크린같이 되십시오. 그러면 내면에서 진정한 지知를 발견할 것입니다." 진정한 지知는 진아지이다. 그것은 "그 꿈에서 깨어난 뒤에" 남아 있는 것이다.

  "첫째로, 그대가 협력해야 합니다. 그대가 **궁극적 실재**라는 것을 스스로 발견하십시오. 둘째로, 이 지知는 실용적이어야 합니다. 그대의 몸에서 그대의 질병을 근절하기 위해 저는 대단히 강력한 영적 알약인 **남 만트라**(Naam Mantra)를 처방합니다. 그것을 받아 일상생활 속에서 사용하십시오."

  이런 가르침을 진지하게 따르고 받아들이면 그 치료 결과는 실로 아주 유익할 것이다. 사실 그 효과는 탁월하다!

  그 진단은 무엇인가? 이 의사는 매우 낙관적인 전망을 제시한다. 환자가 치유될 거라는 것이다. 어떤 물질적 원인도 없는 행복이 충만할 것이고, 어떤 집착이나 상실 혹은 두려움의 느낌도 없는 평화로운 몸의 최후를 맞게 될 거라고 당신은 판정한다.

  그 꿈이 끝날 때가 되면 이러한 지知가 가슴에 새겨질 것이다. 즉, 우리는 불생不生이므로 결코 어떤 시작도 없었고 어떤 끝도 없다는 것이다. 다음 환자 들어오시오! 더 많은 사람들이 이 영원한 가르침에 가차 없이 끌리면서, 수술이 바빠지게 될 것이다.

  1970년대에 **스리 니사르가닷따 마하라지**가 나시크에 있는 바부사브 자그땁(Babusav Jagtap)이라는 제자의 집을 찾아갔다. 거기서 **마하라지**는 상서로운 선언을 하나 했다.

  "1월 25일인 오늘을 하나의 축제일로 여기십시오. 장차 나시크의 이 지역에서 어떤 위대하고 경이로운 일들이 일어날 것입니다. 여기에 아쉬람을 하나 지으십시오! 언젠가 그곳은 세계 도처에서 오는 방문객들로 매우 번잡한 아쉬람이 될 것입니다."

나시크로드(Nashik Road)에 있는 현재의 아쉬람은 2002년에 건립되었다. 니사르가닷따 마하라지의 뜻에 따라 매년 1월 25일에는 아쉬람에서 행사가 거행된다. 그 제자와 스승을 기려 이 지역은 이제 '자그땁 말라(Jagtap Mala)'로 불린다.

아쉬람

스리 라마깐트 마하라지는 누구인가?

스리 라마깐트 마하라지[1941년 7월 8일 생]는 스리 니사르가닷따 마하라지[1981년 9월 8일 몰]의 직제자이며, 스승과 함께 19년을 보냈다. 그는 아드와이타(Advaita), 곧 비이원론을 가르치는 인도의 영적 스승이며, 나브나트 삼쁘라다야(Navnath Sampradaya)의 인쩌기리 지파支派에 속한다.

라마깐트 마하라지는 (봄베이에서 태어나 마하라슈트라 주 남부의) 시골지역인 폰다가트(Phondaghat)의 가드게사칼 와디(Gadgesakhal Wadi)에서 자랐다. 1965년에 그는 니사르가닷따 마하라지의 명에 따라 봄베이의 일류대학 엘핀스톤 칼리지에 진학했고, 1972년에 봄베이대학교를 졸업했다 (역사학/정치학 석사). 1976년에는 봄베이의 싯다르타 법과대학에서 법학사(LLB) 자격을 얻었다. 1970년부터 은행업계의 법무 파트에서 줄곧 근무했고, 부장이던 2000년에 은퇴했다.

그는 안비타 사완트(Anvita Sawant)와 결혼했는데, 그녀도 스리 니사르가닷따 마하라지의 오랜 제자이다. 그들은 아들 둘을 두었다.

스승 스리 니사르가닷따 마하라지와 함께(1977년)

1962년, 라마깐트 마하라지는 친척들을 통해 미래의 자기 스승인 스리 니사르가닷따 마하라지를 소개받았다. 스승과 함께 몇 달을 보낸 뒤 1962년 10월 2일에 남 만트라(Naam Mantra), 곧 **구루 만트라**(Guru Mantra)를 받았다. 그때부터 니사르가닷따 마하라지의 대담에 충실히 참석하면서 정규적으로 가르침을 들었다. 그리고 1981년 9월 8일, 스승의 대삼매(*Mahasamadhi*) 때도 곁을 지켰다.

지난 10여 년간 스리 라마깐트 마하라지는 마하라슈트라 주 나시크의 나시크로드(Nashik Road-나시크 동부의 한 지역 이름)에 있는 아쉬람에서 세계 각지에서 오는 학인學人·제자·헌신자들에게 이 가르침을 소개하고, 때에 따라서 그들을 인쩌기리 나브나트 삼쁘라다야 계보에 입문시켜 왔다.

마하라지는 자신의 생애에 대하여 이렇게 말한다. "저는 저의 과거와 제가 어디 출신인지를 압니다. 저는 하나의 기적입니다. 모두 저의 스승이신 스리 니사르가닷따 마하라지님 덕분입니다."

인쩌기리 나브나트 삼쁘라다야 계보

나브나트 삼쁘라다야 계보의 기원은 닷따뜨레야(Dattatreya)까지 천 년 이상 거슬러 오른다. 나브나트[아홉 스승] 계보의 한 지파가 결국 스리 바우사헵 마하라지가 창설한 인쩌기리 나브나트 삼쁘라다야(Inchegiri Navnath Sampradaya)가 된다. 이것이 스리 라마깐트 마하라지에 이르는 직선 계보이다.

이 계보는 비교적 알려져 있지 않았다. 왜냐하면 그 스승들이 모두 매우 겸손했기 때문이다. 그들은 자신들을 내세우지 않는 대신 지知와 가르침을 전파하는 데 전념했다. 스리 바우사헵 마하라지, 스리 싯다라메쉬와르 마하라지, 스리 니사르가닷따 마하라지는 모두 보통 사람들이었다.

지知(*jnana*)와 헌신(*bhakti*)의 단일성(Oneness)이 이 계보의 가르침에서 핵심을 이룬다. 헌신은 지知의 어머니이다. 스승에 대한 치열한 헌신에 의해서만, 그리고 완전한 믿음을 가지고 그를 숭배함으로써만 진아 깨달음의 지知가 드러날 것이다. 결국 지知와 헌신 사이의 전적인 통일이 있게 된다.

이 계보는 스승이 제자들을 스승으로 만든다는 점에서 스승 중심적이다. 스승은 마스터키(Master Key)인 **구루 만트라**[남 만트라]로써 제자를 입문시킨다. 만트라·스승·입문은 서로 불가분이다. 스승에 대한 믿음과 완전한 수용, 그리고 구루 만트라가 필수적이다. 이 계보의 모든 스승들은 같은 만트라를 염해 왔다. 그 신성한 남(*Naam*)을 받으면 우리가 이 계보 스승들의 도움과 힘을 받는 것이다. 궁극적으로 우리는 스승, 곧 **사드구루**(Sadguru)와 하나가 된다. 라마깐트 마하라지는 말한다. "구루 만트라를 염하는 것은 참된 진아 지로 이어지며, 그것은 그대가 **본래적 상태**로 돌아가는 단 하나의 참으로 효과적인 길입니다."

싯다라메쉬와르 마하라지는 (자신의 깨달음에 관하여) 모든 공功을 바우사헵 마하라지에게 돌렸다. 니사르가닷따 마하라지도 마찬가지로 싯다라메쉬와르 마하라지에게 공을 돌렸다. 라마깐트 마하라지도 자신의 스승인 니사르가닷따 마하라지에게 모든 공을 돌린다. 전체 계보를 곧장 관통하는 매우 강한 연결성이 있다. 그래서 라마깐트 마하라지는 "저는 하나의 해골, 제 스승님의 한 꼭두각시일 뿐입니다."라고 말한다.

"우리 계보에서는 우리가 그대의 '보이지 않는 현존'에게 직접지를 주지, 그 몸-형상에게 주지 않습니다."라고 이 스승은 말한다. "이 지知는 자연발로적 지知이지 책에서 얻은 지知가 아닙니다. 이것은 자연발로적 지知입니다. 말은 다르고, 이야기하는 스타일은 다를 수 있겠지만, 원리는 동일합니다. 즉, 무아인 진아 외에는 아무것도 없다는 것입니다." 이 지知는 희유한 지知이다. 이 스승들은 실재에 대해 단순히 이야기하는 것이 아니라, 우리 자신 안의, 제자 안의 실재를 보여줄 것이기 때문이다. 이 찬란한 스승들의 오랜 계보에서 나오는 이 직접지에 더 힘을 실어주는 것이 남 만트라이다.

이 가르침은 전체 계보를 배경으로 하고 있어 견고하고 강하다. 순수하고 굉장히 강력하다. 이 스승들은 모든 비밀을 함께 나눈다. 숨겨두는 것이 아무것도 없다. 그것은 늘 무료로, 아무것도 기대함이 없이 함께 나누던 공개적 진리이다. 우리가 본래 가진 재산, 진리인 그 지知를 상업적으로 남용하는 일은 있을 수 없다. 바우사헵 마하라지가 말했다. "우리 계보에서는 (가르침의 대가로) 헌신자들로부터 어떤 돈도 받지 말아야 한다. 돈과 조금이라도 관련되면 남 만트라를 망치게 될 것이다. 이 삼쁘라다야(전통, 계보)는 아무것도 요구하지 않는다."

바우사헵 마하라지(Bhausaheb Maharaj, 1843-1914). 스리 라구나트쁘리야 마하라지에 의해 입문했으나 그의 **사드구루**는 스리 구루링가장감 마하라지였고, 그는 스승을 깊이 사랑했다. 우마디(Umadi)의 성자로 알려진 **바우사헵 마하라지**는 재가자였다. 제자가 많았는데, 몇 사람만 꼽아본다면 스리 싯다라메쉬와르 마하라지, 스리 구루데브 라나데(Shri Gurudev Ranade), 스리 암부라오 마하라지(Shri Amburao Maharaj) 등이 그들이다.

그의 길은 명상·무욕·포기를 닦는 것이며, 개미의 길(Ant's Way)로 알려져 있다. 그는 수행 방편으로 지知보다는 명상을 주로 강조했다. 그것은 많은 제자들이 시골 출신으로 무식했기 때문이다. 바우사헵 마하라지는 실재를 발견하려고 노력하면서 큰 고초를 감내했다. 18년 동안 휴식 없이 숲속에 서서 수행했고, 한 번에 열두 시간씩 명상했다. 그는 신적 이름(남 만트라)을 기억하는 것이 중요함을 강조하면서 이렇게 말하곤 했다. "그것을 골수에 사무치게

하라. 명상을 할 때는 늘 마음 속에서 신적 이름을 치열하게 염하라."

싯다라메쉬와르 마하라지(Siddharameshwar Maharaj, 1888-1936). 숄라뿌르의 빠트리(Pathri)에서 태어났다. 바우사헵 마하라지는 싯다라메쉬와르 마하라지를 처음 보고 이렇게 선언했다. "이 사람은 큰 복이 있다." 그리고 바로 당일로 그를 입문시켰다.

그는 7년간 스승과 함께했다. 스승의 입적 후 그는 진아 깨달음을 얻겠다는 결의가 워낙 굳세어, 그것을 위해서는 목숨도 버릴 준비가 되어 있었다. 그는 고행과 함께 치열한 명상을 시작했고, 명상 도중 워낙 비범한 경지에 도달했기 때문에 그에게서 감로와 같은 아름다운 향기가 발산되어 주위의 공기를 모두 향기롭게 했다고 한다.

싯다라메쉬와르 마하라지는 계보의 다른 많은 스승들과 같이 직업과 가정을 가지고 있었다. 재가자 신분을 하나의 장애로 보기보다는 무아적인 자세와 초연함을 닦을 수 있는 기회로 보아야 했다.

그는 수행을 통해, 명상은 최종적 실재에 도달하는 과정의 시작 단계일 뿐이라는 것을 분명히 이해하게 되었다. 그래서 계보의 가르침을 '개미의 길'에서 새의 길(Bird's Way)로 더 진전시켰다. 실재는 분별과 무욕을 통해서

도달할 수 있다는 것이었다. "'환적'이라는 것은 우리가 그것을 내버릴 필요가 없다는 것을 의미한다. 그것의 기만적 형상을 깨닫고, 그런 다음 그것을 나날의 삶 속에서 실천하기만 하면 된다. 그렇지 않으면 설사 진아에 대한 지知를 지적으로 이해했다 하더라도 그것이 우리의 가슴과 마음에 결코 전적으로 아로새겨지지 않을 것이다. 그것이 활동하게 되지 않을 것이다." 그의 영적인 가르침은 앞서 자기 스승의 그것처럼 실용적인 가르침이었다.

 2년 후, 그가 사랑하던 스승 바우사헵 마하라지가 그에게 환영幻影을 나투어 축복하면서 이렇게 말했다. "이제 그대는 최종적 실재에 도달했다. 그대가 해야 할 일은 아무것도 남지 않았다."

 그는 사람들을 가르치기 시작했고, 단순한 언어를 사용하여 지知와 헌신을 전달했다. 그는 각계각층의 많은 사람들을 입문시켰다고 한다. 그 정확한 숫자는 알 수 없으나, 이 비범한 스승을 통해 수십 명이 깨달았다고 믿어진다! 여기에는 가나빠뜨라오 마하라지, 바이나트 마하라지, 니사르가닷따 마하라지, 란지트 마하라지, 무삔 까드싯데스와르 마하라지, 발크리슈나 마하라지가 포함된다. 그는 일상생활 속에서의 사례들을 이용하여 실제적인 가르침을 폈다. 자기탐구·분별·무욕의 방법이 권장되었다.

 싯다라메쉬와르 마하라지는 지知가 건조하고 공허하게 머무르는 것을 막기 위해 헌신과 자기 스승 공경하는 일의 중요성을 강조했다. 그의 가르침을 담은 책 『그대가 그것이다(Master of Self-Realization)』는 영적인 고전이다.

 니사르가닷따 마하라지(Nisargadatta Maharaj, 1897-1981). 그의 스승 싯다라메쉬와르 마하라지가 48세로 입적하기 3년 전에 천행으로 그를 만났고, 그에게 헌신했다. 놀랍게도 몇 년 뒤에는 그 자신도 진아 깨달음을 성취했다.

니사르가닷따 마하라지는 때로 무뚝뚝하지만 늘 정곡을 찌르는 **직접지**로써 계보의 가르침을 다시 한 번 진전시켰다. 그의 뛰어난 가르침은 많은 구도자들을 깨우쳤다. "구도자는 그 자신을 추구하는 사람이다"라고 선언하는 그의 유명한 책 『아이 앰 댓』을 읽고 많은 서양인 방문객들이 그를 찾아갔다.

그는 **남 만트라**에 대해 이렇게 말했다. "이 만트라는 매우 강력하고 효과적입니다. 제 스승님이 이 만트라를 저에게 주셨고, 그 결과가 전 세계에서 찾아오는 이 방문객들입니다. 그것이 이 만트라의 힘을 보여줍니다."

라마깐트 마하라지(Ramakant Maharaj, 1941-2018). 1962년에 그의 스승 니사르가닷따 마하라지에게 입문했고, 계보의 가르침을 한층 더 진보시켜 왔다. 그의 접근법은 혁신적이고 급진적이며 절대적이다. 그는 개념들을 수용하지 않고 "내가 있다"는 개념을 포함한 일체를 신속히 베어버린다. 최고의 가르침을 실제적 언어로 표현하면서 **진아 깨달음**에 이르는 지름길을 제시한다.

이 계보 스승들은 최고의 지知를 무아적으로, 또한 공개적으로 전하고 있다. 스승에게 의존하고 스승의 형상에 의존하는 것은 극력 피해야 한다. 이 스승들의 진지하고 숭고한 바람은 제자를 한 사람의 **스승**으로 바꿔 놓는 것이다. 여기에 **인쩌기리 나브나트 삼쁘라다야**의 독특함이 있다.

"저의 스승이신
스리 니사르가닷따 마하라지님의
은총 덕분에, 제가 이 가르침을 함께 나누고 있습니다.
저의 스승님이 저와 함께 나누신
그 가르침을 말입니다."

스리 라마깐트 마하라지

제1부 자기탐구

1. 그대는 이미 깨달아 있다

마하라지: 저의 스승이신 니사르가닷따 마하라지님이 말했습니다. "저는 여러분을 제자로 만들지 않습니다. 여러분을 스승으로 만들고 있습니다." 그 스승적 본질은 이미 여러분 안에 있습니다. 일체가 여러분 안에 있습니다.

여러분은 이미 깨달아 있는데,

다만 그것을 모를 뿐입니다.

여러분은 몸이 아니고, 몸이 아니었고, 몸으로 남아 있지 않을 것입니다.

몸은 여러분의 정체성이 아닙니다.

이것은 하나의 긴 꿈입니다.

깨달음이란 '그 꿈 이후'를 의미합니다.

잘 듣고 내관하십시오! 여러분이 아닌 것들을 아십시오! 저는 여러분의 본래 자리를 가리켜 보이고, 존재성(beingness-개인으로서의 존재) 이전에 여러분이 어떻게 있었는지를 가리켜 보입니다. 저는 '이전'에 대해, 곧 **영**靈(Spirit)이 몸과 맞물리기 전, 여러분의 **자연발로적 현존**(Spontaneous Presence)이 몇 겹의 환幻으로 덮이기 전에 대해서 이야기하고 있습니다.

존재성 이전에 여러분이 존재하던 방식이

깨달음입니다.

저는 제가 몸이 아니라는 것을 아는 반면 여러분은 그것을 모른다는 것

말고는, 여러분과 저 사이에 아무 차이가 없습니다. 여러분은 자신의 **정체성**을 잊어버렸습니다.

제 안의 보이지 않는 화자話者와

여러분 안의 보이지 않는 청자聽者는 같은 하나입니다.

여러분은 환적幻的인 개념들의 재로 덮여 있습니다. 스승이 그 재를 없애줍니다. 그는 여러분의 **내적 스승**을 다시 깨워 되살아나게 합니다.

여기서 우리는 **직접지**(Direct Knowledge)를 함께 나누고 있습니다. 저는 보이지 않는 질문자에게 이야기하고 있습니다. 존재성 이전에는 여러분에게 어떤 문제도 없었습니다. 여러분은 '앎'이라는 단어조차 알지 못했습니다.

여러분은 **불생**不生입니다!

어떤 일도 일어난 적이 없고,

어떤 일도 일어나지 않고 있고,

어떤 일도 일어나지 않을 것입니다.

여러분의 모든 질문은 몸에 기초한 질문입니다.

여러분에게는 어떤 탄생이나 죽음도 없습니다. 존재성 이전에 여러분의 **현존**(Presence)이 있었습니다. 존재성이 해소된 뒤에도 그것이 있을 것입니다. 그것이 지금 여기, 그 몸의 보유자로서 있습니다.

지知란 지적인 지知, 경험적인 지知, 책에서 얻은 지知, 문자적인 지知, 건조한 지知 혹은 전해 들은 지知가 아닙니다. 여러분이 아는 모든 것, 어릴 때부터 지금까지 수집해 온 모든 지식은, 인상과 환적인 개념들, 조건화(conditioning-인격을 형성한 환경적 영향)와 (사회적) 압력에서 나온, 몸에 기초한 지知입니다. 그것이 여러분을 '몸-지知(body-knowledge)'의 범주 안에 가두었습니다. 몸-지知의 범주에서 나와, 진정한 의미에서 여러분 자신을 아십시오!

어릴 때부터 지금까지의 모든 기억과 경험을 포함한

일체가 지워져야 합니다.

환幻에서 여러분을 꺼내줄 깨달은 스승이 필요합니다. 스승은 세세한 점들을 직접 경험하여 알고 있고, 따라서 여러분을 인도해 줄 수 있습니다. 환幻을 지우고 여러분의 힘을 되살아나게 하려면 **자기탐구 · 명상 · 지**知**와 바**

잔(Bhajan)의 과정을 닦을 필요가 있습니다.

지금이 여러분의 때입니다. 여러분은 **실재**를 알 절호의 기회를 얻었습니다.

> 그러나 모든 몸-지知가 해소되지 않으면
> 실재가 출현하지 않을 것입니다.

여러분이 이제까지 읽고 배운 모든 것을 잊어버려야 합니다. 텅 빈 스크린같이 된 다음, 잘 듣고 흡수하십시오. 몸은 결코 여러분의 **정체성**이 아니라는 것은 공개적인 사실입니다. 존재성 이전에는 아무것도 없었습니다. 여러분과 별개인, 여러분과 분리된, 혹은 여러분의 바깥에 있는 것은 아무것도 없습니다. 일체가 여러분 안에 있습니다. 여러분의 **무아인 진아**(Selfless Self) 외에는 아무것도 없습니다. 저의 **사드구루**(Sadguru-참스승)이신 **니사르가닷따 마하라지**님은 실재를 한 문장으로 이렇게 요약했습니다.

> 그대의 무아인 진아 외에는
> 어떤 신도, 브라만도, 아뜨만도, 빠라마뜨만도, 스승도 없다.

2. 영적인 공부의 목적은 무엇인가?

마하라지: 영적인 공부의 목적은 진정한 의미에서 자기 자신을 알고, 환幻을 지우고, 모든 몸-지知를 해소하는 것입니다. 다시 잘 들으십시오.

> 영적인 공부(spirituality)의 목적은
> 진정한 의미에서 여러분 자신을 알고,
> 환幻을 지우고, 모든 몸-지知를 해소하는 것입니다.

우리는 인간 삶의 목적이 무엇인지를, 그리고 우리가 원하는 것이 정확히 무엇인지를 알아야 합니다. 알아야 하지요! 인간들은 지성을 타고났으니 우리는 알아낼 수 있습니다. 여러분은 영적인 공부에 관심이 있습니다. 탐색하고 있고, 추구하고 있습니다. 그래서 찾으려고 여기 옵니다. 여러분은 무엇을 찾고 있습니까? 무엇을 원합니까?

"저는 행복을 원합니다"가 흔히 듣는 대답입니다. 모두가 행복을 원합니다. 우리는 평안을 원하고, 두려움 없는 삶, 긴장 없는 삶을 원합니다.

외적인 원천에서는

여러분이 찾고 있는 것을 발견하지 못할 것입니다.

여기서는 여러분 자신의 지知, 여러분 자신의 **자연발로적 지**知에 대해서 듣고, 그것을 재발견할 것입니다. 여러분의 보이지 않는 자연발로적 현존이 여러분의 행복의 원천입니다. 일체가 여러분 안에 있지만 여러분이 그것을 모르고 있습니다. 여러분의 현존은 하나의 공개적인 비밀입니다.

여러분의 현존은 그 무엇도 필요로 하지 않습니다.

그러니 누가 평안을 원합니까? 누가 행복을 원합니까?

여러분의 자연발로적 현존은 그 자체에게도 알려져 있지 않습니다.

여러분의 자연발로적 현존은 말이 없고, 익명이고,

보이지 않는, 정체불명의 정체성입니다.

영적인 공부를 여러 해 하고 나니 어떤 결론에 도달했습니까? 책을 읽는 것만으로는 충분치 않습니다. 그것은 건조한 지知이고, 물질적 지知입니다.

누구를 위해서 그 모든 책을 읽고 있습니까?

여러분은 무無형상이고, 여러분이 궁극적 진리입니다.

여러분은 몸이 아니고, 몸이 아니었고, 몸으로 남아 있지 않을 것입니다. 이것이 여러분의 확신이 되어야 합니다. 이 확신을 확립하는 유일한 길은 명상과 **자기탐구**입니다. 영적인 공부는 잠시 잊으십시오. 몸은 여러분의 정체성이 아닙니다. 그것은 변화를 겪기 때문입니다. 몸은 시간제한이 있습니다. 공개적인 사실이지요! 언젠가 그것은 매장되거나 화장될 것입니다.

알려지지 않은 것이 생겨났고(탄생했고), 몸을 통해서 알려졌습니다.

알려지지 않은 것이 알려지게 되었습니다.

알려진 것은 그 알려지지 않은 것 속으로 흡수될 것입니다.

단순한 가르침이지요!

자연발로적 현존이 몸-형상을 하고 생겨나자 고통이 시작되었습니다. 신체적 고통과 정신적 고통 말입니다. 영적인 공부는 여러분에게 고통에 직면할 용기를 줍니다. 집착과 상실이 고통의 원인입니다. 심리적 문제, 정서적 문제, 이 모든 신체적 번뇌들은 명상의 도움으로 해소될 것입니다.

니사르가닷따 마하라지님은 이렇게 말합니다. "그대가 좋은 지知, 좋은 영적인 지知를 가지고 있다 하더라도, 그 지知가 흡수될 수 있는 유일한 방도는 명상의 도움을 받는 것이다."

존재성 이전에는 어떤 몸도, 어떤 문제도, 어떤 필요물도 없었습니다. 어떤 언어, 어떤 단어, 어떤 개념도 없었습니다. 음식도 필요 없었고, 지知도 필요 없었고, 영적인 공부도 필요 없었습니다. 스승도 제자도 없었고, **깨달음도 필요 없었습니다.** 여러분에게 어떤 이름도 없었고, 어떤 아내도, 남편도, 어머니도, 아버지도, 형제, 자매, 친구도 없었습니다. 모든 관계는 몸과 관련됩니다. 세계는 그대의 **자연발로적 현존**의 **자연발로적 투사물**입니다.

이것은 직접적인 지知입니다.
이것은 지적인 접근법이 아니고,
논리적 접근법이 아니고, 에고적 접근법이 아닙니다.
이 모든 것은 여러분의 현존 이후에 나왔기 때문입니다.

여러분은 진정한 의미에서 여러분 자신을 알기 위해, 실재를 알기 위해 여기 왔습니다. 이것이 자연발로적으로 일어나게 하려면 **자기탐구**, 명상 그리고 스승이 베푸는 지知의 도움으로, 여러분이 아닌 일체를 지워야 합니다.

여러분은 결코 속박되어 있지 않았습니다.
여러분은 새처럼 자유롭습니다.
단지 여러분의 정체성을 잊어버렸을 뿐입니다.
그것을 일깨워 주려고 스승이 여기 있습니다.

여러분이 궁극적 진리이고, 궁극적 실재이며, 최종적 진리입니다. 여러분이 전능한 신입니다!

여러분은 일체이고,
일체가 여러분 안에 있습니다.

3. 무아인 진아

질문자: 무아인 진아라고 하시는 것은 무슨 뜻입니까?
마하라지: '자아'는 몸-지知와 관계됩니다. 그것은 몸과 함께 나온 일체를 의미합니다. 이 모든 몸-지知가 해소될 때 남아 있는 그것을 우리는 '무아인 진아'라고 합니다. 어떤 내용도 없는 진아, 환幻이 없는 진아입니다.

무아인 진아는 우리의 **자연발로적이고, 보이지 않는, 익명의 현존**으로서 동일시를 넘어서 있는 것입니다. 이 알려지지 않은 **정체성**을 가리키는 이런 모든 단어들은 그대가 일단 그 주소에 도달하면 완전히 해소되어야 합니다. 그 단어들이 할 일이 끝났으면 내버리십시오! 기억하십시오! 무아인 진아는 말을 넘어서 있다는 것을 말입니다.

자아는 몸-지知, 그리고 몸과 관련된 모든 환幻과 관계됩니다. "나는 어떤 사람이다, 다른 어떤 사람이다, 나는 한 개인이다." '어떤 사람'이라고는 없습니다. 그것이 몸-지知입니다. 자아는 몸과의 동일시, 즉 '나 자신', '그 자신', '그녀 자신'을 지칭합니다. 무아인 진아는 '무無'를 지칭합니다. 그것은 아무것도 없다는 뜻입니다. 주시자도 없고 경험자도 없습니다. 아무것도!

질: 그렇습니다! 그런데 당신께서는 우리의 **현존**이 하나의 '**공개적인 비밀**'이라고도 말씀하십니다. 그것은 무슨 뜻으로 하시는 말씀입니까?
마: 예, 그대의 **현존**은 하나의 **공개적인 비밀**입니다. 그대의 **자연발로적 현존**이 몸으로 덮여 있습니다. 그대는 자각하지 못할지 모르지만, 그대의 현존이 있습니다. 그대는 그대 자신에게 주의를 기울이지 않고, 그대 자신을 등한시하고 있습니다. 내면을 보지 않고 늘 그대 자신의 바깥을 보고 있습니다. 일체가 그대 안에 있고, 아무것도 밖에 있지 않습니다.

질: 그래서 그것이 무아인 진아에게 하나의 공개적인 비밀이군요?
마: 그렇지요, 자아에게가 아니라 무아인 진아에게 말입니다. 일체가 무無에서 나오고, 일체가 다시 무無 속으로 해소됩니다. 그리고 그 무無 속에 '어떤 것[有]'이 있는 것처럼 보입니다. 그대가 뭘 모를 때, 존재성 이전의 그대의

현존을 알지 못할 때는 이 무無를 '어떤 것'으로 받아들입니다.

　　존재성 이전에는 그대가

　　일체 아무것도 알지 못했습니다.

　　아무것도 몰랐고, '앎'이라는 말조차도 몰랐습니다.

그대가 몸을 떠난 뒤에는 세상에서 어떤 일이 일어나는지 모를 것입니다. 몸을 떠난 뒤에는 그대가 알려지지 않은 상태로 있을 것입니다. 따라서 일체가 무無에서 나오고, 일체가 다시 무無 속으로 해소됩니다.

　　일체가 무無에서 나오고,

　　일체가 다시 무無 속으로 해소됩니다.

이제 그 사이에서 우리는 자신을 '어떤 것'으로 여기고 있습니다. 우리 자신을 '어떤 것'이라고 믿습니다. 그러나 이 '어떤 것'은 몸에 기초한 지知하고만 관계됩니다. 사실 이 몸은 불변으로 남아 있지 않을 것이고, 따라서 설사 그것이 '어떤 것'처럼 보인다 해도 실은 그것은 무無입니다. 몸 이전에는 어떤 이름도, 모양도, 형상도 없었고, 어떤 경험도, 경험자도, 어떤 주시도, 주시자도 없었습니다.

이 공개적인 사실이 명상을 통해서 점차 분명해질 것입니다. 이 세계는 그대가 한 사람의 남자나 여자이며, 그대가 태어났고 죽을 거라는 것을 받아들이도록 그대를 속여 왔습니다.

　　몸은 '어떤 것'의 겉모습을 가지고 있지만,

　　그것은 무無입니다.

　　그것은 환幻입니다.

주의 깊게 들으십시오! 존재성 이전에는 그대가 그대에게 알려져 있지 않았습니다. 몸을 떠난 뒤에는 그대가 그대 자신에게 알려지지 않을 것입니다. 현재 그대는 몸-형상을 한 그대 자신을 압니다. 그 몸-형상은 지속되지 않을 것입니다. 그 몸은 그대의 영구적인 정체성이 아니고, 오래가지 않을 것입니다. 그대가 그대 자신이라고 여기는 이 '어떤 것'은—이 '어떤 것'이 무엇이든 간에—무無에서 나왔을 수밖에 없습니다. 따라서 그대가 '어떤 것'이라고 여기는 것은 사실 환幻입니다.

실재는 존재성 이전입니다.

실재는 존재성 이후입니다.

몸-형상 안의 이 생명 기간은 환幻입니다.

그것은 실재의 한 막간,

하나의 중단, 하나의 교란으로 볼 수 있습니다.

저의 스승이신 니사르가닷따 마하라지님은 "그대가 실재다"라고 말합니다. 그대와 별개로는 달리 아무것도 없습니다. 실재는 어디 다른 데 존재하지 않습니다. 당신은 이 가르침을 한 문장으로 요약했습니다. "무아인 진아 외에는 어떤 신도, 브라만도, 아뜨만도, 빠라마뜨만도, 스승도 없다." 즉, 무형상의 그대 외에는 아무것도 없다는 것입니다. 그대의 무아인 진아 외에는 아무것도 없습니다. 무아인 진아와 별개로는 아무것도 없습니다.

무아인 진아 외에는 아무것도 없습니다.

4. 세 가지 단계

질문자: 세 가지 단계가 있다고 말씀하셨습니다. 첫째는 **자기탐구**, 둘째는 **진아지**, 셋째는 **진아 깨달음**이라고요.

마하라지: 세 가지 단계가 있는데, 동시에 없습니다. 사실 어떤 단계도 없습니다. 그런 것은 초기에 사람들을 인도하기 위해 우리가 쓰는 단어들일 뿐입니다. 가르침의 목적상 우리는 세 가지 단계가 있다고 말할 수 있습니다. 그 단계들은 하나·둘처럼 명료하거나 단선적인 것이 아니지만, 하나의 느슨한 틀로서는 유용합니다.

자기탐구는 **진아지**로 이어지고, 그런 다음 그 **진아지**는 심화된 **자기탐구** 등으로 이어집니다. 그래서 그것은 앞으로 나아간 다음 한 걸음 물러서는 과정, 일종의 왔다 갔다 하기와 흡사합니다. 그러나 예, 거칠게 말하면 세

가지 정해진 단계가 있다고 말할 수 있지요.

간단히 표현해서, **영**이 몸과 맞물렸을 때 그 인간이 출현했는데, 그는 큰 두려움이 있었습니다. 그 두려움과 혼란 때문에, 그는 자신이 누구인지 몰랐습니다. 그래서 이런 딜레마에 빠졌습니다. "나는 누구인가? 나는 몸-형상을 하고 있구나! 그러나 만일 몸이 나의 **정체성**이 아니라면, 나는 누구인가?" 이것이 **자기탐구**의 뿌리이고, 인간의 영원한 탐색입니다. 그는 "나는 누구인가?"와 "나는 왜 이렇게 필요한 게 많은가?"를 알아내려고 애씁니다.

그 물음이 일어나는 것은, 몸-지知 이전에는 어떤 필요물도 없었기 때문입니다. 초기 단계에서는 "나는 누구인가? '나'의 의미는 무엇인가?"를 알아내려고 애씁니다. 이것이 기본적인 **자기탐구**입니다.

그는 답을 찾으면서 여러 원천에서 지知를 모으기 시작합니다. 책들, 친구들, 강의, 수련회, 워크숍, (영적인) 교사들, 어쩌면 **스승**들에게서도 말입니다. 이런 지知를 통해 (지적인) 깨달음에 이르고, "나는 무無이다"를 알게 됩니다. 영적인 용어로 이 '무無'를 브라만·아뜨만·빠라마뜨만 혹은 신이라고 한다는 것을 알게 됩니다. 구도자가 발견한 이 지知는 문자적 지知입니다.

몸은 하나의 물질적 몸이고, 그 몸이 수집해 온 지知도 물질적 지知입니다. 이 지知는 존재성 이전에는 존재하지 않았던 인위적 원천들에서 발견되었습니다. 따라서 그것은 몸-지知입니다. 책에서 얻은 지知나 전해 들은 지知는 **지知**(Knowledge)가 아닙니다. 지知는 **자연발로적 진아지**이고, 그것은 진정한 의미에서 자기 자신을 아는 것을 의미합니다.

그대는 브라만이지 몸이 아니라고 하는, 그대가 이미 가지고 있는 지知가 흡수될 때 이 지知는 확신으로 화합니다. 그대는 몸이 그대의 **정체성**이 아니라는 결론에 오래 전에 도달하여, 그 사실을 지적知的으로 받아들였을지 모릅니다. 그러나 더 깊이 들어갈 필요가 있습니다. "그대 자신을 아십시오!" 여기서 저는 제 **스승**님이 저와 함께 나누신 그 지知를 함께 나누고, 그대의 **실재**를 보여드릴 것입니다. 그대는 두려움이 없어질 것이고, 진정한 의미에서 그대 자신을 알게 될 것입니다.

지知가 확신으로 화할 때,

그것은 진아지가 됩니다.
진아지란, "나는 몸이 아니다"라는 지知를
그대가 흡수하고 있다는 것을 의미합니다.

그대는 영적인 책들과 기타 2차적 원천에서 그대가 몸이 아니라는 것을 알아냈습니다.

이 지知가 흡수될 때,
그것이 진아 깨달음의 상태입니다.

요컨대 자기탐구가 진아지로 이어집니다. 그대는 지성과 어떤 단어들의 도움으로 "나는 몸이 아니고, 브라만·아뜨만·빠라마뜨만·신 등으로 불려 왔다"는 지知를 얻었습니다. 그러나 이는 문자적 지知일 뿐입니다. 이 문자적인 지知가 흡수될 때, 깨달음의 단계에 도달할 것입니다. 그 단계에서는 아무것도 남아 있지 않을 것입니다. 경험도, 경험자도, 주시도, 주시자도 없고, 아무것도 없습니다.

이는, 진아 깨달음의 단계에서는
그대가 세계에 전혀 상관하지 않게 된다는 것을 의미합니다.
존재성 이전에 그대가 있던 방식이
진아 깨달음의 단계입니다.

질: 그래서 그 과정이 단선적이지 않은 거로군요. 왜냐하면 당신께서 말씀하시듯이, 그럴 때는 **진아지**가 우리를 심화된 **자기탐구**로 돌아가게 하고, 그 반대도 마찬가지이기 때문입니다. 그래서 우리는 이 과정 속에서 **자기탐구**에서 **진아지**로 부단히 나아가고, 그것은 어떤 면에서 결코 끝나지 않습니다. 늘 점점 더 많은 지知가 드러나고, 더 많은 것이 발견됩니다.

마: 제가 말했듯이, 지知란 진정한 의미에서 그대 자신을 아는 것을 의미할 뿐입니다. 우리는 몸-형상의 우리 자신을 알고 있습니다. 이것은 우리의 **정체성**이 아닙니다. 그 과정을 돕기 위해 **스승**이 '명상이라는 약'을 처방하여 모든 신체적·영적·정신적·에고적 문제를 극복하게 합니다. 강력하고 깊은 집중의 한 시기가 지나고 나면 **자연발로적 확신**이 일어날 것이고, **실재**가 그대 안에서 나타날 것입니다.

어떤 거대한 놀라움이 있을 것입니다!

어떤 기적적인 체험,

어떤 극적이고 마법적인 체험 말입니다!

그것이 일어날 때 그대는 이렇게 느낄 것입니다. "나는 몸에 전혀 상관하지 않는다. 몸은 나의 정체성이 아니다." 비록 그대가 몸 안에 살고 있기는 해도, 그에 상관하지 않고, 관심 갖지 않고, 개입하지 않게 될 것입니다.

명상은 완벽한 토대를 구축하는 데 도움이 될 것입니다.

일체가 그대 안에 있습니다. 모든 것이 거기 있지만, 묻혀 있고, 재에 덮여 있고, 환幻과 개념의 층에 덮여 있습니다. 개념들의 그 풍선을 터뜨리십시오. 그것은 자동적으로 일어날 것이고, 자연발로적으로 폭발할 것입니다.

5. 그대는 몸이 아니라 몸의 보유자이다

질문자: 당신께서는 우리가 자신을 몸-형상으로 알고 있다고, 그리고 우리의 진정한 정체성을 알 필요가 있다고 말씀하셨습니다. 그러면 무엇이 우리의 정체성, 우리의 존재입니까?

마하라지: 그대의 존재는 **자연발로적 존재, 자연발로적 현존**입니다. 그대의 **자연발로적 현존**은 말이 없고, 보이지 않고, 익명인, 정체불명의 정체성입니다. 세계는 그대의 **자연발로적 현존**에서 투사됩니다.

그대의 자연발로적 현존은 말이 없고, 보이지 않고,

익명인, 정체불명의 정체성입니다.

세계는 그대의 자연발로적 현존에서 투사됩니다.

그대는 전적으로 불생不生이지만, "나는 태어난다, 그리고 죽을 것이다"라고 생각합니다. 그런 것은 개념이고, 환적인 생각입니다.

그대는 불생不生입니다!

그대가 궁극적 진리입니다!
저는 그대 안의 말 없는, 보이지 않는 청자의 주의를 요청하고 있습니다.

저는 그대 안의 말 없는,
보이지 않는 청자의 주의를 요청하고 있습니다.
그것이 궁극적 진리입니다.

그것이 궁극적 진리인데, 그것은 불생입니다. 그것은 죽음과 탄생을 모릅니다. 존재성 이전에는 그대가 죽음과 탄생에 대해 몰랐습니다. '신'에 대해서 아무것도 몰랐습니다. 영이 몸과 맞물렸을 때, 그 존재성이 모든 개념과 환幻들과 함께 생겨났습니다. 그대의 아버지·어머니·형제자매 등은 모두 이 몸의 느낌에서 나온 몸 관계들입니다.

그대는 이런 말을 들었습니다. "신이 존재한다! 전능한 신이 여기나 저기에 계시다. 이 종교나 저 종교, 이 교회나 저 사원에서 그를 발견할 수 있다." 몸의 느낌이 없었을 때는 어떤 존재성도 없었습니다. 존재성 이전에는 아무것도 없었습니다. 어떤 타자도, 어떤 관계도. 아무것도.

그대는 몸이 아니고, 몸이 아니었고,
몸으로 남아 있지 않을 것입니다.
공개적인 사실입니다.

여기 간단한 예가 있습니다. 그대의 부모님이 그대에게 말했습니다. "이 몸은 '소년'이라고 하고, 저 몸은 '소녀'라고 한다." 그대는 그 정보를 받아들였습니다. 그분들이 그대에게 하나의 이름, 예컨대 '라비', '시따', '수전', '폴' 등을 주었고, 그대는 이의 없이 그 정체성을 받아들였습니다. 그리고 젊은 남자나 여자에서 중년으로, 노년으로 그 몸의 단계들을 경과했습니다. 그러는 동안 그대는 "나는 하나의 이름이 붙어 있는 이 몸일 뿐인가? 만약 그렇지 않다면, 나는 누구인가?"와 같은 많은 물음을 던졌습니다.

이제 그대는 여기 왔으니 더 깊이 들어갈 수 있습니다. 멈춰서 내면을 보십시오! 그대가 무엇인지를 알아내십시오! 환幻을 없애십시오. 그러면 그대의 실재가 드러날 것입니다! 자기탐구를 하십시오! 분별력을 사용하십시오! 일체가 그대 안에 있습니다.

스승이 말합니다. "그대가 궁극적 실재이고,
궁극적 진리이며, 전능한 신입니다."
그대에게 엄청난 파워와 힘이 있지만,
그대는 자신의 파워를 모르고 있습니다.
왜냐하면 그 몸-형상을 받아들였기 때문입니다.

스승은 그대가 실재이고 신이라고 말합니다! 스승이 말하는 것을 받아들여야 합니다. 영적인 공부는 그만두고라도, 그대는 몸이 그대의 **정체성이** 아니라는 것을 압니다. 왜냐하면 그것은 일정한 햇수동안만 지속되기 때문입니다. 스승이 그대의 **실재**를 그대에게 보여주고 있습니다.

질: 그러니까 마하라지님, 당신의 말씀은 저희가 스승의 말씀을 경청하고 그의 가르침을 받아들이며, 실재에 집중하고 있어야 한다는 것이군요. 그러나 처음에는 환幻을 해소하는 노력을 좀 기울여야 하지 않습니까?

마: 그렇지요, 처음에는 그 환幻들을 해소하고 **실재**를 확립하기 위해 노력을 좀 해야 합니다. 보세요, 그대는 그 모든 개념들을 만났을 때 그것을 맹목적으로 받아들였습니다. 예컨대 "나는 남자다, 혹은 여자다", "나는 이 종교에, 혹은 저 종교에 속한다"고 말입니다. 우리는 죄와 덕, 구원과 저주 등 개념들의 세계 안에서 헤엄치고 있습니다.

지옥·천당·해탈(moksha)·발현업發現業(prarabdha-금생에 발현되는 업)·탄생·죽음 등 끝없는 개념들이 있습니다. 이 모든 것이 경전과 책에 나오고, 구루·교사·스승들에게서도 나옵니다. 도처에 환幻이 있습니다! 그대가 속박되어 있다고 느끼게 하는 수많은 개념들이 있지만, 실은 그대는 속박되어 있지 않습니다. 그대는 속박되어 있지 않고, 새처럼 자유롭습니다.

이 모든 개념들은 몸과 함께 왔습니다.
존재성 이전에는 어떤 개념도 없었습니다.
어떤 '앎'도 없었습니다.
(그때) 우리는 행복이나 평안에 대해서 몰랐습니다.
보이지 않는 현존이 몸과 접촉한 뒤, 모든 개념이 시작되었습니다.
모든 요구 사항들이 시작되었습니다.

누구나 죽음을 두려워합니다. 우리는 살아 있기 위해서 무슨 일이든 할 것입니다. 그러나 이 두려움을 붙들고 있느니, 왜 "죽음이 무엇인가?"라고 자문해 보지 않습니까? 그대는 잠자리에 들 때 잠드는 것을 두려워합니까? 그대는 말합니다. "잠자게 해 주시오. 나를 방해하지 마시오." 죽음이 무슨 차이가 있습니까? 똑같습니다! **자기탐구**를 하십시오! 그대는 매일 누군가가 죽었다는 이야기를 듣거나 읽을지 모릅니다. 몸이 죽는다는 것은 분명한 일이고 피할 수 없습니다. 죽은 몸들은 나중에 매장되거나 화장됩니다.

몸은 사라질 것이고, 그것은 피할 수 없습니다.

그러나 그대는 어디도 가지 않습니다.

그대는 몸이 아닙니다.

그대는 몸의 보유자입니다.

그대는 몸이 아니라 몸의 보유자입니다. 그대는 영靈이고, 몸과 전적으로 다릅니다. 몸은 살과 피와 뼈라는 외적인 부분일 뿐입니다. 그 몸을 통해서 누가 행위하고 있습니까? "나에게 아주 나쁜 생각들이 있다. 나는 어떤 흉한 꿈을 꾼다"와 같은 생각들을 누가 경험하고 있습니까?

이 모든 것들을 누가 주시하고 있습니까?

그것은 '궁극적 진리'라고 하는

말이 없고, 보이지 않고, 익명인, 정체불명의 정체성입니다.

질: 그에 대해 숙고해 보겠습니다! 지난 세월 저는 다수의 영적인 책들을 읽었고 명상도 했습니다. 어떤 (영적인) 교사를 방문하거나 **삿상**(Satsang)에 참석할 때 그 경험은 저를 상당히 고양시킵니다. 거기서 그 순간 조용히 앉아 있는 동안은 행복감을 느끼지만, 그 느낌이 지속되지 않는 것 같습니다.

마: 오케이, 그러니까 그대는 책을 좀 읽었고, 어떤 **스승들**의 가르침을 들었고, 명상도 조금 했군요. 가늠해 보십시오! 그 모든 것이 그대에게 어떤 효과를 가져왔습니까? 완전한 평안을 발견했습니까? 긴장에서 벗어났습니까? 두려움이 없습니까? 행복을 가졌습니까? 만약 그 답이 '아니요'라면 **자기탐구**를 해야 합니다. 그러면 진정한, 영구적 행복을 발견할 것입니다. 저는 어떤 물질적 원인도 없는 완전한 **행복**에 대해 이야기하고 있습니다.

만일 그대가 더 많은 외적 지식을 보태주는 책들을 계속해서 읽고 있다면, 잠시 쉬면서 멈추어 이렇게 자문해 볼 필요가 있습니다. "이 지知는 나에게 행복과 충족을 안겨주고 있는가? 나는 두려움이 없는가?" 그대의 자기탐구에 충실하십시오. "내가 몸을 떠나야 할 때 이 지知가 나에게 도움이 될 것인가?"

만약 그대가 지금 수집하고 있는 지知가 그대에게 평안과 행복을 안겨주고 있지 않다면, 그것은 그 지知가 그대에게 효과가 없다는 것을 의미합니다. 간단하지요! 그것이 지금 그대에게 도움을 주고 있지 않다면, 임종 때 그것이 어떻게 그대에게 도움이 되겠습니까? 그러니 이 모든 지知가 무슨 소용 있습니까?

그 모든 책에서 영적인 공부의 이름으로 들려주는 것이
누구의 이야기인지 알아내십시오!
그것이 자기탐구입니다.

질: 누구의 이야기(story)라고 하시는 것은 무슨 뜻입니까?

마: 그것은 그대의 이야기입니다! 저는 브라만·아뜨만·빠라마뜨만 혹은 신에 대한 이야기를 그대에게 들려주는 것이 아니고, 그대에게 말해주고 있는 것이 아닙니다.

저는 그대의 이야기를 들려주고 있습니다.
그것은 그대 안의 그 청자聽者, 보이지 않는 청자,
익명의 청자의 이야기입니다.
그것은 무아인 진아,
그대의 무아인 진아의 이야기입니다.

저의 스승 니사르가닷따 마하라지님은 무아인 진아 외에 아무것도 없다고 분명하게 말했습니다. 무아인 진아와 별개인 그 무엇도 없습니다. 무아인 진아만이 궁극적 진리, 최종적 진리입니다. 당신의 말씀으로, "무아인 진아 외에 어떤 신도, 아뜨만도, 브라만도, 빠라마뜨만도, 스승도 없다"고 했습니다.

이 희유한 지知, 깨침이
궁극적 진리가 무엇인지, 최종적 진리가 무엇인지를

그대가 깨닫도록 도와줄 것입니다.
그대가 그것입니다!

6. 그대는 백만장자이지 거지가 아니다

마하라지: 우리가 **궁극적 진리**라는 것을 알아내고, 진정한 의미에서 그것을 알기 위해서는, 뿌리로 나아가서 이렇게 물어야 합니다. "몸-형상 이전에 그대는 어떻게 있었습니까? 존재성 이전에 그대는 어떠했습니까? 어떻게 있었지요? 존재성 이전에 그대는 어떻게 있었습니까?"
질문자: 모르겠습니다.
마: 맞습니다. 그리고 몸을 떠난 뒤에는 그대가 어떠하겠습니까?
질: 모르겠습니다.
마: "모른다"가 정답입니다.

"모른다"는 것은,
그대의 현존이 있었다는 것은 알지만
그것이 어떤 형태나 형상을 하고 있지 않았다는 것을 의미합니다.

그대가 그것을 인식하지는 못해도, 보이지 않는 말 없는 현존이 있었다는 것은 압니다. 사실 **지**知의 뿌리, 곧 궁극적 진리는 그대 안에 있지만, 그대가 이 **진리**를 무시하고 등한시해 왔습니다. 그대 자신을 과소평가해 온 것입니다. 바꾸어 말해서, 그대는 백만장자인데도 거지처럼 행동해 왔습니다.
거지 소년의 이야기를 해 봅시다. 한 소년이 거리에서 구걸을 하고 있었습니다. 하루는 그의 삼촌이 다가가서 물었습니다. "왜 구걸을 하고 있나? 너는 거지가 아니라 백만장자야!" 당연히 소년은 그 말을 믿지 않고 이렇게 대답했습니다. "농담하시고 저를 놀리시는 거죠. 거짓말이에요! 그럴 수 없다고요!"

결국 삼촌은 소년을 설득하여 은행에 데려가서 소년의 이름으로 된 수백만 달러가 든 계좌를 보여줍니다! 자기 앞에 펼쳐진 모든 증거를 본 거지 소년은 마침내 납득하고, 자신의 새로운 지위를 받아들입니다.

그와 마찬가지로 스승은 말합니다. "그대가 **브라만**이고 **아뜨만**이다." 그러나 그대는 스승의 말을 믿거나 받아들이지 않고 있습니다. 그것을 말로 표현하지는 않을지 모르나, 내면 어딘가에 작은 목소리가 있어서 이렇게 말할지 모릅니다. "제가요? 아니요! 농담하시는 겁니다."

어떻게 하면 그대가 납득할 수 있습니까? 확신을 갖기 위해서는 그대에게 명상의 과정이 필요합니다. 명상은 여러 층의 모든 환幻을 해소하는 효과가 있을 것입니다. 그런 다음 그대의 **완전함**을 이해하게 됩니다. "오, 내가 그것이군!"[스승님은 기분 좋게 놀라는 몸짓을 하신다.] **스승**은 완전합니다. 그는 그대에게 **궁극적 진리**를 보여주고 있고, 그래서 그대의 존경을 받을 만합니다.

그래서 이 확신을 갖기 위해서는, 그대의 **완전함**을 알기 위해서는, 명상이 필수적입니다. 그것은 지知를 흡수하는 동시에 환을 지우는 유일한 방도입니다. 지금이 바로 구걸을 멈추고 그대의 가치를 알아야 할 때입니다.

그대는 백만장자인데도 거지처럼 살고 있고,

자신을 거지처럼 표현하면서 이렇게 말합니다.

"오, 신이시여, 뭔가 해주시고, 저를 축복해 주시고, 도와주십시오."

남에게 축복과 은총을 달라고 하면 마치 진통제를 먹을 때처럼 일시적인 평안, 일시적인 영적 행복을 얻을지 모르지만, 그것이 그대에게 충족과 지속적인 만족을 가져다주지는 않을 것입니다. 지금은 강해져야 할 때입니다. 확고해지십시오! 지금은 그대의 때입니다. 그대 자신의 힘과 파워를 알아야 할 때입니다. 그대의 힘을 알고 그대의 파워를 발견하십시오.

스승은 말합니다. "그대는 더 이상 장애인이 아니다." 그대의 존재는 지知로 충만해 있습니다. 그대가 지知의 **원천**이지만 그대는 모르고 있습니다. 그대는 자신이 **궁극적 진리**이고 **전능한 신**이라는 것을 모르고 있습니다.

그대는 전능합니다. 전능한 신이고, 무소부재無所不在합니다.

그대의 현존은 도처에 있습니다.

그대는 하늘을 넘어서 있습니다.

어떤 개인성도 없습니다.

질: [웃으면서] 이 '작은 제'가 그 모든 것이라니 믿기 어렵습니다! 만일 제가 당신 말씀처럼 그 모든 것이라면, 어떻게 그것을 모를 수 있습니까? 그리고 그것을 모른다면, 어떻게 저의 **진아**를 알아갈 수 있겠습니까?

마: '나'가 어떻게 그럴 수 있느냐고요? 전혀 어떤 '나'도 없습니다. '너'도 없고 '나'도 없습니다. 일체가 그냥 하늘과 같습니다. 보세요, 스승이 그대에게 그대는 **전능**하고, 그대가 **궁극적 진리·최종적 진리**라고 말하는데도 그대가 그것을 받아들이지 않고 있습니다. 그 진리를 받아들이지 못하는 것은 그대가 온갖 환적인 개념들에 사로잡혀 있기 때문입니다. 그대는 자신을 '작은 저'라고 여기고 있는데, 그것이 그대의 **타고난 파워**를 그대가 보지 못하게 만들고 있습니다.

그에 대한 치유책, 그에 대한 아주 간단한 치유책은, 제가 말했듯이 명상입니다. 명상이 환幻에 대한 항바이러스제입니다. 그것은 초기 단계에서 최선의 치유책 중 하나입니다. 그것은 강력한 약과 같아서 전신에 퍼지는 데는 시간이 걸립니다. 그런 다음 효과가 나타날 것입니다. 그것이 다 퍼져서 스스로를 치유하기까지 얼마나 오래 걸리느냐는 그 영적인 몸(spiritual body)에 달려 있습니다. 규율 있는 명상은 모든 몸-지知를 해소하는 데 도움이 될 것이고, 그래서 때가 되면 일체가 완전히 지워질 것입니다.

그대의 몸-지知가 완전히 해소되어 사라지지 않으면

진정한 의미에서 그대 자신을 알지 못할 것입니다.

이것은 매우 중요합니다. 그러니 다시 들으십시오. 그대의 몸-지知가 완전히 해소되어 사라지지 않으면 진정한 의미에서 그대 자신을 알지 못할 것입니다. 제가 이 말을 하는 것은, 그대를 흔들어 놓아서 그대가 이 환幻을 해소하는 일에 오롯한 마음으로 뛰어들게 하기 위해서입니다.

그것은 일체가 사라지고, 해소되고, 소멸해야 한다는 것을 뜻합니다. 어릴 때부터 오늘날까지의 모든 인상, 조건화, 기억들을 포함한 일체가!

질: 마하라지님, 저는 제가 **궁극적 진리**라는 일깨움을 듣기 위해서 여기 와

야 했습니다.

마: 그대가 **궁극적 진리**입니다. 그대가 **궁극적 진리**이지만, 몸과의 오랜 연관 때문에 그대가 **실재**를 받아들이지 않고 있습니다. 그대는 고개를 끄덕이며 "좋습니다, 좋습니다, 좋습니다"라고 할지 모릅니다. 그러나 필요한 것은 그대의 전적인 **투신**投身(total involvement)입니다. 그것은 어렵지 않고, 실로 아주 간단합니다. 그에 대해 생각해 보고, **자기탐구**를 하십시오!

몸은 그대의 정체성이 아닙니다.

이것은 하나의 공개적인 사실입니다.

그대의 몸-지知는 명상의 도움으로 해소되고 지워질 것입니다. 동시에 그대는 "나는 누구인가?"를 알아내고 싶어 해야 합니다. 의욕, 어떤 충동, 열정이 필요합니다! "나는 누구인가?"를 알아내도록 그대를 다그칠 필요가 있습니다. 대충 하는 영적 공부(casual spirituality)만으로는 되지 않습니다.

질: 마하라지님, 저의 자아가 매우 강한데 그것이 해소될 기미가 안 보입니다.

마: 그것은 그대에게 몸과, 마음·에고·지성에 대한 집착이 너무 많기 때문입니다. 그대가 마음·에고·지성에게 에너지를 공급하고 있습니다. 늘 그대가 마음·에고·지성에게 에너지를 공급하고 있습니다.

사실 그대는 주인이지만,

마음·에고·지성의 노예로 행동하고 있습니다.

질: 저는 평생 동안 영적인 공부에 관심을 가져 왔고, 평안과 행복을 추구해 왔습니다. 지금의 인생 단계에 와 버렸다는 것이 실망스럽고 약간 우울하기도 한데, 아직도 제가 찾던 것을 발견하지 못했습니다.

마: 우울·실망·혼란·갈등 등의 이런 모든 문제는 몸에 기초한 개념들입니다. 기대가 커지는 것은 그대가 자신을 **실재**와 별개의 한 개인으로, '어떤 사람'으로 생각하고 간주하기 때문입니다. 그대는 **실재**인데 말입니다. "나는 평안을 원한다. 행복을 원한다. 영적이기를 원한다." '영적인 공부'가 무엇인지를 알게 되면, 그 또한 환幻임을 발견할 것입니다.

영적인 공부가 왜 필요합니까?

그대가 자신의 정체성을 잊어버렸기 때문입니다.

그래서 영적인 공부가 필요합니다.

존재성 이전에는 어떤 영적인 공부도 없었습니다. 영적인 공부에 관한 수많은 책들이 있고, "나는 보기 드문 스승이다"라고 주장하는 수많은 영적 스승들이 있습니다. 존재성 이전에 이 모든 것이 어디 있었습니까? 영적인 공부의 필요성이 나오는 것은 그대가 자신을 몸으로, 몸-형상으로 여기기 때문입니다. 모든 환적인 층들이 해소될 때, 그때는

그대의 완전함을 이해하게 될 것입니다.

"오, 내가 그것이다!"라고.

그것은 자연발로적 완전함입니다.

"오, 내가 그것이다!"라는.

7. 그대가 목적지인데 왜 계속 돌아다니는가?

질문자: 마하라지님, 제가 명상을 할 때는 어떻게 명상해야 합니까?

마하라지: 한 가지 기법을 가르쳐 드리겠지만, 그대 자신에 대한 강한 믿음이 있어야 합니다. 그리고 무엇을 해야 하는지를 듣고 나면 달리 어디로 가야겠다는 어떤 유혹도 없어야 합니다. 이것은 그대의 마지막 여정입니다.

그대가 목적지인데 왜 계속 돌아다닙니까?

이것은 종착지입니다. 달리 어디도 갈 데가 없습니다. 깊은 자기투신(self-involvement)으로 이 행법을 따르면 백 퍼센트의 결과를 얻게 될 것입니다. 그대의 노력에서 백 퍼센트의 결과를 얻게 될 것입니다.

질: 이 가르침은 단순하게 들리는데, 당신께서 많은 단어를 사용하지 않으시기 때문입니다. 저는 그 단순함이 좋고, 그것이 실은 전혀 언어상의 것이 아니라고 느낍니다. 다른 어떤 수준에서 뭔가가 일어납니다.

마: 그대에게 사전 지식이 있으면 그 언어를 이해할 수 있습니다. 여기서 사용하는 언어는 단순합니다. 단순하고 직접적인 접근법을 가진 단순한 언어입니다. 가끔 저는 이야기 형식의 화법도 쓰는데, 그것은 그냥 어떤 의미를 알기 쉽게 보여주거나, 이해를 도울 어떤 힌트를 주기 위한 것입니다.

지금 이 시대에는 사람들이 '재택在宅' 수행을 합니다. 책을 많이 읽고, 여러 스승들의 가르침을 듣고, 여러 가지 의식이나 행법을 닦습니다. 한동안은 그것도 무방하지만, 그러다가 멈추어서 상황을 평가하고 가늠하면서 이렇게 물을 때가 옵니다.

내가 왜 이런 것을 다 하고 있는지 알아야겠다.
이 모든 독서에서 내가 무엇을 얻고 있나?
이 스승들의 가르침을 듣고 내가 무엇을 얻고 있나?
이 모든 성지들을 방문하여 내가 무엇을 얻고 있나?

그대의 행위들 이면의 목적을 알아야 합니다. 왜 이런 모든 것, 이런 모든 활동을 하고 있는가? 그 답은 일반적으로 "평안과 행복을 위하여", 또는 "두려움 없는 삶, 긴장 없는 삶을 살기 위하여"일 것입니다.

그러나 그것을 누가 원합니까?
두려움 없는 삶을 누가 원합니까?
평안을 누가 원합니까?
긴장 없는 삶을 누가 원합니까?

질: 접니다! 제가 원합니다!

마: 이 '저', 이 '나'가 누구입니까? 다시 그 질문을 하십시오.

질: 그 질문을 합니다만, 그 답은 말을 넘어서 있는 것 같습니다.

마: 자기탐구를 하다 보면
  그 탐구자가 자아중심에 도달하는데,
  거기서는 비상한 침묵이 있을 것이고
  그 탐구자가 사라질 것입니다.

그래서 첫째, 스스로에게 물으십시오. "그 '나', 그것은 어떤 것인가? 그것은 어떻게 있나? 그 '나'가 있는 곳을 말할 수 있는가?" 답은 "아니다"입니다.

그것은 익명이고, 보이지 않고, 확인 불가능합니다.
둘째, 행복과 평안을 얻기 위해 우리가 가지고 있는 이 모든 필요물과 요구 사항들, "존재성 이전에 그것들이 필요했는가?" 답은 "아니다"입니다. 그리고 셋째, "몸이 사라진 뒤에 그것들이 필요하겠는가?" 답은 "아니다"입니다.

이 모든 필요물이 시작된 것은
그대가 그 몸을 보유하고 있기 때문일 뿐입니다.
따라서 그것은 우리가 가진 모든 지知가
몸에 기초한 지知이고, 몸과 관계되는 지知라는 것을
의미한다는 이야기가 됩니다.

'그대'가 그대 자신에게 전적으로 완전히 알려져 있지 않은 것은 그대를 **실재**로부터 분리해 온 몸 관계들 때문입니다. 이 환적인 분리로 인해 그대는 자신이 그 근원과 별개이며 다르다고 생각해 왔습니다. 그것이 참으로 그대인데 말입니다. 그대는 "나는 어떤 사람, 한 개인이다", "나는 남자거나 여자다. 브라만·아뜨만·빠라마뜨만 혹은 신이다"라고 생각할지 모릅니다.

질: 저는 '브라만'과 "나는 브라만이다"라는 소리가 좋습니다. 이거다 싶고, 저에게 맞습니다. 저는 그것을 만트라처럼 다년간 거듭거듭 염해 왔습니다.

마: 그대가 자신을 뭐라고 부르든, 혹은 어떤 이름을 선호하든 그것은 중요하지 않습니다. '브라만'은 하나의 단어일 뿐입니다. 우리는 의사소통을 위해 어떤 단어들, 어떤 언어를 써야 합니다. 그런 것들은 '이름'일 뿐이고, 따라서 모두 똑같은 하나입니다.

질: 그래도 저는 '브라만'을 선호합니다.

마: 오케이, 오케이. 우리가 서로 다른 사물들에 이름을 부여했다는 것을 기억하는 한 그것도 무방합니다. 우리가 ABC라는 알파벳을 창조했습니다. 모든 것에 이름이 붙여집니다. "이것은 당-나-귀다", "저것은 하-느-님이다". 그러나 이것을 기억하십시오.

존재성 이전에는 이런 이름들이 존재하지 않았습니다.
이것은, 이름이 없는 그 '자연발로적인, 보이지 않는 존재'에게

'브라만'·'아뜨만'·'빠라마뜨만'·'신'이라는
이름들이 부여되었다는 것을 의미합니다.
이것이 자기탐구의 방법입니다.
탐구자가 침묵이 되고, 보이지 않게 됩니다.
그리고 저 '문자적 지知'가 실재가 됩니다.

8. 전 세계는 그대의 자연발로적 투사물이다

질문자: 그런데 세계는 어떻습니까? 세계는 마야(maya), 곧 환幻 아닙니까?
마하라지: 그대는 이 온 세계와 전적으로 다릅니다. 왜냐하면 전 세계가 그대의 **자연발로적 투사물**이기 때문입니다.

세계는 그대의 자연발로적 현존에서 투사됩니다.
그대의 존재 없이는, 그대의 현존 없이는, 그대가 세계를 볼 수 없습니다.
그대는 세계 이전, 우주 이전이고, 일체의 이전입니다.
'브라만'·'아뜨만'·'빠라마뜨만'·'신'·'우주'·'하늘' 등을
말하기 위해서는 그대의 현존이 필요합니다.

그대의 **현존**은 한계가 없습니다. 그것은 시간제한이 없고, 그 둘레에 어떤 테두리(circle)도 없습니다. 테두리를 넘어서 있습니다. 이것은 단순한 지知입니다.

그대는 몸-지知의 범주(테두리) 안에서 돌고 돕니다.
왜입니까?
그 범주에서 나오십시오!
질: 어떻게 하면 당신께서 말씀하시는 이 '몸-지知라는 범주'에서 나옵니까? 그것은 너무 어렵고, 너무 견고히 확립되어 있지 않습니까? 어떻게 하면 제가 변할 수 있습니까?

마: 그대가 몸이 아니고, 몸이 아니었고, 몸으로 남아 있지 않을 거라는 것을 받아들이면 됩니다. 그대는 **불생**不生입니다. 그대는 **궁극적 실재, 최종적 실재**입니다.

잠시 영적인 공부는 젖혀두십시오. 조금 뒤로 물러서서 냉정하고 합리적으로 바라보십시오. 분별력을 사용하십시오! 그대는 몸이 그대의 **정체성**이 아니라는 것을 압니다. 왜냐하면 어린아이에서 나이든 여성으로 변화들이 일어나는 것을 보아 왔기 때문입니다. 그러니 그것이 어떻게 그대의 **정체성**일 수 있습니까? 그것은 영구적이지 않습니다.

질: 맞습니다. 그러니까 당신의 말씀은, 만약 제가 "나는 몸이 아니다", "나는 **불생**不生이다, **궁극적 실재**다"라는 것을 받아들인다면, 그것이 앞으로 나아가는 길이라는 거군요?

마: 예, 예. 분별과 무집착으로 말입니다.

질: 설사 제가 그것을 온전히 믿거나 느끼지 못하고, 그에 대해서 의문이 있다 해도 말입니까?

마: 예, 예. 그것이 올 것입니다. 그 확신이 오겠지만, 그것은 **자연발로적 확신**입니다. 일어나는 모든 의문은 그냥 몸에 기초한 물음들입니다. 이 모든 갈등·혼란·의심은 몸에 기초한 것이고, 모두 몸과 관련된 것입니다.

　존재성 이전에는 어떤 의심도 없었고,
　어떤 '아는 자'도 없었습니다.
　의심은 몸과 함께 시작되었습니다.
　그러나 그대는 몸이 아닙니다.
　몸은 머물러 있지 않을 것입니다. 전혀.

그대가 **궁극적 진리**이지만, 그대는 그 **궁극적 진리**를 잊어버렸습니다. 그대는 지금 자신이 다른 어떤 사람, 어떤 평범한 남자나 여자라고 생각하고, 그래서 다른 누군가에게 "부디 저를 축복해 주십시오. 당신의 손을 제 머리에 얹고 저를 축복해 주십시오"라고 청해야 하는 사람이라고 생각합니다. 왜입니까?

질: 그것이 저절로 일어날 거라는 말씀이군요?

마: 그것은 아주 간단하지만 전적인 투신投身이 필수입니다. 그대 안의 이 원리를 알려면, **궁극적 실재·궁극적 진리**에 대해 더 많은 것을 알아내려면, 가라앉힐 수 없는 갈증이나 내면에서 타오르는 불길 같은 그런 열의, 자기 투신이 있어야 합니다. 그것이 그대에게 **실재**를 알고 싶게 만들고, **실재**를 알도록 그대를 몰아갑니다.

헌신이란 실재를 알려고 끊임없이 분투하는 것입니다.

한 가지 예를 들겠습니다. 만일 어떤 사람이 정말 끔찍하고 저속한 언어로 그대를 욕하면 그 말들이 그대 안에서, 모든 세포 안에서 자동적으로 반사될 것입니다. 어떤 사람이 욕을 하면 강한 감정의 물결이 폭발할 수 있고, 실제로 그렇습니다. 우리 모두 그런 감정을 압니다. "누가 나를 헐뜯었다. 복수해야지. 가까이 오기만 해 봐라, 되갚아 줄 테니. 나를 그런 식으로 대우했으니 가만두지 않겠어. 어딜 감히!" 그런 식으로 말입니다.

헌신이 그와 같습니다.

질: 알겠습니다. [웃음.] 달리 아무것도 생각하지 않을 만큼 결의와 온전한 투신이 필요한 거로군요! 저도 그런 경험을 몇 번 했습니다!

마: 그래서 이처럼, 진정한 의미에서 그대 자신을 알려고 애쓸 때는 완전한 투신이 필수적이고, 유일한 길입니다. **진아지**를 추구하는 완전한 전념이 헌신입니다. 아무 말 없이 그것을 잊어버리게 되지 않습니다. 알아내야 합니다. 그대를 멈출 수가 없습니다. "알고 싶다. 내가 누구인지를 알고 싶다!"

그대 자신을 진아 깨달음 속으로 온전히 던져 넣으십시오.

그대가 "나는 남자다", "나는 여자다"라고 말할 때, 그것은 사실이 아닙니다. 그리고 "나는 **브라만**이다"라고 말할 때조차도 그것은 사실이 아닙니다. 그대는 **브라만**도, **아뜨만**도, **빠라마뜨만**도 아닙니다. 이런 이름들은 붙여진 것입니다. 좋은 이름들이기는 하지만, 그것은 그대의 **궁극적 진리·궁극적 정체성**을 가리켜 보이기 위해 사용될 뿐입니다. 아뜨만·브라만·빠라마뜨만 같은 이런 단어들은 한계가 있습니다.

그것들은 단어, 그냥 단어일 뿐입니다.

그대는 단어들을 넘어서 있습니다.

9. 신적인 본질

질문자: 저는 생각·느낌·감정 등에 집착하고 있고, 그래서 하나의 몸처럼 느껴집니다.

마하라지: 그런 모든 느낌들이 흐르고 있는 것은 그대가 몸을 보유하고 있기 때문입니다. 현존은 스티븐이 누구인지, 혹은 그가 남자인지 여자인지를 모릅니다. 왜냐하면 현존은 마치 허공처럼 보이지 않고, 자신의 이름도, 어떤 이름도 모르기 때문입니다.

진리를 그대 앞에 놓아 드리지만, 불행히도 그대가 그것을 받아들이지 않고 있습니다. 그대는 그런 모든 슬프고 두려운 느낌들, 긴장된 느낌들을 받아들입니다. 그런 것들을 아주 깊이 받아들이고 있습니다. 그 때문에 이런 느낌들이 저 현존에 말하자면 색깔을 부여하고 있고, 그것이 "나는 다른 어떤 사람이다"를 낳습니다.

우리는 그대 안의 보이지 않는 청자의 주의를 요청하려고 애쓰고 있습니다. 그대가 전능한 신입니다. 그대는 도처에 있는 무소부재한 신입니다.

　그 신적인 본질에게는
　한 개인이라는 어떤 경험도 없습니다.

그대는 스티븐을 '어떤 사람'으로 받아들여 왔지만, 만일 그 몸과 현존이 없었다면 누가 이 '스티븐'에 대해 이야기하겠습니까? 몸은 영靈의 힘 없이는 어떤 활동도 할 수 없습니다. 영靈과 몸의 결합이 필수적입니다. 이것은 매우 **직접적인 지**知입니다.

　현존은 그 자신의 존재를 모릅니다.
　현존에게는 지知가 없습니다.
　그것은 어떤 경험도, 경험자도, 어떤 주시도, 자각도 없습니다.

영이 몸과 맞물리는 순간 그대는 "내가 있다(I am)"고 말합니다. 선풍기는 전기가 있어야 돌아갑니다. 힘의 흐름이 없으면 전기도 없습니다! 그대의 힘은 보이지 않는 전기와 같지만 그대는 그 힘 대신 몸만 보고 있습니다.

따라서 우리가 해야 할 일은 모든 기억을, 몸에 기초한 우리의 모든 기억을 지우는 것입니다. 그것은 시간이 좀 걸릴 것입니다. 일체가 지워진 뒤에는 전적인 침묵이 있을 것입니다.

이 이해, 이 지知를 얻으려면 튼튼한 토대가 있어야 합니다. 그대의 토대를 튼튼하게 하기 위해서는 명상 수련을 닦아야 합니다. 문자적 지知는 도움이 되지 않을 것입니다. 책에서 얻은 지知는 충분치 않습니다. 그것은 그대의 **정체성**을 가리켜 보이려는, 몸에 기초한 시도일 뿐이기 때문입니다.

모든 음식-몸-지知가 해소되면
일체가 분명해질 것입니다.

질: 몸-지知가 사라지면 이런 모든 강렬한 감정들도 사라지겠습니까?
마: 그렇지요! 자연발로적으로! 저는 의사소통을 위해 '지운다', '사라진다' 같은 단어들을 사용하고 있을 뿐입니다. 그러나 그 과정은 자연발로적 과정이고, 그것이 그대의 **무소부재함**을 드러내면서 도처에 있는 그대의 **현존**을 말해줄 것입니다. 모든 환적인 생각이 없어지고 일체가 사라질 것입니다.

그대는 꿈속에서 때로는 좋은 것을 보고 때로는 나쁜 것을 봅니다. 깨어나면 이렇게 말할지 모릅니다. "내가 무엇을 했지?" 일단 **실재**를 알고 나면 모든 개념이 해소될 것입니다. (잠에서) 깨어날 때 그대는 자신이 이런 꿈들과 무관하며, 자신이 어떤 일도 하지 않았다는 것을 알 것입니다. 마찬가지로, 지知를 통해서 그대는 자신이 그대 자신이라고 여긴 것, 자신이 이런 사람이라고 생각한 것이 사실은 그렇지 않았다는 것을 깨달을 것입니다. 그것은 하나의 꿈이었습니다!

질: 제가 저 자신을 몸-형상으로 가늠했기 때문이군요?
마: 맞습니다! 만일 몸에 음식을 주지 않으면 몸은 야위어집니다. 그 음식을 누가 먹습니까? 그것은 살을 위한 음식입니다. 그것은 마치 램프가 기름이 마르면 타오르기를 그치는 것과 같습니다. 기름이 고갈되면 불빛은 사라집니다. 음식이 그 기름과 같습니다. 그 기름을 누가 사용하고 있습니까?
질: 우리 안의 불입니다. 제가 저의 **자연발로적 존재**를 먹이고 있습니까?
마: 그대는 아무것도 하지 않고 있습니다. 저는 비유를 들고 있을 뿐입니

다. 램프가 타고 있다면 기름이 있는 것입니다. 몸에 음식 공급을 중단할 때까지는 그대의 **현존**을 볼 수 있겠지요. 음식과 물의 섭취를 중단하면 몸은 사라질 것입니다. (기름이 다하면) 램프의 불빛은 어디로 갑니까? 천당이나 지옥으로? 그 불처럼, 몸이 끝날 때까지는 그대의 **현존**을 느낄 것입니다.

빛은 도처에 있습니다. 성냥갑과 성냥개비같이 어떤 접촉만 있으면 됩니다. 접촉만 있으면 되고, 그 접촉에서 우리가 불길을 보게 됩니다. 빛이 도처에 있고 불이 도처에 있지만 접촉이 있어야 그것을 볼 수 있습니다. 그것은 보이지 않지만 '맞물림(click)'만 있으면 그것을 볼 수 있게 됩니다.

현존은 무소부재, 곧 도처에 있는 불입니다.

그 맞물림으로 인해 얼마동안은, 즉 몸이 살아 있는 동안은 그것이 초점의 대상이 되고, 그런 다음 기름이 고갈되면 그것이 다시 사라집니다.

질: 마치 눈에 보이는 불, 하나의 불길처럼 말입니까?

마: 그대의 **자연발로적 현존**은 보이지 않는 불입니다. 오직 이 결합, 즉 **영**靈과 몸의 맞물림 때문에 그대가 '나'를 말할 수 있습니다. 그대는 몸을 통해서 그대의 **현존**을 압니다. 몸이 있어 그대가 '나'를 말할 수 있습니다.

이 **실재**를 알고 나면 자연발로적 용기를 갖게 되어 전적으로 두려움이 없어질 것입니다. 죽음과 탄생이라는 이 무서운 분위기에서 벗어날 것이고, 그래서 몸을 떠날 때에도 아무 두려움이 없을 것입니다.

질: 이 두려움의 느낌은 몸과 함께 옵니까?

마: 저는 몇 가지 단어를 사용해야 합니다.

　이 자연발생적 느낌,

　이 두려움이 있는 것은

　몸에 대한 그대의 사랑 때문입니다.

"나는 몸이 아니다"라는 것을 알면 아무 두려움이 없을 것입니다! 그대가 호주머니에 뭔가를 가지고 있으면 도둑을 두려워하겠지요. 호주머니가 비어 있으면 두려워할 것이 없습니다.

　그대가 죽음에 대해 걱정하는 것은

　자신이 어떤 사람이라고 생각하기 때문입니다.

그대의 모든 소득, 그대의 자산으로 인해 그대는 잃을 것이 너무 많다고 생각합니다.

질: 그러니까 당신의 말씀은, 그 두려움 때문에 저에게 이 지_知가 없다는 거로군요?

마: 그렇지요. 이 모든 환幻을 없애려면 명상을 닦아야 합니다. 그 지_知가 소화되는 순간 그대는 그 효과를 보게 될 것이고, 내면에서 기적들이 나타날 것입니다. 시간이 좀 걸리겠지요.

질: 라마나 마하르쉬는 죽음의 체험을 했습니다. 그 후에 깨달았습니다. 그런 체험을 하는 것이 필요하지 않을까요?

마: 아니지요. 각자가 서로 다른 체험, 서로 다른 체험을 합니다. 라마나 마하르쉬와 다른 어떤 스승에 대해서도 신경 쓰지 마십시오.

그 체험은 똑같은 하나입니다.

체험이 아니라 체험자에게 집중하십시오.

체험들은 다를 수 있지만 그런 것들은 중요하지 않습니다. 저는 보이지 않고 익명인 저 체험자의 주의를 환기하고 있습니다.

남들을 보지 말고, 그대 자신을 보십시오!

이 삶은 큰 바다와 같습니다. 수많은 이들이 빠져 죽고 있습니다. 일체가 어두워졌습니다. 그대는 이 환적인 세계, 이 환적인 바다에서 빠져나갈 길을 찾고 있습니다. 남들을 추종하면서 그들의 방법이 그대에게 효과가 있기를 바라고 있습니다. 여기저기 보고 다니지 마십시오. 여기와 저기에서 빠져나와야 합니다!

이 남자 또는 저 여자가 헤엄치는 법에 신경 쓰지 마십시오.

그렇지 않으면 그대가 빠져 죽을 것입니다.

그대는 이 환적인 세계라는 바다에 던져졌고, 이제는 이 환적인 바다를 헤엄쳐 나와야 합니다.

스승들이 그대에게 빠져나오는 법을 말해주었습니다.

헤엄치는 법을 보여주었습니다. 헤엄을 치십시오!

먼저 그대 자신을 구한 다음 남들을 구하십시오. 남 만트라는 그대에게 편안하고 쉽게 헤엄치는 법을 가르쳐 주는 하나의 기법입니다. 어중간한 지식과, 남들에게 의존하고 남들에게서 (무엇을) 빌리는 것은 늘 위험합니다.

질: 마하라지님, 어중간한 지식 이야기가 났으니 말입니다만… 저는 다년간 제대로 된 **깨달은 스승**, 당신과 같은 분을 찾아 다녔습니다. 자칭 교사들은 수없이 많이 있지만, 그들은 모두 이른바 신新비이원론자(Neo-Advaitin), 곧 **삿상** 문화의 일부입니다.

제가 보기에 이들 신新비이원론 가르침들은 알맹이가 없고 혼란스럽습니다. 왜냐하면 이 교사들은 자세한 도로지도를 제공하지 않거나 더 큰 그림을 보여주지 않기 때문입니다. 그들이 지침을 줄 수는 있겠지만, 그들의 지知는 피상적인 수준에 머무릅니다. 왜냐하면 **진아지**가 없기 때문입니다. 그들은 코끼리의 일부를 보여줄 뿐입니다. 접근방식이 상업적이어서, 많은 돈이 오가고 어떤 것들은 매우 비쌉니다. 저는 드디어 당신을 발견한 것이 기쁩니다. 저 자신이 찾아본 바로, **깨달은 상태**에서 말씀하시는 분은 당신이 유일합니다.

마: 저는 그대가 여기 와서 기쁩니다. 이것은 그대의 종착역, 종점입니다!

10. 영원히 살고 싶어 하는 것은 누구인가?

질문자: 저는 **자아안주**(self-abidance)를 닦아 왔습니다.

마하라지: 그런 것은 단어들일 뿐입니다. 그런 모든 개념은 그대의 **현존** 위에 쌓인 층들입니다. 몸 이전에는 어떤 자아안주도 없었고, 자아가 아예 없었습니다. 존재성 이전에는 자아가 아예 없었습니다. 이 안주라는 개념이 나타난 것은 그냥 몸 때문입니다.

영적인 단어들의 바다에서 헤엄치지 마십시오.

그대의 무아인 진아를 보십시오.

그것은 **공개적인 진리**입니다.

질: 그러나 어려운데요?

마: 전혀 어렵지 않지요! 그 몸은 그대의 **정체성**이 아닌데 그것이 뭐가 어렵습니까? 그것은 **공개적인 진리**입니다. 그대는 자신의 죽음을 연기할 수 있습니까? 전혀 그럴 수 없지요. 그러니 어려움이 어디에 있습니까?

그저 그대 자신을 보고,
몸 이전에 그대가 어떻게 있었는지를 보십시오!

'자아', '나 자신', '그 자신', '무아' 같은 이런 말들은 나타난 단어들일 뿐입니다. 자아 개념이 그대 앞에 나타난 것은 **영**이 몸과 맞물렸을 때입니다.

상상 없이, 개념들 없이,
그대가 이미 **최종적 진리**입니다.

그대의 **최종적 진리**를 가리켜 보이기 위해 이런 모든 단어들이 사용됩니다. 이 영적인 단어들은 지시물에 지나지 않는데, 그것이 혼란을 야기하고 에고를 더 늘려줄 것입니다.

어떤 분리도, 어떤 개인성도 없습니다.
그대가 궁극적 진리와 하나일 때, 그럴 때
'자아안주'가 무슨 의미를 갖습니까?

하늘은 그 자신이나 그 무엇도 알지 못합니다. 그대의 **존재·현존**은 하늘을 넘어서 있습니다. 우리는 어릴 때부터 오늘날까지 몸-지知에서 나오는 인상들을 받아 왔습니다. 아이는 부모가 말하는 것을 즉시 받아들입니다. 왜냐하면 아이는 아주 열려 있고 인상을 잘 받기 때문입니다. 어른들은 더 의심이 많고 일체를 비틀고 분석하기 때문에, 그리 쉽게 받아들이지 않습니다. 수만 가지 개념이 우리의 안에 새겨집니다. 그래서 그것을 다 지우기 위해서는 남 만트라가 필요합니다.

질: 남 만트라가 자아안주 아닙니까?

마: 전적인 확신이 진아안주(Self-abidance)입니다. 남 만트라는 그대가 궁극적 진리라는 것에 대해 '보이지 않는 명상자'의 주의를 요청합니다.

그것은 그대가 존재성 이전에 어떻게 있었느냐의

문제라고 할 수 없습니다.

왜냐하면 (그때는) 그대가 그대 자신에게 알려져 있지 않았고,

따라서 그대가 (아무것도) 몰랐기 때문입니다.

앎은 그 뒤에 왔습니다.

그대가 몸 안에 존재하기 이전에 보이지 않는 익명의 **현존**이 있었습니다. 그대가 존재하기 이전에 불이 있었지만, **영**靈과 몸이 맞물리고서야 그 불길이 보일 수 있습니다. 성냥갑에 성냥개비를 한 번만 그으면 불이 생겨납니다. 마찬가지로, '나'라고 말하려면 **영과 몸의 결합**이 필요합니다.

질: 자연발로적 존재가 그 불길 혹은 잠재적 불길입니까?

마: 불이 존재하고 있으나 그것을 우리가 알지 못합니다. (성냥을) 딱 그으면 불이 보이지만, 그러다가 불은 사라집니다. 그것은 어디로도 가지 않습니다. **영**靈이 몸과 맞물리는 순간 그대는 "내가 있다"고 말합니다. 그러나 몸-형상으로 그대 자신을 가늠하지 마십시오. 영적인 공부의 기본 원리는 그대가 몸이 아니라고 하는 것입니다. 몸은 탄생과 죽음에 지배되지만 그대는 그렇지 않습니다.

몸을 떠나야 할 때가 오면 몸-형상은 소진되지만,

그대의 현존은 그렇지 않습니다.

현존은 지속됩니다.

그대의 보이지 않는 **현존**은 비상한 중요성이 있습니다. 그대의 보이지 않는 **현존**은 비상한 중요성이 있는데, 그대가 그것을 등한시하고 있습니다. 그것을 과소평가하고 있습니다. 그대는 외적인 것들을 중요시합니다. 그대를 돌아보고, 그대의 내면을 바라보십시오. 그대의 내면을 보십시오. 그대의 명상 수행은 진지한 투신이 필요합니다. 그러고 나면 모든 문제가 그대의 내면에서 해결될 것입니다. 그대의 **내적인 스승**은 매우 강력합니다.

그래서 강력한 투신이 필요합니다.

그대 안의 그 힘은

제가 하는 이야기 이면의 힘과 동일합니다.

몸들은 달라도 **영**靈은 하나입니다. 제가 이미 말했듯이,

전적인 확신이 진아안주입니다.

한 동이의 물을 바다에 쏟고 나면 그 물을 들어낼 수 없듯이, 그대가 **만트라를 염하고 나면 일체가 수정처럼 명료해질 것입니다.**

이것은 아주, 아주 단순한 영적인 지知입니다. 그대의 **무아인 진아**에 대한 믿음을 가짐과 동시에 그대의 스승에 대한 믿음을 가져야 합니다.

그대는 애걸하고 있습니다. "오, 부디 저를 도와주십시오!"

왜냐하면 그대의 위대함을 모르기 때문입니다.

모든 중생이 생존을 위해 분투하는 것은 영靈이 몸을 통해서만 그 자신을 알기 때문입니다. 영靈이 그 몸을 유지하고 싶어 하는 것은 죽음이 두렵기 때문입니다. 이것은 가장 큰 중생에서부터 가장 작은 중생까지 모두 해당됩니다. 예컨대 개미들을 보십시오. 그들도 살아남고 싶어 합니다. 그들이 일단 단맛을 알고 나면 목숨에 집착합니다.

언젠가 예지력이 있는 한 성자가 있었습니다. 그가 자신의 헌신자들에게, 몇 날 몇 시에 몸을 벗겠다고 말했습니다. "나는 인근 마을에서 태어난다. 나는 어떤 동물의 압력을 느끼고 있는데, 그것은 멧돼지다. 그대들이 이 멧돼지인 나를 보면 와서 나를 죽여라! 나는 그 멧돼지 형상으로 있고 싶지 않다. 기억해라! 나를 죽이고, 나를 토막 내라!"

그래서 훗날 그는 죽어서 멧돼지로 태어납니다. 제자들이 그 마을로 가보니 그가 말한 대로 멧돼지가 있습니다. 그들이 멧돼지를 붙잡자 멧돼지는 소리를 지릅니다. "부디 나를 죽이지 마라. 나는 이 몸이 좋다. 내가 그대들에게 한 말은 잊어버리고, 나를 죽이지 마라! 나는 이대로 있고 싶다."

이것이 인간의 상태를 잘 보여줍니다. 영靈이 몸-형상에 집착합니다. 생명 이면의 원리인 영靈은 몸-형상을 좋아하고, 특정한 몸 안에 남아 있기를 원합니다. 영靈은 자신의 **정체성**을 모릅니다. 그것은 몸을 통해서만 자신을 압니다. 그 **자연발로적 현존**이 곧 **정체불명의 정체성**입니다. 그럼에도 불구하고 모든 산 존재는 몸-형상으로 자신의 자기보존을 도모하고 싶어 합니다. 영원히 살고 싶은 것입니다!

11. 경험자도 없고 경험도 없다

마하라지: 우리는 몸에 기초한 관점에서 우리 자신을 압니다.
  이 몸-형상의 지知가 해소되어야 합니다.
  이것이 영적인 공부 이면의 원리입니다.
  그대는 "나는 몸이 아니다"라는 것을 알지 모르지만, 그 지知가 확신으로 화해야 합니다. 사람들은 "나는 몸이 아니다, 나는 **브라만**이다, 나는 **아뜨만**이다, 나는 **빠라마뜨만**이다, 나는 신이다"라고 말합니다. 말하기는 쉽지만 그 지知가 실제적이고, 확립된 것, 전적으로 확립된 것이어야 합니다.
  누구나 몸이 우리의 **정체성**이 아니라는 것을 알고 있다는 것은 사실입니다. 왜냐하면 몸은 변화를 겪기 때문입니다. 그 변화를 우리가 봅니다. 아이가 먼저 오고, 그런 다음 젊은이, 이어서 늙은이가 됩니다. 그러다가 언젠가 우리가 원하든 원치 않든 이 몸들을 떠나야 합니다.
  몸은 우리의 정체성이 아니다,
  이것은 확립된 진리입니다.

질문자: 예, 그건 제가 압니다. 그것은 명백합니다.

마: 그대는 그것이 명백하다고 말하지만, 그와 같이 살고 있습니까? 우리는 이 **진리**를 받아들이지 않고 있습니다. 우리는 몸에 대해 많은 사랑과 애정을 가지고 있습니다. 이것이 해소되어야 합니다.

질: 우리가 몸에 너무 집착하기 때문이군요?

마: 바라트 왕(King Bharat)이 언젠가 그의 대신에게 물었습니다. "다른 사람을 가장 사랑하는 것은 누구의 사랑이요? 자식에 대한 엄마의 사랑이요, 형제에 대한 자매의 사랑이요, 아내에 대한 남편의 사랑이요, 누구의 사랑이요?" 대신이 대답했습니다. "누구나 그 자신을 가장 사랑합니다. 사람들은 그들 자신을 가장 사랑합니다."
  같은 주제에 대한 다른 이야기로, 어미 원숭이와 그 새끼의 이야기가 있습니다. 하루는 그들이 물이 있는 못에서 즐겁게 놀며 앉아 있었는데, 갑자

기 물이 들어오면서 차오르기 시작했습니다. 어미 원숭이는 재빨리 새끼를 들어 올려 위험에서 벗어나게 합니다. 그러다가 물이 계속 차오르자, 어미는 새끼가 빠져 죽지 않게 하려고 더 높이 들어 올립니다. 물은 계속 차오르고, 결국 절망한 어미 원숭이는 자기 목숨을 건지기 위해 새끼를 보호하던 손을 놓아 버립니다. 어미는 자신이 살기 위해 새끼를 희생합니다. 이 이야기를 하는 것은 누구도 자기 자신보다 남을 더 사랑하지는 않는다는 것을 보여주기 위해서입니다.

질: 자기사랑이군요?

마: 누구도 자기 자신보다 남을 더 사랑하지는 않습니다. 몸·마음·에고·지성에 대해 많은 사랑과 애정이 있습니다. 그래서 우리의 기대가 너무 높아, 남들이 그것을 충족시켜 주지 못할 때가 많다는 것입니다.

질: 그러면 그 사랑은 모두 몸에 대한 것입니까?

마: 그렇지요! 그래도 그대의 몸을 보살피고, 그것을 등한시하지 마십시오. 하지만 동시에 몸은 **궁극적 진리**가 아니라는 것을 아십시오. 그대 자신을 몸으로 보는 한, 두려움이라는 환幻과 그 나머지 모든 환에 빠져 있게 될 것입니다.

질: 제가 몸이 아니라면 저는 누구입니까? 저는 머릿속의 밝은 빛이라든가, 아스트랄체 여행, 예지預知, 환영幻影, 영적인 온기의 느낌 등의 체험을 했습니다. 저는 제가 이 몸 훨씬 이상이라는 것을 압니다. 저는 그 너머, 너머의 어떤 것입니다. 그것은 설명하기 어렵습니다.

마: 체험들은 그리 중요하지 않습니다. 무아인 진아에 가까이 가면 체험자도 없고 체험도 없고, 주시도 없고 주시자도 없다는 것을 발견할 것입니다. 몸-형상으로 그대 자신을 가늠하지 마십시오!

　　그대가 궁극적 진리이고, 그대가 최종적 진리이며,
　　그대가 브라만이고, 아뜨만이고, 빠라마뜨만이고, 신입니다.

질: 그렇다면 제가 브라만을 어떻게 체험합니까?

마: 브라만은 보이지 않고, 익명이고, 정체불명입니다.
　　어떤 체험도 없고, 어떤 체험자도 없습니다.

어떤 체험도 없고, 어떤 체험자도 없습니다.

어떤 주시도 없고, 어떤 주시자도 없습니다.

우리는 신체적 몸, 생물학적 몸을 잊어버려야 합니다. 우리는 보이지 않는 영적인 몸을 가지고 있습니다. 그것은 생물학적 몸이나 신체적 몸이 아닙니다. 그대가 가진 모든 질문은 신체적 몸과 관계됩니다.

영적인 수준에서는 어떤 질문도 없습니다.

질: 제가 자신을 몸-형상으로 여기는 한 질문들이 계속 나오겠군요?

마: 그렇지요, 그렇지요. 실제로 그대는 존재성 이전에는 몸이 아니었습니다. 그대는 몸으로 남아 있지 않을 것입니다. 존재성이 시작되자 즉각 그대는 "나"라고 말했습니다. '나' 이전에는 그대의 **현존**이 있었습니다.

그래서 그런 모든 질문은 '영적인 공부'와 더불어 나중에 왔습니다. **궁극적 진리**가, 말하자면 그대의 마음을 끌었을 때 말입니다. 제가 사용하는 이런 단어들은 단어일 뿐이라는 것을 기억하십시오. 그에 집착하지 마십시오.

질: 그러면 몸이 모든 문제를 야기한 거로군요?

마: 몸은 사실 그대가 자신을 알 수 있는 기회를 제공합니다. 몸이 홀연히 하나의 큰 환적인 거리(distance)를 창조했을 때 그대는 **실재**를 모르게 되었고, 그래서 그대의 **정체성**을 잊게 되었습니다.

강해지고, 용기를 가지십시오. 겁쟁이의 삶을 살지 마십시오. 사자처럼 되십시오! 사자 이야기를 압니까? 사자새끼 한 마리가 양떼 속에서 길러졌습니다. 이 사자새끼는 자신이 양이라고 생각하기 시작했습니다. 그래서 개들을 두려워했고, 늑대들을 두려워했습니다. 그러던 어느 날, 두 번째 사자가 나타나서 이 첫 번째 사자와 친해지려고 했습니다. 사자새끼는 울기 시작했습니다. "부디 저를 해치지 마세요, 저는 양입니다."

두 번째 사자는 새끼사자를 강둑으로 데려가서 말합니다. "물속의 너 자신을 봐라. 네 머리를 봐라! 네 몸의 나머지 부분을 봐라. 내가 너에게 보여주지 않느냐, 진심으로 말하지만 너는 바로 나와 같은 사자다!" 새끼사자는 단 한 번 흘깃 물에 비친 자기 모습을 봅니다. 먼저 목을 보고, 그런 다음 몸의 각 부분을 봅니다. "아! 맞네요!"

이렇게 하여 그 사자는 깨닫고 받아들입니다. "그러니까 저도 당신과 같군요! 아무 차이가 없네요! 이제까지 양으로 살아 왔지만 저는 전혀 양이 아닙니다!" 이 사자는 다시 한 번 물에 비친 자기 모습을 보고 나서 포효합니다. "나는 사자다!" 확신을 얻은 사자는 양이 아닌 사자로서 달려갑니다. 그는 결코 양이었던 적이 없었습니다.

스승도 같은 말을 합니다. "그대는 남자가 아니고, 여자가 아니다. 그대는 브라만이다." 포효할 수 있는데 왜 두려워합니까!

이는, 그대가 실재를 알고 나면
그대가 본래 있던 곳으로 간다는 것을 의미합니다.

그것은 영적인 사자를 가리켜 보이는 멋진 이야기입니다. 우리는 그대에게 밖으로 나와서 "나는 사자다. 내가 그것이다(I am That)!"라고 포효하라고 부추깁니다. 그대는 이미 사자이지만 그대의 정체성을 잊었습니다. 몸과의 오랜 연관 때문에 자신을 "나는 어떤 사람이다"라고 여기기 시작한 것입니다.

스승이 그대에게 말합니다. "그대는 궁극적 진리다." 그대는 말합니다. "제가 어떻게 그럴 수 있습니까?" 그래서 그가 설명해 줍니다. 이것을 지知라고 합니다. 자신감을 심어주는 이런 이야기들은 초기 단계에서 적합합니다. 그 이야기의 원리를 받아들여야 합니다. 두려워하지 않도록, 우울해하지 않도록 혹은 영향을 받지 않도록 그대 자신을 가르쳐야 합니다. 그 접촉(몸과의 연관을 통한 세계와의 접촉)을 받지 마십시오. 그대가 고통 받는 것은 그 접촉을 받아들이기 때문입니다.

질: 개인적 수준에서는 제가 많은 고통을 경험해 보았습니다.

마: 고통 받는 자가 누구입니까? 제가 전달하려고 하는 것에 주의를 기울이십시오. 그대는 그대의 근원에서 분리되고, 소외되고, 거리가 생겼다는 느낌을 가지고 있고, 그래서 자신을 별개의 어떤 것, 독립된 존재성을 가진 다른 어떤 사람이라고 느끼게 되었습니다.

그래서 영적인 공부가 필요하고,
명상·바잔·지知도 필요합니다. 왜입니까?

그대가 자신의 정체성을 잊어버렸기 때문입니다.

질: 그러니까, 저의 기억이 돌아오면 저의 정체성을 기억합니까?

마: 그것은 그런 게 아닙니다. 기억하기나 기억력과는 아무 관계 없습니다. 저의 말을 문자 그대로 받아들이지 마십시오! 매일 저는 같은 이야기를 하고 있습니다. 저는 문자적 의미에서의 잊어버리기나 기억하기에 대해 이야기하고 있는 것이 아닙니다.

그대가 알 때는, 그것이 자연발로적으로 일어날 것입니다. 정체불명의 정체성을 알게 되는 순간, 그럴 때 그것이 바로 확신, 자연발로적 확신입니다.

이 자연발로적 확신이 일어날 때,
개인적 의지는 더 이상 존재하지 않습니다.
왜냐하면 '이것'은 이야기를 넘어서 있기 때문입니다.

우리가 함께 이야기를 하고 있는 현재, 우리는 우리 자신을 두 개의 몸, 곧 제자와 스승으로 봅니다. 한 동이의 물을 바다에 부으면 그 물을 들어낼 수 없게 됩니다. 그 물은 바다에 합일되었기 때문입니다. 이것을 '합일 과정'이라고 합니다. 깨달음이 있을 때도 그와 같습니다.

그대가 실재 안에 흡수되면, 즉 한 동이의 물이 바다에 부어지면, 그때는 그 동이의 물을 바다에서 꺼낼 수 없습니다. 그것은 불가능한 일입니다. 그 동이의 물에는 어떤 개인성도 없습니다. 우리가 궁극적 진리 안에 합일되고 흡수되는 과정에서도 그 비슷한 일이 일어납니다. 그대가 궁극적 진리이고, 최종적 진리입니다.

질: 그 합일 과정은 얼마나 오래 걸립니까?

마: 경험이 그렇게 지속되는 동안은, 즉 존재성의 경험과 존재성 흡수, 존재성 해소를 경험하는 동안은 영적인 공부가 필요합니다. 우리가 이 환적인 세계를 만났을 때 모든 필요물이 시작되었습니다. 이 환적인 세계가 아무 기반이 없다는 것을 납득하는 순간, 그대는 그것이 그대의 자연발로적 현존의 자연발로적 투사물이라는 것을 알게 될 것입니다.

세계는 그대의 자연발로적 현존의
자연발로적 투사물입니다.

그 현존은 보이지 않고, 익명인,
정체불명의 정체성입니다.
이것을 아는 것만으로도 충분합니다.

몸은 전혀 우리의 **정체성**이 아닙니다. 공개적인 사실입니다. 모든 몸 관계들은 환적인 개념입니다. 그대는 그대의 몸을 사용할 수 있지만, 거기에 **너무 많은 주의를** 기울이지 마십시오. 몸-형상에 너무 많이 의존하지 마십시오. 몸은 그 나름의 시간제한이 있습니다.

12. 니사르가닷따 마하라지를 만남

마하라지: 질문 있습니까?
질문자: 마하라지님, 니사르가닷따 마하라지님을 어떻게 만나셨는지 조금 말씀해 주실 수 있습니까?
마: 1962년에 저는 친척집에 머무르고 있었습니다. 당시에는 실업 상태여서 일거리를 찾고 있었고, 좀 가난했지요. 제 누님이 말했습니다. "너 여기서 놀고 있으니 나랑 함께 **마하라지님께** 가 보자." 굳이 가야 하나 싶었지만, 일이 그렇게 되어 **니사르가닷따 마하라지님께** 가게 되었습니다.

그 시절에 당신은 새로 온 방문객에게 바로 **남 만트라**를 주지 않았습니다. 신심이 어느 정도인지 알기 위해 관찰해 보시곤 했지요. 그래서 **마하라지님** 댁에 가서 바닥에 앉아 어떤 신의 이름에 대해 명상하기를 한 달쯤 한 뒤, 1962년 10월 2일에 **니사르가닷따 마하라지님**이 저에게 **남 만트라, 구루 만트라**를 주셨습니다.

그 뒤에 당신은 제가 가난하고 일자리가 없다는 것을 아시고, 누구에게나 이 '가난한 청년'을 위한 일자리가 없느냐고 물으셨습니다. 마치 아버지처럼, 저를 위해 물으신 겁니다. 제가 용케 며칠 동안 임시직을 얻었을 때,

당신은 저에게 은행 계좌가 있어야 한다면서 저를 위해 계좌를 하나 만들어 주셨지요. 저에게 시계도 사 주셨습니다. 당신의 친절한 행동은 마치 아버지의 사랑과 애정같이 느껴졌습니다.

저는 계속해서 매일 아침저녁으로 당신 댁에 갔습니다. 그때는 당신이 하시는 말씀들을 이해하지 못했습니다. 제 이해 수준을 넘는 것이었기 때문입니다. 그러나 당신은 "잘 들어, 잘 들어!" 하셨고, 저는 귀담아 들었습니다.

당신은 또 저에게 몇 가지 유용한 실제적 조언도 해주셨지요. 그와 같이 서서히 말없이, 서서히 말없이, 저는 지知를 어느 정도 흡수했습니다. 그런 다음 칼리지와 대학교에 진학했고, 은행에서 일자리를 얻었고, 결혼을 했습니다. 다시 독립한 것입니다. 10년쯤 뒤에는 당신이 말씀하시던 것이 뭐였는지, 그 당시 저에게 해주신 말씀들이 무엇이었는지를 알게 되었습니다.

니사르가닷따 마하라지님이 우리 집을 찾아오시면 "지知는 자네의 일부야"라고 말씀하시곤 했지요. 당신은 아주 단순하고, 직설적이고, 실제적인 인격이었습니다. 초기에는 제가 조바심을 내어 일자리를 여러 번 바꾸었습니다. 첫 일자리는 일당이 1루피였는데, 당시 저는 1루피를 벌려고 10킬로미터를 걸어가곤 했습니다. 이 이야기를 하는 이유는, 지식을 전해서 그대가 분투의 중요성과 그것이 하는 핵심적 역할을 알게 하기 위해서입니다.

   삶 속에서 분투하기는 쉽지 않지만,
   그것은 아주 중요합니다.
   분투는 하나의 스승입니다. 왜냐하면
   그것은 전적인 투신을 요구하기 때문입니다.
   투쟁할 때는 강하게 투신해야 합니다.
마찬가지로, 영적인 공부에서도
   그대의 실재를 알려고 분투해야 합니다.
   "나는 나 자신을 알고 싶다.
   나는 누구인가? 그것을 알아야겠다"고.

질: 많은 성자들에게는 그것을 알아야겠다는 것이 사활적 문제였습니다.

마: 저는 사람들에게 편의적인(편한 마음으로 적당히 하는) 투신, 편의적인 영적 공부로는 되지 않는다고 계속 이야기합니다. 그대가 몰아붙여져야 하고, "나는 누구인가? 나는 이 몸일 뿐인가?"를 알고 싶어 해야 합니다.

저는 어릴 때 "내가 태어나기 전에는 어디 있었을까?"와 같은 몇 가지 생각이 일어났습니다. 여덟, 아홉 혹은 열 살 무렵의 일이었지요. 그런 몇 가지 생각이 일어났지만 답은 나오지 않았습니다. 그래서 이런 식으로 분투하면서 그대 자신 안에서 찾아야 합니다. 그러다 보면 마침내 참된 지知와 더불어 그 탐색이 끝날 것입니다. 참으로 끝이 납니다.

그대는 그대 자신의 밖에서 답을 찾으려 하고 있지만,

그 찾는 자는 그대 안에 있습니다.

그대는 찾는 자를 잊어버렸습니다.

그대가 궁극적 진리입니다.

제가 말하고 있는 것은 매우 미묘합니다. 우리는 몸에 많은 애정과 집착을 가지고 있습니다. 몸이 오래 살아남지 못할 것임을 아는데도 그렇습니다. 누구나 그것을 압니다! 그런데도 우리는 계속 수많은 성지순례를 하고, 영적인 오락을 위해 여기저기 다닙니다. 많은 사람이 이런 편의적 시간 보내기를 계속합니다. 영靈이 떠나야 할 때까지, 몸이 더 이상 기능할 수 없을 바로 그때까지 말입니다. 그때는 몸이 보통의 다른 여느 물질과 같이 불에 탑니다. 수명이 끝난 거지요! 기회를 놓친 것입니다!

몸은 영靈 때문에 살아 있을 뿐입니다. 이 힘(Power), 이 에너지를 브라만·아뜨만·빠라마뜨만·신이라고 합니다. 지知란, 그냥 진정한 의미에서 그대 자신을 아는 것, 그대가 **궁극적 진리**임을 아는 것을 의미합니다.

지금까지 우리는 우리 자신을 몸-형상 안에서, 몸-형상으로 알고 있었습니다. "나는 몸이 아니었고, 몸이 아니고, 몸으로 남아 있지 않을 것이다"라는 지知가 흡수되어야 합니다.

그것은 **진리**, **적나라한 진리**, 모두가 아는 **공개적인 진리**이지만, 동시에 모두가 도외시하기를 더 좋아하는 **진리**입니다. 우리는 내일 사람들이 죽는 이야기를 듣는데, 그것은 피할 수가 없습니다.

궁극적 진리, 궁극적 실재에 대한 지知는, 어떤 물질적 원인의 도움 없이도 완전한 평안이 있을 것임을 의미합니다. 일반적으로 인간의 삶에서 행복의 세 가지 원인은 이름나기(publicity)나 권력, 돈 그리고 성性(sex)이라고 여겨집니다. 수많은 사람들이 이름나기를 추구하고 있고, 유명해지기 위해, 권력을 갖기 위해 무슨 일이든 할 것입니다. 권력을 위해 사람을 죽일 것이고, 돈을 위해 사람을 죽일 것이고, 성을 위해 사람을 죽일 것입니다. 인간들은 늘 이 세 가지에서 평안과 행복을 얻으려고 합니다.

그러나 누가 그 평안을 즐기고 있습니까?

그대는 말하겠지요. "오, 저입니다."

그러나 그 행복은 물질적 원인에 기초해 있고,

따라서 그것은 일시적입니다.

행복과 평안을 위해 전혀 어떤 물질적 원인도 필요하지 않습니다. 돈, 성 혹은 이름나기 없이도 **자연발로적 행복, 자연발로적 평안**을 가질 수 있습니다. 그것은 그냥 "**옴 샨띠**(Om Shanti)"입니다. 이것은 인위적인 것이 아닙니다. 이것은 실재하며, 이것이 아무 걱정, 아무 긴장이 없는 **자연발로적 평안**입니다.

왜 긴장하게 됩니까? 우리가 긴장하는 것은 단지 몸에 대한 집착 때문입니다. 관용과 인내심을 키울 필요가 있습니다.

질: 그러면 저는 어떻게 변할 수 있습니까? 저는 늘 저 자신에게 "나는 브라만이다"라고 말합니다.

마: 변화가 일어날 것입니다. 그대에게 강한 헌신, 강한 의지가 있고, 조금 희생할 준비가 되어 있다면 어렵지 않습니다. 지금은 그대에게 매우 중요한 때입니다. 그대 삶의 매 순간이 아주, 아주 중요합니다.

편의적으로 궁극적 진리를 추구하지 마십시오.

매 순간, 매 순간이 중요합니다.

그대의 직업 활동을 하고 실제적으로 되십시오. "오, 나는 **브라만이야**, 나는 **브라만이야**" 하면서 게으르게 지내지 마십시오. 그것은 지知가 아닙니다. 그대는 다른 데서 신을 찾고 있습니다. 하늘 어디에선가 어떤 신을, 전 세계를 주재하는 신을 찾기를 바라면서 말입니다. 그것은 하나의 개념이고 모두 환상입니다.

신은 하늘에서 전 세계를 지배하면서,
나쁜 짓 하는 사람들을 벌하고
좋은 일 하는 사람들을 축복하지 않습니다.
그것은 하나의 개념, 하나의 환상입니다.

어떤 종교도 그 자체로 나쁘지는 않지만, 이른바 종교의 스승들이 시행하는 방식은 좋지 않습니다. 왜냐하면 그것은 기본적으로 이기적 목적을 위해서 행해지기 때문입니다. 실제적으로 되십시오! 지금이 적절한 때입니다. 그대에게 적기입니다. 두려움의 유령이 그대를 에워싸고 있습니다.

이 두려움의 유령이라는 악순환을 끊고,
"나는 죽지 않는다, 태어나지 않는다"는 것을 받아들이십시오.
탄생과 죽음은 몸하고만, 음식 몸하고만 관계됩니다.
그런 확신이 더없이 중요합니다.

그대에게는 그 확신을 받아들이기 쉽게 해주고, 그것을 심화시켜 줄 어떤 과정이 필요합니다. 이 과정에는 남 만트라·명상·바잔이 포함될 것입니다. 이것은 그대에게 절호의 기회이니, 이 기회를 허비하지 마십시오!

13. 청자聽者의 이야기

마하라지: 여러분의 투신이 무엇보다 중요합니다. 그저 귀담아 듣고, 그런 다음 잊어버리십시오. 제가 전달하는 것, 여러분과 더불어 이야기하는 것, 제가 한 말, 그 말 이면의 원리를 알려고 노력하십시오.

그 말을 분석하지 마십시오.
말은 중요하지 않습니다.

그 말 이면의 의미에 집중하십시오.

그 말 이면의 원리를 알려고 노력하십시오.

제가 여러분에게 이야기하면서 들려주는 것은 **청자**의 이야기이지 그 개인의 이야기가 아닙니다. 저는 여러분 안의 **보이지 않는 청자**에 대해 이야기하고 있습니다.

저는 여러분의 이야기,

여러분 안의 보이지 않는 청자의 이야기를 들려주고 있습니다.

질문자: 그러니까 그것은 하나의 체험이지만 체험자가 없는 체험이군요?

마: 처음에는 '체험'·'주시', 이런 모든 단어가 있지만, 그대는 체험을 넘어서 있습니다. 그대의 **현존**이 모든 체험 이면에 있습니다. 설사 그대가 "나는 **브라만**이다"라고 말한다 해도 그 또한 환幻입니다. 왜냐하면 '브라만'이라고 말하려면 **현존**이 필요하기 때문입니다. '브라만'이라는 이름이 주어졌고, '아뜨만'이 주어졌고, '빠라마뜨만'이 주어졌고, '신'이 주어졌는데, 이 모든 이름들이 '궁극적 진리'에 속한다고 여겨져 왔습니다.

그러나 그 단어들이 궁극적 진리는 아닙니다.

이것은 많은 사람들이 범하는 실수입니다.

그들은 이런 단어들을 궁극적 진리로 여깁니다.

그 단어들이 궁극적 진리는 아닙니다.

우리가 이런 모든 단어에 의미를 부여했습니다. 우리가 이 모든 단어들을 만들어냈습니다. 그것을 통해 우리는 이해할 수 있고, 그것을 통해 서로 말하고 대화할 수 있습니다.

질: 그러니까 분명한 이해를 얻기 위해 그런 단어들을 사용하는 것이 중요한 것이 아니라, 질문들이 답변되는 저 묵연한 곳에 늘 있는 것이 더 중요한 거로군요?

마: 그렇지요. 모든 질문에 대한 모든 답변은 그대 안에 있습니다.

질문자 그 자체가 답변입니다.

그대 안의 보이지 않는 질문자 그 자체가 답변입니다.

그 질문자 없이는 그대가 질문할 수 없습니다.

질: 그 말씀이 저를 그 자리에 멈춰 버리게 했습니다! 그러니까 그것이 저의 모든 질문에 대한 답변이군요. 거기가 확실히 이 모든 것을 가져가야 할 곳입니다. 그 말씀이 저에게 그것을 실체감 있고, 정말 분명한 것으로 만들어줍니다.

마: 이제 제가 한 말을 소화하고 흡수해 보십시오. 그것은 그대에게 **자연발로적 행복과 평안을 안겨줄** 것입니다. **행복**, **평안**, 일체가 그대 안에 있습니다. 그대는 자신이 그 모든 것의 **원천**이라는 것을 잊어버렸을 뿐입니다.

우리가 우리의 행복을 잃어버린 것은 우리 자신을 몸-형상으로 가늠하고 있기 때문입니다. 요컨대 그대는 늘 자신을 과소평가하면서, "나는 어떤 사람이다. 나는 가족의 일원이고, 세상 속의 한 사람이다"라고 생각합니다.

질: 가족에 대한 의무에 대해 여쭈어 봐도 되겠습니까? 당신께서는 "가족에 대한 의무를 다하라"고 말씀하셨고, **니사르가닷따 마하라지**님은 그것을 이해했을 때 가정으로 돌아가셨다고 책에서 읽었습니다. 부디 그 점을 조금 더 설명해 주실 수 있습니까? 저는 그것을 이해하기가 조금 어렵습니다.

마: 그대가 어떤 드라마에서 연기를 하고 있다면, 자신이 그 드라마와 상관이 없다는 것을 압니다. 그것이 두세 시간 동안 그대가 연기하는 하나의 역이라는 것을 압니다. 그대의 **현존**은 **자연발로적**입니다. 그 **현존**과 함께 가족 구성원·사회·세계가 나왔습니다. 그대가 해야 할 임무라면 무엇이든 하되, 동시에 세계에 상관하지 않고 있어야 합니다. 왜냐하면 존재성 이전에는 아무것도 없었기 때문입니다.

　존재성 이전에는 그대가 세계에 상관하지 않았습니다.
　어떤 가정생활도 없었고,
　다른 어떤 사람과의 교제나 상호작용도 없었습니다.

이 전체 꿈은 영이 몸과 맞물리는 순간 시작되었습니다. 마치 그대가 깊은 잠이 들었을 때 꿈에서 다른 사람으로 활동하는 것과 같습니다. 그대가 그대의 많은 가족을 보면서 휴일에 바닷가에 있는데, 해가 빛나고 있습니다. 그대는 여러 가지 풍경 따위를 봅니다. 깨어나면 그 전체 꿈 세계가 사라집니다. 그 가족은 어떻게 되었습니까? 그 휴일은 어떻게 되었습니까?

마찬가지로, 그대는 매일 다른 꿈들을 봅니다. 이 삶은 하나의 큰 꿈, 긴 꿈일 뿐입니다! 공개적인 사실, 공개적인 사실입니다. 몸-지知 이전에 그대는 어디 있었습니까? 존재성 이전에는 어떤 것이 그대의 존재(삶)였습니까?

몸이 해체된 뒤, 사라진 뒤, 죽은 뒤 그대가 "내 가족은 어떻게 되었나? 세계는 어디로 갔나? 내 지知는 어디로 갔나?" 하고 묻겠습니까? 지知란 진정한 의미에서 자기 자신을 아는 것을 뜻할 뿐입니다. 우리는 몸-형상으로 우리 자신을 아는데, 그것이 우리의 모든 미혹과 갈등의 원인입니다.

질: 감사합니다.

마: 그래서 또 다른 꿈을 추동하거나 추진할 수 있는 이 물질적 삶에 대해 너무 많은 집착이 있으면 안 됩니다. 이것은 마지막 꿈이 될 것입니다. 이것은 마지막 꿈이 될 것입니다. 또 다른 꿈이 있어서는 안 됩니다.

그대 자신을 아십시오! 이 몸은 그대에게 진정한 의미에서 그대 자신을 알 진정한 기회를 주었습니다. 만약 그대가 이 기회를 놓친다면, 글쎄요, 뭐라고 말 못하겠군요. 그대는 다른 꿈, 그리고 또 다른 꿈을 꾸고 싶습니까? 만약 아니라면, 그 모든 것에서 나오십시오.

이 모든 꿈에서 나오십시오.

그러자면 **실재**에 대한 **확신**이 더없이 중요합니다.

질: 확신이라고요?

마: 확신이지요, 실재에 대한 확신.

질: 그러니까 명상에서는, 그리고 명상을 넘어서도 그 확신을 가지고 머물러야 하고, 그 확신을 통해서 나머지가 떨어져 나가는군요?

마: 명상을 통해서 그대는 **무아인 진아**, 곧 명상자에게 "그대가 **브라만**이고, 그대가 **아뜨만**"이라는 것을 상기시킵니다. 그대의 **무아인 진아**에게 상기시키는 것입니다.

질: 그 명상은 그 확신이 자라나도록 돕고, 그러고 나면 그 확신이 그것의 성품이 되는 거군요?

마: 그대 나름의 방식으로 그것을 받아들여도 되지만, 그대가 **궁극적 진리**라는 것을 명심하십시오. 그대가 **최종적 진리**입니다. 그것은 그대의 이야기

입니다. 저는 그대가 책에서 읽은 것이 아닌, 그대의 이야기, 그대의 **실재**를 들려주고 있습니다.

저는 그대가 책에서 읽은 그 모든 것이 아닌,
그대의 이야기, 그대의 실재를 들려주고 있습니다.

그것은 청자의 이야기, 그대 안의 **보이지 않는** 청자의 이야기입니다. 책을 읽을 때는 마치 책에 들어 있는 것이 그 **독자**의 이야기인 양 읽어야 합니다.

그대가 영적인 책을 읽을 때,
그 책들은 그대 안의 보이지 않는 청자의 이야기를 들려줍니다.
그대는 마치 그대에 대해서 읽고 있는 것처럼
그 책들을 읽어야 합니다.
그것은 그대의 이야기, 독자의 이야기입니다.

그대와 이야기를 하고 있을 때, 저는 하나의 몸으로서의 그대에게 이야기하는 것이 아니라, 그대 안의 **보이지 않는** 청자에게 이야기하고 있습니다. 사람들은 영적인 책을 읽을 때, 마치 그 책들이 **브라만**과 **아뜨만**에 대한 이야기, 곧 다른 어떤 것에 대한, 독자와 별개의 어떤 것에 대한 이야기를 들려주고 있는 것처럼 그 책을 읽는 실수를 합니다.

질: 제 생각에 마하라지님, 당신께서 해 오신 주된 일들 중 하나는 많은 책 지식과, 어떤 종류의 몸 수련과 책 읽기가 중요하다는 관념을 가져가 버리신 겁니다. 그것은 당신으로부터 아주 확고히 전달되는데, 그것 자체가 아주 중요한 강조점입니다. 그것이 큰 차이이고, 저희에게 익숙해진 것과는 다른 경험입니다.

그것은 또한 어떤 새로운 관점을 안겨주고, 그 과정에 대한 믿음을 더해 줍니다. 그 과정을 신뢰하기란 쉬운 일이 아닙니다. 모든 **스승**들이 한 모든 말들은 우리가 그것을 읽을 때 걸러집니다. 그러나 당신께서는 그 너머를 강조해 오셨는데, 그것은 매우 명료하고 유익합니다.

마: 그것은 **공개적 진리**, **최종적 진리**입니다.

질: 놀랍습니다!

14. 명상이 필수적이다

질문자: 저는 작년에 아주 심오한 체험을 했고, 제가 마지막 단계에 있는 것이 틀림없다고 느꼈습니다.

마하라지: 어떤 마지막 단계도 없습니다. 누구의 단계입니까? 누가 가늠하고 있습니까? 전혀 어떤 단계도 없습니다. 그것은 그대가 읽은 모든 것의 영향입니다. 그대가 읽은 것이 반사됩니다.

질: 만일 이 세계가 하나의 환幻일 뿐이라면, 체험들은 얼마만큼 중요합니까? 제가 말씀드렸듯이 그 영적인 체험은 매우 심오했습니다. 그 때문에 저는 많은 친구를 잃었고, 세상에 대한 관심이 줄어들고 있습니다. 이 체험 이전에 제가 그랬듯이 세상에 대해 다시 관심을 갖도록 억지로 노력해야 합니까? 저는 사회적 대의와 자선사업 분야에서 활동했습니다.

마: 누가 그 몸을 통해서 행위하고 있습니까? 그대의 **정체성**은 몸에 덮여 있습니다. 그래서 그대가 하고 있는 일은 그 몸-지知의 기반에서 이루어지고 있습니다. 영적인 공부에서는 우리가 이렇게 말합니다. "그대는 몸이 아니고, 몸으로 남아 있지 않을 것이다." 그러니 누가 그 몸을 통해서 행위하고 있습니까? 그대는 그대가 이야기하고 있고, 보고 있고, 행위하고 있다고 말합니다.

그대는 "내가 뭔가를 하고 있다"고 말합니다.

누가 그 말을 하고 있습니까?

보는 자, 화자話者, 보이지 않는 화자가 그대의 **정체성**인데, 그것을 브라만·아뜨만·신·스승 혹은 기타 어떤 이름으로 부릅니다. 그러나 그대는 자신을 그 몸-형상으로 믿고 있기 때문에, 진정한 의미에서 그대 자신을 알지는 못합니다. 그래서 그대의 모든 질문은 몸과 관련된 질문입니다.

그대의 사회사업, 그대의 친구들, 그대의 친족들은 몸과 관계됩니다. 존재성 이전에 그대가 어떤 사회사업을 했습니까? 아무것도 하지 않았지요! 몸이 해체된 뒤, 그때는 어떤 사회사업을 하겠습니까? 아무것도 하지 않지요! 사회사업을 하되 그것을 에고와 관련짓지 마십시오. 미세한 에고가 큰 문제입니다. 그런 일을 하고 싶으면 하십시오. 일상적인 일을 하되, 동시에 진정한 의미에서 그대 자신을 알도록 노력하십시오.

그대는 무형상입니다.

그대는 전혀 그 몸-형상이 아닙니다.

존재성 이전에 그 몸이 어디 있었습니까?

자기탐구를 계속하십시오. "누가 몸을 통해서 행위하고 있는가? 누가 듣고 있는가? 누가 읽고 있는가? 누가 나를 보고 있는가?" 전 세계는 그대의 **현존**, 자연발로적 현존에서 투사됩니다. 그것이 이 모든 영적인 공부의 원리입니다.

영적인 공부란 진정한 의미에서

그대 자신을 아는 것을 의미할 뿐입니다.

질: 저는 몸에 신경 쓰는 것과 몸을 소홀히 하는 것 사이에서 갈등하고 있습니다.

마: 몸을 소홀히 하지 마십시오. 몸을 돌보십시오. 몸은 하나의 매개체입니다. 그저 이 모든 몸-지知 이전, 몸의 존재 이전에 그대의 **현존**이 있었다는 것을 알려고 노력하십시오. 그것은 **보이지 않고**, 익명이었습니다. 저는 존재성 이전의 저 **현존**에 대해 이야기하고 있습니다. 그대의 **현존**으로부터 전 세계가 투사됩니다. 그대가 이야기하고 있는 것은 몸과 관계될 뿐입니다.

그대는 몸과 전적으로 별개입니다.

이 실재를 그대 자신에게 납득시켜야 합니다.

그것은 공개적인 진리입니다.

그래서 그대가 어떤 지知, 어떤 영적인 지知를 가지고 있든, 그대가 무엇을 하든, 그것은 모두 몸과 관계된 행위들입니다.

그대는 어떤 것도 할 수 없습니다.

존재성 이전에는 어떤 '나'도 없었습니다.

그대의 현존 없이는 그대가 '나'를 말할 수 없습니다.

저는 우리가 브라만·아뜨만·빠라마뜨만·신이라고 하는 저 보이지 않는 현존, 저 **익명의 현존**에 대해서 이야기하고 있습니다. (그것은) 어떤 한계도 없습니다. 그것은 하늘을 넘어서 있습니다. 그것은 테두리 지워져 있지 않고, 한정되어 있지 않습니다. 그것은 한계가 없습니다.

질: 명상을 할 때, 그냥 "나는 **브라만이다**"에만 집중해야 합니까? 그것만 하면 됩니까?

마: 그렇게 해도 됩니다. 분명하게 알아야 할 것은, 명상은 그대를 **무아인 진아**로 점점 더 가까이 데려간다는 것입니다. 명상이 필수적입니다. 그것은 하나의 매개체입니다.

질: 저는 지금까지 한 명상이 잘못되었다고 확신합니다. 저는 그저 생각의 흐름을 관찰하는 불교적 명상을 해 왔습니다. 그것은 생각들을 지켜보는 것과 같습니다. 우리는 아무것도 하지 않고, 생각들이 그저 자기들 나름대로 흘러갑니다. 선禪 명상과 같이, 몸을 수련하면서 생각들이 흘러가게 합니다. 그게 전부입니다. 그것은 저에게 전혀 어떤 이익도 주지 않고 있습니다. 아주 지루합니다. 워낙 지루해서 제가 잠이 듭니다.

마: 명상은 행복을 안겨주어야 합니다. 명상의 목적은 전 세계를 잊어버리는 것입니다. 그대는 그것을 가늠하면서 그것이 지루하다고 말합니다. 그대가 자신을 몸-형상으로, 곧 하나의 개인으로 가늠하고 있기 때문에, 그 개인이 명상을 지루하게 느끼는 것입니다.

어떤 '지루함'도 없습니다. 누가 지루해합니까? "누가 지루해하는가?"에 집중하십시오. 그 명상자에게 집중해야 합니다. 명상을 할 때는 명상자에게 집중하십시오. 그러면 결국 명상자가 사라질 것입니다.

명상자에게 집중하십시오.
그러면 결국 명상자가 사라질 것입니다.

질: 저는 행복이나 슬픔, 혹은 감정에 더 이상 의미를 두지 않습니다.

마: 행복·슬픔·감정·평안·긴장·우울, 이러한 단어들은 존재성 이전에는 결코 존재하지 않았습니다. 어떤 행복도, 평안도, 지루함도, 우울함도 없었습니다.

질: 저는 행복해지거나 어떻게 되려고 하는 게 아닙니다. 저는 제가 누구인

지 혹은 무엇인지를 알아내려고 하는데, 요는 그겁니다. 저는 평안이나 뭐 그런 것에 신경 쓰지 않습니다. 마음이 고요해질 수는 있습니까? 마음을 고요하게 하기란 불가능합니까?

마: 그대가 마음을 낳았습니다. 어떤 마음도, 어떤 지성도 없습니다. 저는 몸-지知 이전에 그대는 어떻게 있었는지, 존재성 이전에 그대는 어떻게 있었는지에 그대의 주의를 요청하고 있습니다. 그것이 그대의 **정체성**입니다. 우리가 몸-지知를 만났기 때문에 이 모든 문제가 시작되었습니다. 마음·에고·지성·행복·불행·우울·긴장·지루함―이런 모든 단어들이 나타났습니다. 우리가 이러한 단어들에 의미를 부여해 왔습니다. 그대가 지루함이라고 하는 것은 어떤 의미입니까? 우울이라고 하는 것은 어떤 의미입니까? 누가 지루해합니까? 그대가 평안이라고 하는 것은 어떤 의미입니까?

누가 평안을 원합니까?

질: 몸-마음이 평안을 원합니다.

마: 마음은 생각의 흐름을 의미할 뿐입니다. 마음은 어떤 정체성도 가지고 있지 않습니다. 그대가 마음을, 생각들의 흐름을 낳았습니다. 그대는 자신이 생각들을 주시하고 있다는 것을 압니다. 그대는 생각들과 전적으로 다릅니다. 이 모든 마음·에고·지성. 그대는 이런 단어들을 언제 처음 배웠습니까?

질: 아마 쓸모없는 책들에서 배웠겠지요.

마: 그대가 그런 단어들을 만난 것은 몸을 만났을 때입니다. 존재성 이전에는 그대가 "나는 누구인가?"를 몰랐습니다. 그대의 **현존**이 있었지만, 그대는 그 **현존**에게 알려져 있지 않았습니다. 내 마음, 내 에고, 이런 모든 이야기는 다 몸에 기초한 지知입니다. 저는 그대를 몸에 기초한 지知에서 몰아내려 하고 있습니다.

질: 그러니까 제가 일체를 놓아버리면, 그 모든 것을 완전히 놓아버리기만 하면 되는군요?

마: 어떤 신체적 운동도 하지 말고 어떤 정신적 운동도 하지 마십시오. 진정한 의미에서 그대 자신을 알려고 노력하십시오.

질: 당신의 말씀을 백 퍼센트 경청하겠습니다. 제가 어디에 그토록 고착되어 있는지 알겠습니다. 당신과 대담하는 가운데 제가 어떻게 해서 그토록 고착되었는지 알겠습니다.
마: 두뇌에 부담을 주지 마십시오. 평상平常하십시오(Be normal).

15. 몸은 이웃집 아이다

질문자: 마하라지님, 저는 몇 가지 심각한 문제가 있습니다.
마하라지: 냐네스와르(Jnaneshwar), 뚜까람(Tukaram), 니사르가닷따 마하라지 같은 모든 성자들은 수많은 문제들에 직면했습니다. 그들은 자신들에게 닥쳐온 모든 어려움이 금방 사라질 거라는 것을 알았습니다. 모두가 이렇게 말합니다. "내 문제는 큰 문제다. 다른 누구의 문제보다도 큰 문제다." 이들 성자들은 모두 이런저런 때에 만만찮은 문제들에 직면했지만, 강한 확신이 있었기 때문에 그런 문제에 상관하지 않았습니다. 그 문제들은 그냥 그 몸에 지나가는 구름들처럼 보였습니다.

니사르가닷따 마하라지님은 이런 좋은 이야기를 들려주시곤 했습니다. 이웃집에서, 이웃사람의 아이가 고열로, 심한 열병으로 앓고 있습니다. 우리는 그 아이가 안 됐다고, 참 안 됐다고 느낍니다. 아이의 체온이 매우 높은데 도와줄 방도가 없습니다. 우리는 아이와 그 가족을 동정하지만, 동시에 "이 아이는 내 아이가 아니라 이웃집 아이다"라는 것을 압니다. 마찬가지로, 그 몸을 마치 이웃집 아이인 것처럼 보고, 그렇게 여겨야 합니다.
질: 그러니까 우리의 몸은 이웃집 아이와 같군요? 그것을 마치 자기 것이 아니라 다른 사람의 것인 양 보아야 하는군요?
마: 그렇지요. 5대 원소로 이루어진 이 몸은 이웃집 아이입니다. 우리는 (그 아이에 대해) 뭔가 언짢은 느낌, 어쩌면 안쓰러움을 느끼고, 연민도 느끼지만,

동시에 그것이 자신의 아이가 아니라는 것을 압니다. "나는 이 모든 것과 별개다." 이런 식으로 그대 자신을 납득시켜야 합니다. 왜냐하면 그대가 그대 자신의 **설계자**이고, 그대 자신의 주인이기 때문입니다.

따라서 몸을 그대의 이웃집 아이로 보십시오. 모든 느낌과 개념들은 몸을 통해서만 뿌리를 내립니다. 그대는 이것을 지켜보고, 저것을 경험하고 있습니다. 몸 이전에는 아무것도 없었습니다.

영적인 공부는 계속 나타나는 그 모든 문제들에서 벗어나는 법을 가르쳐 줍니다. 몸 이전에는 어떤 문제도 없었습니다. 몸이 사라진 뒤에는 어떤 문제도 없을 것입니다. 현재 몸을 보유하고 있는 동안에 이것을 실천에 옮긴다면, 그 모든 문제에서 빠져나오는 것이 어렵지 않을 것입니다. 즉,

그대가 있다는
궁극적 진리의 원리와 함께 머무르십시오.
그대가 이 세계의 근원입니다.

그대가 이 전체 세계의 근원입니다. 확고함이 필요하고, "나는 이 세계와 무관하다"는 확신이 필요합니다. 남들에게서 생각을 빌리지 마십시오. 그것이 문제를 야기하고 그대의 안정을 저해하기만 할 테니 말입니다.

그대와 함께 하고, 모든 것에 귀를 기울이십시오.
그대의 책을 읽으십시오.
그대의 **판**版이 최종판입니다!

각자가 서로 다른 개념들을 가지고 있습니다. 다른 모든 사람은 무시하십시오! 그대가 **최종적 진리**입니다! 왜 에고를 갖습니까? 왜 질투가 끼어들게 합니까? 왜 투쟁합니까? 그런 모든 측면들이 **궁극적 진리**에 영향을 줍니다. **영**靈은 민감합니다. 영은 아주 민감합니다. 만일 물에 붉은 염료나 푸른 염료를 풀면 물은 그 색깔이 되겠지요. **영**靈도 그와 같습니다. 무시해야 할 것은 무시하십시오. 이런 식으로 그대 자신을 형성하십시오.

이 환적인 세계에서 일어나는 모든 일에 심각한 주의를 기울이면, 그대가 심각하게 동요될 것입니다.

그대가 그대 자신의 영적인 삶의 설계자입니다.

이 단순한 원리를 따르면 불가능한 것이 없습니다. 히말라야 산맥은 그대 안에 있을 뿐입니다. 왜 여기저기 돌아다닙니까? 그대는 자신의 스승을 등한시하고, 다른 스승들에게 구걸을 하고 있습니다.

그대의 내적인 스승과 함께 머무르십시오.

그럴 때에만 그대의 질문들이 해소될 것입니다.

그대의 보이지 않는 현존 위에 여러 층이 쌓였습니다. 그대는 몸을 통해서만 그대 자신을 알지, "나는 누구인가?"를 모릅니다.

질: "내가 있다"가 무슨 뜻입니까? 그것은 일체의 뒤에 있습니까?

마: 뒤가 아니지요! 어떤 뒤도 없습니다! 그것은 그대가 주의를 궁극적 진리에 두고 있어야 한다는 뜻입니다. 그대는 그것을 통해 그대의 자연발로적 현존을 경험하고 있습니다. 영靈 없이는, 아뜨만 없이는 그대의 무아인 진아를 경험할 수 없습니다.

자연발로적 존재는 뒤가 아닙니다.

그대는 하늘처럼, 도처에 있습니다.

하늘은 뒤입니까, 앞입니까?

몸-형상으로 그대 자신을 가늠한다는 것은 그대의 존재를 자각하지 못하고 있다는 뜻입니다. 일체가 그대의 현존을 가리켜 보이고 있습니다. 그대의 현존이 없다면 그대는 세계를 볼 수 없고, 단 하나의 단어도 말하지 못합니다. (존재성 이전에) 그대는 전적으로 알려져 있지 않습니다. 그러다가 홀연히 "내가 있다"를 느낍니다.

그대의 보이지 않는 현존 없이는 아무것도 있을 수 없습니다.

현존 없이는 그대가 무력하며,

세계에 대해 이야기를 하지 못합니다. 그것이

"그대의 무아인 진아 외에는 어떤 신도 없다"는 말의 의미입니다.

'무아'란, '나'가 없고, 자아가 없고, 하늘과 같다는 뜻입니다.

위대한 성자이자 철인哲人인 샹까라짜리야는 "나는 몸이 아니다. 나는 마하트마, 곧 큰 영혼이다"라고 말합니다. 이런 확신이 있어야 합니다.

그대가 전 세계의 원인이자 결과이지만, 그대 자신은 그것을 알지 못합니다. '주시자'는 **궁극적 진리**에게 붙여진 하나의 이름일 뿐입니다. 그 주시자 혹은 경험자는 어떤 형상도 없습니다.

이 삶은 비디오 영상 같은 하나의 긴 꿈일 뿐입니다. 그러나 누가 그 비디오를 찍고, 이 사진들을 찍고, 이 이미지들을 포착하고 있습니까? 우리는 "모른다"고 말합니다. 왜냐하면 우리 자신이 우리를 모르기 때문입니다. 우리는 어떤 형상으로도 있지 않습니다. (그대가 기억하는 것은) 누구의 기억입니까? (그대가 느끼는 것은) 누구의 느낌입니까? 누구의 것도 아닙니다! 그런 것들은 모두 몸의 느낌이고, 우리의 하드드라이브 상의 잘못된 정보단위들(bytes)입니다.

몸이 고통 받고 있을지는 모르나, 그대가 그런 것은 아닙니다.
저는 '그것'에 대한, 그리고 몸-지知 이전에 그대가
어떻게 있었는지에 대한 (그대의) 주의를 요청하고 있습니다.

질: 그 보이지 않는 현존은 현상계 속에 있습니까, 없습니까?
마: 어느 쪽도 아니지요! 이것은 토론이 아닙니다. 분석할 것이 아무것도 없습니다. 일체가 차분하고 고요합니다.

차분하고 고요해지십시오!

16. 몸-지知에서 벗어나라

질문자: 마하라지님, 이 모든 지식에서 제가 어떻게 벗어날 수 있습니까? 저는 바로 지금 해탈을 원합니다. 마음, 느낌, 삶, 일체에서 벗어나는 어떤 출구가 있습니까?

마하라지: 물론 있지요! 왜 없겠습니까? 그대는 그 어느 것과도 관계가 없고 무관합니다. 그대가 이야기하는 것은 그대의 **자연발로적 현존** 위에 쌓인 층들일 뿐입니다. 그대가 그 몸 안에 살고 있기는 하나, 그대는 그 모두와

완전히 별개입니다. 그대는 "바로 지금 해탈을 원한다"고 하는데, 그것은 그대에게 달렸습니다. 그대는 '패스트푸드' 같은 인스턴트 행복을 원합니다.

그대가 그 몸이 아니라는 것을 받아들일 때,
그대가 이야기하는 그 모든 느낌들은 사라질 것입니다.

그런 욕구들은 몸을 통해서 방향 지워집니다. 현존이 사라지면 누가 행복과 평안을 원하겠습니까?

행복은 이미 그대 안에 있습니다.
알리바바의 '열려라 참깨'처럼,
그대가 열쇠를 가지고 있습니다.
보물의 동굴이 있고, 가져가기만 하면 됩니다.
저는 그대의 행복을 함양하고 그것을 자라게 하고 있습니다.

영적인 공부의 목적은 즐거운 기분으로 몸을 떠나기 위한 것입니다. 몸을 떠나는 것은 누구입니까? 왜입니까? 이 말을 문자적으로 받아들이지 마십시오. 일체가 자연발로적 현존인데 지성을 사용해 봐야 쓸데없습니다. 저는 그대를 납득시키기 위해 단어들을 사용할 수밖에 없습니다.

그대는 불생·불멸, 불멸입니다.

우리는 그대의 하드드라이브에서 원치 않는 모든 파일을 제거하고 있습니다. 안에는 급속히 확산되는 박테리아 같은 수많은 바이러스가 있습니다. 명상이 그대의 안티바이러스 소프트웨어입니다.

그것은 한번 설치되면
영원히 지속될 것입니다.
해마다 돈을 내고 구입할 필요가 없습니다!

질: 당신께서 말씀하시는 이 보이지 않는 현존, 그것은 사랑입니까?
마: 그대는 자신과 사랑에 빠져 있습니다. 사랑과 애정은 영靈이 몸과 맞물린 순간 시작되었습니다. 존재성 이전에는 어떤 사랑과 애정도, 아무것도 없었습니다. 이런 모든 용어는 나중에 나왔습니다.

이 몸은 가장 더러운 몸이지만 멋진 피부로 덮여 있습니다. 안에는 무엇이 있습니까? 기계장치입니다. 심장·폐·간 등 모든 기계장치가 각 기관에 공급되는 (영의) 힘으로 자신의 일을 합니다. 만일 1초라도 영靈이 없다면 몸은 쇠퇴할 것입니다. 따라서 그대는 그 몸과 전적으로 별개입니다.

그대는 몸이 아니고, 그대는 무형상입니다.

그러니 누가 누구를 사랑합니까?

그대는 그냥 하늘이나 허공과 같습니다. '사랑'이라는 단어는 그대의 현존이 그 몸-형상에 한정되었을 때 나왔습니다. '사랑'과 '애정'은 몸과 관계되는 용어이고, 몸-형상하고만 관련됩니다.

그대는 그 몸-형상 안에 있지 않습니다.

따라서 사랑과 애정에 대해 이야기하는

누구도 존재하지 않습니다.

질: 지혜와 사랑에 대해서 이야기하는 니사르가닷따 마하라지님의 멋진 인용문이 하나 있습니다.

마: 남들이 하는 이야기는 신경 쓰지 마십시오!

무엇보다 중요한 것은 그대가 하는 말입니다.

중요한 것은 그것뿐입니다.

제가 그대들에게 말했습니다.

그 누구도 그대보다 위대하지 않다고.

만일 그대가 확고하게, 강한 믿음을 가지고 투신하면, 계속 가다오는 어려움들과 대면할 수 있을 것입니다.

영적인 공부는 박수를 치고 여기저기 화환을 놓는 것이 중요한 것이 아닙니다. 그것은 일상생활을 위한 하나의 틀입니다. 에고를 지켜보십시오. 그것이 늘 문제를 야기합니다. "나는 영적인 사람이다"라는 식으로 말입니다. 투쟁하거나 질투할 필요가 없습니다. 왜냐하면 그대의 현존은 도처에 있기 때문입니다. 평온하고 고요해져서, 세계에 상관하지 마십시오.

그대가 그대의 헌신과 하나일 때,

그대의 무아인 진아와 하나입니다.

이것은 그대의 힘이 일종의 영적인 도취로서 나온다는 것을 의미합니다. 그러나 거기서 어떤 에고를 취하거나 그대의 힘을 잘못 쓰면 안 됩니다.

그 진보를 그대가 보게 될 것입니다.
전적이고 완전한 내적 침묵이 있을 것입니다.
그대는 이 세계를 넘어서 있습니다.

때로는 그대가 돈, 권력 또는 성性을 통해 외부 환경의 제물이 될지도 모릅니다. 몸이 끝날 때는 이 세상에서 우리가 아무것도 가져가지 못한다는 것만 기억하십시오. 그대의 헌신에서 큰 힘이 나올 것입니다. 그대가 무슨 말을 하든, 그것이 이루어질 것입니다. 진지하고, 그대 자신에게 진실하십시오. 그리고 그대의 스승에게 진지하십시오.

저는 그대에게서 아무것도 기대하지 않습니다.
제가 그대에게 요구하는 것은,
그대 자신에게 완전한 헌신을 베풀라는 것입니다.
저의 행복은 그대들의 영적인 진보에서 옵니다.

빛나십시오!
빛나면서, 남들을 빛나게 하십시오!

행복해지고, 남들을 행복하게 하십시오. 그리고 이 **비상한 지**知를 허비하지 마십시오. **궁극적 진리**를 갖고 나면 그대가 행복해질 것이고, 그 행복을 남들과 공유하고 싶어질 것입니다. 이기적으로 되지 마십시오. 그것을 나누어 주십시오. 그 맛난 음식을 허비하지 마십시오. 그 음식을 먹고 나서 만약 남은 것이 있으면 도움이 필요한 모든 사람들에게 그것을 분배해야 합니다. 그러면서도 주의력을 발휘하십시오! 그대의 에고를 만족시키는 사람들, 예컨대 "당신은 위대한 분입니다!"라고 말하는 사람들을 조심하십시오!

몸과 관계되는 어떤 개념도 기대하거나 받아들이면 안 됩니다.
왜냐하면 일체가 그대 안에 있기 때문입니다.
무아인 진아 외에는 아무것도 없습니다.
그 누구도 그대보다 위대하지 않습니다.
전 우주가 그대 안에 있습니다.
공개적인 진리입니다!

17. 모든 기억을 지워라

질문자: 마하라지님, 에고와 별개로 미세한 에고도 있습니까?
마하라지: 미세한 에고는 몸-지知와 연관됩니다. 에고·마음·지성의 존재, 이런 것들은 모두 환적인 개념입니다. 존재성 이전에는 어떤 에고도 없었고, 어떤 미세한 에고도 없었습니다. 우리가 몸-형상 안에서 우리 자신을 내세우기 때문에 미세한 에고가 나타납니다. 몸-지知가 해소되고 사라지는 순간에는 어떤 에고도 없을 것입니다. 에고의 힘을 감소시키기 위해서는 명상이 필요합니다. '미세한 에고' 등은 역시나 단어일 뿐입니다.

> 에고 자체가 환幻입니다. 왜냐하면 어떤 '나'도 없고,
> 어떤 '너'도 없고, 어떤 '그'나 '그녀'도 없기 때문입니다.
> 아무것도 없습니다.
> 스크린이 완전히 텅 비어 있습니다.

질: 그러면 마음은 어떻습니까?
마: 전혀 어떤 마음도 없습니다. 마음은 그 자체 어떤 존재성도 가지고 있지 않습니다. 그것은 생각의 흐름일 뿐입니다. 마음도 없고 에고도 없습니다. 그대가 에고를 낳았습니다. 탄생 이전에는 전혀 어떤 에고도 없었습니다. 존재성 이전에는 에고도 없고, 마음도 없었습니다. 아무것도!

> 그 '상태'는 우리가 우리 자신에게
> 알려져 있지 않은 상태였습니다.

몸을 떠난 뒤에 에고는 어디로 갑니까? 우리는 에고·마음·지성과 그 범주 안에 있는 수많은 것들, 몸-지知라는 짐을 이야기하고 있습니다.

샹까라짜리야의 이 말에 주목하기 바랍니다. "'나'라고 말하는 것은 환幻이고, '너'라고 말하는 것도 환이며, '브라만'이라고 말하는 것도 환이다. 전 세계가 환이다." 그러니 에고가 어디 있습니까? 어디에 위치하고 있습니까?
질: 만일 한 사람은 겸손하고 또 한 사람은 에고로 가득 차 있다면, 그것은 겸손한 사람이 에고를 없애기가 더 쉽다는 뜻입니까? 그리고 제가 종종

목격했지만, 자신이 겸손하다고 생각하는 사람들에게서도, 알게든 모르게든 미세한 에고가 작용하고 있습니다.

마: 몸이 있고 에고가 있지만, 어떤 몸도 없고 어떤 에고도 없습니다. 에고든 미세한 에고든, 에고가 크든 작든, 특별히 주의를 기울이지 마십시오. 그대의 에고가 저의 에고보다 크다면, 왜 (에고들을) 가늠하고 비교합니까?

한 가지 원리를 명심하십시오. 즉, 몸은 그대의 **정체성**이 아니고, 몸은 그대의 **정체성**이 아니었고, 몸은 그대의 **정체성**으로 남아 있지 않을 거라는 것입니다. 명상·**지**知·바잔—이런 것들이 왜 필요합니까? 몸과 더불어 그대가 자신을 그 몸-형상 안에 있는 별개의 한 개인으로 여기기 시작했기 때문입니다. 그것이 몸에 대한 강한 집착을 가져왔고, 그 결과 그대는 지금 그 몸-형상에 대해 많은 사랑과 애정을 가지고 있습니다. 그것이 그대에게 매우 소중한 것이 되었습니다.

그에 대해 한 번 생각해 보십시오.

몸 이전에는 아무것도 없었습니다.

어떤 이름도, 어떤 요건도, 어떤 요구도 없었습니다.

우리는 행복이나 불행, 또는 평안을 몰랐습니다.

전혀 아무것도 없었습니다.

질: 당신께서는 마음이 생각의 흐름일 뿐이라고 말씀하십니다. 저의 문제는, 많은 생각들이 제 머리 속에서 빙빙 돌아가고 있다는 것입니다. 결코 멈추지 않습니다. 그 생각들이 저를 데려가고, 저를 쓸어가는 것 같습니다. 저는 어떻게 할 수 있습니까?

마: 그것은 자연스럽습니다. 거기에 너무 많은 중요성을 부여하지 마십시오. 생각들은 흐르겠지만, 그것을 인지할 필요가 없습니다. 간단합니다.

존재성 이전에는 어떤 생각도 없었습니다.

그대가 몸을 만난 순간, 생각들이 시작되었습니다.

이제 그대는 더 나은 도리를 압니다! 몸이 그대의 **정체성**이 아니라는 것을 압니다. 그러니 쓸모 있어 보이는 생각들은 이용하고, 쓸모없어 보이는 생각들은 제한하십시오. 간단하지요!

질: 제가 더 나은 도리를 알기는 합니다. 사물에 대한 저의 견해를 바꾸기 시작했지만, 시간이 걸린다고 생각합니다. 아는 것은 달라졌으나 여전히 우울해지고, 어떤 일들에 대해 걱정이 됩니다.

마: 그것은 몸에게 일어납니다. 왜냐하면 몸은 외적인 분위기와 내적인 분위기에 영향을 받기 때문입니다.

그러나 그대는 그 모두와 전적으로 별개입니다.
그대는 이 모든 것과 완전히 다릅니다.

오늘의 느낌이나 기분은 내일의 기분과 다를 수 있습니다. 행복이나 불행은 그대의 현존 위에 드리운 베일입니다. 그대가 몸을 보유하고 있기 때문에 그것은 분위기에 영향을 받게 되어 있습니다. 그래서 그런 식의 경험, 그런 느낌들, 혹은 느낌의 층들이 일어나기는 하지만, 그것들이 변함없이 머무르지는 않을 것입니다.

오늘은 그대가 우울함을 느끼는데,
내일은 행복을 느낄 것입니다.
그러나 주시자는 동일합니다.
행복이나 불행을 주시하고 있는
그 현존은 늘 동일합니다.

간단히 표현해서, '행복'은 그대가 용납할 만하다고 느끼는 것들에서 오는 좋은 느낌들에 붙여지는 이름입니다. 역으로, 그대가 용납할 수 없고, 그대 안에서 부정적인 느낌을 산출하는 것들은 우리가 '불행'이라고 부릅니다. 예를 들어, 그대에게 두통이 있으면 그대는 "나는 편안하지 않다"고 생각합니다. 그러나 알약을, 진통제를 먹고 나서 두통이 경감되면 "아! 편안해" 합니다. 생각과 느낌들은 일시적인 환幻이며, 그대가 주의를 기울일 만한 것이 못 됩니다.

그래서 그럴 때는
영적인 알약을 먹고 그대의 정체성을 상기해야 합니다.

그대에게 어떤 통증이 있으면, 그 통증을 순식간에 경감해 줄 알약을 즉시 복용하겠지요. 마찬가지로, 어떤 우울함, 무기력 혹은 불행을 느끼면 영적인 약을 빨리 복용하십시오. 그러면 "나는 이런 우울·걱정·무기력의 느낌들에 상관하지 않아"라고 느끼게 될 것입니다.

먹구름이 몰려오고, 먹구름이 사라집니다.

해는 있는 그대로 있습니다.

질: 그런데 그 영적인 알약이 무엇입니까?

마: 영적인 알약이란 그대의 주의를 이 사실로 돌리는 것입니다. 즉,

나는 몸-형상과 아무 관계가 없다.

나는 몸-형상과 무관하다.

나는 몸이 아니고, 몸이 아니었고,

몸으로 남아 있지 않을 것이다.

몸에게 일어나는 그 무엇도 확실치 않다.

그것은 실재가 아니다.

질: 우리는 '보이는 것'에서 주의를 되돌려 '보는 자'에게로 그것을 가져가야 합니다. 무상한 것이 아닌, 영구적인 것과 함께 머무르는 거로군요?

마: 그렇지요! 그러니 영적인 공부가 무엇인지, 왜 우리가 여기서 지금 하는 이런 것들을 하고 있는지 분명히 이해합시다. 우리는 책을 읽고, 이야기를 듣고, 공부를 하고, 명상을 하고, 바잔을 부르고 있습니다. 왜입니까?

우리는 영靈이 몸과 맞물린 때로부터

오늘날에 이르기까지의

모든 기억을 지워야 합니다.

명상·바잔·지知의 과정을 닦아서 공개적인 진리를 흡수할 수 있도록 해야 합니다. 이런 활동들도 환幻이지만, 그것이 기본입니다. 그래서 처음에는 그것이 필요합니다. 바우사헵 마하라지님은 개념·에고·지성·마음이 없는 순진무구한 헌신의 중요성을 강조했습니다.

이런 행법들은 그대를 올려주는 사다리나 계단과 같습니다.

그대가 일단 그곳에 당도하면 사다리는 치워버려도 됩니다.

스승은 다양한 말로, 여러 가지 방식으로, 여러 가지 각도에서 그대의 실재를 그대에게 납득시키려고 애쓰고 있습니다.

그대가 궁극적 실재입니다.
그대가 궁극적 진리입니다.
그대가 최종적 실재입니다.

18. 그대는 무無형상이다

질문자: 명상 없이도 제가 혼자서 이 **최종적 진리**에 도달할 수 있습니까?
마하라지: 명상은 사다리 혹은 엘리베이터와 같은 작용을 합니다.
　엘리베이터 없이 10층을 올라갈 수 있습니까?
확신을 얻은 뒤에는 명상이 필요 없습니다. 왜냐하면 확신을 얻으면 알기 때문입니다. 그 몸은 '존'이라고 합니다. 그대의 이름을 계속 되뇔 필요가 있습니까? 아니지요! 그대의 이름은 부모님이 지어준 것이고, 고정된 것입니다. 그대는 자신이 존이라는 확신을 가지고 있습니다.
　여기서도 마찬가지입니다. 확신을 얻고 나면 "나는 브라만, 브라만이다"라는 것을 알게 됩니다. 시간이 좀 지나면 자신도 모르게 24시간 염송이 자동적으로, 자연발로적으로 일어날 것입니다. 몸 정체성을 잊어버리기 위해서는 그 **만트라**가 필요합니다.
질: 다른 전통의 다른 **만트라**들은 어떻습니까?
마: 다른 **만트라**들에 대해서는 신경 쓰지 마십시오! 저에게 일어난 일이 그대에게도 일어날 수 있습니다. 그대가 **실재**를 온전히 받아들일 때, 그대도 저처럼 자연발로적으로 이야기할 수 있을 것입니다! 몸들은 다르지만 **영**靈에는 아무 차이가 없습니다. 존은 겉껍질의 이름입니다. 우리가 인도 하늘, 중국 하늘, 러시아 하늘을 이야기합니까? 아니지요! 하늘은 똑같습니다.
　그대의 자연발로적 현존에게는
　어떤 에고 · 지성 · 마음도 없습니다.

명상과, 지知에 대한 이 모든 청문(가르침을 듣는 일)의 유일한 목적은 지知를 해소하기 위한 것입니다. 강한 의지와 내면의 힘을 가져야 합니다. 그대는 숨은 힘을 가지고 있습니다. 평온하고 고요해지십시오.

그것을 생각하지 마십시오!
그대의 지성·마음을 사용하지 마십시오!
그대와 함께하십시오(Be with you).
마음·에고·지성과 함께 있지 마십시오.

그대 자신을 가르치는 사람이 되십시오. 그대는 자신이 행복을 넘어선, 침묵을 넘어선 **궁극적 진리**라는 것을 압니다. 잊어버리고 용서하십시오. 왜냐하면 그대가 이 세계의 근원이기 때문입니다. 이런 대화를 모두 그대의 **무아인 진아**와 연관되는 이야기로 생각하십시오.

존재성 이전에 그대가 존재하던 대로 사십시오.

질: 하지만 저는 그게 어떤 것이었는지 모릅니다.

마: 그렇지요, 몰랐지요! '모른다'는 것은 그대가 어떤 형상으로도 있지 않다는 뜻입니다. 그대가 하늘처럼 무형상이라는 의미입니다. 그리고 하늘처럼, 그대는 죽을 수가 없습니다. 제가 "나는 모른다"고 할 때, 그 말은 "나는 몸-형상 안에 있지 않다"는 것입니다. 만일 "나는 안다"고 말하면 어떤 환幻이 있습니다. "나는 모른다"가 완전한 답입니다. 그대는 지금 이것을 즐기고 나서, 더 깊이 더 깊이 더 깊이 들어갈 수 있습니다. 헤엄치기를 즐기십시오! 그것은 희유하고, 아주 희유합니다.

질: 그러나 우리에게는 인내와 수행이 필요한데요?

마: 인내(patience)의 문제는 결코 일어나지 않습니다. 왜냐하면 그대는 환자(patient)가 아니기 때문입니다. 인내는 환자에게나 필요하지요!

질: 매일 하시는 말씀들이 주사와 같습니다. 정말 효과가 있습니다!

마: 제 스승님들의 은총입니다.

질: 저희는 아주 영광입니다.

마: 그것은 희유하고 가장 희유한 지知입니다.

질: 그리고 그 지知도 해소되어야 합니다.

마: 그렇지요, 그렇지요.

그러니 주의 깊게 들으십시오. "내가 있다"고 말하려면 **현존**이 필요합니다. 그러나 이 **자연발로적 현존**에는 어떤 개인적 정체성도 없습니다. 왜냐하면 그것은 익명의, 정체불명의 정체성이기 때문입니다. 그대의 무아인 진아 외에는 어떤 신도, 스승도, 브라만도, 아뜨만도, 빠라마뜨만도 없습니다. 이런 확신이 자연발로적으로 나타나야 합니다.

현재 그대가 아는 모든 것은
몸 때문에 알려져 있을 뿐입니다.

"나는 모른다"는 답변에는 많은 의미가 있습니다. 자연발로적 현존이 몸-형상 안에서 생겨났습니다. 가장 중요한 점은, "나는 모른다"가 '존재성 이전에 그대의 **현존**이 있었지만 어떤 형상으로 있지는 않았다'는 사실을 전달해 준다는 것입니다. 그대는 무無형상입니다.

이기적인 지知는 혼란과 갈등을 야기합니다. 영적인 지知는 우리의 정체불명의, 보이지 않는 정체성을 가리킵니다. 실재를 알고 난 뒤에도 일상적인 삶이 정상적으로 진행되지만, 그때는 우리가 평화롭게 살 수 있습니다. 물론 이 실재를 받아들여야 할 의무는 없습니다. 그에 기초해 행위할 수도 있고, 그것에 반발할 수도 있습니다. 그대에게 달렸지요! 실재는 실재이고 토론, 논의 또는 논쟁의 대상이 아닙니다.

질: 당신께서는 우리가 믿음을 가져야 한다고 말씀하십니다.

마: 그렇지요, 그대 자신에게 믿음을 가져야 합니다. 만일 내가 남자라면 내가 그 사실을 받아들이듯이, 그렇게 말입니다.

믿음은 그대에게 인상 지워지는 것에 대해 상대적입니다.
그대가 궁극적 진리라는 것에 믿음을 가지십시오.
스승의 말에 대해 믿음을 지니십시오.

이런 이야기와 함께 저는 그대의 **진리**를, 그대의 움직일 수 없는 **진리**를 그대에게 제시하고 있습니다. 그대가 브라만이고, 빠라마뜨만이고, 절대적 진리입니다. 우리는 하늘을 미국에서 인도로 옮기지 못합니다. 그렇지 않습니까?

질: 당신께서는 저희를 인도에서 **절대자**로 옮겨주고 계십니다!

마: 누구도 움직이고 있지 않지요! 아무것도 움직이지 않고, 어떤 움직임도 없습니다.

　　그대가 스승의 말을 절대적으로 받아들일 때,
　　그것을 믿음이라고 합니다.
스승이 말합니다. 그것(그대의 몸)은 그대의 **정체성**이 아니라고. 그대는 그냥 하늘과 같습니다. 그대의 **현존**은 도처에 있습니다.

　　제가 지금까지 그대에게 말한 것이 무엇이든, 그것을 소화하십시오.
　　만일 제가 과도한 분량을 드리면
　　그대가 그것을 소화해낼 수 없겠지요.

19. 영적인 삶의 비결

마하라지: 에끌라비야(Eklavya)라는 소년이 궁술을 배우고 싶었습니다. 드로나짜리야(Dronacharya)라는 스승은 위대한 궁술 사부였는데, 왕실 가족들을 가르치곤 했습니다. 에끌라비야는 12살쯤 되었고 낮은 카스트 출신이었습니다. 그는 드로나짜리야가 몇 명의 소년을 가르치는 것을 지켜보았고, 이 스승에게 다가가 자기에게도 궁술을 가르쳐 달라고 했습니다. 스승은 소년이 자신의 가르침을 이해하지 못할 거라고 하면서 그를 물리쳤습니다.

　에끌라비야는 결의가 굳세었습니다. 그는 드로나짜리야의 상像을 하나 만들어 자신의 스승으로 모시기로 했습니다. 그리고 이 스승에게 모든 믿음을 바치고, 그 상으로부터 활쏘기 기술을 터득했습니다. 이 상像은 스승에 대한 에끌라비야의 믿음에 의해 힘을 얻고 있었습니다.

　이 스승의 지도를 받은 그는 매일 궁술을 연마했습니다. 그가 그 상像에게 "제가 이 겨냥을 올바르게 하고 있습니까?" 하고 물으면, 내면의 목소리가 말했습니다. "그래, 맞다, 얘야!" 이런 식으로 그는 **직접지**를 통해서 활쏘기 기술을 완성했습니다.

얼마 후 궁술 시합이 있었습니다. 드로나짜리야가 선언했습니다. "저기 개가 보이느냐. 저 개는 입을 벌리고 있을 것이다. 너희들은 저 입을 바로 통과하게 화살을 쏘되, 무엇을 건드리거나 어떤 해를 입히지 않아야 한다." 아르주나가 처음 쏘았습니다. 그도 스승에게서 배운 사람이었습니다. 아르주나가 화살을 쏘았지만 표적을 맞히지 못했습니다. 에끌라비야의 차례가 왔습니다. 그는 완벽하게 화살을 쏘았고, 시합에서 우승했습니다.

드로나짜리야가 놀라서 에끌라비야에게 물었습니다. "그런 기술을 어디서 배웠느냐?" 에끌라비야가 대답했습니다. "스승님, 당신께서 저에게 이 지知를 주셨습니다." 드로나짜리야가 말했습니다. "아니, 너는 그것을 나한테 배우지 않았어!" 에끌라비야는 자신이 스승의 상을 만들었다는 것과, 자신이 그 지知를 어떻게 얻었는지를 설명했습니다.

이 이야기는 그 다음이 더없이 중요합니다. 드로나짜리야가 말했습니다. "좋다. 너는 이제 내 제자다. 그러나 나에게 뭔가를 내놓아야 한다." "당신께서 달라고 하시는 것은 뭐든지 드리겠습니다." 에끌라비야가 말했습니다. 드로나짜리야는 그의 믿음을 시험하기 위해 에끌라비야의 엄지손가락을 요구했습니다. [여기서 엄지손가락을 자른다는 것은 지知의 원천을 인정한다는 것을 의미한다. 그것은 스승의 지知이지 자신의 지知가 아니다.] 에끌라비야는 복종합니다.

이 이야기는 깊은 의미가 있습니다. 스승에게 강한 믿음을 가져야 합니다. 스승에게 몸이 있든 없든 관계없이 말입니다. 에끌라비야처럼 온전한 집중, 온전한 믿음, 온전한 신뢰를 가지고 있으면 **자연발로적 지**知가 일어날 것입니다. 이것은 온전한 자기투신(self-involvement)이 있을 때 일어나는 내적인 대화의 한 예입니다. '**무아인 진아와의 대화**(Atma Nivedanam Bhakti)'가 최고의 헌신이고, 최후의 헌신입니다. 여러분의 **무아인 진아**를 납득시켜야 합니다. 그것은 내면에서 여러분 자신에게 말을 걸고, 여러분 자신에게 묻는 것을 의미합니다.

내면에서 여러분 자신에게 말을 걸고, 여러분 자신에게 물으십시오. 내적인 질문과 답변이 일어납니다. 여러분이 스스로를 납득시키는 것입니다. 누구의 도움도 없이 질문과 답변이 순간적으로 나타나고 있습니다. 그렇게 되는 이유는 스승이 이미 여러분 안에 있기 때문입니다. 그것은 **무아인 진아**와의 대화입니다.

여러분의 신뢰와 믿음이 필수적입니다. 그래야 **확신**이 자라나서 에끌라비야가 보여준 것과 같이 됩니다. 여러분과 **스승**에 대한 완전한 믿음은 아무리 강조해도 지나치지 않습니다. 인도든 어디든, 석상에 이런 식의 강한 믿음을 가진 많은 사람들에게는 기적이 일어납니다. 여러분은 그것이 어떻게 가능한지 의아해할지 모릅니다.

 그 돌은 이름이 같은 물건일 뿐입니다.
 기적이 일어나는 까닭은 여러분이 그 원리이기 때문입니다.
 먼저 여러분에게 믿음을 갖고,
 그런 다음 신에게 믿음을 가지십시오.
그대는 지성을 이용하여 세상의 모든 것에 대해 이야기할 수 있습니다.
 그러나 강한 믿음이 있으면
 무엇을 (눈앞에) 나타나게 할 수도 있습니다.
진정한 믿음은 에고 없이 스승에게 봉사하는 것입니다. 힘을 잘못 쓰지 마십시오. 때로는 여러분이 일어나기를 바란 일이 일어날 수도 있습니다. 만일 그런 일이 있으면 어떤 에고도 취하지 마십시오. 그것이 여러분의 영적인 삶을 망칠 것이기 때문입니다. 개인성이 녹아 없어져야 합니다.
 만일 여러분이 자신에게 완전한 믿음을 가지고 있다면,
 그것은 여러분이 우주와 하나가 된다는 것을 의미합니다.
 그것이 무아적 헌신입니다.
모든 위대한 성자들은 그들의 스승들에게 굉장한 믿음을 가지고 있었고, 워낙 그래서 그 무엇도 그들에게 영향을 줄 수 없었습니다. 여러분의 **무아인 진아**에 헌신하고, 기적들이 전개되는 것을 지켜보십시오. 그런 것을 누구에게 이야기하지 마십시오. 왜냐하면 그럴 경우 에고가 여러분의 영적인 몸을 장악하게 되어 여러분이 이렇게 말할지 모르기 때문입니다. "나는 이러저러한 체험을 했다." 그것은 어떤 우월감을 안겨줄 것이고, 여러분은 (남에 대해) "당신은 아무것도 모른다"는 식으로 생각하거나 말하면서 비교를 하기 시작할 것입니다. 이것은 영靈에게 좋지 않고, 여러분의 헌신을 망치고 복잡하게 만들 것입니다. 이 단순한 지知에 믿음과 신뢰를 가지십시오.

20. 구루는 거울 이상이다

마하라지: 직접지를 가지고 있고, 여러분이 실재이고 궁극적 진리이며 최종적 진리임을 여러분에게 보여줄 수 있는 스승을 발견하는 것은 매우 희유한 일입니다. 니사르가닷따 마하라지님은 말합니다. "저는 여러분을 제자로 만들지 않습니다. 저는 여러분을 스승으로 만들고 있습니다." 스와미 비베카난다는 그런 스승을 찾았습니다.

질문자: 예! 그 이야기는 잘 알고 있습니다. 제가 읽기로, 비베카난다는 여러 스승들에게 그들이 신을 보았는지, 자기 내면의 신을 자신에게 보여줄 수 있는지 물으면서 한동안 (그런 스승을) 찾았습니다. 누구도 "그렇다"고 말하지 않았습니다. 데벤드라나트 타고르[라빈드라나트 타고르의 아버지]도 그 중의 한 사람이었지만, 그는 이런 말을 했습니다. "자네는 요기의 눈을 가지고 있군. 자네는 이번 생에 진아를 깨달을 것이 확실하네."

비베카난다는 라마크리슈나 빠라마한사(Ramakrishna Paramahansa)를 만나고서야 마침내 자신이 찾던 답을 얻었습니다. 라마크리슈나는 이렇게 말했습니다. "그렇다. 나는 신을 보았다. 그대에게 보여줄 수 있다."

마: 니사르가닷따 마하라지님은 말합니다. "스승은 이미 그대 안에 있지만, 그대가 모르고 있다."

질: 그러니까, 그 스승은 자고 있습니까?

마: 그대는 외부의 힘들 때문에 자신의 정체성을 잊어버렸습니다. 그대가 자신의 실재를 자각하지 못하게 된 것은, 그대가 평생 동안 겪은 많고 다

양한 경험과 인상들 때문입니다.

질: 그러니까 **구루**가 적극적으로 하는 역할은, 이미 우리 안에 있는 것에 대한 깨어남을 가능하게 하거나 돕고, 격려하는 것이군요?

마: 스승, 곧 **구루**가 그대를 격려하고, **실재**를 그대 안에 인상지우고 있습니다. 그는 그대가 잊어버린 그대의 **궁극적 실재**를 그대 앞에 놓아 드리고 있습니다. 그대는 그대 자신을 과소평가하고 있습니다.

    그대는 자신이 어떤 사람이라고 생각하고 있습니다.

    그대는 누구도 아닙니다.

    그러면서도 그대는 모든 사람입니다.

    그 **지**知가 자연발로적이어야 합니다. 곧 **자연발로적 확신**이어야 합니다. 그런 일이 일어날 수 있습니다. 니사르가닷따 마하라지님에게 그런 일이 일어났듯이 말입니다. 그것은 어렵지 않습니다. 특히 그대에게 깊은 바탕, 강한 믿음이 있다면 말입니다. 이 **진리**를 깨달으십시오. 이것은 공개적인 사실입니다. 예를 들어[마하라지님이 손수건을 집어 드신다] 이것은 '손수건'이라고 불립니다. 제가 알지요! 마찬가지로, 그대가 **실재**를 깨달으면 바로 그와 같이 "나는 안다!"고 말할 것입니다.

    그대의 자연발로적 현존을
    브라만 · 아뜨만 · 빠라마뜨만 · 신이라고 합니다.

    그 몸은 겉껍질일 뿐입니다.

    일단 그대가 **실재**를 알면, 그 몸을 가지고 살면서 이전처럼 해 나갈 수 있습니다. 다만 그러면서도 '그것은 나의 정체성이 아니다'라는 것을 압니다. 이 **진아지**의 효과는 그대가 두려움이 없게 된다는 것입니다. 죽음에 대한 어떤 두려움도 전혀 없을 것이고, 지옥과 천당이라는, 몸과 관련되는 저 모든 개념들도 사라질 것입니다.

질: **구루**는 우리가 자신의 비친 모습을, 분명하게 우리인 것을 볼 수 있는 거울과 같지 않습니까?

마: **구루**는 거울 이상입니다. 거울은 한 면밖에 없지만, **구루**는 그대에게 모든 면을 보여줍니다.

질: 당신께서는 저희가 참된 것과 거짓인 것, 영원한 것과 영원하지 않은 것을 분별하게 도와주시어 저희들의 참된 **정체성**을 상기시켜 주십니다. 분별력이 있으면 저희가 덜 집착하게 되고 ···.

마: 그대가 읽은 모든 것을 잊어버리십시오! 그것은 하나의 큰 이야기입니다. 그 몸-형상과 그것의 모든 지知를 잊으십시오. 그대는 그냥 책에서 발견한 그 모든 문자적 이름들을 가지고 말장난을 해 왔습니다. 그냥 인형들을 가지고 놀고 있었던 거지요! 다채로운 문자적 단어들로 가득 찬 그대의 작은 세계에서 아이들 놀이를 하면서 스스로 즐기고 있었습니다.

　　그대는 궁극입니다!
　　그대는 불생입니다!

질: 구루와 제자, 곧 스승과 학인(student) 간의 관계는 어떤 것입니까?

마: 사실은 어떤 '구루'도 없고 어떤 '제자'도 없습니다. 어떤 관계도 없습니다. 무아인 진아·단일성·궁극적 진리만 있습니다. 저는 가르치기 위해, 말하자면 내려와서 '구루'의 역할을 해야 하고, 그대는 '제자'의 역할을 맡습니다. 그러나 우리는 한동안 이런 모습을 취하고 있는 것일 뿐입니다. 궁극적으로 어떤 스승도, 어떤 제자도 없습니다. 니사르가닷따 마하라지님은 이렇게 말씀하시곤 했지요.

　　그대의 무아인 진아 외에는 어떤 신도,
　　브라만도, 아뜨만도, 빠라마뜨만도, 스승도 없다.

질: 당신께서 이야기하시고 가르치실 때, 저는 더 깊은 수준에서 뭔가가 일어나고 있다고 느끼는데, 설명하기는 어렵습니다. 그것을 스승과 제자의 '관계'로 이해하지 않는다면, 정확히 무슨 일이 일어나고 있는 것입니까?

마: 무아인 진아만이 있습니다. 그대의 **자연발로적 현존**은 보이지 않고, 익명인, 정체불명의 정체성입니다. 이해를 돕기 위해 우리는 이렇게 말할 수 있습니다. 즉,

　　스승은 보이지 않는 화자이고
　　제자는 보이지 않는 청자입니다.

　　스승이 그대 안의 보이지 않는 청자에게 말을 걸고 있습니다. 그들은 똑

같은 하나, 궁극적 실재입니다. 어쨌거나 늘 단일성만 있습니다.

저는 그대에게 이야기하고 있는 것이 아니라,

그대 안의 말이 없고 보이지 않는 청자에게 말을 걸고 있습니다.

질: 왜 그런지 이해되지 않지만 마하라지님, 당신의 친존에서는 어떤 평안과 행복의 느낌이 있습니다.

마: 이해하려 들지 마십시오! 보이지 않는 청자는—원한다면 그것을 영이라고 해도 되겠지만—그 자신의 이야기를 듣기 좋아합니다. 스승은 그것의 정체성에 대한 기억을 새롭게 해주고, 그것이 다시 깨어나도록 촉구합니다.

그대는 이해하지 못할지 모르나,

보이지 않는 실재는 이해합니다.

그리고 그것은 스승의 말과 하나입니다. 그대는 재로 덮여 있습니다. 그 밑에서는 불이 타고 있습니다. 스승이 그 재를 제거해 줍니다.

질: 당신의 말씀은 마하라지님, 우리의 참된 정체성이 많은 층들, 환幻의 층들 밑에 묻혀 있다는 거로군요?

마: 우리는 우리의 중요성, 우리의 진정한 가치를 인식하지 못하고 있습니다. 우리는 어릴 때부터 끊임없이 인상들을 받아들여 왔습니다. 이 모든 것이 우리에게 우리 자신에 대한 하나의 거짓된 모습, 거짓된 정체성을 부여했습니다. 그대는 자신을 다른 어떤 것으로, 즉 실재와 다르고 분리되어 있는 별개의 한 개체로 지각합니다. 그것은 사실이 아닙니다.

그리고 그대들 중 영적인 지知를 가졌다고 주장하는 사람들의 경우에도, 그 지知는 실제로 별 쓸모가 없습니다. 그것은 문자적 지知일 뿐이기 때문입니다.

"나는 브라만이다"라고 말하는 것도 환幻입니다.

왜냐하면 그대는 몸-형상이라는 매개물을 이용하여

자신을 '브라만'으로 여기고 있기 때문입니다.

'브라만'은 하나의 이름일 뿐입니다.

이 모든 지知가 흡수되어야 합니다.

이 모든 지知가 흡수되어야 합니다.

사향노루는 그것이 발산하는 향기로 유명합니다. 이 노루는 가끔 그 자신의 강력한 향기에 미칠 것입니다. 그리고 그 향이 자신에게서 나온다는 것을 모른 채, 그 강렬한 향을 뒤쫓아 도처를 다닙니다. 그 노루가 그 향기를 가지고 있습니다. 그러나 그것을 모르기 때문에 그 장소, 그 원천을 찾으려고 애씁니다. 제자도 이 노루처럼 행동합니다. 그러다가 어떤 사람[스승]이 나타나서 깨달음을 가져다주며 말합니다. "이 향기는 그대에게서 나오는 것이다."

그대가 원리이고, 그대가 스승입니다.
그대가 모든 것입니다.
그대는 무한합니다.
우리는 오직 **궁극적 진리**를 확립하기 위해, 같은 것을 여러 가지 많은 방식으로 계속 말할 필요가 있습니다. 그대가 **최종적 진리**입니다. 오케이.

21. 스승은 그대의 힘을 되살려준다

마하라지: 구루, 곧 스승은 **압니다**. 그는 몸-형상 안에서 자신을 보거나 가늠하지 않습니다. 그는 몸-지知의 범주 밖에 있습니다. 그는 **궁극**이며, 그 위치에서 여러분 안의 '보이지 않는 익명의 청자'의 주의를 요청하고, 여러분에게 **실재**를 상기시키면서 "그대가 **궁극**이다. 그대가 **최종적 진리**다"라고 합니다. 스승은, 여러분이 근원이기 때문에 두려워할 것이 없다고 말해줍니다. 따라서 모든 활동이 끝날 때, 완전히 멈추고 죽을 때, 탐색도 끝이 납니다.

사실 어떤 탐색도 없습니다. 왜냐하면
탐색자가 이미 궁극자이기 때문입니다.

질문자: 그렇지만 이 여러 해 동안의 추구는요? 저는 제가 기억할 수 있는 오랜 기간 동안 추구자였고, 탐색자였습니다.

마: 어떤 '추구자'나 '탐색자'도 없습니다. 그러니 지적으로든 논리적으로든 에고적으로든, 몸-지知를 통해서 그 탐색자를 발견하려 들지 마십시오. **자연발로적 실재**만이 있습니다. 그것은 그대의 **자연발로적 실재**입니다. 그것은 "오, 나는 브라만이야, 나는 아뜨만 혹은 빠라마뜨만이야"라고 생각하지 않습니다. 그것은 **자연발로적 실재**입니다. 그리고 그대는 이 **실재**를 견지하여, 늘 근처에서 선회하고 있을 외적인 힘들이 그대를 한눈팔게 하지 않도록 해야 합니다.

질: 그래서 당신께서 계속 망치질을 하시고, 같은 말씀을 거듭거듭 되풀이 하시는 것이 중요하군요.

마: 같은 말, 그렇지요. 왜냐하면 그것이 필요하기 때문입니다. 스승이 그대의 **힘**을 되살려주고 있습니다. 그 **힘**이 있지만 그것이 재로 덮여 있습니다. 스승은 환적인 생각과 개념 등의 형상을 하고 있는 그 재를 없애줍니다.

질: 낮 시간 동안에는 밤 시간보다 생각들이 저를 더 괴롭힙니다. 시간은 어떻습니까? 오늘은 올해의 마지막 날입니다.

마: 어떤 낮 시간도 없고 밤 시간도 없습니다. 시간의 한계들은 그대에게 해당되지 않습니다. 그대가 알다시피 그대는 몸이 아닌데, 왜 낮과 밤에 주의를 기울입니까? 그대의 낮은 누군가의 밤이고, 그 역도 마찬가지입니다. 시간은 몸하고만 연관됩니다. 수많은 개념이 몸을 통해서 들어옵니다. 존재성 이전에 시간이 있었습니까? 아니지요, 아무것도 없었습니다. 그것을 납득하고 확신을 가지십시오.

몸-지知 이전에는 어떤 개념도 없었고, 신도 필요 없었고, 음식도 필요 없었습니다. 마음·에고·지성이 어디 있었습니까? 어디에도 없었지요! 아무것도 없었습니다! 스승도 필요 없었는데, 왜냐하면 어떤 제자도 없었기 때문입니다. 그대는 제자가 아니었습니다. '스승-제자' 개념은 그대의 **현존**이 세계 안에 출현했을 때 왔습니다.

질: 그러나 저희는 지금 스승을 필요로 하는데요?

마: 초기 단계에서는 깨달은 스승이 필수적입니다.

스승은 기본적으로, 그대가 그것을 통해 그대 자신을 알 수 있는 하나의 매개체이고, 채널이며, 수단입니다.

스승이 없으면 진정한 의미에서 그대 자신을 알 수 없을 것입니다. 그 스승이 말 없는, 보이지 않는 청자의 주의를 요청하고 있습니다. "그대가 **브라만**이다"라고 말입니다!

질: 저희가 당신을 뵈러 오기 전에 제니가 저에게, "우리는 **구루**를 가져야 해요"라고 말했습니다. 저는 **구루들**이라는 주제에 대해 제가 늘 그랬듯이, "아냐, 아냐, 아냐. 우리는 **라마나 마하르쉬**나 **붓다**처럼 스스로 그것을 할 수 있어" 라면서 동의하지 않았습니다. 그녀는 라마나 마하르쉬 외에 진아를 깨달은 사람이 얼마나 되느냐고 물었습니다. 저는 우리 스스로 그렇게 할 수 있다는 것은 아주 드문 일이라는 데 동의해야 했습니다. 그것은 거의 불가능한 일입니다. 그렇지 않습니까?

마: 그대들은 지知가 직접적인 곳으로 왔습니다. 진정한 의미에서 자기 자신을 아는 것이 지知입니다. 저는 전해 들은 지知와, 그대가 학습과 공부를 통해 축적해 온 모든 지知에 대해서 이야기하지 않습니다. 아니지요! 그런 지知는 그대에게 도움이 되지 않을 것입니다.

그 모든 지知가 무슨 소용 있습니까?
그것은 누구를 위한 것입니까?
그것은 '불생不生의 아이(unborn child)'를 위한 것입니다.

일체가 그대 안에 있습니다. 그대가 지知의 근원입니다. 저는 그것에 대해 이야기하고 있습니다. 저는 그대의 타고난 지知에 대해 이야기하고 있습니다. 그대가 한 사람의 영적인 스승일 수도 있습니다. 수천 권의 책을 읽고, 말에 통달했을지도 모릅니다. 그대는 영적인 말들의 달인일지 모르지만,

그 지知가 그대에게 도움이 되겠습니까?
그대가 몸을 떠나야 할 때가 오면
그 모든 말이 그대에게 도움이 되겠습니까?

질: 글쎄요. 저는 책을 많이 읽었고, 그래서 그러기를 간절히 바랍니다.

마: 지금이 바로 그대가 그것을 알아내야 할 때입니다. 너무 늦을 때까지 그것을 내버려두지 마십시오! **자기탐구**를 하여 그대가 어디 있는지를 알아

내십시오! 멈추십시오! 책을 치우십시오. 내면으로 들어가십시오. 그대 자신의 책을 읽으십시오.

질: 압니다, 압니다! 그렇게 하겠습니다! 더 많은 것을 하겠습니다. 마하라지님, 사람들은 영적인 공부가 반反생명적이라는 등의 말을 합니다. 왜냐하면 우리가 다소간 세상을 멀리하고 내면으로 들어가기 때문입니다. 그렇지 않습니까? 우리는 안쪽을 보고 있는데, 모두가 바깥쪽을 보고 있습니다. 모두는 아니라도 다수가 말입니다.

마: 안쪽도 없고 바깥쪽도 없고 전혀 어떤 쪽도 없습니다! 그대 자신을 알기 위해 어떤 정교한 노력도 할 필요가 없습니다. 그대 자신을 알려고 어떤 노력도 할 필요가 없습니다. 이것은 직접적인 접근법입니다. 일체가 **자연발로적**입니다.

그러나 처음에는 **궁극적 진리**에 도달하기 위해, 이 **궁극적 진리**를 갖기 위해, 명상의 수련을 닦아야 합니다. 보이지 않는 화자와 보이지 않는 청자 간에 아무 차이가 없습니다.

　　확신을 얻고 나면
　　절대적인 평안, 완전한 평안이 있을 것입니다.

그대가 그대 자신 안에서 전적으로 자유로울 것입니다. 그럴 때 이것을 알게 될 것입니다.

　　나의 현존이 도처에 있다.
　　나의 현존이 모든 존재 안에 있다.

단순하고 겸허해지십시오! "나는 곧 **진아**를 깨달을 것이다"라거나 "나는 깨달은 사람이다"와 같은 생각을 가진, 마음·에고·지성에서 비롯되는 어떤 번뇌도 경계하십시오. 그대를 다시 환幻 속으로 끌어넣으려고 하는 어려움들을 경계하십시오.

니사르가닷따 마하라지님은 이렇게 말씀하시곤 했습니다. "삶 속에서 언짢은 상황이 발생하면 **궁극적 진리로 나아가라.**" 그래서 당신은 어려움들을 오히려 반겨야 할 도전으로 보았습니다. 이런 말씀도 가끔 하셨지요. "나는 언짢은 분위기, 언짢은 일들이 올 테면 오라고 한다. 만일 내가 운이 좋으면 이런 모든 어려움을 반기게 될 것이다."

질: 그런데, 그분은 그나마 늦게라도 싯다라메쉬와르 마하라지님을 만나는 행운이 있었습니다.

마: 당신은 싯다라메쉬와르 마하라지님과 최대 3년 정도밖에 함께 보내지 못했지요.

질: 그러니까 다행히도 그분이 입문하신 뒤에‥‥.

마: 토대는 그분 안에 이미 마련되어 있었고, 그래서 일체가 그냥 맞아 들어갔습니다. '그냥 맞아 들어갔다'고 말하는 것이 정확합니다. 왜냐하면 당신은 비상한 지知를 가지고 있었기 때문입니다. 당신은 싯다라메쉬와르 마하라지님의 강의를 듣자 워낙 큰 인상을 받아, 그 전부를 전적으로 완전히 받아들였습니다. 당신은 스승께 높은, 높은 믿음을 가지고 있었습니다. 당신은 싯다라메쉬와르 마하라지님에게 워낙 강한 믿음을 가지고 있어서 이렇게 말씀하시곤 했지요. "내 스승님은 궁극이시다."

나중에 책을 많이 읽은 외국인들이 당신에게 몇 가지 아주 까다로운 질문을 하곤 했는데, 당신은 즉시 그리고 자연발로적으로, 아무 어려움 없이 그에 답변했습니다. 당신은 즉각 답변하면서 이렇게 말했습니다. "이것은 제 스승님의 은총으로 일어나는 일입니다."

질: 놀랍고, 예, 굉장히 환상적입니다. 제 말은, 서양에서는 그래야 사람들이 움직인다는 뜻입니다. 이를테면 누구든지 와서 질문할 수 있었고‥‥.

마: 모리스 프리드먼은 아주 까다로운 질문들을 하곤 했습니다. 왜냐하면 그는 여러 가지 철학과 영적인 수련법들도 공부했기 때문입니다. 그는 라마나 마하르쉬, J. 크리슈나무르티 등 수많은 스승들을 거쳐 온 터였습니다. 그는 니사르가닷따 마하라지님에게 매우 깊은 인상을 받고 이렇게 말했습니다. "이것은 비상한 지知이다."

질: 그 스승님의 지知 말입니까?

마: 이런 지知는 어떤 책에서도 결코 발견할 수 없을 것입니다. 책들은 빙빙 돌면서 그대를 빙빙 돌게 합니다. 여기서는 이것이 **직접적인 접근법**이고 **직접적인 지知**입니다.

질: 그리고 싯다라메쉬와르 마하라지님 자신은 바우사헵 마하라지님께 모든 공功을 돌렸고, 그래서 전체 계보를 통틀어 매우 강한 연결이 있군요?
마: 싯다라메쉬와르 마하라지님은 바우사헵 마하라지님에게 깊은 믿음, 강한 믿음을 가지고 있었습니다. 이 지知는 자연발로적 지知이지, 책 지식이 아닙니다. 자연발로적 지知입니다.
질: 그리고 유일한 변화가 있다면요?
마: 물론 말씀은 다르고, 이야기하는 스타일은 다르지요. 그러나 원리는 동일합니다. 그대의 무아인 진아 외에는 아무것도 없습니다. 그대의 무아인 진아와 별개로 어떤 신도, 브라만도, 아뜨만도, 빠라마뜨만도, 스승도 없습니다. 그대가 근원입니다. 일체가 그대 안에 있습니다. 불이 있으나 그것이 재로 덮여 있습니다. 스승이 그 재를 없애줍니다.
질: 그런 다음 하나의 폭발이 있겠군요. '쾅' 하고, 큰 불이 납니다!
마: 그렇지요! 그것은 제가 말한 한 동이의 물과 바다의 경우처럼, 하나의 합일 과정입니다. 물 한 동이를 바다에 쏟으면 그 물을 들어내지 못합니다. 물이 바다에 합일되었기 때문입니다. 그대가 깨달을 때도 그와 같습니다.

 그대가 깨달을 때는,
 그대의 독립적 정체성이 남아 있지 않을 것입니다.
 그대가 깨달을 때는,
 다른 사람의 독립적 정체성도 남아 있지 않을 것입니다.
 그것은 해소됩니다.
 그 순간, 그 특정한 단계에서는,
 그대의 온 정체성을 잊게 될 것입니다.

그대의 현존은 있지요. 그대의 현존이 있습니다. 그대의 현존은 다른 어떤 사람이나 어떤 사물이 아닙니다. 몸을 등한시하지 않고도 알게 될 것입니다. 이런 식으로 알게 됩니다. 즉,

 나는 이 집에[몸 안에] 살고 있다.
 이것은 나의 일시적 거주처이지만, 나는 영원하다.

스승의 역할은, 여러 가지 각도와 차원을 이용하여 그대의 실재를 그대에

게 납득시키려고 하는 것입니다. 그대의 역할은 **스승**이 전달하려고 하는 것을 받아들이는 것이고, 또한 그대 자신을 납득시키는 것입니다.

질: 예배의 아라띠(*Arati*) 부분에 대해 한 가지 더 여쭈고 싶습니다. 저는 오늘 오전 늦게 들어왔는데, 제가 방의 반대편으로 건너가려 했다고 몇 분이 난리를 쳤습니다. 예배의 중요한 부분이었으니까 그랬겠지만 말입니다.

마: 무엇보다도 그 불을 켜는 것과 그 의미, 즉 아라띠 의식은 하나의 관습, 하나의 개념입니다. 그 불이 켜져 있을 때는 회당 중앙에 표시된 선을 넘지 않는 것이 관습입니다. 왜냐하면 저 모든 천신들, 많은 천신들이 아주, 아주 미묘한 방식으로 이곳에 와 있기 때문입니다. 그래서 이때는 그 선을 넘으면서 그들을 방해하면 안 됩니다. 바잔·명상과 마찬가지로 이것(아라띠)은 헌신·집중의 한 측면입니다. 그대가 **궁극적 진리**라는 것을 그대 자신에게 상기시키는 것입니다.

22. 그대 자신의 웹사이트를 방문하라

마하라지: 현존이 없다면 누가 철학이나 영성학, 브라만·아뜨만·신·스승·제자 등 무수한 단어를 공부할 수 있겠습니까? 아무도 못합니다! 여러분은 이런 모든 말들을 언제 만났습니까? 이런 모든 말이 무슨 소용 있습니까? **자기탐구**를 하십시오! 알아내십시오! 책만 계속 읽고, 읽고, 읽지 마십시오.

존재성 이전에 여러분은 어떻게 있었습니까? 존재성이 해소된 뒤에는 여러분에게 어떤 일이 일어날까요? 평안과 두려움 없는 삶을 누가 필요로 합니까? 이런 물음들이 해결될 필요가 있고, 그래서 여러분이 철학 공부를 하고, 지식과 영적인 지(知)를 닦고 있습니다. 그러나 더 깊이 들어가야 합니다.

결과에 대해 생각하지 말고
근본 원인까지 더 깊이 들어가야 합니다.

근본 원인으로 나아가서,
왜 여러분이 그 모든 책을 읽고 있는지를 알아내십시오.
뿌리로 나아가서
왜 이 모든 영적인 지知가 필요한지를 알아내십시오.
지知의 목적은 몸에 기초한 목적입니다. 몸-기초를 위해 지知가 필요합니다. 몸에 기초한 지知는 몸을 위한 것일 뿐입니다. 이제 여러분은 자신이 몸이 아니라는 것을 아니, 여러분의 모든 영적인 독서와 지知의 목적은 단지 여러분이 진정한 의미에서 자기 자신을 알도록 이끌기 위한 것이었다는 것을 깨닫게 될 것입니다. 그것이 여러분을 여러분의 **정체성**에게로 이끌고 있습니다. 무엇이 여러분의 **정체성**입니까?
여러분의 현존하는 정체성은 정체불명의 정체성입니다.
여러분의 현존하는 정체성은 정체불명의,
보이지 않는, 익명의 정체성입니다.
그러면 여러분은 "왜 이런 모든 독서를 하지?"라고 자문하게 될 것입니다. 책 속에서는 **여러분**을 발견할 수 없습니다. **여러분**은 단어들 안에 있지 않습니다. 여러분이 해야 할 일은, 여러분이 **궁극적 실재**라는 것을 받아들이고 아는 것이 전부입니다. 일체가 여러분 안에 있습니다. 그러니,
여러분 자신을 알고, 무아인 진아 안에 있으십시오.
여러분 자신을 알고, 무아인 진아 안에 있으십시오.
여러분 자신의 내면을 보십시오.
여러분의 책을 읽고, 여러분의 사원을 방문하십시오.
여러분의 웹사이트를 검색하십시오.
영적인 지知는 여러분의 **궁극적 진리**를 가리키는 하나의 지시물을 제공합니다. 그것은 궁극적 진리가 아닙니다.
그대가 궁극적 진리입니다.
이 확신을 가져야 합니다. 여러분은 일체의 이전입니다. 지知는 그 뒤에 왔습니다. 이 모든 지知 이전에 여러분의 **현존**이 있었습니다. 이 지知에 대해서 이야기라도 하려면 여러분의 **현존**이 필요합니다. 여러분의 **현존**은 눈

에 보이지 않고, 익명입니다.

질문자: 당신께서는 어떤 신비에 대해, 이해를 넘어서는 어떤 것에 대해 말씀하고 계시군요?

마: 그것이 꼭 이해는 아닙니다. 그것은 실재입니다.

그대가 뭔가를 이해할 때,

그것은 그대와 별개입니다.

그대는 실재입니다.

그대가 이해와 같은 단어를 사용할 때—그것은 그대가 뭔가를 이해한다는 의미이지만—그대의 현존은 그 모든 것을 넘어서 있다는 것을 기억하십시오. 저는 그것을 통해 그대가 이야기하고 있고, 그것을 통해 전 세계가 투사되는 그 자연발로적 현존의 주의를 요청하고 있습니다.

그대의 현존이 없이는

그대가 단 하나의 단어도 말하지 못합니다.

어떤 영적인 지知에 대해서도 이야기할 수 없습니다.

어떤 영적인 스승에 대해서도 이야기할 수 없습니다.

그대는 단어들의 제물이 되었습니다. 앞서 제가 말했듯이, 우리가 그 모든 단어에 의미를 할당했습니다. 존재성 이전에 알파벳이 어디 있었습니까? 저는 그대가 존재성 이전에 어떻게 있었는지에 대해서 이야기하고 있습니다. 어떤 혼란도, 어떤 갈등도, 어떤 단어도, 어떤 언어도, 아무것도 없었습니다. 그대는 있었지만 어떤 가시적 형상으로 있지는 않았습니다. 저는 '그것'—곧 존재성 이전에 대해 이야기하고 있습니다.

책 지식은 궁극이 아닙니다.

수억 권의 책이 있습니다.

그 책들의 독자들 중 얼마나 많은 사람이 진아를 깨달았습니까?

저는 다양한 예를 이용하여 그 지知를 단순화하려 하고 있습니다.

질: 성공하고 계십니다.

23. 물웅덩이 말고, 바다에서 헤엄쳐라

마하라지: 모든 체험은 진보하는 단계이지 **궁극적 진리**가 아닙니다. 무엇을 체험하든 그것은 **궁극적 진리**가 아닙니다.

　　자신을 돌아보십시오!
그리고 존재성 이전에 여러분이 어떻게 있었는지를 보십시오. 기본적인 진리는 여러분이 **아뜨만**이고, **브라만**이고, **빠라마뜨만**이라는 것입니다. 여러분은 자신의 **정체성**을 잊어버렸습니다.

　우리는 명상의 도움으로, 이미 여러분 안에 있지만 몸-형상으로 덮여 있는 **궁극적 진리**의 주의를 요청하고 있습니다. 실재가 결국 드러나면 그것은 비상한 체험일 것입니다. "나는 **도처**에 있고, **불멸**이고, **무소부재**하다." 그때는 모든 개념이 사라져서, 감히 영적인 삶 속으로 들어오지 않을 것입니다.

질문자: 그러니까 그것은 어떤 개념도 없는 순수한 **현존**과 같겠군요?

마: 맞습니다. 어떤 체험도, 어떤 체험자도 없습니다.

질: 왜 외적인 사물들이 여전히 문제를 야기하고 있습니까?

마: 그대가 여전히 그 몸-형상 안에서 자신을 가늠하고 있기 때문입니다. 어려움이 있겠지만, 올 테면 오라 하고 갈 테면 가라 하십시오. 사물들은 그냥 영화 속에서처럼 움직이고 있습니다. 스크린은 비어 있지만 수많은 일들이 스크린 위에서 일어납니다. 나중에 그대는 일어나서 극장을 걸어 나옵니다. 이와 같이 그대 자신을 납득시켜야 합니다. 그냥 걸어 나와야 합니다. 서커스에서 어떤 일이 벌어지든, 실재는 그 쇼에 의해 동요되지 않습니다. 다시 그대에게 망치질하겠습니다.

　　모든 외적 사물들은 그대의 자연발로적 현존 위에 나타났습니다.

　그대의 **자연발로적** 현존은 개념들에서 벗어나 있습니다. 존재성 이전에는 외적인 것도, 내적인 것도 없었습니다. 이 모든 질문들은 몸-지知와 관련될 뿐입니다. 몸을 떠난 뒤에는 다시 외적인 것도, 내적인 것도 없을 것입니다. 몸-지知가 해소되어야 합니다. 이것이 영적인 공부의 기초입니다.

단 하나의 단어도 말함이 없이,

그대가 절대라는 진리를 받아들이십시오.

질: 당신께서는 종종 문자적 지知로는 충분하지 않다고 말씀하십니다.

마: 문자적 지知는 단어들과 연결된 이론적 지知를 의미합니다. 그대의 모든 질문은 문자적 지知와 관련됩니다.

저는 지知 이전에 대해 이야기하고 있습니다.

문자적 지知는 어떤 표지標識를 제공하는 책들과 연관됩니다. 책들은 세간적 지知, 이론적 지知입니다. 이론과 실천은 늘 다릅니다. 우리가 수영 이면의 이론을 이해하고, 따라서 수영하는 법을 안다고 해도, 실질적인 의미에서 실제로 헤엄칠 줄을 모를 수도 있습니다.

영적인 지知에 대해 알려주는 책들로 가득 찬 도서관들이 있습니다. 그 책들이 그대에게 어떤 진리들을 가리켜 보일지는 모르지만,

그대가 스스로 투신하고,

이 영적인 바다에 그대 자신을 던져야 합니다.

그럴 때에만 그대가 헤엄치고 있다고 말할 수 있습니다.

단어상의 지知는 이론적 지知에 불과합니다.

방갈로르에서 독일제 인쇄기 한 대가 고장 난 이야기가 있습니다. 여러 직원과 기사들이 고쳐 보려고 했으나 실패했습니다. 기계가 돌아가게 할 수 없었습니다. 결국 그들은 단순한 지식과 상식을 지닌 직원 한 사람을 불렀습니다. 그가 말했습니다. "망치를 갖다 주십시오!" 그는 망치로 기계를 때려 충격을 주었습니다. 그러자 즉시 기계가 돌아가기 시작했습니다. 많은 기사들이 그 기계를 수리하지 못했는데, 실제 경험이 있는 단순한 사람 하나가 성공했습니다. 그것이 실제적 지知입니다.

실제적 지知란,

그대가 "나는 몸이 아니다"라는

확신을 가지고 있음을 의미합니다.

실제적 지知입니다! 자연발로적 확신은 문자적 확신이 아닙니다. 마치 그대가 '존'으로서 살고 있듯이 말입니다. 어떤 사람이 그대의 전기傳記를 쓴

다고 할 때 그것이 완벽할지는 모르지만, 그래도 존의 삶을 살 수 있는 사람은 그대뿐입니다. 혹은 어떤 사람이 나시크 아쉬람을 본 다음 그에 대해 무엇을 글로 쓴다고 해도, 그것은 그대가 나시크 아쉬람에서 매일 직접, 실제로 사는 것과는 아주 다릅니다. 그대가 압니다! 실제적인 지知를 가지고 있지요! 제가 이야기하는 것은 실제적인 지知이지 책 지식이 아닙니다.

현재 그대는 해변에 서 있습니다.

실제적인 영적인 바다에서 헤엄치고 있지 않습니다.

24. 자신의 두 발로 서라

마하라지: 여러분이 깨달은 스승을 만나면 그는 여러분이 이미 책에서 읽은 것을 확인해 주고, 전 세계가 환幻이라고 말해줄 것입니다. 그리고 여러분 앞에 증거를 제시하여 그것을 여러분에게 증명해줄 것입니다.

깨어남에는 신체적 깨어남과 영적인 깨어남의 두 가지가 있습니다. 신체적 깨어남은 영靈이 몸과 맞물릴 때이고, 여러분이 세계를 봅니다. 영적 깨어남은 처음부터 여러분이 환적인 세계에 취해 있었다는 것을 의미합니다.

여러분은 세계를 다스리는 모종의 초자연적 힘으로서의 신이라는 개념을 믿었습니다. 신이 누구입니까? 신이 무엇입니까? 여러분은 모릅니다. 여러분은 신이, 전 세계를 다스리면서 나쁜 사람들을 벌하고 좋은 사람들을 축복하는 어떤 존재라는 관념을 가지고 있습니다. 그것도 해로울 것은 없으나 다만,

여러분은 자신이 누구인지 모릅니다.

여러분은 신이 무엇인지 모릅니다.

여러분은 그 기운에 취해, 어떤 때는 평화롭고

어떤 때는 우울해하며 자신의 삶을 살고 있습니다.

뭐가 어떻게 돌아가는지 실제로는 모릅니다.

여러분이 깨달은 스승을 만나자마자 그는 여러분을 일깨우면서 이렇게 말할 것입니다. "그대는 환적인 세계에 살고 있다. 몸은 그대의 **정체성**이 아니다. 그대는 이 모든 것과 다르다."

여러분은 스승들의 스승입니다.

여러분은 이 세계의 아버지입니다.

여러분은 신의 아버지입니다.

신은 여러분의 **반영**反影(반사된 모습)입니다.

여러분은 엄청난 힘을 가진 자신의 **존재**를 모릅니다. 여러분의 **실재**를 자각하지 못하고 있고, 그래서 여러분의 **자연발로적 존재**를 등한시하고 있습니다. 여러분은 환적인 힘들, 환적인 기운들 아래서, 우울한 사람 혹은 늘 분투하는 불행한 사람으로 살면서 행복과 평안, 두려움 없는 삶을 발견하려고 애쓰고 있습니다.

여러분이 깨달은 스승을 만나면, 그는 **실재**로써 여러분을 망치질하면서, 여러분은 불생不生이기 때문에 이 모든 환幻과 무관하다고 거듭거듭 이야기합니다. 여러분은 몸-형상 안에서 자기 자신을 가늠하고 있는데, 몸-형상은 환幻입니다. 여러분은 몸이 아니고, 몸이 아니었고, 몸으로 남아 있지 않을 것입니다.

몸은 여러분이 그것을 통해

여러분 자신을 알 수 있는 매개체입니다.

몸이 없으면 어떤 깨어남도 있을 수 없습니다.

몸이 없으면 어떤 존재도 없고, 따라서 여러분 자신을 알 수 없습니다. 몸과 영靈, 혹은 현존—그것을 뭐라고 해도 좋지만—과의 결합이 (여러분 자신을 알 수 있게 해주는) 촉매입니다.

여러분은 전혀 몸이 아닙니다. 공개적인 사실입니다.

이 실재가 (여러분 안에) 새겨져야 합니다.

이 확신이 있어야 합니다.

이 자연발로적 확신이 일어날 때, 여러분은 자신의 **정체성**이 보이지 않는 익명의 정체성이라는 것을 알게 될 것이고, 존재하던 어떤 두려움도 사라질 것입니다. 죽음에 대한 어떤 두려움도 없을 것입니다. 왜냐하면 여러분이 마치 하늘처럼 불생不生이라는 것을 알 것이기 때문입니다. 하늘은 어떤 느낌도 없고, 어떤 형제·자매도 없습니다. 누가 신이고, 스승이고, 제자입니까? 누가 남편이고 아내입니까? 모든 관계들은 몸과 관련됩니다.

질문자: 그러니까 당신께서 여기서 말씀하시는 것은 두 번째 깨어남이군요?
마: 이런 것들은 그냥 제가 의사소통을 위해서 사용하는 단어일 뿐입니다. 문자적으로 받아들이지 마십시오! 사실 어떤 첫 번째나 두 번째 깨어남도 없습니다. 두 번째 깨어남은 그대에게 지知를 안겨주고, 첫 번째 깨어남은 존재하지 않습니다. 첫 번째 깨어남은 몸-지知와 연관되고, 두 번째 깨어남은 영적인 삶과 연관됩니다.

질: 우리가 스승을 만나기 전에는 환적인 세계의 인상들 아래 있다고 말할 수 있습니까?
마: 그런 것이 개념입니다. 그대가 스승을 찾아가면 깨어남이 일어납니다.
  이 깨어남이 일어나는 것은, 그대가 지知를 받아들이고,
  그대가 그것을 통해 세계를 볼 수 있는
  시력을 부여받고 있기 때문입니다.
  이 지知의 빛 안에서 그대 자신을 볼 수 있습니다.
  "그래! 나는 몸이 아니야!"

몸은 아이·젊은이·늙은이의 과정을 거치고 끝나 버리는 하나의 물질적인 몸일 뿐입니다! 내가 몸이 아니라면 나는 불생不生입니다. 죽음과 탄생에 대한 이 모든 두려움은 마치 그대의 겉옷들처럼 몸하고만 연관됩니다. 만일 옷에 문제가 생기면 그대는 그것을 내버립니다. 싯다라메쉬와르 마하라지님은 몸이란 '다글라(dagla)', 즉 두꺼운 울로 만든 큰 방한외투 같은 그대의 외적인 부분이라고 말씀하시곤 했습니다. 몸은 하나의 다글라입니다.

지知가 그대 안에 있습니다. 마치 재로 덮여 있는 불처럼, 개념들에 덮인 채로 말입니다. 그 불길, 영적인 불이 계속 타게 하십시오. 남 만트라가 그런 개념들을 제거하여 그 불이 밝게 타오를 수 있게 할 것입니다.

강해지고, 용기를 내십시오.

그대는 많은 내적인 힘을 가지고 있지만, 여전히 자신을 손상되고 불구인 사람, 도움이 필요한 사람으로 여기고 있습니다. 그대는 자신의 두 발로 걸을 수 있습니다. 그대 자신의 두 발로 서십시오! 자신이 늘 의존하고 있다고 느끼고, 부단히 외부의 도움을 찾고, 신·아뜨만·브라만 등의 개념에 의존하는 그 습習을 없애야 합니다.

질: 니사르가닷따 마하라지님은 "거짓인 것을 거짓으로 알라. 그러면 지知가 드러날 것이다"라고 했습니다.

마: 이 주제에 대해 이야기를 하나 해 드리지요. 어느 날 밤 자나까 왕이 악몽을 하나 꾸었습니다. 잠자리에서 이리저리 몸을 뒤척이다가 말입니다. 그는 위대한 왕이었지만 이날 밤에는 자신의 숲 속에 있는 한 사람의 거지인 꿈을 꾸었습니다. 깨어났을 때 그는 매우 혼란스러웠습니다. 그 꿈으로 인해 큰 궁금증이 생겼습니다. "그 의미가 무엇일까?" 그는 알고 싶었습니다. "진리란 무엇인가? 나는 누구인가? 나는 이 궁궐에 있으면서 이 나라를 다스리는 왕인가, 아니면 숲 속에서 길을 잃고 굶주리던 그 거지인가?"

그것을 알고 싶었던 그는 원근각지의 모든 학자를 초청했습니다. 왕은 그 의문에 대한 답을 원했고, 그래서 이렇게 선언했습니다. "누구든지 이 의문들에 만족스럽게 답할 수 있는 사람에게는 이 나라를 상으로 주겠소!" 그가 물었습니다. "이것이 참되오, 저것이 참되오? 꿈의 상태요, 생시의 상태요?"

아무도 답을 내놓지 못했습니다. 마침내 한 젊은이가 자신을 가로막던 파수꾼들을 통과하여 왕이 있던 큰 회당에 도착했습니다. 이 젊은이는 몸의 여러 군데 관절이 기형이었고, 그래서 이름이 '아쉬따바끄라(Ashtavakra)' ['여덟 군데가 기형'이라는 뜻]였습니다. "제가 그 질문에 답을 드리고 싶습니다!" 그가 외쳤습니다. 왕궁에서 내로라하는 학자들, 그 충성스런 '현자'들은 그를 보자 웃으면서 그의 기형에 대해 조롱 섞인 농담을 하기 시작했습니다. 자나까 왕이 그에게 앞으로 나와서 말해 보라고 했습니다.

아쉬따바끄라도 회중을 둘러보고 웃으면서 이렇게 말했습니다. "오, 자나까 왕이시여! 이분들은 모두 구두수선공이군요! 저는 현자들과 함께한다고 생각했지만, 이제 그들은 저의 겉모습, 거죽만 본다는 것을 알겠습니다."

왕이 그에게 물었습니다. "나는 거지인가, 왕인가?" 아쉬따바끄라가 대답했습니다. "어느 쪽도 참되지 않습니다. 둘 다 환幻입니다. 만일 이것이 참되거나 저것이 참되다면, 이것도 거짓이고 저것도 거짓입니다."

왕이냐 거지냐? 어느 쪽이 진실입니까? 고통이 진실입니까, 고통 없음이 진실입니까? 흥미로운 질문이지요! 스스로에게 이런 질문들을 해 보십시오. 자기탐구를 하십시오. 분별력을 사용하십시오. 보는 자와 함께 있으십시오.

존재성 이전에는
그대가 그대에게 알려져 있지 않았습니다.
그대가 보기 시작했을 때, 그대가 몸을 만났을 때,
그대는 고통 받기 시작했습니다.

사람들은 나쁜 상황이든 좋은 상황이든, 고통 받고 있습니다. 그대의 현존 없이는 그대가 이 세계를 볼 수 없습니다. 간접적으로든 직접적으로든, 전 세계는 그대의 **자연발로적 투사물**입니다. 거짓인 것을 본 그것(보는 자)은 거짓이 아닙니다. 그리고 그것을 위해 이 모든 영적인 지知가 필요합니다.

25. 휘젓고, 휘젓고, 휘저어라

마하라지: 아주 간단합니다. 여러분은 엄청난 힘을 가지고 있지만 그것을 모르고 있습니다. 명상을 하는 처음에는 에고·지성·마음이 **만트라**와 싸우면서 그것을 걷어찰 것입니다. 그러나 굳은 결의로 그것을 견지해 나가면 나중에는 마음을 정복하게 될 것이고, 마음은 돌아서서 "나는 **브라만**이다, **브라만이 나다**"라는 것을 받아들이기 시작할 것입니다.

간단히 표현해서, 제가 여러분에게 말한 것을 소화하십시오. 저는 늘 같은 말을 되풀이하고 있습니다. 같은 말을 되풀이, 되풀이, 되풀이하고 있습니다. 말은 다를지 모르나 원리는 동일합니다.

몸 느낌(body feeling)이 사라지는 순간, 일체가 사라집니다. 몸 느낌이 사라지는 순간, 존재가 사라집니다. "내가 있다"는 느낌이 여기 있는 한, 세계가 여기 있습니다. 성자 **까비르**(Kabir)가 말했습니다. "'나'가 사라지는 순간, 전 세계가 사라진다."

여기서 우리가 하는 모든 이야기,

이것은 그냥 오락입니다.

샹까라짜리야의 접근법도 직접적이었습니다. "'나'라고 말하는 것은 환幻이고, '너'라고 말하는 것도 환幻이고, '브라만'이라고 말하는 것도 환幻이며, 전 세계가 환이다."

여러분은 그 몸-형상 안에 있지 않습니다. 이 확신이 여러분 안에서 자연발로적으로 나타날 것입니다. 그에 대해 이야기하려면 여러분과 제가 몇 가지 단어를 사용해야 합니다.

저는 청자聽者에게, 곧 아무 형상이 없는,

여러분 안의 말없고 보이지 않는 청자에게 말을 걸고 있습니다.

남자도 없고, 여자도 없고, 아무것도, 아무것도 없고, 그냥 그것, 그냥 '나'입니다. [스승님은 황홀경 같은 상태에서 두 손을 위로 치켜드신다.] 궁극의 단계에서는 어떤 체험도, 체험자도, 어떤 주시도, 주시자도 없고, 아무것도 없습니다. 우리는 몸을 통해서 우리 자신을 "나는 어떤 사람이다"로—남자·여자·브라만·아뜨만으로 알고 있습니다. 이 모든 것은 개념입니다. 수많은 개념들이 존재합니다.

여러분은 아무것도 아니고, 아무것도 아니었고,

어떤 것으로도 남아 있지 않을 것입니다.

무無로부터 여러분이 일체를 봅니다.

무無가 무無 속으로 해소될 것입니다.

주시자가 누구입니까? 주시하는 자가 누구입니까? 어떤 경험자도 없습니다.

이것은 희유한 지知이고, 비상한 지知입니다.

25. 휘젓고, 휘젓고, 휘저어라 **123**

이것은 보이지 않는 청자의 지知입니다.

다시 말하지요. 진리를 확립하려면 여러분이 어떤 수련을 닦아야 합니다.

진리는 여러분 안에 있습니다. 진리가 있습니다.

여러분은 목적지에 와 있습니다.

여러분은 자신의 참된 정체성을 잊어버린 채,

여기 저기 찾고 있을 뿐입니다.

"마이클이 어디 있지? 마이클이 어디 있지?"

그대가 마이클입니다.

여러분이 자신을 가르쳐야 합니다. 여러분은 영적인 책을 읽고 여러 스승들을 찾아다닌 끝에 많은 지식을 갖게 되었지만,

그 스승의 본질이 여러분 안에 있다는 것을 알아야 합니다.

그 스승적 본질이 여러분 안에 있습니다.

여러분이 그것을 잊어버렸을 뿐입니다. 니사르가닷따 마하라지님이 말씀하셨듯이, "저는 그대를 제자로 만드는 것이 아니라 그대를 스승으로 만들고 있습니다." 이 지知는 듣기에 아주 쉬워서 누구나 그것을 들을 수 있지만, 흡수하기는 조금 어렵습니다. 그래서 완전한 전념이 필요합니다. 파트타임으로 하는 투신으로는 아무것도 현실화하지 못할 것입니다.

전적으로, 깊이, 무아인 진아를 식별해야 합니다.

작은 에고가 여러분에게 문제를 야기할 것입니다. 작은 에고가 "나는 어떤 사람이다"라고 생각하면서 문제를 야기할 것입니다. 브라만과 신에 대한 체험도 하나의 환幻입니다. 어떤 체험도 없습니다. 브라만·신 등은 우리가 대화를 위해 사용하고 있는 세련된 단어들일 뿐입니다. 여러분이 그 원리입니다. 니사르가닷따 마하라지님이 표현한 이 원리를 고수하십시오. 즉,

무아인 진아 외에는 아무것도 없다.

무아인 진아 외에는 어떤 신도,

브라만도, 아뜨만도, 빠라마뜨만도, 스승도 없다.

26. 자연발로적 힘

질문자: "어떤 사람들은 스승과 20년, 30년을 함께 할 수도 있다"고 당신께서 말씀하신다고 들었습니다. 저는 여기 1주일밖에 있지 않았습니다. 스승과 더 많은 시간을 함께 보내면 더 큰 이익이 있습니까?

마하라지: 누구의 30년, 40년입니까? 그대에 대해서만 이야기하십시오. 그대는 언제 햇수를 헤아리기 시작했습니까? 우리는 영靈이 몸과 맞물린 순간 이후로 햇수를 헤아리고 있습니다. 그대가 스승들, 깨달은 스승, 깨친 스승들을 찾아가는 순간, 그것은 순식간입니다. 순식간에 확신이 있을 것입니다.

질: 어제 저는 어떤 가정문제에 워낙 몰두하여 세간에 돌아가 있었습니다. 무집착을 잃었습니다. 일어나는 일들과 전혀 거리가 없었고, 다시 그 구멍으로 떨어진 저 자신에게 화가 났습니다. 엎친 데 덮친 격으로 정말 심한 두통까지 있었습니다. 그런 상황에서는 어떻게 할 수 있습니까?

마: 평상平常해지십시오! 편안해지십시오! 어떤 긴장도, 어떤 스트레스도 갖지 마십시오! 일어난 일이나 일어나지 않은 일은 지나갔습니다. 그것을 계속 가지고 다니지 마십시오! 그에 대해 생각하지 마십시오. 일체가 자연발생적으로 일어납니다. 그러니 침묵을 지키십시오.

어떻게 행동해야 할지 알고 싶습니까? 그대 안에서 그 답을 발견할 것입니다. 모든 질문은 그대 안에서 자연발생적으로 일어나며, 자동적으로 해결될 것입니다.

생각하지 마십시오! 평상하십시오! 침묵하십시오!

그렇게 많이 생각하지 마십시오!

잊어버리십시오!

그대의 내적인 힘이 그대를 돌볼 것입니다.

그대는 엄청난 힘을 가지고 있습니다.

질: 당신께서는 우리가 어떤 놀라운 힘을 가지고 있다고 말씀하시는데, 그것을 물리적으로 사용할 수 있습니까? 만약 그럴 수 없다면, 그것을 가시

고 있는 것이 무슨 소용 있습니까? 우리에게 그것이 왜 필요합니까?

마: 우리가 그 힘을 사용할 수 없다면 그것이 우리에게 왜 필요하냐고요? 그대는 여전히 그대 자신을 몸으로 보고 있습니다.

그 몸은 하나의 송장입니다.

그대는 여전히 자신이 그 몸-형상 안에 있다고 여깁니다. 그대는 몸이 아닙니다! 몸의 보유자지요! 그대는 몸-형상의 입장과 관점에서 그런 질문들을 하고 있습니다.

누가 힘을 원합니까?

그대는 몸이 아닙니다.

그러니 그 힘을 무엇에 사용하고 싶습니까?

아니, 아니, 그것을 그런 식으로 사용할 수는 없지요! 스승의 힘이 자동적으로 작용합니다. 그는 자신의 힘으로 뭔가를 일어나게 할 생각을 하지 않습니다. 그대가 그 힘을 쓰고 싶어 한다면, 그것은 그대가 에고를 취하여 자신을 하나의 몸으로 내세운다는 것을 의미합니다.

저는 이것이 환幻이라고 말해 왔습니다. 스승은 어떤 일이 일어나게 할 생각을 하지 않습니다. 일어나는 일은 자연발생적으로 일어납니다. 스승의 눈에는 모두가 평등합니다. 누구에게도 특별한 호의를 베풀지 않습니다.

스승이 그 힘을 사용하는 것이 아닙니다.

그것은 저절로, 헌신으로부터 일어납니다.

스승의 현존은 세상의 도처에 있습니다. 그의 헌신자들 중 한 사람이 어려운 처지에 있으면 스승이 그를 보살펴줄 것입니다. 스승은 자신을 몸-형상으로 여기지 않습니다. 이것이 깨달음의 특질입니다.

그대는 어떤 힘을 기대하고 있으니,

그것은 그대가 여전히 자신을

몸-형상으로 대하고 있다는 것을 의미합니다.

그대는 그 힘이 그대와 다른 어떤 것이라고 이해하고 있습니다. 그런 것이 아닙니다. 해는 엄청난 힘을 가지고 있고 전 세계를 비춥니다. 힘에 대한 어떤 기대도 없어야 합니다.

어떤 힘도 기대하지 마십시오.

아무것도 기대하지 마십시오.

몸-마음이 늘 그대를 속이려 하고 있습니다.

생각들이 오고가면서,

그대가 바른 길에서 벗어나 한눈을 팔게 하는 결과를 가져옵니다.

그런 일이 일어나지 않게 싸우려면 그대 자신과 스승에 대해 완전한 믿음을 가져야 합니다. 힘과 같은 어떤 것도 기대하지 마십시오. 그것은 이미 있습니다. 차분하고 고요해지십시오!

사람들은 니사르가닷따 마하라지님께 이렇게 말하곤 했습니다. "당신의 힘 때문에 이런저런 일이 일어났습니다." 당신은 이렇게 답변했습니다. "저는 어떤 힘도 가지고 있지 않습니다. 그 힘은 제 것이 아니라 제 스승님의 힘입니다. 그것은 싯다라메쉬와르 마하라지님의 힘입니다." 마찬가지로, 만일 그대의 헌신으로부터 힘이 나온다면, 그것을 잘못 사용하거나 거기서 에고를 취하지 마십시오.

만일 그렇게 하면 그것은 그대의 타락이 될 것이고,

에고가 다시 그대의 영적인 몸을

장악할 것입니다.

영적인 힘이 성장하도록 분투해야 합니다. 때로 마음을 끄는 어떤 것에 유혹당한다면 그대는 타락할 것입니다. 그렇게 되면 다시 올라오기가 어려울지 모릅니다.

참된 헌신자는 그 힘을 사용하거나, 그것을 이야기하거나, 그것을 과시하지 않을 것입니다. 그는 "이것은 내 힘이 아니라 내 스승님의 힘이다"라고 말할 것입니다. 이것이 겸허함의 법도입니다. 왜냐하면 그는 자신을 몸-형상으로 여기지 않기 때문입니다. 마음·에고·지성의 제물이 되지 마십시오. 마음·에고·지성은 늘 영적인 몸을 공격하려 하고 있습니다.

27. 마음, 생각의 흐름

질문자: 오늘 저는 이완되어 있고 고요하여, 어제보다 훨씬 나아졌다고 느낍니다. 어떤 때는 다른 때보다 생각들이 더 빨리 이동합니다.
마하라지: 좋습니다! 생각들은 무시하고, 싸우지 마십시오! 그것이 흘러가게 하십시오. 생각의 흐름을 그냥 내버려두십시오. 지켜보십시오! 그 생각들에 어떤 주의도 기울이지 마십시오. 그것들은 그냥 오고가고, 오고갑니다. 그대는 생각들과 별개입니다. 뒤로 물러나 구경꾼이 되어 지켜보십시오.
질: 저는 이제 사고 과정들을 자각합니다. 그것을 알아차립니다. 그러나 그러다가 이렇게 묻습니다. "누가 알아차리고 있고, 누가 생각하고 있나?"
마: 그대의 **무아인 진아**입니다. 그것은 그대에게서 나올 뿐인데, 자연발로적으로 그대에게서 나오고 있습니다. 그대는 생각, 사고 과정, 생각들의 흐름과 전혀 별개입니다. 일체가 그대, 오직 그대에게서 투사될 뿐입니다. 그러니 그 흐름에 어떤 주의도 베풀지 마십시오.

그대가 **최종적 진리·궁극적 진리**입니다. 이것이 확신입니다. 저는 그대에게 **궁극적 진리·최종적 진리·적나라한 진리**에 이르는 최단 경로를 보여주고 있습니다. 이것을 지적으로 이해할 수는 없습니다. 일체가 지적으로 이해될 수는 있지만, 지적 이해는 그대의 목적에 소용이 없을 것입니다. 그 **확신이 완전한 확신이 될 것입니다. 모든 개념, 모든 몸-지知가 해소될 필요가 있습니다.

궁극적 진리를 확립하려면 명상·바잔·집중을 닦아야 하며, 그래야 그대가 지금까지 가지고 있는 몸-지知가 가라앉습니다. 여러 가지 생각들이 그대를 압박하려고 할 때는 그것들을 전혀 돌아보지 마십시오. 왜냐하면 그대는 그 이면에 있기 때문입니다.

그대의 **자연발로적 현존**이 있습니다. 몸-형상 안에서 그대 자신을 가늠하지 마십시오. 그대의 외적인 겉모습은 그냥 이런 옷과 같습니다. 침묵하십시오! 그대의 일상적 임무를 다하십시오. 고정불변의 어떤 규칙도 없습니다.

다른 사람들에게보다는 그대에게 초점을 맞추십시오.

남들에게가 아니라 그대 자신에게 귀를 기울이십시오.

그대 내면의 목소리에 귀를 기울이십시오.

영靈이 이제 열려 있습니다.

차분하고 고요해지십시오.

그대는 자신의 **정체불명의 정체성**이 이 세계와 전혀 별개라는 것을 볼 수 있습니다. 저는 단어들을 사용하여 그대의 **정체불명의 정체성**에게 말을 걸고, 이야기를 하고 있습니다. 그대가 모든 힘과 에너지의 **근원**입니다.

세계 안에서 힘을 찾지 마십시오.

전 세계가 그대의 힘과 에너지의 한 반영이니 말입니다.

이 공개적인 비밀을 그대가 볼 수 있습니다.

제가 이 공개적인 비밀을 그대 앞에 놓아드리고 있습니다.

그것은 그대의 것입니다.

따라서 그대는 몸과 전적으로 별개입니다. 어떤 마음도, 에고도, 지성도 없습니다. 궁극의 단계에서는 체험자와 모든 체험이, '죽음'을 둘러싼 두려움들과 함께 해소될 것입니다. 그대는 강합니다. 그러니 자신을 과소평가하지 마십시오.

세상에는 이런 살아 있는 직접지知를

그대에게 드릴 사람이 아무도 없습니다.

그들은 그저 브라만·아뜨만에 대해서 계속 이야기만 할 것입니다.

건조한 영적 논의들은 그대에게 행복을 안겨주지 않을 것입니다. 실용적으로 되십시오! 저는 그대에게 실용적인 지知를 드리고 있습니다.

저는 그대를 바다에 빠트리고, 헤엄치는 법을 가르치고 있습니다.

저는 그에 대해 이야기만 하고 있지 않습니다.

그러니 용기를 좀 가지십시오! 행복해지십시오! 확고해지십시오! 누군가의 생각에 농락당하지 마십시오. 그대가 어디에 있든, 그대의 **궁극적 진리**를 가지고 강해지십시오. 그대에게 잘못된 것이나 누락된 것은 없습니다. 그대는 전혀 약하지 않습니다. 그대는 완전합니다.

저는 아무것도 하고 있지 않습니다.
저는 그대의 궁극적 진리를 그대에게 보여주고 있습니다.
저는 제 스승님이 저와 함께 나누신 그 지知를
그대에게 전해드리고 있습니다.

[니사르가닷따 마하라지의 사진을 가리키며] 저분이 일체를 하고 있습니다. 저는 아무것도 하고 있지 않습니다. 저는 하나의 꼭두각시, 제 **스승님**의 꼭두각시일 뿐입니다. 저는 그냥 하나의 해골입니다! 이 몸은 하나의 송장입니다. 저는 아무것도 하고 있지 않습니다.

그대의 영적인 삶은 높은 가치가 있습니다. 시간을 낭비하지 마십시오. 권력·돈·성은 그대에게 영구적인 행복을 안겨주지 않을 것입니다. 이제 그대는 제대로 찾아왔습니다. 거리낄 것 없이 두려움이 없어야 합니다. 그래야 몸을 떠날 때가 오면 "자, 이제 와라. 나는 행복하다"고 말하게 될 것입니다. 몸을 떠날 때 행복한 기분일 것입니다.

질: 살아 있는 동안에만 죽는 것이 가능합니까?

마: 죽음은 몸을 지칭할 뿐입니다. 어떤 죽음도, 어떤 탄생도 없습니다. 죽음과 탄생은 어떤 모습이나 형상을 전제합니다. 죽으려면 뭔가가 있어야 합니다. 그대는 무형상입니다. 그대는 모습이 없습니다.

이 몸 안에서는 "내가 있다"를 얼핏 볼 수 있을 뿐입니다.

얼핏 보는 것뿐입니다.

(영靈인) 그대는 아예 보이지 않습니다. 잠시 코끼리를 생각해 보십시오. 큰 코끼리가 걸어가고 있습니다. 만일 영靈이 없으면 그 큰 짐승을 옮기기 위해 기중기를 사용해야 할 것입니다. 저 영은 엄청난 힘을 가지고 있습니다. 그러니 어떤 것도 두려워할 필요가 없습니다.

질: 그러니까 일체가 존재하는 것은 오직 이 영靈 때문이군요?

마: 완벽하게 말했습니다! 만일 영이 없다면, 누가 "나는 브라만이고, 아뜨만이고, 신이다"라고 말할 수 있습니까?

모든 것 이전에 그대의 자연발로적 현존이 있습니다.

그대는 매일 같은 해·달·사람들을 봅니다. 그러나 그 이전에 먼저 그대 자신을 봅니다. 그대 자신을 보는 순간, 그대는 세계를 봅니다. 만일 저 **보는 자**가 몸에서 사라지면 이 세계·마음·에고·지성·신과 여신들에 대해 이야기할 사람이 아무도 없을 것입니다. 아침에 그대가 깨어나면 누가 세계를 봅니까? 아침에 깨어남이 없다면, 세계가 있다고 누가 말하겠습니까? 보이는 것과 보는 자의 투사물은 거짓입니다. 보는 자만이 참됩니다.

그대의 **현존**은 도처에 있습니다. 그대가 어디를 가든 그것이 사진을 찍습니다. **현존**은 자동 사진술처럼 일체를 기록하면서 하루 24시간 존재합니다. 뿐만 아니라 그것은 그대의 꿈들도 사진으로 찍습니다. 그대의 행동 하나하나의 이미지가 포착됩니다. 쉼 없는 비디오 촬영이 진행되고 있습니다.

그 **보는 자**는 아주 미세한, 허공과 하늘보다도 더 미세한 저 보이지 않는 **현존**입니다. 그대는 하늘과 허공을 넘어서 있습니다. 왜냐하면 그대가 하늘과 허공을 볼 수 있기 때문입니다. 그러니 누가 그 비디오를 찍고 있습니까? 어떤 힘이 있고, 어떤 **영**이 있는데, 그것을 궁극적 진리·최종적 진리·브라만·아뜨만·빠라마뜨만·신이라고 합니다.

몸은 하나의 도구, 하나의 매개체에 지나지 않습니다. 눈은 그 자체로 세계를 볼 어떤 힘도 가지고 있지 않습니다. 귀와 입은 도구일 뿐입니다.

손을 움직이게 하는 것은 누구입니까?
눈을 통해서 보는 것은 누구입니까?
꿈을 꾸고 있을 때도 그대는 세계를 볼 수 있습니다.
눈이 없어도, 눈을 감고 있어도, 여전히 볼 수 있습니다.
꿈속에서 그대가 여러 가지 음식을 맛봅니다.
맛보는 것이 누구입니까? 그 꿈 세계를 누가 봅니까?
그대는 모릅니다.
그것은 그대의 자연발로적 현존입니다.
그것이 도처에 있습니다.

그대의 존재는 **자연발로적 존재, 자연발로적 존재**입니다. 그대는 늘 그 몸-형상 안에서 자신을 가늠하는데, 그것이 혼란을 야기하고 있습니다. 이 모든 환幻에서 나오십시오!

28. 그대만 있다, 그대만 있다!

질문자: 저는 개아(*jiva*)가 아니고 **시바**(Shiva)도 아닙니다.
마하라지: 그런 것은 단어입니다. 누가 그런 것들을 말하고 있습니까? "그대가 무엇이다", "무엇이 아니다"— 그대는 그 어느 것도 아닙니다.
질: 저의 혀가 그냥 그····.
마: 몸이 있기 때문입니다. "네가 있다", "내가 있다", 누군가가 있습니다.
질: 아무도 없습니다. 저는 지켜보고 있을 뿐입니다.
마: **시바**는 외적인 것들에 주어진 이름입니다.
질: 좋습니다. 저는 아무것도 아닙니다. 제가 '개아'니 '**시바**'니 말할 필요가 없습니다.
마: 아니지요! "나는 아무것도 아니다"라고 말하기 위해서는 그대가 에고를 취해야 합니다.
질: 그건 그냥 의사소통의 목적을 위해서일 뿐입니다.
마: 오케이, 오케이. 그대는 **시바**도 아니고 개아도 아닙니다. 그대는 규정할 수 없는 다른 무엇입니다.
질: 그러니까 의도적인 노력을 하는 것은 가능하지 않군요?
마: 일어나고 있는 일은 음식-몸에게 일어난다고 이미 그대에게 말한 바 있습니다. 그것은 생명을 위한 음식이지요!
질: 노력으로 말입니까?
마: 예, 노력이지요. 그러나 에고 없는 노력입니다. 예컨대 제가 지금 이 찻잔을 들어 올리는데, 그러다가 그것을 내려놓습니다. 행위들에 대해서 생각하지 말고, 우물쭈물하지 마십시오. 일체가 자연발생적입니다. 일은 일어납니다. 어떤 생각들이 그대에게 유용하다고 느끼면 그것을 간직하고, 그렇지 않으면 간직하지 마십시오.
질: 만약 어떤 영적인 생각들이 유용하다고 느끼면요?
마: 오케이, 그것을 사용하십시오! 그러나 그런 영적인 생각들은 **궁극**이 아

니라는 것을 아십시오. 그대의 영적인 삶은 전적으로 그것과 다릅니다. 제가 말했지만, 일체가 그대의 생각들—영적인 생각이든 다른 어떤 생각이든—이면에 있습니다.

그대의 현존이 일체의 이면에 있습니다.

그대의 현존 없이는 그대가 생각을 할 수 없습니다.

예컨대 "나에게 이런 생각이 있다, 저런 생각이 있다" 같은 생각들을 담아두지 마십시오. 어떤 생각을 사용한 뒤에는 잊어버리십시오! 우리가 몸을 보유하고 있고 5대 원소와 세 가지 구나(gunas)를 가지고 있기 때문에, 안에서 무수한 생각이 흐를 수밖에 없습니다.

문제가 생기는 것은 우리가 "나는 이 생각만 원한다, 저 생각은 원하지 않는다" 하면서 생각들과 싸우기 때문입니다. "왜 이런 생각들이 늘 나에게 다가오나?"라고 계속 말하기보다는 방관자가 되십시오. (생각들이 다가오면) 그러라고 하지요! 그것은 당연합니다. 그대가 예컨대 쇼핑센터에 앉아 있으면 많은 사람들이 지나갈 것입니다. 그대는 그들을 전혀 돌아보지 않습니다. 그러니 그대가 좋아하지 않는 어떤 일이 일어날 때는, 그대가 거기에 너무 많은 주의를 베풀고 있는 것입니다! 잊어버리십시오.

생각들이 흐르기 위해서는 모종의 에너지가 필요합니다. 에너지가 없으면 불이 들어오지 않겠지요. 전기가 필요합니다. 마찬가지로, 그 힘 또는 에너지가 일체의 이면에 있습니다. 그 에너지에서 뭔가가 투사投射되고 반사되어 나옵니다.

우리는 그 투사자 대신

그 투사에 초점을 맞추어 생각하고 있습니다.

근본 원인, 곧 그 투사가 투사되는 근원을 고수하십시오.

그대 자신을 알 때는, 그대가 1차적이고 다른 모든 것은 2차적이라는 것을 알게 될 것입니다.

그대가 1차적이고, 그대가 원리입니다.

일상생활을 위해서는 그대의 몸을 사용하십시오. 어제 우리는 식사를 했지만 오늘은 그것을 기억하지 않습니다. 오늘 아침에는 우리가 차를 마십니다. 모든 준비 행위, 차를 만드는 일은 생각하지 마십시오. 차를 들고, 그런 다음 움직이십시오!

일상생활 속에서 그대의 일을 하되 그것을 그대 안에 담아두지 말고, 새겨두지 마십시오. 그 새김이 짜증을 유발합니다. 그러나 거지처럼 살지 말고, 뭔가를 배우고 그대의 삶으로 뭔가를 하십시오. "오, 나는 영적인 사람인데 어떻게 일을 할 수 있나?" 하면서, 맹목적으로 영적인 길을 따르는 것은 의미가 없습니다. 살아가려면 일을 할 필요가 있습니다. 그냥 앉아서 "나는 브라만이다"라고 하면 그게 무슨 소용 있습니까? 그대에게 돈이 없으면 누가 밥을 먹여주겠습니까? 그래서는 안 됩니다. 실제적인 삶을 살되, 동시에 진정한 의미에서 그대 자신을 알기만 하십시오.

항시 그대의 무아인 진아와 접촉을 유지해야 합니다.

이것이 바잔을 부르는 이면의 목적입니다. 바우사헵 마하라지님은 헌가를 정규적으로 부르는 것이 그대를 자신에게 계속 묶어두고, 무아인 진아와 접촉을 유지하게 해줄 것이라고 말합니다. 이렇게 하면 이른바 **마야**(maya)가 감히 그대를 공격하지 못할 것입니다.

질: 이 축제 기간에 사람들이 많이 나오면 저는 동요를 좀 느낍니다. 사람이 많으면 많을수록 마음이 더 분산됩니다. 그러나 나중에는 기운(vibration)이 더 강합니다. 사람들이 적으면 기운도 약합니다.

마: 그것은 더 약하거나 더 강한 기운이 아니고 그냥 기운일 뿐입니다. 그 기운들은 모두 그대에게서 나오는데, 그대가 그것을 '강하다'거나 '약하다'고 부르고 있습니다. 그 기운들 이면에 그대의 **현존**이 있습니다. 그 현존 바깥에서 가까이 다가가면 갈수록, 그것은 밝게 타오를 것입니다. 그대가 무아인 진아에 가까이 가면 강하게 그것을 느끼게 될 것입니다. 이런 것은 정보를 소통하기 위해 제가 사용하고 있는 단어들에 불과합니다.

그대가 무아인 진아에 가까이 가면 비상한 행복과 비상한 침묵이 있을 것입니다. 그 단계에서는 어떤 질문도 없고 비상한 평안만 있을 것입니다. 어떤 몸·마음·에고도, 아무것도, 전혀 아무것도 느끼지 못할 것입니다.

그대만 있습니다. 그대만 있습니다.

그대 자신 외에는 아무것도 없고, "그냥 나"입니다. 어떤 덮개도 남아 있지 않을 것입니다.

지금은 여전히 몇 가지 층이 있습니다. 마음이 한 층이고, 지성이 한 층이고, 에고가 또 다른 층입니다. 수많은 층이 있습니다.

그대가 깊이, 깊이 들어가면

이 강력한, 열화 같은 에너지를 보게 될 것입니다.

그대는 그 에너지와 별개가 아니지만, 몸 때문에 어떤 분리가 있는 것처럼 보입니다. 그대가 더 가까이, 더 가까이 가면, 그 순간, 바로 그 특정한 순간, 비상한 침묵이 있을 것입니다.

질: 삼매 상태를 묘사하고 계시군요.

마: 그것은 삼매(samadhi)가 아닙니다. 삼매를 넘어서 있습니다. 삼매에서는 여전히 어떤 체험자가 있습니다. 그대가 삼매를 체험하면서, "나는 좋은 삼매를 가졌다"고 말합니다. 다시 한 번 기억해 두십시오. 삼매는 하나의 단어일 뿐입니다. 거기에 말려들지 마십시오.

이 '상태'에서는 그대가 그대 자신에게 알려져 있지 않습니다. 그대가 삼매라고 부르는 그 상태는 일시적입니다. 제가 이야기하는 것은 지속적입니다. 그대가 "나는 사람이다"라고 말하는 곳인 이 세계에 대한 어떤 집착도 없습니다. 그 **궁극**의 단계에서 **영靈**이 자연발로적으로 활동하고 있습니다. 그것은 "나는 브라만이다"라고 말하지 않습니다. 명상을 통해 그대의 **실재**가 그대 안에 인상 지워지고 성장하다가, 마침내 "그래서 나다!"가 됩니다.

삼매란 존재성 이전에 그대가 있던 방식을 의미합니다.

존재성 이전의 그 '상태'에서는 어떤 체험도 없습니다.

"나는 몸이 아니다, 나는 마음이 아니다, 나는 에고가 아니고, 지성이 아니다. 나는 아무것도 아니다." 이것이 그대의 **실재**가 될 것입니다. 그대는 전 세계가 그대의 투사물이라는 것을 알게 됩니다. "나는 내가 세계 안에 있다고 생각했는데, 이제 깨닫고 나니 세계가 내 안에 있다는 것을 알겠다."

그러니 마음·에고·지성을 가진 몸-형상으로 그대 자신을 가늠하지 마십시오. 그대의 **현존**이 있습니다. 저는 주시도 없고 주시자도 없는 저 **현존**

에 대한 주의를 요청하고 있습니다.

남는 것은 비상하고 묘사 불가능한 어떤 것입니다.

그 궁극의 단계에서는 우리 자신을 경험할 수 없습니다.

(그 단계에서는) 그대가 세계 안에 살고 있기는 해도, 마치 연기를 하고 있는 것처럼 그에 상관하지 않을 것입니다. 그것은 꿈속에서 행위를 하면서 그 꿈이 지나가는 것을 지켜보는 것과 같겠지요. 내적인 스승이 그대의 교사입니다. 무아인 진아에 점점 더 가까이 가면 내면의 스승으로부터 가르침이 나올 것입니다. 그것은 그 스승에 대한 그대의 강한 믿음 때문입니다.

그대의 내적인 스승과 어떤 대화를 나누게 될 것입니다. 이것을 진아헌신(Self-devotion)이라고 합니다. 이 대화를 통해 그대가 자신을 가르치게 될 것이고, 그대 자신의 스승이 될 것입니다. 니사르가닷따 마하라지님이 이 말씀을 하신 것은 바로 그런 의미에서입니다. "그대의 무아인 진아 외에는 어떤 신도 없다." 그러니 침묵하십시오!

29. 그대의 집을 청소하라

마하라지: "나는 깨달았다"거나 "나는 깨쳤다"고 말하려면 여러분이 에고를 취해야 합니다. 그러나 여러분의 현존은 자연발로적이고, 어떤 주시자도 없습니다. 어떤 단어들(words)도 없고 어떤 세계(world)도 없습니다. 단-어-들(W-O-R-L-D-S)과 세-계(W-O-R-L-D). 어떤 세계도, 어떤 단어도 없습니다. 그래서 이 모든 질문이 여러분 안에 흡수되고 여러분 안에서 답변될 때, 여러분은 차분하고 고요합니다. 어떤 근심도 어떤 유혹도 없습니다.

여러분은 어디를 가고 싶고, 왜 가고 싶습니까? 어디를 가든 하늘은 똑같습니다. 미국·인도·중국, 어디로 가도 하늘은 똑같습니다. 어디서도 다른 하늘을 찾지 못할 것입니다. 미국 하늘이 호주 하늘과 다릅니까? 하늘을 찾아 어디로 가려고 합니까? 마찬가지로, 여러분은 **브라만**을 찾아 어디로 가려 합니까? 사람들은 이 스승, 저 스승, 이런 스승, 저런 스승을 찾아가고, 그런 다음 히말라야 등지로 갑니다.

그 모든 것은 불필요한 시간 낭비입니다. 왜냐하면 일체가 여러분 안에 있기 때문입니다. 그러나 여러분은 이 사실을 무시하고 있습니다. 여러분의 **무아인 진아**에 주의를 기울이지 않고 있습니다. 저는 그 **보이지 않는** 청자의 주의를 거듭거듭 요청하고 있습니다. 여러분이 **궁극적 진리**라고 말입니다.

이미 여러분 안에서 북적대고 있는 환적인 개념들 때문에

궁극적 진리가 여러분에게 인상 지워지지 않고 있습니다.

여러분의 **궁극적 진리**의 중요성이 무수한 개념에 가려지고 있습니다.

실재가 그 개념들에 밀려나고 있습니다.

이 점을 보여주기 위해 실화를 하나 들려드리겠습니다. 저는 봄베이국립공원으로 아침 산책을 나가곤 했는데, 가끔은 걸음을 멈추고 뿌네(Pune)에 큰 저택을 가지고 있던 한 친구와 이야기를 나누기도 했습니다. 당시에 그는 미혼이어서[방들이 다 필요하지 않아서], 자신의 친구에게 이렇게 말했습니다. "여기 1층에 와서 살아도 좋네. 상관없어. 여유가 많으니까." 그래서 그의 친구는 1층에 들어와 살고, 그는 2층에 살았습니다.

그러다가 제 친구가 결혼을 하여, 20년의 기간에 걸쳐 자식들도 낳고 살림이 늘었습니다. 공간이 더 필요하다는 것을 깨달은 날이 왔습니다. 그가 그 친구에게 말했습니다. "제발 이제는 집을 비워주고 다른 데로 가게. 내가 자네에게 돈을 좀 줄 테니. 지금 이 공간으로는 나와 내 가족이 살기에 좁아." 세입자는 떠나기를 내켜하지 않으면서 이렇게 말했습니다. "내가 어떻게 나가나? 못 나가. 나는 세입자의 권리가 있다네. 안 나가." 집 주인이 정중하게 요청했지만, 그의 친구는 나가지 않겠다고 버텼습니다.

그 뒤에 공원의 그 친구는 늘 우울한 기분이었습니다. 그가 아침 산책을 나가면 친구들이 그에게 왜 그렇게 들떠 있느냐고 묻곤 했습니다. 그가 그 이야기를 해주자 그들이 이 세입자 친구에 대해 물었습니다. "그 사람은 브라민 계급인가? 비非채식(non-veg) 음식 같은 것을 먹는가?" "아니, 아니.

그는 비채식 음식을 먹지 않아[엄격한 채식주의자라는 뜻].”

친구 한 명이 그에게 냄새 나고 썩은 건어를 좀 구해보라고 했습니다. 당시 그 1층 아파트 옆에 뜨거운 큰 물탱크와 버너가 하나 있었습니다. 모두가 물을 데우려면 거기로 가서 마른 나무로 불을 때곤 했습니다. 그는 친구의 조언에 따라 물이 뜨거워져 김이 날 때 이 건어 1킬로그램을 버너에 넣었습니다. 그 세입자는 그 냄새를 견딜 수 없었고, 굉장히 짜증이 났습니다. 1주일 안에 그는 떠나버렸습니다!

이 이야기가 보여주는 것은, 원치 않는 세입자들을 내보내기가 얼마나 어려운가 하는 것입니다. 그들은 떠나는 것을 내켜하지 않습니다.

정중하게 요구하면 그들이 떠나지 않을 것입니다.

어떤 강제력이 필요합니다.

마음·에고·지성이 그런 세입자들이고, 모두 환幻입니다! 그것들을 없애려면 다른 환들의 도움이 필요할 것입니다. 우리는 명상·바잔·지知의 도움을 받아 그 원치 않는 세입자들이 견딜 수 없는 환경을 만들고 있습니다.

이 '세입자들'은 떠나면서 여러분에게 욕을 할 것입니다. 어떤 우울한 생각들이 마치 악취를 풍기는 고기처럼 여전히 남아 있을 것입니다. 그것은 하나의 청소 과정입니다. 여러분이 집을 청소할 때는 어떤 고약한 냄새, 나쁜 냄새가 날 수 있지만, 나중에는 집이 완벽하게 깨끗하겠지요.

그것은 큰 집입니다. 몸은 큰 집이고, 수천 가지 개념이 살고 있습니다. 그것들을 없애는 유일한 방도는 명상·지知·바잔입니다. 명상을 하고 나면 일체가—에고·지성·마음과 모든 개념이—녹을 것입니다. 여러분이 개념들로부터 완전히 벗어납니다. 저는 마치 우리가 아이에게 그렇게 하듯이 이 모든 것을 단순화해서 말하려고 노력합니다. 여러분이 이 이야기를 기억할 때는 이렇게 말하겠지요. "그래, 이런 일들이 일어나는 것은 청소 과정 때문이야."

집 전체가 비워질 때까지는 진지하고 단호해야 합니다. 반갑지 않은 손님들이 있으니 집을 계속 청소해야 합니다. 나중에는 그것이 자동적으로 될 것입니다. 처음에는 부정적인 생각들이 일어나기 때문에 다소 어려움이 있겠지만, 그것은 청소 과정에서 필요한 부분일 뿐입니다. 집 전체가 깨끗하지 않으면 제대로 활동할 수 없을 것입니다.

여러분의 필기판이 (글씨들로) **온통 뒤덮여 있으면**
어떤 새 단어도 그 위에 쓸 수 없을 것입니다.

바잔은 여러분 안에서 기운(vibrations)을 창조하여 예리한 자각 상태를 유지시켜 줍니다. 이 기운들은 원치 않는 언짢은 것들을 추방하는데, 그러면 그런 것들이 사라집니다. 도둑이 제거됩니다!

이것은 간단한 것이니, 영적인 공부는 잠시 잊으십시오. 여러분이 집 안에서 호른이나 트럼펫 같은 악기를 불고 있다고 생각해 보십시오. 그러면 도둑이 조심하겠지요. 안에 누가 있다는 것을 알 테니 말입니다. 그리고 들어오는 것을 재고하겠지요. 설사 도둑이 뒷문에 와 있다 해도 여러분이 있는 것을 알고 감히 들어오지 못할 것입니다. 마찬가지로, 바잔·명상·**지**知—이런 것들은 **현존**이 있다는 것을 부단히 알리고 있습니다. 그래서 어떤 그릇된 생각, 환적인 생각도 들어오려고 하지 않을 것입니다.

질문자: 제 마음은 여기저기, 도처로 다니는 생각들로 매우 활발히 움직입니다. 명백히, 좋은 것이 아닙니다.

마: 그대는 계속 "내 마음"에 대해서 이야기합니다. "내 마음"을 지워야 합니다! 그것은 사라질 것입니다. 어떤 마음도, 에고도, 지성도, 어떤 '나'도 없습니다. 그 모든 것은 몸과 관련된 생각들일 뿐입니다. '나'·마음·마야·환幻·업(karma)·빠르마르타(parmartha—최고의 실재), 이런 모든 단어와 그 의미들은 몸-지知의 범주에 속하고, 그대를 그 환적인 범주에 붙잡아둡니다.

몸-지知 이전에는 아무것도 없었습니다.
그대가 지금 가지고 있는 그 어떤 지知도
몸이 사라지면 그와 함께 사라질 것입니다.
그러니 일체가 결국 사라질 것이라면,
이 모든 지知가 무슨 소용 있습니까?

질: 하지만 우리가 활동하려면 마음·에고·지성이 필요하지 않습니까? 어떻게 제가 마음을 사용하지 않을 수 있습니까?

마: 마음을 사용해도 되지만 그것을 피클(pickles)[1]처럼 사용하십시오 ··· 피클 알지요? 피클은 조금씩 아껴서 사용하지, 늘 사용하지는 않습니다.
질: 좋습니다! 이해했습니다!
마: 그것은 그대가 잘못된 부류와 어울리고 있는 것과 같습니다. 그대는 마음·에고·지성과 잘못 어울리고 있습니다. 이런 녀석들과는 어울리지 마십시오. 그대는 나쁜 부류와 어울리고 있습니다. 그대가 부모면 자식에게 이렇게 말할지 모릅니다. "나쁜 아이들과 어울리지 마라. 저 아무개, 저 아이, 걔는 나쁜 애야." 이런 식으로 그대의 자식을 가르칩니다. 간단한 심리를 이용하여 자식을 지도해 주고, 그래서 아이가 발전할 수 있습니다.

그와 비슷하게, 스승은 그대에게 마음·에고·지성에 대해 마치 그것들이 못된 아이들, 못된 무리인 것처럼 이야기해 줍니다. 그대는 "나의 마음, 나의 에고, 나의 지성"이라고 말합니다. 그러나 그 말을 누가 하고 있습니까? 누가 그렇게 말합니까?

    그대가 "나의 마음"이라고 말할 때,
    그것은 그대가 마음이 아니라는 것을 의미합니다.
    나의 손, 나의 다리 등도,
    그대가 그것과 별개라는 것을 의미합니다.
    '나의'는 '나'가 아니라고, 스승은 말합니다.
    '나의'는 '나'가 아닙니다.

왜 마음·에고·지성의 노예가 됩니까? 그것들은 그대의 아기들입니다. 그대가 그것들을 낳았습니다. 그대가 그것들에게 음식을 공급하고 있습니다. 그대가 그것들에게 힘을 공급하고 있지만, 지금 그대는 그것들을 두려워합니다. 왜입니까?

    마음·에고·지성 ― 그것들에게
    음식 공급을 중단하고, 에너지 공급을 중단하십시오.
    그러면 그것들은 멍해질 것입니다. 조용해질 것입니다.

---

[1] T. 인도인들이 만들어 먹는 '아짜르'라는 피클은 맛이 아주 강해서 식사할 때 조금씩만 곁들여 먹는다.

질: 제 마음은 늘 몹시 활동적이고, 몹시 분주합니다. 제 마음이 질주하는 것을 어떻게 멈춰야 할지 모르겠습니다.

마: 그대의 집을 청소할 필요가 있습니다. 집을 깨끗이 청소하십시오! 지知의 빗자루를 들고, 세균들 위에 항균제 분말을 좀 뿌리십시오.

우리는 생각들의 제물입니다. 왜냐하면 "나는 우울해, 불행해, 기분이 좋지 않아. 그러니 나를 혼자 내버려 둬, 혼자 내버려둬" 하면서 생각들을 맹목적으로 받아들이고 있기 때문입니다. 왜입니까? 왜냐하면,

    직접적으로든 간접적으로든,
    몸 안에서 한 생각이 나타날 때마다
    그대가 그것을 받아들이기 때문입니다.

생각들을 무차별적으로 받아들이면 그대의 전 육체, 그대의 전 심체心體(mental body), 그대의 전 영체靈體(spiritual body)가 영향을 받기 때문입니다. 그러면 미혹이 시작되고, 갈등이 시작되며, 조바심하고 안달하게 됩니다.

왜입니까? 그대가 그런 모든 생각과 무관하다는 것, 그대는 사실 그런 모든 생각과 별개라는 것을 아는데도 불구하고, 어떤 미세한 에고가 남아 있기 때문입니다.

    미세한 에고가 아직 남아 있으면서,
    여전히 "나는 어떤 사람, 다른 어떤 사람이다"라고 느낍니다.
    그러다 보면 그 에고 수준에서
    그대도 모르는 사이에 생각들이 받아들여집니다.

여기 아주 간단한 예가 있습니다. 개 한 마리가 밖에서 짖고 있는데, 그 짖는 소리가 참을 수 없을 정도라고 합시다. 그 효과는 즉각적입니다. 그대는 그 소리가 싫고, 그래서 밖으로 나가 돌을 몇 개 던지면서 개에게 소리를 지릅니다. 이것은 그 개 짖는 소리가 받아들여졌다는 의미입니다. 그것이 그대에게 문제가 된 것입니다. 하지만 개의 성품이 원래 그렇고, 짖는 것은 개의 성품입니다. 그러나 그대는 개에게 주의를 기울여 "아니, 저 개가 왜 짖어서 나를 힘들게 하지?" 하고 생각합니다.

    그래서 거기 그 시점에서 그대의 미세한 에고가 태어납니다.

그대의 마음이 짖고 있습니다.

그대의 마음이 짖고 있는데, 그것은 그대가

그 짖는 개에게 주의를 기울이고 있기 때문입니다.

질: 그러니까 생각들에 주의를 기울이거나 그것을 받아들이지 말라는 거로군요.

마: 생각을 받아들이지 않으면 그것이 어떤 문제도 야기하지 않을 것입니다. 생각들이 그대에게 영향을 주지 않을 것입니다. 이제 그대 자신에게 동기를 부여해야 합니다. 이런 식으로 자신에게 동기를 부여해야 합니다. 즉,

"나는 내가 몸-형상이라고 생각해 왔다.

이제 나는 내가 몸이 아니었고,

몸으로 남아 있지 않을 것이고,

내 몸은 나의 정체성이 아니라는 것을 알게 되었다.

따라서 나는 이 전체 분위기와 관계가 없다.

나는 세계에 상관하지 않는다."

몸-기반(body-base)은 잊어버리십시오! 몸-기반을 잊어버리십시오!

몸 이전에 그대의 현존이 있었습니다.

그러나 그것은 보이지 않고, 익명이고, 정체불명이었습니다.

따라서 그대는 알려져 있지 않았습니다.

영靈이 몸과 맞물렸을 때 그대가 삶을 가늠하기 시작했습니다. 그대는 몸을 만났을 때, 이렇게 생각하기 시작했습니다. "내 나이는 이러이러한 햇수이다. 나는 여자다. 1975년에 태어났고, 따라서 내 나이는 마흔이다. 나는 마흔 살이다."

영靈이 몸과 맞물린 순간 햇수를 가늠하기 시작했지만, 그 이전에 그대의 현존이 있었습니다. 몸을 놓아버리고, 몸-형상을 놓아버리십시오.

그대는 여자가 아닙니다.

그대는 마흔 살의 '시따(Sita)'가 아닙니다.

아니지요! 그대는 불생입니다.

30. 명상은 만성질환에 대한 항바이러스제이다

질문자: 마음을 어떻게 제어합니까? 어떻게 하면 제가 그 모든 마음 작용을 무시할 수 있습니까? 그게 가능할 것 같지 않습니다.

마하라지: 어떤 일도 가능하지요. 그대와 같은 경우, 즉 만성질환을 치료하기 위한 경우, 스승은 '명상'이라는 약을 처방합니다. 명상이 안티바이러스 소프트웨어입니다. 명상이 터전을 청소하기 위한, 모든 환적인 생각들을 치워내기 위한 기본적 토대입니다. 명상은 완전한 집중을 의미합니다.

  명상은 완전한 집중을 의미합니다.
  만트라는 하나의 도구, 하나의 연장입니다.
  만트라를 사용하는 동안 그대는 마음을 사용하고 있는데,
  동시에 내면에서는 그대의 영靈이
  지知, 실재와 함께 흐르고 있습니다.

질: 마음을 사용하여 만트라를 염할 때는 어떤 일이 일어납니까? 그것은 어떻게 작용합니까?

마: 마음 활동이 멈춥니다.
  만트라가 딱 맞물림과 함께 자연발생적으로
  지적 활동이 멈추고, 에고적 활동이 멈춥니다.

 요즘은 누구나 컴퓨터와 노트북을 가지고 있습니다. 그 모든 컴퓨터는 이런저런 때에 바이러스에 걸립니다. 우리가 이 문제를 해결하려면 안티바이러스 프로그램을 사용할 필요가 있습니다. 마찬가지로, 그대의 바이러스들이 완전히 지워져 해소되지 않으면 **궁극적 실재**를 깨닫지 못할 것입니다.

질: 연년이 쌓이고, 겹겹이 쌓인 환幻을 우리가 어떻게 제거할 수 있습니까? 불가능한 과제 같은데요?

마: 불가능이란 없습니다!

 명상은 영체靈體에 영향을 줍니다. 영靈은 매우 민감하고, 많은 인상들을 흡수해 왔습니다. 그 위에 인상 지워진 것은 무엇이든 반사됩니다. 영靈은

어릴 때부터 그 자신을 몸-형상으로 여겨 왔습니다. "나는 어떤 사람이다, 나는 태어났다, 나는 죽을 것이다"라고 말입니다. 그리고 그 모든 인상과 조건화·양육·환경·전통·행위·문화·선행·악행·발현업(prarabdha)·업業·환생·천당·지옥, 그 밖의 모든 개념들이 있었습니다.

우리는 맹목적으로 서명했고, 일체를 의문 없이 받아들였습니다.

명상을 하면 이런 개념들이 해소될 것입니다.

명상을 통해서 그대는 그대의 힘을 되살려내고,

궁극적 진리에 대한 그대의 기억을 새롭게 합니다.

질: 그 말씀은 경이롭게 들리는군요! 거의 기적같이 들립니다.

마: [미소를 띠며] 기억하십시오! 저의 말을 문자 그대로 받아들이지 말라고 했습니다. 그대는 자신의 **궁극적 진리**를 잊어버리고 몸을 끌어안았습니다. 그리고 그 모든 환적인 개념들 때문에, 몸으로서 살고 있습니다. 어릴 때부터 오늘날까지의 그 많은 환적인 개념들의 압박 하에서 말입니다.

뿐만 아니라 그대는 저 모든 두려운 인상과 그에 수반되는 근심들, 예컨대 "나에게 무슨 일이 일어나면 어떡하지? 아무개가 내일 죽으면 어떡하지? 미래에 무슨 일이 일어날까? 현재에는 무슨 일이 일어나고 있나? 과거에 무슨 일이 일어났나? 이렇게만 되면 좋으련만, 저렇게만 되면 좋으련만" 같은 근심 아래 있기도 합니다. 늘 이것저것을 걱정하고 있지요. 그래서 이 환적인 것들의 묶음 전체를 해소하기 위해 명상이 필요한 것입니다.

질: 당신의 말씀을 경청하고 있기는 합니다만, 한편으로는 제가 그러듯이 책을 많이 읽고 공부한다면, 우리에게 명상이 정말 필요한지가 궁금합니다.

마: 책을 읽고 공부하는 것으로는 충분하지 않습니다. 누가 읽고 있습니까? 누가 공부하고 있습니까?

책을 읽는 것으로는 충분하지 않습니다.

공부로는 충분하지 않습니다.

누가 읽고 있습니까? 누가 공부하고 있습니까?

사람들은 성지를 방문하고 여기저기 다니면서 늘 움직이고 있습니다. 왜입니까?

다른 누군가의 장소가 아닌, 그대 자신의 장소를 방문하십시오.

먼저 그대 자신의 집을 청소하십시오.

질: 저는 명상을 그리 잘 해본 적이 한 번도 없습니다. 그 단어를 들으면 질색하는 편입니다. 하다가 늘 포기하고 맙니다. 저는 별로 오래 집중할 수 없는 것 같습니다.

마: 첫째가 집중입니다. 깊은 투신으로 하는 집중이 필수적입니다. 이 지知, 이 실재는 명상의 도움이 있어야만 그대에게 열릴 것입니다. 그것은 진아지의 집으로 들어가는 마스터키입니다. 그 마스터키가 진아지에 이르는 문을 열어줄 것입니다.

질: 저는 명상을 어떻게 해야 합니까?

마: 남 만트라가 무엇보다 중요합니다. 만일 남 만트라가 없으면 다른 만트라나 그대가 믿는 신의 이름을 사용하고, 거기에 집중하십시오. 온전한 집중이 필요합니다. 예를 들어 "나는 브라만이다, 브라만이 나다"나 "아함 브라마스미(*Aham Brahmasmi*)"가 있습니다.

질: 남 만트라가 무엇입니까?

마: 우리 계보에서는 명상을 위해 몇 개의 신성한 단어를 줍니다. 남 만트라는 마스터키이고, 그래서 인쩌기리 나브나트 삼쁘라다야의 창설자이신 스승 스리 바우사헵 마하라지님이 초심자들은 먼저 (남 만트라를 염하는) 명상을 닦아야 한다고 주장한 것입니다. 일정 기간 명상을 하고 나면 수행이 자연발생적으로 될 것입니다. 그대 자신을 위해 하루 두 시간씩 시간을 내십시오.

영靈은 매우 민감하기 때문에 남 만트라의 기운을 잘 받아들이는데, 그것을 스펀지처럼 흡수할 것입니다. 처음에는 그것을 염하기 위해 노력을 좀 할 필요가 있습니다. 왜냐하면 에고가 그에 저항하여 싸울 것이기 때문입니다. 처음에는 문제들이 대두될 것이고, 그래서 만트라를 계속 유지하려면 분투해야 할지 모릅니다. 그러나 나중에는 그것이 자동적으로 될 것입니다.

남 만트라의 의미는

"나는 브라만이다, 브라만이 나다"라는 것입니다.

명상은 우리가 실제로 누구인지를 상기시켜 주는 작용을 하는 하나의 과정, 교정 과정입니다. 어릴 때부터 오늘날까지 쌓인 환幻의 층들을 청소하고 나면 영靈이 되살아납니다. 명상의 단어들, 만트라의 의미는, 제가 말했듯이 "나는 브라만이다, 브라만이 나다"입니다. 우리는 그대가 그것을 받아들일 때까지 그대 속에 이 단어들을, 그대의 실재를 망치질해 넣습니다.

질: 에고가 그 수행에 저항하려 들 거라고 말씀하셨습니다. 그것은 자신이 보스라고 생각해서, 그 자리를 빼앗기고 싶지 않기 때문입니까?
마: 그것은 그 이상의 도리를 모르지요.
질: 환幻에 대해서 말씀하셨는데, 명상도 하나의 환幻 아닙니까?
마: 그렇지요, 명상도 환幻이고 일체가 환이지만, 우리는 한 가시를 빼내기 위해 다른 가시를 써야 합니다. 진보한 단계에서는 어떤 명상도 필요 없을 것이고, 그래서 그런 것은 잊어버릴 수 있습니다. 그러나 처음에는 환幻을 해소하고 지우기 위해 다른 환의 도움이 필요합니다.

> 명상을 통해 우리는
> 그대의 정체성을 다시 새롭게 하고 있습니다.
> 그대는 자신의 정체성을 잊어버렸고,
> 그래서 우리는 그대의 힘을 다시 새롭게 하면서,
> 보이지 않고 정체불명인 그대의 참된 정체성을
> 그대에게 상기시켜 드리고 있습니다.

31. 나의 현존이 도처에 있다

마하라지: 이 계보 창설자이신 바우사헵 마하라지님은 영적인 설계자였습니다. 당신은 명상이 어디서 필요한지 예견하고, 일어날 수 있는 모든 상황에 대한 계획을 세웠습니다. 그리고 지知를 소화할 수 있게 하려면, 엄마가 아이에게 음식을 먹이듯이 한 번에 조금씩 먹여야 한다는 것을 알았습니다.

오늘날 여러분은 영적인 지知를 얻기 위해 출가할 필요가 없습니다. 비밀스러운 환경에서 배울 필요도 없습니다. 예전에는 많은 제약이 있었지만 지금은 영적인 공부를 하는 데 자유가 있습니다. 여러분이 그것을 그토록 쉽게 얻게 된 것은 아주 행운입니다. 진지하게 명상하십시오! 여러분의 영체靈體를 발견할 때까지는 명상이 필요합니다.

질문자: 그것은 얼마나 오래 걸리겠습니까? 시간이 얼마나 걸립니까?

마: 얼마나 오래냐고요? 왜 "얼마나 오래"냐고 묻습니까? 시간이란 없습니다. 지속적으로 집중하다 보면 알게 됩니다. "오! 나는 몸과 무관하군. 나는 몸이 아니었어. 나는 불생不生이야."

몸은 오고갑니다.

몸은 나이 요소, 즉 시간의 한계가 있습니다.

그러나 '나'에게는 시간제한이 없습니다.

나는 도처에 있습니다.

나의 현존은 도처에 있습니다.

질: 그것이 빨리 일어날 수 있습니까?

마: 순간이지요! 그대에게 달렸습니다. 마음과 싸우지 마십시오. 생각들이 오고 생각들이 갑니다. 그대가 원하는 생각들은 받아들이고, 원치 않는 것은 거부하십시오. 그대에게는 좋은 생각도 있고, 나쁜 생각도 있습니다.

얼마 후에는 그것들이 모두 좋은 생각뿐일 것입니다.

질: 해 보고, 어떻게 되는지 보겠습니다.

마: "어떻게 되는지 본다"는 이런 식의 편의적인 영적 공부로는 되지 않습니다! 우리가 완벽함을 얻으려면 완벽한 토대가 필요합니다. 그러자면 우리에게 명상이 필요합니다. 이 명상을 통해서 그대의 외적인 정체성과 그대의 내적인 정체성을 잊게 됩니다. 그리고 이것을 알게 됩니다.

"그래! 이것이 나의 궁극적 진리다.

자연발로적이고 눈에 보이지 않는

나의 현존이 이 세계를 투사했다.

이 존재성 이전에는, 내가 전혀 알지 못했다."

질: 놀라운 이야기로 들립니다. 그러나 저는 여전히 **실재**를 아는 데는, 그것을 실제로 아는 데는 시간이 걸릴 수밖에 없다고 생각하고 있습니다.
마: 그대는 그런 생각에 너무 많은 주의를 베풀고 있습니다. 스승의 말에 귀를 기울이십시오! 스승이 그대에 대해서 하는 말을 받아들이십시오.
그대의 이야기에 귀를 기울이십시오!
실재를, 그대의 실재를 받아들이십시오.
스승은 그대가 궁극적 진리, 최종적 진리라고 말합니다.
제가 이미 말했듯이 명상은 안티바이러스 소프트웨어와 같습니다. 이 명상의 과정을 통해서 일체가 치워지고, 깨끗해지고, 세정되고, 제거될 것입니다. 그대가 **무상태의 상태, 무념의 실재**에 도달할 것입니다.
질: 연화좌(결가부좌)로 앉아야 합니까? 저는 그게 안 됩니다. 젊었을 때는 할 수 있었는데 지금은 안 됩니다.
마: 그건 괜찮습니다. 그대의 몸이 그렇거나 연로해져서 좌선 자세로 앉을 수 없다면, 그건 괜찮습니다. 집중이 더 중요합니다.
질: 그러니까 명상의 목적은 집중이군요?
마: 그대는 몸이 아니었고,
그대는 몸이 아니고,
그대는 몸으로 남아 있지 않을 것입니다.
몸은 그대의 정체성이 아닙니다.
그 확신이 명상으로부터 나타나야 합니다.
이것이 명상의 요체이고, 명상의 결과입니다.
따라서 이 초기 단계에서는 집중이 무엇보다 중요합니다.
질: 알겠습니다.
마: 명상은 그대에게 **지**知를, 그대의 **지**知를 가져다줄 것입니다.
단지 진정한 의미에서 그대 자신을 아는 것,
그것이 지知입니다.
그대가 **궁극적 진리**입니다. 그대가 **최종적 진리**입니다. 단어들, 영적인 단어들을 가지고 놀지 마십시오. 수천 가지 영적인 단어들이 있습니다.

그대는 무지 속에서 익사하고 있습니다.

단어들의 바다에서 익사하고 있습니다.

모든 겉옷, 이 모든 환幻의 층을 제거하고 그대 자신을 보십시오. 그대는 전체적이고 완전합니다. 일체가 그대 안에 있습니다. 그대가 자신의 **정체성**을 잊었다, 그뿐입니다. 그러나 초기 단계에는 어떤 수련을 닦아야 합니다.

처음에는 기억하면서 **만트라**를 염해야 하지만, 일단 그대의 **실재**를 받아들이게 되면 그것이 저절로 자연스럽게 흐를 것입니다.

그대의 스승이 말합니다.

그대가 아뜨만이고, 그대가 브라만이고, 그대가 신이라고.

동시에 그대는 같은 의미를 지닌

만트라를 염하고 있습니다.

결국 그것이 전적으로 받아들여지는 순간이 옵니다.

그러나 그 확신이 자리 잡을 때까지는

싸워야 합니다. 계속 분투해야 합니다.

그대가 **궁극적 실재**라는 것을 받아들이십시오! 어떤 사람들은 그 **확신**이 즉시 일어나지만, 어떤 사람들은 시간이 더 걸립니다. 왜냐하면 인상들이 제대로 지워지지 않았기 때문입니다. 깊고 온전한 투신으로 명상하십시오.

32. 남 만트라―마스터키

마하라지: 우리 **계보**의 **스승**들은 남 만트라로 진지한 구도자들을 입문시킵니다. 그것을 누구에게도 공개하면 안 됩니다. 이것이 규칙의 하나입니다. 이해됩니까?

질문자: 물론입니다! 저는 그것을 존중합니다.

마: 여기 그 배경에 대한 약간의 설명, 우리 **계보**에 대한 몇 마디 말이 있

습니다. 이것은 시조로 간주되는 닷따뜨레야(Dattatreya)에게까지 거슬러 오릅니다. 레바나트 마하라지(Revanath Maharaj)는 아홉 나트(Nath), 곧 아홉 신과 함께 닷따뜨레야의 제자였습니다(레바나트 마하라지 자신이 '아홉 나트' 중의 한 사람이었다-옮긴이). 닷따뜨레야의 이 직제자들은, 다른 사람들에게 영적인 지知를 베풀고 전하여 그들을 깨닫게 하라는 지침을 받았습니다. 레바나트 마하라지 이후로 그 지知가 제자에서 제자로 대를 이어 전해졌습니다.

인쩌기리 나브나트 삼쁘라다야는 스리 바우사헵 마하라지에게서 시작되어 스리 싯다라메쉬와르 마하라지에게 전해졌고, 최근에는 스리 니사르가닷따 마하라지와 스리 란지트 마하라지에게 전해졌습니다. 이것은 우리 계보에 대한 간략한 묘사일 뿐입니다. 이제 여기 이 아쉬람에서 우리는 이 계보의 동일한 전통을 따르고 있고, 직접적인 지知, '무아인 진아'지知를 그대들과 함께 나누고 있습니다.

질: 매혹적인 이야기로 들립니다! 그 말씀은 이 놀라운 스승님들의 모든 지知와 힘이 전해지고 있고, 말하자면 '살아 있는 지知'로서 계속 전승되고 있다는 의미로군요. 놀랍습니다! 제가 보건대, 남 만트라는 전체 계보에 의해 힘을 부여받습니다. 저는 이 모든 것의 일원인 것이 매우 특권으로 느껴집니다, 마하라지님.

마: 남 만트라를 받고 나면 수련을 해야 합니다. 그대에게 말했듯이, 영靈은 매우 민감하고, 그래서 그 민감성을 고려하여 이 신성한 단어들이 전해집니다. 이 신성한 단어들이 영靈에게 자신들을 인상 지워서 자기 할 일을 하고 나면, 실재가 노출될 것입니다.

실재가 드러날 것입니다.

모든 지知가 흘러나올 것입니다.

이것은 개인주의적인 지知가 아닙니다.

이것은 무아인 진아지知입니다.

그 활동이 곧 자동적으로 작동하겠지만, 지금으로서는 전념이 무엇보다 중요합니다. 그대의 신체적 임무를 하면서도 동시에 그대의 무아인 진아와 접촉을 유지해야 합니다.

질: 그렇게 하는 최선의 방도는 무엇입니까?

마: 적어도 최소 두 시간, 최소 두 시간은 써야 합니다. 그 시간을 그대의 일과에 맞게 한 시간씩 두 번, 또는 30분씩 네 번 나누어서 해도 됩니다.

스승 스리 바우사헵 마하라지님은 하루에 10시간에서 12시간씩 할애하곤 했는데, 어떤 때는 수차水車에 뒷머리를 묶고 우물 속에 서서 하기도 했습니다. 깨어 있기 위해서 그렇게 한 것인데, 만일 깜박 졸아서 머리가 앞으로 떨어지면 홱 당겨져 깨어나게 한 것입니다.

이 스승들은 자신을 몰아대며 치열하고 힘든 수행을 했습니다. 그분들은 당시에 고생을 너무 많이 했습니다. 그분들이 분투했기 때문에 오늘날 우리는 그것을 아주 쉽게 할 수 있습니다. 그분들이 우리를 위해 그것을 아주, 아주 쉽게 만들어 놓았습니다.

질: 저희는 그분들이 헌신하고 분투하신 덕을 보고 있습니다.

마: 그분들은 **계보** 내에서 모두 그런 엄청난 노력을 했습니다. 엄격한 수련과 결의로 **무아인 진아**의 비밀을 알아내려고 애썼습니다. 그분들은 아주, 아주 엄격했습니다. 나중에 **싯다라메쉬와르 마하라지**님은 명상에 필요한 시간을 하루에 두 시간으로 줄여 주었습니다.

그분들이 어려움을 감내하셨기 때문에, 우리가 지금 이 높고 희유한 지知를 아주 단순하고 직접적인 방식으로 전할 수 있게 되었습니다.

질: 제가 21세기에 살고 있는 것이 기쁘다는 말밖에 못하겠습니다! 오늘날의 수행은 예전에 비해 쉽게 들립니다.

마: 이 스승들이 '몸'에 대해서는 별로 개의치 않았던 것은 우리에게 다행입니다. 대신 그분들은, 남들에게 지知를 전하여 가능한 한 많은 사람들을 깨우치려고 애썼습니다. 그분들은 희생을, 보기 드문 희생을 했지만 개의치 않았습니다. 왜냐하면 그분들은 아주 높은 힘을 가지고 있었기 때문입니다.

이 힘이 늘 그분들에게 있어,

그분들이 몸-형상을 잊게 해주었습니다.

그분들은 자신이 몸과 전적으로 다르다는 것을 늘 알면서

몸을 사용했습니다.

그분들은 자신이 궁극적 진리라는 것을 알았고,
그와 같이 살았습니다.
그분들의 지知는 현실적이었고 실제적이었습니다.
이제 이전의 스승들이 그것을 통해 완전함을 성취한 그 마스터키를 받으십시오. 그 마스터키가 궁극적 진리의 깨달음을 위한 기초이고 토대입니다.

33. 완전한 자기투신이 필요하다

마하라지: 그것은 아주 쉽지만, 동시에 아주 어렵습니다.

어떤 것이 명상입니까? 만일 어떤 사람이 여러분을 욕하면, 누군가가 여러분을 모욕하면, 여러분은 이렇게 말하겠지요. "복수해야지. 어딜 감히! 그 사람이 어디 있지?" 그리고 24시간 동안 여러분을 모욕하고 욕한 사람을 생각할 것입니다. 열이 받치겠지요! 열불이 나고, 화가 치밀고, 되갚아 주고 싶어집니다. 그리고 되갚아 줄 방식에 몰두합니다.

마찬가지로, 명상에 대해 그런 열화와 열정이 필요합니다. (그런 명상에서는) 하루 24시간 내내 여러분이 누구인지 알아내려고 애씁니다. 결의에 차 있고, 자기발견에 몰두해 있습니다. 투신이 매우 깊고 절대적입니다.

무슨 대가를 치르든,
여러분이 실제로 누구인지 알아낼 필요가 있습니다.
그 무엇도 여러분을 막지 않을 것입니다!

그대 몸 안의 세포 하나하나가 그 욕을 한 사람의 말에 열불이 나 있습니다. "본때를 보여주마! 복수하겠다."

질문자: 우리의 온 존재를 가지고 말입니까?

마: 그렇지요! 그대의 온몸이 들끓습니다! 이 한 가지에만 초점을 맞추고 집중할 수 있을 뿐입니다. 이것이 명상입니다!

질: 알겠습니다! 우리는 완전히 투신해야 합니다. 왜냐하면 우리는 평생에 걸친 인상들을 가지고 있는데, 그것은 마치 "나는 크리스다"라고 계속 말하는 각본과 같고, '크리스'와 함께 따라오는 모든 연상 개념들과 잡다한 것들이 있기 때문입니다. 그래서 저는 그것을 지속적으로 하여 일념집중이 되게 해야겠습니다. 당신께서 하시는 말씀은 마하라지님, 그것이 우리가 풀타임으로 추구하는 일이어야 한다는 거군요?

마: [벽의 사진들을 가리키며] 이 위대한 성자들, 이분들이 모두 명상을 진전시켰습니다.

질: 그러면 걷거나 다른 것을 하면서 명상하는 것은 어떻습니까?

마: 앉아서만 명상할 필요는 없습니다. 명상은 일할 때나 휴식할 때도 할 수 있고, 언제 어디서나 닦을 수 있습니다. 염송이 저절로 계속될 것입니다. 저절로 계속됩니다. (다른 일을 할 때도) 명상이 이면에서 계속될 것입니다. 영靈은 매우 민감하여, 그 위에 인상 지워지는 것은 무엇이든 반사됩니다.

　　그대가 이 명상을 하는 것은
　　그대 자신을 위한, 그대의 이익을 위한 것이지
　　스승들을 위한 것이 아니라는 것을 기억하십시오.

편의적인 영적 공부는 효과가 없을 것입니다. 파트타임으로 한다? 아니지요! 절대적이고 완전한 자기투신이 필요합니다. 그럴 때 그대 안에서 극적인 변화가 일어나는 것을 발견할 것입니다. 명상은 단지 '집중하는 자에게 집중하는 것'을 의미합니다. 이렇게 하면 늘 무아인 진아와 함께 머무르게 됩니다.

질: 저는 명상의 헌신적 측면에 대한 질문이 하나 있습니다.

마: 처음에는 실제로 헌신이 없습니다. 여기서 헌신은 순복하고 받아들이는 것을 의미합니다. 필요한 것은 멈춤 없는 헌신입니다.

　　헌신은 희생입니다.
　　"나는 나 자신을 알고 싶다. 내가 누구인지를 알고 싶다"는.

질: 그러니까, 싸우고 분투할 뿐만 아니라 순복하기도 하는 거로군요?

마: 그렇지요! 이 몸-지知를 제거하고, 몸-지知에서 나오기 위해서는 헌신

이 필요하기 때문입니다. 그것은 하나의 의도적 행위입니다. 초기 단계에서는 그대가 자신을 한 사람의 헌신자로 봅니다. **궁극적 진리**에 도달하기 위해서는 헌신을 닦아야 합니다.

무엇보다 먼저 그대는 헌신자이고,
그런 다음 헌신·수행·명상을 닦습니다.
헌신을 한 다음에는 신을 깨달을 수 있습니다.

따라서 그것은 **헌신자**에서 **헌신**으로, 다시 **신**으로 가는 움직임입니다. 그러나 이런 것들은 단어일 뿐이라는 것을 기억하십시오. 단어들을 문자 그대로 받아들이는 함정에 빠지지 마십시오. 실제로는 어떤 헌신자도, 어떤 헌신도, 어떤 신도 없습니다.

질: 지금은 제가 그것을 이해합니다만, 계속 저 자신에게 상기시켜야 합니다. 왜냐하면 마음은 붙드는 습이 있고, 저는 이따금 저 자신에게 "이제 알겠다"라고 말하는 것을 자각하기 때문입니다. 그렇게 하지 않으려고 애쓰고 있습니다. 그것은 어려운 일이기도 한데, 왜냐하면 당신께서 말씀하시는 주제 범위 전체, **궁극적 실재**—그것이 우리입니다만—에게는 어떤 언어도 없기 때문입니다. 그것은 언어 이전이고, 일체의 이전입니다.

마: 그대가 헌신자로서 여기 오면 이렇게 말합니다. "저는 저 자신을 알고 싶습니다. 제가 누구인지 알고 싶습니다." 스승은 이렇게 말합니다. "그대가 **궁극적 진리**이지만, 몸과의 오랜 연관 때문에 그대는 스승에게 믿음을 가지고 있지 않습니다." 그대의 믿음, 그대의 신뢰는 오락가락하고, 흔들리고, 확고하지 않습니다. 안정성이 없습니다. 스승은 그대에게, 그대가 **브라만**이고, **아뜨만**이고, **빠라마뜨만**이라고 말해줍니다. **만트라**를 염해야 합니다. 그래야 이 **실재**가 (그대를) 뚫고 들어가서 흡수될 수 있습니다.

질: 제가 앞서 말씀드리던 언어로 다시 돌아가서, 만일 우리가 단어들을 창조했는데 그것이 모두 환幻이라면, 어떻게 우리가 염하는 단어들이 효과가 있고, 어떤 실제적이고 지속적인 영향을 우리에게 미칠 수 있습니까?

마: 그렇지요, 단어들은 환幻입니다. 그러나 역시 우리는 하나의 환幻을 이용해 다른 환을 없애야 합니다["나는 브라만이다"로써 "나는 사람이다"를 대체한다].

그대의 영靈의 민감성을 고려할 때, 그대가 영靈에 인상 지우는 것은 뭐든지 반사됩니다.

질: 그러니까 그것은 분명히 효과가 있군요?

마: 물론이지요! 그대가 전적인 자기투신을 하는 한, 백 퍼센트 효과가 있습니다. 그것은 잘 증명되어 있고, 과학적이고, 체계적인 방법입니다. **궁극적 진리가 만트라를 통해서 그대 안에 인상 지워지고 있습니다.** 그러다가 알게 됩니다. "오! 그래서 내가 그것이구나!" 비상한 침묵이 있을 것입니다. **비상한, 자연발로적 침묵이 있을 것입니다.**

질: 정말 경이롭게 들립니다!

마: 모든 생각이 끝나는 곳, 거기에 그대가 있습니다. 그 무념의 단계에서는 '나'조차도 끝이 납니다. '나'도 없고 '너'도 없습니다. 그러나 이 상태는 의식이 없는 상태가 아닙니다. 그대가 몸 안에 살고 있기는 하지만, 그것과 온전히 그리고 완전히 별개이며, 세계가 인식되지 않습니다.

저는 그대 앞에 청자의 진리, 그대의 진리를 놓아주고 있습니다. 그대는 할 수 있습니다! 용기를 좀 가지십시오! 불가능이란 없습니다! 제 안의 화자와 그대 안의 청자 간에는, 몸-형상 외에 아무 차이가 없습니다.

　이제 그대 자신을 납득시켜야 합니다.
　공개적인 사실들이 그대 앞에 놓아졌습니다.
　그대는 열쇠를 가졌으니 이제 그것을 운용해야 합니다.
　음식들이 나왔으니 이제 드십시오!

34. 스승은 기적을 행하는 사람이 아니다

마하라지: 이제 그대는 열쇠를 받았습니다. 계보 스승님들의 만트라가 이제 그대의 만트라입니다. 제가 그것을 운용하는 법을 말해 주었으니, 이제 그

대에게 달렸습니다. 진지한 사람들에게는 아주 쉬울 것이고, 그렇지 않고 대충 편하게 명상에 접근하는 사람들에게는 그리 쉽지 않을 것입니다. 모두 그대가 그것을 인정하는 정도에 달렸습니다. 모두 그대가 그것을 얼마나 중요하게 보고 평가하느냐에 달렸습니다.

이것을 기억하려고 노력하십시오.

그대 삶의 매 순간이 아주 중요합니다.

그 순간은 결코 다시 되풀이되지 않습니다.

그리고 진정한 의미에서 그대 자신을 알지 못하면,

평안을 잃고, 만족을 잃게 될 것이고,

그 대신 두려움과 긴장이 있을 것입니다.

질문자: 무슨 말씀을 하시는지 알겠습니다, 마하라지님. '현재 순간을 최대한 활용하고, 대충 편하게 하지 말라. 무엇보다 노력을 좀 쏟고, 수행을 하라'는 거로군요.

마: 우리의 몸 집착 때문에 그 수행이 필요합니다. 몸 집착이 없었을 때는 아무것도 필요치 않았습니다. 그것을 이런 식으로 보십시오. '**아무것도 없다는 것은 하나의 사실이다. 전혀 아무것도 없다**'고 말입니다.

몸이 없었을 때는

신도 필요 없었고, 브라만도 필요 없었고,

아무것도 필요 없었습니다.

질: 그것은 무無인 동시에 충만함입니까?

마: 그런 것은 말이고, 그대의 상상입니다. 제가 압니다! 그대는 모릅니다! 그것은 산 위에서 팔을 흔드는 사람의 이야기와 같습니다. 산 아래쪽 사람이 소리를 지르며 묻습니다. "그 위는 어때요?" 산꼭대기 위의 사람은 말합니다. "올라와서 직접 보셔야 해요!"

질: 예, 저는 뭔가를 파악하기 위해 저의 상상을, 이른바 몸-지知를 사용했습니다. 반면에 당신의 지知는 자연발로적으로 일어납니다. 직접적입니다.

마: 모든 필요, 모든 요건, 모든 요구는 몸과 함께 시작되었습니다. 존재성 이전에는 우리가 신·스승·제자·형제·자매의 의미를 몰랐습니다. 어떤 이

름도, 어떤 의미도 없었지요! 모든 관계들은 몸과 관련됩니다. 그대는 압니다. 언젠가는, 원하든 원치 않든 이 모든 것을 뒤에 남겨두어야 할 거라는 것을 말입니다. 우리는 몸을 가져갈 수 없습니다.

우리가 이야기를 할 수 있다는 것,

우리가 듣고 본다는 것은, 오직 영靈 때문입니다.

전 세계는 궁극적 진리·브라만·아뜨만·신이라고 불리는

그대의 자연발로적 현존의 투사물입니다.

공개적인 사실입니다.

그러나 "오, 어떻게 그럴 수 있지?"라고 의아해하면서 그대의 머리를 긴장시키지 마십시오. 그것은 아주 간단합니다. 아주, 아주 간단합니다. 그대의 몸 집착이 해소되는 순간 그것을 보게 될 것입니다. 그럴 때 그대는, 아무도 없다는 것을 알게 됩니다. 저는 같은 이야기를 거듭거듭 되풀이해 망치질하면서 그대에게 말하고 있습니다.

엄청난 힘이 이미 그대 안에 있지만,

그대는 그 힘을 모르고 있습니다.

그 과정이 작용하는 방식도 매우 직설적입니다. 영靈은 매우 민감합니다. 영의 그 민감함을 고려하여 남 만트라, 구루 만트라를 하나의 도구로서 줍니다. 그것은 이중적 기능을 합니다. 그대의 몸-지知를 지우고, 동시에 그대의 참된 정체성을 그대에게 상기시켜 줍니다.

여기 간단한 비유가 있습니다. 어떤 사람이 자신의 정체성을 잃어버렸다고 합시다. 이를테면 자신의 기억을 잃어버리고 건망증에 시달립니다. 우리는 그의 기억을 되살려 줄 필요가 있습니다. 그래서 그의 기억을 새롭게 하기 위해 단서를 주고, 그의 과거에 있었던 사건과 추억들을 제공합니다.

만일 아이가 무엇을 잊어버리면 우리는 아이의 기억을 환기시킵니다. 마찬가지로, 스승은 그대에게 기억을 상기시키고 있습니다. 그 기억이란,

"그대는 브라만이고, 그대는 아뜨만이다.

그대는 브라만이고, 그대는 아뜨만이다"라는 것입니다.

그대는 남자가 아닙니다. 그대는 여자가 아닙니다. 이것은 예비 단계, 시

작 단계입니다. 나중에 **확신**이 자리 잡으면 더 이상 수련이 필요치 않을 것입니다. 그 순간부터는 일체가 자연발로적으로 일어날 것입니다. 또 다른 데로 그 **확신**을 찾으러 갈 필요를 느끼지 않을 것입니다. 더 이상 '**브라만**' 이나 '**아뜨만**' 같은 세련된 단어를 사용해 말을 할 필요를 느끼지 않을 것입니다.

　몸-형상은 제하고 그저 그대 자신을 바라보고,
　그대가 어떻게 있는지 보십시오.

마음·에고·지성은 신경 쓰지 마십시오. 일체를 제거하고, 환幻의 층들을 하나하나 벗겨내십시오. 양파 껍질들을 제거하고 나면 무엇이 남습니까?

질: 무엇이 남느냐고요? 무無입니다!

마: '무無'가 맞습니다! 그리고 '무無'에 대한 세련된 단어는 무엇입니까? 우리는 그것을 '**브라만**'이라고 합니다.

질: 그러니까 우리가 이 모든 수행을 하고, 일체를 하는 것은 무無를 발견하기 위해서이군요? 음! 또 다른 질문입니다. 만약 일체가 환幻이라면, 왜 우리가 명상을 하고, 바잔 등을 해야 합니까? 제가 **브라만**이라는 것을 제가 **아는데** 말입니다!

마: 그대가 안다면 그건 좋지만, 문자적 지知로는 되지 않습니다. 저 지知가 흡수되어야 합니다. 누구나 "나는 **브라만**이다"라고 말할 수 있습니다. 중요한 것은 말이 아니라 그 말 이면에 있는 것, 본질, 곧 **스승**이 전달하고 싶어 하는 의미의 요체입니다. 전달되는 그것이 무엇보다 중요합니다.

　어떤 의문이 있다면 말을 하십시오. 확신하지 못하면 그냥 고개를 끄덕이지 마십시오. 어떤 의문도 남아 있으면 안 됩니다. 그렇지 않으면 토대가 견고하지 않을 것입니다. 알아듣습니까?

질: 예, 알아듣습니다!

마: 하나의 환幻은 다른 환을 이용해서만 제거할 수 있습니다. 그것은 가시로 다른 가시를 빼내는 것과 같습니다. 지知를 완벽하게 흡수할 때까지는 명상을 멈추지 마십시오. 그대는 일체를 의문시하는 습이 있습니다. 그것이 문자적 지知의 효과입니다. "이런 걸 왜 하지?" "저것이 무슨 소용 있지?"

아니지요! 스승의 가르침을 분석하지 마십시오.
　　내면에서 나오는 자연발로적 가르침을
　　받기 시작할 때가 올 것입니다.
　　다음에는 무엇을 하고 무엇을 하지 말지에 대해
　　그것이 그대를 이끌어 줄 것입니다.

영적인 언어로 그것을 그대의 내적인 스승이라고 합니다. 영적인 언어로 우리는 '내적인 스승'과 '외적인 스승', 혹은 '내부적'·'외부적' 스승을 이야기합니다. 이런 것은 그냥 단어들, 의사소통과 설명을 위해 제가 사용하는 단어들일 뿐입니다. 외적인 스승은 몸-형상을 하고 있고, 내적인 스승은 보이지 않는 청자입니다.
　　이 몸-형상 외에는
　　그대와 저 사이에 전혀 어떤 차이도 없습니다.
　　우리의 몸들은 다르지만 청자와 화자는 무형상입니다.

그러니 일체가 그대 안에 있지만 그대가 모르고 있습니다. 그래서 우리가 그대 안의 이 위대성, 곧 '그대 안의 말이 없고 보이지 않는 청자'의 주의를 요청하고 있는 것입니다. 그대를 돌아보고 이 '나'가 무엇인지 판정하십시오. 이 몸은 그 자체로는 아무 가치가 없습니다. (몸에서) 영靈이 없어진 순간, 우리는 "가져가. 치워. 그것은 끝났다"고 말합니다.

기억하십시오! 매 순간이 더없이 중요합니다! 그러나 그렇다고 해서, 그대의 임무를 회피하고 "오, 나는 영적인 사람이야, 어떻게 몸으로 하는 이런 일을 할 수 있나?"라고 말하라는 것은 아닙니다. 그대의 임무를 완수하십시오. 그대의 일을 하고, 건강을 등한시하지 마십시오. 이런 식으로 그대 자신을 납득시켜야 합니다. 그러면 어떤 질문도 없을 것입니다.
　　그대의 모든 질문에 대한 답변은 그대 안에 있을 뿐입니다.
　　그래서 진아지로써 그대를 돕기 위해
　　이 마스터키를 드리는 것입니다.

그 열쇠를 체계적으로 운용하십시오. 그러면 그대의 모든 질문이 자연발로적으로, 자동적으로 해결될 것입니다. 어떤 질문도 남지 않을 것입니다.

그대도 제가 이야기하는 것과 같이 이야기하게 될 것입니다. 그렇게 될 것입니다. 그렇게 되겠지요. 그러나 조심하고 겸손하십시오. 왜냐하면 에고가 일어나서 "오! 나는 깨달은 사람이야"라고 외칠 가능성이 있기 때문입니다.

저는 기적을 행하는 사람이 아닙니다. 저는 마법의 지팡이를 가지고 있지 않습니다. 제가 이야기하는 힘은 곧 그대의 힘입니다. 그것은 이미 그대 안에 있습니다.

그대는 모든 속박에서 벗어나 있습니다.

그대는 자유로운 새이니, 날아가도 됩니다!

그대는 수많은 개념들에 속박되어 있었고, 세간적 관심사에 매여 있었습니다. 이제 그대는 매임에서 풀려났습니다. 모든 속박이 제거되었습니다. 그대가 싸여 있던 데서 풀려났고, 개방되었습니다. 이제 그대는 "나는 나 자신의 날개로 날 수 있다!", "나는 전적으로 독립해 있고, 전적으로 자유롭다!"는 느낌과 함께, 한결 자유로움을 느낄지 모릅니다.

그대는 다른 누구에게도 의존해 있지 않습니다.

그러나 그 독립성이 소화되고 흡수되어야 합니다.

그 신성한 만트라의 도움으로

이 지知를 소화하고 흡수하십시오.

35. 환자

마하라지: 내적인 스승, 외적인 스승, 오케이, 이런 것들은 이해의 목적을 위해서 사용되는 용어들일 뿐입니다. 어떤 외부도, 어떤 내부도 없습니다. '내부적 스승', '외부적 스승'이라고 말하는 것은 어떤 나눔, 이원성, 분리되는 어떤 것이 있다는 것을 뜻합니다. 여러분은 세계를 둘로 나누고 있습니다. "나는 안에 있다, 밖에 있다" 또는 "스승은 나와 별개이고, 나는 다른 어떤

사람이다"는 식으로 말입니다. 그런 것은 없습니다!

　　우리가 이 모든 벽들을 창조했습니다.

　　그 벽들을 허무십시오.

질문자: 안도 없고 밖도 없다고요?

마: 그대가 스승이 하는 말을 전적으로 받아들이지 않으면 ‥‥.

질: 맞습니다. 어떤 안도 없고 밖도 없습니다. 어떤 외부도, 내부도, 어떤 안도, 밖도 말입니다.

마: 그대가 '밖'을 말한다면, 그것은 그대 자신에게 형태가 있다고, 즉 그대 자신을 하나의 형상으로 여기고 있다는 것을 뜻합니다. 나는 어떤 사람이고, 저쪽에는 살아 있는 한 스승이 있다고 말입니다.

　　그대의 현존은 살아 있는 한 스승과 똑같습니다.

　　그대가 살아 있는 한 스승입니다.

그대의 현존은 살아 있는 한 스승과 똑같습니다. 그대가 살아 있는 한 사람의 스승입니다.

질: 제가 살아 있는 스승이라고요? 그러면 당신 안의 살아 있는 스승과, 제 안의 살아 있는 스승 사이에 어떤 차이가 있습니까?

마: 전혀 어떤 차이도 없습니다.

질: 그것은 한 스승입니까?

마: 이 한 스승, 두 스승, 세 스승, 네 스승이 무엇입니까? 우리는 숫자 세기를 하고 있지 않습니다. 이것은 그냥 이해를 위한 것입니다. 우리는 아이를 가르칠 때 이런 단어들을 사용합니다. 한 스승, 두 스승, 세 스승은 없습니다. 실제로는 그대가 스승입니다.

질: 그러면 저희가 왜 당신께 절을 합니까, 마하라지님? 그것은 당신은 스승이시고, 저희는 아직 깨닫지 못했음을 저희가 알기 때문입니까?

마: 깨달음이라는 것은 무슨 뜻으로 하는 말입니까? 그대는 깨달아 있지만, 그 깨달은 상태에 주의를 기울이지 않고 있습니다. 그대는 **아뜨만·브라만·빠라마뜨만**이 그대의 **궁극적 진리**라는 도리를 알고 있지만, 거기에 어떤 주의도 베풀지 않고 있습니다. 확신이 없고, 그래서 저를 찾아옵니다. **실재**를

알고 나면, 즉 **깨달음, 깨침**—그것을 뭐라고 불러도 좋지만—을 얻고 나면, 진정한 의미에서 그대 자신을 알게 됩니다. 깨달음이란 그냥 그것, 진정한 의미에서—몸-형상으로가 아니라—우리 자신을 아는 것을 의미합니다.

그대가 **최종적 진리**입니다. 그대는 몸이 아니고, 몸이 아니었고, 몸으로 남아 있지 않을 것입니다. '나', '너'의 문제, 이런 모든 용어들은 논의를 위해 사용될 뿐입니다.

몸들은 다르지만 영靈은 하나입니다.

집들은 서로 다르지만 하늘은 하나입니다. 이것은 오두막이고 이것은 빌딩이다, 러시아·인도·미국—이런 것들은 이름이고, 하늘은 하나입니다. 하늘은 어디서도 다르지 않습니다. 우리가 그 이름들을 부여했습니다. '이 하늘은 미국이고, 저 하늘은 러시아다, 영국이다'라고. 하늘은 하늘입니다.

질: 저희가 여기 온 것은 마하라지님, 당신께서 깨달으셨기 때문입니다. 당신께서는 저희가 다시 깨어나도록 도와주실 수 있습니다. 왜냐하면 저희는 자신의 실재를 잊어버렸기 때문입니다. 그리고 만약 저희가 **만트라**와 가르침, 그리고 스승의 친존에 있는 비언어적인 다른 어떤 것을 이용하여 **자기탐구** 수행을 한다면 ···.

마: 니사르가닷따 마하라지님은 말합니다.

"그저 한 걸음만 내딛으십시오.

그러면 그대를 위해 다음 걸음을 내디뎌 주겠습니다."

질: 만약 당신께서 저의 다리를 들어주신다면, 저는 그때부터 달릴 수 있을지도 모릅니다. 그러니까 그때는 두 사람 간에 협력이 있군요? 스승과 제자가 관련되는군요?

마: 그것은 일방통행이 아닙니다. 그대는 의사이니 알겠지요. 환자가 찾아오면 그대와 협력해야 합니다. 그대와 협력해야만 그가 치유될 것입니다.

질: 예, 만일 그 사람이 저의 조언을 따른다면요.

마: 어떤 환자에게 이런저런 문제가 있다고 합시다. 그대는 그 환자가 협력하지 않으면 치료가 듣지 않을 거라는 것을 압니다. 그대의 직종에서 그것은 쌍방적인 일입니다. 여기서도 마찬가지입니다.

질: 여기서는 제가 환자이고, 저는 실제로 많이 아픕니다. 저는 문제가 많습니다. 당신께서 도와주실 수 있습니까?

마: 어떤 질문이든 해보십시오!

질: 오! 예를 들면 돈 문제가 있습니다.

마: 어떤 문제도 없습니다. 문제란 신체적 문제, 정신적 문제, 지적인 문제, 논리적 문제들입니다. 이 모든 문제는 몸에 기초한 문제들입니다. 이 모든 문제는 그대가 몸-형상으로 그대 자신을 알기 시작했을 때 나타났습니다.

생각들이 흐르고 있을 때는 그대의 일상생활에 유용한 것들을 받아들이십시오. 만일 생각들이 유용하지 않으면 그것을 내버리십시오. 그런 것에는 어떤 주의도 기울이지 마십시오.

질: 당신 곁에 있으면 이런 문제들에서 벗어났다고 느끼기가 아주 쉽습니다. 그러나 집에 가면 문제들이 일어나고, 그럴 때 우리는 그에 어떻게 대처해야 할지 늘 알지는 못합니다.

마: 아니요, 아니지요! 보세요, 세계 전체가 그대의 집입니다.

　전 세계가 그대의 집입니다.

그것은 미국도 아니고, 영국도 아니고, 인도도 아닙니다. 하늘에게 그 자신의 집이 있습니까?

질: 맞습니다, 어디도 아닙니다. 이곳과 영국 사이에 어떤 분리도 없습니다.

마: 하늘에게 그 자신의 집이 있습니까? 하늘이 "내 집은 인도에 있다"고 말합니까? 아니지요! 왜냐하면 하늘은 그 자신의 정체성을 모르기 때문입니다. 그대는 몸-형상으로 그대 자신을 가늠하고 있기 때문에, "내 집은 미국에 있다"고 말합니다. 몸-형상으로 자신을 가늠하지 마십시오. 이 모든 문제는 그대가 바로 그렇게 하고 있기 때문에 옵니다.

　그대가 그대 자신의 문제의 원인입니다.

　그대가 그대 자신의 생각의 제물입니다.

　왜냐하면 그대는, 그대의 무아인 진아보다

　그 생각들에 주의를 더 많이 기울이고 있기 때문입니다.

　생각들은 일어납니다. 좋은 생각, 나쁜 생각, 그러다가 어떤 단어들이 말해집니다. 우리는 이 모든 것을 '마음'이라고 합니다. 마음은 24시간 동안 계속되는 생각들의 끊임없는 흐름입니다. 현재 속에 과거에 대한 기억들, 미래에 대한 생각들이 있습니다. 모든 기억은 문제를 야기합니다.

어떤 언짢은 일이 10년 전에 일어났다고 합시다. 그러다가 일순간 그것이 기억납니다. 문득 그때 일어났던 모든 일이 지금 생생하게, 작은 세부사항까지 모두 기억됩니다. 기억이 그대를 과거로, 개골창으로 도로 끌어당깁니다. 그대는 다시 한 번 그 고통을 경험하고 "오, 맙소사!" 합니다. 그러다가 어느 결에 다시 한 번 우울해지고, 새로운 고통을 겪습니다. 이 모두가 기억 때문입니다.

생각들이 흐르고 있는 것은 그대가 자신의 **현존**을 잊어버렸기 때문입니다. 그대는 그 생각들을 지켜보고 있지 않고, 불행히도 그것들을 받아들이고 있습니다. 그래서 그런 생각들이 그대에게 문제를 야기하고 있습니다.

그대 자신을 훈련하여 어떤 생각을 받아들이고 어떤 생각을 물리칠지, 어디에 주의를 기울이고, 어디에 주의를 기울이지 않을지를 판단해야 합니다. 그대는 의사이니, 언제 주의를 기울이고 언제 주의를 기울이지 말아야 할지 너무나 잘 알지요.

질: 제 환자들에 대해서는 잘하지만, 저 자신에게만큼은 그리 잘하지 못합니다. 저의 습聲이 너무 강합니다.

마: 그대가 자신을 치유할 수 있습니다. 그대가 그대 자신의 의사입니다. 사람을 도취시키는 그런 것들을 우리는 '습聲'이라고 합니다. 영적인 공부의 습聲을 계발하십시오. 영적인 공부에 완전히 도취되십시오. 중독되십시오! 그대 자신을 가르치십시오! **자기명상**을 하십시오(Self-meditate).

질: 저는 제가 지금 할 수 있는 수행을 가져서 아주 행복합니다. 저는 벌써 이 **계보**의 힘을 느낄 수 있습니다.

마: **진리**가 그대 앞에 놓입니다. **실재**가 그대 앞에 놓입니다. 어떤 생각을 받아들이고 어떤 생각을 거부할지, 이제 선택은 그대의 몫입니다. 여기 간단한 비유가 있습니다. 골라 먹을 수 있는 여러 가지 많은 음식이 담긴 큰 접시가 있습니다. 접시의 어떤 음식들은 너무 기름지거나 지방질이 많아

그대에게 맞지 않습니다. 그래서 그대는 "이건 원치 않아, 저건 원치 않아" 합니다. 그대가 원치 않는 그 맞지 않는 것들은 치워집니다. 그리고 그대는 원하는 것을 받아들입니다. 복잡하지 않습니다. 이런 견지에서 그대 자신을 훈련하고, 그대 자신을 훈련해야 합니다. 그대가 자신의 스승입니다.

질: 만트라도 저에게 도움이 되겠습니까?

마: 예, 물론이지요. 물론입니다.

질: 그리고 제가 만트라에 믿음을 더 많이 가지면 가질수록….

마: 그렇고말고요!

질: 어려운 상황들을 더 잘 극복할 수 있겠군요.

마: 그 마스터키가 그대에게 주어졌습니다. 그것을 어떻게 운용하느냐는 그대에게 달렸습니다. 음식이 그대에게 나왔으니 이제 그것을 먹어야 합니다. 그대가 설계자, 그대 자신의 설계자이고, 그대 자신의 스승입니다.

36. 비가 올 때는 우산을 써라

질문자: 저는 직장에서 문제가 있는데, 그것이 다소 걱정과 스트레스를 안겨줍니다. 거기에 어떤 주의도 기울이지 않으려고 해보지만 아직은 그게 어렵습니다.

마하라지: 그대가 첫째로 해야 할 일은 명상에 집중하는 것입니다. 그대는 자신이 그런 모든 일들과 무관하다는 것을 압니다. 그런 것들을 그대의 꿈과 같이 보고 개의치 않아야 합니다. 그대가 나쁜 꿈이나 좋은 꿈을 꾸어도 그대는 거기에 전혀 신경 쓰지 않습니다. 에고가 주도하게 하지 않습니다. 만약 일어나는 일들을 무시할 수 있으면 무시해 버리십시오. 다른 사람의 생각들을 받아들이지 마십시오. 그대의 힘과 능력에 따라 행위하십시오. 그대 자신의 의지력을 사용하십시오! 그대는 강합니다!

질: 저는 그리 강하다고 느끼지 못합니다. 그 상황을 무시하기가 매우 어렵습니다.

마: 강해지십시오! 명상을 하면 강해져서 두려움이 없어질 것입니다. 명상을 하면 그대의 모든 문제가 해소될 것입니다. 영적인 힘을 얻게 될 것이고, 그것이 그대에게 힘을 실어주어 언짢은 분위기에서 벗어날 수 있게 될 것입니다. 그대가 내적으로 강해질 것이고, 어떤 상황에서도 두려움이 없을 것입니다.

누구나 마음·에고·지성의 압박을 받고 있습니다. 그대의 힘이 서서히, 말없이, 영구적으로 되살아나면서, 그대는 문제들을 오히려 반기기까지 하게 될 것입니다. 신체적 인상과 효과들이 해소되기 시작하면 그대의 힘이 되살아날 것이고, 그대는 세간사에서 한 발짝 떨어져 있다고 느끼게 될 것입니다. 그대가 **확신**을 가질 때는, 모든 생각이 몸과 관련되어 있고, 따라서 모두 환幻이라는 것을 알 것입니다.

그대가 몸에 대한 사랑과 애정을 가지고 있는 한
문제들이 그대를 힘들게 할 수밖에 없습니다.
이 사실을 받아들이고 확립해야 합니다. 즉, 그대는 몸이 아니고, 아니었고, 몸으로 남아 있지 않을 거라는 것입니다. 이것은 "그대가 **궁극적 진리**"라는 것을 뜻합니다. 모든 걱정, 모든 언짢은 분위기는 몸과 관련됩니다. 차분하고 고요해지십시오! 느낌에 속을 끓이지 마십시오. 거기에 어떤 중요성도 부여하지 마십시오. 개가 짖는다고 그 개에게 늘 주의를 기울입니까?

존재성 이전에는 문제들이 존재하지 않았고, 그대가 몸을 떠난 뒤에도 문제들은 존재하지 않을 것입니다. 이것은 그대가 불생不生이라는 것을 뜻합니다. 이 아주 기본적인 지知가 그대의 영적 삶의 토대가 되어야 합니다. 진정한 의미에서 그대 자신을 아십시오. 그 몸-형상 안에서 자신을 가늠하지 마십시오. 내적으로, 외적으로 강해지십시오.

그대의 마음·에고·지성의 노예가 되지 마십시오.
그 흐름을 거스르십시오!
내적인 힘과 지휘적 성품(commanding nature)을 계발하십시오. 남 만트라를 지속적으로 염하면 그런 것이 올 것입니다. 그대는 **실재**를 압니다! 그대가 **스승**입니다! 그대 안의 그 **스승적 본질**이 그대의 결정들을 인도하게 하십시오. 이 인도자가 그대를 앞으로 이끌고 있습니다. 그것은 그대의 **내적인 인도자**, 청자의 **궁극적 진리**입니다.

질: 아까는 제가 희망이 없다고 느꼈는데, 이제는 기분이 좋습니다!

마: 분위기가 변했지 그대가 변한 건 아니지요! 그대는 변하지 않고 있고, 변하고 있는 것은 행복한 기분, 슬픈 기분, 걱정스러운 기분, 평화로운 기분 등 분위기일 뿐입니다. 그대는 하늘과 같습니다. 행복 · 조바심 · 걱정 · 평화로움 · 우울함 · 지복의 구름들이 모두 오고가지만, 그대는 있는 그대로, 마치 하늘처럼 똑같이 머물러 있습니다.

　계절이 오고 계절이 갑니다.

　계절은 변하지만 그대는 변치 않습니다.

　비가 올 때는 그대가 우산을 쓰고, 추울 때는 스웨터를 입습니다. 여러 가지 생각들이 오고갑니다. (만트라를 염하여) 그대의 하드드라이브를 청소하십시오. 그러면 결과가 나올 것입니다. 그대의 노트북은 환적인 생각이라는 바이러스들로 가득 차 있고 혼잡합니다. 제가 그대에게 안티바이러스 소프트웨어인 **남 만트라**를 주었습니다.

　그대에게 그 디스크를 주었으니,

　이제 그것을 넣고 이 프로그램을 설치하십시오.

　기다리며 지켜보십시오! 이 실재를 소화하고 나면 그 변화들을 지켜보게 될 것입니다. 그대의 다목적 약을 복용하십시오. **남 만트라**는 그대의 몸 안에 있는 모든 바이러스를 제거하고 면역력을 증진해 줄 복합비타민제입니다. 처방전에 쓰여 있는 지침을 따르면 그대의 문제들이 해결될 것입니다.

　저는 여러 가지 각도를 사용하여 그대를 납득시키려 하고 있습니다. 걱정하지 말고, 그대의 마음 · 에고 · 지성과 모든 문제를 나시크 아쉬람에 내려놓은 다음 가십시오! 아주 간단하지요, 아주 간단합니다.

　스승이 말합니다. "그대 자신을 깊은 바다에,

　깊은 영적 바다에 던져 넣으십시오."

그러면 헤엄을 잘 치는 사람이 될 것입니다.

우리는 그대에게 심해 잠수 훈련을 시키고 있습니다.

우리는 그대에게, 작은 호수나 물웅덩이에서가 아니라 깊은 바다에 잠수하는 법을 가르치고 있습니다.

처음에는 그대가 직면하는 어떤 문제도 무시하십시오. 그저 계속 힘차게 나아가십시오! 니사르가닷따 마하라지님은 싯다라메쉬와르 마하라지님을 만나서 知의 체험을 얻었을 무렵, 많은 손실을 입었습니다. 가정·돈·건강 문제 등 많은 문제에 직면했지만, 당신 스승님의 힘 덕분에 난제를 감당하면서 그런 모든 문제와 정면으로 마주할 수 있었고, 그러면서 아주 단순한 삶을 계속 영위했습니다. 그대에게도 그런 일이 일어날 수 있습니다.

스승이 그대에게 무슨 말을 하든, 그것을 하고 그 결과를 보십시오.

그대가 듣는 모든 것을 엄격히 따르십시오.

그러면 내면에서 일어나고 있는 체험들을 보면서 놀라게 될 것입니다.

질: 그것을 고대합니다만, 현재로서는 제가 집중하기 어렵습니다. 왜 그런지 모르겠지만 저는 많은 분노를 느끼고 있습니다.

마: 청소 과정이 시작된 것입니다! 그대의 위장이 거북하고 체한 느낌이 있다고 생각해 보십시오. 그러면 무화과즙 같은 적절한 치료제를 먹고 장을 청소하려고 하겠지요. 나중에는 일체가 가라앉고 좋아질 것입니다.

마찬가지로, 새로운 남 만트라 프로그램으로 낡은 파일, 잘못된 파일들을 없애야 합니다. 일단 이 새 프로그램이 가동되면 그 기운이 효과를 발휘하여 완전한 평안, 완전한 침묵을 산출할 것입니다. 그대가 지금 느끼고 있는 그 분노와 조바심은 그 프로그램이 작동하고 있다는 것을 의미합니다.

꾸준히 해나가야 합니다. 왜냐하면 어떤 감정들은 몸과의 오랜 연관 때문에 아주 끈덕지고 매우 견고하기 때문입니다. 그러나 그것이 녹고, 녹은 다음에는 일체가 침묵할 것입니다.

질2: 저는 밤에 몇 번이나 깼는데 새벽 같다고 느꼈습니다. 깰 때마다 새벽 같다고 느꼈습니다. 어떤 강한, 아주 새롭고 신선한 자각의 상태가 있었습니다. 아주 신선한!

마: 점점 더 가까이 갈수록 어떤 극적인 변화가 내면에서 일어나는 것을 느끼게 될 것입니다.

질1: 만트라는 집중의 한 대상입니까?

마: 그렇지요! 브라만은 **궁극적 진리**에 붙여진 이름입니다. 어떤 형상도 없습니다. 시간과 인내가 좀 필요할 것입니다. 기다리며 지켜보십시오! 우리가 씨앗을 심을 때는 그 식물이 즉시 자라기를 기대할 수 없습니다. 시간이 좀 걸리겠지요. 걱정하지 마십시오!

스승은 말합니다. "그대는 그냥 하늘과 같다. 그대의 **현존**은 도처에 있다." 그러나 그 확신을 얻을 때까지는 계속 **만트라**를 할 필요가 있습니다.

질1: 그러나 만트라가 정말 효과가 있을까요? 그렇다면 정말 좋겠습니다!

마: 이야기를 하나 들려 드리지요. **남 만트라, 구루 만트라**의 중요성에 관한 비밀 **만트라** 이야기입니다. 니사르가닷따 마하라지님의 출생지, 고향마을에 한 스승이 있었습니다. 교육을 거의 받지 않은 단순한 시골 사람들이 거기 살았습니다. 그 스승에게 한 제자가 있었는데, 그에게 비밀 **만트라**를 막 준 상태였습니다. 제자에게는 누구에게도 그것을 공개하지 말라고 했습니다.

다음날 제자는 목욕을 하려고 강으로 내려갔습니다. 강에 가보니 모두가 같은 단어, 자신의 비밀 **만트라**를 염하고 있었습니다! 그는 다소 의아했지요! "스승님이 여기 안 계신데 모두가 내 **만트라**를 하고 있구나. 뭔가 이상하다. 어찌된 일일까? 스승님은 이 **만트라**가 비밀이라고 말씀하셨는데, 여기 있는 모두가 이걸 알고 있네. 어떻게 이럴 수 있지?"

매우 혼란스러워진 그는 스승에게 돌아가서 말했습니다. "무슨 그런 비밀 단어가 있습니까? 강에 갔더니 모두가 같은 어구를 염하고 있었습니다." 스승은 미소를 짓더니 제자에게 빛나는 둥근 돌 하나를 주며 말했습니다. "이 돌의 가치를 한 번 알아봐라. 네가 그 가치를 알아내는지 어디 보자."

제자는 그 다음 15일에서 20일 동안 멀리 돌아다니면서 그 돌의 가치를 알아보려고 노력했습니다. 스승의 의미심장한 게임들로 인해 제자는 많은 고생을 했습니다. 그는 자연히 의문들로 충만하고 혼란에 가득 차 있었지만, 그럼에도 불구하고 스승의 지침을 따랐습니다.

먼저 그는 자기 할머니가 사는 오두막에 가서 물었습니다. "할머니, 제가 이 돌을 얻었습니다. 이 돌의 가치가 얼마쯤 된다고 보십니까?" 그녀가 말했습니다. "1, 2루피는 되겠네." 이어서 그는 현지의 영세한 금 세공사를 찾아갔습니다. "저에게 이런 돌이 있는데, 가치를 알고 싶습니다." 현지 금 세공사는 매우 사무적으로 그것을 바라보더니 말했습니다. "4백 루피 드리겠소!" "아니요, 됐습니다." 그가 대답했습니다. 그 다음은 어느 소도시로 가서 한 보석상에게 물었습니다. "이 돌의 가치를 모르겠습니다." 상점 주인이 그것을 면밀히 살펴보더니 말했습니다. "음, 2천 루피쯤 되겠소!" 더 부유한 지역의 다른 상점 주인은 "2십만 루피!"라고 했습니다. 마침내 제자는 봄베이나 뉴욕처럼 아주 큰 도시로 가서, 화려한 고급 보석가게에 들어갔습니다. 그가 찾을 수 있는 가장 큰 보석가게였습니다. 그곳의 주인이 흥분하여 물었습니다. "누가 준 겁니까? 이것은 값을 따질 수 없군요! 독특합니다! 굉장한 가치가 있습니다! 이 가게 전체보다 값이 더 나갑니다!"

이 이야기에서 우리는, 어떤 것의 진가를 아는 사람들은 그것을 더 잘 알 것이고, 그래서 그 가치를 온전히 평가해줄 거라는 것을 알 수 있습니다.

남 만트라도 마찬가지입니다. 사람마다 그것에 서로 다른 가치를 부여합니다. 이 만트라의 가치를 아는 사람들은 그것을 높게 치고, 거기에 엄청난 중요성을 부여합니다.

　　그 진가를 아는 사람들은
　　거기에 최대의 중요성을 부여합니다.

이 이야기에서와 같이, 저는 **남 만트라**에 높은 가치가 있음을 강조하고 있습니다.

　　저의 스승님과 같이, 그것으로 깨달은 분들은
　　거기에 최고의 가치를 부여해 왔습니다.

그것을 대수롭지 않게 여기는 이들에게는 그것이 가치가 없거나 거의 없습니다. (그런 사람들에게는) 그것이 효과가 없을 것입니다.

37. 장난감 가지고 놀기

마하라지: 코끼리와 장님들 이야기를 압니까? 일단의 장님들이 큰 코끼리 주위에 모여 있었습니다. 그들은 그것이 코끼리라는 이야기를 들었습니다. 장님들이 물었습니다. "코끼리는 어떻게 생겼을까?" 그래서 그들은 코끼리의 몸을 만져보기 시작했습니다. 그 중 한 사람이 말했습니다. "기둥 같네." 다리 하나만 만져본 것입니다. 다른 사람이 말했습니다. "코끼리는 탈곡 바구니 같군." 이 사람은 코끼리의 귀만 만져본 것입니다. 마찬가지로, 코끼리의 코나 배를 만져 본 사람들은 코끼리를 아주 다르게 이야기했습니다. 어떤 것에 대한 여러분의 견해가 제한되어 있으면 그에 대한 적은 지식밖에 얻지 못할 것이고, 그것은 오해와 헷갈림을 가져옵니다.

여기서는 **스승**이 여러분에게 코끼리 전체를 보여주고 있습니다. 모두가 분투하고 있습니다. **실재**를 발견하려고 분투하고, 완전한 코끼리, 곧 **궁극적 진리**를 보려고 분투하고 있습니다. 전 세계에서 이런 일이 일어나고 있습니다. 장님마다 서로 다른 부분을 감촉합니다. 그들은 모두 전체 코끼리, 전체 그림을 보지 못합니다.

어중간한 지知를 가진 사람들과는 어울리지 않는 것이 좋습니다. 그들은 부분적으로 옳습니다. 그러나 여러분은 전체 코끼리를 보았으니 그들과 다투면 안 됩니다. 오케이? 여러분의 **궁극적 진리**, 여러분의 **현존**, **보이지 않는 현존**이라는 **궁극적 비밀**을 아는데, 남들과 왜 다툽니까? 여러분이 안정되고, 견고하고, 확고하면 세상의 누구도 여러분을 한눈팔게 하지 못할 것입니다.

서양은 제가 잘 모르지만, 인도에서는 사람들이 먼 데로 떠나 동굴 속에서 오랜 시간 동안 스스로를 차단하고 자신을 고립시킨 채 모종의 '삼매' 체험을 얻으려고 애쓰고, 지복 기타 그런 것들을 추구합니다.

　존재성 이전에,
　여러분이 동굴 속에 자신을 집어넣었습니까?

질문자: 그러지 않았겠지요!

마: 그들은 여기저기 다니면서 긴 수염과 긴 머리를 기르거나 머리를 삭발합니다. 화환·염주를 두르고, 염주를 세면서 방랑하는 사람들이 있습니다. 최근에는 긴 법복을 입고 유럽에서 온 사람도 있었습니다. 그는 어떤 신의 이름을 염하면서 염주를 세고 있었습니다. 제가 그에게 물었습니다.

"왜 그런 장난감들을 가지고 놉니까?"

염주를 세어서 무슨 소용 있습니까?

어떤 일도 일어나지 않을 것입니다.

어떤 일도 일어나게 하지 못할 것입니다.

그것은 하나의 손가락 운동일 뿐입니다.

이런 일들이 많이 일어나는 것은, 아무도 누구에게 무엇이 정확히 무엇인지를 말해 주지 않기 때문입니다. 그들은 **진리를, 최종적 진리를** 모르고 있습니다. 어떤 사람이 "이런 것을 하라"고 하면, 그들은 그 이면의 목적을 모른 채 그런 것들을 합니다. 그 목적이 무엇입니까?

'그런 것을 하는 이유가 무엇인가? 그 결과는 무엇인가?' 스스로 물어야지 맹목적으로 무엇을 따르면 안 됩니다. 만일 어떤 사람이 그대에게 "이런 것을 하라"고 하면, 무엇 때문에 하며, 그 목적이 무엇인지를 그 사람에게 질문하십시오. "제가 무엇을 얻게 됩니까? 그 이익은 무엇입니까? 그것이 저에게 행복을 안겨줍니까?" 염주를 세는 것이 무슨 소용 있습니까? 그것은 아이들 장난, 그냥 아이들이 장난감을 가지고 노는 것일 뿐입니다.

여기서는 그것이 **자기확신**, 혹은 **진아 깨달음**, 혹은 **진아 깨침**의 과정입니다. 그 이름들은 중요하지 않습니다. 영적인 학學에서는 몸이 5대 원소와 세 가지 구나(gunas)로 이루어져 있다고 말합니다. 이것은 몸-지知이고, 물질적 지知입니다. 몸-지知이고 물질적 지知입니다. 영적인 학學은 몸-지知, 물질적 지知입니다. 이 물질적 지知가 해소되지 않으면, 진정한 의미에서 그대 자신을 알 수 없을 것입니다.

이 몸은 하나의 덮개일 뿐입니다. 뼈와 피와 살로 된 큰 덮개 말입니다. 그것은 음식-몸입니다. 만일 그대가 일주일을 먹지 않으면 그 몸은 마를 것입니다. 누가 그 음식을 먹습니까? 그대의 몸무게가 60킬로라고 할 때,

만일 일주일을 먹지 않으면 55킬로가 되겠지요. 그러면 그 5킬로는 어떻게 되었습니까? 그것을 누가 가져갔습니까?

　　이것은 기름이 필요한 등불과 같은
　　하나의 음식 몸입니다.
　　기름이 사라지는 순간 등불은 꺼집니다.
　　이것은 아주, 아주 단순한 지知인데도,
　　사람들이 그것을 복잡하게 만듭니다.
이것은 중간적인 것이 없는 **직접지**입니다.
　　일체가 그대에게서 시작되고 그대에게서 끝납니다.
　　전 세계는 그대의 자연발로적이고 보이지 않는 현존에서 투사됩니다.
　　그대의 몸이 해소되는 순간, 전 세계가 사라집니다.
　　확신을 얻고 나면 이 물질적 몸에 대한 그대의 집착이 줄어들 것이고, 자연히 어떤 두려움도 없을 것입니다.

질: 저는 다음 주에 영국으로 돌아갑니다. 제가 어떤 걱정을 느끼고 있는 것 같습니다.

마: 조금 신경이 쓰이는 것은 당연하지만, 동시에 그대는 어디도 가지 않는다는 것을 기억하십시오. 그대와 함께하는 것은 늘 그대와 함께하는데, 그것은 **현존**입니다.

38. 그대의 현존은 하늘과 같다

마하라지: 누가 죽습니까? 누가 살고 있습니까? 그저 자기탐구를 하십시오.
　　누구도 죽지 않고, 누구도 태어나지 않습니다.
　　니사르가닷따 마하라지님은 영적인 공부의 원리를 한 문장으로 정의했습니다. "그대의 무아인 진아 외에는 어떤 신도, 브라만도, 아뜨만도, 빠라마뜨만도, 스승도 없다." 이 말씀은 우리가 매일 아침 부르는 바잔에 나오는 "찌다난다 시보함 시보함(Chidananda Shivoham Shivoham)"과 같은 의미입니다.

질문자: 그것은 아름다운 바잔입니다.

마: 둘 다 같은 것을 말합니다. 어머니도, 형제도, 자매도, 스승도, 제자도, 어떤 관계도 없다는 것입니다. 모든 관계는 몸과 관련된 관계입니다.

몸 이전, 존재성 이전에 그대의 현존이 있었지만,
어떤 형상으로 있는 것은 아니었습니다.
존재성 이후에도 그대의 현존이 있겠지만,
어떤 형상으로 있는 것은 아닐 것입니다.

그대 자신을 무엇에 비유하고 싶다면 하늘에 비유하십시오. 하늘은 도처에 있고 무소부재無所不在합니다. 그대가 **최종적 진리**이고, 그대가 **궁극적 진리**입니다. 그래서 "'나'라고 말하는 것은 환幻이고, '너'라고 말하는 것도 환이고, '브라만'이라고 말하는 것도 환이다. 전 세계가 환幻이다"라고 **샹까라짜리야**가 말했습니다.

질: 그것은 상당히 난제입니다! 그것은 우리가 생각하는, 그리고 우리가 자신의 현실이라고 보는 모든 사람과 모든 사물, 그리고 우리가 소중히 여기는 모든 사람을 배척합니다.

마: 그대가 이 세계에 형태를 부여했습니다.

영靈이 몸과 맞물린 순간, 그 꿈이 시작되었습니다.
이 '삶'은 하나의 꿈일 뿐입니다.

그것은 그대가 잠을 자면서 꿈을 꾸는 것과 같습니다. 이것은 하나의 꿈입니다. 그대는 이 꿈 속에서 어떤 사람으로, 한 남자나 여자로 연기하고 있습니다. 그 꿈 속에서 그대는 신들, 바다들, 사원들을 보고 있습니다. 많은 사람, 많은 풍경들을 봅니다.

꿈에서 깨어나 일체가 희미해지고 사라질 때, 자문해 보십시오. "그 모든 사람들은 어디로 갔나? 그 모든 풍경은 어디로 갔나?" 그대가 꿈 속에서 관계하던 그 사람들은 어떻게 되었습니까? 천당으로 갔습니까, 아니면 지옥으로 갔습니까?

질: 제가 생각하기에, 우리는 깨어나면 그냥 우리가 꿈을 꾸고 있었다는 것을 받아들입니다.

마: 그렇지요, 꿈을 꾸고 나서 깨어나면 그대는 울면서 "오, 내 친구가 사라졌어. 내 친구를 잃었어"라고 합니까?

질: 아닙니다. 왜냐하면 그것이 꿈일 뿐이라는 것을 아니까요.

마: 그대는 그것이 하나의 꿈이라는 것을 압니다. 그래서 친한 친구들 꿈을 꾸고 있었다 하더라도, 그리고 꿈속의 그 사람들에게 집착이 있었다 하더라도, 깨어나면 그들이 금세 잊힙니다. 맞습니까?

질: 예!

마: 주목하십시오! 그대가 꿈에서 깨어나면 그 꿈 세계 전체가 그냥 사라집니다. 마찬가지로, 이 세계는 하나의 꿈, 긴 꿈일 뿐이고, 이 또한 사라질 것입니다. 제가 그대에게 하는 이야기를 흡수하십시오.

> 세계는 그대의 자연발로적 현존의 한 투사물입니다.
> 세계는 그대의 자연발로적 현존의 한 투사물입니다.

이 지知가 완전히 흡수되어야 합니다. 그것은 지적인 지知가 아닙니다. 그것은 실재입니다.

> 이것은 그대의 지知이지, 브라만의 지知가 아닙니다.
> 그것은 언어를 사용하여 규정할 수 없는,
> 어떤 단어들을 사용하여 규정할 수 없는,
> 청자의 지知이며, 그대의
> 보이지 않고, 익명이고, 정체불명인 정체성의 지知입니다.

이것을 **직접지**라고 합니다. 어떤 중간물도 없습니다. 그것은 **자연발로적**이고 **직접적**이며, 우리를 계속 빙빙 돌리면서 혼란을 덧붙이는 장황한 사례와 설명들이 없습니다.

이 **계보 스승**들은 그대나 저와 같은 그냥 보통 사람들이었습니다. 그들은 자신의 **스승**들로부터 **실재**를 주저 없이 받아들였습니다. **실재**를 발견하고 무아인 진아에 대한 지知를 드러내기 위한 그분들의 투쟁과 결의에서 지知가 왔습니다. 그분들은 강한 전념, 강한 투신, 그리고 매우 강한 믿음, 매우 강한 믿음을 가지고 있었습니다.

절대적으로 두려움이 없는 사람이 되십시오! 진정한 의미에서 그대 자신을 알게 되면 두려움이 없어질 것입니다. 죽음과 탄생에 대한 그 모든 두려움이 왜 있습니까?

죽음도 없고 탄생도 없습니다. 그대는 불생不生입니다.

용기를 좀 가지십시오! 에고적 용기가 아닌, 심적인 용기가 아닌, 지적인 용기가 아닌, **자연발로적** 용기, "그래! 이제 알겠다. 내가 **그것이다**" 같은 용기 말입니다.

그대가 지금 가지고 있는 이 새로운 이해가 있으면 남들에게 무엇을 구걸하러 다닐 필요가 없다는 것을 알 것입니다. 일체가 그대 안에 있다는 것을 아는데, 왜 그런 것을 해야 합니까? 일체의 뿌리가 그대 안에 있다는 것을 아는데, 왜 구걸하며 다닙니까?

지난달에 성자 같은 사람 하나가 저를 찾아와서 말했습니다. "부디 당신의 손을 제 머리 위에 얹어주십시오." "왜요?" 제가 물었습니다. "그대가 자신의 머리 위에 손을 얹을 수 있지요. 우리는 똑같습니다!"

질: [웃으면서] 제가 처음 왔을 때 그게 바로 당신께 청하고 싶었던 것인데, 너무 겁이 났습니다. 어떤 걱정들, 제 삶 속의 특정한 문제에 대해 약간 두려움이 있었고, 그래서 당신의 축복이 도움이 될 거라고 생각했습니다.

마: 그대 자신의 힘을 알지 못할 때 그런 일이 일어나지요!

질: 그리고 자신이 그것과 별개라고 생각할 때도 말입니까?

마: 그렇지요, 그렇지요. 제가 말한 그 성자 같은 사람처럼 말입니다. 그는 약 4~5십년 간 공부를 했습니다. 이 사람은 경전과 영적인 책들을 읽은 데서 오는 질문들로 가득 차 있었습니다. 어떤 두려움이 있었는데, (그가 받은) 인상들이 그에게 흔적을 남겨 두었습니다. 그런 인상들로 인해 그는 자신의 두려움을 바깥으로 투사했던 것입니다.

질: 우리 자신이 괴물을 창조한 다음, 그것에 겁을 먹는 것과 같군요?

마: 결과적으로 이 사람은 어떤 천신들을 두려워했고, 신에 대한 두려움을 가지고 있었습니다. 제가 그에게 물었지요.

"그대는 왜 어떤 신들을 두려워합니까?

그대가 '신'을 말하려면 그대의 현존이 필요합니다.

그대의 현존 없이는 어떤 신도 없습니다.

신은 그대의 자식입니다."

"그대의 현존이 먼저입니다. 다른 어떤 것, 다른 모든 것 이전에 그대의 현존이 있어야 합니다."

"그대의 현존 없이는 해도, 달도, 바다도, 대양도,

사람들도, 남들도, 세계도, 신도 없습니다."

갑자기 그의 얼굴이 밝아졌습니다. 진리가 그에게 밝아오기 시작한 것입니다! 우리는 다시 제 스승님의 말씀으로 돌아갑니다. "그대의 무아인 진아 외에는 어떤 신도, 브라만도, 아뜨만도, 빠라마뜨만도, 스승도 없다."

질: 아! 그것은 대담한, 아주 비전통주의적이고 더없이 논란유발적인 말씀입니다. 그러나 진정으로, 당신께서 방금 하신 말씀은 굉장합니다! 이뿐만 아니라 가르침 전부가 급진적입니다. 저는 책을 많이 읽었지만, 당신께서 하시는 식으로 표현되는 이런 지知는 전혀 들어본 적이 없습니다. 이것은 너무 명료합니다! 놀랍습니다! 저는 "알았습니다!"라고 말하고 싶지만, 그러면 당신께서 저를 제지하면서 "누가 알았느냐?" 하실 거라는 것을 압니다.

마: 그것은 희유한 지知이고, 높은 가르침입니다. 니사르가닷따 마하라지님은, 우리가 무아인 진아밖에 없다는 것을 알게 되면 '남들'에게 상처 주는 것을 멈추게 될 거라고 말씀하시곤 했습니다. 우리가 누구를 멸시하지 않게 됩니다. 누구에 대한 증오나 질투의 감정도 없을 것입니다. 왜냐하면 어디에 어떤 적도 존재하지 않는다는 것을 알 것이기 때문입니다. 그대가 도처에 있다는 것을 알 것입니다. 그럴 때 그대는 알게 될 것입니다.

그대가 몸-형상이 아니라는 것을 압니다.

그래서 질투, 적대 혹은 증오의 문제가 없습니다.

그대와 함께하는 영靈은

모두와 함께하고, 모든 존재와 함께하는 영靈입니다.

따라서 그대 자신에게 물으십시오.

"누가 좋은가? 누가 나쁜가? 누가 위대한가? 누가 하찮은가?"

그대는 눈가리개를 한 사람처럼 여기저기 찾아다녔습니다. 더 이상 그럴 필요가 없습니다. 두려워하지 말고, 그대의 삶에서 도망치지 마십시오. 두려움 없는 사람이 되십시오!

그렇지요, 어려움들은 있을 것이고, 때로는 언짢은 분위기도 있겠지만, 아무 문제가 없습니다. 그저 그런 것들이 오게 하고, 가게 하십시오. 그대는 안정되어 있고, 확고합니다. 오케이? 이제 앉아서 명상하십시오! 이 지知를 흡수하십시오.

질: 감사합니다, 마하라지님.

39. 그대가 그것이다

질문자: 저는 지난 몇 년간 다양한 소위 '신新비이원론' 교사들(Neo-advaitin teachers)을 찾아다니며 삿상을 해 왔습니다. 그러나 여전히 배가 고픈 상태입니다. 말로 표현하기는 어렵지만, 당신께서 베풀어 주시는 지知는 절대적이고, 완전하고, 충족적입니다. 그것은 진리의 내적 심금을 울려서, 제가 만족을 느끼고 평안해집니다.

당신의 친존에 있는 것이 그것과 관계가 있는지 모르겠지만, 왠지 미소가 나오는 것을 멈출 수 없습니다. 이 분위기 속에서는 어떤 영적인 영양이 공급된다는 구체적인 느낌과, 당신께서 말씀하시는 모든 것이 진리라는 느낌이 있습니다. 저는 그냥 그것이 진리라는 것을 압니다. 여기서 당신께서 함께 나누시는 지知는 아주 신선하고, 희유하고, 생생하며, 또한 아마도 그것이 자연발로적이어서 그렇겠지만····.

마하라지: 지知란 그저 자기 자신을, 몸-형상 안에서가 아니라 진정한 의미에서 아는 것입니다. 그것은 기본적으로 자기 자신에 대한 참된 지知, 곧 진

아지입니다. 그러니 진정한 의미에서 그대 자신을 인식하십시오. 그대는 마음·에고·지성, 그리고 모든 개념들을 가지고 그대 자신을 알지만, 그대는 그것을 넘어서 있습니다.

그대는 그 모두를 넘어서 있습니다.

그대의 현존은 그것이 아닙니다.

이 지知는 그 보이지 않는, 익명의 청자에 대한

직접적인 접근법입니다.

그대는 얼마나 오랫동안 자신을 몸-형상으로 알아 왔습니까? 그 몸-형상이 얼마나 오래 지속되겠습니까? 오케이, 우리는 어떤 정보를 가지고 있습니다. 그러나 이 지知는 몸-지知이고, 건조한 지知입니다. 진정한 의미에서 그대 자신을 알지 못하면, (그대에게) 지知가 없을 것입니다.

니사르가닷따 마하라지님이 말합니다. "이 모든 것들, 신에 대해, 영적인 공부, 금생·내생, 수많은 것들에 대해…이것에 대해, 저것에 대해, 미래에 대해 사용되는 이 모든 말들. 이 모든 말과 개념들은 모두 오로지 몸-지知와 관계된다."

질: 당신께서 하시는 말씀은, 우리가 배우고 공부하고 경험한 일체, 우리가 다년간 축적해 온 모든 지知는 진정한 지知가 아니고, 참된 지知가 아니라는 거군요. 그것은 모두 당신께서 '몸-지知'라고 하시는 그것일 뿐이군요?

마: 물론이지요, 물론이지요. 보세요, 존재성 이전에는 그대가 전혀 알지 못했습니다. 그 무엇도, 아무것도 전혀 알지 못했습니다. '지知'라는 말조차 몰랐습니다. 왜냐하면 그대 자신을 알지 못했기 때문입니다. 몸-형상에 전혀 개의치 않았지요. 그러나 영靈이 몸과 맞물린 순간, 자기동일시가 시작되었습니다. 엄마가 "너는 여자아이다. 너는 '라비'라는 남자아이다. 얘는 '시따'고, 저기 '존'이 있다"는 등으로 말했을 때, 조건화가 시작되었습니다.

그리고 그대에 대해 사람들이 하는 여러 가지 말을 들을 때, 그들이 그대를 상당히 많이 규정했는데, 그대는 의문 없이 그것을 받아들였습니다. 어릴 때부터 형성된 이러한 인상의 층들이 시간이 가면서 그대를 형성했습니다. 그리고 그 결과는, 그대가 이 몸-지知의 환적인 세계를 받아들였고,

그것을 모두 실재하는 것으로 여기게 되었다는 것입니다.

 그래서 우리가 여기서 하고 있는 일은 그대 안의 **말이 없고, 보이지 않고, 익명인 청자**의 주의를 요청하는 것입니다. 우리는 그대의 **실재**, 곧 존재성 이전에게, 그리고 그대의 **실재** 위에 놓인 혹은 덧씌워진 환적인 층들의 형성 이전에게 말을 걸고 있습니다.

질: 실재가 환幻의 담요에 덮였고, 우리가 그것을 **실재**로 오인했군요?

마: 제 말을 문자적으로 받아들이지 말라고 한 것을 기억하십시오. 제가 전달하려고 하는 그것이 더없이 중요합니다. 우리는 **말이 없고, 보이지 않고, 익명인 청자**의 주의를 요청하고 있습니다. 그대가 **궁극적 진리**이고, 그대가 **최종적 진리**입니다.

 말이 없고, 보이지 않는, 익명의 청자—실재.
 그대가 그것입니다.

 궁극적 진리를 실제로 가리켜 보일 수는 없지만, 우리는 그 **실재**를 가리켜 보이는 것에 근접하는 몇 가지 단어를 사용해야 합니다. 그러나 단어들을 그대로 받아들이지 마십시오.

 우리가 대화를 하거나 어떤 논의를 하고 있을 때는 단어들의 의미·원리·요지·핵심적 의미를 얻기 위해 단어들을 사용해야 합니다. 어떤 특정한 단어는 무엇을 전달하고 싶어 합니까? 사람들이 여기 오면 사물들을 논의하고 토론을 갖고 싶어 합니다. (여기서는) 어떤 토론도 없습니다.

 여기서 함께 나누는 지知는 직접적이고 참되며,
 토론의 대상이 아닙니다.

질: 이렇게 여쭈어도 실례가 아니기를 바랍니다만, 마하라지님, 당신께서는 깨달으셨습니까?

마: 그것은 실없는 질문입니다. 그대는 다른 사람이 깨달았는지 깨닫지 못했는지를 어떻게 평가하려고 합니까? 이 스승을 저 스승과, 또 다른 저 스승과 비교하기보다는 그대가 깨달았는지를 보아야 할 것입니다. 그것은 불필요한 질문이고, 몸에 기초한 질문입니다.

질: 죄송합니다. 그렇다고 생각했지만, 질문을 드리지 않고는 배길 수 없었

습니다.

마: 그런 것을 묻기보다 그대에게 초점을 맞추십시오! 그대의 목적은 무엇입니까? 이 전체 환幻의 세계에서 나와야 합니다. 그리고 그대 자신을 알 때, 그 일이 일어날 때는, 세계가, 이 모든 몸-지知가, 점차 적어지고 적어질 것입니다. 그것은 그대에게 거의 또는 전혀 영향을 주지 못할 것입니다. 그러나 그렇게 되려면 진지한 투신이 필요합니다.

그래서 그대는 물어야 하고, **자기탐구**를 해야 합니다! 이 환적인 그림, 이 환적인 세계에서 나와야 합니다. 현존하지 않는 것들, 존재하지 않는 것을 그대는 맹목적으로 수용하고, 실재하는 것으로 받아들입니다.

질: 그러니까, 저는 어떻게 **진아**를 깨닫게 됩니까? 제 말씀은, 거기에 어떻게 도달하느냐는 겁니다.

마: 어떤 '됨'도 없습니다. 어떤 '그대'도 없습니다. 그리고 '도달'할 것이 아무것도 없습니다. 우선 첫째로, 몸에 기초한 모든 지知가 해소되어야 합니다. 그런 다음, 이 모든 지知를 청소해 낸 뒤에야 **궁극적 진리**가 드러나 밖으로 나올 것입니다.

바로 지금 제가 그대에게 말하고 있는 것이 그대에게서 자연발로적으로, 그대도 모르는 사이에 나올 것이고, 그대는 "오, 이 지知가 흐르고 있구나!" 하고 외치게 될 것입니다. 그런 일이 그냥 일어날 것입니다.

그대 자신을 몸-형상으로 여기기를 그만두십시오. 어릴 때부터 오늘날까지의 인상들과, 그 모든 조건화가 해소되고 지워져야 합니다.

　　그대 자신에게 완전한 신뢰를 가짐은 물론이고,
　　그대의 스승에게도 완전한 신뢰를 가져야 합니다.

기본적으로 그것이 필요합니다. 니사르가닷따 마하라지님은 자신의 스승인 싯다라메쉬와르 마하라지님에게 강한 믿음을 가지고 있었고, 싯다라메쉬와르 마하라지님도 앞서 자신의 스승에게 그랬습니다. 그러니 그대의 마음이나 두뇌에 스트레스를 주지 마십시오. 그것은 자연발생적으로 일어날 테니 말입니다.

질: 어제 당신께서 말씀을 하고 계실 때 마하라지님, 어떤 명료함이 있었

고, 하신 말씀은 바로 그 순간에 적절했습니다. 당신께서 그 뭔가에게 …, 제가 온전히 자각하지는 못했습니다만, 직접 말씀하셨고, 그러다가 나중에 … 그것은 "아하!" 같은 것이었습니다. 왜, 있잖습니까? 당신께서는 적절한 것을 적절한 때에 말씀하셨습니다. 그것은 **직접지같이** 느껴졌습니다. 그러나 그것은 그냥 말씀하신 그것은 아니었고 ….

마: 말을 넘어서 있고, 세계들을 넘어서 있지요. **명백한 진리**가 여기서 말해지고 있고, 어떤 숨바꼭질도 없습니다. 이 지知는 **직접지**이고, 이 접근법은 직접적인 접근법입니다.

    이것은 지적인 접근법이 아니고,
    논리적인 접근법이 아니고,
    에고적인 접근법이 아닙니다.
    이 모든 것은 그대의 현존 이후에 왔기 때문입니다.

40. 음식-몸-지知

마하라지: 우리가 내면을 바라보지 않고 있기 때문에, 우리는 **탐색자**와 **발견자**를 무시하고 있고, 그 대신 여기저기 뛰어다니고 있습니다. 모든 사람이 행복을 위해, 평안을 위해 여기저기 뛰어다니고 있습니다. 모두가 잘못 인도되어 어떤 사람은 이쪽으로, 어떤 사람은 저쪽으로 갑니다. 사람들은 그들 자신의 밖에서 탐색하고, 보고 있고, 늘 그들 자신의 밖에서, 다른 사람들에게서, 책에서, 성지聖地에서 답을 찾고 있습니다.

질문자: 저희는 내면에서 답을 발견하려고 하는 대신, 외부의 원천에서 사물들을 찾고 있군요?

마: 그렇지요. "나는 누구인가? 죽음은 무엇을 의미하는가? 탄생이라고 하는 것은 무슨 뜻으로 하는 말인가? 나의 존재성 이전에 나는 어떻게 있었

는가?" 이런 궁극적 물음들에 대한 답을 묻고, 알고, 발견하려는 강한 의지가 있어야 합니다. 해결되지 않은 이 물음들이 해결될 필요가 있습니다. 점점 더 깊이 들어가지 않으면 그대 자신을 알 수 없을 것입니다.

질: 제 생각에는 우리들 대다수가 그냥 삶을 살아갑니다. 우리는 기복起伏을 참아내고, 떠밀려 갑니다. 저의 친구들 대다수도 그와 같습니다.

마: 남들에 대해서는 신경 쓰지 마십시오! 그대에 대해서 이야기하십시오!

질: 제가 볼 때, 저는 **자기탐구**를 많이 할 시간을 충분히 내지 못합니다.

마: 시간은 몸과 연관되어 있을 뿐입니다. 전혀 어떤 시간도 없습니다. 그러니 그런 모든 개념에는 신경 쓰지 마십시오! 존재성 이전에는 어떤 시간도 없었고, 아무것도 없었습니다. 모든 개념들은 몸과 함께 나타났습니다. 그것을 인식해야 합니다. 납득을 하고 **확신**을 가지십시오.

질: 그러겠습니다! 기억하도록 노력하겠습니다.

마: 모두가 서로 다른 두려움을 가지고 있고, 가끔 불유쾌한 분위기에서는 두려움으로 몸이 흔들리거나 떨리기도 하는 자신을 발견합니다. 혼란이라는 작은 진동만 나타나도 그대가 동요되고 우울해집니다. 환幻에 떨어지지 않도록 자신을 훈련하십시오!

속상할 때 그대가 해야 할 일은, 그대 자신에게 "내 우울함의 원인은 무엇인가? 누가 동요되는가? 무엇이 불행과 불不평안을 야기하고 있는가? 어떻게 하면 내가 긴장이 없게 되는가? 어떻게 하면 두려움이 없게 되는가?" 하고 물어서 그것을 알아내는 것이 전부입니다. 이런 물음들이 해결되어야 합니다. 이런 물음들에 대한 모든 답변이 그대 안에 있지만, 그대는 바깥에서, 물질적 세계에서 그 답을 발견하려고 애쓰고 있습니다.

  그대는 자신의 바깥에 있는 물질적 원천에서
  행복과 평안을 발견하려고 애쓰고 있습니다.

사람들은 영적인 공부에서 오도될 때가 많습니다. 그들은 만나는 누구에게나 귀를 기울입니다. 그리고 "이것을 하라, 저것을 하라, 이 희생제를 거행하라, 돈을 기부하라, 여기를 가라, 저기를 가라"는 말을 듣습니다. 수많은 의식儀式이 있습니다. 인도만 그런 게 아니라 전 세계에 걸쳐 마찬가지입니다.

　사람들은 자신의 바깥에 있는 원천에서 행복과 평안을 추구하고 있지만, 그들 자신의 **정체성**을 모릅니다. 여기저기 헤매고, 여행하고, 돌아다니면서 그 행복과 평안이 어디 있는지 알아내려 하지만 성공하지 못합니다. 그들은 영적인 공부라는 미명하에 어느 정도 영적인 공부에 속습니다.

질: 맞습니다. 오늘날 영적인 공부는 하나의 상업적 비즈니스이고, 하나의 상품입니다. 저는 소위 신新비이원론 선생들에게 많은 친구를 잃었습니다. 이 친구들은 그것이 **마야**(maya)의 소행이라는 것을 깨닫지 못하는 것 같습니다. 그들은 심지어 소위 '진리'에 대해 돈을 내기도 합니다. 그것은 확실히 잘못된 출발이고, 영적인 공부와 진리를 위해서는 아주 불안한 토대입니다. 그런 선생들은 경제적 이득을 위해 의존성을 부추깁니다. 제가 그들 모두를 대변할 수는 없지만⋯.

질2: 글쎄요, 제가 알기에 신新운동(Neo-Movement)은 별로 깊이 들어가지 못하는 경우가 많지만, 최소한 그들은 사람들에게 우리와 세계가 실재하지 않는다는 것을 자각하게 하고 있습니다. 아무도 없다, 아무도 없다는 식으로⋯.

마: 좋습니다. 여기서는 **스승**이 그대들을 제자로 만드는 게 아니라 **스승**으로 만들고 있습니다. 그대들을 독립적으로 만들고 있습니다. 그대들은 바깥에서 오는 어떤 것도 필요로 하지 않습니다. 일체가 그대들 안에 있습니다. 어떤 물질적 원인도 없는 지속적인 행복과 평안을 발견할 것입니다.

　　이 음식-몸 때문에,
　　이 음식-몸-지知 때문에,
　우리는 우리의 정체성을 잊어버렸습니다.

　그리고 그대들이 자신의 **정체성**을 잊어버렸기 때문에, 명상과 **자기탐구**의 수행을 닦아야 합니다. "나는 음식-몸-지知나 음식-몸과는 무관하다. 음식-몸이 살아 있는 것이 내가 음식을 공급하기 때문일 뿐이다"라는 확신을 가져야 합니다. 그러나 더 중요한 것은—잘 들으십시오—만일 애초에 **영**靈이 없다면 이 몸은 작동할 수 없을 거라는 것입니다.

영靈이 없이는 이 몸이 움직일 수 없습니다.

질: '영靈'은 자연발로적 현존과 같은 것입니까?

마: 그렇지요, 그렇지요. 그러나 이런 것들은 단어일 뿐이고, 이름일 뿐입니다. 단어를 붙들지 말고 그 이면의 의미를 붙드십시오. 몸-지知의 이 악순환에서 나오십시오. 죽음과 탄생에서 나오십시오. 진정한 의미에서 그대들 자신을 아십시오. 왜냐하면 몸은 그대들의 **정체성**이 아니기 때문입니다. 저는 그대들 모두에게 되풀이하여 말합니다. 즉,

그대는 몸이 아니고, 몸이 아니었고,

몸으로 남아 있지 않을 것입니다.

몸이 가치가 있는 것은, 그 자신의 **정체성**을 알지 못하는 그대의 **자연발로적 현존**, 익명의 현존, 보이지 않는 현존 때문일 뿐입니다.

그 자연발로적 현존, 보이지 않는 현존은

그 자신의 정체성을 알지 못합니다.

그것은 그냥 하늘처럼 광대하고, 전능하고, 무소부재하기 때문입니다.

하늘은 "나는 하늘이다"라는 것을 모릅니다. 그대는 "이것은 하늘이다", "이것은 공간이다"라고 말합니다. 해는 "나는 해다"라는 것을 모릅니다. "나는 달이다", "나는 물이다"도 마찬가지입니다. 그대의 **정체성**은 그 너머, 그것 너머, 그것 너머입니다.

몸 때문에 많은 한계가 있습니다. 몸-지知의 그 범주에서 나와야 합니다. 그대가 자기 삶의 설계자입니다. 그대가 자기 삶의 스승입니다. 용기를 좀 가지십시오!

질: 당신께서 이런 직접적인 가르침을 주실 때는 마하라지님, 어떤 평화로운 느낌이 저를 엄습해 옵니다. 그러나 그럴 때 저는 "이 느낌은 뭐지? 누가 혹은 무엇이 그것을 느끼고 있나?" 하고 궁금해 합니다.

마: **청자**가 그 자신의 이야기를 듣고 있습니다. **보이지 않는 청자**가 그 자신의 이야기를 듣고 있고, 그래서 그것이 전적으로 평화로움을 느낍니다. 만일 어떤 사람이 그대에 대해서 이야기하고, 그대의 이름, 그대의 출생지 등과 같은 그대의 이야기를 들려준다면, 그런 일이 있을 때는, 그대가 "이

것은 내 이야기야!"라고 말하겠지요.

보이지 않는 청자가 듣고 있습니다. 이 보이지 않는, 정체불명의 정체성이 듣고 있을 때, 지知가 흡수됩니다. 그런 다음 그대는 자신의 정체성을 잊어버립니다. 그대의 개인성을 잊어버립니다. **자연발로적 평안**이 있습니다. 그대는 전체 몸-형상과 그와 관련되는 몸의 모든 느낌에 일절 상관하지 않게 됩니다. 그대가 몸을 보유하고 있기는 해도, 전적으로 상관하지 않고, 그래서 어떤 느낌도, 어떤 '나'의 느낌도 없습니다.

계속 수행을 하고, 더 깊이, 더 깊이, 더 깊이 들어가십시오. 그럴 때에만 어떤 물질적 원인도 없는 비상한 행복을 발견할 것입니다.

단 하나의 근원만이 있습니다. 그대가 그 근원입니다.

무아인 진아만이 있습니다.

니사르가닷따 마하라지님이 영적인 공부의 핵심, 총괄 요약, 철학과 영적 공부의 원리에 대해 말씀하셨듯이,

그대의 무아인 진아 외에는 어떤 신도,

브라만도, 아뜨만도, 빠라마뜨만도, 스승도 없습니다.

41. 스승은 궁극이다

질문자: 믿음이 무엇입니까, 마하라지님?
마하라지: 믿음은 단순한 것인데, 그것은 완전한 받아들임입니다. 영적인 지知는 잠시 젖혀두십시오! 여기 간단한 예가 있습니다. 제가 그대에게 어디로 가라는 지침을 준다고 합시다. 믿음이 있으면 그대는 지침을 따라 그 방향으로 갑니다. 믿음과 신뢰가 있으면 그대가 잘못 인도되지 않겠지요.

믿음은 단순한 헌신입니다. 무식한 사람도 영적인 지知를 드러낼 수 있다면, 그대에게 그것이 왜 어렵겠습니까? 그대는 대학을 나왔고, 교육 받았

습니다. 그들은 그 정도 자격이 없었지만 스승들에게 강한 믿음을 가지고 있었습니다. 한 여자 어부에 대한 다음 이야기에서와 같이 말입니다.

때는 우기였고, 이 무렵 저녁이면 동네에서 (영적인) 강의와 찬가(kirtans) 모임이 열리고 있었습니다. 한 여자 어부도 가보고 싶었습니다. 폭풍우가 치는 날씨기는 했지만 말입니다. 강사가 말했습니다. "주 크리슈나의 이름을 입에 계속 달고 염하시오. 그러면 무사히 그 강의에 참석할 수 있을 거요."

그녀를 데려다 주기로 한 뱃사공은 좀 걱정이 되어 그런 폭풍우 치는 바다로 나가기를 꺼려했습니다. 여자 어부가 걱정하지 말라고 그를 안심시켰습니다. 그녀는 두려움이 없었습니다. 그들은 출발했고, 여자 어부는 바다를 건너는 도중 내내 주 크리슈나의 이름을 입에 달고 염했습니다. 배는 용케 높은 파도를 피해서 나아갔고, 그녀는 무사히 그 집에 당도했습니다.

그녀를 본 강사는 놀라는 표정이었습니다. 그가 말했습니다. "높은 파도를 어떻게 뚫고 왔소?" 그녀가 대답했습니다. "당신께서 저에게 주 크리슈나를 입에 달고 염하면 모든 일이 잘 될 거라고 말씀하셨지 않습니까?"

여자 어부는 그 상황에서 지성을 사용한 게 아니라, 그저 단순하고 순진무구한 **헌신**만 한 것입니다. 이 이야기는, 완전한 믿음이 있으면 달리 아무 것도 필요치 않다는 것을 말해주는 좋은 예입니다.

믿음은 그대에 대한 믿음을 의미합니다.
그대의 내적 스승이 그대의 힘을 되살려 주고,
그대를 인도해 줄 것입니다.
가르침이 자연발생적으로 나타날 것입니다.
제가 그대에게, 그대가 브라만이고, 그대가 아뜨만이라고 말해 주면,
그대는 스승이 말한 것을 받아들여야 합니다.
스승의 말에 믿음을 가져야 합니다.
어떤 의심도 있어서는 안 됩니다.

싯다라메쉬와르 마하라지님은 이런 이야기를 해 주시곤 했습니다. 한 성자가 제자에게 "내려가서 소에게 저 풀을 주어라"고 말했습니다. 그래서 제자는 나가서 소를 찾았습니다. 소는 없고 거기에 개 한 마리가 서 있는 것

만 보였습니다. 그는 **스승**이 자기에게 소에게 풀을 주라고 지시했을 때는, 그 개를 소라고 믿고 그 풀을 개에게 주어야 할 거라는 것을 알았습니다.

그래서 그 개에게 풀을 주었습니다. 그는 자기 **스승**을 의심하지 않았기 때문에 시험을 통과했습니다. 그는 **스승**의 지시를 따랐습니다. 그는 **스승**에 대해 좋은 믿음, 완전한 믿음을 가지고 있었습니다. 그것이 믿음입니다!

질: 그러니까 그 지시가 좀 이상하다 싶어도 그것을 이행해야 하는군요. 그것이 **스승**에게서 나온 지시니까 말입니다.

마: 그렇지요! 그대가 알다시피 우리 **계보**에서는 **만트라**를 줍니다. **스승**에 대한 믿음이 있어야 하고, **입문**에 대한, 그리고 **만트라**에 대한 믿음이 있어야 합니다. 그대 안에서 어떤 의심도 일어나서는 안 됩니다. 저 **지**知, 저 **실재**를 완전히, 아무 의문 없이, 아무 혼란 없이 받아들여야 합니다.

　스승에게, 그리고 무아인 진아에게
　완전한 충성심을 가지십시오.

만일 그대에게 믿음이 없으면 쉽게 (남들의) 영향을 받을 것입니다. 그러면 갈등과 혼란이 일어나고, 그대에게 문제가 야기될 것입니다.

질: 우리가 믿음을 가져야 한다고 말씀하실 때, 그것은 **신**에 대한 믿음을 의미합니까?

마: 우리가 살고 있는 이 삶 속에서는 우리가 어떤 것에 대한 믿음을 가져야 합니다. 그것은 **신**일 수도 있고 **스승**일 수도 있겠지요. 믿음과 신뢰를 갖는 것이 필수적입니다.

질: 그리고 우리 자신도 믿을 필요가 있고요?

마: 물론입니다. 그대 자신에 대한 믿음이 있어야 합니다. 그렇지 않으면 남들에 대한 믿음도 갖지 못하겠지요. 그대 자신이 혼란스러우면 남들에 대한 믿음을 갖지 못할 것입니다. 예를 들어 부모님이 그대에게 무엇을 하지 말라고 하면 그대는 하지 않겠지요. 그대는 그분들이 좋은 의도, 좋은 동기에서 그대를 가르치고 있다는 것을 압니다. 만일 그분들의 바람을 거스른다면 그것은 불경不敬의 징표입니다.

그래서 그대의 삶에서 어느 지점에서는 믿음을 견지해야 합니다. 동시에 경각심(alertness)이 있어야 합니다. 그래서 저는 누구에게나, 납득이 되지 못하면 고개를 끄덕이지 말라고 말합니다. "오! 마하라지께서 뭐라고 말씀하셨는데, 아, 그게 뭔지 모르겠어." 그러고는 질문하기 시작합니다. 아니지요, 그래서는 안 됩니다. 만일 그대가 지知를 받아들이는데 여전히 의심이 있다면, 그것은 갈등과 문제를 야기할 뿐입니다.

질: 스승에 대한 믿음은 완전해야지, 그렇지 않으면 아예 없는 것입니까?

마: 그렇지요! 누군가를 그대의 스승으로 받아들이면, 헌신과 상호관계를 가져야 합니다. 완전한 헌신을 지녀 강하게 이렇게 느낄 정도여야 합니다.

　"이분은 내 스승이시고, 이분은 궁극이시다."

그대가 의사를 찾아갔는데 의사가 약을 처방해 주면, 어느 정도 믿음을 가져야 합니다. 믿음은 받아들임이지만 그것은 맹신이 아닙니다.

질: 그러면 어떤 것이 맹신입니까?

마: 마법이나 그런 종류의 것, 즉 사람들이 기적적인 경험을 바라고 남들에게 의지하는 경우입니다. 기적을 행한다고 주장하는 사람들과, 그들이 선전하는 것을 받아들이는 사람들, 그것이 맹신입니다. 그대는 단식을 하고, 극기克己를 하고, 몸을 고문할지 모릅니다. 그런 것이 그대의 물질적 삶에 변화를 가져다줄지 모른다는 믿음을 가지고 있다면 말입니다.

스승을 받아들인 뒤에는, 주의를 흩트릴 다른 사람들과 어울리면 안 됩니다. 니사르가닷따 마하라지님이 우리에게 경고했습니다. 이렇게 말씀하셨지요. "그대들은 그대들 스승의 헌신자들입니다. 스승은 그대들에게 궁극적 진리를, 전부를 베풀었습니다. 그 후로는, 어중간한 지知를 가진 사람들이나 그대들을 한눈팔게 할 사람들을 만나면 안 됩니다."

질: 따라서 스승에 대한 믿음은 평생 동안 그 스승에게 투신하는 것을 의미하는군요?

마: 니사르가닷따 마하라지님이 말했습니다.

　신이 그대 앞에 나타난다 해도, 어떤 반응도 보이지 말아야 한다.
　왜냐하면 그대의 스승이 궁극이기 때문이다.

질: 스승은 궁극이기 때문이다! 아름답습니다!

마: 니사르가닷따 마하라지님은 히말라야에서 온 한 위대한 성자에 대한 이 이야기를 들려주시곤 했습니다. 이 성자는 니사르가닷따 마하라지님에게 자기 제자들을 보내어, 자신의 힘들을 받겠느냐고 물어보게 했습니다. 성자가 말했습니다. "그대는 내가 아주 오랜 수행 끝에 얻은 내 힘을 줄 수 있는 유일한 사람이다." 그는 아주 연로했고 몸이 약했습니다.

니사르가닷따 마하라지님이 말했습니다. "당신들의 스승님께 이렇게 전하십시오. '스와미님, 저는 과부가 아닙니다.'" 이 말은 '비록 내 스승님이 신체적으로 살아 계시지는 않지만, 그분은 나와 함께 있고, 그분이 나의 힘이다'라는 뜻입니다. [이것은 니사르가닷따 마하라지의 스승인 싯다라메쉬와르 마하라지가 육신을 떠난 뒤 얼마 되지 않았을 때의 일이었다.] "당신의 스승님께 가서 말씀드리십시오." 그 히말라야 스승은 자신의 제안이 거부되었고, 워낙 퉁명스럽게 거절당했기 때문에 몹시 화가 났습니다. 모욕당했다고 느낀 것입니다.

그 성자가 또 하나의 전갈을 보냈는데, 이번에는 위협이 따랐습니다. "내가 내 힘으로 자네에게 뭔가를, 뭔가 해로운 것을 하겠네." 니사르가닷따 마하라지님은 다시 말했습니다. "당신은 아무것도 하지 못합니다. 저의 스승님은 매우 위대하고, 가장 위대합니다." 그 성자는 듣고 나서 말했습니다. "오! 이 친구가 참으로 깨달았군."

니사르가닷따 마하라지님은 자신의 힘을 제공하겠다는 이 대단한 성자에 전혀 혹하지 않았습니다. 당신은 완전한 믿음과 신뢰를 가지고 있었습니다.

믿음과 신뢰에서는 어떤 타협도 없습니다.

이것이 깨달은 자의 한 징표입니다. 자기 자신에 대해, 그리고 스승에 대해 신뢰와 믿음을 가지고 있습니다.

또 한 번은 당시 총리이던 인디라 간디가 사람을 몇 명 보내어 니사르가닷따 마하라지님에게 자신을 방문해 달라고 했습니다. 당신은 거절했습니다. 당신은 어떤 기대나 돈이나 명예 때문에 남에게 절을 한 적이 한 번도 없습니다. 어떤 사람이 저의 스승님을 가리키면서 "여기 큰 성자가 계십니다!"라고 해도, 당신은 움찔하지 않고 즐거운 기색도 슬픈 기색도 보이지 않곤 했습니다. 그러니 바로 그런 자질이 그대 안에서 확립되어야 합니다.

저는 바로 그것을 모든 사람과 함께 나누고 있습니다. 어떤 사람들은 이 가르침을 좋아하고, 어떤 사람들은 그렇지 않습니다. 중요한 사람들이든 중요하지 않은 사람들이든, 그것은 상관없습니다. 저는 그들 앞에 그들 자신의 **진리**, **최종적 진리**를 놓아드리고 있습니다. 그것을 받아들여도 되고 받아들이지 않아도 됩니다.

일상의 드라마들을 그대의 **지**知에 대한 시험으로 보십시오. 그러면 사람의 마음을 끄는 어떤 것에도 점점 덜 끌리게 될 것입니다. 설사 **신**이 그대 앞에 나타나도, 그 신이 그대의 **현존**의 투사물이라는 것을 알 것입니다.

신의 모습은 그대의 반영입니다.

신이라고 말하기 위해서는 그대의 **현존**이 필요합니다. 신은 독립된 정체성이 없습니다. 이것은 올곧은 힘(straight power)입니다. 저는 제 **스승님**에게서 아주 많은 것을 배웠습니다.

42. 밧줄과 뱀

질문자: 제가 이해하는 이 수행의 핵심은 **자연발로적 현존이 실재**이고, 그것이 우리가 머무는 지점이라는 믿음과 확신이라고 생각됩니다. 그리고 그것이 계속해서 몸-지知, 마음-지知를 절멸하는군요?

마하라지: 우리가 '**자연발로적**(spontaneous)' 같은 단어들을 사용하는 것은 보이지 않는 청자의 주의를 요청하기 위해서입니다. 하지만 그 청자는 어떤 언어도 가지고 있지 않습니다.

만약 그대가 강하게 투신한다면, 이 가르침을 흡수하기가 어렵지 않을 것입니다. 이제 그대는 더 나은 도리를 압니다. 그대는 이 외적인 정체성이 항상적으로 머무르지 않을 거라는 것을 압니다. 영적인 공부를 위해서는 **확신**이 필수적입니다. 그대가 몸이 아니라는 **확신** 말입니다.

그대의 **자연발로적 현존**은 익명이고, 보이지 않고, 정체불명입니다. 그대는 그대 좋을 대로 그것을 영靈이나 힘으로 부를 수 있겠지요. 그 이름은 중요하지 않습니다. 어떤 영靈이 있는데, 그것을 통해 우리가 이야기를 하고 있습니다. 우리가 보고 있을 때, 듣고 있을 때, 어떤 힘이 이면에서 작용하고 있습니다. 모든 활동은 몸을 위한 것, 모든 활동은 몸을 위한 것입니다.

전기와 같은 어떤 파워,

어떤 힘, 어떤 영靈이 있습니다.

그것은 눈에 보이지 않고, 익명이고, 정체불명입니다.

그것은 우리가 무엇을 느낄 수 있게 해 주는 것입니다. 그것 없이는 그대가 단 하나의 단어도 말하지 못합니다. 그것 없이는 그대가 손 하나도 들지 못합니다. 그대가 몸을 사용하고 있지, 몸이 그대를 사용하고 있지는 않습니다. 그대의 **자연발로적 현존** 없이는 손가락 하나도 들지 못합니다. 그 힘 없이는, 그 영靈 없이는 어떤 움직임도 있을 수 없습니다. 저 영靈을 브라만·아뜨만·빠라마뜨만·신·빠라브라만·스승이라고 합니다. 저 영靈, 저 보이지 않고, 익명이고, 정체불명인 현존은 서로 다른 많은 이름으로 불려 왔습니다.

그대가 그것입니다!

질: 이 현존, 이 영靈이 무엇입니까?

마: 그것은 죽음이 없고, 그것은 탄생이 없습니다.

그냥 그것, 그냥 그것입니다.

질: 몸이 죽은 뒤에는 무엇이 남습니까?

마: 간단하지요, 간단하지요.

아무것도 없습니다.

어떤 경험도, 어떤 경험자도 없습니다.

어떤 지知도 없습니다. 아무것도. 아무것도 남지 않습니다.[2]

질: 우리는 늘 **현존**일 뿐이고, 그래서 몸이 사라진 뒤에도 우리는 여전히

---

2) T. 마하라지에 따르면 몸이 사라지면 세계가 사라지고, 존재성이 사라진다. 따라서 존재성이 가졌던 모든 지知도 사라진다. 이는 단멸론斷滅論과는 다르다. 우리는 본래 **불생**이기 때문이다.

현존이군요?

마: 앞에도 아무것도 없고, 뒤에도 아무것도 없습니다. 한 사람의 몸이 사라질 때, 그럴 때 그의 세계가 어떻게 나타나겠습니까?

질: 존재성이 없이는, 몸이 없이는, 명백히 어떤 나타남도, 어떤 세계도 없습니다. 아무것도 없습니다.

마: 그렇지요. 왜냐하면 세계는 그대의 **자연발로적 현존**의 **자연발로적 투사물**이니까요! 따라서 어떤 몸도, 어떤 세계도 없습니다! 아무것도. 우리가 이런 단어들을 사용하는 것은 의사소통의 목적을 위해서일 뿐입니다. 그래서 몸으로서 나타났던 '어떤 것'이 그때는 사라집니다. 그 어떤 것(something)이 그때는 무無인 것(nothing)에 합일됩니다. 어떤 것이 무無인 것에 합일됩니다. 그것들은 서로 관련되어 있습니다. 간단히 표현해서,

　무無인 것에서 어떤 것이 나오고,
　그런 다음 그 어떤 것이 무無인 것으로 돌아갑니다.
　무無인 것이 어떤 것에 합일되고, 어떤 것이 무無인 것에 합일됩니다.

질: 그러나 **실재** 속에는 어떤 '어떤 것'도 없습니다. 저 어떤 것은 환인데, 왜냐하면 **자연발로적 현존**만 있기 때문이군요?

마: 그렇지요, 그렇지요. 이 이해와 함께, 우리는 이러한 확신을 가지고 싶어 합니다. 즉,

　"나는 전적으로 세계에 상관하지 않는다."

질: 그 말씀은, 일체를 새로운 견지에서, 새로운 시각에서 보라는 거군요?

마: 어떤 노력도 하지 마십시오. 그것은 자연발로적으로 일어날 것입니다. 그 확신은 자연발로적입니다. 그 확신은 자연발로적입니다.

　모든 필요물, 모든 관계와 기대들은 몸과 관계됩니다.
　우리는 평안을 원합니다. 누가 평안을 원합니까? 우리는 행복을 원합니다. 누가 행복을 원합니까? 우리는 긴장 없는 삶을 원합니다. 무엇이 긴장 없는 삶입니까? 행복의 의미가 무엇입니까? 평안의 의미가 무엇입니까?
　존재성 이전에는 우리가 이런 용어들을 몰랐습니다.
　그것들은 몸과 함께 왔고, 몸과 함께 갈 것입니다.

그런 것들은 신체적 요건이지 **그대의** 요건이 아닙니다. 몸은 해소됩니다. 공개적인 사실이지요! 그대에게 두려움이 있고, 모두에게 두려움이 있는 것은 몸에 대한 집착 때문입니다.

    누구도 죽음을 원치 않습니다.
    모두가 죽음을 두려워합니다.
    그러나 죽음에 대한 진리를 알게 되면,
    더 이상 어떤 두려움도 없을 것입니다.

그대 자신에게 물으십시오. "나는 왜 죽음을 두려워하는가?" 실재를 모르면 이 두려움이 계속 중얼거리면서 늘어날 것입니다. 죽을 때 두려움이 없는 상태가 진정한 지知이고, 실용적인 지知이며, **궁극적 진리**입니다.

질: 그러면 죽음에 대한 진리를 아는 데는, 실제로 알고 죽음에 대한 진리를 받아들이는 데는, 얼마나 오랜 시간이 걸릴 거라고 보십니까?

마: 왜 "얼마나 오래"냐고 말합니까? 그것은 순간입니다! 유명한 밧줄과 뱀의 이야기를 알지요?

질: 예.

마: 따라서, 만약 안다면 그것이 순간이라는 것도 알겠지요. 처음에는 밧줄을 뱀으로 인식하고 두려워합니다. 두려움이 있습니다. 그러다가 밝은 데서 그것이 밧줄일 뿐임을 확인하면 그 두려움이 일순간에 사라집니다. 뱀은 없고 그것이 밧줄일 뿐이라는 것은 사실의 문제입니다!

    마찬가지로, 우리가 불생不生이라는 것,
    저 죽음은 몸에만 해당된다는 것을 알 때,
    우리가 뭘 몰라서 가지고 있던
    저 죽음에 대한 두려움은 사라질 것입니다.

그것은 그냥 사라질 것입니다. 왜냐하면 이제는 우리가 뭘 아니까요.

질: 제가 어떤 두려움들을 어떻게 가지고 다녔는지 알겠습니다. 죽음이란 없다는 것은 압니다. 그것은 알고 있었지만, 아마 지적으로만 알았던 것 같습니다. 그러면서도 저는 두려움과 걱정을 야기해 온 이 몸에 제가 아주 집착하고 있다는 것을 알고 있었습니다.

마: 그렇지요, 그렇지요, 그렇게 됩니다. 그래서 제가 이렇게 주장하고, 계속 모든 사람에게 이야기하고 있습니다. 즉,

> 자기를 탐구하십시오!
> 진정한 의미에서 그대 자신을 알아야 합니다.
> 그대는 **몸**-형상이 아닙니다.
> 누가 죽습니까? 누가 태어납니까?
> 자기탐구를 하십시오! 자기탐구를 하십시오! 자기탐구를 하십시오!

그대가 모든 지知의 뿌리입니다. 그대는 몸이 아닙니다. 그대는 이 전 세계의 뿌리입니다. **보이지 않는 청자**가 이 전 세계의 뿌리입니다. 세계 전체가 그대의 **자연발로적 현존**에서 투사됩니다.

질2: 마하라지님, 당신께서는 견고한 토대를 갖는 것이 중요하다고 종종 강조하십니다. 뭐랄까, 제가 **만트라**를 염하고 있을 때 무형상의 '제'가 더 깊이 이끌려 들어가는 느낌이 있었습니다. 한 동굴의 이미지가 나타났습니다. 그것은 아주 깊은 거주처였습니다. 저는 저 자신 속으로 점점 더 깊이 들어가고 있었습니다.

그것을 이야기하기가 쉽지 않군요. 결국 바닥에 닿았습니다. 그것은 견고한 바위, 튼튼한 기초 같았습니다. 거기가 제가 갈 수 있는 가장 낮은 혹은 가장 깊은 곳이었습니다. 그러다가 저 자신이 바로 그 동굴의 바닥에 서 있는 것을 보았습니다. 그것은 마치 무형상이 형상을 보는 것 같았습니다. 저는 하나의 견고한 토대, 그 위에 지知를 건립해야 할 파괴 불가능한 하나의 기초가 있다는 것을 인식했습니다.

그 순간 많은 일이 자연발생적으로 일어났습니다. 간밤에 잠들기 직전에 **바우사헵 마하라지님**이 깊은 청색 속에서 나타났습니다. 그분에게서 나오는 에너지가 아주 강했습니다. 그분이 한동안 눈앞에 떠 계셨습니다. 그러다가 **니사르가닷따 마하라지님**도 곁에 서 계신 것을 보았습니다. 놀라웠습니다!

마: 그런 일이 일어납니다. 그 스승님들이 그대를 격려하고 있습니다.

43. 일체가 무無에서 나온다

마하라지: 일체가 무無에서 나옵니다. 존재성 이전에 그대의 **현존**이 있었습니다.

질문자: 의식은 어떻습니까? 의식에 대해서는 말씀하지 않으시는군요?

마: 의식은 나중에 왔습니다. 그대가 '의식'을 말하기 위해서는 먼저 그대의 **현존**이 있어야 합니다. **현존**은 익명의 **현존**, 보이지 않는 **현존**입니다. (그것이 없으면) 그대의 '나'조차도 존재하지 않습니다. 그대가 '나'를 말하려면 **현존**이 필요합니다. 몸을 사용하지 않고는 그대가 '나'를 말할 수 없습니다.

그래서 이름·라벨·지시문 등 모든 단어들은 나중에 왔습니다. 이것들 이전에 그대의 **현존**이 있었습니다. 저는 그 **현존**, 그 보이지 않는, 익명의 **현존**의 주의를 요청하고 있습니다.

그대가 익명인 것은,

그대도 모르게 '그대가 있기' 때문입니다.

그대의 반사된 모습이 있습니다.

마음이란 없습니다. 그것은 나중에 왔습니다. **영**靈이 몸과 맞물린 순간, 전 세계가 투사되어 나왔습니다. 그 이전에는 그대의 **자연발로적인, 보이지 않는 현존**이 있었습니다. 저는 그것에 그대의 주의를 요청하고, 끌어내고 있습니다. 그 모든 것에는 어떤 이유도, 어떤 의미도 없습니다. 우리는 자각에 대해서 이야기하지 않습니다. 그대가 '자각'을 말할 때, 그것은 어떤 사물의 존재, 어떤 형상이 있다는 것을 함축합니다. 그대는 무형상입니다.

입·눈·귀가 무슨 소용 있습니까? **현존** 없이는 그대가 말을 할 수 없고, 볼 수 없고, 들을 수 없습니다. **현존** 없이는 그것들은 구멍일 뿐입니다. 이 가르침을 이해하는 것이 더없이 중요합니다. 온전한 집중, 온전한 투신을 하십시오. 그러면 이해할 것입니다. 우리는 몸-**지**知의 제물이 되었습니다.

이 모든 것은 단어입니다. 저는 어떤 단어들을 사용하여 **실재**에 그대의 주의를 요청하고 있지만, **실재**는 말을 넘어서 있습니다. 우리가 단어들을 만들어냈고 거기에 의미를 부여했습니다. 그러나 우리가 이야기하려고 하는 것은 단어들을 넘어서 있습니다. 우리는 '마음', '자각', '의식'을 말합니다. 이런 것들은 다양한 단어일 뿐입니다. 이것은 A, 이것은 B, C 등으로 말입니다. 따라서 단어들을 문자적으로 받아들이지 마십시오.

스승의 지침 아래로 들어가서, 직접적인 가르침에 귀를 기울여야 합니다. 간단합니다. 건조한 토론으로는 목적을 이룰 수 없습니다. 스승이 필요합니다. 그대가 고르는 어떤 스승도 좋지만, 스승을 찾아가서 만나면 그 스승에 대한 강한 믿음, 완전한 믿음을 가져야 합니다.

니사르가닷따 마하라지님에게 자신의 힘을 전해주겠다고 한 대단한 성자 이야기를 했습니다. 마하라지님은 거부했지요. 왜 거부했습니까? 당신의 스승에 대해 완전한 믿음과 신뢰를 가지고 있었기 때문입니다. (그런 믿음이 있으면) 설사 신이 그대 앞에 나타난다 해도 "죄송하지만, 아닙니다"라고 말할 것입니다. 이 확신이 실재로 이끌어줍니다. 여기서 제가 하는 말도 환幻이지만, 제가 전달하려고 하는 그것이 실재로 이끌어 줄 것입니다. 확신!

질: 명상에 대해서인데요, 마하라지님. 명상을 하고 있을 때, 처음에는 천천히 만트라를 염하기 시작하는데, 그러다가 그것이 점점 더 느려집니다. 제가 하고 있는 것이 올바른지 여쭈고 싶습니다. 시간이 오래 지나면 만트라가 희미해지지만 여전히 있기는 있습니다. 몸이 이완되는 것을 느끼고, 마음이 고요해지는 것을 느낍니다. 그러다가 깨어 있는 것과 잠들어 있는 것 사이의 어떤 지점에, 바로 가장자리에 도달합니다. 웹사이트를 보면 빛이 비춰져 나오는 계란의 그림이 있습니다. 그 틈새가 저의 명상 속에서 일어나고 있는 것과 같습니까? 그런 것입니까?

마: 일체가 환幻입니다! 그대의 현존 이후에 그대가 보는 것은 환입니다.

그대의 현존 이후에 그대가 보는 일체가 환입니다.

일체가 환幻입니다. 설사 그대가 신을 보고, 그대의 스승을 본다 해도 그것은 환입니다. 아무것도 없습니다! 개념들 외에는 아무것도 없습니다.

그대가 그것을 통해서 이야기를 하고, 이야기를 듣고, 일체를 받아들이는 영靈은 매우 민감하다고 제가 말했습니다. 일체를 자연발로적으로 받아들이는 것이 그것의 성품입니다. 만일 그대의 투신이 깊고 온전하면, 그것이 반사되거나 투사됩니다.

그대가 스승에 대해 강한 믿음을 가지고 있고 그와 하나가 된다고 합시다. 그대가 다른 데 살면서 어떤 문제에 봉착합니다. 설사 그대가 다른 데서 살고 있다 해도, 그대의 믿음 때문에 영靈이 스승의 형상이나 모습을 취할 수 있습니다. 그대는 거기서 저를 볼지도 모릅니다. 마치 7시간 동안 수술을 받던 한 헌신자가 제가 가까이 서 있는 것을 보았듯이 말입니다. 나중에 그가 저에게 물었습니다. "어떻게 그들이 당신을 수술실에 들어오게 했습니까, 마하라지님? 그것은 기적이었습니다!"

제가 그에게 말했습니다. 그가 저를 본 것은 그가 영靈 안에서 저와 하나였기 때문이라고. 스승이 있어 언제 어떤 순간에도 그대를 보호해 줍니다. 그 하나됨(Oneness)으로부터 영靈이 스승을 투사하여 형상을 취합니다.

육신을 떠난 스승이 제자에게 나타날 때, 이는 흔히 사람들이 오해하듯이 그 스승이 환생한 것을 뜻하지 않습니다. 아니지요! 스승들은 자유롭습니다. 그는 다시 태어나지 않았고, 죽은 스승으로서 나타난 것도 아닙니다.

그대가 무아인 진아와 하나가 될 때,
그대의 정체성은 잊힙니다.
그대가 무엇을 요청할 때는
그대의 정체성이 그대의 스승으로 행세합니다.
그것이 그대의 스승 형상을 취합니다.

문제들이 닥쳐오겠지만, 그대의 스승에 대한—혹은 어떤 형상을 한 신에 대한—깊은 사랑을 가지고 있고 그를 기억한다면, 그대의 문제들이 금세 잊혀질 것입니다.

신은 어떤 정체성도 없습니다.
그대의 자연발로적 현존이 형태를 취하는 것입니다.

그럴 때 그대는 "오, 내가 신을 보았어" 합니다. 이것이 친견親見(Darshan)입니다. 스승에 대한 믿음과 신뢰를 가지고 있으면, 스승의 접촉을 받습니다.

질2: 스승님들이 나타나는 것에 대해 말씀드리자면, 저는 최근에 혼자 조용히 앉아 있었습니다. 집에서 보내는 평화로운 오후였고, **만트라**가 제가 의도적으로 염하지 않는데도 저변에서 조용히 웅얼거려지고 있었습니다. 그때 뭔가를 의식하게 되었습니다. 옆을 돌아보니 **라마나 마하르쉬**님이 의자들 중 하나에 앉아 계시더군요! 깜짝 놀랐습니다! 그런데 그게 전부가 아니었습니다. 건너편 소파를 보니 **니사르가닷따 마하라지**님과 **싯다라메쉬와르 마하라지**님이 그 위에 앉아 계셨습니다! 아무 말씀도 하지는 않았지만 그분들의 **현존**이 있었습니다.

다음날 저는 어제 있었던 일에 대해 생각하다가 마하라지님 당신께서는 어디 계셨을지 궁금했습니다. 그때 저는 당신께서 제 안에 계시다는 것, 우리는 **하나**라는 것, 그래서 다른 분들과 함께 나타나지 않으셨다는 것을 깨달았습니다. 그러나 그것은 정말 굉장한 것이었습니다!

질: 그건 아주 흥미롭군요. 저는 **스승님**들이 보살님들(bodhisattvas)처럼 우리를 돕기 위해 돌아오신다고 생각하곤 했습니다.

그러니까, 제가 아까 명상에 대해 말씀드리던 것으로 말하면, 거기 그 사이의 단계에 머무르는 것은 좋습니까?

마: 예, 왜냐하면 그것은 과정이기 때문입니다. 우리는 명상자의 주의를 요청하고 있습니다. 그것을 너무 강조하지는 마십시오. 명상은 과정일 뿐입니다. 그대는 자신이 많은 사랑과 애정을 가지고 있는, 깊이 새겨진 환적인 인상들을 제거하고 있는 것입니다.

그대는 **무아인 진아**에 점점 가까이 다가가면서 그대의 정체성을 잊습니다. 일체를 잊습니다. 전 세계는 환幻이고, 신도 환입니다. 왜냐하면 무엇을 보려면 그대의 **현존**이 있어야 하기 때문입니다. **현존**이 없이는 아무것도 볼 수 없습니다. 이것은 매우 높은 지知, 최고의 지知입니다. 어디서도 이런 것을 발견하지 못할 것입니다. 명상은 과정이고, 바잔도 그대가 외적인 정체성을 잊게 돕는 그 과정의 일부입니다.

질: 명상에 대한 신체적 반응들, 두통 같은 것은 정상적인 것입니까?

마: 그런 데 너무 많은 주의를 기울이지 마십시오!

"나는 명상을 해야 한다, **만트라**를 염해야 한다, 바잔을 해야 한다"면서

스트레스를 받아가며

그 모든 것에 너무 열심히 매달리지 마십시오.

그것을 그런 식으로 강조하면서 '스트레스를 받을' 때, 그대는 에고를 취하고 있는 것입니다.

평상平常하게 해나가십시오! 영적인 공부를 포함한 모든 활동은 평상해야 합니다. 어떤 미세한 에고도 없어야 합니다. 그것은 아주 쉽지만, 아주 어렵기도 합니다. 그대가 읽은 많은 책들이 많은 인상을 남겨주었기 때문입니다. 그대는 많은 사람들의 이야기를 들었습니다. "아무개는 이렇게 말하고, 아무개는 저렇게 말한다." 그런 다음 그것을 분석하고 비교합니다.

일체가 그대의 **현존**의 범위 안에 있습니다. 컴퓨터가 하듯이 사물을 분석하지 마십시오. **현존**이 없다면, 누가 세계·명상·스승들·신에 대해 이야기하겠습니까? 따라서 영적인 공부 자체가 환幻입니다. 확신이 올 때, 이것을 알게 될 것입니다. "그래, 영적인 공부를 포함한 일체가 환幻이군."

늘 그대와 함께 하십시오.

그 모든 것에 대해 평상하십시오.

실재는 그대 앞에 있습니다. 단순한 삶, 겸허한 삶을 사십시오. "나는 지知를 얻었어!" 아니지요! 지知는 지知 아닙입니다. 일체가 무無에서 나오고 일체가 다시 무無 속으로 해소됩니다.

44. 실재가 '보이지 않는 청자' 안에 새겨진다

마하라지: 스승이 여러분의 영적인 컴퓨터 안에 **남** 만트라를 놓아 드리고 있습니다. 그것을 진지하게 따라야 합니다. 일단 여러분이 누구도 아니라는 것을 깨달으면, 몸에 대해, 세계에 대해 전혀 신경 쓰지 않게 될 것입니다. 전적으로 무관하게 느낄 것입니다.

마치 하늘같이, 여러분의 현존은 자연발로적입니다.

전 세계가 현존에서 투사되어 나옵니다. **현존**이 없이는 우리가 세계를 볼 수 없습니다. 아무것도 볼 수 없습니다.

저 현존은 익명의, 보이지 않는, 정체불명의 정체성입니다.

그것을 브라만·아뜨만·빠라마뜨만이라고 합니다.

그리고 저 현존에게는 죽음도 없고 탄생도 없습니다.

여러분은 불생不生이라는 것, 여러분이 **궁극**이라는 것을 받아들일 때, 천당과 지옥에 대한 모든 질문은 더 이상 일어나지 않을 것입니다. 그런 것들은 아무 관련성이 없습니다.

구원의 필요성도 없습니다. 왜냐하면

구원받아야 할 어떤 사람도 없다는 것을 **여러분**이 알기 때문입니다.

업業(karma)이니 발현업(prarabdha)이니 하는 그런 모든 이야기는 쓸데없음이 드러났습니다.

질문자: 확실히 발현업이 있어야 하는데요?

마: 발현업이라는 개념은 사람들을 달래기 위해 있을 뿐입니다. 어떤 개인성도 없고, 따라서 어떤 발현업도 없습니다.

질: 그러면 종교는요?

마: 종교요? 우리가 종교를 창조했습니다. 그저 사람들에게 얼마간 평안과 만족을 주기 위해서 말입니다. 그것은 사람들에게 어떤 정체성을 부여하기 위해서 있습니다. 그것은 대중을 통제하기 위해서 있습니다. 그런 모든 개념을 잊어버리십시오. 일체를 잊어버리십시오. 그런 모든 것들은 몸과 관련됩니다. 그 모든 지知는 몸-형상 지知입니다.

질: 뭐라고 말씀드려야 할지 모르겠습니다, 마하라지님. 가르침을 들으면 들을수록 당신께서는 저에게서 일체를 벗겨 가시고, 빼앗아 가시는 것처럼 느껴집니다. 제가 붙들 것이 하나도 남지 않을 것이고, 그래서 조금 불안을 느낍니다. 당신께서는 저희가 가치를 둔다고 생각되는 모든 것, 저희가 그것으로 살아가는 모든 것을 쓸어내는 데 일가견이 있으십니다.

마: 분별을 사용하여 환幻에서 **실재**를 분리해야 합니다. 또 모든 몸-지知를

지워야 합니다. 제가 그대들에게 한 이 말을 기억하십시오.

　　모든 몸-지知가 해소되기 전까지는
　　궁극적 실재가 나오지 않을 것입니다.

그대는 존재성 이후에야 그대가 집착하게 된 이 모든 것을 만났습니다. '이런' 것, '저런' 것, 그것은 모두 몸-지知이고, 전해 들은 지知입니다. 이 환적인 개념들은 몸-형상과 함께 왔습니다. 몸-형상 이전에 그대는 '환적'이라는 단어에 친숙했습니까?

질: 아니겠지요.

마: 그리고 존재성 이전에, 개인들의 이런 이름들은 누구의 것이었습니까? 그대는 존재성 이전에 '마이클'이라고 불렸습니까?

질: 아니요! 제가 알기로, 어떤 이름도, 어떤 개인도, 누구도 없었습니다!

마: 종교들과 종교의 원리는 단지 평화로운 삶을 자극하기 위해 형성되었습니다. 기도의 원리도 형성되었지요. 그대의 삶의 비밀을 알고 이해하는 한, 그것도 무방합니다. 단, 그것이 무엇을 의미하는지 알아야 합니다. 그럴 때에만 전적으로 두려움이 없게 될 것입니다. **자기탐구**를 하십시오! "죽음은 우리 모두에게 다가오는데, 왜 내가 그것을 두려워해야 하나?"라고.

질: 맞습니다!

마: '죽음'과 '죽은 자'라는 개념은 누구도 피해갈 수 없다고 생각할지 모르지만, "누가 죽는가? 누가 살고 있는가?"를 알아내십시오. 그저 **자기탐구**를 하십시오! 저는 이것을 거듭거듭 되풀이할 것입니다. 직접 망치질을 받으면 그대가 결국 이 메시지를 이해할 것입니다. 즉,

　　아무도 죽지 않고, 아무도 태어나지 않습니다.
　　아무도 죽지 않고, 아무도 태어나지 않습니다.
　　그대는 불생不生입니다. 그대는 불생입니다.

문제는 우리가 몸-형상의 관점에서 생각하고 있고, "나는 남자다", "나는 여자다", "나는 이 종교에 속한다", "나는 저 종교에 속한다", "나의 전생은 이러했고, 나의 내생은 저러할 것이다" 하는 그 모든 개념, 그 모든 환적인 개념들을 맹목적으로 받아들여 왔다는 것입니다. 현생·전생·내생·환

생…우리는 환幻의 범주 안에 붙들려서 뱅뱅 돌고 돕니다.

질: 그러니까 문제는 우리가 개념·신념체계·철학 등을 그 어느 것도 별로 생각해 보지 않고 받아들여 왔다는 거군요?

마: 우리는 이의 없이 맹목적으로 받아들이고, 맹목적으로 서명해 왔습니다. 우리는 이런 환幻 모두를 계속 서명하고 받아들입니다. 이를테면 그대가 어떤 범죄도 저지르지 않았는데도, "제가 범인입니다"라고 진술하는 자백서에 서명하는 것과 같습니다.

스승은 그대가 어떤 범죄도 저지르지 않았다고 말합니다. 그대는 범죄를 저지를 수 없는데도 그런 개념, 그런 환幻들을 받아들이고, "좋습니다. 제가 범인입니다"라고 말합니다. 스승이 그대를 깨닫게 하고 있습니다. 그대는 결코 범인이 아니었습니다. 그대는 범인이 아닙니다.

그대의 스승은 그대의 반영(반사된 모습)입니다.

사실은 어떤 스승도 없고, 어떤 제자도 없습니다.

우리의 모든 지知의 총합은 '몸-지知'에서 형성되어 나왔고, 몸과 몸-관계들(body-relations) 주위에서 틀이 만들어집니다.

그대는 그것이 아니고, 그것이 아니었고,

그것으로 남아 있지 않을 것입니다.

질: 몸이라는 환幻을 없애는 최상의 방도는 무엇입니까?

마: 그대가 그대 자신의 삶의 설계자입니다. 이 모든 것은 하나의 꿈이라는 것을 알게 될 것입니다. 삶을 어떤 드라마에서 연기를 하는 것에, 남녀 주인공이나 악당 역을 하는 것에 비유하십시오. 그대는 자신이 연기를 하고 있다는 것을 압니다. 더 나은 도리를 압니다. 그대는 몇 시간 동안 특정한 역을 연기하고 있습니다. 그리고 그것이 그대의 역이라는 것을 압니다.

마찬가지로, 우리는 "나는 남자다", "나는 여자다"라는 이런 역들을 연기하고 있습니다. 우리는 이런 모든 개념들을 받아들여 왔습니다. 하지만 우리는 그 모든 혹은 그 어떤 개념과도 무관합니다.

그대는 불생입니다.

실재를 알려면 기본기가 필요합니다. 그래서 명상·자기탐구·바잔이라는 수련을 닦아야 합니다.

질: 그 모든 것과 더불어 스승의 친존에 있는 것과, 지知를 듣는 것도 있습니다. 이것은 정말 강력한 칵테일입니다. 그것을 불멸의 묘약이라고 말할 수도 있을 겁니다. 그 감로를 마시면 진아지가 있기 때문입니다. 우리가 불생이라는 것을 알게 되고, 정말로 알게 됩니다.

마: 도취되겠지요! 저는 바로 그 원리를 그대들 앞에 놓아 드리고 있습니다. 이른바 '신'은 그대의 바깥에 존재하지 않습니다. 일체가 그대 안에 있습니다. 저는 서로 다른 단어들, 서로 다른 방식, 서로 다른 각도, 서로 다른 차원들을 사용하고 있습니다.

질: 진리를 망치질해서 납득시키려고 말입니까?

마: 그렇지요! 그것은 직접적인 망치질, 직접적인 망치질입니다. 메시지는 늘 똑같습니다. 달리 아무것도 없습니다.

   그대의 무아인 진아 외에는

   어떤 신도, 아뜨만도, 브라만도, 빠라마뜨만도 없습니다.

이것이 그 메시지입니다. 가끔 저는 진리를 그대 안에 확립해 주기 위해서 간단한 예를 들기도 합니다. 그것은 아이에게 이야기를 해 주는 것과 같습니다. 이야기 이면의 원리를 들려주기 위해서는 무엇보다 먼저 그것을 이야기 형태로 제시해야 합니다. 어머니나 아버지는 이야기를 하나 해 준 다음 그 의미를 설명해 주겠지요.

그와 같이 스승은 어떤 언어, 어떤 단어들을 사용하여 그대의 **궁극적 진리**를 이야기 형식으로 그대에게 제시하고 있습니다. 일단 스승이 **궁극적 진리**를 제시하고 나면, 나머지는 그대에게 달렸습니다.

질: 그 말씀은, 수행을 계속해 나가는 것은 저희에게 달렸다는 뜻이군요?

마: 그것은 조각그림 맞추기와 같습니다. 그대는 지知를 가졌습니다. 확신을 갖기 위한, 그리고 무엇을 하고 무엇을 하지 말아야 할지를 알기 위한 그 다음 단계는 그대에게 달렸습니다. 그대가 조각들을 맞추어야 합니다.

   다른 누구보다도 그대가

   그대의 무아인 진아를 더 많이 알기 때문입니다.

그대가 누구보다도 그대의 무아인 진아를 더 잘 압니다.
그대가 **최종적 진리와 하나가 될 때, 자연발로적 확신이 올 것입니다.**

　그것이 확신이고, 깨침이고, 깨달음입니다.

　그것을 어떤 이름으로 불러도 좋지만,

　그 이름은 중요하지 않습니다.

　직접적인 망치질의 과정을 통해서 그 확신이 일어날 것입니다. 그대는 알 것입니다. "나는 불생不生이다. 그러니 왜 죽음에 대해 무슨 두려움을 갖는단 말인가?" 어떤 탄생과 죽음도 없다는 것을 깨닫고 나면, "내 모든 두려움이 사라졌다"고 외치게 될 것입니다. 어떤 두려움도 남아 있지 않을 것입니다. 이것이 직접적인 망치질의 결과입니다.

질: 저는 마하라지님의 말씀을 들을 때, 가끔은 듣지 않을 수도 있습니다. 말씀하시는 것을 실제로는 듣지 않을 수 있습니다. 그러나 어떤 때는 듣고 있으면 어떤 확실함, 어떤 "그렇지!", 딱 오는 어떤 이해가 있습니다.

마: 그대 안의 **보이지 않는 청자**는 조용히, 차분히 듣고 있습니다.

　그대 안의 보이지 않는 청자는

　조용히, 차분히 듣고 있습니다.

　실재가 그 보이지 않는 청자 안에 새겨지는데,

　그것은 제거할 수가 없습니다.

　아마 그대는 어떤 것들을 모르거나, 어쩌면 이해하지 못하겠지요. 그렇다 해도 그 **말없는 청자**는 마치 녹음기처럼 일체를 받아들이고 있습니다.

질: 저는 말씀의 소리가 좋습니다!

마: 말없이 녹음 과정이 진행되고 있습니다. 말없이 분석 과정이 진행되고 있습니다. 그대가 모르는 사이에, 마음·지성·에고 없이 말입니다.

　에고도 없고, 지성도 없고, 마음도 없습니다.

질: 마음·에고·지성이 가로막으려고 하는 것은····.

마: 그런 것들은 모두 외적인 층입니다. 그것을 사용해도 되고, 그것은 나쁘지 않습니다. 그리고 싶을 때는 그것을 사용하십시오. 사용해도 되지만, 그것들의 노예가 되지 마십시오. 무엇을 과도하게 사용하는 것은 독입니다.

무엇을 과도하게 사용하는 것은 독이 될 것입니다. 음식을 필요 이상으로 먹으면 독이 됩니다. 뭐든 과도하게 섭취한 것은 독이 될 것입니다.

질: 너무 많은 마음, 너무 많은 정신적 ····.

마: 마음이란 아예 없습니다!

　이것은 비상한 지知입니다.

　이것은 실재입니다.

　그것은 책 지식이 아닙니다.

　그것은 문자적 지知가 아닙니다.

질: 그것은 제가 만난 모든 지식을 넘어서 있는데, 저는 수많은 영적인 책들을 읽었습니다.

마: 그것은 일체를 넘어서 있습니다.

　그것은 지知를 넘어서 있고, 일체를 넘어서 있습니다.

　말을 넘어서 있고, 세계들을 넘어서 있고,

　상상을 넘어서 있습니다.

　니사르가닷따 마하라지님은 이렇게 말씀하시곤 했습니다. "존재성 이전에 그대가 있던 대로 머무르고, 있는 그대로 머무르라." 존재성 이전에 그대는 어떻게 있었습니까?

질: 솔직히, 모르겠습니다.

마: 맞습니다. '모르고' 있었지요. 어떤 것도 도무지 알지 못했습니다. 전혀 어떤 것도 몰랐습니다. 그러나 몸을 만난 이후로 수많은 것을 알기 시작했습니다. 따라서

　마음은 몸-지知입니다.

　무엇이 남습니까? 음식-몸입니다.

　그대는 마음도 아니고 몸도 아닙니다. 어떤 마음도 없고, 몸은 하나의 음식-몸입니다. 그러니 무엇이 남습니까? 언젠가 그대는 그 몸을 떠날 것입니다. 그것은 그대의 정체성이 아닙니다.

45. 집중자에게 집중하라

질문자: 제가 듣기로 니사르가닷따 마하라지님은 극소수의 서양인들만 계보에 입문시켰다고 합니다. 왜냐하면 서양인들을 '영적인 뜨내기'로 여기셨기 때문입니다. 당신께서는 (서양인들에게도) 남 만트라를 주시는 유일한 분은 아니라 해도 극소수의 한 분이십니다. 왜 그렇게 하기로 결정하셨습니까?

마하라지: 구도자들을 깨닫게 하기 위해서입니다. 그들과 지知를 함께 나누어 그들을 환적인 세계에서 떼어내기 위해서입니다.

질: 저희가 정말 명상을 할 필요가 있습니까?

마: 많은 사람들이 그 질문을 합니다. 보세요, 어릴 때부터 지금까지, 몸에 대한 많은 집착이 생겼습니다. 몸에 대한, 그리고 몸과 관련된 관계들에 대한 많은 사랑과 애정이 있습니다. 그것이 해소되어야 합니다. 물론 명상도 환幻이지만, 우리는 한 가시를 이용해 다른 가시를 빼내야 합니다. 이것은 초기 단계에 초점과 집중을 위해서 필요할 뿐입니다.

그 집중자에게 집중하십시오.

몸은 그대의 정체성이 아닙니다. 그대가 최종적 진리이고, 궁극적 진리입니다. 그러나 이 명백한 확신을 갖기 위해서는 모든 개념과 몸-지知가 해소되어야 합니다.

우리는 지적으로 모든 것을 이해할지 모르지만,

지적인 이해로는 충분하지 않습니다.

따라서 명상을 닦아야 합니다. 처음에는 그것이 필수적입니다. 나중에 진보한 단계에서는 그것이 더 이상 필요하지 않습니다.

우리 계보인 인쩌기리 나브나트 삼쁘라다야에서는 우리가 만트라를 줍니다. 그러나 이미 스승이 있는 사람에게는 주지 않습니다. 한 스승에게만 충실하고 그에게만 충성해야 합니다.

질: 만트라는 어떻게 작용합니까?

마: 만트라는 그대 안에서 기운(vibrations)을 산출합니다. 이 기운을 통해 그

대가 실재를 알게 될 것입니다.

　서서히, 말없이, 그리고 영구적으로,

　내면에서 어떤 변화가 일어나는 것을 느끼게 될 것입니다.

　그대의 몸-지知가 해소될 것입니다. 그대가 전적으로 두려움이 없어질 것입니다. 왜냐하면 "나는 몸이 아니다"라는 것을 알 것이기 때문입니다. 매일 저는 똑같은 말을 하고 있습니다.

　모든 필요물은 몸과 관련된 필요물입니다.

　신이 필요하고, 음식이 필요하고,

　행복이 필요하고, 평안이 필요합니다.

　이런 것들은 모두 몸과 관련됩니다.

그대가 몸을 만났을 때, 모든 필요가 시작되었습니다.

　존재성 이전에는 어떤 필요물도 없었고,

　어떤 두려움도 없었습니다.

질: 그러니까 정규적으로 명상을 하면 어떤 바뀜, 어떤 변화를 일으키는 데 도움이 되겠군요?

마: 명상은 기초, 즉 어떤 완전한 토대, 강한 토대를 확실히 놓기 위한 출발 과정입니다. 그대가 이 만트라를 염할 때는,

　그대가 아뜨만이고, 브라만이고, 빠라마뜨만이라는 것을

　그대의 '정체불명의 정체성'에게 상기시키게 됩니다.

　그대는 실재를 알지만 실재를 잊어버렸습니다. 모두가 그들 안에 있는 그들의 실재에 대한 지知를 가지고 있습니다.

　확신을 위해,

　지知를 확립하고 흡수하기 위해

　이 명상의 과정이 필요합니다.

　건조한 지知, 책에서 얻은 지知, 문자적 지知는 진아지가 아닙니다.

　명상만이 진아지로 이어질 것입니다.

질: 마하라지님, 만트라를 염하고 있을 때, 가끔 "염하는 것은 누구인가?"가 일어납니다.

마: "아! 누가 염하고 있는가?" 그 물음이 나오는 것은 몸 집착 때문입니다. 어떤 '누구?'도 없고, 어떤 '그'나 '그녀'도 없습니다. 아무것도 없습니다. 그런 것은 용어들, 몸과 관련된 용어들일 뿐입니다.

누가 만트라를 염하고 있습니까?
집중자, 보이지 않는 현존입니다.
왜 그것을 염하고 있습니까?
그대가 자신의 정체성을 잊어버렸기 때문입니다.
그것은 어떻게 작용합니까?
만트라를 염하고 있을 때
그대는 보이지 않는 현존, 그대의 궁극적 진리의
주의를 요청하고 있는 것입니다.

초기 단계에서는 그것을 염하기 위해 노력을 좀 해야 합니다. 그러고 나면 그것이 자연발로적으로, 그대도 모르는 사이에, 그대가 깨어 있거나 꿈을 꾸거나 잠을 자거나, 24시간 내내 일어날 것입니다. 진정한 의미에서 그대 자신을 아는 것은 지성·논리·추론·추측으로는 될 수 없고, 기타 마음과 관련된 어떤 활동을 통해서도 될 수 없습니다. 왜입니까?

그대의 존재는 자연발로적 존재이기 때문입니다.

존재성 이전에 그대는 어떻게 있었습니까? 몸을 떠난 뒤에는 어떻게 있겠습니까? 그대의 정체성은 무엇입니까? 여기서 우리는, 그 **정체성**은 동일하게 남아 있었다고 결론짓습니다. 존재성 이전에 그랬듯이, 그것은 오늘도 동일합니다.

유일한 차이점은, (지금은) 그대가 몸을 보유하고 있다는 것입니다.
그래서 제가 다시 되풀이합니다.
몸-지知가 완전히 지워져야 합니다.
그렇게 되려면 명상을 해야 합니다.
명상이 필수적입니다.

질: 마하라지님, 이제 한동안 **만트라**를 염했더니 그것이 이제는 당신께서 말씀하신 것처럼 자연발로적으로 일어나고 있습니다. 또한 그 명상의 효과

도 이제 나타나고 있습니다. 놀라운 침묵·평안·공空과 같은 거의 구체적인 성질이 존재합니다. 당신의 단어를 사용한다면 '**명료실재**(CleaReality-'clear'와 'reality'를 합친 말)'입니다. 원인 없는 **자연발로적 행복**만이 있습니다.

마: 그대는 깊은 투신으로 마스터키인 남 만트라를 운용하고 있고, 그래서 그것이 그대를 무아인 진아에게로 더 가까이 데려가고 있습니다. 그 **자연발로적 행복**은 무아인 진아의 향기입니다. 이것은 지知가 흡수되고 있음을 의미합니다. 아주 좋습니다! 무아인 진아를 끌어안고 더 깊이, 깊이 들어가십시오. 보세요, 무아인 진아 속으로 깊이, 깊이 들어가면, 그대의 상상을 넘어선 수많은 것들을 발견할 것입니다. 이 외적·내적 **정체성**을 잊게 될 것입니다.

 그대는 그대에게 알려지지 않은 채로 있을 것입니다.
 지知 아님(no knowledge)이 지知입니다. 지知 아님이 지知입니다.
 몸에 뿌리 내린 어떤 지知도 환幻입니다.
 브라만·아뜨만·빠라마뜨만에 대한 그대의 지知도 환입니다.

이런 것은 단어, **단-어-들**(W-O-R-L-D-S)일 뿐입니다[스승님은 철자를 구분하여 말씀하신다]. 그것도 무방하지요. 그것은 어쩌면 그대에게 다소의 즐거움, 일시적 행복, 약간의 오락을 안겨주겠지만,

 그것은 궁극적 진리가 아닙니다. 그것은 궁극적 진리가 아닙니다.

46. 단어들은 지시물일 뿐이다

질문자: 현존의 의미가 무엇입니까, 마하라지님?
마하라지: 현존은 그대가 살아가고, 이야기를 할 수 있게 하는 그것입니다. 그대 안의 질문자가 "현존이 무엇입니까?"라고 물을 때, 그것이 현존입니다.
질: 그러니까 저의 삶 이후에도 현존이 있겠군요?

마: '저의 삶 이후'란 없습니다. 현존은 그냥 하늘과 같기 때문입니다.

질: 그래서 그것이 저의 실체이고, 그냥 **현존**이군요?

마: 물론이지요, 물론이지요.

질: 그리고 그것이 란지트 마하라지님의 "내가 그다"와 같습니까?

마: 그런 모든 단어들은 지시물이지 **궁극적 진리**가 아닙니다. "내가 그것이나", "그것이 그대이다", "내가 그다"—그대가 원하는 어떤 이름도 붙일 수 있습니다. 사람들은 여기 와서 그런 실수를 합니다. 지시물, 표시물들은 우리가 창조한 단-어-들일 뿐인데, 그것을 진짜로 여깁니다. 그런 것들은 그저 **궁극적 진리**, **궁극적 실재**—혹은 우리가 부르고 싶은 어떤 이름의 것이든—에 우리가 이해의 목적을 위해서 붙인 이름일 뿐입니다.

　스승의 말을 문자적으로 받아들이지 마십시오.

　그대의 현존은 자연발로적이고,

　말이 없고, 익명이고, 정체불명입니다.

　따라서 "내가 그다"는 하나의 단서, 하나의 지시물일 뿐입니다.

질: 저는 "내가 그다"를 선호하고····.

마: 그건 좋습니다, 좋지요. 그 구절이 하나의 지시물, 단서, 힌트일 뿐이라는 것을 이해한다면 말입니다. 그것을 궁극적 실재로 여기지는 마십시오.

질: 그것이 익명의 지각 불가능한 **현존**이라면, 누군가가 그것에 대해 어떻게 알게 됩니까?

마: '누군가'에 대해서는 신경 쓰지 마십시오. 그대 자신에 대해 이야기하십시오.

질: 좋습니다. 그러면 제가 이 **현존**에 대해 어떻게 알 수 있습니까?

마: 그대가 지知의 원천입니다.

　그대는 비상한 힘을 가지고 있습니다.

　그대의 내적인 스승이 **궁극적 진리**입니다.

　그대와 저요? 우리 둘 다 동일합니다.

질: 당신께서는 몸-형상 안에서 우리 자신을 가늠하는 것은 환幻이라고 말씀하십니다. 그것은 **무아인 진아**가 지각 불가능하기 때문입니까?

마: 그대가 그것을 보려고 할 때, **보는 자**가 사라질 것입니다.

그대가 그것을 보려고 할 때, 보는 자가 사라질 것입니다.
그냥 존재성 이전에 그대가 어떻게 있었는지를 보십시오! 있는 그대로 있으십시오! 존재성 이전에 그대가 있었던 대로 있으십시오!

지각 가능한, 지각 불가능한,
지知, 남자, 여자, 탄생, 죽음—이런 개념들.
이것은 모두 몸에 기초한 지知입니다.
잊어버리십시오!

모두가 "나는 브라만이다", "나는 아뜨만이다"라고 말하지만, 그 **지**知가 진정한 의미에서, 그대 안에 온전히 흡수되어야 합니다. 그대가 **스승들의 스승**입니다. 확신의 순간에는 그대의 정체성을 잊게 될 것입니다. 그러나 이 **확신**은 자연발로적이라는 것을 기억하십시오. 힘을 쓰지 마십시오! 그것은 자연발로적으로 나타날 것입니다.

47. 일체가 그대와 함께 시작하고 끝난다

질문자: 마하라지님, 당신께서는 제가 스승이라고 말씀하십니다. 저는 스승 같은 느낌이 들지 않습니다.

마하라지: 몸이 긴장의 원인입니다. 우리는 일체를 몸의 수준에 두고 있습니다. 그러나 몸은 그대의 정체성이 아니었습니다. 몸은 그대의 정체성이 아닙니다. 몸은 그대의 정체성으로 남아 있지 않을 것입니다. 그러니 느낌들에 왜 신경 씁니까? 걱정의 구름이나 지복의 구름, 이것이나 저것을 두려워하기, 죽음을 두려워하기를? 그대는 자신의 **정체성**을 잊어버렸습니다.

질: 그러니 제가 그것을 어떻게 기억할 수 있습니까?

마: 우리 **계보**에서는 우리가 **만트라** 같은 몇 단어를 주어서 그대가 염할 수

있게 합니다. 영靈은 매우 민감합니다. 그 위에 무엇이 인상 지워지든, 그것이 반사됩니다. 단순하게 표현하면,
    보이지 않는 청자가 자신의 정체성을 잊어버렸습니다.
    명상의 과정을 통해서 우리는
    보이지 않는 청자에게 (그 정체성을) 상기시켜 줄 수 있습니다.
명상은 사다리와 같습니다. 일단 사용하고 나면 내버려도 됩니다. 그것은 처음에만 필요합니다.

질: 무아인 진아에 대해 조금 더 여쭈어 봐도 되겠습니까? 마음에서 무아인 진아를 찾으면 그것을 보지 못한다고 말씀하시겠습니까?

마: 그것은 몸과 관련된 질문입니다. 마음이라! 보려고 하지 마십시오. 그러면 에고를 불러오게 됩니다. 그것은 자연발로적입니다.
    그대는 어떤 형상 안에서 현존을 추측하려고 합니다.
우리가 브라만과 빠라마뜨만 같은 이름들을 사용하는 것은 단지 이 정체불명의 정체성을 규명하기 위해서일 뿐입니다.
    실제로는 어떤 체험도, 체험자도,
    주시도, 주시자도 없고, 아무것도 없습니다.

질: 제가 생각하기에, 마음이 그냥 알려고 하는 것 같습니다.

마: 존재성 이전과 존재성 이후에,
    어떤 마음도, 에고도, 지성도 없습니다.
    그것은 일종의 꿈입니다.
    깨고 나면 그 꿈은 해소됩니다.
이 삶은 그냥 하나의 꿈과 같습니다.
    무아인 진아는 그 꿈 이후를 의미합니다.
    그 꿈이 끝나면 모든 집들이 무너집니다.
    그 꿈 이후에는 그것들이 철거되고,
    남는 것은 하늘, 허공뿐입니다.

질: 그러면 이전에는 현존이 어떻게 있었습니까?

마: 세계 이전에 그대의 현존이 있었지만, 그것은 '알려지지 않은 현존'이었

습니다. 그대는 "내가 있다"를 알기 시작한 이후, 어떤 미세한 에고를 취했습니다.

그러나 실제로는 그대가 누구도 아닌데(nobody),

그것은 그대가 모두(everybody)라는 뜻입니다.

질: 그러면 마음은요?

마: 지적으로는 우리가 일체를 알지만, 마음의 압력 때문에 **실재**를 등한시하고 있고, 그 마음을 참되다고 잘못 여깁니다. 명상을 하면 모든 **지**知가 실천될 수 있습니다.

질: 그러면 어떻게 됩니까? 우리가 일단 **실재**를 알면 그것은 어떤 겁니까?

마: 그대가 **실재**를 알고 나면 그대의 **무아인 진아** 안에 고요히 머무릅니다. 그것은 일종의 영적 도취상태입니다. 그럴 때 그대는 몸에 전적으로 상관하지 않게 됩니다. "내가 행위자다"라고 말하는 에고의 어떤 자취도 없습니다.

질: 그러니까, 제가 **브라만**이군요!

마: 그대는 남자도 아니고 여자도 아니고 **브라만**도 아닙니다.

"나는 브라만이다"라고 말하는 것도 환幻입니다.

단어들은 그대의 높은 가치, 그대의 위대함을 가리킬 뿐입니다.

질: 이 **지**知를 세간에서의 삶과 어떻게 결합할 수 있습니까?

마: 어떤 결합도 없습니다! 누가 결합합니까?

질: 그것은 세간에서의 삶에 의해 동요되지 않습니까?

마: 존재성 이전에 무슨 동요라는 것이 있었습니까? 누가 누구를 동요시킵니까? 우리는 지성을 사용하고 있고, 이 **지**知를 지적으로 파악하려고 애쓰고 있습니다.

그대가 세계(world)의 아버지이고, 단어(word)의 아버지입니다.

그것은 보는 자의 반영이고, 보는 자의 투사물입니다.

보는 자 없이는 '보이는 것'을 볼 수 없습니다.

일체가 그대에게서 시작되고, 그대와 함께 끝납니다.

48. 누가 친견 親見 을 원하는가?

질문자: 마하라지님, 저는 여기 그리 오래 머무르지 못할 것 같습니다. 마더 암마(Mother Amma-남인도 케랄라 주의 여류 성자)를 찾아뵙고 싶어서요.

마하라지: 마더 암마 곁에서 행복을 얻겠다 싶으면 암마에게 가십시오. 저는 그대의 활동을 제약하지 않습니다. 여기서 행복하지 않다면, 오케이, 어디든지 마음대로 가십시오. 그러나 암마에게 가는 것은 다른 종류의 지知입니다. 그대는 몸-형상 안에서, 몸-형상을 위해 행복을 찾고 있습니다.

　　우리 계보에서는 우리가 직접지를
　　그대의 보이지 않는 실재에게 주지,
　　그대의 정체성이 아닌, 몸-형상에게 주지는 않습니다.

　안정되십시오! 안정되고 꾸준해지십시오! 아내를 계속 바꾸다가는 그대의 영적인 삶을 망치게 될 것입니다. 가고 싶은 어디로든 가되, 그런 다음 그곳에 머물러야 합니다. 한 스승에게서 평안을 발견하면 그 스승 곁에 머무르십시오.

　불안정과 흔들리는 마음은 그대의 영적인 삶에 불건강합니다. 안정이 더없이 중요합니다. 그래야 몸-지知의 범위에서 벗어나고 문제들과 우울함을 없앨 수 있습니다. 그대는 어떤 상像(신상), 어떤 석상에 믿음을 갖고 예배할 수도 있습니다. 사실 어떤 상에 대해서도 그럴 수 있지요. 그 상에 충성할 수 있는 한, 그것이 무엇이냐는 중요하지 않습니다.

　　힘은 어떤 남자나 여자, 신상이나 석상에 있지 않습니다.
　　힘은 그대 안에 있을 뿐입니다.
　　그대가 가장 중요한 상像, 유일한 상입니다.
　　따라서 그대 자신에게 충실하십시오.

　강한 자기투신이 더없이 중요합니다. 다른 데서 행복을 얻기를 기대하고, 그대의 무아인 진아를 과소평가하면서 다니는 그런 모든 여행은 쓸모없습니다. 그것은 무의미합니다.

그대는 평안을 원하고 있는 그 여행객을 모르기 때문에,
그대의 내적인 힘을 등한시하고 있습니다.

질: 저는 **만트라**를 염하면 몸이 약하다고 느끼기 시작합니다.

마: 그것은 **만트라** 기운의 한 결과입니다. 약하다고 느끼는 것은 그대 자신의 힘을 용납할 수 없기 때문입니다. 걱정하지 마십시오! 계속 염하십시오!

질: 제가 **만트라**를 처음 받았을 때는 그 입문이 워낙 강력하여 제가 그에 의해 완전히 소멸된다고 느꼈습니다. 그 결과 **만트라**를 완전히 잊어버렸고, 아시다시피 당신께 다시 달라고 청해야 했습니다. 그러나 그런 다음 평안과 조화가 있었습니다. 이제는 어떤 변화가 있어서, 제가 그런 마음의 평안을 느끼지 못하고 대신 약간의 번뇌가 있습니다.

마: 그런 것은 몸의 효과입니다. 그렇게 되어서는 안 되지요! 그대는 제가 그대에게 말한 것, 제가 거듭거듭 망치질해 준 것을 기억하지 못하고 있습니다. 제 말을 귀담아 들으십시오! 누구의 마음입니까? 누구의 느낌입니까? 누구의 조화입니까? 누구의 번뇌입니까? 그런 것들은 외적인 부분입니다. 그대는 그대 자신의 개념들의 제물입니다.

그대는 여전히 자신을, 무아인 진아와 별개이고 바깥에 있는
다른 어떤 사람으로 여기고 있습니다.

누가 행복을 기대하고 있습니까? 누가 평안을 원합니까? 누가 두려워합니까? 그대는 몸이 아닙니다! 그대가 이 몸입니까? 영적인 학(學)에서는 그대가 몸이 아니라고 말합니다. 몸에 집착하는 한, 그런 모든 느낌들을 경험할 것입니다. 그 악순환에서 나오십시오!

명상의 수련을 계속해 나가야 합니다.

그것이 그대가 **확신**을 얻을 유일한 방도입니다. 그대가 우울함을 느끼는 것은 여전히 몸에 대해 많은 사랑과 애정을 가지고 있기 때문입니다.

질: 우리가 깨달았을 때도 우울한 느낌이 듭니까?

마: 그런 느낌이 있다 해도 그에 영향 받지 않겠지요. 어떤 개가 짖고 있어도 그대는 그 개와 싸우지 않을 것입니다. 마찬가지로, 마음·에고·지성이 짖는 것은 그대가 거기에 주의를 기울이고 있기 때문입니다. 생각과 감

정에 주의를 기울이고 거기에 중요성을 부여하는 것이 고통을 야기합니다. 좋은 일이나 나쁜 일이나 그대에게 똑같아야 합니다. 만약 개 짖는 소리에 계속 주의를 기울인다면, 그대가 고통 받을 것입니다!

이 **만트라**는 엄청난 파워가 있습니다. 그러나 그대가 진지할 때만 실재가 열릴 것입니다. 이 신성한 단어들을 가지고 그대는 영靈에게 그것의 **정체성**을 상기시킵니다. 그것의 **정체불명의 정체성, 보이지 않는 정체성, 익명의 정체성**을 말입니다. 서서히, 말없이, 영구적으로, 그대의 **궁극적 진리**를 인상 지웁니다. [스승님은 손뼉을 치신다.] **확신**의 순간에, 그대는 몸-지知에서 초연한 상태로 있을 것이고, 일체가 펼쳐지기 시작합니다.

기다리며 지켜보고, 기다리며 지켜보십시오. 그것은 식물에 물을 주는 것과 같습니다. 물은 즉시 흐르지 않습니다. 그것은 먼저 흡수되고, 흡수되고, 그런 다음 흐르기 시작합니다. 명상에서도 마찬가지입니다. 흡수되고, 흡수되고, 그런 다음―그 결과는 제가 말했습니다. 그대의 모든 신체적 마음·에고·지성을 아쉬람에 맡겨두십시오. 그러면 어떤 두려움도 없을 것입니다.

> 만일 그대가 호주머니에 뭔가를 가지고 있으면
> 도둑을 두려워하게 되겠지요.
> 가진 게 없으면 빼앗길 걱정을 하지 않을 것입니다.
> 호주머니를 비우십시오.
> 그러면 소매치기들이 두렵지 않을 것입니다.

질: 어떤 사람을 친견하러 가는 것이 왜 좋은 생각이 아닌지 말씀해 주실 수 있습니까?

마: 누가 친견을 원합니까? 그대 자신을 친견하십시오! 그대 자신에게 친견을 베푸십시오.

그대가 없이는 어떤 친견도 있을 수 없습니다.

'암마'를 말하려면 그대의 **현존**이 필요합니다. '신'을 말하려면 그대의 **현존**이 필요합니다. 그대가 암마의 아버지이고, 암마의 어머니입니다. 그대의 **현존** 없이는 그대가 암마를 볼 수 없습니다. 왜냐하면 전 세계가 그대에게서 투사되어 나오기 때문입니다.

그대는 보는 자에게가 아니라
'보이는 것'에 중요성을 부여하고 있습니다.
보는 자 없이 누가 '보이는 것'을 볼 수 있습니까? 이 신성한 단어들(만트라)을 통해 그대 자신을 규명할 수 있을 것입니다. 계좌를 개설하려면 전화번호가 있어야 합니다. 그대는 자신의 전화번호를 잊어버렸습니다. 스승이 그대에게 그것을 돌려주었습니다.

그대는 이 코드를 암기할 필요가 있습니다.
왜냐하면 그것은 마스터키이고,
그것이 그대의 계좌를 계속 열어둘 것이기 때문입니다.
저는 그대에게 그대 자신의 힘을 납득시키려 하고 있습니다. 그대가 약함을 느끼고 남들에게 의존하는 것은, 몸에 집착하고 있기 때문입니다. 그대는 여기저기 친견하러 다니면 자신이 힘을 받을 거라고 느낍니다. 일체가 그대 안에 있습니다.

모든 신과 여신들은 그대 안에 있습니다.
전 세계가 그대의 자연발로적 투사물입니다.
그 여행자를 알지 못하면, 그대의 여행은 무의미할 것입니다. 그대가 그 여행자를 알 때, 그 여행이 끝납니다.

그대가 서서히 신을—그것을 뭐라고 불러도 좋지만—알게 되고, 집에서 평안을 발견하게 된다면, 왜 남들을 찾아갑니까? 왜 딴 데로 갑니까?

희망을 위해서? 누가 희망합니까?
어떤 희망도 없습니다. 강해지고 용기를 가지십시오.
잘 듣고, 잘 들으십시오! 염하고, 염하십시오! 그러면 일체가 분명해질 것입니다. 그대가 어떻게 생각하고, 처신하고, 행동하느냐는 전적으로 그대에게 달렸습니다. 잘못된 길로 간다 해도 그것은 그대에게 달렸습니다. 그대가 **궁극적 진리**입니다. 그대는 몸-형상 안에 있지 않습니다. 영적인 단어들은 지시물일 뿐, **궁극적 진리**가 아닙니다.

자기탐구를 더 하십시오. 깊이 탐구하여 그대가 원하는 것이 정확히 무엇인지를 스스로에게 물으십시오. 두려움·우울·긴장·죽음의 공포를 탐색하십시오.

질: 그 죽음의 공포는 더 이상 없습니다. 그것이 모든 것 안에 있었습니다. 죽음에 대한 강렬한 공포 말입니다. 저는 어떤 죽음도 없다, 이것은 죽지 않는다는 것을 압니다. 이것은 태어나지 않았고, 저의 실체는 영향을 받지 않습니다. 이 체험이 그냥 왔습니다.

마: 죽음의 문제가 결코 일어나지 않는 것은 그대가 불생이기 때문입니다.

그저 습관에서, 혹은 남들에게 어디 가보았다고 말하기 위해 여기저기 **스승들**을 찾아다니지 마십시오. 자신이 왜 여기저기 찾아다니는지를 알아야 합니다. **자기탐구**가 필수적입니다. 그대는 왜 암마한테 갑니까? 누가 행복을 기대하고 있습니까? **현존**이 없으면 그대는 송장입니다. 그대는 보이는 것에 너무 많은 중요성을 부여하고 있습니다. 그대 자신의 두 발로 서십시오! 언제까지 계속 축복을 구하며 다니려고 합니까?

그대 자신을 축복하십시오.
다른 누구에게서도 (축복을) 받지 마십시오.
그대 자신에게서 받으십시오.
그대는 전적으로 독립적이고, 완전합니다.

49. 그대는 재로 덮여 있다

마하라지: 저는 매일 되풀이하여 모든 사람에게 같은 말을 들려주고 있습니다. "제 말을 문자적으로 받아들이지 마십시오"라고. **스승들**이 전달하려고 하는 것—그 핵심·의미·요지가 중요합니다. 우리는 토론을 하거나, 말해진 정확한 단어들을 연구하거나, 가르침들을 비교하거나, **스승들**에 대한 비교 연구를 하기 위해 여기 있는 것이 아닙니다. 제 말을 잘 들으십시오!

저는 여러분에게 말하고 있는 것이 아닙니다.
저는 여러분 안의 말 없는, 보이지 않는 청자에게
말을 걸고 있습니다.

질문자: 스승의 친존과 이 대화는 일종의 게임일 뿐입니까?

마: 첫 단계에서는 스승이 필요합니다. 직접지를 베풀고, '제자'에게 그도 한 스승이라는 것을 상기시켜 주기 위해서입니다. 스승은 그들 간에 아무 차이가 없다는 확신을 전해줍니다. 그는 제자를 납득시키는 과정을 시작하는데, 그러고 나면 제자가 그 자신을 납득시켜 그 과정을 이어갑니다.

스승은 궁극자의 입장에서 말하고 있습니다. 그는 몸-형상의 한계들을 초월했고, 환幻에서 벗어나 있습니다. 스승은 **압니다**. 왜냐하면 그의 지知는 진아지이고, 직접 아는 지知이기 때문입니다. 스승은 제자에게 그의 참된 정체성을 상기시키면서 그를 부추기는데, 예를 들면 이렇게 말합니다.

"스승은 그대의 힘을 되살려 준다."
"그대는 자신의 참된 정체성을 잊어버렸다."
"그대는 몸이 아니고, 몸이 아니었고, 몸으로 남아 있지 않을 것이다."
"그대는 재로 덮여 있고 그 밑에서는 불이 이글거리고 있다.
스승이 그 재를 제거해준다."

사실 어떤 '너'도, '나'도 없고, 어떤 '그'도, '그녀'도, 어떤 '제자'도, '스승'도 없습니다. 우리가 스승과 제자 역을 해야 하는 것은, 무지와 환幻의 층들을 제거하고 **근원**으로 되돌아가서 **실재**를 드러나게 하기 위해서입니다.

질: 진아와 에고를 분별한다면, 그것은 일종의 이원성 아닙니까?

마: 세계는 그대의 **자연발로적 현존**에서 투사되어 나옵니다. 마음·에고·지성은 우리의 아기들입니다. 그것들은 그 자체로 독립적 실재성이 없습니다.

질: 만약 마음과 그 내용이 환幻이라면, 그것은 스승이 베푸는 지知를 포함한 모든 단어들도 참되지 않을 수밖에 없다는 것을 의미하지 않습니까? 란지트 마하라지님과 싯다라메쉬와르 마하라지님은 지知가 가장 큰 무지라고 말씀하십니다.

마: 스승들은 마음을 넘어서 있습니다. 그들은 **무념의 실재** 입장에서 이야

기합니다. 그들은 **실재**의 바닥 없는 바닥에서 이야기합니다. 여기서 우리는 무지인 몸-지知에 대해 이야기하지 않습니다. 스승들의 지知는 **무아인 진아**의 지知이지, 전해 들은 책 지知나 경험적 지知가 아닙니다. 그대는 영적인 책을 읽을 때조차도, 마치 그것이 그대와는 다른 어떤 사람이나 어떤 사물에 대한 이야기인 것처럼 그것을 읽고 있습니다.

책에서 얻은 지知로는 충분치 않습니다. 지知는 내면에서 가져와야 합니다. 모든 몸-지知가 해소될 때, 그대에게 지知의 문이 열릴 것입니다.

질: 깨달음이 무엇입니까?

마: 깨달음이란 '그대가 몸이 아니고, 몸이 아니었고, 몸으로 남아 있지 않을 것'이라는 확신입니다. 그것은 그대가 **브라만·빠라마뜨만**을 넘어서 있으며, 그대가 **무아인 진아**라는 확신입니다.

그것은 모든 내용과 몸-지知가 비워진 진아입니다.

무아인 진아는 그것을 가리켜 보일 수 있을 뿐 묘사할 수 없는 것입니다. 그대는 **자연발로적이고, 보이지 않고, 익명인, 정체불명의 정체성**입니다.

질: 생각들의 흐름, 즉 '마음'을 완전히 멈추는 것이 불가능합니다. 그것이 환幻이라는 것을 확실하게 아는 것만으로 충분하다는 데 동의하십니까?

마: 첫째, 그대가 마음의 주인이 되어야 합니다. 즉, 생각들의 흐름을 주시하면서 그에 영향을 받지 않아야 합니다. 그 진보된 단계에서는 어떤 생각도 없을 것입니다. 환적인 '생각하는 자'가 사라질 것입니다.

질: 제가 모든 경험의 기초이지만, 마치 공空처럼 행위·시간·공간과 어떤 종류의 지각도 없는 기초라는 것을 확인해 주실 수 있습니까?

마: 역시나 그런 것들도 단어입니다. 공空·행위·시간·공간·지각─모두 그대의 **자연발로적 현존**(Spontaneous Presence)의 반영일 뿐입니다. **궁극의 단계**에서는[어떤 단계도 없지만, 가르침을 위해 이런 말이 사용된다] 어떤 경험도, 경험자도, 어떤 주시도, 주시자도 없습니다. 아무것도 없습니다. 그것이 알지 못함, 모름(unknowing)의 상태입니다. 그대가 그대를 모릅니다. 니사르가닷따 마하라지님은 이렇게 말씀하시곤 했지요. "존재성 이전에 그대는 어떻게 있었습니까? 그와 같이 머무르십시오." (그 상태에서는) 어떤 필요물도, 어떤 요

건도, 어떤 스승도 없습니다. 어떤 지知도!

그대는 '지知'라는 단어조차도 몰랐습니다.

질: 니사르가닷따 마하라지님이 말씀하시곤 했듯이, "지각 가능하고 생각 가능한 모든 것은 그것이 아니다"군요.

마: 그렇지요, 그렇지요. 지적으로 이해하기는 쉽지만, 이 **지知**를 흡수해야 일상생활에 그것을 응용할 수 있습니다. 그것은 실용적인 **지知**입니다. 또한 그대가 자신이 **궁극적 실재**이고 **최종적 실재**라는 **확신**이어야 합니다. 그래야 몸이 가야 할 때가 되어서도 아무 집착이 남지 않습니다.

50. 하나됨을 향해 나아가는 융해 과정

마하라지: 지켜보며 기다리십시오! 융해 과정이 시작되었습니다. 수많은 체험들이 일어날 것이고, 그것이 그대를 강하게 만들 것입니다. 생각하지 말고, **궁극적 실재**가 무엇이며 무엇이 아닌지, "이게 그건가?" "저게 그건가?" 궁금해 하면서 그것을 규명하려 들지도 마십시오. '**궁극**'이나 '**비非궁극**' 같은 단어들은 신경 쓰지 마십시오. 그런 단어들을 제거하십시오.

그대의 **자연발로적 현존**이 궁극입니다. 그대의 **자연발로적**이고 보이지 않는 현존이 **궁극**이고, 또한 그것을 넘어서 있습니다. 체험들은 그대의 **자연발로적 현존** 위에 나타났습니다.

이 해소 과정에서 그대가 무엇을 체험하든, 무슨 일이 일어나든, 그것은 모두 올바르고 타당합니다. 그러나 무슨 일이 일어나고 있는지 여부를 묻지는 마십시오. 그것은 그 **자연발로적 전개**에 간섭하는 일이 될 것입니다.

그것은 하나됨을 향해 나아가는 융해 과정입니다.

이 융해 과정에서 어떤 유형의 체험의 층들이 일어나고 있는데, 그것이 그대를 해소시켜 줄 것입니다. 궁극의 단계에서는 주시자·주시·주시하기가 모두 완전히 해소될 것입니다. 그럴 때는 그대가 아무것도 주시할 수 없습니다. 그런 일이 일어날 것입니다. 이것이 명상의 결과입니다.

질문자: 명상이 실제로 몸-지知와 기억들의 지우개 작용을 합니까?

마: 물론이지요! 제가 명상을 강조하는 이유는, 수많은 생각들이 어릴 때부터 오늘날까지 우리에게 인상 지워졌기 때문입니다. 그 융해 과정은 시간이 좀 걸릴 것이고, 그래서 제가 계속 명상을 강조하는 것입니다. 그것은 필수적입니다.

그 융해 과정은 시간이 좀 걸릴 것이고,
그래서 명상이 필수적입니다.

그대 자신에 대한 강한 헌신과, 스승에 대한 강한 헌신을 가져야 합니다. 왜냐하면 스승이 그대에게 **정체불명의 정체성**을 보여주었기 때문입니다.

질: 그러니까 스승은 필요하고, 정말로 중요하군요?

마: 오직 스승들이 있기 때문에 우리에게 **가르침**이 있습니다. 저의 스승 니사르가닷따 마하라지님이 안 계셨다면, 저는 단 하나의 단어도 말하지 못했을 것입니다. 여전히 신을 모신 이런저런 사원들을 찾아다니면서 행복과 평안을 찾고 있었겠지요. 스승님들 때문에 우리가 지금 튼튼한 토대를 가지고 있습니다. 니사르가닷따 마하라지님은 이렇게 말씀하셨지요.

"그대의 무아인 진아 외에는 아무것도 없다.
내가 나의 진아를 볼 때는, 아무것도 없다."

질: 좀 더 말씀해 주시겠습니까, 마하라지님?

마: 더 무엇을 전달해 주기를 바랍니까? 더 할 말이 아무것도 없습니다. 그것은 수정같이 명료합니다. 그대의 **무아인 진아** 외에는 아무것도 없습니다. 그러니 왜 다른 어떤 것, 더 많은 무엇을 다른 데서 찾습니까? 모든 힘이 그대 안에 있는데 말입니다.

더 이상 전달할 것이 아무것도 없습니다. 그러다가 그것이 열릴 것입니다. 지知의 문이 완전히 열릴 것입니다. 이런 헌신, 이런 **확신**을 니사르가닷따 마하라지님은 완전한 **확신**이라고 말씀하시지요.

삼촌한테서 자신이 백만장자라는 말을 듣고, 그 증거를 본 뒤 납득한 거지 소년의 이야기를 기억해 보십시오. 그는 자신의 새로운 지위를 즉시 받아들였습니다. 그와 같이 **스승**은 "그대가 **브라만**이고, **아뜨만이다**"라고 말합니다. 왜 그것을 믿지 않습니까? 뒤쪽 어디에선가 "아니요, 농담하시는군요?"라고 말하는 작은 목소리가 있습니다. 그대를 납득시키기가 쉽지 않고, 그래서 우리에게 명상의 과정이 필요합니다. 명상은 이런 모든 환적인 층들을 해소하는 효과가 있을 것입니다.

그 모든 환적인 층들이 해소될 때, 그대의 완전함을 만날 것입니다.

"그래서 내가 그것이다!"

이 모든 층들이 자연발로적으로 해소될 것입니다. 스승과, 그가 그대에게 해 주는 말에 믿음을 가지십시오. 스승이 그대의 **정체성**을 보여주었으니, 강한 믿음을 가지십시오.

스승은 완전합니다.

따라서 최대의 존경심으로 그에게 반응해야 합니다.

왜냐하면 그가 그대의 궁극적 진리를 보여주었기 때문입니다.

스승에 대한 믿음은 맹신이 아닙니다. 오로지 스승 덕분에 그대가 **실재**를 '붙들' 수 있었습니다. 그것은 오로지 **스승** 덕분입니다. 그대는 만약 스승을 만나지 못했다면 십중팔구 자신이 여전히 이곳저곳 다니는 한 사람의 '영적 관광객'이었을 거라는 것을 압니다. 여전히 이런저런 모종의 지$_{知}$를 추구했을 것이고, 여전히 어떤 사람, **구루**, 이 스승, 저 스승을 찾고 있었겠지요.

그대의 무아인 진아와 별개로는 아무것도 없습니다.

그대의 내적인 스승에게서 멈추십시오.

그대의 내적인 구루에게서 멈추십시오. 강해지십시오!

[스승님은 꽉 쥔 주먹으로 제스처를 취하신다.] 받아들이십시오! 그것은 공개된 사실입니다.

질: 그것을 받아들이는 최선의 방식은 무엇입니까?

마: 서서히, 말없이, 영구적으로입니다.

51. '나의 과거'란 없다

마하라지: 우리 계보에서는 우리가 지知 · 명상 · 바잔의 칵테일을 내놓습니다. 이것은 아주 강력합니다. 우리는 또 이야기라는 형태의 작은 과자들을 줍니다. 지知는 그냥 항생제와 같습니다. 항생제는 가끔씩 산酸을 산출합니다. (그래서) 이 지知를 (잘) 흡수하도록 제산제를 처방합니다. 그 제산제가 명상입니다. 그러면 제산제가 다소 쇠약증을 야기할 수도 있습니다. 그래서 그 쇠약증을 위해 강장제가 필요합니다. 이 강장제가 바잔입니다. 바잔은 복합비타민제입니다.

이것은 강력한 지知이니, 여러분이 그것을 소화해야 합니다.

그 소화 과정을 돕는 데는 명상이 도움이 될 것이고, 헌가獻歌, 곧 바잔 역시 도움이 됩니다. 이 세 가지 모두의 조합이 중요합니다.

질문자: 그것이 하나로 함께 옵니다. 『아이 앰 댓』에서 모리스 프리드먼은 이 계보가 모든 계보 중에서 최고라고 합니다. 이 계보가 헌신 · 지知 · 행위 · 명상을 결합하고 있기 때문이라는 것입니다. 그분은 이것을 '해탈에의 왕도'라고 지칭합니다. 깨달음으로 직접 이끌어주기 때문입니다.

마: 그것은 강력한 영적 공부, 혼합물, 강력한 약을 산출합니다. 이 영적인 약을 지니고 있으면 누구의 생각에 의해서도 유혹당하지 않을 것입니다. 그래서,

설사 신이 그대 앞에 나타난다 해도,
그런 일이 일어나려면 먼저
그대의 현존이 있어야 한다는 것을 알 것입니다.

저는 저의 현존의 입장에서 봅니다. 만일 저의 현존이 없다면 신이 보일 수 있겠습니까? 아니지요! 이것은 에고적 이야기가 아니라, 논리적이고 자연발로적인 이야기입니다. 그러나 이 지知를 얻으려면 어느 정도 의도적인 노력을 쏟을 필요가 있습니다.

질: 왜입니까? 제가 브라만이라는 것을 안다면, 왜 노력을 해야 합니까?

마: 그것이 그리 쉽지 않기 때문입니다. 문자적 지知를 가지고 이야기하기는 아주 쉽습니다. 지知를 흡수해야 합니다. 그것이 어려운 부분입니다.

질: 오랜 세월에 걸친 조건화와 세뇌 때문입니까?

마: 그렇지요, 그렇지요. 그러나 여기서는 이런 수련들과 함께 우리가 모든 기억을 청소하게 되고, 그래서 우리의 **실재**가 나타나게 됩니다.

질: 뇌를 세탁하듯이 말이군요. 일체를, 저의 과거 전체를 씻어냅니까?

마: '나의 과거'란 없습니다! 특히 처음에는 의도적인 노력이 필요한데, 그래야 온전한 경각심(alertness), 본격적인 집중이 있게 됩니다.

바우사헵 마하라지님은 치열한 명상, 심층적인 **자기탐구**와 탐색 끝에 (계보 제자들에게) 이 수련이 필요함을 알았습니다. 그분은 심리와 인간행동을 아주 잘 알고 있었습니다. 인간의 약점에 대해 대단한 통찰력을 가지고 있었지요.

지知·만트라·바잔이라는 도구를 이용하면
그대가 궁극적 실재를 알게 될 거라는 것입니다.

그분은 철학자인 구루데브 라나데(Gurudev Ranade)에게 최고의 의미를 지닌 바잔들을 뽑아 보라고 했습니다.

질: 당신께서 하시는 말씀은, 이 지知·명상·바잔의 칵테일은 증명된 방법이어서, 그것을 따르면 깨달음이 보장된다는 거로군요?

마: 효과가 있을 것입니다. 그대가 노력을 좀 기울이는 한, 그럴 수밖에 없습니다.

초기 단계에서는 이 모든 수련들을 의도적으로 닦아야 합니다. 이 행법들은 모두 환幻이고, **브라만·아뜨만·빠라마뜨만·신**에 대한 우리의 이야기도 마찬가지입니다. 진보한 단계에서는 어떤 수련도 필요치 않을 것입니다. 그 수행이 그대가 모르는 사이에 저절로 계속될 테니 말입니다.

그래서 저는 모든 사람에게 진지할 것을 요구합니다. 왜냐하면 **실재**를 아는 것을 진지하게 추구하지 않고, 전과 같이 마음과 지성을 사용하여 그냥 책만 읽으면 그것을 얻지 못할 것이기 때문입니다. **바우사헵 마하라지**님은 매일 아침 이른 시간에 바잔을 하러 왔고, 낮 동안에는 어김없이 오랜 시간 명상을 했습니다.

질: 하지만 이 모든 것이 정말로 필요했습니까?

마: 그대의 **정체성**을 잊어버리지 않기 위해서는 정신 차려 깨어 있을 필요가 있습니다. 처음에는 치열하게 하십시오. 그래야 **무아인 진아**와 늘 함께 머무르게 됩니다.

질: 지知와 명상의 필요성은 이해됩니다만, 바잔은요? 어쩌면 저희는 서양에서 이런 것을 잘 불러보지 않았기 때문에, 제가 그것을 수행의 중요한 일부로 보지 않는 겁니까?

마: 바잔을 부르는 것은 그대가 **확신**을 얻어 **궁극적 진리**를 확립하는 과정의 일부입니다. **영**靈은 바잔들, 영적인 바잔을 좋아합니다. 이 헌가들은 지知의 문을 여는 데 도움이 될 것입니다. 그러면 **실재**가 자연발로적으로 열릴 것입니다.

　실재가 자연발로적으로 열릴 것입니다.

　영靈은 워낙 민감해서 사람들을 춤추게 합니다. **스승들**은 춤을 추곤 했습니다. **영**靈에 의해 움직여진 것입니다. 그분들이 갑자기 일어나서 춤을 추기로 한 것이 아닙니다. 아니지요, 움직여진 것입니다. **니사르가닷따 마하라지**님은 70대 초반의 연세에도 바잔 도중에 춤을 추었습니다. 그것은 자연발로적으로 일어납니다. 그래서 바잔은 영적인 공부의 일부입니다. 그것은 필요하고, 지知의 연료가 됩니다.

질: 바잔의 말씀들은 굉장히 강력하고, 아름답고, 사람을 고양시킵니다. 그것은 그 자체로 거의 명상과 같습니다. 저희가 그 말씀들을 이해하는 것이 중요합니다. 그 의미를 이해하면 그것이 매우 강력합니다.

마: 그렇지요, 매우 감동적입니다. 매우 감동적이지요.

질: 오늘 제가 왔을 때는 피곤했지만, 노래를 시작하자 피곤함이 그냥 가셨습니다. 그 의미들도 아주 강력합니다.

마: 일체가 **무아인 진아**와 연결되어 있습니다. 제가 말했듯이, **바우사헵 마하라지**님이 당신의 제자인 구루데브 라나데에게 드높은 의미를 가진 바잔들을 뽑아 보라고 했습니다. 드높은 의미란 사람을 고양시키고 그대들을

가슴 밑바닥을 건드린다는 의미에서입니다. 그렇게 노래하면 그 의미들이 깊이 인상 지워집니다.

바잔 하나하나가 그대들의 **무아인 진아의 지**知를 반영하는 드높은 의미를 가지고 있습니다. 따라서 독서·**지**知·명상·바잔은 모두 한 가지 목적에 이바지합니다. 이 모든 것 이면의 원리는 그대들의 **궁극적 진리**를 확립하려는 것뿐입니다. 그 토대들이 완벽하지요!

질2: 저는 바잔을 꽤 자주 부르는데, 그것은 좋은 수행(sadhana)이라고 봅니다. 그것은 영靈을 더 수용적이고 개방적으로 만듭니다.

마: 바잔은 더없이 중요합니다. 왜냐하면

　　내적인 영靈이 바잔으로부터

　　자연발로적 행복을 얻기 때문입니다.

설사 그대가 그 언어를 모른다 해도 그것을 부를 수 있습니다. 그 의미를 읽어 보십시오. 그 언어는 굉장히 드높은 언어입니다. 그래서 예, 바잔은 더없이 중요하지요.

　　바잔 이면의 말씀들이 일주일 내내, 하루 24시간,

　　그대의 무아인 진아 속으로 더 깊이 더 깊이 가라앉고 있습니다.

질2: 저는 자연발로성에 대해 이해할 수 있습니다. 그것은 우리가 음악을 들을 때 뭔가가 내면에서 움직이고, 그럴 때는 미처 알아차리기도 전에 우리가 좌우로 몸을 흔들고 있습니다.

마: 그대가 **정체불명의 정체성**에 점점 더 가까이 다가가면 개인성이 조금씩 흡수됩니다. 그렇게 되면 나중에는 흡수된 그 개인성 부분을 분리해 내지 못합니다. 안 되지요! 바다에 부어진 양동이 물에 대해 제가 말한 것을 기억합니까? 그것을 분리해 내려 해도 그럴 수가 없습니다.

질: 바다에 합일되었기 때문이군요? **하나됨**의 과정─그렇게 부를 수 있다면─은 돌이킬 수 없습니다. 그 개인은, 말하자면 돌아올 수가 없군요?

마: 어떤 개인성도 없습니다. 우리는 의사소통을 위해 몇 가지 단어를 사용하고 있을 뿐입니다. 그 환幻의 범주에서 나오십시오! 우리가 영적인 공부에 대해 이야기하고 있는 것은, 환幻에서 나와 사라지기 위해서입니다. 그

러나 어떤 간접적인 은폐된 환적 개념들이 여전히 있겠지요. 이 개념들은 환幻에서 출현했습니다. 수행을 하면 그대가 '나의', '너의 것'이라고 말할 때와 같은 그런 숨겨진, 은폐된 개념들을 발견하기 시작할 것입니다. 조심하십시오!

　　기초나 토대가 약하면 조금 새는 곳이 나타날 것이고,
　　그것이 일체를 파괴할 것입니다.

그래서 토대를 튼튼히 하는 것이 더없이 중요한 것입니다. 저는 명상이 하나의 환幻이고 남 만트라도 환幻이며, 지知와 바잔도 마찬가지라는 것을 압니다. 왜냐하면 이 모든 행법은 몸-지知에서 나왔기 때문입니다. 그래도 우리는 그대의 **궁극적 진리**를 확립하기 위하여 그것을 사용할 필요가 있습니다.

52. 이것은 하나의 긴 꿈이다

질문자: 질문들은 어디서 옵니까? 이 모든 질문들, 어디서 옵니까? 왜 이런 모든 질문이 나옵니까? 모든 질문들의 원천은 무엇입니까?

마하라지: 그대가 원천입니다. 그대의 **자연발로적 현존**이 몇 가지 질문과 답변을 가지고 나타납니다. 그래서 그대의 존재성은 자연발로적입니다. 그대의 존재성은 자연발로적입니다. 존재성으로부터, 영靈이 몸과 맞물렸습니다. 질문과 모든 필요물, 모든 질문들이 자연발로적으로 나오고 있습니다.

　존재성 이전에는 어떤 질문도, 어떤 질문도 없었고, 아무것도 없었습니다. 그대는 그대에게 전적으로 알려져 있지 않았습니다. 세계에 전적으로 알려져 있지 않았습니다. 그래서 그대가 그대 자신을 아는 것은 오직 몸을 통해서입니다. "나는 어떤 사람(somebody)이다." 그리고 그것을 통해 지적인 질문들이 일어납니다. "나는 누구인가? 나는 어디에 있는가? 나는 어디서 왔는가?" 따라서 모든 질문은 몸과 관련된 질문입니다. 그대가 몸을 떠난 뒤에는 이런 질문들이 해소될 것입니다.

영적인 학**學**에서는, 그대의 **정체성**은 몸이 아니라고 말합니다. 몸은 그대의 **정체성**이 아니고, 그렇게 남아 있지도 않을 것입니다. 그것은 이 자연발로적 겉모습일 뿐입니다. 그 어느 것에도 전혀 이유가 없습니다. 그것은 그냥 하나의 꿈과 같습니다. 우리는 어떤 꿈이 나타날지 판단하지 않습니다. 꿈은 자연발로적입니다. 오늘의 꿈은 내일의 꿈이 아닐 수 있는데, 마찬가지로 이것도 하나의 꿈입니다.

모든 질문은 영적인 질문, 지적인 질문, 에고적인 질문입니다.

궁극의 단계에서는 어떤 질문도 없습니다.

아무것도 없습니다.

존재성 이전에는 그대에게 어떤 경험도 없었고, 어떤 질문도 없었습니다. 그대가 그대에게 알려져 있지 않았습니다. 그대는 어떤 정보와 지**知**를 가지고 있지만, 그것은 몸 때문입니다. 따라서 그 지**知**는 환**幻**입니다. 몸은 그대의 영구적 정체성이 아닙니다. 몸을 떠나면 아무것도 남지 않을 것이고, 어떤 질문도 남지 않을 것입니다.

질문들은 자연발로적으로 창조되며, 그대가 그 질문들을 하는 것은 마음·에고·지성 때문입니다. 우리는 질문을 할 때 **실재**에서 우리 자신을 분리하고 있습니다. 우리는 마치 우리가 별개의 '개인'인 것처럼 질문을 합니다. 그러나 그 질문을 하는 에너지를 공급하고 있는 것은 누구이며, 무엇입니까? 누가 그 질문들을 경험하고 있습니까? 누가 그 질문들을 주시하고 있습니까? 누가 그 질문들에게 힘을 공급하고 있습니까?

그대가 그것입니다.

궁극적 진리, 최종적 진리입니다.

그것은 어떤 말로도 묘사할 수 없습니다.

저의 **스승님**이 말씀하셨지요. "만약 그대 자신을 무엇에 비유하고 싶으면 하늘에 비유하라." 하늘에게 무슨 질문이 있습니까? 하늘이 "나는 어디서 오는가?"라고 묻습니까? 하늘은 도처에 있습니다. 마찬가지로, 그대의 **현존**,

그대의 **자연발로적 현존**은 도처에 있지만, 그대는 몸-형상 안에서 그대 자신을 가늠하고 있습니다. 그래서 수많은 질문이 있습니다.

질: 감사합니다. 마하라지님, 당신께서는 지적인 것이 아니고 말을 통한 것이 아닌, 진정한 의미에서 우리 자신을 아는 것에 대해 말씀하십니다. '진정한 의미(real sense)'라는 것은 어떤 뜻으로 하신 말씀인지 다시 말씀해 주실 수 있습니까?

마: 다시 주의를 환기해야겠군요. 우리가 사용하고 있는 이런 것은 **단어들**일 뿐입니다. 어떤 '진정한'도 없고, 어떤 '진정하지 않은'도 없습니다.

우리가 분별을 하는 것은 우리가 몸-형상을 가지고 있기 때문입니다. 진정한 것과 진정하지 않은 것에 대해 이야기할 수 있는 어떤 사람이 있습니까? 아니지요! 아무도 존재하지 않고, 아무것도 없습니다. '진정한'이나 '진정하지 않은'에 대한 이런 몸 질문을 하는 것은 불생의 아이(unborn child)일 뿐입니다. 그대가 그 불생의 아이이고, 따라서 진정함과 진정하지 않음은 논리적 사고와 연결되어 있을 뿐입니다.

어떤 일도 일어나지 않았습니다.
어떤 일도 일어나지 않고 있습니다.
그대는 환幻에 대해서 묻고 있고,
불생의 아이에 대해 이야기하고 있습니다.
그대의 현존은 전적으로 규명 불가능합니다.
그것은 정체불명의 정체성입니다.

그대는 몸을 통해 **실재**를 규명하려 하고 있고, 저는 그대들 모두에게 몸은 그대들의 영구적인 정체성이 아니라고 계속해서 말하고 있습니다. 그것은 한 줌의 연기처럼 사라질 것입니다. 이 **지**知, 이 **실재**가 그대들 안에 새겨지고 흡수되어야 합니다. 그래야 그대들이 **실재**를 알고 나서 세계에 상관하지 않고, 관심이 없고, 관여하지 않게 됩니다. 마치 어떤 꿈을 꾸고 나서 그에 상관하지 않듯이 말입니다.

이것은 하나의 꿈 세계입니다.
이것은 하나의 긴 꿈입니다.

바르뜨리 왕(King Bhartri)이 긴 꿈에 빠져 있었습니다. 꿈속의 그에게는 많은 부인이 있었지만, 핑갈라가 그가 가장 총애하는 부인이었고, 그가 평생 사랑한 사람이었습니다. 핑갈라도 그를 사랑했습니다. 그녀가 이렇게 말하는 것을 귓결에 들은 사람이 있었습니다. "만일 내가 사랑하는 분에게 무슨 일이 일어난다면, 나는 죽고 말테야."

왕은 그녀의 사랑이 진짜인지 시험해 보기로 했습니다. 어느 날 그는 그녀에게 메신저를 보내어 왕이 사냥을 나갔다가 호랑이에게 죽임을 당했다고 전하게 했습니다.

그 끔찍한 소식을 들은 핑갈라는 가슴이 무너져, 자신의 목숨을 끊고 말았습니다. 그 비극을 전해들은 왕은 슬픔으로 정신이 나갔고, 후회막급이 되었습니다. "오! 내가 무슨 짓을 한 거지? 나의 핑갈라 없이 어떻게 살아간단 말인가? 그녀가 다시 돌아오면 좋으련만. 그녀 없이는 살 수가 없구나." 그는 너무 어리석은 게임, 잔인하고 위험한 게임을 벌인 것이었고, 이제 사랑하던 핑갈라는 없었습니다.

그는 화장장에서 자신이 사랑하던 핑갈라를 부르며 소리 높이 울고 신음하면서 날을 보냈습니다. 많은 사람이 그의 끝없는 슬픔에 동참했습니다.

하루는 한 요기가 화장장에 있는 왕 가까이로 걸어가 점토 항아리 하나를 떨어뜨렸습니다. 항아리가 깨져 산산조각 났습니다. 요기는 울기 시작했습니다. 근처에서 울고 있는 왕보다 더 큰 소리로 엉엉 울었습니다.

왕은 짜증이 났습니다. "그만 우시오! 제발 울음을 멈춰주시오! 내가 당신에게 새 항아리 백 개를 사줄 테니 말이오." 요기가 울면서 말했습니다. "아니요, 아니요! 저는 먼저 항아리를 돌려받고 싶습니다." 왕이 말했습니다. "무슨 말도 안 되는 소리요. 사라진 것은 사라진 것이오."

요기가 울음을 그치고 말했습니다. "오, 현명하신 왕이시여, 당신께서 그 도리를 아신다면 왜 아직도 울고 계십니까? 당신의 핑갈라는 사라졌고 결코 돌아오지 않을 텐데 말입니다."

왕이 대답했습니다. "내가 잃은 것은 당신이 잃은 것과 비교할 수 없소. 나는 사랑하던 사람을, 온 마음으로 끔찍이 사랑하던 내 아름다운 핑갈라를 잃었소. 하지만 당신은 의미 없는 질항아리 한 개를 잃었을 뿐이오."

요기가 대답했습니다. "둘 다 흙으로 만들어졌고, 흙에서 온 것은 흙으로 돌아가야 합니다." 그런 다음 그는 똑같은 핑갈라 백 명을 창조하고는 왕에게 그의 특별한 핑갈라를 지적해 보라고 했습니다. 당연히 왕은 그녀를 찾아내지 못했습니다. 그는 핑갈라가 자신의 **자연발로적 현존**에서 투사된 꿈의 일부라는 것을 이해했습니다.

홀연히 왕은 깨침을 얻었습니다. 자신이 하나의 꿈을 두고 울었고, 환적이고 무상한 어떤 것에 대해 울고 있었다는 것을 깨달은 것입니다. 그는 꿈을 현실로 여겼던 것이 몹시 부끄러웠습니다. 그 직후 그는 왕위를 버리고 그 요기의 제자가 되었고, **실재를 깨달았습니다!**

53. 독립하여 날아라!

마하라지: 스승은 여러분의 것이 아닌 어떤 것도 여러분에게 주지 않습니다. 이미 여러분 안에 있지만, 어쩌다 잊어버린 것을 상기시켜 줄 따름입니다. 여러분은 **실재**를 알고 있으니, 이제 주의력을 발휘하기만 하면 됩니다.

아들딸이 대학에 가게 되면 부모는 그들에게 새로운 환경과 달라진 분위기를 조심하라고 주의를 주겠지요. 공부에 전념하고 자극적인 새 환경에 한눈팔지 말라고 말입니다. 마찬가지로, 여러분도 육신이 해소될 때까지, 있을 수 있는 모든 위협과 어려움에 대해 늘 고도의 경각심을 유지해야 합니다.

질문자: 저는 한동안 우울했습니다. 환幻이 주위에 온통 널려 있었습니다. 저는 여러 교회와 사원들을 방문하고, 여러 종교를 탐색하곤 했습니다. 그러나 실은 제가 무엇을 하고 있고 무엇을 찾고 있는지 몰랐습니다. 저 나름대로 명상도 했지만, 여전히 **마야**(*maya*)에 둘러싸여 있었습니다.

마: 마야란 없습니다. 브라만이 개념이듯이, 마야는 하나의 개념입니다.

그대가 몸-형상 안에서 그대 자신을 보는 한, 마음을 끄는 것들이 가까이 있을 것이고 그대에게 영향을 주겠지요. 영적인 공부가 삶의 매 순간 그대에게 도움이 될 것입니다. 그 개념들을 해소하십시오!

그대의 존재는 눈에 보이지 않습니다.

설사 그대가 그것을 느낀다 해도 말입니다.

그것은 존재성 이전에

그대의 현존이 눈에 보이지 않던 것과 같습니다.

질: 당신을 발견해서 기쁩니다, 마하라지님. 왜냐하면 당신께서 제가 늘 반듯하게 행동하게끔 해주시기 때문입니다. 그리고 이제 저는, 필요할 때 당신을 찾아뵐 수 있다는 것을 압니다. 우리 사이의 거리가 멀어지기 시작할 때는, 제가 당신의 친존에 있어야 한다는 것을 압니다. 그런 식으로 떨어져 있다고 느끼기가 싫습니다.

마: 그렇지요, 그러나 스승은 그 형상이 아니라는 것을 기억하십시오. 스승의 형상에 의존하지 마십시오. 스승은 무형상입니다. 그대 자신과 스승에 대한 완전한 믿음이 있어야 하지만, 신체적 형상을 한 스승에게 그러라는 것은 아닙니다. 이 '몸뚱이'는[당신의 가슴을 가리키며] 스승이 아니고, 화자가 스승입니다. 말하고 있는 보이지 않는 화자, 그리고 듣고 있는 보이지 않는 청자가 스승입니다. 몸들은 다르지만 영靈은 하나입니다.

스승은 무형상입니다.

그가 그대에게 힘을 주었습니다. 그대는 얼마나 오래 스승 곁에 머무르면서, 그의 날개 밑에 들어가 있으려고 합니까?

그대 자신의 날개로 나십시오!

스승은 그대에게 일체를 주었습니다. 독립하여 나십시오!

저는 젊었을 때 제 스승이신 니사르가닷따 마하라지님이 말씀하시는 것을 다 이해하지 못했지만, 나중에 성찰해 보고 나서 이해했습니다. 그분이 말했습니다. "만약 그대가 무엇을 할 필요가 있으면 혼자서 하라. 누구에게서 어떤 도움도 기대하지 말라. 다른 사람의 피난처에 머물러 있어서는 안 되고, 강해져야 한다." 그리고 이렇게 말했습니다.

"그대 자신의 피난처에서 피난하라. 그대 자신의 두 발로 걸어라."

스승은 이따금 그대에게 조언을 해주고, 때로는 심지어 조금 화를 내기도 합니다. 그러나 그것은 진짜 화가 아니고, 부모가 자식을 강하게 만들고 노력할 때와 같은 '엄한 사랑(tough love)'일 뿐입니다. 스승이 전달하고자 하는 그것이 더없이 중요합니다. 그대 자신을 무형상으로 보고, 스승을 무형상으로 보십시오. 그러면 어떤 분리도 없을 것입니다.

54. 실재를 문신처럼 새겨라

질문자: 튼튼한 토대에 대해 말씀하셨습니다. 설명해 주실 수 있습니까?
마하라지: 그대가 몸이 아니라는 것을 안 결론은 "나는 누구인가?"입니다. 먼저 그대는 **자기탐구**를 합니다. 그럴 때 영적인 학學이 말합니다. "그대가 **궁극적 진리다**." 그것은 이론, 즉 이론적 지知입니다. 다음 단계는 이 **진리**를 확립하는 법을 알아내는 것입니다. 지知는 명상을 통해서 확립됩니다. 이렇게 하면 그대의 토대가 튼튼해질 것입니다. 여기서 토대란, 몸은 **실재**가 아니라는 것을 납득한다는 뜻입니다.

그 다음 질문은 "그것을 어떻게 받아들이는가?"일지 모릅니다. 영적인 마당을 치우고 청소하고 나서 무슨 씨앗이든 심어야 합니다. 그런 다음 수행을 하면 그대에게 필요한 그런 튼튼한 확신을 얻게 되고, 그대는 몸에 초연하고 몸에 상관하지 않게 됩니다. 최종 결과는 **비상한 행복**과 **평안**입니다.

환적인 층들은 베일, 미세한 베일과 같습니다.
이 모든 층들이 사라지고, 일체가 사라질 때,
그것이 기초이고 토대입니다.

그러니 책을 좀 읽고, **만트라**를 염하고, 그대가 **궁극적 진리**임을 납득시켜 주는 스승이라는 매개자의 말을 귀담아 들으십시오.

그대가 최종적 진리이기 때문에,

일체가 그대 안에 있다는 것,

그대 외에는 아무것도 없다는 것을 깨달을 것입니다.

일체가 무無에서 나오고, 일체가 무無 속으로 다시 해소됩니다.

그대가 더 이상 물질적 사물들의 접촉을 받지 않을 것이고, 어떤 물질적 원인이 도와서 그대에게 행복을 안겨주지도 않을 것입니다. 더 이상 행복을 요하지 않을 때, 그대는 목적지에 도달한 것입니다. 세상에 널린 이 모든 오락들! 사람들은 무엇을 하고 있습니까? 돈을 벌고 있지요!

그대가 세계의 근원입니다. 그대는 무형상입니다.

'나'란 없습니다. 그대는 도처에 있습니다.

이 진리가 확립되어야 합니다.

그대가 **궁극**의 약입니다. 그대의 **무아인 진아** 너머에는 아무것도 없습니다. 우리가 **진리**를 알기는 하지만, 몸-지知의 영향력이 미세한 기대를 만들어냅니다. 정신을 바짝 차리십시오! 투신하십시오.

질: 업業은 어떤 중요성이 있기는 합니까?

마: 사람들이 업에 대해 많이 묻습니다. 그것은 무의미한 환幻입니다. 존재성 이전에는 아무것도 없었다고 제가 그대들에게 여러 번 이야기했습니다. 아무것도 없으면 없는 것인데, 사람들은 여전히 "예, 좋습니다. 아무것도 없었습니다. 하지만 업은 어떻습니까?" 합니다. 존재성 이전에는 아무것도 없었습니다. 이 업이니 발현업이니 하는 것은 모두 환幻입니다. 이 모든 환에 대해서는 신경 쓰지 마십시오!

질: 실제 삶 속에서 **깨달은** 스승에게는 업이 없을지 모르지만, 보통 사람에게는 나쁜 행위나 업이 있을지도 모르는데요?

마: 몸-지知 이전에는 아무것도 없었습니다. 일체에 대해 잊어버려야 합니다. 그런 것들은 환적인 측면과 인상들의 영향입니다. 그런 것들은 **궁극적 진리** 위에 쌓인 층들입니다. **궁극적 진리** 위의 층들.

송장에게 어떤 환幻이 있습니까? 주의 깊게 잘 들으십시오! 토대는 "나는 몸이 아니고, 몸이 아니었고, 몸으로 남아 있지 않을 것이다"입니다. 일체가 그대에게서 나오고, 다시 그대 속으로 다시 해소됩니다.

실재를 알고 나면 그대의 존재에 대해서는 신경 쓰지 마십시오. 그렇게 하려면 스승에 대한 온전한 믿음이 필요합니다.

과거를 잊어버리십시오! 과거란 없습니다.

과거·현재·미래는 개념입니다.

몸-형상으로 그대 자신을 가늠하는 것을 그만두십시오.

그것은 큰 환幻입니다. 큰 죄입니다.

그대는 몸이 있기 때문에 스승이 필요합니다. 우리는 신(G·O·D)이라는 단어를 상상 속에서 만들어냈습니다! 그대는 자신의 날개로 날 수 있지만, 어떤 노력도 하지 않고 있습니다. 그대가 기적들에 대한 기대를 가지고 있다는 것은, 자신을 여전히 몸-형상 안에 있다고 여긴다는 것을 보여줍니다.

실재를 문신처럼 새겨야 합니다.

실재를 문신처럼 붙여서, 그것이 사라지지 않게 하십시오.

어릴 때부터 오늘날까지 그대가 수용한 모든 개념을 제거하십시오. 나쁜 파일, 잘못된 파일들을 모두 삭제하십시오. 그대의 하드디스크를 청소하십시오. 좋은 파일들은 그대 자신을 위해 간직하십시오.

질: 저는 가끔 제 삶에서 일어나는 일들에 대해 통제력이 없다고 느낍니다.

마: 그래서 명상이 필요합니다. 일체가 끝날 때, 그대가 있습니다. 시작도 없고 끝도 없습니다. 우리가 이와 같은 이야기를 하는 것은 이해의 목적을 위해서일 뿐입니다. 모든 영적인 논의는 불생不生의 아이에 관해서입니다. 그대는 불생이므로 어떤 일도 일어나지 않고 있습니다.

그대 안의 보이지 않는 현존이 사라지면,

그것이 안 가는 곳이 없습니다.

몸이 불에 탄 뒤에 신(보이지 않는 현존)은 어디로 갑니까? 안 가는 곳이 없습니다! 일체가 해소되면 아무것도 없습니다.

55. 그대는 이미 자유롭다

마하라지: 영靈이 몸과 맞물렸을 때 온갖 인상들의 부단한 압력을 받게 되었습니다. 그 인상들을 해소하려면 다양한 수련이 필요합니다. 도중에 여러분이 얻을 체험들은 분명 진보하는 단계지만, 그 역시 환幻으로 간주해야 합니다. '나'가 남아 있지 않을 때는 묘사할 것이 아무것도 없을 것입니다.

묘사할 것이 아무것도 없을 것입니다.

왜냐하면 어떤 묘사자나 체험자도 없을 것이기 때문입니다.

이것은 아주 단순한 지知이고, 이 실재를 알고 나면 찾아 나설 것이 아무것도 없습니다. 여러분은 자유롭습니다.

질문자: 사람들이 여기 있다 간 뒤에도 찾으러 다닙니까? 설마 그럴까 싶습니다. 왜냐하면 당신의 가르침이 그것을 다 말해주니까요.

마: 그런 일이 일어납니다. 환적인 것들에 대해 이야기하고, 니사르가닷따 마하라지, 싯다라메쉬와르 마하라지, 라마나 마하르쉬 같은 스승들을 비교하는 것이 그들의 습관입니다.

어떤 속박도 없습니다. 그대는 이미 자유롭습니다.

사람들은 구원을 원한다고 말합니다. 그것은 하나의 개념입니다.

그대는 자유롭습니다.

확신이 있어야 합니다 — 확고하고, 강력하고, 견고하고, 움직일 수 없는. 저는 늘 같은 이야기를 망치질하고 있습니다. 이것은 공개적인 사실입니다. 즉, "그대의 **무아인 진아** 외에는 어떤 신도, 브라만도, 아뜨만도, 빠라마뜨만도 없다"는 것입니다. 차분하게 침묵하십시오.

질: 바잔과는 별개로, 헌신에 다른 어떤 측면도 있습니까?

마: 헌신은 투신을 의미합니다. 그대는 그대가 몸-형상이 아니라는 것, 그대는 **궁극적 진리·최종적 진리·아뜨만·브라만**이라는 것, 그것이 그대의 **정체불명의 정체성**이라는 것을 듣습니다. 그대는 이것을 절대적으로 받아들이고 있습니다. 그 전부를 흡수하고 있습니다. 흡수하십시오!

받아들임이 헌신입니다. 흡수가 헌신입니다.
　자기확신이 있으면 아주 간단합니다. 보는 자가 궁극이라는 것을 납득해야 합니다. 보는 자가 궁극적 진리입니다.
　　그대가 그것입니다―그렇게 말할 것도 없이.
질: 왜 "그렇게 말할 것도 없이"라고 하십니까? 저는 그것을 상기하기 위해 "나는 브라만이다, 나는 브라만이다"라고 큰 소리로 말할 때가 많습니다.
마: 무엇을 말하기 위해서는 그대가 에고를 취해야 합니다. 알면 됐습니다. 그러니 침묵하십시오.
질: 좋습니다. 그리고 제 생각에, 만약 제가 그렇게 말하면 이원성을 불러오기도 하는군요?
마: 그대는 **만트라**와 명상과 바잔의 도움으로 이 지知를 흡수하게 될 것입니다. 이 모든 성자들은 아무 속박 없이 가르침을 베풀었습니다. 그대는 자유로운 한 마리 새입니다.
　　처음에는 조금 치열하게 하는 것이 좋습니다.
질: 그것은 이 수행이 새로운 것이고, 거기에 모종의 저항이 있을 것이기 때문입니까?
마: 그렇지요, 그렇지요. 어릴 때부터 오늘날까지 그대는 환幻에 포위되어 왔습니다. 그래서 조금 싸워야 합니다.
　　동시에, 그대는 이 지知를 즐길 수 있지요!
　　그것은 건조한 지知가 아닙니다.
　제가 사탕 한 봉지를 주었으니 그대는 이제 그것을 먹어야 합니다. "이것은 얼마나 답니까?"라고 물으면 안 됩니다. 아니지요! 묻지 마십시오!
질: 당신께서 하시는 말씀은, 그것이 모두 무슨 의미인지 묻지 말라, 나누어준 지知를 분석하지 말라, (그 사탕을) 그냥 빨아먹으라는 거군요.
마: 그냥 먹어야 합니다. 지知가 그대에게 주어졌습니다. 지知는 실재를 의미합니다. 지知와 실재 둘은 똑같은 하나입니다.
　　지知는 실재를 의미합니다.
　　이것은 최종 목적지입니다. 그 너머에는 아무것도 없습니다.

이것이 우리의 모든 논의의 결론입니다. 저는 그대 안의 '**보이지 않는 청자**'를 납득시키려고 단어들을 사용하고 있습니다.

질: 이해됩니다! 우리는 (궁극적 실재에) 도달하기 위해 보조수단, 도구들을 사용하고 있습니다. 도달하기 위해서가 아니라—왜냐하면 이미 우리가 그것이니까—우리가 **궁극적 실재**를 알고 확립하는 데 도움을 받기 위해서군요?

마: 그대는 여기 오기 전에 여기저기 찾아다녔습니다. 어쩌면 그대의 지침이 된 책들이나 그대에게 단서를 준 선생들에게서 몇 가지 주소를 얻었을지 모릅니다. 이제 목적지에 왔으니 그 주소들은 버려도 됩니다. 더 이상 그대에게 쓸모가 없습니다.

질: 예, 따르겠습니다. 마하라지님, 저는 바잔에 관한 질문을 하나 드리려고 했습니다. 저의 나라에 돌아가면 이 바잔을 영어로 불러 볼 수도 있을까요? 왜냐하면 발음 나는 대로 적혀 있기는 해도 마라티어가 어려워서요.

마: 물론입니다. 편한 대로 하십시오. 그것은 똑같은, 같은 과정입니다.

질: 그러나 영어로 하기보다 마라티어로 불려야 더 강력하지 않습니까?

마: 언어는 우리가 창조했습니다. 바잔의 경우, 말이 아니라 그 리듬이 아주 중요합니다. 그 리듬이 그대의 안에서 하나의 분위기 같은 어떤 기운을 창출합니다. 우리가 무엇을 요리할 때 소금을 조금 넣고, 이 허브, 저 향신료 등을 넣으면 음식에 어떤 분위기를 줍니다. 구나(*gunas*)를 압니까?

질: 예, 세 가지 구나요?

마: 모든 구나는 몸하고만 연관됩니다. 저는 그 너머를 이야기하고 있습니다. 그러나 간단히 이해하자면 세 가지 구나가 있습니다. (그 중) 사뜨와 구나(*sattva guna*)는 예배·헌신·기도, **신**에 대한 헌신의 성향이 있는 사람에게 해당됩니다. 헌신과 바잔 부르기는 사뜨와적(*sattvic*) 분위기를 만들어냅니다.

질: 그래서 우리가 그것을 하는군요?

마: 제가 말했지요. 그대들은 바잔을 노래할 때 몸-형상에 대해 잊습니다. 그 리듬은 영靈이 좋아하는 기운을 창조합니다. 어떤 단어도 문자적으로 받아들이지 말라고 한 것을 기억하십시오!

질: 압니다, 압니다. 저는 가끔 당신께서 말씀하시는 것을 이해하기 위해

그것을 어떤 칸막이 안에 집어넣는 경향이 있다는 것을 자각합니다. 제 말 뜻을 아시는지 모르겠습니다만.

마: 라조구나(*rajoguna*-라자스)는 다양한 물질적 원인을 통해서 즐거움을 찾으려고 하는 것입니다. 따모구나(*tamoguna*-따마스)는 이를테면 범죄적 개념, 범죄적 사고와 관계됩니다. 그러나 모든 구나는 몸하고만 연관됩니다.

저는 그 너머를 이야기하고 있습니다. 사실 어떤 구나도 없습니다. 이것을 니르구나(*nirguna*)라고 합니다. 그리고 이제 이런 이야기는 다 잊어버리십시오! 보세요, 이런 모든 영적인 언어, 영적인 지知는 몸하고만 연관됩니다. 그것은 다 몸-지知, 몸과 관련된 지知입니다. 저는 그 모두의 너머, 지知 너머, 지知 아님, 무無를 이야기하고 있습니다.

지知는 진아지를 의미하고, 헌신은 그 지知의 완성을 의미합니다.

56. 누가 햇수를 세고 있는가?

질문자: 스승이나 구루가 정말 필요합니까?

마하라지: 이 모든 개념들에서 나오기 위해서는 안내자가 필요합니다.

우리는 전 세계를 알지만, 우리 자신을 모릅니다.

우리는 전 세계의 모든 것을 알지 모르지만, 우리 자신을 모릅니다!

우리는 어떤 것에 대해서, 일이나 영적인 문제에 대해서 이야기하고 또 이야기할 수 있지만,

우리 자신의 실재의 장場에는 들어가지 않고 있습니다.

우리는 그것을 등한시하고 있습니다. 그래서

스승이 '보이지 않는 청자'의 주의를 요청하고 있습니다.

그대가 궁극적 진리이고, 그대가 최종적 진리입니다.

몸은 그대의 정체성이 아닙니다.

저는 매일 이것을 외치고 있습니다. 몸은 그대의 **정체성**이 아닙니다. '나'는 결코 남아 있지 않습니다. 그대가 의사의 도움으로 그것을 보호하고 싶어 해도, 그가 할 수 있는 최대한은 아마 죽음을 연기하는 것이겠지요. 그러나 의사는 죽음을 막는 어떤 일도 할 수 없습니다.

자기탐구를 하십시오! 죽음의 비밀은 무엇입니까? 더 깊이, 더 깊이 들어가면 두려워할 것이 아무것도 없다는 것을 발견할 것입니다. 그대에게 죽음은 없습니다. 그대는 밧줄과 뱀의 이야기를 압니까?

질: 예! 저도 언젠가 그 비슷한 경험을 했습니다. 어두운 방 안에서 바닥에 큼지막한 검은 뱀이 있는 것을 보았습니다. 정말 무서웠습니다. 도움을 청하러 달려갔습니다. 제 친구가 그 무서운 뱀을 보려고 불을 켜자 진실이 드러났습니다. 그것은 방바닥에 둘둘 사려져 있던 두꺼운 검은색 허리띠에 지나지 않았습니다. 두려움은 일순간에 떠났고, 저는 웃음을 터뜨렸습니다.

마: 좋은 경험이었군요. 밝은 데서 그것이 뱀이 아니라 밧줄이라는 것을 보면 더 이상 겁먹지 않습니다. 죽음에 대한 공포도 마찬가지입니다. "나는 불생不生인데, 죽음에 대한 공포를 왜 가져야 하나?"

"나는 아예 태어나지 않았다.

몸은 나의 정체성으로 남아 있지 않을 것이다.

왜냐하면 내가 이 모든 것을 주시하고 있기 때문이다."

질: 그래서 30여 년 동안 저는 그런 모든 개념들을 가지고 살아 왔고‥‥.

마: 누가 햇수를 세고 있습니까?

질: 맞습니다! 나이도 하나의 개념이라고 생각됩니다.

마: 그렇지요! **영**靈이 몸과 맞물렸을 때 그 개념들이 들어왔습니다. 누구도 사실들에 대해 생각하지 않습니다. 대신 우리는 그런 모든 생각들의 압박을 받고 있고, 우리의 실체인 **실재**보다 환幻을 받아들입니다. 실재를 알아야 합니다.

질: 그리고 당신께서는 스승으로서 제가 그렇게 하도록 도와주실 거고요?

마: **실재**를 알려면 용기가 좀 있어야 합니다. 불가능은 없습니다. [계보 스승들인 바우사헵 마하라지, 싯다라메쉬와르 마하라지, 니사르가닷따 마하라지, 란지트 마하라

지의 사진들을 가리키며]

이 모든 성자들도 그대와 같은 영靈으로 되어 있습니다.

이 모든 위대한 성자들은 그대 안의 그 영과 함께합니다.

질: 제가 여기 이 회당 안의 스승님들 사진을 보고 그분들의 현존을 느낄 때는, 바우사헵 마하라지님의 '개미의 길' 명상, 니사르가닷따 마하라지님의 『아이 앰 댓』, 진지함 그리고 힘, 란지트 마하라지님의 "내가 그다"와 "일체가 영(zero)이다", 그리고 싯다라메쉬와르 마하라지님의 '새의 길'을 다시 떠올립니다. 그런 다음 당신으로부터 직접적이고, 진솔하고, 단순하고, '급소를 찌르고', 그 모든 것을 베는, 급진적이고 절대적인 것을 배웁니다.

마: 가르침은 동일하고, 표현만 다릅니다.

어쨌든 영靈을 그만 과소평가하십시오. 그대들은 "나는 남자다, 여자다"를 받아들이고, 매일 다른 누군가에, 다른 무엇에 의지하고 있습니다. 우리는 신에게 의지하고, 신에게 의존하고 있습니다. 우리는 "신이시여, 저를 축복하소서. 오, 신이시여, 저를 축복하소서!" 합니다. 사람들은 신에 대해 이야기하지만, 어느 신입니까? 그들이 신을 본 적 있습니까? 아니지요! 그대는 신을 본 적이 있습니까? 아니지요! 신을 본 적이 없습니다. 하지만 모두가 신이 있다, 신이 있다고 합니다. 그러나 신은 어떤 형상으로 있지 않습니다.

모두가 신이 있다고 말하지만, 신이 있는 것은

먼저 그대의 자연발로적 현존이 있기 때문일 뿐입니다.

우리는 단어들의 제물, 개념들의 노예가 되었습니다. 우리는 단어를 가지고 노는 것을 즐깁니다.

질: 맞습니다! 저는 그에 대해 죄책감을 느낍니다.

마: 그래서 이 진리를 받아들여야 하고, "무슨 일이 일어날까? 무엇이 일어나려는가?" 따위의 환적인 생각들의 압력에 굴복해서는 안 됩니다. 어떤 일도 일어난 적이 없습니다. 어떤 일도 일어나고 있지 않고, 어떤 일도 일어나지 않을 것입니다. 그럴 때 그 비밀은 더 이상 비밀이 아니고 공개된 것입니다. 아주 간단하지요! 그러나 그대는 개념들의 원 안에, 풍선 안에 자신을 가두었습니다. 악순환입니다. 이 몸-지知의 범주에서 나와야 합니다.

질: 아니면 그 풍선을 터뜨리고요?

마: 그렇지요! 그러니 수천 권의 영적인 책들, 그 책들이 무엇을 가리킵니까? **자기탐구**를 통해서 알아내야 합니다. 그저 탐구하고, 그대 자신에게 물으십시오. "그 많은 책을 읽었고, 여러 **스승들**을 만나보았고, 그 많은 여러 곳을 가보았는데, 그 모든 것의 결과는 무엇인가?"라고.

그대의 결론은 무엇입니까?

질: 결론이라고요? 실은 모르겠습니다. 저는 여전히 그것을 다 이해하려고 애쓰고 있는 것 같습니다.

마: 예를 들어 그대가 **자기탐구**를 하고 있을 때, 그대가 읽은 책들이 그대에게 평안과 두려움 없음을 안겨주었는지, 그대를 혼란에서 끄집어내 주었는지 알아내십시오. 만일 내면의 목소리가 "아니다"라고 하면, 그 반응이 그대를 지知로 이끌어줄 것입니다. 그런 질문들을 해야 합니다. 완전정지(full stop)가 있어야 합니다. 그렇지 않으면 목표 없이 떠돌거나, 수많은 단어들의 바다에서 헤엄치기만 하게 됩니다.

질: 무슨 말씀을 하시는지 알겠습니다.

마: 그대의 **내적 스승**이 "아니"라고 하면, 그것은 완전정지를 의미합니다.

완전정지가 있어야 합니다.

그런 다음 선로를 바꾸어 **진아**지로 직행하는 노선을 탈 필요가 있습니다. 아주 간단하지요!

만일 그대의 영적인 추구가

그대를 자기탐구와 진아지로 이끌어주지 못했다면,

결론은 그것이 모두 하나의 큰 환幻이었다는 것입니다.

우리는 몸-형상을 통해서 우리 자신을 알려고 합니다. 우리는 몸-형상이라는 매개물을 통해서 알려고 하고 있습니다.

몸은 매개물일 뿐입니다.

공개적인 진리가 그대 안에 있습니다.

그대는 그것을 등한시하고 있습니다. 그대가 **최종적 진리**입니다.

전 세계는 그대의 자연발로적 현존에서 투사되어 나옵니다.

그리고 그 투사된 세계가 치워질 때는
같은 일이 역으로 일어날 것입니다.
실재를 받아들이십시오.

질: 저는 당신께서 말씀하시는 것을 정말 듣기 시작했다고 생각합니다. 이해가 되기 시작했고, 흥분을 느끼고 있습니다.

마: 우리는 몸, 마음의 불균형, 평안 없음, 많은 혼란과 투쟁에서 오는 수많은 인상과 압력들 아래 있습니다. 왜입니까?
우리가 실재를 받아들이지 않고 있기 때문입니다.
우리가 실재를 받아들이지 않고 있기 때문입니다.
그래서 그대가 진정한 의미에서 그대 자신을 알 때, 이 모든 것은 끝이 날 것입니다.
일체가 사라질 때, 그대가 있습니다.
일체가 사라질 때, 거기에 그대가 있습니다.
저는 여러 가지 방식으로, 다양한 단어를 사용하여 그대가 **궁극적 진리**이고, **브라만**이고, **아뜨만**이라는 것을 (그대 안의) **보이지 않는 청자**에게 납득시키려 하고 있습니다. 실재에 대해서는 여러 가지 많은 단어가 있고, 그래서 **남 만트라**를 줍니다.
바우사헵 마하라지님은 누구나 "나는 브라만이다"라고 말하기는 쉽지만, 그것이 실제적이지 않다는 것을 아셨습니다. 그분이 말했습니다.
"우리는 말을 통해서 진리를 알고 있다.
직접적으로 진리를 알지는 못하고 있다.
우리는 환적인 생각들을 통해서 진리를 알고 있다."

질: 그런데 우리가 말을 통해서만 **진리**를 안다면 그것은 **직접적인 진아지**가 아니라는 뜻이군요? 그래서 우리는 당신께서 말씀하시는 '진정한 의미에서' 우리 자신을 알지 못할 것입니다.

마: 맞습니다! 그러니 차분하게 침묵하십시오. 어떤 환적인 생각들의 인상에도 지배되지 마십시오.

57. 좋은 파일들이 오염된다

마하라지: 제가 말했듯이, 그대에게[새로 온 방문객을 가리키며] 첫 번째 단계는 명상을 닦는 것입니다. 왜입니까? 그대의 노트북 전체가 잘못된 바이트들로 넘쳐나기 때문입니다. 좋은 파일들이 오염됩니다. 그래서 우리는 이 노트북을 완전히 청소해야 합니다. 그렇게 하려면 명상이 무엇보다 중요합니다. 매일 목욕하고 옷을 빠는 것만큼이나 필요합니다.

매일 명상을 하여 그대의 영적인 몸을 깨끗이 할 필요가 있습니다. 명상은 매일 아침저녁으로 목욕할 때 사용하는 비누와 같습니다. 그것은 영적인 몸을 깨끗이 하기 위한 비누입니다.

여기서 사용되는 접근법은 하나의 과학적 접근법입니다. 이것은 그대가 이미 가지고 있는 지知를 흡수하는 법을 그대에게 보여줍니다.

질문자: '과학적'이라고 말씀하실 때, 그것은 어떤 의미입니까, 마하라지님?

마: 뭐랄까, 과학적이라는 것은 체계적이라는 뜻입니다. 그것은 (많은 사람들에 의해) 사용되어 왔고 효과를 보는 증명된 방법입니다. 초기 단계에서는 그대를 오도하고 한눈팔게 할 사람들과 어울리지 마십시오.

질: 그 수행이 새로운 것이기 때문에 취약할 수 있군요?

마: 강해질 필요가 있습니다. 그러니 좋은 사람들과 어울리십시오. 그대 또래의 한 청년이 여기 한동안 와 있었습니다. 그는 가르침에 주의를 잘 기울였지요. 그러다가 옛 친구들을 찾아가더니 갑자기 변해 버렸습니다. 저는 이런 사람들이 딱합니다. **실재**를 보여주었는데도, 남들의 영향을 받아 다시 한 번 그런 환적인 환경의 제물이 되고 마니 말입니다.

질: 최고의 가르침을 경청하고 최고의 **진리**를 듣고 나서, 말하자면 그냥 그렇게 그것을 다 놓아버릴 수 있다는 것이 믿기지 않는데요?

마: 그런 일이 일어납니다! 환적인 꿈을 위해 그것을 다 내버리지는 마십시오. 무엇 때문입니까? **스승**은 늘 그대들의 경각심을 일깨우고 있습니다. **실재**를 받아들이는 헌신자들은 아주, 아주 적습니다.

아주, 아주 소수의 헌신자들이 실재를 받아들입니다.

제가 그대에게 **실재**를 보여주었는데, 왜 아직도 여기저기 갈 필요가 있습니까? 그대는 전혀 장애인이 아닙니다. 전혀 의존적이지 않습니다. 독립해 있습니다. 이 **실재**를 유지하려면 명상·바잔·지知가 필수적입니다. 그러고 나면 전적으로 두려움이 없게 됩니다. "내가 이것을[당신의 스웨터를 가리키며] 입고 있는 것은 이 몸을 걸치고 있는 것과 똑같다"는 것을 알 것입니다.

몸이 없었을 때는 아무도 없었습니다.

어떤 필요물도 없었습니다. 왜냐하면

우리가 우리의 무아인 진아에게 알려져 있지 않았기 때문입니다.

공개적인 사실입니다.

질문 있습니까?

질: 어떤 필요물도 없다고 말씀하셨는데요?

마: 모든 필요물은 몸과 관련됩니다. 왜냐하면 그대가 몸을 만났을 때, 음식·신·행복·불행·평안 등 모든 것이 시작되었기 때문입니다.

존재성 이전에는 평안이나 행복·불행이 필요 없었습니다.

죽음이나 탄생에 대한 공포도 없었습니다.

질: 그러니까 정규적으로 명상하는 것이 도움이 되겠군요?

마: 그것이 기초입니다. 누구나 문자적인 영적 지知를 가지고 있습니다. 이 지知를 흡수하려면 명상이 필요합니다. 이것은 하나의 기회입니다! 황금 같은 시간이지요! 그러나 그것을 등한시한다면? 사라질 것입니다. 그러니 목표를 높게 설정하십시오!

질: 제가 보기에는 일을 하는 사람들, 그리고 삶 속의 사람들 일반이 우리를 끌어낼 수 있고···.

마: 무관심해야 합니다! 강한 자세를 견지하고, 어려운(에고가 강한) 사람들을 무시하십시오. 그들은 자신들이 자라난 환경에 따라, 그 환경의 독특한 모든 인상들을 지닌 채 행동합니다.

존재성 이전에, 그리고 존재성이 사라진 뒤에

그대가 있던 방식이 궁극적 진리입니다.

(그때) 그대는 그대의 존재를 전혀 모릅니다.

그대의 존재를 전혀 모릅니다.

질: 기억하는 것이 가능하지 않습니까?

마: 그것은 공개적인 사실입니다. 사람들은 제가 기억에 대해 이야기한다고 잘못 생각하는 실수를 합니다. 아니지요! 말을 문자적으로 받아들이면 안 됩니다. 제가 이야기하는 것은 기억과 무관합니다. 기억은 존재 이후에 옵니다. 존재 이전에, 기억이 어디 있습니까? 기억하기 위해서는 그 기억을 할 뭔가가 있어야 합니다.

그대의 현존은 보이지 않고, 익명이고, 정체불명입니다. 따라서 기억의 문제는 결코 일어나지 않습니다. 하늘이 그 자신을 기억합니까? 그걸 보십시오! 지知라는 안경이 그대에게 주어졌습니다.

그 지知라는 안경은 그대의 것입니다.

그 안경으로 그대 자신을 볼 수 있습니다.

왜냐하면 그대가 최종적 진리이기 때문입니다.

전 세계가 그대의 자연발로적 현존에서 투사되어 나온다는 것은 공개적인 사실입니다. 그런데 우리는 투사자보다 그 투사물을 중요시하고 있습니다.

그대가 궁극적 진리입니다. 그 지知를 흡수하십시오! 세상에는 수많은 단어들이 있고 수많은 책이 있지만, 그 모든 것은 이 환적인 세계에 속하고 그것의 일부입니다. 언어로 전달되는 모든 지知는 환幻입니다. 그것은 문자적 지知이고, 건조한 지知입니다. 그것은 그대에게 도움이 되지 않을 것입니다.

진정한 지知는 진아지이며,
단어들을 넘어서 있고, 세계들을 넘어서 있습니다.
그대는 단어들을 넘어서 있고, 세계들을 넘어서 있으며,
상상을 넘어서 있고, 너머를 넘어서 있고,
일체를 넘어서 있습니다!

58. 하나됨은 어머니도 없고 아버지도 없다

마하라지: 샹까라짜리야가 여덟, 아홉 살 때 자기 어머니가 죽었다는 말을 들었습니다. 그는 모든 친척과 마을 사람들에게 자신이 시신을 화장터로 나를 수 있게 도와달라고 했습니다. "제발 좀 도와주세요!" 했지만 아무도 이 어린 소년을 돕고 싶어 하지 않았습니다. 당시에는 성자다운 사람들에 대한 증오심이 많았습니다.

그 어머니는 체구가 컸고, 소년은 야위고 몸집이 작았습니다. 시신을 전부 혼자서 치워야 했습니다. 그래서 그는 어머니의 시신을 자신이 다룰 수 있을 만한 크기로 토막 내야 했습니다. 예리한 날을 이용하여 눈을 질끈 감고 필요한 일을 했습니다. 그런 다음 그 토막들을 오로지 혼자서 화장터로 끌고 갔습니다. 그 일을 해냈다는 것은 대단한 일이었지요!

그가 "찌다난다 시보함 시보함(*Chidananda Shivoham Shivoham*)"의 노랫말을 지었습니다. 이 노래는 아주 높은 의미를 가지고 있습니다. 아주 대단한 것이고, 우리의 철학을 정말 잘 요약하고 있습니다. "어머니도 없고, 형제도 자매도 없고, 스승도 없고, 제자도 없고, 아무것도 없다. 주시도 주시자도, 경험도 경험자도 없다. 일체가 환幻이다."라고 합니다.

궁극적 진리가 여러분 안에 있지만, 어떤 몸-집착이 여러분이 **무아인 진아**에 가까이 있는 것을 용납하지 않고 있습니다. 불가능한 일도 아닌데 말입니다. 이 "찌다난다" 노래는 몸의 안쪽 부분에 도달합니다.

이런 모든 영적인 이야기를 듣고 나면
어떤 융해 과정이 뒤따를 것입니다.
그런 다음에야 완전한 평안이 있을 것입니다.

에고·지성·마음이 완전히 녹을 것이고, 그러고 나면 **무아인 진아**를 향한 사랑과 애정, 영적인 사랑, 자연발로적 사랑이 있을 것입니다! 어떤 미움도, 어떤 이원성도 없고, 완전한 평온과 고요만이 있을 것입니다. 몸들은 다르지만 영靈은 하나입니다.

하나됨(단일성)은 어머니도 없고 아버지도 없고,

형제도 자매도 없고, 스승도 없습니다.

이들은 몸의 관계들입니다.

모든 관계는 여러분이 몸을 만났을 때 형성되었습니다. 신·브라만·아뜨만·빠라마뜨만·스승·형제·자매·어머니가 말입니다.

이 모든 관계들은 몸과 관련됩니다.

여러분의 현존은 비상한 현존입니다.

말은 여러분의 비상한 현존에 도달하지 못합니다.

차분해지십시오! 조용해지십시오! 업(karma)에 대해 들은 모든 것을 잊어버리십시오. 여러분이 몸을 떠나는 마지막 단계에서는 비상한 행복이 여러분 안에서 나타날 것입니다. 그것은 어떤 말로도 설명할 수 없습니다. **완전한 평온과 평안**이 있을 것이고, 전적으로, 전적으로 매혹적일 것입니다.

샹까라짜리야 같은 성자들은 많은 어려움에 직면했습니다. 각 종교마다 수많은 규칙이 있습니다. 그것은 어느 정도 타당하지만, 그것이 가르치는 것은 **궁극적 진리**가 아닙니다. 제가 말하는 것은, 힘이 여러분 안에 있다는 것입니다. 저 강력한 영靈이 여러분 안에 있습니다! 그것은 엄청난 힘을 가지고 있지만 여러분이 그것을 등한시하고 있습니다. 그래서 우리가 여러분 안의 이 힘에 대한 주의를 요청하고 있는 것입니다.

여러분 안에 있는 이 힘,

그것을 이용하여 모든 무지에서 벗어나십시오.

이 **지**知를 듣고 나면 그것을 완전히, 그리고 철저히 흡수하십시오. 이 모든 성자들은 많은 어려움에 직면했지만, 훌륭한 **지**知, **완전성**을 확립했습니다. 그 **완전성**을 성취하십시오! 그것을 등한시하지 마십시오. 편의적으로 받아들이지 마십시오. 여러분이 그 몸-형상 안에서 하고 있는 것들은 **궁극적 진리**가 아니라는 것을 아십시오.

이 몸은 타이머가 설정되어 있습니다. 진지하십시오! 어렵지 않고, 불가능하지 않습니다. 완전한 겸허함이 필수입니다. "오, 나는 상당한 사람이야, 상당한 사람."이라고 말하지 마십시오. 이렇게 말하는 것이 훨씬 낫습니다.

"나의 현존은 도처에 있다.

모든 존재 안에 나의 현존이 있다."

몸들은 다르고 행위도 다르지만, 그 행위들이 가능한 것은 오로지 영靈 때문입니다.

어떤 에고도, 어떤 마음도 없습니다. 필요할 때는 마음·에고·지성을 사용해도 되지만, 마음·에고·지성의 제물이나 노예가 되지 마십시오. 마음·에고·지성은 서로 친척입니다. 마음 속에 생각이 들어오면 지성이 "이것을 하라!"고 지시합니다. 그러면 에고가 "예!" 합니다. 그것들은 서로 관련되어 있습니다. 그것들이 없으면 여러분이 삶을 살아갈 수 없습니다. 그것은 지知의 도구들입니다. **궁극적 진리가 아닙니다.** 필요할 때는 사용하고, 그런 다음 잊어버려야 합니다.

59. 죽음이라는 유령에게 야유를 보내라

질문자: 마하라지님, 저는 죽음과 죽기(dying)에 대해 여쭙고 싶었습니다. 당신께서는 죽음에 대해 실제로는 말씀하지 않으십니다.

마하라지: 어떤 죽음도 없고, (죽음이 있다면) 몸에게만 있습니다. 누구나 몸 안에서 살아 있기를 원합니다. 가장 큰 동물에서부터 가장 작은 곤충에 이르기까지 다 그렇습니다. 왜입니까? 그들이 몸을 좋아하기 때문입니다. 그들은 그 단맛을 즐깁니다. 개미를 예로 들어 봅시다. 개미 근처에 물 한 방울을 부으면 개미는 마치 거기에 자기 목숨이 걸려 있기라도 한 듯 냉큼 달아납니다. 인간들도 그 개미와 마찬가지입니다.

영靈은 몸을 통해서만 그 자신을 압니다. 영靈은 이 정체성에 집착하게 되었고, 떠나기를 원치 않습니다. 죽음이라는 개념은 서서히 그대에게 다가오는데, 그러다 어느 날 그대는 원하든 원치 않든 그 몸을 떠나야 합니다.

몸은 시간제한이 있습니다. 공개적인 사실이지요! 그러나 그대는 몸이 아닙니다. 그대는 몸이 아니었습니다. 그대는 몸으로 남아 있지 않을 것입니다. 그대는 불생不生입니다. 그러니 누가 죽습니까? 누가 살고 있습니까? 그저 **자기탐구**를 하십시오.

　아무도 죽지 않고, 아무도 태어나지 않습니다.

　그대는 훗날 그 몸을 떠날 때 그것이 아주 행복한 순간이 되는 것을 보장할 수 있는 절호의 기회를 맞았습니다.

질: 그러면 제가 어떻게 보장할 수 있습니까?

마: **자기탐구**를 하여 진정한 의미에서 그대 자신을 아십시오. 그러면 죽음이란 없다는 것을 알 것이고, 이 죽음이라는 유령에게 야유를 보낼 수 있을 것입니다. 그대 삶의 매 순간이 매우 귀중하며, 결코 되풀이되지 않습니다. 지금이 알아낼 때입니다.

　그대는 어떻게 해서 세계의 존재를 볼 수 있습니까? 그것은 비존재에서 나왔습니다. 존재가 비존재 속으로 사라집니다. 자신을 돌아보십시오! "이것이 무엇인가?" 그러다 보면 궁극적으로 전혀 두려움이 없게 될 것입니다. "아!" 어떤 일도 일어나지 않을 것입니다. 어떤 일도 일어난 적이 없습니다. 왜 그림자를 두려워합니까? 그대의 **자연발로적 현존**으로 인해, 그대가 무서워하는 이 두려운 그림자가 있습니다. 그것은 그대 자신의 그림자, 그대의 원리일 뿐입니다!

질: 저는 당신께서 하시는 말씀을 경청하고 있는데, 사물들이 제자리에 맞아들어 가면서 "아하!" 하는 순간, 예컨대 "나는 몸이 아니구나" 같은 순간들이 많이 있습니다. 당신의 말씀을 믿습니다. 그러나 여전히 죽는 것에 대해서는 다소 두려움이 있습니다.

마: 누가 두려워합니까? **자기탐구**를 하십시오! 그것은 믿음의 문제가 아닙니다. 수많은 사람들이 영적인 **지**知를 가지고 있다고 주장합니다. 그들은 "나는 몸이 아니다", "나는 **브라만**이다, 나는 **아뜨만**이다"라고 하겠지요. 그러나 사고나 질병 같은 예기치 않은 일이 일어나거나 임종을 앞두고 고통받을 때, 그때는 그 모든 진리들이 그냥 사라집니다. 그러다가 그들은 "우,

우" 하고 두려움에 떨면서 죽습니다. 그때는 무엇을 시도해 보기에는 너무 늦습니다.

이는 그대가 몸이 아니라는 확신이
그리 깊이 들어가지 않았다는 것을 의미합니다.
그것이 확립되지 않았고, 따라서
그것은 실재가 아니었고, 진정한 확신이 아니었습니다.

그대가 가진 어떤 영적인 지知도 진정한 **진아지**여야 합니다. **진아지**가 실용적이어야만, 몸을 떠날 때가 되어서도 그대가 강하고, 용기 있고, 두려움이 없을 것입니다. 어떤 몸-집착도 없어야 합니다. 그대는 몸이 아니고, 몸이 아니었고, 몸으로 남아 있지 않을 것입니다. 공개적인 사실입니다! 따라서 이 **진리**를 받아들이십시오.

질: 온전히 흡수하여 (그것이) 실용적으로 받아들여지려면 시간이 걸립니다.
마: 왜 시간입니까? 시간이란 없습니다. 존재성 이전에 시간이 어디 있었습니까? 그대는 자신이 여자라는 것과, 이러이러한 해에 태어났다는 것을 받아들입니다. 그리고 햇수를 세면서 자신이 오십 몇 세라고 말합니다. 그대는 이 모든 환幻을 받아들입니다. 그러다가 제 스승님이 저와 함께 나누신 **지**知를 제가 함께 나누면, 그대는 그것을 받아들이지 않습니다.

그대의 존재에 관해 생각해 보십시오! 한 번 살펴보고, 성찰해 보십시오! 아무도 (그런) 생각을 하지 않고 일체를 그냥 맹목적으로 받아들이고 있습니다. 만일 그대가 몸이 아니라면 그대는 무엇입니까? 그대는 **불생**不生입니다. **자기탐구**를 하십시오. 그러다 보면 그대가 몸과 무관하다는 것을 알게 될 것입니다.

분별력을 사용하십시오!
다시 되풀이하지만, 이것은 하나의 관념이 아니라 진리입니다.
그대는 결코 태어나지 않았습니다.
그러니 어떻게 죽을 수 있습니까?

탄생도 없고 죽음도 없습니다. **실재**를 알면 그대의 모든 두려움이 아무 근거가 없는 것을 알 것입니다. 그것은 거짓된 자기동일시 위에, 몸-집착

위에, 환幻 위에 건립되었습니다. 그러나 이제 그대는 더 나은 도리를 압니다.

(우파니샤드에는) 나치케타(Nachiketa)라는 소년의 이야기가 있습니다. 그는 호기심이 풍부했고 약간 짓궂었습니다. 왜냐하면 늘 자기 아버지에게 질문을 했기 때문입니다. 소년의 질문에는 끝이 없었습니다. 아버지는 성자였고 은자 같은 사람이었지만, 아들의 끈덕진 질문은 서서히 그를 짜증나게 만들고 있었습니다.

참다못한 아버지가 죽음의 신 야마(Yama)에게, 와서 아들을 데려가 달라고 했습니다. 야마가 오자 아버지가 말했습니다. "부디 제발 이 아이를 데려가 주십시오. 별별 질문을 다 해서 저를 귀찮게 합니다." 야마는 아이를 데려갔습니다. 그들이 집 밖으로 나가는데 소년이 야마에게 연달아 질문을 했습니다. 이렇게 말했습니다. "그러니까 당신은 죽음의 신이군요. 죽음이라는 것은 무슨 뜻입니까? 만일 당신이 모든 보통 사람들의 영혼을 데려가신다면, 당신의 영혼은 누가 데려갑니까?"

야마가 대답했습니다. "네가 원하는 것은 뭐든지 주겠다만, 부디 그런 질문들은 하지 말아다오." 소년이 말했습니다. "아니, 아니에요. 당신께 여쭈는 걸 그만두지 않을 거예요. 그냥 대답만 해주세요."

이 예는 실재를 알 필요가 있음을 말해줍니다. 우리는 일어나지도 않은 일들에 대해 부단히 질문을 하고 있습니다. 우리는 태어나지 않는 아이, 불생不生인 아이의 전망·미래·운명에 대해서 묻고 있습니다. 실재를 알아야 합니다!

그대의 현존은 말이 없고, 보이지 않고, 익명이고, 정체불명입니다. 그대의 현존은 지금도 존재성 이전에 그랬던 것과 동일합니다. 존재성 이후에도 동일할 것입니다. 유일한 차이점은 (지금은) 그대가 몸을 보유하고 있다는 것입니다. 그대는 몸의 보유자이지, 몸이 아닙니다.

그대는 몸의 보유자이지 몸이 아닙니다.

60. 존재성 이전에 그대의 가족이 어디 있었는가?

마하라지: 여러분은 "내가 **그것이다**!"라고 사자처럼 포효해야 할 때, 양처럼 살고 있습니다. 왜 두려워하고 우울해 합니까? 어떤 일이 일어나면, 일어나는 거지요. 그것은 오고갈 것입니다. 여러분은 관여로, 과도한 관여로 인해 고통 받고 있습니다. 지나가는 그런 생각들을 그냥 무시하십시오. 그 접촉이나 깨물림을 받지 마십시오. 그렇지 않으면 고통 받을 것입니다.

질문자: 저는 삶 속에서 많은 쏘임을 받아 왔고, 가족과 세간사에 관여하는데, 당신 말씀처럼 과도하게 관여하고 있습니다. 이제 **남 만트라**를 받았고 그 수행을 하고 있으니, 그런 가족 관계들을 어떻게 다루어야 합니까?

마: 전과 같이, 평소대로, 평상하게 해나가십시오. 가족관계가 영적인 공부에 차단물이나 장애물이 될 필요는 없습니다. 그저 평상하십시오. 그대는 가족을 언제 처음 만났습니까? '가족'은 존재성과 여타 모든 개념들과 함께 왔습니다. 영靈이 몸과 맞물렸을 때, 사람들·가족·장소들·세계 등 모든 개념들이 시작되었습니다. 그대의 정상적 임무를 수행하십시오. 아무 문제가 없습니다.

질: 저는 수행을 위해서는 가족과 거리를 둘 필요가 있을지 모른다고 생각했는데요?

마: 전혀 그렇지 않지요! [스승님들의 사진을 가리키며] 이 성자분들 대다수는 가족이 있었고, 결혼을 해서 자식들이 있었고, 자신들의 업무를 했습니다. **란지트 마하라지님**은 73세까지 한 가게에 고용되어 일했습니다. **니사르가닷따 마하라지님**은 여러 해 동안 자신의 가게를 가지고 있었습니다. **싯다라메쉬와르 마하라지님**도 고용되어 있었고, 그 이전 **바우사헵 마하라지님**도 그랬습니다. 그래서 이분들은 모두 자신들의 임무와 가정생활을 아무 문제없이 해나갔습니다.

 스승을 통해 그대는 자신의 **실재**를 상기하게 됩니다. 그 스승이 몸-지知가 없는 그대 안의 **궁극적인 것**에 대한 주의를 요청하고 있습니다. 몸은 궁극이 아닙니다. 중요한 것은 영靈입니다. 영靈이 사라지면 몸은 죽습니다.

죽음? 송장? 이 지나가는 몸뚱이가 무슨 가치가 있습니까? 그렇다면 그대의 어머니와의 관계란 무엇입니까? 누가 어머니입니까? 누가 아버지입니까? 누가 형제입니까? 누가 자매입니까? 누가 신입니까? 누가 스승입니까? 누가 친구입니까? 누가 아내고, 아들입니까?

모든 관계는 이 몸하고만 관련됩니다.

그것은 공개적 사실입니다. 그것은 공개적 사실입니다.

죽고 난 뒤 이런 관계들은 무엇을 의미합니까? 이런 관계들이 어디 있습니까? 하나도 없지요! 관계들도 없고, 가정생활도 없습니다. 따라서 이 모든 관계들은 이 몸-지知에서 나온 것일 뿐입니다.

이 몸은 하나의 음식-몸입니다.

몸에 음식을 공급하는 한, 그것이 살아 있겠지요.

음식 공급을 그치는 순간, 그 몸은 끝나고 말 것입니다.

질: 만일 가르침과 가정 사이에 갈등이 일어나면 어떻게 합니까? 가족이 가르침에 동의하지 않는다면요?

마: 그대는 가족을 언제 만났습니까? 간단한 이해입니다. 그대가 몸을 만난 순간 가족이 시작되었습니다. 몸을 떠난 뒤에는 그 관계가 어디 있습니까? "찌다난다 시보함 시보함"에서는 어머니도 없고, 아버지도 없고, 형제자매도 없고, 친구도 없고, 죽음도 없고, 스승도 없고, 제자도 없고, 아무것도, 아무것도 없다고 합니다.

전 세계는 그대의 자연발로적 반영입니다.

그대의 자연발로적 현존이 일체의 이면에 있습니다.

그대의 현존이 없으면 그대는 볼 수 없고, 이야기할 수 없고, 아무것도 할 수 없습니다. 그러니 진정한 의미에서 그대 자신을 알기만 하십시오. 이것은 하나의 꿈 세계입니다. 세계라는 이 큰 드라마에서, 감독은 눈에 보이지 않습니다. 그대가 그 감독입니다!

질: 그러니까 '가족에 대해서는 걱정하지 말고, 진정한 의미에서 그대 자신을 아는 데 집중하라'고 말씀하시겠군요?

마: 가족에 대해서 왜 걱정합니까? 어떤 갈등도, 어떤 문제도 없습니다.

질: 그러나 때로는 번뇌가 있습니다. 가까운 가족 구성원들조차도 상황을 힘들게 할 수 있습니다.

마: 그것은 몸에 대해 아주 많은 애정, 아주 많은 애정과 사랑이 있기 때문입니다. 영적인 공부에서는 가정생활을 등한시하라고 하지 않습니다. 스승님들은 자신들의 가정적 임무에서 도피하지 않았습니다. 가족은 장애물이 아니고, 방해물이 아니고, 차단물이 아닙니다.

61. 누가 고통 받고 있는가?

질문자: 저는 언젠가 한 선생님을 찾아갔습니다. 그분은 개인적 고통과 집단적 고통을 묘사하기 위해 '고통-몸(pain-body)'을 이야기했습니다. 우리의 모든 정서적 고통은 한데 모여 저장되고, 그 결과 그것은 마치 우리가 가지고 다니는 고통 덩어리 같은 일종의 개체에 가까운 것이 되었다는 겁니다. 나아가 그분은 이 고통이 우리에게 피해를 주지 않게 하는 유일한 방법은 온전히 현재 속에서 사는 거라고 말했습니다. 왜냐하면 '지금(Now)'은 많은 힘이 있기 때문이라는 것입니다.

마하라지: 그것은 모두 몸-지知이고 상상이지요! 그대는 몸이 아닙니다! 몸 그 자체로는 아무 힘이 없는데 어떻게 고통-몸이라는 개체가 있을 수 있습니까? 그것은 어떤 사람이 작은 괴물을 창조하여 그대를 겁주는 것처럼 들립니다. 누구의 고통입니까? 누구의 고통-몸입니까? 누구의 '지금'입니까?

그대는 불생입니다! 이것은 하나의 긴 꿈입니다! 과거도 없고 미래도 없습니다. 현재도 없고 '지금'도 없습니다. 모든 힘은 그대 안에 있습니다. 저의 참스승 니사르가닷따 마하라지님이 전하시기를 "그대의 무아인 진아 외에 어떤 신도, 브라만도, 아뜨만도, 빠라마뜨만도, 스승도 없다"고 했습니다.

질2: 그러나 마하라지님, 저는 한 가지 문제에서 또 다른 신체적 또는 정서적인 문제로 이동하는 것 같고, 그것이 괴로움을 가져옵니다.

마: 문제들이 자라나는 것은 우리가 몸을 너무 중요시하기 때문입니다. 이것은 마치 그대가 꿈속에서 문제들에 직면했다가 깨어나면 그 문제들이 사라져 버렸을 때와 같은 몸-지知입니다. 성자들은 늘 자신의 문제들과 용기 있게 직면했습니다. 그들은 강한 **확신**이 있었기 때문에, 자신의 문제들에 그다지 상관하지 않았습니다. 심각한 손실을 보았거나, 병에 걸렸거나, 뜻하지 않은 비극을 만났을 때도 말입니다.

성자 냐네스와르(Jnaneswar)의 비극적인 이야기를 생각해 보십시오. 그의 어머니와 아버지는 갠지스 강에 투신했고 남은 자식들은 가난해졌습니다. 그것은 모두 그의 아버지가 산야신(*sannyasin*)이었다가 브라민(Brahmin)의 율법에 반해 가정생활로 돌아갔기 때문이었습니다. "당신들에 따르면 제가 과오를 범했습니다. 그런데 왜 제 자식들을 벌합니까?" 아버지는 자신은 벌을 받겠지만 자식들은 벌을 받으면 안 된다고 사정했으나, 브라민들은 그의 간청을 무시했습니다. 그래서 이 부모는 신성한 강에 투신했습니다. 그러면 자식들이 더 잘 살고, 남들이 더 잘 보살펴 줄 거라고 생각한 것입니다. 어린 자식이 네 명이었는데, 셋은 형제고 하나는 누이동생이었습니다.

전통적인 종교적 스승들은 네 자식이 구걸하는 것을 허용하지 않았습니다. 당시 사람들은 증오심이 많았습니다. 아이들은 고생을 많이 했고, "부디 도와주세요" 하면서 겸손하게 청했습니다. 그러나 친척들은 네 고아를 버림받은 아이들로 취급했습니다. 아무도 도와주지 않았습니다. 그래서 그들은 자신들을 반겨주고 재워줄 곳을 찾아 여러 곳을 다녔습니다. 어떤 곳에서는 전통적인 종교 지도자들을 만나기도 했으나, 그들을 받아주지는 않았습니다.

(나중에 깨달음을 얻은) 냐네스와르가 학식 있는 브라민들을 찾아가서 가문의 명예를 회복해 보려고 했습니다. 그는 "**신은 도처에, 모두의 가슴 속에 있습니다**"라고 선언했습니다. 브라민들은 그것을 증명해 보라면서 말했습니다. "좋다. 이 물소가 **베다**를 염하게 해 보아라."

냐네스와르가 물소의 머리에 손을 얹자마자 물소는 브라민들만큼이나 훌륭하게 베다를 찬송하기 시작했습니다! 수많은 군중이 몰려와 이 기적을 듣고 보았습니다. 사람들은 냐네스와르가 가진 힘에 너무 놀라서 절을 했습니다. 전통적인 승려들은 냐네스와르의 위대함과 초자연적 힘을 인정하지 않을 수 없었습니다.

이 이야기는 (어려움을 극복하는) 분투의 중요성을 보여줍니다.

만일 완전한 믿음을 가지고
그대의 지知의 근원에 귀를 기울이면,
그대에게 내재하는 힘이 자연발로적으로 일어날 것입니다.

냐네스와르 같은 결의를 가지십시오! 이제 그대들은 성숙함·**지**知·**실재**를 가지고 있습니다. 그러나 계속 몸의 수준으로 도로 계단을 내려가지 마십시오. 몸을 하나의 도구처럼, 중개인처럼 사용하십시오.

그대들은 몸을 가지고 있고, 따라서 신체적·정신적·영적 문제들이 있게 될 것입니다. 누구나 자신의 문제가 가장 크다고 생각하지만, 큰 그림을 보면 늘 우리 자신보다 더 고통 받는 누군가가 있습니다.

문제들을 자신의 영적인 삶에 대한 하나의 시험으로 보십시오. 저 **지**知를 실천에 옮기십시오. 구름처럼 오고가는 문제들에 과도한 중요성을 부여하지 마십시오. (그대 안에) **진리**가 확립되면 견딜 수 없는 것들도 견딜 만해집니다. 그대들은 좋은 지知를 가지고 있습니다. 그러나 그것을 실천에 옮기지 않고 있고, 그것이 진짜 문제입니다. **발견자**가 실종되었습니다. 그대들은 많은 자산을 가지고 있지만 계획성이 부족하여 그것을 사용하지 않고 있습니다. 그래서 결과가 나오지 않습니다. 그 재산, 그 자산을 사용해야 하고, 좋은 계획이 수반되면 그 이익을 누리게 될 것입니다.

질: 몸-지知가 완전히 해소되어야 한다는 말씀을 하셨습니다.

마: 자연발로적으로!

질: 마하라지님, 저는 "내가 **그것**이다, 내가 모든 것이다"의 체험을 했다는 것을 말씀드리고 싶습니다.

마: 그것은 아주 좋습니다. 왜냐하면 그런 종류의 영적 체험은 진보하는

단계이기 때문입니다. 저는 그것이 **궁극적 진리**라고는 하지 않지만, 그것은 하나의 진보하는 단계이고, 따라서 고무적입니다.

　체험들은 그대의 현존에서 투사됩니다.
　체험자와 체험들이 해소될 때, 거기에 그대가 있습니다.
　그것은 자연발로적으로 일어날 것이고, 그럴 때 그대는 자신이 세계와 무관하다는 확신을 가질 것입니다. 이 환적인 세계에서 일어나는 모든 일은 그것이 좋은 것이든 나쁜 것이든, 그대와 무관하다는 것을 알게 됩니다.
　보는 자는 보이는 모든 것으로부터 초연하게 있습니다.
　만일 제가 "나는 **브라만이다**"라고 한다면 그것은 **보는 자**의 반영입니다. 세계 안에 있는 **보는 자**의 존재(현존)는 **자연발로적**이고, **무형상**입니다.
질: 몸-지知가 있는 한 저의 **자연발로적 현존**을 이해하기란 불가능합니다.
마: **보는 자**는 하나이고, 꿈들은 서로 다릅니다. 그대는 이 모든 꿈들에서 에고를 취하고 있습니까? 아니지요! 그 꿈들에 대해 그냥 잊어버립니다. 이 꿈도 잊어버리십시오. 그대가 보는 것은 **보는 자**의 투사물·반영이며, '좋은' 것도 아니고 '나쁜' 것도 아닙니다. 그대는 여전히 자신을 **실재**와 별개라고 보고 있습니다.
　실재를 자연발로적으로 받아들이면, 어떤 문제도 용기 있게 대면할 수 있을 것입니다. 인간의 삶에서는 문제들로부터 도피할 수가 없고, 그것을 어떻게 다루느냐는 그대에게 달렸습니다. 사람들은 헌신을 닦고, 책을 읽지만 어떤 **자기탐구**도 하지 않습니다.
　그대가 묘사하고 있는 문제들은 그대가 본 것입니다. 그대는 **보는 자**를 등한시하고 있습니다. **보는 자** 없이는 '보이는 것'을 볼 수 없습니다.
　　우리가 이런 개념들을 만들어냈고, 그런 다음
　　이 개념들의 범주 안에서 살아가려고 애쓰고 있습니다.
　그대는 헤엄치는 것에 대해 이야기는 할 수 있어도 헤엄을 치지는 못합니다.
질: 마하라지님, 저는 20년간 책을 읽고 있다는 것을 깨닫고는 갑자기 중단했습니다. 읽고 있는 내용을 제가 모른다는 것을 문득 깨달은 것입니다.

마: 이 모든 책 지식이 그대에게 어떻게 도움이 되는지를 알 필요가 있습니다. 그렇지 않으면 그것은 쓸데없는 운동입니다.

실재를 알게 되면 완전한 내적 변화를 겪을 것입니다. 그대가 공격적인 사람이라면, 차분하고 고요해질 것입니다. 그대가 어디쯤 왔는지 알기 위해 그 변화들을 점검해 볼 수 있겠지요. 니사르가닷따 마하라지님은 "저는 그대들을 제자로 만드는 것이 아니라 스승으로 만들고 있습니다"라고 말합니다. 그 스승적 본질이 이미 그대 안에 있습니다.

그 스승적 본질이 이미 그대 안에 있습니다.

62. 그대 자신에게서 떠나는 여행을 하지 말라

마하라지: 그래서 그대는 다시 여행을 떠나고 싶어 하는군요? 여전히 다른데서 구걸해 보고 싶은 유혹을 느껴서? 어딘가로 가고 싶다면 그대 자신 안으로 깊이 들어가십시오.

안으로 들어가서 무아인 진아 안에 있으십시오.

그대의 무아인 진아에게 기도하십시오.

자신을 돌아보십시오! 보는 자를 보려고 노력하십시오.

보는 자를 보려고 노력함에 따라, 그 보는 자가 사라질 것입니다.

모든 개인성의 느낌이 사라지고 아무것도 남아 있지 않은 것을 발견할 것입니다. 존재성 이전에 그대가 어떻게 있었는지는 알려져 있지 않습니다. 몸-형상 안에서는 알려져 있지 않고, 말을 통해서도 알려져 있지 않습니다. 그대 자신을 내맡겨야 합니다. 어떤 에고가 배회하고 있다면, 몸-지知, 숨은 두려움과 의심 등이 남아 있다면, 그것이 모두 청소되고 해소되어야 합니다.

에고가 있는 지知는 문제들을 야기할 것입니다.

주의를 내면으로 돌려 그것을 그대의 무아인 진아에 기울이십시오. 그대가 찾고 있을 때 그 찾는 자가 사라질 것입니다. 그래서 제가 그대들에게 말했습니다. 지知 아님이 지知라고 말입니다.

지知 아님이 지知입니다.

이런 모든 단어는 몸과 관련됩니다. 그대 자신을 하늘에 비유하십시오! 그대 자신의 스승, 스승들의 스승이 되십시오! 그 스승적 본질이 그대 안에 있지만, 마음·에고의 신체적 영향이 그대가 자신의 스승이 되는 것을 용납하지 않고 있습니다. 영적인 용기, 내적인 용기, 강한 투신이 필요합니다. 그럴 때에만 두려움이 없게 될 것입니다. '몸에 어떤 일이 일어날 테면 일어나라!' 하면서, 전혀 상관하지 않습니다.

그대의 몸을 마치 이웃집 아이인 양 보십시오. 그대에게 열이 있어도, 그대는 그것이 그대에게 일어나는 것은 아니라는 것을 압니다. 고통 받는 것은 이웃집 아이입니다. 그대의 몸을 이웃집 아이처럼 보십시오. (이웃집 아이가 아프면) 안 됐지만, 그대는 한 다리 건너입니다. 몸을 이런 식으로 볼 수 있는 것은, 몸이 진리가 아니기 때문입니다. 그대는 이 사실을 등한시하고 있습니다. 만물은 그대 안에 있을 뿐입니다. 관광객이 되지 마십시오!

질문자: 저는 아루나찰라를 돌았는데, 아주 유익했습니다. 강한 에너지요!

마: 그대는 아루나찰라에 가서 무엇을 성취했습니까? 어쩌면 힘들고 좋은 운동이었겠지요! 그런데 여기저기 다니는 것은 점점 더 많은 에고를 보태고 그대 자신과 거리를 두는 것일 뿐입니다. 그대는 그대 자신 쪽으로 가기보다, 언제나 그대 자신에게서 떠나는 여행을 하고 있습니다.

그대는 그대 자신의 스승에게 다가가지 않고 있습니다.

그대는 그대 자신의 현존을 가치 있게 여기지 않고 있습니다.

그대의 현존은 헤아릴 수 없이 가치 있고, 비할 바가 없습니다.

그러니 왜 여기저기 다닙니까?

찾고 있는 그 탐색자가 궁극적 진리입니다.

그대가 궁극적 진리입니다. 그대가 바로 그대가 찾고 있던 그것입니다. 찾고 있던 그 탐색자가 궁극적 진리입니다.

63. 보이지 않는 명상자가 그대의 스승이다

마하라지: 그대는 지知를 가지고 있지만 그것이 확고하지 않고 고정되지 않았습니다.

질문자: 그러면 제가 어떻게 그것을 고정하고 확고히 해서, 그것이 견고하고 영구적이고, 순간접착제처럼 저에게 들러붙게 할 수 있습니까?

마: 제가 말했지요, 유일한 방도는 견고한 토대를 갖는 것이라고. 명상이 그 기초입니다. 지知가 살아 있게 하려면 그 수행을 해야 합니다. 명상·헌신·지知·기도—이 모든 것이 그대에게 견고한 기초를 마련해 줄 것입니다.

몸-지知가 해소되지 않으면
그대가 견고한 기초를 확립할 수 없습니다.

그 질문자, 질문하고 있는 **보이지 않는** 질문자가 수많은 질문을 하는 것은 그대가 자신의 **정체성**을 잊어버렸기 때문입니다. 그대는 수많은 질문을 하고 있지만, 동시에 그 **질문자**를 등한시하고 있습니다. 그대가 질문이 많은 것은 그대의 지知가 몸에 기초해 있기 때문입니다.

스승은 그대가 명상을 닦아야 한다고 말합니다. 명상은 집중입니다. **집중자**, 저 **보이지 않는 현존, 보이지 않는 진리, 최종적 진리**에 집중하십시오.

질: 처음에는 우리가 현존을 추측하고, 상상하게 될 것 같은데요?

마: 그렇지요, 맞습니다. 왜냐하면 "나는 누구인가?"라고 말할 때, 우리는 지성을 사용하고 있기 때문입니다. 지적으로는 우리가 "나는 **브라만이다**"를 알지만, 이 **진리**가 확립되지 않았습니다. 그래서 우리가 의기소침하고 질문들이 일어납니다. 명상의 목적은 그대의 **무아인 진아**에 대해 **생각**(탐구)하는 것입니다. 그대의 **무아인 진아**에 대해 부단히 생각하고 생각하다 보면, 어느 정도 시간이 지난 뒤에 그 생각하는 자가 사라집니다. **명상자**, 곧 그대가 그것인 **보이지 않는 현존**에 대해 명상하십시오.

질: 그것은 이원성 아닙니까? 명상, 명상자—그것은 이원성 아닙니까?

마: 어떤 이원성도 없습니다. 명상은 과정일 뿐입니다. 왜냐하면 그 **명상자**,

그대 안의 **보이지 않는 명상자**가 자신의 **정체성**을 잊어버렸기 때문입니다.

그 명상자가 그대의 스승입니다.

그 보이지 않는 명상자가 그대의 스승입니다.

그대가 스스로에게 "내가 어떻게 신일 수 있는가?"라고 묻는 것은 그대의 강한 에고와 몸에 대한 집착 때문입니다. 우리는 에고의 아주 많은 압력을 받고 있습니다. 에고가 지시하는 이 조건들에 너무 많은 주의를 기울이면 그것은 그대가 밑으로 떨어지는 원인이 될 것입니다. "나는 상당한 사람이다"라는 명령적 성품을 가진 에고는 아주 위험합니다. 에고가 해소되어야만 **실재**를 알게 될 것입니다.

한 개인으로 아는 것이 아니라

진정한 의미에서 그대 자신을 아십시오.

그대의 자연발로적 현존이 마지막 목적지이고, 종착지입니다.

다른 일체를 해소하십시오. **무아인 진아**에 투신하십시오. 편의적인 영적 공부나 건조한 논의는 그대에게 도움이 되지 않을 것입니다. 수많은 곳을 찾아다니고, 수많은 스승들을 방문하는 것도 도움이 되지 않을 것입니다.

그대 자신의 스승을 방문하십시오.

그러면 그대가 집으로 돌아가게 될 것입니다.

우리는 브라만이 무엇인지 모릅니다. 왜냐하면 그것을 책에서 듣고 있기 때문입니다. 우리는 온통 순진무구하고, 전적으로 **실재**를 모르고 있습니다. 우리는 신이 누구인지 모릅니다. 이것은 우리의 잘못이 아닙니다. 그러나 **실재**를 알고 나면 신이라는 개념이 해소될 것입니다.

그대의 현존이 없이는

신에 대해 이야기하는 것조차

불가능하다는 것을 알게 될 것입니다.

신을 볼 수 있는지에 전혀 신경 쓰지 마십시오.

신에 대한 모든 그림(이미지)은 그대의 반영일 뿐입니다.

우리는 기적을 추구하고 있고, 그래서 기적을 일으킬지 모르는 여러 스승들을 찾아갑니다. 기적은 **궁극적 진리**가 아닙니다. 그대의 **자연발로적 현존**

이 하나의 기적입니다. 에고가 해소되지 않으면 그대 자신을 알지 못할 것입니다. 수행을 계속하십시오! 그 말은, "나는 다른 어떤 사람이다", "나는 별개의 한 몸이다"와 연관되는 일체를 잊어버리라는 뜻입니다.

그대 자신에게 충성하십시오. 충성하십시오!

그대가 그대 자신의 수탁자, 곧 신탁재산 관리인입니다.

오늘 아침에 심장질환이 있는 나이든 한 헌신자가 쓰러졌습니다. 그리고 그냥 "나 괜찮아" 하더니 일어났습니다. 두려움이 없었습니다. 이것은 용기의 한 예이고, 지知를 흡수한 사람의 살아 있는 한 예입니다.

그대 안에 엄청난 힘이 있는데, 그것이 다시 엄청난 믿음을 불어 넣어 줄 것입니다. 우리는 이런 믿음의 부족, 신뢰의 부족으로 우리 자신을 모욕하고 있습니다. 그래서 그대에게 용기를 주어 그대가 진정한 헌신자, 참된 제자가 되게 하기 위해 이런 대담이 필요한 것입니다.

"나는 **브라만이다**"라고 말하지 않아도, 그렇다는 **자연발로적 확신**을 얻고 나면 전과 같이 그대의 몸을 사용해도 됩니다. 그러나 동시에 그 확신, 실재가 있습니다. "나는 몸이 아니고 몸과 무관하다. 나는 그 너머이다, 그 너머 ···." 논리적 추론이 아니고, 추측이 아닙니다. 그것은 **실재**입니다.

그대의 **보이지 않는 현존**이 곧 **실재**이지만, 몸의 영향으로 인해 그대가 그것을 받아들이지 않고 있습니다. 그대가 하는 그런 모든 생각 중에서 어느 것이 참된지 그대는 이해하려 하고 있습니다. 참도 없고 거짓도 없습니다! 일체가 그대 안에 있습니다. 이제 그대에게 달렸습니다.

질: 저만 그런 게 아니라 대다수 사람들이 수행·명상 같은 것을 할 때는 어떤 저항요소를 가지고 있다고 봅니다.

마: 수행이 필요합니다. 그대가 어려움을 야기하고 있습니다. 그대는 기적을 원하지만, 어떤 노력을 할 준비가 되어 있지 않습니다. 그대가 성장하고 나면 영적인 공부가 필요 없을 것입니다.

질: 누구를 위한 수행입니까? 에고를 위한 것입니까?

마: 그런 것은 지적인 질문입니다. 처음에는 몸-지知를 잊어버리기 위해 수행이 필요합니다.

질: 에고를 해소하는 것이 필요합니까?

마: 그것은 자연발로적으로 해소될 것입니다. 그대에게 지知가 있기는 하나 실제적인 지知는 없습니다. 여전히 그대는 몸과 관련된 이 모든 질문을 하고 있습니다. 질문자가 그 질문자를, 보이지 않는 질문자를 보아야 합니다. 짐작할 수는 없지요! "나는 브라만이다"라는 완전한 자연발로적 확신은 지적인 것이 아닙니다. 지성은 몸과 함께 왔습니다.

질: 지적으로는 그것을 알 수 없습니까?

마: 어떤 지성으로도 안 됩니다. 지성은 몸-지知와 연관되어 있으니까요. 그런 모든 환적인 개념들을 제거하기 위해 수행이 필요합니다.

그 병에서 회복될 때까지는 계속 약을 먹어야 합니다.
완전히 회복되고 나면 더 이상 약이 필요치 않을 것입니다.

64. '그대'가 평안을 어지럽히고 있다

마하라지: 정화 단계는 명상과 함께 시작될 것입니다. 정화란 모든 개념이 서서히, 말없이, 영구적으로 해소되는 것을 의미합니다. 처음에는 몸의 수준에서 많은 일이 일어날 것입니다. 잠시 영적인 공부를 젖혀두고 그 사실들을 바라보십시오.

영적인 공부를 잊으십시오.

존재성 이전에는 여러분이 세계, 가족 혹은
신에 대해 아무것도 몰랐습니다.

모든 필요물과 수요가 몸-지知를 통해서만 방향이 지워졌습니다. 몸이 없으면 가족도 없고, 아내나 남편도, 자식도, 아버지도, 스승도, 제자도, 신도 필요 없습니다. 영靈이 몸과 맞물린 순간, 여러분은 원하는 것들의 일대 목록을 만들기 시작했습니다. "나는 행복을 원한다, 나는 평안을 원한다"

등을 말입니다. 이런 것들은 개념입니다. 누가 평안을 원합니까? 여러분은 평안이 무엇인지 모릅니다. "나는 평안을 원한다." "너는 마음의 평안을 원한다." 이런 것들은 개념, 그냥 개념일 뿐입니다. 여러분은 이 '평안'을 언제 만났습니까?

평안은 있습니다.

그 평안을 어지럽히는 것은 여러분입니다.

평안이 있지만, **여러분이** 그 평안을 어지럽히고 있습니다.

질문자: 세간에서 일을 하고 있을 때는 제가 거기에 몰입됩니다. 무아인 진아를 잊어버리고, 그러고 나서 속상해합니다. 어떻게 하면 제가 ‥‥.

마: 그것은 마음의 수준에 있는 이야기입니다. 전 세계가 환幻이라는 것을 깨닫는 순간, 그런 속상함과 우울함은 마음의 수준에서 일어나는 것일 뿐임을 알게 될 것입니다. 어떤 때는 우리가 기대하고 있는 것이 계획대로 되지 않으면 번뇌가 있습니다.

아내·아들·딸·아버지·아무개, 이런 모든 것은 기대라는 범주의 일부입니다. (기대에 따라) 그 범주 안에서 행위하면 그대가 좋은 사람으로 보입니다. 그 범주를 넘어가면 "오! 그는 좋은 사람이 아니야" 합니다.

부모님이 "너는 착한 아이다" 하면, 그대는 "오! 나는 착한 아이야" 합니다. 그러나 부모님이 "너는 나쁜 아이다" 하면 그대는 기분이 좋지 않습니다. 이것은 모두 심적입니다. 그것이 마음의 수준에서 일어나는 일입니다.

나쁜 것도 없고 좋은 것도 없습니다.

처음에는 이런 식의 일이 일어납니다. 나중에는 융해 과정에서 일체가 해소됩니다. 실재가 그대 안에 완전히 흡수되어야 합니다. 그렇게 되려면 완전한 투신, 완전한 헌신이 필요합니다. 그러면 더 이상 어떤 문제도 없을 것입니다.

백 년 전에 그대는 무슨 문제를 가지고 있었습니까?

몸을 떠난 뒤에는 어떤 문제가 있겠습니까?

질: 어제 당신께서는 영靈이 그 자신을 모른다고 말씀하셨습니다. 그렇다면 영靈이 그 자신을 알도록 제가 어떻게 도울 수 있습니까?

마: 어떤 노력도 하지 마십시오. 그대의 **자연발로적 존재**가 있습니다. **영**靈은 그대가 자신을 알도록 하기 위해 제가 사용하는 하나의 단어일 뿐입니다. 제가 전달하고자 하는 것이 무엇보다 중요합니다. 그것은 그대의 이야기, **청자**의 이야기입니다. **영**靈은 그냥 그대 자신을 알도록 제가 사용하는 하나의 단어일 뿐입니다. 제가 전달하려고 하는 그것이 무엇보다도 중요합니다. 그것은 그대의 이야기, **청자**의 이야기입니다. 『아이 앰 댓』이라는 책을 읽어 보십시오. 때로는 어떤 미묘한 시점에, 만일 그대가 취약하고, 이를테면 마음을 끄는 것, 질병 또는 속상한 일이 생겨서 그대에게 도전할 때는, 그로 인해 불안정·떨림이 있을 수 있고, 그대의 토대가 흔들릴 수 있습니다. 그 결과 **확신**이 그냥 무너집니다.

만일 가능하다면 『다스보드(*Dasbodh*)』도 한 번 살펴보십시오. 그것은 저명한 마라티 성자이자 시인인 스와미 람다스(Swami Ramdas)가 쓴 것입니다. 가이사스(Ghaisas) 박사가 옮긴 이 책의 탁월한 번역본이 있습니다. 거기서 '아홉 가지 헌신'이라는 지침을 제시합니다. 어떻게 접근해서 **무아인 진아**를 볼 것인가 하는 것입니다. 읽을 때마다 더 많은 정보를 얻게 될 것입니다.

그래서 예, 그 **질문자**가 모든 질문에 대한 답변입니다. 그 **질문자**가 모든 질문에 대한 답변입니다.

그대는 그 질문자를 등한시하고 있습니다.

그대는 그대 자신의 정체성과 별개가 아닙니다.

그대가 "이것은 브라만이다, 이것은 아뜨만이다, 이것은 **영**靈이다"라고 말하는 것은 몸 때문일 뿐입니다. 그런 모든 단어는 의사소통, 논의의 목적을 위해서 만들어졌습니다. 보이지 않는, 익명의 **영**靈에 주의를 기울이고, 그것에 말을 걸 수 있도록 하기 위해서 말입니다.

그렇게 말하지 않아도 그대가 저 **영**靈, 저 '나'인데,

거기서 전 세계가 투사됩니다.

따라서 그대의 **현존**이 모든 것 이전에 있었습니다. 모든 것 이전에 그대의 **현존**이 있었습니다. 그것은 규정할 수 없습니다. 우리는 **실재**에게, **청자**의 **실재**에게 인상을 심어주려 하고 있습니다. 그 **청자**는 어떤 형상도 하고

있지 않습니다. 만일 그대 자신을 무엇에 비유해 보려 한다면 그것은 그냥 하늘과 같습니다. 하늘은 그 자신의 존재를 모릅니다. 하늘은 그 자신의 존재를 모릅니다. 이것은 아주 간단한 지知입니다. 그대의 두뇌에 스트레스를 주지 말고, 그대의 기억에 스트레스를 주지 마십시오. 누구의 기억입니까? '나'는 누구입니까? '나'는 누가 아닙니까?

모든 사고 과정이 멈추어졌을 때,

거기, 그 무념의 상태에 그대가 있습니다.

우울함, 혼란, 불안정한 마음, 마음·에고·지성, 이런 것들은 그대가 끌어안은 미세신微細身(subtle body)의 일부입니다. 이러한 **확신**을 가지고 거기서 나와야 합니다. 즉, "나는 몸이 아니었고, 몸이 아니고, 몸으로 남아 있지 않을 것이다."

"죽음과 탄생이라는 문제는 결코 일어나지 않는다.

나는 불생不生이다."

그대가 불생不生이라는 것은 공개적인 사실입니다. 우리는 몸-형상 안에서 우리 자신을 가늠하고 있고, 그래서 그것이 어렵습니다. 우리는 언제나 몸-형상 안에서 우리 자신을 가늠하고 있습니다. 그대는 자신을 과소평가하고 있습니다. 그리고 그 결과, 다른 누군가의 축복을 찾아서 다른 데로 구걸을 떠납니다. 그대의 에고가 문제를 야기하고 있습니다. 그 에고가 "나는 다른 어떤 사람이다"라면서 재깍거리고 있습니다. 겸허함이 필요합니다.

에고가 있는 지知는 무의미합니다.

완전히 녹는 것이 필요합니다.

이 모든 성자들은 아주 겸허했습니다. 아주, 아주 겸허했습니다. 이분들은 자신을 구분하면서 "나는 위대한 스승이다"라고 하지 않았습니다. 그래서 에고는 그대가 **실재**의 지知로 가는 도상의 한 차단물, 장애물입니다. 그대에게 지知가 있지만 그것은 에고가 있는 지知입니다. 미세한 에고가 있어, "나는 상당한 사람이다"라고 말합니다. 겸허함이 없습니다.

겸허함이 있으면 모든 것이 쉬울 것입니다. 먼저 그대 자신을 존경하고, 그런 다음 남들을 존경하십시오. 그대 자신을 존경하고, 그런 다음 남들을 존경하십시오. 그대 자신을 존경한다는 것은 몸이나 그대의 지위를 가리키는 것이 아닙니다.

진리는 "나는 아무것도 아니다"입니다.

그러니 왜 어떤 에고가 있어야 합니까?

모든 성자들은 매우 경건하고, 매우 차분하고 고요합니다. 그들은 짜증이나 번뇌나 갈등을 보여주지 않습니다. 그들의 모범을 따르십시오! 이것은 그대가 진정한 의미에서 그대 자신을 볼 때 그대 안에서 나타날 **자연발로적인 반응**입니다. 누가 화를 내든, 좋은 말이나 나쁜 말을 하든 관계없이, 늘 무한한 인내심이 있을 것입니다. 니사르가닷따 마하라지님은 이렇게 말씀하시곤 했습니다. "누가 좋은 말을 해도 나는 즐겁지 않다. 누가 나쁜 말을 해도 나는 언짢지 않다."

즐거움-언짢음은 몸과 관련됩니다. 그래서 이것은 시간이 좀 걸리겠지요. 왜냐하면 어떤 신체적 에고, 정신적 에고가 있기 때문입니다. 그러나 돌아보지 마십시오! 과거를 잊어버리고, 과거를 기억하려 하지 마십시오. 왜냐하면 그대의 **자연발로적 현존**이 그대의 목표이기 때문입니다.

이는 또한 "어디로도 가지 말라"를 의미합니다. 최고의 지위를 성취해야 합니다. 영적인 삶에서 최고의 지위란, 그대가 몸 정체성을 자연발로적으로 잊어버리는 것을 의미합니다. **실재**를 알고 나면 두려움이 없을 것입니다.

과거를 잊어버리고,

일체를 잊어버리십시오.

제2부 진아지

65. 영靈은 그 자신의 정체성을 모른다

질문자: 마하라지님, 당신께서 영靈은 그 자신의 **정체성**을 모른다고 말씀하셨습니다.

마하라지: 맞습니다! 영靈은 몸-형상 안에서만 그 자신을 압니다. 그렇지요! 우리는 몸-형상 안에 있습니다. 몸-형상 안에는 행복과 평안의 어떤 느낌들이 있습니다. 행복과 평안을 발견할 필요는 없지만, 기본적으로 그대는 몸이 아니었고, 몸이 아니고, 몸으로 남아 있지 않을 것입니다. 따라서 영靈은 그 자신의 **정체성**을 모르고, 자신이 **궁극**임을 모릅니다.

영靈은 그 자신의 정체성,
곧 그것의 궁극적이고 상태 없는 상태를 모릅니다.

이 몸은 하나의 물질적 몸이고, 물질적 몸으로서 그것은 온갖 것들, 모든 것을 필요로 합니다. 그것의 필요물은 끝이 없습니다. 우리는 몸을 보유하고 있고, 따라서 어떤 다른 형상 안에 있기 때문에, 그 몸이 평안과 행복을 추구함에 따라 물질적 필요물이 증가합니다. 몸은 자신이 다른 무엇, [영의 정체성과는] 독립된 다른 어떤 사람이라고 생각하고, 그래서 그런 모든 필요물이 그 몸-형상 안에서 나타납니다.

그대는 몸을 보유하고 있기 때문에 음식을 먹고 싶어 하고,
오락을 즐길 필요가 있습니다.

물질적 몸 이전에는 원하는 것도, 필요한 것도 없었습니다.

전혀 아무것도 필요하지 않았습니다.

그래서 그대가 그 몸-형상, 이 물질적 몸 안에 있는 동안은 그대에게 평안을 가져다 줄 것들을 추구합니다. 그대는 자신의 밖에서 그런 것들을 추구하고 있습니다. '몸 안의' 존재란 그대가 많은 압력과 긴장 아래 있다는 것을 의미합니다. 신체적 압력·두려움·긴장 때문에 지속적인 평안과 행복을 발견할 수 없습니다. 사소한 것들도 갈등과 혼란을 야기하고, 그것이 또 다른 긴장을 추동합니다.

질: 그러면 어떻게 해야 그런 모든 신체적 압력을 느끼지 않게 됩니까?

마: 그것을 극복하려면 그대 자신을 이와 같이 납득시켜야 합니다.

"비록 내가 몸을 보유하고는 있으나,

나는 몸-지知에 상관하지 않는다.

이 몸-지知 이전에 나의 존재가 있었지만,

어떤 형상도 없이 있었다."

질: 몸이 없다는 것이 어떤 것이었습니까?

마: 무형상이지요! 우리는 어떤 유형의 존재가 있었는지 모릅니다. 그것은 상상 너머, 지성 너머입니다. 영적인 학學에서는 많은 것을 이야기하고 책들도 그러하지만, 사실상 우리는 몸-지知 이전에 대해 아무것도 모릅니다.

어떤 지각성(앎)도 없었습니다.

그 상태에서는 아무것도 필요하지 않았습니다.

왜냐하면 그대가 무형상이었기 때문입니다.

영靈이 몸과 맞물린 순간 모든 요건, 요구가 시작되었습니다. 우리는 행복을 원합니다. 우리는 평안, 긴장 없는 삶, 두려움 없는 삶을 원합니다. 이 모든 필요물은 몸-지知와 연관되어 있을 뿐입니다.

확신의 순간에는 "나는 몸이 아니다, 나는 몸으로 남아 있지 않을 것이다, 나는 몸이 아니었다"는 것을 압니다. 그럴 때 일체가 그냥 사라질 것입니다. 그것은 공개적인 사실입니다. 우리가 몸-형상에 상관하는 한, 이 모든 요건들이 남아 있을 것입니다. 우리는 **스승들**을 필요로 하고, 이런저런

신을 필요로 합니다.

'신'은 그 미지의 힘에 주어진 단어입니다.

'신'은 하나의 단어일 뿐입니다.

우리는 신이 무엇인지 모르지만, 전 세계를 주재하는 신에 대한 어떤 이미지, 어떤 그림은 가지고 있습니다. 이것은 하나의 개념입니다.

질: 앉아서 심판을 하고 우리의 죄에 대해 벌을 주는 그런 신 말씀입니까?

마: 존재하고 있고 전 세계를 주재하고 있는 신이지요. 그가 잘못을 범하는 사람들을 벌하고, 선행을 하는 사람들에게 보상을 준다는 것입니다. 이런 것들은 개념, 그냥 약간의 위안과 행복을 주기 위한 개념일 뿐입니다. 그러나 그것은 일시적인 행복입니다. **실재가 무엇입니까?**

그대 안에서 그것을 발굴해야 합니다.

알아내십시오! 그대의 실재가 무엇입니까?

몸-지知 이전에, 존재성 이전에는 우리가 이런 어떤 단어도 몰랐습니다. 우리는 이런 어떤 지知도 가지고 있지 않았습니다. '신이 무엇인가? **브라만**은 무엇인가?' 몸이 사라지는 순간 일체가 사라집니다.

그대의 지知가 무슨 소용 있습니까?

그것이 무슨 중요성이 있습니까?

아니, 전혀 없지요! 아무 중요성이 없습니다.

왜냐하면 첫째, 그대는 무無에서 나온 일체를 보는데,

그런 다음 무無가 무無 속으로 사라지기 때문입니다.

무無가 무無 속으로 사라집니다. 무형상이지요!

그럴 때 그대의 형상이 어디 있습니까?

질: 당신께서 하시는 말씀은 마하라지님, 우리가 책 등에서 얻는 지知는 몸-지知이고 참된 지知가 아니라는 거군요?

마: 그대는 무형상입니다. 몸은 외적인 부분, 음식-몸일 뿐입니다.

그대는 **몸**-형상 안에서

궁극적 진리를 알려고 합니다.

그대는 책과 언어와 단어들을 이용해 그대의 **실재**를 발견하려고 합니다.

그런 단어들을 참되다고, 진리라고 여기고 있습니다. 그렇지 않지요! 단어들은 지시물일 뿐입니다.

　　확신과 함께 그대의 관점이 변할 것입니다.

　이 몸이 영구적이지 않다는 것은 하나의 사실입니다. 그것을 알기 위해 어떤 지知나 영적인 공부도 필요하지 않습니다. 매일 우리는 사람들이 '죽고', 사람들이 '태어난다'는 이야기를 듣습니다. 이 삶은 하나의 긴 꿈입니다. 탄생도 없고 죽음도 없습니다. 영적인 공부에 대해서는 신경 쓰지 마십시오! 단순하게 생각하고, 스스로에게 질문하십시오. "내가 몸-형상 안에 있지 않았을 때 이 세계는 어떠했나? 그것은 어떤 것이었나?"

　그대는 모릅니다! "모른다"가 완벽한 답입니다. 모른다는 것은 "나는 어떤 형상 안에도 있지 않다. 나는 전적으로 무지각 상태이다. 나는 내가 누구인지 모른다"를 의미합니다. 몸이 사라지면 일체가 가고, 마치 꿈이 사라지듯이 일체가 사라집니다.

　꿈속에서 그대는 해·달·사람들 등 일체를 볼 수 있고, 어떤 때는 심지어 자신을 여자가 아닌 남자로 보기도 합니다. 그러다가 깨어남의 단계에서 그 사람들은 어떻게 되었습니까? 일체가 그냥 사라졌습니다. 사람들, 장소들, 사건들, 풍경―일체가 그냥 사라졌지요!

　　이 삶은 일종의 꿈입니다.

　　깨어남이란 진정한 의미에서 그대 자신을 아는 것을 의미합니다.

　　그것이 깨어남의 단계입니다.

　그대는 몸이 아니었고, 몸이 아니고, 몸으로 남아 있지 않을 거라는 **확신**을 가져야 합니다. 저는 늘 이 점을 망치질하여 각인시키고 있습니다. 그것이 일단 확립되면 '세계라는 겉모습'에 일절 상관하지 않게 될 것입니다. 이것은 단순하고 단순한 이야기지만, 그대가 그것을 흡수해야 합니다.

　　(그 확신이 확립되면) **그대가 군중 속에 있다** 하더라도

　　마치 홀로 있는 것과 같을 것입니다.

　한 예를 들겠습니다. 모리스 프리드먼과 그의 친구인 미국인 대사가 한 번은 스리 라마나 아쉬람에 가서 밤새 머물렀습니다. 모리스는 차분하고

조용히 잠을 잤지만 그의 친구는 잠을 자지 못했습니다. 아침에 그가 모리스에게 말했습니다. "대단한 군중이군요. 소음이 너무 많았습니다." 모리스가 대답했습니다. "저런! 무슨 소음요? 저는 곤히 잤습니다." 모리스는 어떤 소음도 의식하지 못했습니다. 그는 세계에 일절 상관하지 않았기 때문에 평화롭게 잠을 잤습니다. 정신적·물리적 세계든 뭐든 관계없이 말입니다. 그러나 그의 친구는 외적인 것에 더 주의를 기울이고 있었고, 아마 어떤 심리적 짐들까지 가져갔겠지요. 그래서 불편하고 방해받는다고 느꼈습니다.

질: 그러면 그 소음은 그의 마음 안에서 온 것입니까?

마: 그렇지요. 전혀 어떤 소음도 없었습니다. 그것은 마음의 내적 소음이었습니다. 그는 모리스에게 불평했지만 모리스는 소음을 인식하지 못했습니다. 그래서 이 예는, 만일 그대가 외적인 것들에 더 주의를 기울이면 그대의 **자연발로적 존재**에서 문제들이 일어날 거라는 것을 보여줍니다. 외적으로 내적으로 일어나고 있는 일체의 것을 무시할 때, 내적·외적으로 일어나고 있는 것들을 무시할 때, 그럴 때만 **실재**가 드러날 것입니다. 그러니 거듭거듭 그대 자신에게 말하십시오.

"나는 상관하지 않는다.

나는 이 세계와 무관하다.

왜냐하면 나의 현존은 이 세계 이전이기 때문이다."

66. 기회를 허비하지 말라

마하라지: 부富의 여신 **락슈미**(Lakshmi)에 대한 마라티 사람들의 이야기가 있습니다. **락슈미**가 여러분의 문을 두드리지만 여러분은 그녀를 알아보지 못합니다. 여러분은 빗자루를 집어 들고 말합니다. "꺼져!" 마찬가지로 **스승**이 **지**知를 가지고 나타나지만, 여러분이 **스승들**의 중요함을 모르기 때문에

그들의 중요함을 최소한으로 만들어 버립니다. 이렇게 말하겠지요. "그래, 나시크에 스승이 한 사람 있군!"

일반적으로 말해서 99퍼센트의 사람들은 여기 와서 이렇게 말합니다. "저에게 만트라를 주십시오, 저에게 만트라를 주십시오. 여기 제 아들이 있습니다! 여기 제 딸이 있습니다! 그들을 축복해 주십시오!" 만트라를 받고 싶어 하는 것은 그들이 기적을 찾고 있기 때문입니다. 만트라를 받고 나면 돈이 들어오거나, 취직을 하거나, 결혼을 할 거라는 기대가 있습니다. 그런 기대를 넘어 (영적인 공부에) 정말 관심을 가지고 있는 사람은 매우 적습니다.

주主 시바에 대한 이야기가 하나 있습니다. 수천 명의 사람들이 시바 사원에 모여 있었습니다. 그들은 춤을 추면서 기도하고 있었습니다. "오, 주 시바시여, 옴 나마 시바야(Om Nama Sivaya)."

고대의 진인들 중 한 분인 나라다(Narada)가 주 시바에게 물었습니다. "왜 이 사람들에게 친견을 베풀지 않으십니까? 그들은 단순한 헌신자들입니다. 당신의 모든 헌신자들은 '그것과 하나'가 되고 있습니다. 당신의 이름을 부르고 당신을 찬양하고 있습니다. 왜 그들을 무시하고 계십니까? 매정하시군요. 그들에게 가셔야 합니다."

시바가 대답합니다. "아주 어렵지만, 가보겠소. 그러나 한 가지 조건이 있소. 나는 이십 리 밖에 서 있을 테니 그들에게 나에게 오라고 하시오." 나라다가 사원으로 가서 선언했습니다. "오 헌신자들이여! 주 시바께서 세상에 오셔서 그대들에게 친견을 베푸실 것이오. 그러니 나와 함께 갑시다."

그 사람들의 절반이 말했습니다. "바보 같은 사람이군! 주 시바께서 세상에 오시는 것은 불가능하다. 정말 바보야." 어떤 사람들은 말했습니다. "어쩌면 거기 계실지도 몰라. 그분을 시험해 볼 수 있겠지."

50퍼센트의 사람들은 나라다와 함께 갔습니다. 도중에 그들은 구리, 즉 구리 용품과 구리 그릇들을 파는 사람들을 만났습니다. 여기에 그들은 완전히 한눈이 팔렸습니다. 그 무리의 절반이 말했습니다. "오! 이건 아주 좋군. 지금 이것들을 집으로 가져가야겠다." 그래서 그들은 떠나면서 말했습니다. "빠이빠이, 안녕."

나머지 사람들은 계속 길을 가다가 진열되어 있는 은그릇들을 만났습니다. 몇 사람이 외쳤습니다. "아까 구리도 좋았지만 이건 은이야. 아주 좋네." 결국 그들의 절반은 무리를 떠나 그 그릇들을 집에 가져가기로 했습니다. 무리는 다시 길을 갔는데, 한 사람이 근처에서 번쩍이는 것을 발견했습니다. "오, 저 봐! 금이야! 금그릇들이네! 좋은 기회다! 저걸 좀 사야지."

이때쯤에는 사람들이 불과 몇 명 남지 않았습니다. 한 명을 제외하고 그들은 모두 신나게 고급 보석가게에 들어갔습니다. 거기서 그들은 시간을 써가며 반짝이는 다이아몬드들을 찬찬히 살폈습니다.

결국 한 사람의 헌신자가 **주 시바**에게 당도했습니다. **시바**가 말했습니다. "보아라, 이 헌신자들은 모두 기대하는 게 있었다. 그들은 뭔가를 찾고 있었다. 나는 단 한 사람, 한 명의 진정한 헌신자를 위해서 여기 왔다."

이 이야기 이면의 원리는 똑같습니다. 누구나 정사精舍(Math - 출가수행자들이 거주하는 힌두 사원이나 암자), 사원 혹은 아쉬람을 찾지만 영적인 공부에는 관심이 없습니다. 그들은 수많은 곳을 방문하면서 여기서 무엇, 저기서 무엇을 맛봅니다. 실은 그들은 그냥 휴가로 인도에 대여섯 달 간 와서 아쉬람에 살고 있지만, **지**知에는 관심이 없습니다. 그런 사람들이 아쉬람에서 아쉬람으로, 남에서 북으로 다니고 있습니다.

니사르가닷따 마하라지님은 이렇게 말씀하시곤 했습니다. "그들은 관광객이지 구도자가 아니다." 그들은 진정한 구도자가 아닙니다. 그래서,

    저는 여러분에게 관광객이 되지 말라고 요구합니다.

    이것은 여러분에게 하나의 기회입니다.

    이 기회를 허비하면 다시 오지 않을 것입니다.

그리고 여러분은 다시 한 번 투쟁과 어려움에 직면할 것입니다.

    깨달은 스승들은 큰 어려움 뒤에 나옵니다.

    그토록 희유한 지知입니다!

    많은 스승들이 있지만

    제자를 깨닫게 하는 스승은 매우 드뭅니다.

니사르가닷따 마하라지님이 말했습니다. "나는 그대를 제자로 만들지 않는

다. 나는 그대를 스승으로 만들고 있다." 그런 스승은 아주, 아주 드뭅니다. 가식이 없고, 이름 나 있지도 않고, 멋진 매력도 없습니다.

그런 스승을 발견하기는 매우 어렵습니다.
그런 스승을 발견한 뒤에는
그 기회를 허비하지 마십시오.
그것을 손가락 사이로 흘려버리지 마십시오.

마야(maya)와 마음을 끄는 외적 요인들을 조심하십시오! 누구나 세간적 행복을 위해 여기저기 가고 싶은 유혹을 느낍니다. 여러분을 실재에서 끌어내어 결과적으로 여러분을 미끄러지게 할 외적인 힘들이 늘 있습니다. 그런 뱀들을 피하도록 우리가 여러분에게 주의사항들을 말해 주고 있습니다.

바우사헵 마하라지님은 새벽 바잔, 오전 바잔, 저녁 바잔과 명상을 권장했습니다. 여러분의 무아인 진아와 접촉을 유지하라는 것 외에는 어떤 규칙이나 조건도 없습니다. 그 행법들이 환幻이라는 건 저도 알지만, 그런 것이 없이는 여러분이 무아인 진아와 접촉을 유지할 수 없습니다. 여러분은 이런저런 형태의 책 지식에 의해 공격 받을 것입니다. 따라서

경각심을 유지하고,
원만한 삶을 사십시오.
그러면 아무 어려움이 없을 것입니다.

67. 누가 좋고 누가 나쁜가?

마하라지: 여러분은 몸에 대한 많은 집착과, 몸과 관련된 모든 연관과 관계들을 가지고 있습니다. 내 남편, 내 아내, 내 형제, 내 자매, 내 아들, 내 딸, 내 친척들 등의 관계 말입니다. 누구나 각기 다른 신을 가지고 있습니다. 종교들에는 3천 3백만의 신이 있지만 누구도 그 신들을 보지 못합니다.

누구도 보지 못합니다.

누구도 열린 눈으로, 지知의 눈으로 보지는 못합니다.

영적인 많은 사람들이 우울한 얼굴을 하고 있습니다. 왜입니까? 행복하십시오! 니사르가닷따 마하라지님은 이렇게 말씀하시곤 했습니다. "아는 것이 그렇게 많은 저 성자 같은 사람들, 그들은 결코 심각해서는 안 되지요." 행복하십시오. 여러분은 이 삶이 환幻이고, 영적인 공부도 환幻이라는 것을 아니까 말입니다. 영적인 공부는 하나의 꿈이고, 삶도 하나의 꿈입니다. 둘다 거짓입니다. 전체를 웃어 버려야 합니다. 그러면 일체가 차분하고 고요해질 것입니다. 강해지세요, 강해지십시오!

여러분과 늘 접촉을 유지하십시오.

여러분의 무아인 진아와 늘 접촉을 유지하십시오.

맹목적 믿음을 갖지 마십시오. "나는 누구인가? 이 삶이 왜 있는가?"를 알아내십시오. 사람들은 "지난 발현업, 이번 발현업"이라고 합니다. 누구의 발현업입니까? 발현업이 무엇입니까? 행운의 의미는 무엇입니까? 불운의 의미는 무엇입니까? 어떤 운도 없습니다! 좋다, 나쁘다? 그것은 몸-지知의 범주입니다.

여러분이 누구인지를 알아내십시오.

이것이 직접지입니다. 복잡할 것이 없습니다.

공개적인 비밀입니다!

여러분은 몸에 집착하게 되었습니다. 몸에 대해 많은 사랑과 애정을 가지고 있습니다. 여러분은 몸이 자신의 정체성이 아니라는 것을 아는데, 그 **확신**을 가질 필요가 있습니다. 그 **확신**을 확립하기 위해서는 명상과 바잔의 수련을 닦아야 합니다. 그러면 서서히, 말없이, 영구적으로 전체 **진리**가 흡수될 것입니다. 그러고 나면 "아하!" 합니다.

여러분은 자신이 전적으로 독립해 있다는 것을 모르고, 자신을 한 사람의 의존자로 여깁니다. 만일 자신을 무엇에 비유하고 싶다면 하늘이나 허공에 비유하십시오. 그런데 여러분은 하늘 너머, 허공 너머입니다. 하늘은 어떤 경계선이 있지만 여러분은 그렇지 않습니다.

우리는 이 음식-몸에 대한 사랑과 애정의 압력 때문에 사실들을, 실재를, 받아들이지 않고 있습니다.

여러분은 그 모든 생각, 환적인 생각들을 맹목적으로 받아들였습니다. 만일 다른 사람의 생각에 의존한다면, 그것은 여러분 자신을 믿지 않고 있다는 것을 뜻합니다. 자신에 대한 믿음이 없는 것입니다. 여러분은 자신의 힘, 여러분 자신의 엄청난 힘을 모릅니다. 대신 늘 누군가가 자신을 보살펴 주기를 기대하고 있습니다. 왜입니까?

일체가 여러분 안에 있습니다.

여러분이 근원입니다.

지知가 여러분 안에 흡수되어서, 세상에 대해 일절 상관하지 않고, 차분하고 고요하고, 잊어버리며 용서할 정도가 되어야 합니다. (그렇게 되면) 인내심이 있을 것이고, 어떤 투쟁이나 증오도 없을 것입니다. 왜 투쟁합니까? 왜 미워합니까? 누가 적입니까? 어떤 적도 없습니다. 누가 나쁩니까? 누가 좋습니까? 여러분이 전적으로 변해야 합니다.

『마하바라타』에는 주 크리슈나가 두 형제를 심부름 보낸 단순한 이야기가 있습니다. 한 사람에게는 마을에 가서 죄를 저지른 나쁜 사람들이 살고 있는지 알아보라고 했습니다. 그는 시킨 대로 많은 집을 방문하여 좋지 않는 사람들이 있는지 확인해 보았습니다.

마을을 다 돌아본 그는 돌아가서 주 크리슈나에게 보고했습니다. "죄를 짓는 사람이 아무도 없습니다. 모두가 선량합니다. 죄 혹은 그와 같이 부도덕한 짓을 하는 사람은 하나도 발견하지 못했습니다."

그러자 주 크리슈나는 다른 형제에게, 그 마을에 가서 주민들 중에 나쁜 짓을 하거나 죄를 짓는 사람이 있는지 조사해 보라고 했습니다. 그는 마침내 돌아와서 자신이 알아낸 것을 크리슈나에게 말했습니다. "그 마을 사람들은 하나같이 나쁩니다! 선량한 사람을 하나도 발견하지 못했습니다!"

서로 다른 이 두 관점이 참된 지知를 잘 보여줍니다. 어떤 '좋음'도 없고 어떤 '나쁨'도 없습니다. 모두 관점에, 우리가 취하는 자세에 달렸습니다.

만약 여러분이 '보이는 것'에 주의를 기울이면,

환幻 속으로 끌려들 것입니다.
환幻을 실재한다고 여기는 한 좋고 나쁨, 옳고 그름의 이원성이 있을 것입니다.

'보는 자'와 함께 머무르십시오.
깨달은 뒤에, 즉 진정한 의미에서 여러분 자신을 알 때, 여러분은 완전히 변할 것입니다. 그 느낌은 "나는 도처에 있다"는 느낌일 것입니다. 나의 **현존**, 자연발로적 현존, 보이지 않는 현존이 도처에, 모든 존재 안에 있습니다. 그때가 오면 남들을 몸-형상 안에 있는 것으로 보지 않을 것입니다.

같은 영靈이 여기 있고, 같은 영이 저기 있습니다.
좋은 것도 없고 나쁜 것도 없습니다.
그렇게 되어 도처에서 여러분의 **현존**을 볼 때는 어떤 질투도, 어떤 적의도 없을 것입니다. 모두를 여러분과 동등한 사람으로 대하게 될 것입니다. 명상은 여러분의 소견을 바꿔놓고, 관점을 변화시킬 것입니다. 모든 사람을 제가 보듯이 보게 될 것입니다. 이런 변화들은 내적인 몸에서 일어납니다. 그것이 비상한 **행복**과 **평안**을 단순하게 그러면서도 심오하게, 가져다줄 것입니다. 왜냐하면 모든 사람을 마치 그들이 서로 다른 것처럼 보지 않기 때문입니다. 주 크리슈나는 이렇게 말합니다. "나는 도처에 있다. 모든 존재 안에 나의 **현존**이 있다." 이런 식으로 여러분의 소견이 바뀔 것입니다. 이와 같은 변화가 일어날 것입니다.

질문자: 『아이 앰 댓』에서, 니사르가닷따 마하라지님이 그에 대해 무슨 말씀을 하셨다고 기억합니다. 그분은 "좋은 것도 없고 나쁜 것도 없다"고 말씀하셨습니다. 사람들은 몹시 충격을 받았습니다. 왜냐하면 그런 생각을 결코 해본 적이 없었기 때문입니다.

마: 그렇지요! 좋음과 나쁨은 몸-지知와 관련됩니다.

질: 그들은 굉장히 충격 받았습니다. 모든 전쟁, 세계의 모든 문제들, 모든 살인과 그와 같은 것들이 있는데⋯.

마: 우리가 몸-형상으로 우리 자신을 가늠하고 있기 때문에, 좋음과 나쁨을 보는 것입니다. 사실 그대는 결코 몸이 아니었고, 몸이 아니고, 몸으로

남아 있지 않을 것입니다. 이것이 **궁극적 진리**입니다. 어떤 탄생과 죽음도 없습니다. 그런 것들은 모두 개념, 모두 개념입니다. 어떤 탄생, 어떤 죽음도, 어떤 구원, 어떤 속박도 없습니다.

질: 어떤 전쟁도, 어떤 천당도 말입니까?

마: 아무것도 없습니다. 제가 말했듯이, 일체가 무無에서 나오고, 무無 속으로 흡수되고 합일될 것입니다. 그것은 공개적인 사실입니다. 모든 기억은 몸과 함께 사라질 것입니다. 우리는 이것을 알면서도 여전히 이 몸의 인상과 압력을 받고 있습니다.

   우리는 **실재**를 알지만 그것을 받아들이지 않고 있습니다. 몸-지知를 해소하려면 이 과정을 거쳐야 합니다. 제1과는 명상입니다. 그런 다음 일체가 열릴 것입니다. 왜냐하면 그대의 존재는 **자연발로적 존재**이기 때문입니다.

      그대의 존재는 자연발로적입니다.

      그대는 "나는 미국·영국·중국 또는 다른 데서 태어날 것이다" 같은
      그런 터무니없고 잘못된 관념들의 일부가 아닙니다.

      그대는 그런 일들을 할 수 없습니다.

실재를 끌어안고, 몸-형상은 끌어안지 마십시오. 이 **실재**를 끌어안으려면 강한 믿음과 강한 몰입력이 있어서, 이른바 **신**이 그대 앞에 나타난다 할지라도 몸 하나 까딱하지 않을 정도여야 합니다.

      신은 그대의 자연발로적 현존의 반영입니다.

질: 이와 같은 말씀은 일찍이 들어본 적이 없습니다! 놀랍습니다!

질2: 저는 당신께서 말씀하시는 모든 것을 받아들입니다! 그런데 마하라지님, 제가 방금 이 말을 했을 때 그것은 직관적으로 일어났습니다. 그에 대해 생각해 볼 것도 없이 자연발로적으로 말해졌습니다.

마: 마치 그대가 꿈에서 세계를 보고, 신과 일체를 볼 때처럼 말이지요.

질: 이 신이 어디 있습니까?

마: 신을 말하고 무엇인가를 말하려면 그대의 **현존**이 필수적입니다. 만일 그대의 **현존**이 없다면 신과 여신들을 어떻게 볼 수 있습니까? 그대의 **자연발로적이고 보이지 않는 현존**이 일체의 이면에 있습니다.

실재는 상상 너머, 지성 너머입니다.

최종적 진리, 궁극적 진리, 비상한 진리 — 어떤 단어도 사용할 수 있습니다. 단어들은 하나의 매개물, 채널 혹은 도구 구실을 할 뿐입니다.

질: 의사소통을 위한 것입니까?

마: 우리가 그 단어들을 낳았고, 알파벳을 창조했고, 문자를 결합하여 단어들을 만들고 그 단어들에 의미를 부여했습니다. 따라서 문자적 지知만으로는 충분하지 않습니다.

질: 몇 가지 단어들은 근접할지 모르는데요?

마: 그런 단어에서는 어떤 암시들을 발견할 수는 있지요. 메시지를 전달하기는 합니다. 그러나 기본적으로, 우리가 그 알파벳들을 창조하고 그 단어들에 의미를 부여했습니다. 영靈이 몸-형상 안에 있고, 그래서 우리는 의사소통을 위해 단어들을 사용해야 합니다.

단어나 책들을 통해서는 — 심지어 가장 훌륭한 문헌을 통해서도 — 우리 자신을 알 수 없습니다. 우리는 단어들 이전이고, 언어 이전입니다. 우리는 **진아**지를 통해서만 우리 자신을 알 수 있습니다. 영적인 공부의 원리는, '진정한 의미에서 그대 자신을 알라'는 것을 뜻합니다.

"나는 전적으로 완전히 불생이다."

그럴 때에만 두려움이 없어질 것입니다. 그대는 하늘과 같습니다. 우리는 이런 온갖 벽들을 건축하고 있지만 그래도 하늘이 있습니다. 그 벽들이 무너지면 하늘은 어디로 갑니까? 이것이 그대 자신을 납득시키는 방법입니다. **마스터키**가 그대에게 주어졌으니, 이제 그것을 운용해야 합니다. 이것은 **청자의 진리**입니다.

이것은 청자의 진리입니다.

그 보이지 않는 익명의 청자가 이 눈을 통해서 보고,

이 귀를 통해서 듣고, 이 혀를 가지고 맛봅니다.

영靈이 이 모든 기관들을 움직이게 합니다.

만약 영靈이 없다면 그대는 그 눈을 통해서 보지 못하고, 그 코를 통해서 냄새 맡지 못할 것입니다. 아무것도!

이 모든 지知의 결론은 무엇입니까? 우리 자신 외에는 아무것도 없다는 것입니다. **궁극적 실재** 너머에는 아무것도 없습니다. 그러니 다른 스승의 생각·감정·경험을 찾으러 가지 마십시오.

질2: 아까는 저도 모르게 단어들이 제 입에서 나왔기 때문에 정말 이상했고, 그래서 당신께서 말씀하시는 모든 것을 제가 받아들인다고 저 스스로 말하는 것을 듣고 많이 놀랐습니다.

또 오늘 아침에는 명상 중에 당신께서 방금 말씀하시던 것, 즉 **영**靈만이 존재한다는 것에 대한 어떤 강한 암시가 있었습니다.

저의 눈은 감겨져 있었습니다. 그때 어떤 빛이 나타나더니 그것이 하나의 불로 화하여 밝게 타올랐습니다. 그 메시지는, 이 순수하고 신성한 불은 늘 켜져 있고, 늘 밝게 타오른다는 것이었습니다. 그것은 **영**靈의 영원한 불길 같았습니다.

마: 그대는 좋은 체험을 하고 있지만 그것은 **궁극적 진리**가 아닙니다.

68. 세련된 단어들

마하라지: 이 모든 단어들, 이 모든 개념들이 여러분을 불순화不純化하고 있습니다. 이 모든 환적인 생각들은 몸하고만 관계됩니다. **스승**은 말 없는, 보이지 않는 **청자**의 주의를 요청하고 있습니다. 여러분이 **궁극적 진리**입니다. 여러분은 **불생**不生입니다. 그러나 몸-지知, 음식-몸-지知, 물질적 지知의 인상들 때문에, 우리가 **실재**를 등한시하고 있습니다.

마음은 생각들의 흐름에 지나지 않습니다. 여러분은 생각들의 흐름을 지켜보고 있습니다. 꿈을 지켜보고 있습니다. 이것은 하나의 긴 꿈입니다. 하나의 긴 꿈과 똑같습니다. 여러분은 수많은 꿈, 여러 가지 유형의 꿈들로 하루하루를 허비하고 있습니다.

보는 자는 동일합니다.

각 꿈의 분위기는 서로 다릅니다.

이것은 오늘의 꿈이고, 내일은 또 다른 꿈입니다.

이 꿈 속에서 일어나고 있는 일에 어떤 중요성도 부여해서는 안 됩니다. 이것이 여러분이 지녀야 할 확신입니다. 이것이 **궁극적 진리입니다. 최종적 진리입니다.** 왜냐하면 여러분은 불생이기 때문입니다.

여러분이 볼 수 있는 모든 것은 환幻입니다.

보는 자 없이는 여러분이 아무것도 볼 수 없습니다.

여러분의 현존이 없이는,

브라만·아뜨만·신·스승에 대해 누구도 아무 말을 하지 못합니다.

여러분의 현존이 일체의 이면에 있습니다. 그것은 **자연발로적 현존, 보이지 않는 현존, 익명의 현존**입니다.

질문자: 현존의 '뒤'라고 말씀하시는 겁니까?

마: 그 단어들을 문자적으로 받아들이지 마십시오! 어떤 '뒤'도 없고 어떤 '앞'도 없습니다. 그런 것은 단어들입니다. 저는 의사소통을 위해, 지知를 말로 표현하기 위해 이런 단어들을 사용하고 있을 뿐입니다. 이 가르침을 경청하십시오. **자연발로적 현존, 보이지 않는 현존, 익명의 현존** 같은 저의 단어들은 매우 중요합니다. 이것에게는 이름이 없습니다.

이것에게는 어떤 이름도 없습니다.

그것은 규정할 수 없고 묘사할 수 없습니다. 이름 없는 이 힘(Power) 없이는 우리가 볼 수 없습니다.

그것은 자연발로적인 정체불명의 정체성입니다.

그대의 현존은 정체불명의 정체성입니다.

이 **현존**은 높은 가치가 있습니다. 헤아릴 수 없이 값집니다. 그대 자신을 과소평가하지 마십시오. 모든 신적인 성자들, 스승적인 성자들은 그대에 비해 2차적입니다. 그들은 그대 다음에 나타날 수 있을 뿐입니다. 그대의 **현존**이 먼저입니다.

어떤 것을, 뭔가를 말하려면 그대의 **현존**이 필수적입니다. 예컨대 "그는 나의 아버지다"에서, "그는 나의 아버지다"라고 말하려면 그대의 **현존**이 필요합니다. "이분은 **신**이다!"에서, '**신**'을 말하려면 그대의 **현존**이 필요합니다.

전 세계는 그대의 현존에서 나올 뿐입니다.

그대의 현존이 없다면,

누가 세계가 참되다거나 거짓되다고 말할 수 있습니까?

누가 무엇을 말할 수나 있습니까?

그대의 **현존**은 눈에 보이지 않고, 도처에 있고, 어떤 단어로도 규정할 수 없습니다. 단어들은 지知의 소통도구에 지나지 않습니다. 우리가 단어들의 발명자인데, 이제는 단어들이 우리를 불순화하는 것을 용납하고 있습니다.

질: 대다수 사람들에게는, 단어와 언어가 그들의 **주인**이 되어 버린 것 같습니다. 우리는 수백만의 그런 단어들이 우리를 통제하고, 혼란시키고, 불순화不純化하는 것을 용납해 왔습니다. 우리는 **진리** 대신 단어들에 사로잡힙니다. 즉, 우리는 단어들을 **진리**와 같다고 생각합니다.

마: 우리가 몸-형상 안에 있기 때문입니다. 브라만·아뜨만·빠라마뜨만 같은 이런 모든 단어들은 어떤 수준에서는 지시물로서 무방하지만, 그러고 나서는 완전히 무의미합니다. 사람들은 여기저기 다니면서 여러 스승들을 찾고, 더 많은 영적인 책들을 읽습니다. 그러면서 그들이 실제로 하고 있는 일은 점점 더 많은 에고를 덧붙이는 것입니다.

그대는 브라만·아뜨만·빠라마뜨만에 대해 이야기하지만,

이름으로서, 단어들로서만 그것들을 알고 있습니다.

그것들이 무엇을 의미하는지는 모릅니다.

저는 브라만·아뜨만·빠라마뜨만의 지知에 대해 이야기하지 않습니다.

저는 그대의 지知에 대해 이야기하고 있습니다.

그대가 그대 자신의 삶, 그대의 영적인 삶의 설계자입니다. 그대의 영적인 삶을 어떻게 만들어 나갈지는 그대에게 달렸습니다. 저는 단순한 단어들을 사용하여, 어떤 복잡함도 없이, 이 **실재**를 단순화하려 하고 있습니다.

그대의 모든 질문은 그대의 몸-지知에서 출현하고 있습니다. "나는 상당한 사람이다, 나는 한 사람의 스승이다, 나는 많이 아는 사람이다." 이런 것들은 예고적인 생각입니다. 그대는 무無입니다! 일체가 무無에서 나오고 다시 무無 속으로 해소됩니다. 어떻게 생각합니까?

질: 예, 지당하신 말씀입니다. 그리고 당신께서 가르침을 소통하시는 방식이 너무나 심플합니다. 아무 장식도, 군더더기도 없습니다!

마: 강해져야 합니다. 왜냐하면 세간의 수많은 개념과 단어들이 그대를 혼란시키기 때문입니다. 우리는 그 속에서 길을 잃습니다. 탄생·환생·미래·전생·내생·구원·지옥과 천당 같은 수많은 단어들이 있고, 뭄바이·캘리포니아 등도 있습니다. 그대가 구원이라고 하는 것은 무슨 뜻입니까? 지옥과 천당이라고 하는 것은 무슨 뜻입니까?

무수한 단어가 창조되었고, 그런 다음 우리는 그것들의 의미를 더 많은 단어를 통해서 발견하려 듭니다. 그대가 얻는 어떤 지知도 몸과 함께 사라질 것입니다.

간단한 질문을 하나 해봅시다. 그대가 몸을 떠날 때 이 모든 지知가 그대에게 쓸모가 있겠습니까? 어떤 미세한 두려움이 남아 있다면 이 지知, 이 모든 세련된 지知가 무슨 소용 있습니까? 그것은 그대가 시장에서 쓸 수도 없는 다채로운 통화를 수집해 왔다는 것을 뜻합니다. 그대는 달러나 파운드화를 한 다발 축적했지만, 그것은 위조지폐입니다. 사용할 수 없습니다.

그래서 그대가 영적인 공부와 브라만·아뜨만·신에 대해 많은 지知를 가지고 있고, 심지어 그런 것들에 대해서 이야기하거나 달변으로 강연도 할 수 있을지 모르지만,

그 지知가 실제적이고 실용적인 것이 되게 하십시오.

그렇지 않으면 그것은 무의미합니다.

그대는 유명한 과학자인 앨버트 아인슈타인에 대한 이 이야기를 알지 모릅니다. 그는 미국의 여러 대학들을 순회하면서 강연을 하곤 했습니다. 늘 운전기사로 해리를 데리고 다녔는데, 해리는 그런 강연에 꼬박꼬박 참석하여 강연장 뒤쪽에 앉아 있었습니다. 하루는 아인슈타인이 강연을 끝낸 뒤에 해리가 말했습니다. "교수님, 교수님 강연을 하도 여러 번 들어서 저도 완벽하게 강연을 할 수 있다고 자신합니다."

"아주 잘됐군." 아인슈타인이 대답했습니다. "다음 주에 우리는 다트머스(Dartmouth)에 간다네. 거기 그들은 나를 모르고, 자네는 강연을 할 수 있으니 내가 해리가 되겠네." 그래서 해리는 (다트머스에서) 한 단어도 틀리지 않게 완벽하게 강연을 했고, 아인슈타인은 운전기사의 제복을 입고 뒷줄에 앉아 꾸벅꾸벅 졸았습니다. 해리가 연단을 떠나려고 할 때 한 연구조교가 그를 붙들고, 복잡한 계산과 방정식이 들어가는 아주 까다로운 질문 하나를 던졌습니다. 해리가 얼른 대답했습니다. "아, 그야 쉽지! 그건 너무 간단하니 내 운전기사인 해리가 대답하게 하겠네."

여기서 이 이야기를 한 것은, 누구라도 책에 있는 말이나 **스승들**의 말을 앵무새처럼 인용할 수 있지만, 자신이 **진아지**를 가지고 있지 않으면 질문에 답변할 수 없다는 것을 보여주기 위해서입니다.3)

  실재의 달인이 될 것이지,
  철학과 영성학(spirituality)의 달인이 되는 데 그치지 마십시오.
  교수는 진리에 대해 이야기하는 것으로 가르칠지 모르지만,
  스승은 진리를 살아냅니다.

니사르가닷따 마하라지님이 한번은 철학박사인 방문객이 질문을 많이 하자 이렇게 말했습니다. "그저 당신이 읽은 것만 마이너스하고 들으십시오! 당신이 어릴 때부터 읽은 모든 것을 빼고, 그런 다음 듣기만 하십시오."

  만약 무無를 알고 싶다면,
  그런 모든 영적인 책들을 구해 볼 수 있겠지요.

우리는 불생不生의 아이에 대해 이야기하고 있습니다. 어떤 일도 일어나지 않았습니다. 어떤 일도 일어나지 않고 있습니다.

질: 마하라지님, 저희는 집에 있는 다락 공간에 족히 수백 권의 책을 가지고 있습니다. 모두 영적인 문제들에 관한 것입니다. 몇 해 전에 그 책들을 거기 올려둔 것은 저희가 책들을 끝냈기 때문입니다. 그 책들이 방한벽이 되어 겨울에 집을 따뜻하게 해 줍니다!

---

3) T. 아인슈타인과 해리에 관한 이 이야기는 일종의 도시전설, 즉 누군가가 그럴듯하게 지어낸 이야기로 보인다. 아인슈타인에 관한 공식 전기나 일화집에는 나오지 않는 이야기이다.

당신께서 하신 말씀은, 우리가 죽으면 이 모든 책들이 아무 도움이 되지 않을 거라는 것입니다. 이런 모든 책을 우리 곁에 둘 수는 있지만, 죽음이 임박해서는 도움이 되지 않을 것입니다. 설사 그 책들을 다 읽었다 한들, 도움이 되겠습니까?

마: 그대는 이런 모든 영적인 공부의 견지에서 그대 자신을 형성해야 합니다. 같은 말을 다시 되풀이하지만, 명상이 그 기초입니다. 명상의 중요성은 아무리 강조해도 지나치지 않습니다. **영**靈의 민감성을 고려하여, 명상으로 영에게 **실재**를 인상지웁니다. "너는 **브라만이다**, 너는 **브라만이다**."

만트라를 염하는 것이 매우 효과적입니다. 제가 한 예를 들겠습니다. 경찰관들이 어떤 범인을 잡으려고 할 때, 처음에는 범인이 이렇게 말할지 모릅니다. "저는 아무 짓도 하지 않았습니다." 그러다가 압박을 조금 가하고 어쩌면 고문을 좀 하면, 항복하고 자신의 범행을 시인합니다. "아, 알겠습니다, 알겠습니다. 일체를 말씀드리지요. 자백합니다."

마찬가지로, 처음에는 마치 "나는 **브라만이다**, 나는 **브라만이다**"를 가지고 그대 자신을 고문하는 것처럼 느껴집니다. 그대의 존재성에 어떤 위협이 있습니다. 에고가 일어나고, 그것이 반발하고 반란을 일으킵니다. 그러나 그러다가 항복합니다. 그리고 받아들임이 있습니다. "그래! **내가 브라만이야**." 그리고 모든 비밀이 그대에게 열립니다.

이 안티바이러스 소프트웨어를 늘 사용해서, 어떤 바이러스도 감히 그대의 노트북에 들어오지 않게 해야 합니다. 그러니 그대의 수행을 하고, 과거에 대해서는 신경 쓰지 마십시오.

과거도, 현재도, 미래도 없습니다.

좋은 것도, 나쁜 것도 없습니다.

우리가 용납할 만한 것들을 우리는 '좋은 것'이라고 합니다.

우리가 용납할 수 없는 것들을 우리는 '나쁜 것'이라고 합니다.

용납하기 어려운 것이 "내가 있다(I Am)"입니다. "내가 있다"는 용납할 수 없는 것입니다. 그에 대해[그에 대처하기 위해] **현존**은 오락(entertainment)을 필요로 합니다. 아기가 태어나면 우리가 꿀을 좀 주거나, 그와 같이 단 것을 줍니다. 우리는 존재성을 견딜 수 없습니다. 오락이 없이는 그것을 견딜 수가 없습니다.

존재성 이전에 그대에게 어떤 오락이 있었습니까?

아무것도 없었습니다.

이제는 사정이 다릅니다. 우리는 음식을 원하고, 이것저것 수많은 것을 원합니다. 매일 목욕을 하고, 이를 닦습니다. 존재성 이전에는 해야 할 것이 아무것도 없었습니다. 닦을 이도 없었고, 비누도 필요하지 않았고, 단것도 필요하지 않았고, 음식도 필요하지 않았습니다. 어떤 요구사항도 없었습니다. 우리는 신·브라만·빠라마뜨만·아뜨만을 몰랐습니다.

이 지知는 아주, 아주 단순하지만,

끝없는 책들에 의해 복잡해졌습니다.

니사르가닷따 마하라지님은 이렇게 말씀하시곤 했습니다. "그 모든 것의 요지는 그대가 **궁극적 진리**라는 것입니다. 그대가 **최종적 진리**입니다." 책에 대해서는 이렇게 말씀하시기도 했지요. "책을 읽되, 책들이 그대를 익사시키지 않게 하십시오. 책을 읽되, 책들에 빠져 익사하지 마십시오."

그런 영적인 책을 읽는 동안에는,

그것이 그 보이지 않는 독자의 이야기,

보이지 않는 독자의 이야기라는 것을 알아야 합니다.

어떤 이원성도, 어떤 개인성도 없습니다.

어떤 이원성도, 어떤 개인성도 없습니다. 안으로 더 깊이, 깊이 들어가십시오. 그러면 비상한 행복을 보게 되고, 발견하게 될 것입니다. 그럴 때 그대는 외칠 것입니다. "아, 나는 바보였다! 내가 하던 모든 것은 하나의 신념체계를 이용하는 것이었구나." 만약 그대가 자신의 과거를 언뜻 본다면, 그것이 어리석은 지知였고, 그대가 하던 일들이 완전히 부질없었다는 것을 알게 될 것입니다. 그대가 어른이 되어 자신이 아이였을 때 한 일들을 돌이켜 생각하면, 부질없었다고 느껴집니다. 이것도 그와 같습니다. 이제 그대는 어른이고, 그대 자신을 압니다.

69. 전능한 신

질문자: 니사르가닷따 마하라지님이 우리가 "나는 신이다"를 넘어서야 한다고 말씀하실 때, 그것은 어떤 의미입니까? 만약 일체가 신이라면, 어떻게 우리가 신을 넘어섭니까?

마하라지: 신은 하나의 개념입니다. 신·브라만·아뜨만·빠라마뜨만, 이런 것들은 우리가 창조한 개념입니다. 그대는 이 신이 무엇인지, 신이라고 할 때 그것이 무슨 의미인지 모릅니다. 그대가 브라만이라고 할 때 그것은 무슨 의미입니까? 그대의 현존이 세계 안에서 나타나는 순간 그대는 "오, 신이시여, 저를 축복해 주소서", 또는 "부디 저에게 호의를 베푸소서" 합니다.

그대의 존재성 이전에 신이 어디 있었습니까? 신에 대해 알고 있었습니까? 아니지요! 전혀 몰랐습니다! 아니면 브라만은? 전혀 몰랐습니다. 전 세계가 무無에서 나왔고, 무無에 합일될 것입니다. 제 말을 따라옵니까? 그것은 무無로 머무릅니다.

영靈이 몸과 맞물리면 그대가 세계를 봅니다. 몸은 원인이고 세계는 결과입니다. 몸이 없으면 어떤 결과도 없습니다. 몸은 독립적으로 움직이지 못합니다. 그것이 작동하려면 영靈이 필요합니다. 마치 선풍기가 전기를 필요로 하듯이 말입니다. 행위를 하려면, 어떤 행위가―몸과 관련된 행위가―일어나려면 어떤 영靈, 어떤 힘이 필요합니다.

질: 그런데 그 힘이 브라만 또는 신이군요?

마: 뭐, 그런 것들은 이름이지요. 브라만·아뜨만·빠라마뜨만·신 같은 이런 것들은 우리가 그 힘을 칭하는 이름이지만, 그것은 **그대의** 힘입니다. 그 힘은 자신의 **정체성**을 모릅니다. 그 힘은 자신의 **정체성**을 모릅니다. 우리가 브라만·아뜨만·신 등과 같은 이름을 붙이는 것은, 단지 우리가 그것을 식별하고, 그냥 알기 위해서일 뿐입니다.

그대의 정체불명의 정체성은 그것을 넘어서 있습니다.

이 정체불명의 정체성, 이 익명의 정체성,

보이지 않는 정체성은 묘사할 수 없습니다.

저는 다양한 단어를 사용하여 그대가 **궁극적 진리**임을 그대에게 납득시키려 하고, 그대는 어떤 에고도 없이 다양한 단어를 사용하여 같은 것을 그대 자신에게 납득시키려고 합니다. 이것은 논리적 사고가 아니고, 지적 사고가 아닙니다. 어떤 심적인 개념도 없습니다. 어떤 마음도, 에고도, 지성도 없습니다.

질: "내가 있다", 그리고 그 "내가 있다"는 느낌과 함께 확실히 머무르려 하고, 그러려고 노력하는 것은 어떻습니까?

마: 왜 그 느낌과 함께 머무릅니까? 어떤 노력도 할 필요가 없습니다. "내가 있다"는 **자연발로적**입니다! 그대는 이미 "내가 있다"이고, 그래서 아무것도 애쓸 필요가 없습니다.

질: 그러나 **니사르가닷따 마하라지**님은 우리가 "내가 있다"를 꽉 붙들어야 한다고 말씀하셨습니다.

마: 또다시 그대는 그 단어들을 문자적으로 받아들이고 있습니다. 스승들이 단어들을 사용하는 것은 뭔가를 가리켜 보이기 위해서입니다. 그들은 단어들을 통해 무엇을 지시해 보입니다. 단어들의 제물이 되지 마십시오! 우리는 우리 자신을 이런 환적인 속박에서 벗어나게 해야 합니다.

그대는 마음을 가지고 이 지知를 파악하려고 애쓰고 있습니다.

그대의 지知는 마음 이전입니다.

전혀 어떤 속박도 없습니다. 그대는 이미 자유롭고 독립해 있습니다.

질: 당신의 은총이 있으면 마하라지님, 제가 자유로워질 것입니다.

마: 그대는 이미 자유롭다고 제가 말했습니다. 그러나 그대는 늘 자신이 의존적이고 장애가 있다고 생각하면서, 다른 누군가에게서 은총을 기대하고 있습니다. 우리는 우리 자신의 중요성을 모르기 때문에, 몸-형상으로 우리 자신을 가늠하고 있습니다.

이것은 환幻에 지나지 않습니다. 왜냐하면 존재성 이전에는 그대가 결코 몸-형상으로 있지 않았기 때문입니다. 그리고 몸-형상으로 머물러 있지도 않을 것입니다.

그것은 **공개적인 진리**이고, 공개적인 사실입니다. 아주 단순합니다. 그러나 그대는 그대의 **무아인 진아**에 전혀 주목하지 않습니다. 그대의 **무아인 진아**에 전혀 주목하지 않고 있습니다.

그대는 엄청난 힘을 가지고 있지만,

몸-형상으로 그대 자신을 가늠하고 있습니다.

그것은 그대의 정체성이 아닙니다.

그것은 늘 변하는데, 어떻게 그럴 수 있겠습니까?

그대가 어린아이인데, 그 아이가 자랍니다. 청년이 되고, 노인이 되고, 그러다가 어느 날 [스승님은 손뼉을 치신다] 그 몸을 떠날 것입니다. 이것을 진지하게 숙고하십시오! 이해하고 스스로 납득하십시오.

우리는 몸에 대해 많은 집착을 가지고 있습니다. 집착이 있을 수밖에 없는 것은 (몸과의) 오랜 연관 때문입니다. 집착이 있을 수밖에 없습니다. 왜냐하면 제가 말했듯이, **영**靈은 몸을 통해서만 그 자신을 알기 때문입니다. 그래서 저 **영**靈, 곧 **브라만**이 몸을 떠나고 싶어 하지 않습니다.

질: 그것이 자신을 **영**靈이기보다는 다른 무엇, 영과 별개의 어떤 것이라고 생각하기 때문입니다. 그것은 자신을 몸이라고 생각하는군요?

마: 그대 좋을 대로 어떤 식으로 말해도 무방하겠지요. 저 **영**靈이 집착합니다. 그것이 아는 것은 "나는 몸이다, 나는 어떤 사람이다"가 전부입니다. 그러나 그대는 아무도 아닙니다. 사실 그대는 아무도 아닙니다. 이 몸은 "나는 어떤 사람이다"라고 말하기 좋아합니다.

그대는 아무도 아닙니다.

마찬가지로, "나는 **브라만**이다"라고 말하는 것은 환幻입니다.

"나는 **브라만**이다"라고 말하는 것은 환幻입니다.

그것은 아무 이름이 없는데, 그대는 어떤 이름을 붙이고 싶어 합니다.

그대는 이름이 없습니다.

질: 이해됩니다! 이것은 오인된 정체성(mistaken identity)입니다. 우리는 어릴 때부터 몸을 자신과 동일시하고, 그것을 우리의 정체성으로 여겨 왔습니다. 그래서 그것이 우리를 몸-지知의 범주 안에 묶어 두었습니다. 나중에 우리

가 자신의 참된 정체성을 찾을 때조차도, 이를테면 우리가 그것을 내면에서, 책 속에서, 그리고 다른 곳에서 찾을 때도, 우리는 여전히 몸을 자신과 동일시하고, 여전히 몸-지知의 범주 안에 묶여 있으면서 그렇게 했습니다.

이것은 우리가 발견한 지知가 이 환幻의 세계에서 온 것이고, 이 환幻인 사람, 이 환幻인 마음, 이 환幻인 에고가—제가—습득한 것이라는 의미였군요?

마: 그대의 **정체성**은 소멸하는 것이 아닌데, 왜 소멸하는 것(몸)을 두고 웁니까? 그대의 영원한 힘은 이 모든 것들보다 큽니다. 그대는 엄청난 힘을 가졌습니다. 이 세계를 창조하는 힘을 가지고 있습니다. 그대는 **보는 자**에게가 아니라 '보이는 것'에 중요성을 부여하고 있습니다. '신'을 말하려면 그대의 **현존**이 필요합니다. 그대가 저 신의 **아버지**입니다. 그대는 **그대의 힘**을 모르고 있고, 그것에게 알려져 있지 않습니다. 그대의 몸이 중요성을 갖는 것은 그대의 **현존** 때문일 뿐입니다.

그대의 삶의 비밀을 아십시오. 모든 비밀은 그대 안에 있을 뿐입니다. 그런데 그대는 자신의 중요성을 깨닫지 못하기 때문에 여기저기 쫓아다니고 있습니다. 그대의 귀중한 존재, 곧 **현존**을 이해하려고 노력하십시오. 제가 그대에게 하는 이야기는 공개적인 비밀입니다. 그것은 그 **청자**의 이야기입니다. 그대, 곧 **청자**는 어떤 몸-형상 안에도 있지 않습니다. 그대는 이 세계 전체와 무관합니다.

그대가 전능한 신입니다.

그대가 전능한 신입니다.

그대가 전능자 신입니다. [오랜 침묵이 따름.]

질: 마하라지님, 당신께서 그 말씀을 하실 때 제가 일소되는 느낌이었습니다. 그 말씀이 '저'를 아주 강력하게 때렸습니다. 그것이 관통하여 내면 깊이 그리고 이 몸 속속들이 들어오는 느낌이었습니다. 그 진리의 무게, 그 힘, 그 의미가 저의 안팎에서 폭발하는 것 같았습니다. 저는 놀라면서도 동시에 겸허해집니다. 그것은 설명하기 어렵습니다.

마: 안도 없고 밖도 없지요! 그대는 이 세계와 무관합니다. 그러니 세계에

상관하지 말고, 이 전체 분위기에도 상관하지 마십시오.

구름들이 오고 구름들이 갑니다. 생각들이 오고 생각들이 갑니다. 어떤 생각이든 그대에게 유용한 것이면 받아들여도 됩니다. 유용하지 않은 생각이라면 내버려도 됩니다. 이 생각들의 흐름은 5대 원소에서 나오는 몸-형상의 성품입니다. 생각들이 오고 있고, 다양한 생각들이 오면서 세 가지 구나[따마스·라자스·사뜨와]를 연출하고 있습니다. 몸은 5대 원소에 속합니다. 그래서 기복이 있을 수밖에 없습니다.

이런 것은 영적인 학學, 즉 얼마간의 정보일 뿐 우리에게 중요하지는 않습니다. 우리는 구나들 너머입니다. 왜냐하면 우리는 몸이 아니기 때문입니다. 이 언어는 이해의 목적을 위해서만 사용됩니다. 그것은 그대에게 **실재**를 가리켜 보이고 그것을 납득시킬 수 있지만, 그대의 영적인 학은 한계가 있습니다. 최종 결론은 이것입니다. 즉,

그대의 정체불명의 정체성이 전능한 신입니다.
그대의 정체불명의 정체성이 전능한 신입니다.
그 실재를 끌어안으십시오.

70. 우주는 그대 안에 있다

질문자: 간밤에 제가 **만트라**를 염하고 있었습니다. 그때 어떤 음표들의 이미지가 공중에 나타났습니다. 그것은 떠다니는 음표들이었습니다. 저는 내면에서 뭔가가 꿈틀대는 것을 느꼈고, 어떤 행복의 물결이 있었습니다. 모든 **계보 스승님들**이 모여서 제 뒤에 서 계셨습니다. 그분들도 아주 즐거워하셨고 손뼉을 쳤습니다. 그분들의 에너지는 보이지 않았지만, 그것은 이 **스승님들의 현존**이라는 어떤 지각이 있었습니다.

그냥 그 말씀을 드리고 싶었습니다. 바잔 부르는 것에 대해 여쭈어 보려

고 했는데, 명상을 하듯이 매일 정규적으로 바잔 부르기를 해야 합니까?
마하라지: 그렇지요, 일과 수행이지요! 이 모든 것은 지知를 흡수하기 위해 필요하지만, 초기 단계에서만 그렇습니다. '초기 단계'란 그대가 확신을 얻을 때까지를 뜻합니다. 그렇게 될 때까지는 명상과 바잔의 수련을 닦아야 합니다. 그러고 나면 그것이 자연발로적일 것입니다.

　진리를 확립하려면 토대가 필요합니다.
　그리고 그대의 토대가 완전하지 않으면,
　진정한 의미에서 그대 자신을 알 수 없을 것입니다.

이 규율을 따르면 그것이 자동적으로 그대 안에서 투사될 것입니다. 제가 들려드리는 것은 **청자의 지知**, 이미 그대 안에 있는 보이지 않고 익명인 청자의 지知입니다. 그러나 그대가 모르고 있습니다.

질: 제가 모르고 있다고요?

마: 저는 마이클이라는 몸-형상에게 말하고 있지 않습니다. 저는 익명의 청자, 그대 안의 **익명의 청자**에게 말을 걸고 있습니다. 제가 전달하는 그것이 그대 안의 보이지 않는 스승에게 전해지고 있는데, 그는 어떤 형상도 없습니다. 제 말을 따라옵니까? 그것은 보이지 않는 청자, 익명의 청자입니다.

그래서 지知를 듣고 그에 관해 성찰하고 나면 실재가 자동적으로 인상지워질 것이고, 지知가 새겨질 것입니다. 그런 다음 그대가 완전히 깨닫는 **궁극의 단계**에서는 이렇게 말할 것입니다. "그래, 내가 찾으려고 애쓰던 것을 발견했구나. 알았다!" 실재는 그대 자신의 재산입니다. 그대는 자신의 부富, 자신의 재산을 잊어버렸습니다.

　실재는 그대의 재산이지,
　브라만·아뜨만·신의 재산이 아닙니다.

그대 안의 말 없고 보이지 않는 청자는 브라만·아뜨만·빠라마뜨만·신·스승 등 많은 이름으로 불려 왔습니다. 그런 것은 단어들일 뿐이지만 그대는 거기에 집착해 왔습니다. 평생에 걸쳐 환적인 생각들이 그대에게 인상지워졌습니다. 남 만트라와 명상이 그런 것을 제거하는 최선의 방도입니다.

질2: 저의 스승은 니사르가닷따 마하라지님이신데 당신께 입문하는 것은 적절한지요? 그것이 문제가 됩니까?

마: 문제가 안 되지요! 모두가 **하나입니다**.

질2: 맞습니다! 그러나 그분이 육신으로 계시지 않은 것이 (스승으로 모시는데) 문제가 됩니까?

마: 어떤 개인성도 없습니다. 인도 하늘, 유럽 하늘, 러시아 하늘, 호주 하늘—어떤 차이도 없습니다. 인도 하늘과 미국 하늘 사이에 의견 불일치, 싸움이나 갈등이 있습니까? 전혀 없지요.

 어떤 개인들도 없습니다. 우리는 모두 하나입니다. 니사르가닷따 마하라지, 란지트 마하라지, 저 자신, 그대 자신도 말입니다. 유일한 차이는 몸-형상에 있습니다. 우리는 **니사르가닷따 마하라지** 따로, **란지트 마하라지** 따로, **싯다라메쉬와르 마하라지** 따로라고 말하고 있습니다.

 몸들은 별개이지만, 궁극적 진리는 하나입니다.

 서로 다른 스승들에 대해 문제를 삼는 것은 아무 의미가 없습니다. 왜 그것을 가지고 문제를 삼고 있습니까?

질2: 스승과의 접촉의 밀도에서는 어떻습니까? 만일 스승이 육신으로 계시지 않은데, 우리가 아주 확신하고 있고 백 퍼센트 헌신하고 있다면, 그 접촉도 살아 있는 스승과 갖는 접촉 못지않고 그만큼 강력합니까?

마: 내적인 스승과 외적인 스승 간에는 아무 차이가 없습니다. 사원이 무너져도 하늘은 그대로 있습니다.

질2: 그러니까 저는 어떤 의심도 가질 필요가 없고, 만사 오케이군요?

마: 그런 의심이 일어나는 것은 환적인 생각들의 인상 때문입니다. 그대가 자신을 "나는 몸-형상으로 있다"고 생각하는 한, 질문과 의심들이 있을 수밖에 없습니다. 그대의 몸-형상, 음식-몸-지知가 해소되는 순간, 그때는 그대가 일순간에 광대한 우주가 될 것입니다. 전 우주가 그대 안에 있습니다.

질2: 전 세계가 제 안에 있다고요? 어떻게 말입니까?

마: 그대의 **자연발로적 현존**으로부터 그대가 세계를 보기 때문입니다. 그대의 **현존**으로부터 그대가 세계를 봅니다. 그 **현존**이 사라지는 순간 이 모든

것이 사라집니다. 그대는 살아 있는 **스승**과 살아 있지 않은 **스승**을 분별하고 있습니다. 그것이 모두 어디로 갔습니까? 어떻게 되었습니까? [손뼉을 치신다.]

우리는 이 몸-형상으로 우리 자신을 가늠하고 있습니다. 그것은 환幻이고 변함없이 머무르지는 않겠지만, **영**靈은 어디로도 가지 않을 것입니다.

집이 무너져도 하늘은 어디로 가지 않습니다.

왜냐하면 하늘은 무형상이기 때문입니다.

그대는 무형상입니다.

또다시 저는 같은 말을 되풀이합니다. 이 확신을 가지려면 이 수련을 닦아야 합니다. 확신이 없는 것은 그대가 몸-형상에, 몸-느낌에 강한 믿음을 가지고 있기 때문입니다.

그대가 "나는 브라만이다"라고 말한다 해도,

몸-느낌이 여전히 있습니다.

확신은 몸을 가지고, 혹은 몸 안에서 얻거나 발견할 수 없습니다.

그것은 자연발로적입니다.

질2: 그러니까 **절대적 확신**의 지점에 이르려면 엄격한 수련이 필요하군요?

마: 물론이지요!

질2: "나는 몸이 아니다"라는 저 **절대적 확신**을 구축하라고요?

마: 자연발로적이고 **절대적인 확신**이지요. 자연발로적인.

질2: 그것이 스스로 홀로 일어날까요?

마: 지적으로도 아니고, 심적으로도 아닙니다.

질2: 그 확신은 심적인 것이 아니고 자연발로적인 어떤 것이군요. 이해가 안 됩니다. 그것이 어떤 식으로든 온다고요?

마: 그것은 그대가 그 몸을 한 남자의 몸으로 받아들인 것과 같습니다. 그대는 남자입니다. 일단 그 몸을 알게 되자 그대는 자신이 남자라고 생각하기 시작했습니다. 그대는 "나는 여자다"라고 말하지 않습니다. 왜냐하면 자신이 남자라는 확신을 가지고 있기 때문입니다.

마찬가지로, **스승**은 그대가 **궁극적 진리**라고, 그대가 **브라만**이라고 말하지만 그대는 몸-형상의 인상들 때문에 그것을 받아들이지 않습니다. 몸-형상이 해소되지 않으면, 진정한 의미에서 그대 자신을 알지 못할 것입니다.

우리는 꿈 세계 속에서 잠자고 있습니다. 그대는 어떤 꿈 속에서 자신을 한 사람의 남자나 여자로 봅니다. 그대 자신을 다른 누군가로 여기는 한, (그대가 가진) 모든 지知는 무의미할 것입니다. 이 몸은 영적인 雷, 영적인 행복을 위한 하나의 기회입니다. 행복이 상실되고 있습니다.

그대의 **자연발로적 현존**은 정체불명이고 익명인, 보이지 않는 정체성입니다.

현존이 있지만 그것은 어떤 형상 안에 있지 않고,

(그대의) 그 형상 안에 있지 않습니다.

질2: 그런데 **니사르가닷따 마하라지**님이 "첫 번째 개념은 "내가 있다"라는 느낌이다"라고 하신 것은 무슨 뜻입니까? 그것은 인간의 몸이 잉태되는 순간에 비롯되거나 시작된 어떤 것입니까?

마: 그렇지요! 영靈이 몸과 맞물린 순간입니다. 영이 몸과 맞물린 순간 그대가 세계를 볼 수 있었습니다. 그 이전에는 어떤 개념도 없었습니다. 그 개념들이 어디 있었습니까? 탄생 이전에는 어떤 개념도 없었고, 어떤 환幻도 없었고, 어떤 신도, 브라만도, 아뜨만도 없었습니다.

이런 모든 세련된 단어들, 이것은 아주 멋진 단어들이지만, 존재성 이전에는 어떤 단어도 없었습니다. 이 모든 이야기와 단어들은 그대의 **자연발로적 현존**의 주의를 요청하고 있습니다. 만트라를 염하는 것도 마찬가지지요!

질2: 그러니까 명상 중에, **만트라**를 할 때, 저는 마음을 멈추는 것입니까?

마: 마음이란 없습니다! 얼마나 많이 이야기해 주어야 합니까? 마음은 생각들의 흐름일 뿐입니다. 만트라를 닦고, 만트라를 염하고 나면 그대의 외적인 정체성을 잊게 될 것입니다. 남는 것은 그냥, 이를테면 말이 없고, 느낌이 없고, 어떤 주시자도 없는 "내가 있다"입니다[역시 이런 것들도 단어일 뿐 실재가 아니라는 것을 기억하라]. 궁극적으로 일체가 사라집니다. 주시·주시자·체험·체험자, 그리고 "내가 있다"를 포함한 일체가 말입니다.

질2: 제가 **니사르가닷따 마하라지**님의 책을 읽고 그 책들을 공부하기는 했지만, 당신의 **친존**에 있으면서 이런 가르침을 듣는 것과는 아주 다릅니다.

마: 그대의 기초가 튼튼해야 합니다. 기초지식, 튼튼한 토대가 필요합니다. 명상이 그대의 토대를 아주 튼튼하게 만들어줍니다. 명상을 통해서 하나의 삶는 과정이 일어납니다. 모든 개념이 삶겨질 것입니다.

그대의 **토대**가 튼튼해진 순간,

그 위에 하나의 건물 전체를 짓기가 아주 수월해질 것입니다.

만일 토대가 약하면 그대가 가진 모든 지知가 그냥 무너질 것입니다.

질2: 금 간 데가 너무 많기 때문에, 세간에 마음을 끄는 것이 너무 많기 때문이군요?

마: 마음을 끄는 것에 세 가지 유형이 있습니다. 이름나기[권력]·돈·성이 그것입니다. 모든 유혹과 오락을 뒤로해야 합니다.

질: 어디에선가 **니사르가닷따 마하라지**님이 헌신의 시를 짓는 취미를 가지고 계셨다고 읽은 것 같습니다. 그 이야기에서, **싯다라메쉬와르 마하라지**님이 하루는 당신에게 그것을 그만두라고 했습니다. 시 짓는 것을 너무 즐기고 있었기 때문입니다. 그것은 어쩌면 당신이 너무 명민해서였을 수도 있고, 미세한 에고가 개입해 있었을 수도 있겠지요. 두말할 것도 없이 당신은 즉시 그만두었습니다. 당신의 **스승님**이 하라고 한 모든 일에서 그랬듯이 말입니다.

마: 생각을 그렇게 많이 하지 마십시오! 평상하십시오! 자연스러우십시오. 이것은 그대의 **지**知이니, "브라만이 어디 있지, **아뜨만**이 어디 있지?" 하고 의아해하면서 스트레스를 받지 마십시오. 브라만·아뜨만·빠라마뜨만에 대해서 이야기하는 것은 영적인 오락에 지나지 않습니다.

의심나는 점 있습니까?

질: 제가 알고 있는 모든 의심이 사라졌다고 생각합니다. 그것들이 씻겨가 버렸습니다. 당신께서 말씀하신 중요한 것들을 제가 기억해야 한다고 봅니다. '아주 강한 헌신이 있어야 하고, **규율**이 있어야 한다. 그러면 강한 확신에 이르게 될 것이다'라는 것 말입니다. 그 밖의 모든 것은 간단합니다.

71. 어떤 일도 일어나지 않고 있다

질문자: 여기서는 정말 기분이 좋지만, 집에 돌아가면 무슨 일이 일어날지 모릅니다.

마하라지: 집에 돌아가고 나면 무슨 일이 일어날 것인가? 무슨 일이 일어날 수 있습니까? 어떤 일도 일어나지 않을 것입니다. 왜냐하면 그대의 **현존**은 신체적 **현존**이 아니기 때문입니다.

　그대는 불생不生입니다.
　어떤 일도 일어나지 않았고,
　어떤 일도 일어나지 않고 있고,
　어떤 일도 일어나지 않을 것입니다.

그대의 **현존**은 신체적 **현존**이 아니고, 정신적 수준의 **현존**이 아니고, 지적 수준의 **현존**이 아닙니다. **현존**은 자연발로적입니다. 그러나 그것이 몸-형상 안에 있기 때문에 그대는 자신이 어떤 것이라고, 다른 어떤 사람이라고 생각합니다. **현존**은 어떤 몸, 어떤 모습, 어떤 형상도 가지고 있지 않습니다.

　어떤 의식도, 무의식도 없고, 어떤 자각도, 무자각도 없습니다. 어떤 주시도, 주시자도 없습니다. 어떤 체험도, 체험자도 없습니다. 그것이 **최종적 진리**입니다. 그것은 공개적인 사실입니다.

　이런 사실들을 받아들여야 합니다.

질: 방금 말씀하신 것을 이해하지 못하고 저를 '크리스(Chris)'라고, 혹은 누구라고 여기는 사람들이 있습니다. 그러다가 제가 집으로 돌아가면, 다른 사람들은 제가 새로 얻은 이 상태를 알아보지 못할 것입니다.

마: 다른 사람들에 대해서는 신경 쓰지 말고 그대에 대해서만 이야기하십시오. 그대는 다른 사람들을 언제 만났습니까? 다른 사람들을 언제 만났습니까? 꿈속에는 수많은 사람들이 있습니다. 그들은 어떻게 되었습니까? 얼마나 많은 사람들이 지옥이나 천당으로 갔습니까? 그대가 세고 있습니까?

다른 사람들이 있다는 것은 언제 발견했습니까?

그대가 "다른 사람들"이라고 말하기 위해서는

그대의 현존이 있어야 합니다.

이 모든 것을 말하려면 현존이 필요합니다.

제가 이미 말했듯이, 전 세계는 그대의 투사물입니다. 그대가 일찍 깨어나는 순간[손뼉을 치신다] 그대는 '나'라고 말합니다. 일순간 세계가 투사됩니다. 그러니 그대 자신을 알아보고, 그대 자신을 보십시오.

질: 일어난 모든 일들이 있고, 저의 나이를 고려할 때, 아주 몸에 밴 습관들은 제가 바꿀 수 없을 것 같습니다.

마: 어떤 일도 일어난 적이 없습니다. 그대가 자신에게 동기를 부여해야 합니다. 그대가 자신에게 동기를 부여해야 합니다. 습관에 대해서는 신경 쓰지 마십시오!

실재를 알면 그대의 소견이 바뀔 것입니다. 따라서 그대가 자신에게 동기를 부여해야 합니다. 예컨대 이런 방식으로 말입니다. "나는 몸-형상으로 나 자신을 고려하고 있었다. 이제 내가 몸이 아니었고, 몸으로 남아 있지 않을 거라는 것을 알게 되었다. 이 몸은 나의 정체성이 아니다. 그래서 나는 무無이고, 이 전체 분위기와 무관하다. 나는 세계에 상관하지 않으니, 몸-기반(body-base-'몸-형상')에 대해서는 신경 쓰지 않겠다."

세계는 '나'의 자연발로적 투사물입니다.

그래서 그대가 미국이나 세계의 어디로 가면,

그대의 자연발로적 현존이 거기 있을 것입니다.

이것을 아주 단순하게 표현해 보겠습니다. 그 몸은 '남자'로 불립니다. 그대가 미국으로 가면 자신이 '남자'로 불린다는 것을 잊어버립니까? 그 몸이 남자로 불립니다. 혹은 그 몸이 여자로 불립니다. 그대들이 미국이나 런던으로 가면 "오, 인도에서는 내가 남자로, 또는 여자로 불렸다"고 말합니까? 제가 그대들에게 말하고 있는 것은 확립된 **진리**입니다. 아주 단순하지요.

그대가 브라만이고, 아뜨만이고, **빠라마뜨만**이고, 신입니다.

확립된 진리입니다.

그대의 정체성을 잊어버릴 일이 어디 있습니까?

그대가 "나는 남자다"라는 것을 잊어버립니까? 아니지요! 그것을 잊지 않습니다. 왜냐하면 '남자'로 불리는 그 몸은 외관상 확립된 진리이고, 그대가 그것을 받아들였기 때문입니다. 이제 그대는, 몸은 그대의 정체성이 아니라는 것을 압니다.

브라만·아뜨만·빠라브라만·신은
확립된 진리입니다.
그것이 그 몸의 보유자이고, 그 몸의 청자이고,
그 몸의 체험자이고, 그 몸의 주시자입니다.
저는 그것에게로 주의를 요청하고 있습니다.
따라서 그대가 그것입니다.

그대가 읽은 모든 것을 잊어버리십시오. 그대가 들은 모든 것을 잊어버리십시오! 이제 그대는 **최종 목적지**에 왔습니다. 그대 자신을 내맡기고 **궁극적 진리**를 흡수하십시오. 그대는 그것을 조금 어렵게 느끼고 있습니다.

질: 왜 그렇습니까? **진리**를 흡수하기가 왜 어렵습니까, 마하라지님?

마: 그대가 큰 힘을 들여 수많은 위조지폐, 다채로운 지폐이기는 하나 위조지폐인 것을 수집해 왔기 때문입니다. 이것은 그대가 많은 다채로운 생각들을 축적해 왔다는 것을 의미합니다. "나는 위대한 **라마나 마하르쉬**의 책을 읽었다. 나는 지두 크리슈나무르티를 읽었다. 나는 ···." 그러면서 계속 에고, 에고, 에고를···, 세련된 에고, 다채로운 에고를 덧붙이고 있었습니다. 그대는 지知를 가지고 있습니다. 인정합니다. 지知가 있습니다. "나는 이 책을 읽었고, 저 과정을 공부했고, 저 책을 썼다."

그러나 그 모든 것을 탐색하여 그대가 무엇을 얻었습니까?
그런 영적인 책들을 읽어서 그대가 무엇을 얻었습니까?

질: 그게 문제입니다! 그 점에 대해 생각해 봐야 할 것 같습니다.

마: **자기탐구**를 하십시오! 알아내십시오! 그것이 도움이 됐습니까? 그것이 그대의 **궁극적 진리**에 유용했습니까? 그 지知가 그대에게 용기를 주었습니까? 그대는 어떤 두려움을 가지고 있습니까?

질: 물론입니다! 누구나 뭔가를 두려워합니다.

마: 그렇다면, 서두르십시오! 몸을 떠나야 할 때 어떤 종류의 두려움도 없어야 합니다. 그대 안에 어떤 두려운 생각도 없어야 합니다. 만일 여전히 두려움이 있다면, 그것은 그대가 무엇을 읽었든 그것은 마치 위조지폐, 가짜 지폐를 수집한 것처럼 모두 무의미하다는 것을 뜻합니다. 이것을 아는 것이 중요합니다. 이해됩니까?

질: 예, 마하라지님.

마: 그대가 이제까지 읽은 것, 들은 것 일체를 잊어버려야 합니다. 그것들이 할 일은 끝났습니다. 제 말을 귀담아 들으십시오.

그대가 이제까지 읽은 것과 들은 것, 일체를 잊어버려야 합니다.

그것들이 할 일은 끝났습니다!

석판(글씨를 쓰는 판)을 깨끗이 닦으십시오. 이것을 받아들이십시오!

질: 그러니까 제가 더 이상 서적이나 큰 책자들을 읽을 필요가 없군요?

마: 그것들이 그대를 여기로 데려왔습니다. 그 모든 독서와 청문聽聞이 그대를 여기로 데려왔지요. 이제 더 이상 무엇을 탐색하고 싶은 마음이 없을 것입니다.

스승이 그 탐색자를 그대 앞에 놓아줍니다.

그대는 그 탐색자를 보고 있습니다.

이것은 첨두尖頭이고, 첨단입니다.

불가능이란 없습니다. 미국으로 돌아가면 무슨 일이 일어날지 두려워하지 마십시오. 어떤 일도 일어나지 않을 것입니다. 아쉬람 사진을 몇 장 찍고, 가르침을 기억하십시오. 홀로 앉아서 이 지知에 집중하십시오.

그것이 그대의 심장 밑바닥에 닿게 하십시오.

저는 그대에게 아무 문제도 없을 거라고 봅니다. 왜냐하면 그대에게 특공대 훈련을 시켰기 때문입니다.

72. 뇌의 세척

마하라지: 스승의 이야기를 듣고 나면, 에고 없이 "나는 **궁극적 진리다**"라는 **자연발로적 확신**이 있어야 합니다. 여러분의 영적 삶은 일체의 너머입니다. 그 확신이 영구히 확립되어야 합니다. 왜냐하면 그것은 **브라만·아뜨만·빠라마뜨만**으로 불리는 여러분의 **궁극적 진리**, **최종적 진리**이기 때문입니다.

여러분이 환幻의 범주 속에 머무른 채 자기 자신을 계속 분리하면서, 여러분의 실체와 브라만의 실체가 서로 별개의 것이라고 생각하는 한, 어려움을 만날 것이고, 언짢은 환적 분위기들을 경험할 것입니다.

여러분의 실체와 브라만의 실체는
서로 별개의 것이 아닙니다.

여러분은 두려움이 있거나, 혼란을 느끼거나, 여러 가지 기분을 경험할지 모릅니다. 슬프거나 우울한 느낌이 들 수도 있습니다. 그런 모든 우울함은 몸-지知와 연관되어 있는 어떤 불균형에서 옵니다. 따라서 그것을 다시 말하겠습니다. 스승이 하는 말을 받아들이십시오.

여러분은 몸이 아니라는 것을 확립해야 합니다.
그것은 공개적인 사실입니다. 여러분은 몸이 아니었고,
몸이 아니고, 몸으로 남아 있지 않을 것입니다.

여러분이 보유하고 있는 몸은 여러분의 **궁극적 진리**가 아닙니다. 여러분 안의 청자, 익명의 청자, 보이지 않는 청자는 전적으로 무형상입니다. 아무 형상이 없습니다. 여러분은 그 몸의 도움으로 듣고 있지만, 그 **청자**는 말이 없고 보이지 않습니다. 저는 그 말 없는, 익명의, 보이지 않는 청자의 주의를 요청하고 있습니다.

질문자: 누가 듣고 있습니까?

마: 그대 안의 보이지 않는 청자입니다. 집중하십시오! 그것은 그대의 **궁극적 진리**, **궁극적 정체성**입니다. 그러나 우리는 몸-지知의 압력 때문에, 늘 우리 자신을 (그것과는) 다른 어떤 사람으로 여기고 있습니다.

그대의 모든 몸-지知가 해소될 때까지는, 그때까지는 그대가 불안정함을 느끼고 변화와 기복을 경험할 것입니다. 이것은 **공개적 진리**입니다. 그것은 **공개적 진리, 최종적 진리**입니다.

몸과의 그릇된 연관들이,
그대가 이 진리를 받아들이지 못하게 막고 있습니다.

질: 어떻게 하면 제가 그 연관들을 없앱니까?
마: 명상이 유일한 방도입니다. 그것은 필름을 청소하고 그 위에 있는 수천의 이미지들을 지워 버리는 것과 같습니다. 명상이 그 필름에서 "나는 태어난다, 나는 죽는다" 하는 환적인 생각, 환적인 개념들을 청소해 줄 것입니다. 행복·불행·외로움·희망·두려움·과거·추억—이런 모든 개념들이 사라지고, 일체가 해소되어야 합니다.

가장 중요한 개념은 "나는 죽을 것이다"입니다.
모두가 죽음을 두려워합니다.
죽음을 좋아하는 사람은 아무도 없습니다.

몸은 죽음을 겪겠지요. 그러나 더 깊이 들어가서 그대 자신에게 이렇게 묻고, 답을 알아내십시오. "만일 내가 불생不生이라면, 결코 태어나지 않았다면, 누가 죽을 것인가?" 죽음과 탄생은 몸하고만 관계됩니다. 몸은 나의 정체성이 아닙니다. 그것은 **공개적인 진리**입니다. 몸은 어느 날 매장되거나 화장될 것입니다. 보증되어 있지요! 피할 수 없습니다! 영적인 공부에 대해서는 신경 쓰지 마십시오.

이것은 합리적이고 논리적인 사고입니다. 만일 몸이 그대의 정체성이 아니라는 것을 받아들이면, 비슷한 논리에 따라 어떤 죽음도 없습니다. 그런 연역은 의문의 여지가 없습니다. 그러니 왜 죽음을 두려워해야 합니까?

그대는 불생입니다. 그 말을 할 것도 없이.

이 **최종적 진리**가 그대 안에 확립되어야 합니다. 명상을 통해, 대화를 통해, 청문을 통해, 독서를 통해 그런 일이 일어날 것입니다.

서서히, 말없이, 영구적으로,
그대의 잊었던 정체성이 그대 안에 인상 지워지고 새겨집니다.

"나는 궁극적 진리다, 나는 최종적 진리다"라고.

그 말을 할 것도 없이 말입니다.

이 확신이 그대 안에서 나타날 것입니다.

그대가 가르침을 따르면, 그대의 수행이 확신으로—그대가 **최종적 진리**라는 **확신으로**—귀결될 것입니다. 제가 그대들에게 말했듯이 수행이 필수적입니다. 왜냐하면 땅을 준비하고, 전 영역을 백 퍼센트 맑히지 않으면 그대 자신을 알지 못할 것이기 때문입니다.

사람들은 여기 와서 늘 똑같은 말을 합니다. "왜 **만트라**를 염하고 명상을 해야 합니까?" 저는 그에 대해 늘 똑같은 말을 합니다. "그대가 자신의 정체성을 잊어버렸기 때문입니다"라고.

수행이 필수적입니다.

왜냐하면 그대가 자신의 정체성을 잊어버렸기 때문입니다.

그대가 브라만이고, 그대가 아뜨만이고, 그대가 빠라마뜨만이고,

그대가 신이고, 그대가 스승입니다.

그것이 자연발로적으로 일어날 때까지 이 수행을 닦아야 합니다.

질: 그런데 제가 이 수행을 다 하면 저에게 어떤 이익이 있겠습니까?

마: 저에게? '저'에 대해서는 잊어버리십시오! 집착이 사라질 것입니다. 그래서 그대가 어디에 있든, 무엇을 하든, 몸의 모든 활동과 거리를 두게 되고, 떨어져 있게 되고, 그에 상관하지 않게 될 것입니다.

이전과 똑같이 몸으로서 행위하고 그대의 일을 하겠지만, 그 무엇에도 영향을 받지 않을 것입니다. 세계에 완전히 무관심해지고, 전적으로 완전히 상관하지 않게 될 것입니다.

질: 자신이 누구인지 알기 때문입니까?

마: 확신이 있기 때문입니다. "몸을 포함하여, 내가 무엇을 보든 그것은 내 정체성이 아니다. 내가 무엇을 보든 그것은 세계다"라는 것을 알 것입니다. 보는 것(seeing)은 나의 정체성이 아닙니다. 보는 자가 그 **정체성입니다**. 보는 자 없이는 그대가 세계를 볼 수 없습니다.

몸을 포함하여, 무엇이든 보이는 것은 그대의 정체성이 아닙니다.

그대가 무엇을 보든 그것은 세계입니다.

보는 것은 그대의 정체성이 아닙니다. 보는 자가 그 정체성입니다.

보는 자 없이는 그대가 세계를 볼 수 없습니다.

질: 그 보는 자는 어떤 것입니까?

마: 익명이고, 보이지 않고, 정체불명입니다. 그것은 **궁극적 실재**를 지적하고 가리키는 여러 가지 이름으로 알려져 있습니다. 브라만·아뜨만·빠라마뜨만·신·스승은 그것을 가리키기 위해 붙여진 이름들일 뿐입니다. 마치 그대에게 한때 '존'이라는 이름이 주어졌는데, 이제 그대는 그 이름과 떼려야 뗄 수 없게 된 것과 같습니다. 수많은 사람이 그대를 '존'이라고 부르면 그대는 존으로서 반응합니다. 마찬가지로, 스승은 그대에게 이렇게 말하고, 계속 말하면서 언제나 망치질을 합니다.

"그대는 브라만이다, 그대는 빠라마뜨만이다, 그대는 신이다."

그러나 그대는 그것을 그리 쉽게 받아들이지 않고 있습니다. 그대가 자신의 **궁극적 진리**를 받아들이는 것을 명상이 도와줄 것입니다.

명상은 그대의 실재가 마침내 흡수될 때까지

그것을 부단히 되풀이하여 염하는 것입니다.

우리는 "그대는 브라만이다. 그대는 브라만이다"라고, 늘 같은 것을 망치질하여 결국 그것이 온전히 수용되도록 심리적 치료를 해드리고 있습니다.

질: 저는 방금 그 과정이—어떤 과정이 실제로 있다는 것은 아니지만—부분적으로는 심리적이라고 생각했습니다. 당신께서 낡은 관점을 새로운 관점으로 대체해 주고 계시다는 점에서 말입니다. 그리고 당신께서는 일종의 세뇌를 통해서 그렇게 하고 계십니다. 저는 그것이 세뇌라고 말하지는 않지만, 당신께서는 망치질, 망치질, 망치질에 의한 반복 기법을 사용하고 계십니다. 만일 어떤 사람에게 무엇을 여러 번 이야기하면 그 사람이 그것을 믿을 거라는 것은 기정사실입니다. 제 말이 무슨 뜻인지 아시겠습니까?

마: 그대들은 어릴 때 부모님에 의해 세뇌되지 않았습니까? '남자아이'니 '여자아이'라는 정체성을 그분들이 강제했을 때, 아니면 '존'이라 '수전'이라는 이름을 받고, 장난감 기차나 인형을 받았을 때 말입니다.

"너는 기독교인이고, 기독교라는 종교의 일원이다"라는 말을 그대가 들었을 때 그것은 세뇌 아니었습니까? 그리고 그렇게 계속 진행되어 수많은 개념들이 맹목적으로 받아들여졌습니다. 모두 환幻이지요!

질: 맞습니다! 또 저희가 자랄 때 학교와 또래 아이들과 텔레비전에서 받은 영향과 인상들도 있었습니다. 그리고 이어서 직업 분야에서의 저의 정체성도 있었고, '남편'과 '아버지' 등도 있었습니다. 그것이 모두 어떻게 전개되었는지 알겠습니다. 그리고 솔직히 마하라지님, 저는 당신의 세뇌에서 정말 이익을 얻고 있습니다. 저는 어떤 관념을 주입 당한 다음 좀비처럼 된다는 의미에서 이 이야기를 하는 것이 아닙니다. 아니지요!

여기 온 이후로 저는 거의 신체적인—'뇌의 세척'이라고 할 수 있을—어떤 세정洗淨, 즉 많은 것들, 쓸모없는 개념들이 씻겨 나가는 것을 느낍니다. 그것을 설명하기는 어렵습니다. 짐이 줄어들었고, 좋게 비어 있다고 느낍니다. 그러니 당신께서 하시는 일이 무엇이든, 그것을 계속해 주십시오. 왜냐하면 효험이 있으니까요.

마: 어떤 환자가 기억상실증에 걸렸는데, 심리학자를 찾아간다고 합시다. 그는 심리학자에게 자신이 아무것도 기억하지 못한다면서, 이 때문에 어찌할 바를 모르겠고 걱정이 된다고 말합니다. 심리학자는 그가 잊어버린 정체성을 상기시켜 주려고 합니다. 환자에게 그의 이름, 가족들의 이름, 그의 직업, 취미 등을 말해줍니다. 그는 환자에게 그 사실들을 망치질합니다.

스승도 그와 같이 미혹에 빠져 자신을 남자나 여자로 여기는 '환자들'을 치료하고 있습니다. 이 환자들은 "저는 좋은 일과 나쁜 일을 했습니다. 저는 너무 많은 부담감을 느끼고 있습니다. 어머니가 돌아가시려 하는데 어떻게 해야 할지 모르겠습니다. 저는 누군가에게 상처를 주어 죄책감을 느낍니다" 같은 말들을 하겠지요. 그들은 늘 감정과 불편한 분위기가 주는 부담을 느끼고 있습니다. 그래서 여기서는 스승이 그 심리학자이고, 환자들에게 그들은 오인된 정체성이라는 질환을 앓고 있음을 이렇게 납득시킵니다.

"그대는 불생不生입니다.

이 모든 문제들은 하나의 환幻입니다.

왜냐하면 그대는 누구도 아니고, 어떤 일도 일어난 적이 없기 때문입니다."

질: 일단 확신이 있으면 그런 모든 개념들은 그냥 사라질까요?

마: 확신을 얻고 나면 모든 개념들이 완전히 해소될 것입니다. 그것은 그대에게 달렸습니다. 그대 자신을 한 개인으로, '나는 어떤 사람이다'로 여기는 한, 진정한 의미에서 그대 자신을 알지 못할 것입니다. 이 몸은 옷과 같은 하나의 덮개일 뿐입니다. 그것은 머무르지 않을 것입니다. 영적인 공부에 대해서는 신경 쓰지 마십시오. 그것은 하나의 단순한 사실이니 말입니다.

질: 그 점은 제가 다툴 수 없습니다.

마: 우리는 이 몸을 영원히 보존할 수 없습니다. 원하든 원치 않든, 어느 날 우리는 이 몸 정체성을 잃을 것입니다. 그것을 '죽음'이라고 합니다. 그러나 그대는 죽지 않습니다. 몸을 떠나야 할 때, 그때는 "내가 죽는다"는 어떤 느낌도 없을 것입니다. 왜냐하면 "나는 이 몸과 무관하다. 내 몸은 이 옷과 같은 하나의 외부적 덮개일 뿐이다"라는 것을 알 것이고, 참으로 알 테니 말입니다. 우리가 옷을 벗으면 "아이고, 나는 죽는다"고 느낍니까?

73. 실종된 진리가 그대를 발견했다

마하라지: 꿈속에서 여러분이 좋은 일이나 나쁜 일을 하고 있을 때, 여러분은 그런 좋거나 나쁜 일에 어떤 에고 집착도 갖지 않습니다. 니사르가닷따 마하라지님이 말했습니다. "꿈속에서 소 천 마리를 죽이고 깨어나면 '오, 나는 아주 나쁜 짓을 했어' 합니까? 아니지요!"

여러분은 그 행위의 주인 행세를 하지 않습니다. 왜냐하면 그것은 꿈이니까요. 그때 어떻게 행위했고, 어떻게 행동했느냐는 그냥 하나의 꿈일 뿐이었습니다. 여러분은 그에 상관하지 않습니다. 꿈이니까 말입니다. 여러분은 살해자가 아닙니다. "내가 어떤 일을 했다"는 에고를 취하지 않습니다.

여러분은 어떤 일도 할 수 없습니다.

어떤 행위자도 없고, 어떤 행위도 없습니다.

보는 자도 없고, 보이는 것도 없습니다.

어떤 체험도 없고, 어떤 체험자도 없습니다.

어떤 주시도 없고, 어떤 주시자도 없습니다.

이것은 비상한 지知입니다. 우리는 다양한 단어들을 사용해야 하는데, 그것은 단지 설명하기 위해서일 뿐입니다. 그런 것이 없으면 아무것도 전달할 수 없기 때문입니다. 우리가 단어들에 의미를 부여했습니다.

존재성 이전에는 어떤 단어도 전혀 없었습니다.

여러분은 '여러분'을 전혀 알지 못했습니다.

여러분은 "나는 누구인가?"라고 묻지 않았습니다.

"내가 있다"고 말하려면 여러분의 현존이 있어야 합니다.

주의 깊게 들으십시오! 이것은 깊은 지知입니다. 여러분의 현존은 그 자신의 정체성을 알지 못합니다. 여러분은 엄청난 힘을 가지고 있습니다. 왜 겁쟁이처럼 행동합니까?

질문자: 언제 우리가 그런 힘을 갖습니까?

마: 그대는 "오, 내가 뭘 해야 할지 모르겠어. 무슨 일이 일어날지 모르겠어" 합니다. 그대가 스승입니다! 그대가 그대 자신의 스승입니다! 따라서 그것을 알 때, 진정한 의미에서 그대 자신을 알 때, 모든 두려움·의존성·유혹들이 끝이 날 것입니다. 탐색이 끝날 것입니다.

사실 어떤 탐색도 없습니다.

실종된 것은 그대입니다.

그러나 이제 그 실종된 진리가 그대를 발견했습니다!

실종된 진리가 그대를 발견했습니다.

질: 우리는 우리 자신의 진리를 분실하고 있습니다. 우리는 탐색을 하느라 너무 바빠서 그 탐색자를 잊어버린 것입니까?

마: 존은 어디 있습니까? 존이 어디 있습니까? 그가 어디 있지요? 그대는

여기 있습니다. 존은 여기 있습니다. 그는 내내 여기 있었습니다. 그대는 늘 진리를 찾고 있었고, 그대 자신을 찾고 있었습니다. 이제 그대는 뭘 압니다.

질: 정말 하나의 농담이군요!

마: 어떤 환자들은 자신의 정체성을 잊어버리기 때문에 그것을 상기시키고 납득시켜 주어야 합니다. 마찬가지로, 저는 그대를 납득시키려고 합니다.

제가 그대에게 말한 모든 것은 그대의 이야기라는

그대 안의 강한 믿음, 그대 안의 강한 신뢰를 가져야 합니다.

그것은 그대가 곧 그것인 그 진리입니다.

그것을 받아들이고, 그것을 인정해야 합니다. "아하! 이건 내 이야기야! 이제 드디어 내가 누군지 알겠다!" 이렇게 말입니다. 우리는 늘 몸에 대해서 생각하고 있습니다. 좋습니다, 그대의 몸을 사용해도 되지만, 그것은 **궁극**이 아니고, **최종적 진리**가 아닙니다.

질: 최근에 마하라지님, 저는 어떤 두려움을 경험하고 있는데, 심지어 작은 패닉도 경험했습니다.

마: 니사르가닷따 마하라지님은 이런 이야기를 들려주곤 했습니다. 한때 큰 집이 한 채 있었는데, 주인이 세입자를 몇 명 들이기로 했습니다. 얼마 후 그는 세입자들을 내보내고 싶었지만, 그들은 주인에게 욕을 하기 시작했습니다. 그들은 그 집에 익숙해졌고 그 집에서 아주 안락한 상태였기 때문에, 순순히 선뜻 나가려고 하지 않았던 것입니다.

이 집에도[질문자의 몸을 가리키며] 수많은 세입자, 수많은 개념들이 있습니다. 그러나 왜 두려워합니까? 누가 두려워합니까? 그 두려움은 무엇에 대한 것입니까? 존재성 이전에는 어떤 두려움도 없었습니다. 그대가 이야기하는 그 두려움과 패닉은 좋은 것입니다.

그 두려움은 좋은 조짐입니다.

그것은 청소 과정이 시작되었다는 것을 의미합니다.

세입자들이 하나하나 떠나고 있습니다.

그들이 나가면서 그대에게 주먹질을 하고 있습니다.

질: 불법점유자들을 몰아내야지요. 구석에 숨어 있으니 말입니다!

마: 하늘에게 무슨 두려움이 있습니까? 그대는 자신의 그림자를 두려워하고, 자신의 그림자에 겁을 먹고 있습니다. 왜 자신의 그림자를 두려워합니까? 누가 두려워합니까? 두려움이 무엇입니까? 더 깊이 들어가서 알아내십시오. 그 두려움과, 누가 두려워하는지를 아십시오!

불쾌하고 견딜 수 없는 그런 것들이 두려움을 야기합니다.

그러나 어떤 두려움도 없습니다.

그대는 몸이 아니기 때문입니다.

그러니 걱정하지 마십시오. 그런 모든 환적 두려움을 포함해 일체가 사라질 것입니다. 탄생과 죽음은 몸-지知하고만 관계됩니다. 그대의 **궁극적 정체성**은 불생입니다. 왜 그대의 그림자, 그대 자신의 반영反影을 두려워합니까?

질: 그림자라는 것은 무슨 뜻입니까?

마: 그대의 **현존**에서 이 전체 세계가 투사됩니다. 그러니 투사되는 것은 그대의 그림자로서 반사됩니다. 그대의 몸-지知, 체험, 일체가 그대의 반사된 그림자입니다. 왜냐하면 그 이면에 그대의 **현존**이 있기 때문입니다. 전 세계가 그대의 자연발로적 그림자입니다. 그 그림자를 왜 두려워합니까? 그대는 그림자를 실재로 받아들였고, 그래서 두려움이 있습니다.

질: 그러면 이런 느낌들, 이 두려움과 걱정이 일어나는 것은 오로지 몸 때문이군요?

마: 몸은 하나의 물질적 몸이고, 따라서 (그 몸에) 많은 일들이 일어나고 있습니다. 생각들이, 낡은 생각과 새로운 생각들이 옵니다. 때로는 불행과 우울함이 있습니다. 그러나 그대는 안에서 일어나는 일에 일절 상관하지 않습니다. 왜냐하면 그대는 몸과 별개이기 때문입니다.

그대는 투쟁이 진행되고 드러나는 것을 볼 수 있고, 바라볼 수 있고, 목격할 수 있습니다. 그것은 몸, 세 가지 구나의 몸일 뿐입니다. 불쾌한 생각, 우울한 생각, 좋은 생각, 나쁜 생각, 미세한 생각, 온갖 것들이 있습니다.

그러나 그대는 오고가는 구름 같은

이런 생각들을 지켜보고 있습니다.

해는 항상 있습니다.

영성학에서는, 해가 있고 오고가는 구름들이 있다고 말합니다. 때로는 그대에게 의심이 있고, 때로는 두려움이 있습니다. 왜 두려워합니까?

두려움의 원인은 무엇입니까? 두려움의 뿌리는 무엇입니까?

죽음에 대한 큰 두려움. 죽음에 대한 큰 두려움.

누가 죽습니까?

왜 두려워합니까? 우리는 아무것도 잘못한 것이 없습니다. 그대의 두려움이 크다 한들, 그것이 몸을 보존할 수 있습니까? 그대는 그 몸을 보존하지 못합니다. 의사가 아무리 많아도 소용없습니다.

이 실재를 받아들이십시오.

몸은 그대의 정체성이 아닙니다.

우리는 저 궁극적 진리를 확립했습니다.

그대가 궁극적 진리입니다.

질: 그러니까 만일 부정적인 감정과 생각이 일어나면 우리는 거기에 너무 많은 주의를 기울이면 안 되는군요. 지나가는 구름처럼 그냥 지나가게 하라고요. 왜냐하면, 만약 거기에 주의를 기울이면 그것들은 점점 커질 뿐이지만, 그것들을 그냥 가게 내버려두고 단호히 계속 **만트라**를 하면 우리가 거기에 끌려들지 않을 테니 말입니다.

마: 맞습니다! 그대는 몸-지知에 너무 많은 주의를 기울이고 있습니다. 수많은 환적인 생각들의 층이 있습니다. 그런 생각들이 해소되면 그 차이를 느낄 것입니다. 그대가 **만트라**를 하지 못하고 한눈을 팔게 하려고 두려움이나 어떤 감정들이 일어날 수 있지만, 그것을 역겨워하지 마십시오.

그것은 바위에 망치질을 하는 조각가와 같습니다. 망치질을 하고 나면 큰 석상이 드러납니다. 그 석상은 (그 바위 안에) 이미 있었고, 원치 않는 부분들, 바위에 있던 울퉁불퉁한 부분들을 제거하기만 하면 되는 것이었습니다. 스승은 그대가 원치 않는 부분들을 제거하는 것을 도와서, 신이 그 **순수함**을 온통 발하며 드러날 수 있게 합니다.

74. 그대가 진리다

질문자: 저는 진리를 알고 싶은데요?
마하라지: 그대가 진리입니다.
질: 그건 압니다만….
마: 그 아는 자가 진리입니다. 알고 싶어 하는 자, 진리를 기대하는 자, 그것이 진리입니다. 우리는 어릴 때부터 몸의 인상들과 영향력 아래 있기 때문에 이 지知를 흡수하기가 어렵다고 느낍니다. 우리는 청문과 독서를 통해서 지식을 축적해 왔으나, 지知를 흡수하지는 않았습니다.

그대는 자신이 브라만·아뜨만이라는 것을 알지만, 그것을 흡수하려면 남 만트라를 이용한 체계적인 명상이 필요합니다. 그러면 그대를 에워싸고 있는 이 모든 환幻들이 해소될 것입니다.

이 몸의 가치는 무엇입니까? 영적인 공부에 대해서는 잊으십시오! 현존이 있는 한, 모두가 (그 몸에) 절을 하면서 "오, 당신은 대단합니다, 당신은 대단합니다"라고 합니다. 그러나 현존이, 곧 영靈이 사라지는 순간, 사람들은 말합니다. "그것을 치워라, 치워." 그것은 공개적인 사실입니다.

> 브라만·아뜨만·빠라마뜨만·신으로 불리는
> 그대의 자연발로적 현존에게는
> 탄생도 죽음도 없습니다.
> 저는 그대 안의 저 보이지 않는 청자의
> 주의를 요청하고 있습니다.

그대가 궁극적 진리이고, 그대가 최종적 진리이고, 그대가 스승입니다. 그러나 몸의 영향력이 해소되어야 합니다. 불가능은 없습니다. 만일 보는 자가 없다면 누가 '보이는 것'에 대해 이야기하겠습니까? 보는 자가 없다면 누가 세계에 대해 이야기하겠습니까?

우리는 언제나 구걸하고 있습니다. "오, 신이시여, 저를 축복하소서. 스승님, 부디 저를 축복해 주시고 저를 위해 뭔가를 해 주십시오." 그대가 내면의 신적 본질을 알게 되면, 누구에게도 더 이상 축복을 구걸하지 않을 것입니다!

　　그대가 그대 자신을 축복할 것입니다.

　　그대 자신을 축복하십시오.

　　그대가 그대에게 절할 것입니다.

　　그대 자신에게 절하십시오.

스승이 그대에게 신적인 새 안경을 주었습니다. 이제 그것을 써야 합니다. 왜냐하면 그대가 **최종적 진리**이기 때문입니다.

질: 마음을 어떻게 해소합니까?

마: 마음이란 없다고 제가 그대들에게 말해 왔지요! 마음은 어떤 환적인 개념들로 이루어져 있을 뿐입니다. 우리가 그것을 너무 중요시해 왔기 때문에, 그것이 우리에게 "이것을 하라, 저것을 하라, 이걸 하라, 저걸 하라"고 하는 모든 지시를 우리가 따랐습니다.

　　실상은, 생각들이 마음 속으로 들어오면

　　그것이 지성에게로 보내진다는 것입니다.

　　그러면 지성은 그것을 평가하여 결정을 내리고,

　　마지막으로 에고가 이 생각들을 실행에 옮깁니다.

그대는 이 내적인 정부에 맹목적으로 복종해 왔고, 그 지시를 맹목적으로 따랐습니다. 더 이상은 아닙니다!

　　그대가 주인이고, 그대가 보스입니다.

　　이제 그대가 이래라저래라 명해야 합니다.

질: 우리의 일상적 생각들 대부분은 피할 수 있습니다. 약 95퍼센트는 말입니다. 그러나 순환하듯이 돌아오는 어떤 경향들이 있고, 그것이 일어날 때는 워낙 빨리 일어나서 습관적 반응이 즉시 일어납니다.

　　그런 순간에 우리는 **현존**과 자신을 동일시하지 못하고, 그러다가 헤맵니다. 그것을 깨닫지 못한 채 며칠이 지나가 버립니다. 그 효과는 점차 감소하는데, 그러다가 우리는 "이런! 우리가 뭘 하고 있었지?" 합니다. 우리가 며칠 동안 헤매고 있었다는 걸 인식합니다.

마: 그래서 언제나 경각심이 필요합니다. 지知 · 명상 · 노래하기(바잔)는 모두 그대가 환幻에 대한 경각심을 유지하는 것을 돕기 위한 보조수단입니다. 그것은 그대의 도구, 그대의 장비입니다.

그대가 약할 때,

그대가 자각하지 못할 때,

적이 접근하여, 뒷문을 통해 들어올 것입니다.

그대가 경계하고 있으면 아무도 감히 안으로 들어오지 않겠지요. 제가 말했지만, 명상은 안티바이러스 소프트웨어입니다. 그것을 설치해야 합니다. 그러면 늘 그대의 무아인 진아와 접촉을 유지하게 됩니다. 그것은 강력한 복합제여서 절대적 확신이 있을 때까지 그대를 강하게 유지해 줄 것입니다.

그대가 약하면 마음이 그대를 공격할 것이고, 적이 그대를 공격할 것입니다. 그러나 그대가 강하면, 그리고 이를테면 보디빌더 같은 겉모습에 튼튼한 근육을 과시하면 아무도 감히 그대와 싸우려 하지 않을 것입니다.

영적으로 강하게 성장해야 합니다. 힘은 그대 안에 있습니다. 부족한 것은 의지력, 자신감, 용기입니다. 명상이 그대의 힘을 되살려 줄 것입니다.

그대 자신을 가르치십시오! 그대는 기본기가 있습니다. 스승이 힘을 베풀었지만, 그것을 사용하는 것은 이제 그대에게 달렸습니다. 이 지知를 흡수하십시오. 그대가 진리입니다!

75. 누구의 심장인가?

질문자: 제가 알 필요가 있는 다른 어떤 것이 있습니까?

마하라지: 왜요? 목적지에 도달한 뒤에 주소들이 왜 더 필요합니까? 필요하지 않지요!

질: 저는 심장에 대한 질문이 하나 있기는 합니다. 사람들이 말하기를, 영

적인 **스승들**은 열린 심장을 가졌다고 하고, **라마나 마하르쉬**도 마음이 심장 속으로 해소된다고 말합니다.

마: 누구의 심장입니까? 전혀 어떤 심장도 없습니다. 몸의 어떤 미세한 부분은 어떤 **현존**을 필요로 합니다.

질: 우주적 심장, 보편적 심장은 어떻습니까?

마: 그대가 그 모든 것에 이름을 붙이고 있군요. 그대는 언제 우주를 만났습니까? 심장, 우주―이런 모든 단어들이 있습니다. 우리는 하나의 **보이지 않는 익명의 존재**를 가지고 있지만, 몸-형상으로 우리 자신을 가늠하고 있습니다. 그래서 '심장'과 같은 단어들을 사용해 사물을 가늠해 보려 듭니다.

질: 최근에 방문객 두어 분이 **스승**은 열린 심장(open heart)을 가지고 있다고 말했습니다.

마: 처음에 열린 심장이라는 말을 쓰는 것은, 그들이 무지의 압력을 받고 있기 때문입니다. **궁극적 진리**에 도달한 뒤에는, **궁극적 진리**를 갖고 난 뒤에는, **확신**을 얻은 뒤에는, 그런 어떤 단어도 없습니다. 그런 모든 단어를 누가 만들어냈습니까?

질: 그러면 사랑은요?

마: 누가 누구를 사랑합니까? 누가 누구를 사랑합니까? 사랑·애정·충성·믿음·신뢰는 몸에 기초한 문자적 단어들입니다. 활동은 **자연발로적입니다**.

그대는 남들보다도 그대 자신을 더 사랑하고 있습니다. 자기사랑·사랑·애정·매력―이 모든 것은 몸에 기초해 있습니다. 몸 이전에, 존재성 이전에 그대가 사랑·애정·신뢰·믿음을 알았습니까? 아니, 아무것도 몰랐지요!

몸이 사라지는 순간, 이 사랑이란 것이 다 무엇이었습니까? 그 사랑이 어디로 갔으며, 누가 누구를 사랑했습니까? 누가 '사랑하는 사람'입니까? 누가 사랑하고 있습니까? 어떤 대상도 없습니다. "내가 사랑하는 이 대상, 이 다른 어떤 사람, 이 어떤 것‥‥. 나는 이것을 사랑하고 있다, 나는 저것을 사랑하고 있다, 나는 다른 어떤 사람이다." 이것은 모두 이원성입니다.

질: 그런데 **신**은 사랑이고요?

마: 그것은 아이들 게임입니다. 그대는 더 이상 아이가 아닙니다.

질: 그런데 사람들은 신이 우리를 사랑한다고 하는데요?

마: 니사르가닷따 마하라지님은 이렇게 말씀하시곤 했습니다. "그대의 **현존** 없이는 신이 존재할 수 없다." 그대는 세간적 삶 속으로 들어온 이후, 자신이 세계 안의 아무개라는 어떤 환幻을 가지고 있습니다. 그러자 '사랑'과 '애정', 이런 모든 용어가 시작되었습니다. 이 **지**知를 듣기 전에는 그대가 "나는 세계 안에, 사랑 안에, 우주 안에 있다"고 생각했습니다.

   이제 그대는 이 지知의 눈으로

   우주가 그대 안에 있는 것을 봅니다.

이런 식으로 그것이 왔습니다.

   저는 꿈 세계의 예를 들었습니다. 그대는 잠을 자고 있고, 전체 우주가 있습니다. 우주가 그 꿈 속에 어떻게 들어왔습니까? 그대는 바다, 대양, 해, 달, 하늘, 무수한 사람들, 숲, 전 세계가 투사된 것을 봅니다. 어떻게 그럴 수 있습니까? 그냥 '나'의 맞물림이지요! **현존**이 (몸과) 맞물리면 그것이 돋아나 세계를 봅니다.

   여기서도 같은 일이 일어납니다. 이 '삶'은 하나의 긴 꿈입니다. "내가 바닷가에 앉았던 날, 나의 휴가, 내 아내, 내 가족친지, 내 아들, 내 친구들." 하나의 긴 꿈입니다. 어떤 관계들도 없습니다!

질: '찌다난다 바잔'에서 "나는 뭐가 아니고…."처럼 말이군요.

마: '찌다난다'에는 환幻을 말해주는 몇 가지 단어가 있지요. 어떤 단어에도 집착하지 말라고 한 것을 기억하십시오! "나는 뭐가 아니고"도 하나의 환입니다. "나는 뭐가 아니다"라고 말하려면, 먼저 어떤 **현존**이 있어야 합니다. 그대의 **현존** 이전에 '찌다난다'가 어디 있었습니까? 찌다난다·행복·불행이 어디 있었습니까? 니사르가닷따 마하라지님은 이렇게 말씀하시곤 했습니다.

   "실재는 그대에게 아주 미지의 것이다.

   그러니 그와 같이(존재성 이전과 같이) 살라.

   그러면 그것이 그대에게 문제 되지 않을 것이다."

   존재성 이전에 그대가 어떤 형상으로도 자신을 인식하지 않을 때, 존재성 이전에 그대가 어떤 형상으로도 자신을 인식하지 않을 때, 그대에게는 아무 문제가 없겠지요. 그러니 그와 같이 살도록 노력하십시오! 어떤 매력도, 사랑도, 우주도, 신도, 발현업도 없고, 아무것도 없습니다.

일체가 끝날 때, 그대가 있습니다.

일체가 끝날 때, 그대가 있습니다.

질: 그러니까 존재성 이전에 우리가 그랬던 것같이 살아야 하는군요?

마: 그런 것들은 단어일 뿐입니다. 그것은 그대의 이야기입니다. 그런 것들은 지시물입니다.

저는 존재성 이전에 그대가 어떻게 있었는가에 대해
주의를 요청하고 있습니다.
그런 것들은 단어일 뿐입니다.
그것은 그대의 이야기입니다.
존재성 이전에는 그대가 알려져 있지 않았습니다.
따라서 '알려지지 않은 것'은 경험될 수 없습니다.
앎도 없고, 아는 자도 없습니다.

질: 없습니다!

마: 마음·에고·지성·'아는 자'·앎·헌신자·스승·신. 우리가 이런 용어들을 만난 것은 우리가 몸을 만났을 때입니다. 몸은 그대의 정체성이 아니고, 마음·에고·지성·스승들·신도 마찬가지입니다. **공개적인 진리**입니다. 책을 읽고 싶으면 읽으십시오. 그러나 독서의 바다에 익사하지 마십시오.

납득하고, 남들을 납득시키십시오. 우리가 '남들'이라고 하는 것은 의사소통을 위해서일 뿐입니다. 어떤 남도 없습니다. 그들은 그들 자신을 모르고 있고, 그래서 그들은 여전히 자신들이 '남'이라고 생각합니다.

질: 그들이 남인 것은 그들이 그들 자신을 모르고 있기 때문입니까?

마: 그들은 각자의 전체 우주의 원인이자 결과입니다.

그대가 그대의 전체 우주의 원인이자 결과입니다.

그대의 **현존** 없이는 그대가 세계를 깨달을 수 없습니다.

차분해지고 고요해지십시오.

비상한 침묵이 있습니다.

어떤 투쟁도, 유혹도, 열광도 없습니다.

질: 사물, 관념들을 추구하지 않는군요?

마: 차분합니다. 완전정지. 더 이상의 달리기가 없지요! 끝났습니다! 달리기가 끝났습니다.

제가 한 이 말을 기억하십시오. 일체가 끝날 때, 그대가 있습니다.

일체가 끝날 때, 그대가 있습니다.

어떤 형태도 없이, 어떤 몸도 없이, 어떤 형상도 없이 말입니다.

질: 몸 질문이 하나 더 있습니다, 마하라지님. 영靈은 존재성을 견딜 수 없게 느낀다고 말씀하셨습니다. 구도자, 탐색자를 투사한 것은 영이었습니까?

마: 그것은 이해를 돕기 위한 것일 뿐입니다. 영靈이라고 다르지 않습니다. 우리가 몸을 보유하고 있기 때문에, 어떤 불쾌한 일들이 몸에 일어납니다. 질병이 옵니다. 그래서 만일 그대가 자신의 정체성을 자각하지 못하면, 그것이 견딜 수 없습니다. 실재를 알고 나면 '나'가 견딜 만해집니다. 왜냐하면 그대가 그런 것에 상관하지 않기 때문입니다.

확립된 진리가 있으면,

견딜 수 없는 것들이 견딜 만해집니다.

몸이 마치 이웃집 아이인 양, 그렇게 몸과 더불어 살아야 합니다. 이따금 (이웃집 아이가 아프면) 그대는 연민을 가져 보려고도 하지만, 자신이 이웃집 아이와 무관하다는 것을 압니다.

질: 몸을 마치 이웃집 아이처럼 초연하게 보아야 하는군요? 그것은 도움이 되고, 거리가 생겨납니다.

마: 확신이 있지요. 그대는 그것이 '내 이웃집 아이'라는 것과, 자신이 그 아이와 무관하다는 것을 압니다. 그것이 이웃집 아이인 줄 알면 그대가 고통을 참아낼 필요가 없게 됩니다.

그러니 조심하십시오! 책벌레가 되지 마십시오! 영적인 책들을 읽을 때는, 궁극적 진리와 연관되는 내용이 그대에 대한 이야기라는 것만 기억하십시오. 그것은 그대의 이야기입니다. 그대가 그것입니다! 이것이 확신입니다.

이런 것이 그 명상입니다. 즉,

우리가 궁극적 진리이고, 궁극적 정체성이라는
자연발로적이고 지속적인 경각심입니다.

76. '나'를 붙들려고 애쓰기

질문자: 저는 어릴 때부터 질문을 해 왔습니다. 저는 선불교도였고, 그런 다음 **니사르가닷따 마하라지**와 **라나마 마하르쉬**를 발견했습니다. 저는 여러 해 동안 '나'에 집중하면서 '나'를 붙들려고 애썼습니다. 일하면서, 먹으면서, 남들을 만나면서, 들으면서 늘 '나'에 집중하려고 애썼습니다.

최근에 전보다 더 강한 괴로움의 느낌, 더 많은 집착이 있었습니다. 그것을 모두 젖혀두려고 하지만 그것이 아주 어렵습니다. 저는 그 괴로움과 이 에고, 이 강한 집착 때문에 좀 절망하고 있습니다. 저는 순수한 헌신자가 되기를 너무 원합니다.

마하라지: 그대는 과학적 명상을 필요로 합니다. 그대는 서로 다른 수많은 정제와 약들을 사용하고 있습니다. 그대의 지知는 책을 읽고 **스승들의** 가르침을 들은 데서 왔습니다.

그 모든 혼란이 일어나는 것은
토대의 부족, 영적인 토대의 부족 때문입니다.

우리 **계보**에서는 '집중하는 자에게 집중하는 법'을 가르칩니다. 과학적 명상을 닦으면 그대의 혼란이 사라질 것입니다. 그렇게 된 것은 몸의 영향, 다양한 책을 읽고, 다양한 **스승들을** 방문한 영향 때문이며, 그것이 큰 혼란을 야기한 것입니다. 스승마다 뭔가 해 주는 이야기가 있고, 그것을 다른 방식으로 말합니다.

과학적 명상이란, 산란한 마음, 나눠진 마음,
나눠진 믿음이 없어야 한다는 것을 의미합니다.

하나의 목표만 있어야 합니다.

두 스승이 아닌, 혹은 스승들을 비교함이 없는, 한 스승만.

스승을 바꾸는 것은 그대에게 행복을 안겨주지 않을 것입니다. 그대의 스승에게 강한 믿음을 가져야 합니다. 그대의 **내적인 스승**에 대한 강한 믿음이 그대의 힘을 되살려 줄 것입니다. 그대의 **내적인 스승**이 자연발로적으로 그대에게 힘을 실어주고 그대를 가르칠 것입니다. 그러나 흔들리는 마음이 있어서는 안 됩니다. 완전한 믿음과 신뢰로 명상하십시오. 명상이 무엇입니까?

명상이란 그대의 정체성을 잊는 것을 뜻합니다.

열의 없이, 그리고 어떤 의구심을 가지고

남 만트라를 염하는 것은 명상이 아닙니다.

중요한 것은 명상의 질,

즉 완전한 집중, 완전한 투신입니다.

질: 저는 오랫동안 **라마나 마하르쉬**의 헌신자였습니다. 저는 매년 집중수행을 위해 **아루나찰라**에 갑니다. 이것은 혼란스러운 것입니까? 한 **스승**을 결정해야 합니까?

마: 보세요, 이 모든 **구루**들이 있습니다. 그 육신들은 다릅니다. 그대는 몸-형상으로 그들을 인식하고 있습니다. **영靈**은 하나입니다. 라마나 마하르쉬, 니사르가닷따 마하라지, 싯다라메쉬와르 마하라지, 많은 성자들이 있지만 영은 하나입니다.

성자들의 몸-형상이 아니라,

저 영靈에만 강한 주의를 기울여야 합니다.

그대는 다양한 수행을 해왔는데, 그것은 좋습니다. 그러나 동시에, 그 수행들이 에고를 부풀리고 있고, 그 에고 때문에 그대가 추구하는 행복을 얻지 못하고 있습니다. 딱하고 우울한 느낌이 들고, 어떤 두려움도 있습니다.

그러나 그대가 **궁극적 진리**와 하나가 되는 순간, 그런 어떤 느낌도 없을 것입니다.

그대는 **불생不生**입니다.

그러니 그 몸-형상 안에서 그대 자신을 가늠하지 마십시오.
그것은 그대의 정체성이 아닙니다.
그것은 그대의 외적인 덮개일 뿐입니다.

질: 헌신적이기가 어렵습니다. 훌륭하고 순수한 헌신자가 되기가 너무 어렵습니다.

마: 아무 어려움도 없습니다. 그가 살아 있든 않든, 그대의 스승에게 완전한 믿음을 가지십시오. 책을 읽고 스승을 바꾸는 것은 도움이 되지 않을 것입니다.

상업적 목적으로 스승 노릇을 하는 어떤 나이든 스승이 아니라,
깨달은 스승을 찾아가야 합니다.

어떤 사람을 그대의 스승으로 받아들이면 그 스승에게만 전적으로 충성해야 합니다. 따라서 삶 속의 어떤 환경에서도 그대의 스승에게 충성하십시오. 스승이 그대를 보살펴 줄 것입니다. 때로는 시험도 있습니다.

질: 수많은 시험입니다!

마: 어떤 상황에서도 스승에 대해 어떤 이중적 마음이나 부실한 믿음이 있어서는 안 됩니다. 그것이 영적인 공부의 질입니다. 혼란과 두려움이 그대에게 있는 것은, 그대가 운명·업·발현업 등에 대해 이야기하는 여러 스승의 가르침을 듣고 있기 때문입니다. 어떤 운명도, 어떤 발현업도 없습니다.

그런 모든 생각들은 몸에만 해당되지,
그대에게는 아닙니다.
왜 다른 사람의 환적인 생각들을 받아들여서
그대의 혈압을 오르게 합니까?

그대의 탐색이 끝에 이르렀습니다. 왜냐하면 어떤 탐색도 없기 때문입니다. 일체가 끝나는 곳에 그대가 있습니다.

탐색에 집중하지 말고, 탐색자에게 집중하십시오.

현재 그대는 분산되어 있습니다. 그대의 힘이 나뉘어져 있습니다. 믿음이 햇살처럼 분산되어 있습니다. 해가 되십시오! 힘이 그대 안에 있지만 그것이 여기저기 분산되어 있습니다. 한 손가락으로는 많은 것을 할 수 없어도,

다섯 손가락이면 주먹을 쥐어 확실하게 한 방 날릴 수 있습니다. 그 힘이 열 손가락에 나뉘어져 있습니다. 손가락들이 모두 합쳐지면 그 무엇도 감히 그대를 공격하지 못할 것입니다.

지知에 대한 건조한 토론은 도움이 되지 않을 것입니다. 실용적인 지知가 필요합니다. 이론과 실천은 늘 다릅니다. 이론적으로 헤엄치는 법을 알아도 물속에 뛰어들지 않으면, 영적인 지知의 바다에서 헤엄치는 것이 아닙니다.

77. 위조지폐

질문자: 제가 볼 때 한 가지 어려운 점은 과거의 업과 성향, 곧 발현업입니다. 물론 이것은 몸 동일시이지만, 우리는 특정한 방식으로 외부적 삶을 살아가려는 성향이 있고, 그것이 문제를 야기할 수 있습니다. 이것을 제가 어떻게 극복할 수 있습니까?

마하라지: 어떤 의도적인 노력도 하지 마십시오. 어떤 발현업도 없습니다. 누구의 발현업입니까? 그대의 존재는 **자연발로적 존재**입니다.

    존재성 이전에
    그대가 어느 몸으로 태어날지 결정했습니까?
    그대의 모든 이야기는 몸하고만 연관됩니다.
몸을 떠난 뒤에는 어떤 일이 일어나겠습니까?
    발현업·업·지옥·천당,
    이런 모든 개념들은 몸과 함께 왔고, 몸과 함께 해소될 것입니다.
'이전'과 '이후' 그 사이에 대해서 우리가 이야기하고 있는 이 모든 것은 환幻입니다. 우리는 불생不生의 아이에 대해 이야기하고 있습니다.

    그 몸이 그대의 정체성이 아니라면,
    그대는 누구의 욕망을 지칭하고 있습니까?

성자 **까비르**(Kabir)가 말했습니다. "일체가 몸과 함께 사라진다." 따라서 이 모든 이야기, 우리가 이야기하고 있는 것은 '그 사이'에 있는 불생의 아이에 대한 것입니다.

우리는 이른바 탄생에서부터 죽음까지,
'그 사이'의 이 환적인 단계에서 놀고 있습니다.
왜냐하면 우리는 몸-형상으로 우리 자신을 가늠하고 있기 때문입니다.
그러니 그대가 무엇을 읽고 무엇을 들었든, 잊어버리십시오!
그것은 위조지폐입니다!

질: 진리는 그냥 공空입니다, 마하라지님. 그것은 그냥 하늘과 같습니다.

마: 아! 그건 좋지요. 아주 좋습니다. 왜냐하면 일체가 끝날 때 그대가 있기 때문입니다. 성질 없이!

질: 저는 어떤 공空, 무無의 느낌이 있습니다.

마: 그것은 일종의 자석 같은 체험입니다. 그대 안의 **보이지 않는 청자**가 **궁극적 진리**와 하나가 되고, 그래서 다른 모든 것이 사라집니다. 공空을 느낄 때, 그대의 몸 정체성이 해소됩니다. 그것은 좋은 징표입니다. 우리는 명상으로 이것을 유지해야 합니다.

질: 이 공空을 붙들어야 합니까?

마: 붙들지 마십시오! 그것은 **자연발로적**입니다. 무엇을 하기 위한 어떤 의도적인 노력도 하지 마십시오. 한번은 저의 **스승님**이 저에게 말씀하셨지요. "독 한 방울을 마시면 그 결과를 알려고 할 필요가 없다. 그것은 자동적으로 일어난다." 마찬가지로, 그대가 **남 만트라**를 받으면 일체가 자연발로적으로 일어납니다. 무엇이 일어날지 알아내려 할 필요가 없고, 무엇을 일어나게 하려고 할 필요조차도 없습니다.

처음에는 **남 만트라, 구루 만트라**를 염해야 합니다. 왜냐하면 제가 말했듯이, 그것은 안티바이러스 소프트웨어이기 때문입니다. 개념들·발현업·탐욕·욕망·환幻 등 많은 바이러스가 있습니다.

우리는 모두 독특한 분위기에서 자랐습니다. 우리는 서로 다른 분위기에서 성장했고, 그것이 우리의 영적인 몸에 영향을 주었습니다.

그대는 몸이 아닙니다.

우리는 줄곧 이것을 망치질하고 있습니다.

남 만트라도 같은 방식으로 그대에게 망치질을 합니다.

더 질문 있습니까?

질: 저는 당신의 가르침을 따라가기 바쁩니다.

마: 아주 좋습니다! 보이지 않는 청자가 제 이야기를 듣고 있습니다. 자연발로적 녹음이 이루어지고 있습니다. 그러니 용감해지고, 용기를 가지십시오.

모든 지知에 대해서는 신경 쓰지 마십시오.

그것이 지知입니다.

지知 아님이 지知입니다.

질: 저는 용기와 용감성을 얻기 위해 기도를 많이 했습니다. 저에게 용기를 주실 수 있습니까?

마: 용기는 이미 그대 안에 있습니다. 몸들은 다르지만 영靈은 하나입니다. 옷들은 다르지만 영靈은 하나입니다. 그것은 마치 그대가 인도 하늘을 중국 하늘이나 미국 하늘과 비교해 달라고 하는 것과 같습니다. 하늘은 하늘입니다. 몸-형상으로 가늠하는 것을 멈추십시오! 용기·평안·용감성, 이런 것들은 단어, 아주 아름다운 단어들입니다. 아주 멋진.

그러나 언제부터 그대에게 용기와 평안이 필요해졌습니까?

바로 현존이 몸-형상으로 생겨났을 때였습니다.

78. 감로나무가 그대 안에 심어졌다

마하라지: 제가 그대에게 말한 것을 그냥 기억하십시오. 그냥 기억하세요. 과거는 잊으십시오. 과거를 잊어버리십시오. 지난 며칠에 걸쳐 우리가 논의한 것, 그저 그것을 기억하십시오. 그것은 그대의 이야기입니다. 니사르가닷

따 **마하라지**님이 말씀하셨지요. "나는 그대를 제자로 만들지 않는다. 나는 그대를 한 사람의 **스승**으로 만든다." 왜냐하면 스승적 본질이 그대 안에 있기 때문입니다. 우리는 같은 이야기를 거듭거듭 하고 있습니다. 같은 이야기를 거듭거듭! 우리는 하나의 원리를 논의하고 있습니다.

『기타』에서는 여러 가지 수많은 길들을 묘사합니다.

그러나 그대는 이미 목적지에 도달했습니다.

이미 결승선을 넘었습니다.

진정한 의미에서 자기 자신을 아는 것이 **진아**지입니다. 그러니 차분해지고 고요해지십시오. 모든 걱정을 아쉬람에 맡기십시오. 그냥 그대의 모든 걱정·유혹·어려움을 아쉬람에 맡겨놓고 가십시오. 얼른 가십시오.

질문자: 저에게는 좋게 들립니다!

마: 마지막 한 가지가 있습니다. 우리는 그대에게 뭔가를 요구합니다.

질: 예?

마: 그대의 에고를 맡기십시오! 그대의 지성을 맡기십시오! 그대의 마음을 맡기십시오! 그런 다음 가도 좋습니다. 사람들은 가르침과 영적인 교시에 대해 돈을 낼 준비가 되어 있지만, 그들의 에고·지성·마음은 맡기지 않으려고 합니다. [스승님이 웃으신다.]

저는 어떤 새로운 것도 내놓지 않습니다. 그것은 하나의 공개된 비밀입니다. 그대는 자신의 내면을 쉽게 일별할 수 있지만, 다양한 생각들, 환적인 생각들의 압력을 받고 있습니다. 그대는 환적인 생각들의 압력을 받으며 살고 있습니다. 그대의 생활방식은 그런 모든 환적인 생각들의 인상들에 의해 완전히 통제되었습니다. 그러나 이제 그대는 더 나은 도리를 아니, 그대의 생활방식을 바꿀 수 있습니다.

질: 그러려고 합니다.

마: 그대가 배운 모든 것을 잊어버리는 것부터 시작하십시오. 그대가 들은 것, 잊어버리십시오! 그것은 사라졌습니다. 과거를 잊으십시오. 사물들을 가늠하는 것은 마음입니다. 20년 전의 이 기억, 약 50년 전의 저 기억. 어떤 일이 20년 전에 일어났는데, 그대는 오늘도 여전히 그것을 기억하고,

심지어 그 고통을 모두 재경험하기까지 합니다.

　　과거를 잊으십시오!

　　과거도, 현재도, 미래도 없습니다.

질: 현재도 말입니까? 과거도, 미래도 없다는 것은 받아들일 수 있지만, 현재도 말입니까? '지금', 즉 현재 순간은 어떻습니까? 어떤 현재는 있어야 합니다!

마: 누구의 현재입니까?

　　그대는 몸이 아닌데,

　　그렇다면 누구의 과거입니까?

　　누구의 현재입니까?

　　누구의 미래입니까?

현재도 과거도 미래도 없습니다. 하늘에 과거·현재·미래가 있습니까? 니사르가닷따 마하라지님은 이렇게 말씀하시곤 했지요. "그대 자신을 어떤 것에 비유하고 싶다면 하늘에 비유하라." 그대의 **정체불명의 정체성**은 허공과 같습니다. (거기에는) 어떤 느낌도 없습니다. 이 **진리**, 그대의 **진리**를 받아들이십시오.

　　그대는 여기서 무엇을 하고 있습니까?

　　우리는 아무것도 하고 있지 않습니다.

　　우리는 불이 점화될 수 있도록, 재를 제거하고 있습니다.

불이 있지만 그것이 한 무더기의 환幻에, 환幻들의 무더기에 덮여 있습니다. 그 불길, 영적인 불이 계속 타게 하십시오. **만트라**가 계속되게 하십시오. 그렇지 않으면 그대가 환幻의 재에 계속 덮여 있게 됩니다. 청소 과정이 시작되었습니다. 명상이 일체를 청소합니다. 명상이 일체를 청소합니다. 그것은 하나의 청소 과정입니다.

질: 명상을 꾸준히 해나가겠습니다, 마하라지님. 제가 청소를 잘 해냈으면 합니다.

마: 그러자면 용기가 좀 있어야 합니다. 그러나 불가능은 없습니다. 과거·현재·미래는 몸-지知하고만 관련됩니다. 영적인 학學에서는 말합니다. "그

대는 몸이 아니고, 몸이 아니었고, 몸으로 남아 있지 않을 것이다." 그것은 공개적인 사실입니다.

　　그대에게 과거·현재·미래가 있기 위해서는
　　애당초 뭔가가 있어야 합니다.
　　거기에 아무것도 없습니다.
　　그대는 무형상입니다.
　　아무것도 없습니다.
　　그대의 힘을 끌어안으십시오.

　왜 그대의 힘을 끌어안지 않습니까? 자연스러워지고, 단순해지고, 겸허해지십시오. 그대는 열쇠를 가지고 있으니 이제 그것을 운용해야 합니다. 그대 자신과 스승에게 완전한 믿음을 가져야 합니다.

　제가 들려준 성자들과 굳센 사람들의 사례와 같이 되십시오. 그들은 자신의 스승들에게 그토록 강한 믿음이 있었습니다. 그들은 교육받지 않았고, 자격을 갖추지 못했습니다. 그런데 그 영적인 말들이 어떻게 일어나서 그들의 입에서 나왔습니까? 누가 그들을 위해 대신 말했습니까?

　저는 다수의 외국인들이 니사르가닷따 마하라지님을 찾아오는 것을 보았습니다. 그들은 수많은 복잡한 질문을 했습니다. 마하라지님은 단순한 답변들을 했습니다.

　　그런 일이 그대에게 일어날 수 있습니다.
　　같은 일이 그대에게도, 누구에게도 일어날 수 있습니다.
　　몸들은 다르고 길들은 다르지만,
　　영靈은 동일합니다. 그것은 공개적인 진리입니다.

　제가 그대를 납득시켰습니까?

질: 예, 마하라지님!

마: 이제 그대가 자신을 납득시켜야 합니다.

생각들이 흐르고 있는데 그것은 몸의 성품입니다. 그러나 그 생각들과 싸우지 마십시오. 유용한 생각들은 온전히 받아들이십시오. 맞습니까? [손뼉.]

질: 저는 만트라가 점점 더 자동적으로 되기를 바라고 있습니다.

마: 그대의 투신 정도에 백 퍼센트 좌우됩니다. 그대에게 달렸습니다!

질: 많이 투입하면 할수록 많이 얻어내는군요. 처음에는, 특히 처음에는 노력을 투입해야 하는군요?

마: 처음에는 의도적인 노력을 좀 해야 합니다. 그러다 보면 그것이 자동적으로 일어날 것입니다. 그대의 모든 행위와 반응이 **자연발로적**일 것입니다. 세계에 상관하지 않게 될 것입니다.

　　세계에 상관하지 않는 상태로 있으십시오.

질: 지금이 세계에 상관하지 않는 상태로 있기 좋은 때입니다. **만트라**를 염하는 것 외에는 달리 제가 할 일이 없기 때문입니다.

마: 염하는 것이 더없이 중요합니다. 염하기와 좌선명상 말입니다. 많은 사람들은 지식 기반을 가지고 있지 않습니다. 그대는 독서를 많이 했고, 그래서 좋은 기반을, 아주 좋은 기반을 가지고 있습니다.

　새로운 사람들이 오는데, 모두 출신 배경이 다르고 수준이 서로 다릅니다. 그들은 이해 수준이 서로 다릅니다. 만일 그들이 교육을 잘 받지 못했거나 아주 좋은 지식 기반을 가지고 있지 않으면, 저는 몇 가지 이야기를 이용하여 가르침을 전달합니다. 그 이야기들 속에는 모두에게 해당되는 뭔가가 있습니다.

　모두가 자기 나름의 특정한 이해 기준이 있는데, 그들의 수준에 따라 그들에게 가르침을 줍니다. 그것이 **스승**들의 한 기법입니다. **싯다라메쉬와르 마하라지**님이 강연을 하실 때는 참석한 사람들이 누구냐에 따라 어떻게 가르칠지를 판단해야 했습니다. 그리고 어떤 새로운 사람들이 오면 즉시 어조를 바꾸었습니다. 오래된 헌신자들은 **실재**를 알지만, 새로운 사람들이 오면 단순한 방식으로 이야기할 필요가 있습니다.

　싯다라메쉬와르 마하라지님은 이렇게 말씀하시곤 했습니다. "여러분을 위해서 제가 에고를 취합니다. 제가 내려와야, 저는 **스승**이고 여러분은 제자입니다. 여러분과 저 사이에는 아무 차이가 없지만, 제가 여러분을 가르칠 때, 여러분과 이야기할 때, 여러분에게 강연을 할 때는 제가 스승의 에고를 취하고, 여러분은 제자가 됩니다."

그러니 걱정하지 마십시오. 그대는 좋은 기반을 가졌습니다. 그대의 모든 걱정, 모든 어려움을, 일체를 아쉬람에 맡기십시오. 그대는 짐이 많습니다!

질: 문자적으로도 그렇고 비유적으로도 그렇습니다!

마: 그대의 모든 짐을 놓고 홀로 가십시오.

　그냥 그대와 함께하십시오!

　그대하고만 함께하십시오!

질: 그리고 결과를 구하지 않는 것은 좋은 거라고 말씀하시겠습니까? 기대 없이 **만트라**를 하는 것과 같이 말입니다.

마: 맞습니다. 혹시 어떤 체험, 어떤 징표를 얻지 않을까, 뭔가 예사롭지 않은 일이 일어나지 않을까 하는 기대를 가지고 명상을 하지는 마십시오.

질: 밝은 빛 같은 그런 것 말씀입니까?

마: 그것은 **자연발로적**일 것입니다. 그런 것이 그대에게 올 것입니다. 시간이 좀 지나면 그대에게 힘이 좀 있다는 것을 느낄지 모릅니다. 그런 미세한 기대들이 있을 수밖에 없고, 그런 일이 일어납니다. 그러나 명상에 시간을 쏟아야 합니다. 기대 없는 헌신이지요. 그럴 때에만 그대 안에서 그대의 **신성**神性을 발견할 것입니다.

　기대 없는 헌신이
　그대 안의 신성을 알게 이끌어줍니다.

그래서 제가 다양한 단어들로 망치질을 하고 있고, 그대의 **궁극적 진리**를 그대 안에 놓아드리고 있습니다. 그대의 **궁극적 진리**를 그대 안에 심어드리고 있습니다.

　이제 그대는 비료와 물로
　그것을 자라게 해야 합니다.
　감로나무가 그대 안에 심어졌습니다.
　그것을 어떻게 돌볼 것입니까?
　물과 비료로 돌봐야 합니다.
　그 비료는 바잔과 명상의 힘입니다.

이런 모든 이야기를 듣고 나면 『아이 앰 댓』을 다시 읽으십시오. 훨씬 더 명료하게 이해될 것입니다! **니사르가닷따 마하라지님**은 아주 희유한 인격이었습니다. 당신이 하신 말씀들은 굉장한 힘을 가지고 있습니다. 당신은 비상한 힘으로 말했습니다. 그래서 저 자신은 아주, 아주 운이 좋습니다. 오로지 당신 때문에 제가 이와 같이 이야기를 하고 있습니다. 저는 제 스승님과 그처럼 오랜 친교를 가졌다는 것이 아주, 아주 행운입니다.

질: 그리고 이제 저희는 그 친교 덕에 이익을 얻고 있습니다.

마: 저는 같은 지知를 그대들과 나누고 있습니다. 언어는 다를지 몰라도, 접근방법은 다를지 몰라도, 원리는 하나입니다.

    그대들에게서 저의 행복을 봅니다.
    그대들 안에서 저의 행복을 봅니다.
    그대들이 행복하면, 제가 행복합니다.

그래서 어디선가 완전정지가 있어야 합니다. 영적인 여행객이 되지 마십시오. 저는 수많은 사람들이 여기 와서 가르침을 논의한 후 이렇게 말하는 것을 보았습니다. "예, 좋습니다, 이제 저는 다른 분을 만나러 가야 합니다." 그래서 제가 외친 것이 모두 허사가 되었습니다. 그것은 유감입니다.

질: 그건 모릅니다. 어쩌면 몇 년 안에, 미래에 뭔가가 딱 계합契合할지 모릅니다. 그럼요! 당신께서 씨앗들을 심어주고 계시니까요. 시간이 걸립니다.

마: 그렇지요, 인내심을 가져야 합니다.

질: 만약 젊은 사람들이라면 온갖 일들이 일어납니다. 결혼을 하는 등.

마: 그러니 행복해지고, 남들을 행복하게 하십시오. 깨달아서 남들이 환幻에서 벗어나도록 도와주십시오.

질: 제가 보니 당신께서는 깨달음을 '얻는다'('get' realized)는 단어를 쓰시지 않고 깨닫'는다'('be' realized)고 하십니다. '얻는다'는 것은 어떤 상품 같다고 보면 맞습니까?

마: 역시나 그런 것은 단어들입니다. 그대는 이미 **깨달아** 있지만, 자신의 깨달음을 자각하지 못합니다. 그대는 이미 **깨달아** 있지만, 자신의 깨달음을 자각하지 못합니다. 그대가 자신의 **정체성**을 잊어버리고 있기 때문에 우리가 저 **보이지 않는 청자**, 그대의 **궁극적 진리**의 주의를 요청하고 있는 것입

니다. 지知는 이미 그대에게 있는데, 그대가 그것을 잊어버렸을 뿐입니다.

79. 우리에게 스승이 필요한가?

질문자: 당신께서 진아를 깨닫게 되셨을 때, 왜 그때부터 가르치지 않으셨습니까? 왜 직장 생활을 계속하셨습니까? 무엇이 더 중요합니까?
마하라지: 그런 일들은 시기를 달리해 일어납니다. 깨달음은 자연발생적으로 일어납니다. 그것은 가르치는 것과 다릅니다. **니사르가닷따 마하라지님**은 깨달았어도 한동안 가르치지 않았습니다. 그것을 피하셨지요. 첫 번째 이유는, 그것이 큰 책임이라는 것입니다. 두 번째로, 그것은 환경이 어떠한가, 얼마나 많은 헌신자들이 오고 싶어 하는가에 달렸습니다. 만일 그들이 강한 헌신과 열의를 가지고 있다면 그렇게 될 것입니다. 사람들이 저에게 강요했지요! 란지트 마하라지님은 몸을 벗으신 상태였고, 그래서 그들이 말했습니다. "다음은 누굽니까? 당신께서 뭔가를 하셔야 합니다. 우리 자식들은 어떻게 합니까?" 자연발생적으로 그렇게 되었습니다.
질: 당신께 너무 고맙습니다, 마하라지님.
마: 모든 일이 저의 **스승님들** 때문에 일어납니다. 저는 어린 소년이었고, 그러다가 20대 초반의 청년이 되어 하루에 1, 2루피를 벌었습니다. 그러다가 이와 같이 되어 버렸군요! 모두 기적입니다!

그것은 누구에게나 일어날 수 있고, 그대의 투신에 달려 있을 뿐입니다. 그대는 '깨달음', '깨침'을 이야기하는데, 그런 것은 단어들입니다. 그대는 이미 깨달아 있지만, 그것을 자각하지 못합니다. 일체가 그대 안에 있지만 그대가 자각하지 못한다는 것, 그뿐입니다.

우리는 그대를 자각하게 만들고 있습니다.
우리는 우리의 이야기를 통해

그대를 자각하게 만들고 있습니다.

자신을 과소평가하지 마십시오. 깊은 헌신을 가지고 강력히 투신하십시오.

질: 마하라지님, 저는 헌신의 의미가 뭔지 여쭈고 싶었습니다.

마: 헌신이란 우리의 **무아인 진아**에 완전히 투신하는 것을 뜻합니다. 헌신은 우리의 **무아인 진아**에, 어떤 에고도 없이 절대적으로 투신하는 것을 뜻합니다. **무아인 진아** 안의 자연발로적 투신이지, 의도적인 행위가 아닙니다.

질: 어떤 구도자들은 **진아**를 깨닫는 데 **스승**은 필요하지 않다고 말합니다. 스승은 어느 정도로 필요합니까?

마: 의사가 약을 처방할 때, 모든 약을 한 번에 다 먹으라고 하지는 않습니다. 어쩌면 하루에 몇 번 한두 알씩 먹으라고 처방하겠지요. 마찬가지로, 스승이 있어 처방하고, 가르치고, 그대가 따를 지침을 줍니다. 스승이 없으면 그대가 어둠 속에서 길을 찾으려고 애쓰게 됩니다. 시작 단계에서는 스승이 필요합니다.

　스승은 구도자에게
　그의 정체불명의 정체성을 제시합니다.
　그 정체불명의 정체성이
　스승이라는 매개자를 통해 그의 앞에 놓입니다.

스승이 있어 그대의 **실재**를 가리키고 지적해 줍니다. 그가 있어 그대에게 보여주고, 그대를 납득시켜서 그대가 **실재**를 알게 합니다. 그럴 때 그대는 묻겠지요. "나는 누구인가?"라고.

　"나는 누구인가?"는
　상상이나 추측의 범주 안에 있지 않습니다.
　그대의 현존은 자연발로적입니다.

질: 몸이 사라진 뒤에는 어떻게 됩니까? 무엇이 남습니까?

마: 현재 그대는 몸을 보유하고 있습니다. 존재성 이전에는 어떤 몸도 없었습니다. 몸이 사라진 뒤에는 그대가 그대 자신에게 알려지지 않을 것입니다. 그래서 그대가 지금 가진 어떠한 지식, 어떠한 영적인 정보도 몸과

함께 사라질 것입니다. 아무것도 남지 않습니다.

질: 그렇다면 이 모든 영적인 지知가 무슨 소용이 있습니까?

마: 영적인 지知가 필요한 것은 그대가 자신의 정체성을 잊어버렸기 때문입니다.

그대는 존재성 이전에
자신이 어떻게 있었는지를 잊어버렸습니다.

질: 그렇다면 지知란 무엇입니까?

마: 그대는 한 질문에서 다음 질문으로 멈추지도 않고 변칙적으로 뛰어 다니고 있습니다.

질: 죄송합니다, 마하라지님. 그냥 여기 있다 보니 흥분된 것 같습니다.

마: 그건 좋습니다. 그러나 이 지知는 지적인 지知가 아닙니다. **직접지입니다**. 지知란 진정한 의미에서 그대 자신을 아는 것을 의미할 뿐입니다. 우리는 몸-형상으로 우리 자신을 압니다. 그것은 그대의 정체성이 아닙니다.

지知는 진아지입니다.
헌신은 진아지의 완성입니다.

질: 확신은 맹신입니까?

마: 확신이란 단지 **궁극적 진리**를 깨닫는 것을 의미합니다. 간단한 예로, 이 몸은 '남자'로 불리고, 그래서 저는 이 몸이 '남자'로 불리는 것을 받아들입니다. 그것이 **자연발로적 확신**입니다.

질: 당신께서 하신 말씀에서 제가 감지하는 것은, 그 **확신**을 얻기 위해서는 명상이 매우 중요하다는 것입니다.

마: 명상이 기반입니다. 왜냐하면 명상을 통해서만 이런 환적인 생각들, 이런 그릇된 생각들, 그릇된 개념들이 해소될 것이기 때문입니다. 어릴 때부터 오늘날까지, 몸 안에서 수십만 가지 환적인 생각들이 발전해 나왔습니다. 따라서 그것들을 다 지우려면 명상이 필요합니다. 처음에는 노력을 해야 하고, 그러다 보면 그대도 모르는 사이에 그렇게 될 것입니다.

80. 스승의 환영 幻影

질문자: 저는 명상 중에 자연발생적으로 많은 일이 일어나고 있는데, 당신께서 가끔 '랜드마크'라고 지칭하시는 그런 것입니다. 오늘 아침에는 **스승님**들이 저를 위해 화장 장작더미를 준비해 두셨더군요! 저는 그것을 제가 에고를 완전히 순복시키도록 더 큰 노력을 하라는 지침으로 여겼습니다. 그래야 에고가 "내가 있다"는 나머지 환幻들과 함께 불타 버릴 수 있을 테니 말입니다. 그러나 다른 헌신자에게 이야기했더니, 그는 그런 종류의 어떤 체험도 하고 있지 않은 것 같았습니다.

마하라지: 그것은 좋습니다! 처음에 그대가 시작할 때는, 그것이 사람마다 다릅니다. 체험을 할 수도 있고 하지 않을 수도 있습니다. 사람 나름이어서, 어떤 사람들은 수행을 시작할 때 그런 체험들을 하지 않습니다.

어떤 사람들은 그들의 명상에서 나오는, 그들의 전적인 투신에서 나오는 많은 체험을 하는데, 그것은 그들이 **무아인 진아**에 점점 더 가까이 가고 있기 때문입니다. 또 어떤 사람들은 기적적인 사건들을 체험합니다.

간략히 말하면, 영적인 학學에서는 우리가 신을 보고, 듣고, 접촉하는 세 가지 방식으로 체험할 수 있다고 합니다. 그대가 전적으로 투신하는 그대의 스승을 볼 수도 있습니다. 스승의 접촉을 느낄 수도 있습니다. 혹은 스승이 그대에게 이야기하는 것을 들을 수도 있습니다.

　완전한 투신이 있을 때는
　　그대의 영靈이 스승의 형상을 취합니다.

그 단일성을 보여주기 위해 헴와바이(Hemvabai)라는 한 성자의 예를 들어 보겠습니다. 그녀는 **바우사헵 마하라지**님의 제자였습니다. 그녀는 불치의 역병疫病에 걸려 있었기 때문에 그 질병을 전염시키지 못하게 숲으로 추방되어 있었습니다. 거기서 그녀는 자신의 **스승**에게 기도했습니다. 워낙 깊이, 깊은 신심을 가지고 기도했기 때문에, **바우사헵 마하라지**님이 몸-형상으로 그녀 앞에 출현했습니다. 그녀의 역병이 치유되었습니다.

마하라지님이 그녀에게 바게와디(Bagewadi)의 아쉬람4)으로 가라고 했습니다. 걱정이 된 그녀는 당신께, 자기가 가면 유령처럼 취급될 거라고 말했습니다. 당신이 말했습니다. "네가 기도하면 내가 거기 있겠다. 그러나 너 외에는 모든 사람에게 보이지 않을 것이다." 그녀는 아쉬람으로 갔고, 그 사람들에게 바우사헵 마하라지님이 자신에게 친견을 베풀었다고 말했습니다.

현지인들이 그녀를 시험해 보았습니다. 쁘라사드(prasad-헌신자들에게 나눠주는 예공 음식물)를 가져왔는데, 금세 바우사헵 마하라지님이 나타나서 그 쟁반을 비워 버렸습니다. 결국 사람들은 헴와바이의 (마하라지) 친견을 받아들였습니다. 이런 기적적인 일이 일어납니다. 사실,

성자가 실제로 형상을 취하지는 않습니다.

그대가 자신의 무아인 진아에 전적으로 투신할 때,

그 (성자의) 형상이 투사되는 것입니다.

그것(그대가 말한 체험)은 궁극적 진리가 아닙니다. 좋은 체험이고, 예, 랜드마크지요. 그러나 궁극적 진리는 아닙니다. 항시 기적적 사건들이 많이 일어나고 있습니다.

다른 이야기를 하나 들려드리지요. 연로한 헌신자 한 사람이 큰 수술을 받아야 했습니다. 그의 아들이 그에게 수술이 두렵지 않느냐고 물었습니다. 그가 대답했습니다. "왜 두려워해야 돼? 내가 죽음의 주인인데." 수술 도중 그는 자신의 스승을 보았습니다. 스승이 의사들과 함께 있었습니다. 이런 일이 일어난 것은 그의 강한 믿음 때문이었습니다.

기적은 궁극적 진리가 아닙니다.

그것은 그 보는 자의 반영,

보는 자의 투사물입니다.

그것은 그대의 실재가 형상을 취하는 것입니다.

영靈은 매우 민감합니다. 만일 그대가 진지하게, 깊이 스승에 대해 생각하면서 그대의 정체성을 잊으면, 스승이 그대 앞에 나타날 것입니다. 그런

---

4) T. Bagewadi는 인도 까르나따까 주의 Bijapur 남쪽에 있는 읍이고, 이곳에 싯다라메쉬와르 마하라지를 모신 사원이 있다.

일이 일어날 수 있지요! 깨달은 성자들은 기적을 권장하지 않습니다. **니사르가닷따 마하라지**님이 말했습니다. "그런 일들은 드러내지 말라. 왜냐하면 그것은 사람들에게 그릇된 메시지를 주기 때문이다."

기적들은 일어납니다. 그것은 그대의 **자연발로적 현존**에서 일어납니다. 그대는 엄청난 힘을 가지고 있습니다. 그대는 엄청난 힘, 엄청난 파워를 가지고 있지만, 그 파워를 과소평가하면서 다른 데서 그 **실재**를 발견하려고 합니다. 독립적으로 되십시오!

81. 단어 없는 실재

마하라지: 여러분은 수많은 의상, 여러 겹의 환幻에 덮여 있습니다. 그것들을 하나하나 제거해야 합니다. 제자가 **스승**에게 "브라만은 어떻습니까?" 하고 묻자, 스승이 "브라만은 양파와 같다"고 말한 고전적인 이야기를 여러분은 알고 있겠지요.

그것은 그냥 양파나 배추와 같습니다. 한 겹 한 겹 벗겨내면 결국 아무것도 남지 않습니다. 마찬가지로, 모든 환적인 생각을 제거하면 아무것도 남지 않을 것입니다. 그러나 그 무無 속에 일체가 있습니다.

그 무無 속에 일체가 있습니다.

우리는 다양한 방식으로, 다양한 언어로, 다양한 단어들로, 다양한 문장으로, 여러분에게 **실재**를 납득시키려고 합니다.

존재성 이전에는 아무것도 없었습니다.
존재성이 해체된 뒤에는 아무것도 없을 것입니다.

우리가 하고 있는 이 모든 이야기는, 불생不生의 아이에 대해 이야기하는 것과 같습니다. 이 철학과, **브라만·아뜨만** 기타 단어들에 대해서 이야기하는 것은 불생의 아이에 대해 이야기하는 것과 같습니다. 무無!

우리는 불생의 아이에 대해 이야기하고 있습니다.

우리는 무無에 대해서 이야기하고 있습니다.

몸과 함께 일체가 떠날 것인데, 그럴 때 브라만이 어떻게 있겠습니까? 더 이상 몸이 없다면, 여러분에게 브라만이 어떻게 있겠습니까? 소위 죽음과 함께 몸이 사라지는 순간, 이 브라만은 어떤 것이 되겠습니까? 이 브라만·빠라마뜨만·신이 어디 있겠습니까?

어떤 단어도 없을 것입니다.

이것이 실재입니다.

그러니 단어들에 왜 그렇게 집착합니까?

여러분은 단어들에 많은 애착이 있습니다.

실재를, 자신의 실재를 발견하려고 노력하십시오.

단어 없는 실재 말입니다.

왜 그런 모든 단어에 계속 매달립니까? "왜 이 성자는 이렇게 말하는가? 왜 저 성자는 저렇게 말하는가?" 가장 중요한 것은 '말'이 아니라 그 의미입니다. 사람들은 말에 중독되어 있습니다. 우리가 브라만이라고 하는 것은 무슨 의미입니까? 우리가 아뜨만·빠라마뜨만·신·스승·마야·브라만이라고 하는 것은 무슨 의미입니까? 수많은 단어들! 우리가 그 단어들을 만들어냈습니다. 우리가 그 단어들을 만들어내고 있습니다.

우리가 알파벳 a, b, c, d를 만들었고, 단어들을 만들어냈습니다. 'DAD' ―그것은 '아빠'라는 뜻입니다.

우리가 단어들을 덧붙이고, 거기에 의미를 부여하고,

그런 다음 그 단어들을 가지고 이야기하고, 싸웁니다.

단어들은 당연히 어떤 목적에 이바지하고, 그것이 없으면 우리가 서로 거래를 할 수 없고, 서로 대화를 할 수 없습니다. 그러나 우리는 단어들 속으로 더 깊이 들어가야 합니다.

그 단어들의 의미 속으로 깊이, 더 깊이 들어가십시오.

'나는 이 세계에 한 사람의 남자나 여자로 태어난다.' 이것이 맞습니까? 남자나 여자의 성별을 갖는 이 외적인 덮개는 참입니까, 거짓입니까?

같은 금속, 이를테면 금이나 은을 사용하여 신상神像 하나와 당나귀 상 하나, 두 개의 상을 만들었다고 합시다. 금 세공인을 찾아가서 "이것은 신상입니다! 당나귀 상보다 값이 더 나가야 합니다!"라고 해도, 금으로 된 신상에 대해서 금으로 된 당나귀상보다 돈을 더 받지는 못할 것입니다. 가치는 그 금이나 은의 무게에 있지, 이름·모습 또는 형상에 있지 않습니다.

마찬가지로, **궁극적 진리**는 **궁극적 진리**입니다. 여러분이 **궁극적 진리**입니다. 그러니 여러분이 자신을 납득시켜야 합니다. 여러분이 자신에게 동기를 부여해야 합니다. 여러분이 자신을 형성해야 합니다.

여러분에게 지침이 주어졌습니다.

여러분에게 가이드라인이 주어졌습니다.

그러니 그것에 대해 생각하고, 그것을 사용하여

여러분 자신의 힘을 되살리십시오.

여러분 자신을 등한시하지 말고, 자신을 과소평가하지 마십시오. 용기를 좀 가지고 안팎의 사물들과 대면하십시오. 물결이 오고가고, 생각들이 오고 갑니다. (유용한 생각들은) 수용하고 (그렇지 않은 생각들은) 배제하고, 수용하고 배제하십시오. 간단합니다! 여러분이 여러분 자신의 **스승**입니다.

질문자: 이런 것들을 이해할 수는 있지만, 그것을 행하는 것은 별개의 문제입니다. '내가 내 세계의 **스승**이다.' 그것은 이해할 수 있으나, 그것을 실천에 옮기는 것은 다른 문제입니다.

마: 그것은 **지**知를 실천에 옮기는 것을 의미할 뿐입니다. 사실들이 그대에게 제시되었습니다. 사실들이 그대 앞에 놓입니다. 공개적 사실들이 그대 앞에 놓입니다. **공개적인 진리**가 그대 앞에 놓입니다. 그 나머지는 그대에게 달렸습니다. 그 모든 것을 가지고 어떻게 할 것이냐는 전적으로 그대에게 달렸습니다.

궁극적 진리가 그대 앞에 놓입니다.

그것은 그대의 진리이고,

그대의 최종적 정체성입니다.

실상은 그대가 책을 읽으면 특정한 단어들이 그대에게 영향을 줍니다.

그대는 그것을 분석합니다. "라마나 마하르쉬는 이렇게 말하고, 니사르가닷따 마하라지는 저렇게 말한다." 동시에, 그대는 다양한 단어들에 대한 비교 연구를 하고 있습니다.

그대는 이 비교 연구를 하려고 하는

그 영靈을 등한시하고 있습니다.

다양한 단어들이 그대의 **궁극적 진리**를 가리켜 보이고 있습니다. 그것만 받아들이십시오! 말장난을 하지 마십시오!

82. 평상하고, 단순하고, 겸허하라

마하라지: 이 지知가 얼마나 단순합니까!
질문자: 단순하지만 어렵습니다.
마: 저는 이미 그대 안에 있는 것에 그대의 주의를 끌어오고 있습니다. 그대가 해야 할 일은 완전한 믿음, 완전한 신뢰로 받아들이는 것이 전부입니다. 어떤 방법으로든 그것을 점검해 보십시오! 맹목적 믿음을 갖지 마십시오. 어느 **스승**이든 그 가르침을 점검하여 그 **스승**이 그대에게 적절한 정보를 주었는지, 부적절한 정보를 주었는지 식별하십시오.
질: 마하라지님, 저는 일어나고 있는 일들을 더 많이 자각합니다. 어떤 언짢은 일이 일어나면 제가 그것과 함께할 뿐, 두려워하지 않아야 한다는 것을 압니다. 그러면 그것이 그냥 사라집니다.
마: 훌륭하고, 맞습니다. 영적인 공부는 특공대 훈련이고, 병사 훈련을 넘어섭니다. 짐은 다 꾸렸습니까? 마지막 질문이 있습니까?
질: 아니요, 전혀! 어려움들이 사라졌고, 슬픔이 사라졌습니다! [웃음.]
마: 아주 훌륭합니다, 아주 훌륭해요. 평상해지십시오! 완전한 침묵. 계속 생각할 필요가 없습니다. 무슨 일이 일어나든 그냥 일어나라 하십시오. 그

대가 스크린에서 어떤 화면을 보고 있으면, 그 장면이나 줄거리 때문에 일시적으로 즐거워지거나 슬퍼집니다. 그러다 강당을 떠나면 잊어버립니다.

이것은 생각들이 흐르는, 화면들이 흐르는 큰 강당입니다. 이것은 하나의 꿈입니다. 그 꿈을 지켜본 다음 잊어버리십시오. 평상하고, 단순하고, 겸허해지십시오.

주위에서 무슨 일이 일어나든, 전혀 신경 쓰지 마십시오.

주위에서 일어나고 있는 누구의 생각도 새겨두지 마십시오.

그대의 행복이 저의 행복입니다. 그대는 지금 미소를 짓고 웃고 있는데, 그것은 아주 좋습니다. 그대가 여기 왔을 때는 심각하고 슬펐지요.

그것은 아주 단순하고, 아주 아주 단순합니다. 스트레스를 받지 말고, 다른 데 한눈팔지 마십시오. 때로는 유혹을 느끼기도 하겠지만, 그대의 내적인 스승으로부터 인도 받고 가르침을 받을 것입니다. "이건 하지 마라, 이건 마야이고 환幻이다. 이리 와서 이걸 해라"고 말입니다. 그것은 아이들의 '뱀과 사다리' 놀이(주사위로 하는 보드게임의 일종)와 좀 비슷합니다.

영적인 공부에서 우리는 그대에게 과거를 잊으라고 합니다.

과거에 대해 생각하지 마십시오. 왜냐하면

그대의 자연발로적 현존이 그대의 표적이기 때문입니다.

그대의 자연발로적 현존이 그대의 표적입니다.

다른 사람의 생각과 견해의 노예가 되지 마십시오. 책에서 얻은 지知, 문자적 지知는 잊어버리십시오! 완전히 비워진 필기판이 되십시오. 잘못된 파일, 환적인 파일들을 모두 제거하고, 그대의 새 프로그램을 넣으십시오. 그냥 그대의 비전을 바꾸고, 그대의 스펙을 바꾸십시오. 그것은 그대의 이야기입니다. 저는 그대 안의 **보이지 않는 청자**의 주의를 요청하고 있습니다.

무아인 진아를 아십시오.

그러니 '무아인 진아' 프로그램을 넣고,

그것이 그대의 모든 컴퓨터와 노트북들을 돌보게 하십시오.

83. 궁극적 실재는 얼굴이 없다

마하라지: 여러분은 두려움 없는 삶을 살 수 있습니다. 왜 두려움이 있습니까? 우리에게 이 몸에 대한 집착이 있기 때문입니다. 여러분이 호주머니에 돈을 많이 가지고 있는데 밖에 나간다고 하면, 누가 강탈해 갈지 모른다는 두려움이 좀 있겠지요. 그래서 호주머니에 손을 넣은 채 걱정하고 두려워하면서 주위를 돌아봅니다. 도둑을 두려워합니다. 호주머니에 아무것도 없으면 두 팔이 옆에 편안히 내려져 있겠지요.

마찬가지로, 여러분이 두려워하는 것은
그 몸에 대한 여러분의 집착 때문입니다.
소중히 여기는 것이 없으면 두려워할 것도 없습니다.

소중한 것이 없으면 두려움도 없습니다!

자신이 어떤 사람이라는 확신의 자취가 남아 있는 한, 그 에고적 지知가 계속 문제와 갈등을 야기할 것입니다. 따라서 진정한 의미에서 여러분 자신을 알려면 어떤 전념이 필요합니다. 여러분 자신에 대해서 생각하십시오! 이것은 아주 단순한 지知입니다. 영적인 공부에 대해서는 잠시 잊으십시오. 여러분은 아이에서 청년으로 성장하고, 그런 다음 노인이 됩니다.

그런 것은 몸의 단계들이지 여러분의 단계가 아닙니다.
여러분은 그 아이의 주시자이고, 그 청년의 주시자입니다.
여러분은 주시자입니다.

주시자는 변하지 않고, 주시되는 그것이 변하고 있습니다. 몸이 변하지 여러분은 변하지 않습니다.

여러분은 항상 그대로입니다.

"나는 몸이 아니다"라는 것을 우리가 알 때도, 그에 불구하고 어떤 두려움이 여전히 있습니다. 무슨 일이 일어날까 하는 어떤 미세한 두려움과 걱정이 있습니다. 몸이 뭔가 잘못되면 여러분은 이렇게 간청합니다. "의사 선생님, 어떻게 해주십시오. 제가 살게 주사를 놓아 주십시오!" 왜입니까?

왜냐하면 그것이 영靈의 성품이기 때문입니다.

영靈은 몸을 통해서만 그 자신을 알기 때문입니다.

우리는 그것을 영靈·브라만·아뜨만·빠라마뜨만으로 부르지만, 영靈은 곧 여러분 자신입니다. 여러분은 무아인 진아입니다. 영靈과 몸의 결합, 곧 마음·에고·지성이라는 환幻이 여러분 자신을 별개의 어떤 사람으로 인식하면서 모두 이 꿈 세계에 기여하고 있습니다.

여러분이 어떤 꿈에서 깨어나면 그 꿈에 전혀 개의치 않습니다. 마찬가지로, 이 세계에 전혀 개의치 말아야 합니다. 이것은 하나의 꿈 세계입니다. 따라옵니까?

질문자: 일체가 '마야'라는 것을 종종 읽었고, 지적으로는 그것을 이해하고 있습니다. 그러나 지금 당신께서 그것을 말씀하시는 방식이 워낙 실제적이어서 제가 정말로, 정말로 그것을 이해합니다. 참될 뿐만 아니라 실용적으로도 들립니다.

마: 확신이 오겠지요. 점차 이 모든 환적인 층들이 녹아 완전히 없어질 것입니다. 그 융해 과정이 이미 시작되었습니다. 서서히, 말없이, 영구적으로, 몸-지知와 사물들이 몸에 주는 영향이 줄고, 해소되고, 사라질 것입니다.

질: 그 대신 무엇이 있게 됩니까?

마: 어떤 물질적 원인도 없는 저 비상한 **평안**입니다. 현재 우리는 물질적 원인에서 평안과 행복을 끌어내려 하고 있습니다. 우리는 경전을 읽는데, 이것은 하나의 물질적 원인입니다. 우리는 좋은 음식을 먹는데, 그것은 하나의 물질적 원인입니다. 일시적이지요!

제가 이야기하는 이 행복은 뭐라고 규정할 수 없습니다.

모든 개념들은 환幻입니다.

개념들 이전, 몸-지知 이전, 존재성 이전에,

그대가 어떻게 있었는지를 알아내야 합니다.

우리는 이것을 알아내기 위해 이 과정을 닦습니다. 이 과정도 환幻입니다. 지知도 환입니다. 그러나 지知를 하나의 사다리나 주소 카드처럼 사용해야 합니다. 목적지에 도착하고 나면 그 방향 지시물들을 버려도 됩니다.

『아이 앰 댓』과 『그대가 그것이다』에서, 이 스승들은 독자인 그대에게 그대의 **궁극적 진리**, **최종적 진리**를 납득시키려고 합니다. 그 **지**知의 견지에서 그대 자신을 납득시켜 "아이 앰 댓"('내가 그것이다')이 되어야 합니다.

이것은 하나의 물질적 몸입니다.

그대의 현존은 눈에 보이지 않고, 도처에 있습니다.

궁극적 실재는 얼굴이 없습니다. 자기확신을 가져야 합니다. 그대 자신을 납득시키는 것은 그대에게 달렸습니다. 스승이 그대의 **정체성**을 그대 앞에 놓아주었습니다. 이제 그것을 받아들이는 것은 그대에게 달렸습니다.

그대가 자신을 납득시켜야 합니다.

그것은 오직 그대에게 달렸습니다.

어떤 사람이 그대에게 좋은 음식을 가져오면, 그대는 "오! 아주 좋은 음식이군" 하고 묘사만 하지 않고 그것을 먹겠지요! 마찬가지로, 이 가르침에 대해, 이 **지**知에 대해서도 말로만 "오, 아주 좋군, 아주 좋아. 그 다음은 뭐지?" 하지 마십시오. 나온 것을 먹고 소화시키십시오! 어떻게 생각합니까?

질: 예, 그렇고말고요! 저는 일체를 게걸스럽게 먹고 있습니다!

마: 그것은 아름다운 여정입니다. 그것은 그 헌신자에 따라 점점 더 깊이 들어갑니다. 모든 가르침을 가져가십시오. 일체를 가져가십시오. 한두 푼만이 아니라, 모든 부富를 가져가십시오!

84. 스승은 그대 안의 '신'을 그대에게 보여준다

마하라지: 일체가 여러분 안에 있습니다. 따라서 신체적으로든 정신적으로든, 다른 데로 찾으러 갈 필요가 없습니다. 이 **확신**을 얻기 위해서는 수행을 해야 합니다.

여러분이 영적인 공부를 통해서 갖는 기대들은

이미 여러분 안에 있는 그 기대자에 의해 충족될 것입니다.

그 기대자를 신·아뜨만·브라만·빠라마뜨만이라고 합니다. 영靈이 몸과 맞물렸을 때 여러분의 기대가 시작되었습니다. '나는 평안과 완전한 행복, 평화로운 삶, 긴장 없는 삶을 원한다.'

이런 기대들은 어릴 때 시작되었습니다. 아이가 우는데, 우는 이유는 무슨 일이 일어나고 있는지 자기가 설명하거나 이해할 수 없기 때문입니다. 우리나라(인도)에서는 아이가 울 때 꿀을 줍니다. 단맛을 보면 아이가 즐거워합니다.

마찬가지로, 우리가 이른바 세계 안에 들어온 뒤에는 우리에게 행복을 가져다주고 우리를 달콤하게 해 줄 수많은 것들을 기대합니다. 왜입니까? 영靈은, 현존은, 존재성이 참을 수 없고, 감내할 수 없고, 견딜 수 없다고 느끼기 때문입니다.

왜냐하면 존재 이전, 존재성 이전에는

어떤 불행이나 행복도 없었기 때문입니다.

질문자: 흥미롭습니다! 오늘 아침에는 명상을 하고 있을 때 **바우사헵 마하라지**님의 **현존**이 있었습니다. 그분이 이렇게 말씀하시더군요. "너의 모든 기쁨과 행복을 내맡겨라!" 그때 저는 그것을 어떻게 이해해야 할지 몰랐습니다. '내 삶에서 긍정적인 것을 왜 포기해야 하지? 분명히 기쁨과 행복은 문제가 되지 않아! 아니야! 그건 간직할 거야'라고 생각했습니다. 만일 그분이 "너의 모든 고통과 괴로움을 내맡겨라"고 하셨으면 즉시 순순히 따랐겠지요. 그런데 이제 알겠습니다. 존재성 이전에는 행복도 불행도 없었습니다. 행복이나 기쁨은 몸-지知이고, 따라서 그것은 사라져야 합니다!

영적인 진보를 가늠하는 바로미터로, 저는 평안·기쁨·지복·행복을 찾아 왔습니다. 이 모든 것이 몸-지知의 일부라는 것을 모르고 말입니다.

마: 행복도 불행도 없습니다. 누구나 평안을 얻으려고 몸부림치며 여기저기 다니고 있습니다. 그대는 평안과 행복을 찾아 여기까지 왔습니다. 행복은 그대에게 알려져 있지 않습니다. 그대는 오락·돈·성·권력을 통해서, 심지어는 영적인 체험 등을 통해서 그것을 발견하려고 합니다. 그러나 이런 온

갖 원천이 있음에도 불구하고 행복은 그대의 손에 잡히지 않습니다.

행복이 그대에게 알려져 있지 않은 것은
그대가 그대 자신에게 알려져 있지 않기 때문입니다.
그대 안에 있는 행복의 근본 원리가 그대로부터 숨겨진 채로 있고,
그대에게 알려져 있지 않습니다.

그대는 이 견딜 수 없는 몸-지知와, 마음·에고·지성이라는 미세한 몸의 형상을 받아들이고, 그런 다음 평안을 발견할 방도를 찾습니다. 스승들에게 다가가고, 사원과 성지들을 찾아갑니다. 그것은 일시적 행복과, 진통제 같은 위안을 줄지 모르지만, 그 무엇도 영구적이지 않습니다.

그런 다음 그대는 마치 순회 서커스처럼 다른 사원, 또 다른 사원을 방문합니다. 어떤 사람이 "여기로 가라, 저기로 가라, 이것을 하라, 저것을 하라"고 합니다. 그런데도 이 모든 방황, 이 모든 여행에도 불구하고, 누구도 신이 그대 안에 있다는 것을 보여주지 않습니다.

누구도 그대 안의 신을 보여주지 않습니다.

더 이상 여기저기 찾아다닐 필요가 없습니다. 이제 그대는 목적지에 왔고, **최종 목적지**에 도착했습니다. 이것은 **궁극적 진리**입니다. 그러니 거기에 달라붙어야 합니다. 진심이어야 하고, 그것을 진지하게 받아들여야 합니다.

이전의 여정은 잊어야 합니다.

이제 그대는 집에 왔습니다.

더 이상 주소나 밟아온 경로가 필요 없습니다.

시간이 가고 세월이 가면서 미혹이 덧붙여졌습니다. 매일 미혹이 덧붙여졌습니다. 그러나 이제 그대는 **직접 목적지**에 왔고, 그것이 이미 그대 안에 있습니다.

찾으러 다닐 필요가 없습니다.

왜냐하면 그대는 더 이상 하나의 몸이 아니기 때문입니다.

그대의 모든 걱정은 몸과 함께 시작되었습니다.

이제 뿌리로 나아가십시오.

일체가 그대 안에 뿌리를 두고 있습니다.

질: 머릿속에서는 그것을 알지만 뿌리로 나아가는 데 어려움이 있고, 저는 여전히 앤서니(Anthony)에게 많이 집착하고 있습니다.

마: 몸과 관련된 지知는 그대에게 행복을 안겨주지 않을 것입니다. 그대가 원한다면 "나는 **브라만·아뜨만·빠라마뜨만·신이다**"라고 말할 수 있겠지만, 그것은 모두 몸-지知입니다. 그대는 **브라만·아뜨만·빠라마뜨만**도 아니고 신도 아닙니다. 그런 이름은 존재성을 위해 주어집니다. 좋은 이름들이기는 하지만 그대의 **존재**는 그것 너머입니다. 그대의 **현존**은 그것 너머입니다.

그대가 궁극적 진리이고, 그대가 최종적 진리입니다.

그대가 세계의 아버지입니다.

질: 마하라지님, 바로 저인 그 **궁극적 진리**를 제가 어떻게 깨닫습니까?

마: 우리는 몇 가지 과정, 그대의 머리를 강하게 유지해 줄 약을 드리고 있습니다.

질: 좋을 것 같군요!

마: 그대는 어떤 스승이 있습니까?

질: 더 이상은 아닙니다. 오랫동안 스승이 한 분 계셨고, 그분의 발아래 앉아 있기를 좋아했습니다.

마: 그 스승과 함께 있어 본 뒤 그대의 결론은 무엇이었습니까? 무엇을 깨닫거나 이해했습니까?

질: 제가 어떤 이해를 얻었는지는 모르겠고, 그냥 사랑이 얼마나 많은가 하고 느꼈습니다. 그분과 함께 있는 것은 아주 좋았습니다. 심장에서 많은 사랑이 나오는 것을 느꼈습니다.

마: 그대의 참된 **실재**를 이해하고 깨닫는 데 도움이 되기 위해서는 **지**知가 필수적입니다. 목적지에 도달한 뒤에는 주소를 잊으십시오. 강한 믿음을 가져야 합니다. 믿음이 부족하면 생각들이 그대를 여기저기 가도록 계속 강요할 것이기 때문입니다. 생각이 계속 흐르면 안정성이 없습니다. 생각이 들뜨고 산만하여, 그대에게 계속 여기저기 다니라고 부추깁니다.

질: 맞습니다!

마: 언제까지 여러 스승들을 찾아다니려고 합니까? 왜 수많은 스승들을 찾

아가려고 합니까? 무엇을 이루었습니까? 그대 안에 있는 신을 그대에게 보여줄 그런 스승에게 가십시오. **라마크리슈나 빠라마한사**가 스와미 비베카난다에게 그렇게 했듯이 말입니다. 대단하지요! 비베카난다는 수많은 다른 스승들과 이야기해 보았고, 결국 참된 스승을 만났습니다. 희유한 경우입니다.

그대 안에 있는 신을 그대에게 보여줄 그런 스승에게 가십시오. 우리가 우리의 오래된 **계보** 내에서 그렇게 하듯이 말입니다. 이것은 신성한 **남 만트라, 마스터키**에 의해 힘을 받습니다. 이런 **직접지**는 다른 어디에서도 결코 발견하지 못할 것입니다.

그러니 멈추세요, 멈춰! 다시 마음의 제물이 되지 않도록 진지한 노력을 하십시오.

한 스승만 고수하십시오.

믿음을 좀 가지십시오! 마음은 늘 그대에게 '문자'를 보내고 싶어 합니다. "여기 가라! 저기 가라! 어서! 떠날 때야!" 완전정지가 필요합니다.

언제까지 평안을 찾아다니려고 합니까?

누가 평안을 원합니까? 누가 행복을 원합니까? 알아내려고 노력하십시오. 그대의 **내적인** 스승에게 이런 질문을 하십시오. "지난 50년 동안 나는 평안을 얻으려고 분투해 왔다. 무엇을 발견했나? 누가 분투하고 있었나?"

자신을 돌아보십시오!

자신을 돌아보십시오!

자신을 돌아보십시오!

85. 그대의 하드드라이브가 막혀 있다

마하라지: 죽음이란 개념은 서서히, 서서히 다가와서 여러분을 겁먹게 합니다. 그리고 몸은 늙어가고, 점점 더 늙어갑니다. 여러분의 영적인 나이에

따라 행동하십시오. 영靈은 몸을 통해서만 그 자신을 알며, 더 오랜 시간 동안 살고 싶어 합니다.

여러분 자신의 **스승**, 여러분 자신의 선생이 되십시오. 여러분이 완전하게 아는 순간, 죽음에 대한 어떤 두려움도 없을 것입니다. 그 몸은 여러분의 것이 아닙니다. 설사 몸이 뭔가 잘못되어도 상관하지 말아야 합니다. 매일 우리는 신문에서 사람들이 어떤 사고로 죽는다는, 아무개 아무개가 죽는다는 것을 읽지만, 별로 신경 쓰지 않습니다. 가까운 친척이 죽으면 여러분이 울고불고 하는데, 그것은 그 사람에 대한 어떤 집착이 있기 때문입니다.

마찬가지로, 여러분은 그 몸에 대해 많은 사랑과 애정을 가지고 있습니다. 몸을 보호하려 하고, 몸과 아주 가까운 관계에 있습니다. 여러분은 몸을 보호하기 위해 큰 노력을 할 것입니다. 의사도 찾아가겠지요. 자신의 고통을 없애고, 심지어 수명도 늘릴 수 있도록 하기 위해서 말입니다.

질문자: 저는 직업상 많은 고통을 봅니다. 사람들이 죽어갈 때는 신앙을 가진 이들 중에서 신앙을 잃는 사람도 있습니다. 그들은 묻습니다. "하느님이 어떻게 이렇게 심한 고통을 허락하실 수 있단 말인가?"

마: 우리가 세계를 창조했습니다. 그 꿈에서 그대는 수많은 고통을 봅니다. 몸에 들러붙어 있는
이 모든 끈적끈적한 개념들을 녹여야 합니다.
그것들이 모두 녹게 하고, 그대 자신을 존재성 이전에 위치시키십시오. 그대 자신을 **무아인 진아**가 되게 하십시오.

질: 제 생각에, 저에게는 믿음이 어렵습니다. 왜냐하면 저는 늙어가고 있고, 여러 가지 수많은 가르침들을 추구했기 때문입니다. 그런데도 제 마음은 저에게 평안을 주지 않습니다.

마: 그런 것은 모두 생각입니다. 그대가 읽은 것과 들은 것을 다 잊으십시오. 그대는 큰 컴퓨터와 같습니다. 그것이 완전히 텅 비어야 합니다. 그대의 집은 과밀상태입니다. 그대의 집은 과밀상태입니다. 그런가요?

질: 맞습니다. 제 마음은 너무 활동적입니다.

마: 그대의 마음을 잊으십시오. 그대는 그 마음을 언제 만났습니까?

그대는 그 마음의 주시자입니다.

그대는 그 마음의 아버지이지, 그대가 그 마음은 아닙니다.

그대는 어떤 생각들이 내면에서 일어나는지 압니다. 그대는 그 마음의 생각들, 좋은 생각, 나쁜 생각들을 지켜보고 있습니다. 그대는 '내 마음'이라고 합니다. 그대가 그 마음은 아닙니다. 그대는 '내 마음', '내 손', '내 몸'이라고 합니다. 그대가 그 몸은 아닙니다.

그대는 몸이 아니고, 손이 아닙니다. '내 손가락'이란 "나는 손가락이 아니다"라는 것을 뜻합니다. 그대는 모두가 '내 손가락', '내 몸'에 대해 이야기하는 것을 봅니다. 그대는 '내 몸'을 가리켜 보입니다. 그래서 그와 같이 내 마음, 내 에고, 내 지성 — 이 모든 것은 전적으로 그대와 별개입니다.

그대는 내 자식, 내 아버지, 내 형제라고 합니다. 그대는 (그들과) 전적으로 다릅니다. 왜냐하면 '내 아버지, 내 자식' 등을 그대가 지켜보고 있기 때문입니다. 그래서 그대는 그것이 아닙니다. 이 모두는 관계들이고, 마음·에고·지성이 관계됩니다. 그것들은 나중에 왔습니다. 몸과 함께 왔습니다.

그대는 이 모든 친척들의 지시를 따르고 있습니다. 마음·에고·지성이라는, 이 모든 친척들의 지시를 따르고 있습니다. 그것들은 그대가 아닙니다.

만일 어떤 의심이 있다면 그것을 해소하십시오. 영적인 공부에서 이것은 매우 중요합니다. 의심을 가진 채로 지知를 받아들이지 마십시오. 완전히 분명하게 이해해야 합니다. 어떤 의심이 있다면 그냥 물으십시오.

지知를 받아들이면서도 여전히 의심이 있다면

혼란이 있을 것입니다.

의심을 가진 채 지知를 받아들인다면, 혼란이 있을 것입니다.

질: 저로서는 의심을 없애기가 그리 쉽지 않다고 생각합니다. 저는 늙었습니다. 저는 서로 다른 수많은 길을 가 보았는데, 그 어느 것도 정말로 제가 찾고 있던 것은 아니었습니다.

마: 먼저 그대 자신을 납득시켜야 합니다. 그대는 훌륭한 의사입니다. 무엇이 좋고 무엇이 나쁜지를 압니다. 그러니 그대는 훌륭한 의사로서 그대 자신을 치유할 수 있습니다. 자신을 치유할 수 있지요. 그대는 모든 결점과

문제를 가진 그대 자신의 의사이고, 자신의 처지를 압니다. 무엇을 하고, 무엇을 하지 않을 것인지를.

먼저 그대의 컴퓨터에서 그릇된 모든 바이트들을 제거할 필요가 있습니다. 일체가 치워져야 합니다. 하드드라이브가 정보로 가득 차 있으면 새로운 어떤 것을 시도해볼 수 없습니다.

질: 맞습니다. 그것이 막혀 있습니다. 하드드라이브가 가득 차 있으면 제대로 돌아가지 않습니다.

마: 생각들로 과밀상태지요. 그러니 제가 이야기한 것들을 기억하고, 그런 다음 **궁극적 진리**가 무엇인지 알아내려고 노력하십시오. 그러다 보면 "나는 어떤 몸-형상도 없는 **궁극적 진리다**"라는 깨달음이 올 것입니다.

질: 그러니 마하라지님, 제가 저의 하드드라이브를 비우는 것을 도와주시겠습니까?

마: 그대가 관심이 있다면, 그것은 문제가 안 됩니다. 그러나 실상은 많은 사람들이 이런저런 문제를 가지고 저를 찾아오고 있습니다. 저는 그들에게 제가 그대에게 이야기한 이런 모든 것을 이야기해 줍니다. 그렇지만 그들이 여기를 떠난 뒤에 다른 스승을 만나면, 그가 그들의 동요하는 마음에 다시 한 번 영향을 줍니다! 저는 그들이 딱하다고 느낍니다. 왜냐하면 그들은 기회를 놓쳐 버렸기 때문입니다.

질: 저는 다르다고 생각합니다. 왜냐하면 저는 사실상 포기한 상태였고, 제가 찾던 것을 발견하지 못해서 실망해 있었기 때문입니다. 저는 진지합니다! 진심입니다. 저는 세계를 반 바퀴나 돌아서 왔습니다. 웹사이트를 본 뒤에 뭔가가 제 안에서 반향을 일으켰고, 그래서 여기 이후로는 달리 어디도 가지 않을 것입니다. 여기가 종착지입니다.

마: 여기가 마지막 정류소, 종착지입니다. 좋습니다, 오늘 그대에게 명상하는 법과, 어떤 물질적 원인 없이도 그대 자신을 행복하게 만드는 법에 관한 몇 가지 지침을 드리겠습니다. 저는 어떤 특별한 것도 하고 있지 않습니다.

저는 그대 안의 궁극적 진리를 보여주고 있습니다.

그러고 나면 어디도 갈 필요가 없을 것입니다. 거지 소년의 이야기처럼 말입니다. 거지 소년은 자신이 부자인 것을 알게 되자, 즉시 구걸을 그만두었습니다. 제가 이 이야기를 하는 것은 그대를 납득시키기 위해서입니다.

그대가 찾고 있는 것이 그대 안에 있는 신·브라만·아뜨만·빠라마뜨만이라는 것을 알게 되면, 신·스승·브라만·아뜨만이 그대 자신의 반영이고, 그대의 몸 없는 투사물이라는 것을 발견합니다.

그대가 그대 자신의 스승인데,

왜 바깥에서 신이나 스승을 발견하려고 합니까?

니사르가닷따 마하라지님은 말합니다. "나는 그대를 제자로 만들지 않고, 한 사람의 스승으로 만들고 있다."

질: 그 말씀은 들었습니다. 예, 아름답습니다. 그것은 우리가 뛰어다니는 것을 그만두게 합니다. 바깥에 있다고 생각되는 어떤 것에 대한 추구를 그만두게 합니다. 그것이 이미 안에 있다는 것을 우리가 압니다.

마: 남 만트라 받는 것을 진지하게 여겨야 합니다.

질: 저는 제가 진지하다고 생각합니다. 그러나 물론, 그러다가 마음이 끼어들어 이렇게 말합니다. "어쩌면 정말로 진지하지는 않을지 몰라."

마: 마음·에고·지성, 일체가 지워질 것입니다.

질: 근사하게 들립니다! 저는 마하라지님, 바로 작년에 오랜 세월 함께한 남편을 잃었다는 말씀을 당신께 드리고 싶었습니다. 제 가슴이 아직도 슬픔으로 먹먹한 것 같습니다.

마: 누구에게나 그런 일이 일어나지요. 이 세상에 들어오는 사람은 원하든 원치 않든 이 세상을 떠나게 되어 있습니다. [손뼉을 치신다.] 관계들은 몸과 더불어 형성됩니다. 그대가 몸이 아니었을 때는 어떤 관계들이 있었습니까? 우리가 몸이 아니었을 때는 우리의 아들, 우리의 아버지·어머니·남편·아내, 이와 같은 어떤 것도 알지 못했습니다.

백 년 전에 그대에게 무슨 형제·자매·어머니가 있었습니까? 그리고 백 년 후에는 어떤 종류의 관계들이 있겠습니까? 모든 관계들은 몸과 관련된 관계들입니다. 스승-제자 관계조차도 몸과 관련됩니다.

질: 니사르가닷따 마하라지님은 부인이 세상을 떠났을 때, 평소대로 가르치는 일을 이어갔습니다.

마: 대단한 용기지요! 구루 라나데브(Guru Ranadev)의 경우에도 그런 일이 있었습니다. 그는 대학의 큰 강당에서 막 강연을 하려고 할 때, 외아들이 죽었다는 말을 들었습니다. 그에 관계없이 그는 철학 강연을 했습니다. 나중에 그가 말했습니다. "신이 나에게 선물을 주었다가 이제 그것을 도로 가져가고 싶었던 거지." 그래서, 정말 상상하지 못했던 그런 경우에도 자신이 해야 할 일에 대한 그의 제어력이 그토록 아주 인상적이었던 것입니다.

질: 놀라운 이야기군요, 파워풀하고요!

마: 이런 용기가 어디서 옵니까? 그것은 이 영적인 공부에서 옵니다. 왜냐하면 알기 때문입니다. 전 세계가 환幻이라는 것을 아는 것입니다. 그런 용기를 갖기 위해서 명상이라는 수련이 있습니다. 그것이 큰 용기를 부여하고, 지知를 열어줍니다.

　일체가 그대 안에 있습니다.

　실재가 열릴 것입니다.

　다시 어디로 갈 필요가 없습니다.

86. 이런 것들은 단어일 뿐이다

질문자: 저는 다년간 니사르가닷따 마하라지님의 가르침을 공부하고 따랐지만 침체되어 있다고 느낍니다. 어떤 진보도 하고 있지 않은 것 같습니다.

마하라지: 그대는 몸에 기초한 지知의 도움으로 영적인 진보를 하겠다는 기대를 가지고 있습니다. 지성과 미세한 에고를 통해 영적인 진보를 기대하고 있는 것입니다. 니사르가닷따 마하라지 같은 큰 스승과 함께 있을 때조차도, 그분이 말하는 것을 받아들여야지 문자적 지知만 가지고 나아가서는

안 됩니다.

그대의 '몸에 기초한 지知'를 지우지 않으면
설사 백 년 동안 스승과 함께 있다 해도
아무것도 달라지지 않을 것입니다.

그대는 몸-마음 정체성을 받아들였고, 그것을 통해 **궁극적 진리**를 향한 어떤 진보를 기대하고 있습니다. 그것을 얻지 못할 것입니다. '그대는 몸이 아니고, 몸이 아니었고, 몸으로 남아 있지 않을 것이다'라는 것은 공개적인 사실입니다. "그대의 **무아인 진아** 외에는 어떤 신도, 브라만도, 아뜨만도, 빠라마뜨만도, 스승도 없다"고 했습니다.

이런 것들은 단어일 뿐입니다.
그것들의 의미를 알아내십시오!

그대는 어떤 종류의 진보를 기대하고 있습니까? 기적·이름나기·돈·성입니까? 어떤 진보입니까? 진정한 의미에서 그대 자신을 알지 못하면, 그대의 이른바 진보는 어떤 의미도 갖지 못할 것입니다.

여기서 진정한 진보란,
전적으로 그대 자신 안에서 진리가 확립되고
그 결과 그대에게 어떤 기대도 없는 것을 의미합니다.

어떤 행복도, 불행도, 어떤 체험도, 체험자도 없습니다. 어떤 주시도, 어떤 주시자도 없습니다. 만일 굳이 비유해야 한다면, 그대 자신을 하늘에 비유하십시오. 하늘은 "내가 있다"는 느낌을 가지고 있지 않습니다. 이 "내가 있다"는 느낌도 환幻입니다. 왜냐하면 그대의 **정체성**은 그것 너머이고, 상상 너머이기 때문입니다. 어떤 한계도 없습니다. 그러니 그대는 어떤 진보를 기대하고 있습니까? 진보는 몸-지知와 관련됩니다.

누가 진보를 기대하고 있습니까?
만일 기적을 찾고 있거나 신을 보기를 원한다면,
그런 일은 일어나지 않을 것입니다.
일체가 그대 안에 있습니다.
일체가 그대로부터 투사되어 나옵니다.

깨어남이 있는 순간, 그대는 세계를 봅니다. 세계는 싱그럽고, **현존**은 싱그럽습니다. **현존**이 사라지면 세계가 사라집니다.

질: 저는 명상을 할 때 당신께서 말씀하시는 그런 어떤 징표도 없었고, 그래서 제가 아주 시작 단계에 있다고 느끼게 됩니다. 아무 진보가 없습니다!

마: 아무것도 일어나지 않는다고 느낄 때조차도 흡수 과정이 진행되고 있습니다.

어떤 체험도 기대하지 마십시오.

그대의 현존이야말로 큰 체험입니다.

누가 진보를 원합니까? 이제 그대는 더 나은 앎을 가졌습니다. 그대는 더 이상 한 개인이 아닙니다. 하늘의 진보는 무엇입니까? 하늘에게는 어떤 개인성도 없습니다. 마찬가지로, 그대는 몸-형상 안에서 자신을 알고 있었지만, 이제 더 나은 앎을 가졌습니다. 스승이 그대 앞에 **궁극적 진리**를, 그대의 **궁극적 진리**를 놓아주면, 그대는 조금씩 몸-지知에 덜 상관하게 될 것입니다.

"나는 10년, 20년 동안 **니사르가닷따 마하라지**와 함께 있었다"고 말하는 것은 에고입니다. 그대는 무엇을 배웠습니까? 무엇을 배웠지요? 몸-형상을 한 스승에 대해 배우거나 생각했습니까? "나는 **니사르가닷따 마하라지**와, 혹은 다른 어떤 유명한 **구루**와 함께 있었다"고 말하는 것은 에고입니다. 그렇게 되는 것은 그대가 "내가 그 스승에게서 어떤 힘을 받아야겠다!" 같은 생각을 하고 있기 때문입니다. 분별을 사용할 필요가 있습니다. 어떤 것도 기대하지 마십시오.

초기 단계에서 그대는 헌신자입니다. 그 후 마지막 단계에서는 그대가 **신**입니다.

헌신자와 신. 헌신자와 신. 아무 분리가 없습니다.

헌신자와 신, 아무 분리가 없습니다.

신은 헌신자를 통해서 압니다.

신은 그 헌신자 안에 있습니다.

그대는 **신**과 몸을 별개의 두 실체로 보고 있습니다. 왜냐하면 자신을 여전히 한 개인으로 여기기 때문입니다. 처음에는 괜찮습니다. 진보한 단계에서는 "그래, 내가 신이야"라고 깨달을 것입니다. 신을 깨닫게 될 것입니다.

질: 스승이 왜 중요합니까?

마: 왜냐하면 스승은 청자를 궁극적 형상으로—이런 것은 **단-어-**들일 뿐이지만—변모시키기 때문입니다. 스승은 이미 그대 안에 있습니다. 그대가 자신을 헌신자로 여기는 것은 **실재**를 알 때까지입니다. 스승은 말합니다. "그대가 신이다"라고.

높거나 낮은 기대를 가지고 다년간 스승과 함께 있는 사람들은 깨닫지 못할 것입니다. 그들이 깨닫지 못하는 이유는, 에고를 위해서 기적·능력 등의 형태로 이른바 어떤 깨달음을 찾고 있기 때문입니다.

전적으로 겸허하게,

스승을 찾아가서 순복順服해야 합니다.

자연발로적 현존은 몸-지知의 범주 안에 있지 않습니다. 몸은 외적인 부분일 뿐입니다.

탄생도 없고 죽음도 없습니다.

그대는 불생입니다.

그대는 여전히 추구하고, 보고, 원하고, 가지면서 얼마나 오랫동안 헌신자로 있으려고 합니까? 어떤 기대도 없이 스승에게 그대 자신을 내맡겨야 합니다. 스승에게 그대 자신을 내맡겨야 합니다. 그리고 나면 일체가 완전히 흡수될 것입니다.

스승은 여러 가지 단어를 사용하여

그대를 납득시켜 보려고 하지만,

헌신자가 여전히 그것을 받아들이지 않고 있습니다.

다시 말하겠습니다. 영적인 책들을 읽는 것과, 오랜 기간 스승들과 함께 사는 것은 그 스승이 전달하고 싶어 하는 것, 말하고 싶어 하는 것을 그대가 알아내는 데 도움이 되지 않을 것입니다.

그대가 어떤 곳을 가고 싶다고 합시다. 그곳의 주소가 하나 있고, 그래서 그곳으로 가다 보면 수영장·동상 등 어떤 랜드마크들을 지납니다. 목적지에 이르는 바른 길로 가고 있는 것입니다. 목적지에 도달하면 그대는 그곳에 있습니다. 일단 그곳에 있으면 더 이상의 전진은 필요하지 않습니다.

그대가 진보에 대해서 이야기할 때는 어떤 개인성이 있어야 합니다. 진보는 몸과 관계됩니다. 그러나 그대는 몸이 아닙니다. 하늘에 무슨 진보가 있습니까? 그것은 있는 그대로입니다. 일체가 그대 안에 있습니다. 찾을 필요가 없습니다. 왜냐하면 '어떤 길도 없기' 때문입니다.

모든 길은 그대에게서 오고, 그대에게로 갑니다.

왜냐하면 그대는 늘 그대와 함께하기 때문입니다.

모든 길은 그대에게서 시작되고 그대에게서 끝납니다. 왜냐하면 그대는 늘 그대와 함께하기 때문입니다. [스승님이 껄껄 웃으신다.] (그 길은) 어떤 유지보수도 필요 없습니다. 그것은 늘 있습니다.

앞으로 나서서, 앞으로 나서서

스승에게 순복해야 합니다.

이 과정을 실천에 옮기면 그대 안에서 행복을 발견할 것입니다.

더 깊이, 더 깊이 들어가십시오.

87. 곤충 응보

질문자: 저는 떠나고 싶지 않습니다. 그게 어렵습니다. 저는 여기서 행복합니다. 집에 가고 싶지 않습니다.

마하라지: 우리는 이미 그대와 함께합니다.

그대의 집은 미국이나 인도나 영국이 아닙니다.

그대의 집은 세계입니다.

그대의 현존은 하늘과 같아서 한계를 넘어서 있습니다.

그대는 도처에 있습니다.

질: 우리 사이의 그 연계성을 느낄 수 있습니다, 마하라지님.
마: 다시 와도 언제든 환영합니다. 우리는 우리의 지_知를 표현하고 있습니다. 그것은 특정한 유형의 지_知가 아니고, 책에서 얻는 지_知가 아닙니다. 이것은 그대들 모두가 자신을 알 수 있는 기회입니다. 이것이 최종 결과이고, **최종적 진리**입니다.

여기가 종착지이기 때문에, 다른 데로 가려는 어떤 형태의 유혹도 없어야 합니다. 그래서 엄격하게, 그리고 완전한 믿음으로 이 **진리**를 받아들이십시오. 완전한 믿음으로 이 **진리**를 받아들이십시오. 그것은 **실재**입니다. 그대의 **실재**입니다. 그대는 이미 몸에 상관하지 않습니다. 왜냐하면 존재성 이전에는 그대가 몸을 한 번도 만나지 않았기 때문입니다. 그대는 그 몸-형상 안에 남아 있지 않을 것입니다. 그대는 그 몸-형상 안에 남아 있지 않을 것입니다. 맞습니까? 왜 걱정합니까?

이는 그것이 하나의 논리적 연역이라는 것을 의미합니다. 그대는 이것이 아니고 저것이 아니고(*Neti-Neti*), 무엇이 아닙니다. 그러면 "나는 누구인가? 나는 **궁극적 진리**다"입니다. 그것은 귀납이자 연역의 한 과정입니다. 논리, 귀납, 연역, 논리. 이것은 아니다, 이것은 아니다, 이것은···. 그래서 그것은 그대에게 도움이 됩니다.

진리를 받아들이십시오. 개념들의 제물이 되지 마십시오.

존재성이 시작될 때부터
존재성이 끝날 때까지
우리는 개념들과 함께 살아갑니다.
그러나 무아인 진아에게는 어떤 시작도 없습니다.
무아인 진아에게는 어떤 끝도 없습니다.

존재성 이전에는 그대가 이 모든 환_幻을 전혀 몰랐습니다. 존재성이 유지되는 동안은 이런 모든 개념들의 압력을 받고, 몸-지_知의 범주 안에 고착되어 있습니다.

이 모든 개념들을 없애야 합니다.
그것들은 궁극적 진리가 아니기 때문입니다.

그러지 않으면 존재성이 끝날 때까지
그것들이 영원히 그대 안에 밀집해 있을 것입니다.

존재성 이전에 그대의 현존이 있었지만, 그것은 **보이지 않는 현존**이었습니다. 존재성이 사라진 뒤에도 여전히 그대의 **현존**이 있을 것입니다. 보이지 않는. 그래서 그대는 더 이상 몸에 상관하지 않고, 더 이상 세계에 상관하지 않습니다. 공개적인 사실입니다. 왜 두려워합니까? 그대는 몸이 그대의 정체성이 아니라는 것을 압니다. 그러니 왜 두려워합니까?

저는 같은 가르침을 거듭거듭 망치질하고 있습니다. 왜냐하면 그대가 여전히 "나는 어떤 사람이다"에 다소 믿음을 가지고 있고, 그것이 늘 그대에게 문제를 안겨주고 있기 때문입니다. "나는 다른 어떤 사람, 남자나 여자다. 나는 **브라만·아뜨만·빠라마뜨만·신**이다 등등." 이 끝없는 개념들이 그대에게 계속 문제를 야기하고 있습니다. 마치 계속 그대를 쏘는 어떤 곤충처럼 말입니다.

그 쏨을 완전히 물리치기가 어렵습니다. 왜냐하면 어릴 때부터 그런 식으로 반응하도록 훈련받아 왔기 때문입니다. 그것은 몸을 보호할 필요에서 옵니다. 이 배운 행동을 잊어버려야 합니다.

인도에서는 우리가 곤충 응보(insect justice)의 이야기를 들려줍니다. 큰 곤충 한 마리가 벽 안에 집을 짓습니다. 그런 다음 무고한 작은 새끼 곤충 한 마리를 잡아다가 벽 안의 그 구멍에 집어넣습니다. 큰 곤충은 갇힌 곤충에게 두려움을 심어주기 위해 "우, 우, 우" 하는 소리를 내기 시작하고, 그런 다음 그것을 쏩니다. 갇혀서 취약한 곤충은 갑자기 난생 처음으로 정말 강한 두려움을 경험합니다. 그것은 같은 소리를 내면서 큰 곤충을 되쏘아 자신을 보호하는 법을 재빨리 터득합니다.

그래서 그 곤충의 행동은 학습된 것입니다. 마찬가지로, 우리의 행동은 학습된 것이고, 취약함과 두려움 때문에 에고가 자신을 보호하기 시작합니다. 조건화와 인상들이 환적인 층들처럼 **영**靈 위에 부과되었습니다.

그 결과 생존본능이 평생에 걸쳐 점점 더 강해집니다. "나는 죽고 싶지 않아, 두려워" 등으로 말입니다. 이 조건화로 말미암아 **영**靈은 그릇된 지知

를 받아들이기 시작하고, 이렇게 말합니다. "나는 나야! 나는 상당한 사람이야! 나는 아주 중요해!" 이것은 오인된 정체성입니다. 이 전체 환幻의 세계에서 나오십시오! 탄생도 없고 죽음도 없습니다.

질: 존재성의 상태는 견딜 수 없다고 말씀하셨는데, 그래서 우리는 행복이 필요하고, 바깥으로 평안을 찾으러 나갑니까?

마: 모든 불행·행복·평안·유혹·탄생·환생·죽음의 개념들은 존재성이 시작된 순간에 나왔습니다. 존재성 이전에는 그대가 전혀 아무것도 알지 못했습니다. [스승님은 손뼉을 치신다.]

> 저는 존재성 이전에 그대가 어떻게 있었는지에 대해
> 주의를 요청하고, 그대의 주의를 끌고 있습니다.
> (그때는 그대의) 어떤 모습도 아예 알려져 있지 않았고,
> 아예 인식되지 않았으며,
> 어떤 의식도, 어떤 무의식도 없었습니다.

질: 어떤 지知도, 어떤 개념도, 어떤 문제도요.

마: 어떤 경험도, 경험자도. 어떤 문제도 없었지요. 문제들은 존재성이 시작되었을 때 왔습니다. 그대의 **존재**, 그대의 **정체성**은 존재성 이전입니다. 그대가 자신을 "나는 어떤 사람이다"라고 여기기 시작한 뒤로, 어떤 형상, 몸-형상, 이 모든 문제가 일어났습니다.

> 그러니 나오십시오! 앞으로 나오세요!
> 용기를 가지십시오!
> 존재하지 않는 것들을, 그대는 의문 없이 받아들입니다.

그것이 환幻인 줄 알면서 왜 모든 것을 받아들이고 있습니까? 여기서 용기를, 힘을 내십시오. 그대는 엄청난 힘과 파워를 가지고 있지만, 그 파워를 쓰지 않고 있습니다. "무엇을 해야 하나? 무엇을 하지 말아야 하나? 무슨 일이 일어날까? 무슨 일이 일어나지 않을까?" 왜 걱정합니까? 무슨 일이 일어나겠습니까? 어떤 일도 일어나지 않을 것입니다. 어떤 일도 일어나지 않았습니다. 어떤 일도 일어나지 않을 것입니다. 어떤 일도!

질: 저는 이런 모든 것을 아직 깨닫지 못하고 있지만, 당신께서 하신 말씀

은 만일 제가 계속 **만트라**를 닦으면 **지**知가 올 거라는 것이었다고 봅니다.
마: 걱정하지 마십시오! 니사르가닷따 마하라지님의 말씀과 법문은 아주 감동적이었지만, 당시에 저는 그 가르침을 완전히 이해하지 못했습니다. 당신은 이렇게 말씀하시곤 했지요. "잘 들어요, 잘 들어!" 시간이 가면서 점차 당신이 말씀하신 것을 깨달았습니다.

진아지! 그대 자신의 **정체성**에 대한 **지**知! 그대가 지知라고 할 때 그것은 무슨 뜻입니까? 그냥 진정한 의미에서 자기 자신을 아는 것, 그것이 **지**知입니다. 진정한 의미에서 자기 자신을 아는 것이 **지**知입니다. 우리가 자신에 대해 아는 모든 것은 몸-형상으로 아는 것입니다. 그것은 그대의 **정체성**이 아닙니다. 그대는 결코 몸이 아니었고, 몸으로 남아 있지도 않을 것입니다.

그대가 지금 어떤 몸을 보유하고 있든 그것은 끝이 있습니다. 그것은 그대의 **궁극적 진리**가 아닙니다. 어느 날 그대는 원하든 원하지 않든 그 몸을 떠나야 하고, 따라서 몸은 그대의 정체성이 아닙니다. 모든 개념, 몸과 관련된 모든 개념은 환幻입니다.

단순하고 단순한 **지**知입니다. **지**知 역시 환幻입니다. **지**知를 알려면 '아는 자'가 있어야 합니다.

'아는 자'도 없고, 앎도 없습니다.

잘 들으세요, 잘 들어! 제가 그대에게 말해주는 것에 집중하고, 그것을 그대 안에 녹음하십시오. 그대의 **내적인** 스승은 좋은 녹음기입니다. 그 녹음기는 늘 켜져 있습니다. 녹음하십시오!
질: 명상에 대해서는 어떻습니까?
마: 저는 명상이 필수라고 말했습니다. 명상과 바잔이. 명상과 바잔은 그대의 강한 개념들, 환적인 생각들을 녹이고 해소하는 것을 도와줄 것입니다. 아주 단순합니다. 그대의 마음에 스트레스를 주지 말고, 뇌에 스트레스를 주지 마십시오. 그 수행을 하면 다른 데 갈 필요가 없을 것입니다. 만일 '지난 발현업, 지난 업業(karma), 다음 업業'에 대해서 계속 이야기한다면, 그것은 그대가 여전히 잘못 생각하고 있다는 것을 의미합니다.

세상에는 사람들을 오도하는 가르침을 펴는 수많은 스승들이 있습니다.

그들은 그대가 지난 업業 때문에 태어났다고 말합니다. 그들은 온갖 환적이고 상상적인 것들을 예상하고 있고, 그대에게 압력을 가하려고 합니다.

그대가 배회하던 시절은 끝났습니다.

제 말이 분명하게 이해됩니까?

질: 아주 분명하게요. 감사합니다, 마하라지님.

마: 걱정하지 마십시오! 일체를 여기 맡기십시오. 그대의 모든 에고와 지성을 맡기십시오. 그대는 자유로운 새입니다. 날아가십시오! 한계가 없습니다 (Sky is the limit).

질: '하늘이 한계'라고요? [웃음.] 무無한계로군요! 하늘 너머! 그 너머!

마: 그대 자신의 날개로 날아서 어디든지 갈 수 있습니다. 왜냐하면 그대는 무소부재無所不在하기 때문입니다. 그대는 무소부재합니다.

88. 그대 자신을 축복하라

질문자: 명상하는 도중의 체험들은 어떻습니까? 명상 중에 우리가 볼 수도 있는 빛, 섬광, 흰 빛, 여러 가지 다채로운 빛들, 여러 가지 현상, 환영 같은 것들을요? 그것들은 몸의 일부입니까, 마음의 측면들입니까? 그게 맞습니까?

마하라지: 모든 체험들은 진보하는 단계들입니다. 그것은 **궁극적 진리**가 아닙니다. 체험자의 **현존** 없이는 아무도 무엇을 체험할 수 없습니다. 체험자의 **현존** 없이 누가 체험하고 있습니까? "이것은 좋은 체험이다, 혹은 나쁜 체험이다"라고 말하려면 그대의 **자연발로적 현존**이 필요합니다.

그대의 자연발로적인, 보이지 않는 현존 없이는,

체험될 수 있는 그 무엇도 그대가 주시할 수 없습니다.

따라서 그대의 **현존**이 더없이 중요합니다. 그것은 몸-형상으로 채색되어 있는데, 그 형상은 환幻입니다. 명상은 몸-형상을 지우거나 해소하기 위한 제1과입니다. 이 수련으로 이 모든 물질적 지知를 극복하게 될 것입니다.

질: 어쩌면 당신께서는 몸과 자신을 동일시하는 자아의 개념에 대해 이야기해 주실 수 있겠지요. **싯다라메쉬와르 마하라지**님은 "속박을 갖지 않는 것이 속박을 가지고 있다"고 하시고, 당신께서는 "**영靈**이 몸과 맞물린다"고 하셨습니다. 그것은 마치 '마음이 숨어서 몸을 공격해 왔으니, 그 마음을 어떻게든 설득하여 자살을 하게 할 필요가 있고, 그것이 수행이다'라는 것처럼 들리는데요?

마: 모든 성자들이 **실재**를 이야기합니다. 그들의 언설을 분석하지 말고, 그들이 전달하고자 한 것에 주의를 기울이고, 그것을 받아들이십시오. 우리는 **싯다라메쉬와르 마하라지, 라마나 마하르쉬** 등 스승들의 언설을 분석하려고 여기 있는 것이 아닙니다. 무엇보다 중요한 것은 그분들이 전달하고자 한 것, 저 **실재**이고, 그것이 그대의 **무아인 진아**와 어떻게 연관되느냐입니다.

누구의 언설도 인용하지 마십시오. 우리는 분석가가 아닙니다. 스승들이 말씀한 것을 분석하고, 그분들의 언설을 비교하는 것은 토론의 원인입니다. 우리는 무엇을 토론하려고 여기 있지 않습니다. 우리는 여러 성자들의 말씀을 분석하려고 여기 있지 않습니다. 저는 에고에 망치질을 하고 있습니다. 그런 비교를 즐기고 분석하는 것은 에고입니다.

스승들이 전달한 것, 그분들이 언설이나 강연을 통해, 혹은 조언을 통해 함께 나눈 실재가 무엇보다 중요하고, 참으로 중요합니다.

질: 그것이 확신이군요.

마: 물론이지요!

질: 또한 이 모든 것이 실재하지 않는다는 확신이 가장‥‥.

마: 그것은 지적인 확신이 아니라 **자연발로적 확신**일 것입니다. 마치 그 몸이 남자로 불리거나 저 몸이 여자로 불리는 것과 같이 말입니다. 그대는 여자로서 꿈을 꾸지 않고, 그녀는 남자로서 꿈을 꾸지 않습니다. 왜냐하면 그 몸이 남자나 여자로 불린다는 확신이 있기 때문입니다.

그래서 그와 같이 그대의 **궁극적 진리**는 브라만입니다. 이것은 확신이기 때문에, 그대가 이야기를 하고, 논의를 하고, 무엇을 하는 데 완전히 몰두해 있을 때조차도 여전히 "나는 그것을 넘어서 있다. 내 **현존**은 그것을 넘어서 있다. 나는 더 이상 몸-형상과 연관되어 있지 않다"는 것을 압니다. 그것이 **자연발로적 확신**입니다.

질: 그러니까 이 모든 질문, 이 모든 분석, 이 모든 것은 실제로 명상을 통해서 해소되거나 답변되는군요?

마: 분석할 일이 없습니다. 이 모든 혼동, 이 모든 갈등, 이 모든 환幻이 완전히 해소되어야 합니다. 그것이 언제 해소되겠습니까? 그대의 **무아인 진아**에 점점 더 가까이 가면서 해소됩니다. 그것은 "나는 더 이상 몸과 어떤 연관도 가지고 있지 않다. 나는 몸과 어떤 연관도 가지고 있지 않았다. 따라서 몸은 내 정체성이 아니다. 그것이 **궁극적 진리다**"라는 것을 뜻합니다.

이것이 자연발로적으로 받아들여질 것입니다. 그것을 **확신**이라고 합니다. 그대가 몸-형상 안에 살고 있기는 해도, 그 몸-형상에 전적으로 상관하지 않습니다. 이것은 그대가 깨달을 수 있는, 그대가 깨칠 수 있는 절호의 기회입니다. **진아 깨침, 진아 깨달음** 말입니다.

    그대를 축복하는 어떤 사람도 없습니다.
    그대에게 은총을 베푸는 어떤 사람도 없습니다.
    그대 자신을 축복하십시오.
    그대가 자신을 축복해야 합니다.
    그대가 자신에게 은총을 베풀어야 합니다.
    왜냐하면 그대가 궁극적 진리이기 때문입니다.

그대는 온전히, 전적으로 독립되어 있습니다. 의존적인 사람은 말하겠지요. "나를 축복해 주고, 나에게 은총을 베풀어줄 유명한 **구루**를 찾아갈 거야." 이것은 모두 조건화·세뇌·문화에서 온 상상입니다. 모두 환幻입니다!

서서히, 말없이, 영구히, 그대가 그것인 **실재, 궁극적 진리**를 깨닫게 될 것입니다. 이 **확신**을 갖고 나면 죽음과 탄생에 대한 어떤 두려움도 없을 것입니다. 왜냐하면 그대가 불생不生이라는 것을 알 것이기 때문입니다.

질: 당신과 이야기를 하면 그 **확신**이 강화되겠습니까? 저희가 당신과 당신

의 가르침에 주의를 기울이는 것, 그것이 저희에게 힘을 가져다줍니까?

마: 저는 제 스승이신 **니사르가닷따 마하라지**님이 함께 나누신 지知를 함께 나누고 있습니다.

질: 예, 감사합니다. 그것은 놀라운 은총입니다.

마: 그대가 배운 것을 유지하고, 함양하고, 보존하십시오.

그대가 들은 것을 유지하고 견지하십시오. 그대의 투신이 무엇보다 중요합니다. 영적인 지知에 관한 건조한 토론만으로는 도움이 되지 않을 것입니다. 지知를 실제적으로 이행해야 합니다. (참깨에서 기름을 짜내듯이) 그대의 **정체성**을 압착한다는 의미에서 수행하십시오. 그대의 **정체성**을, 브라만·아뜨만·빠라마뜨만·신으로 불리는 그대의 보이지 않는 **정체성**을 휘저으십시오.

영적인 지知는 그대에게 문제들—물질적 문제든 그렇지 않은 것이든—에 직면할 용기를 줄 것입니다. 모든 문제는 몸-형상과 관련됩니다. 신체적 문제, 정신적 문제, 지적인 문제, 논리적인 문제, 에고적인 문제—수많은 문제들이 있습니다. 모든 문제들은 몸-형상과 연관됩니다.

존재성 이전에는 어떤 문제도 없었습니다. 어떤 가족도, 어떤 세계도 없었고, 그래서 가족이라는 어떤 문제도 없었습니다.

영靈이 몸을 만난 순간 가정생활이 시작되었습니다.

왜 가정에 그렇게 많은 중요성을 부여합니까?

좋습니다, 그대의 가정을 돌보십시오.

그러나 너무 많은 집착이 있으면 안 됩니다.

어떤 기대도 없이, 그대의 임무를 수행하고 책임을 완수하십시오. 가정에 너무 관여하지 마십시오. 지나치게 관여하면 그대가 **실재**에서 벗어나 환幻으로 돌아가게 될 것입니다. 가정문제를 영적인 공부와 연관 짓거나 연결하지 않는 것이 낫습니다. 그저 우리가 논의한 것을 기억하십시오. 그것을 기억하고 흡수하십시오.

질: 예, 저희 그러겠습니다. 가르침이 매우 명료합니다. 당신께서 그것을 소통하시는 방식이 매우 단순합니다.

마: 그러니까 이제 그대는 이 지知를 가져가서 실천에 옮겨야 합니다. 가정

생활을 영적인 공부와 뒤섞지 마십시오. 영적인 공부는 그 나름의 측면들이 있고, 가정생활도 그 나름의 측면들이 있습니다.

영적인 공부는 가정생활과 아무 관련이 없습니다. 몸이 사라진 뒤에 그대의 가정이 어디 있겠습니까? 가족이 어디 있겠습니까? 존재성 이전에는 아무것도 없었습니다. 저는 모두에게 똑같은 말을 되풀이하고 있습니다. 존재성 이전에는 아무것도 없었습니다. 가족도, 세계도, 아무것도 말입니다. 몸이 해소된 뒤에는 아무것도 남지 않을 것입니다.

그 사이에서 우리가 보는 그 무엇도
그대의 자연발로적 현존의 투사물입니다.
존재성과 존재성 해체 사이에서 우리가 보는 그 무엇도
그대의 자연발로적 현존,
곧 세계라는 투사물입니다.
그대가 세계의 아버지입니다.

질: 그러니까 우리가 경험하고 겪는 것들은 우리 자신의 투사물이군요?

마: 예, 물론이지요. 왜냐하면 그대의 **현존** 없이는 그대가 아무것도 경험할 수 없기 때문입니다.

질: 그러니까 우리가 겪는 그 무엇도 우리가 창조하고 있다는 것을 깨달아야 하는군요?

마: 그대의 깨달음이 자연발로적이고 자연스러워야 하며, 지적인 깨달음이 아니어야 합니다. 깨달음이란 진정한 의미에서 자기 자신을 아는 것을 의미할 뿐입니다. 그것은 **실재**를, 곧 知를, 그대의 知를 흡수하는 것입니다.

그대는 이 세계와 완전히 별개입니다. 그대는 전 가족과 별개이고, 몸과 별개입니다. **현존**이 없으면 그대가 세계를 떠올릴 수 없습니다. 그래서 존재성 이전에 그대가 있던 방식, 존재성이 해체된 뒤에 그대가 있게 될 방식, 그것이 그대의 **자연발로적 정체성, 보이지 않는 정체성**인데, 거기서는 어떤 단어나 세계도 없습니다.

어떤 단어도 세계도 없는 곳,
거기에 자연발로적인, 보이지 않는 그대가 있습니다.

그대의 **자연발로적 현존**이 일체 모든 것을 낳았습니다. 그대 자신을 보지 않고서는 그대가 세계를 볼 수 없습니다.

질: 그리고 그것이 확신이군요?

마: 이것을 알고 나면 **자연발로적 확신**이 그대 안에서 나타날 것입니다. 그것은 자연발로적일 것입니다. "내가 **브라만·아뜨만·빠라마뜨만·신**이라고 불리는 최종적 진리고, 궁극적 진리. 그것이 나의 **보이지 않는, 익명의 정체성**이다." 그대가 전적으로 두려움이 없게 될 것입니다.

89. 누가 사랑에 빠지는가?

질문자: 저는 한 수피 스승과 10년 남짓 함께 보냈습니다. 명상을 닦았고, 가슴 속에서 이 스승님과의 친밀한 연계를 느꼈습니다. 그 뒤 선불교에 관심을 갖게 되었고, 스님들과 함께 명상을 하면서 몇 달을 보냈는데, 대체로 매우 유익했다고 느꼈습니다. 그러나 이런 것들을 하고 나서도 여전히 다른 어떤 것, 더 뭔가가 필요하다는 느낌이 있을 때 **싯다라메쉬와르 마하라지**님을 발견했습니다.

마하라지: 그런 노력과 수행을 하고 난 뒤 그대의 결론은 무엇이었습니까?

질: 에고가 완전히 절멸될 필요가 있고, 마음과 함께 그렇게 될 때는 사랑 외에, 신·진아 외에 아무것도 남지 않습니다. 저는 그것과 그 수행을 믿고 또 거기에 매우 헌신적이라고 느낍니다.

마: 그런 모든 노력, 그런 모든 수련, 이 모든 지知, 그것들은 몸하고만 관련됩니다. 보세요, 기본적으로 그대는 몸이 아니었고, 몸이 아니고, 몸으로 남아 있지 않을 것입니다.

영靈이 몸과 맞물린 순간, 그 모든 여러 철학들이 필요했습니다. 왜입니까? 평안·행복과, 긴장 없고 두려움 없는 삶을 갖기 위해서일 뿐입니다.

모두가 불교·선禪, 수피(Sufi) 스승들, 기타 종교와 철학들을 읽느라고 많은 노력을 합니다. 세상에는 방대한 양의 영적인 지知가 있습니다.

    그러나 그대의 정체성은 정체불명의 정체성입니다.

    존재성 이전에는 그대가

    어떤 종류의 영적인 지知도 필요로 하지 않았습니다.

  이 모든 필요물은 존재성과 더불어 나중에 왔습니다. 그리고 이 모든 종교·철학·수행법들은 몸과 연관되어 있습니다. 그것이 오래된 것이냐, 현대적인 것이냐는 중요하지 않습니다. 예외 없이 모두 몸-지知입니다.

질: 그러니까, 정말로 몸-지知와 관계된다고 우리가 인식하는 그 어떤 것도, 물질적인 그 어떤 것도 그냥 도외시해야 하는군요? "그것 이전은 무엇인가?"라는 근본적 물음을 제외하고는, 숙고하거나 고려하거나 알아야 할 것이 아무것도 없군요?

마: 그저 그대 자신을 아십시오. 우리가 우리 자신에 대해 아는 것은 그 몸-형상 안에 있습니다. 그대의 근본적 정체성은 무엇입니까?

    그대의 무아인 진아 외에

    아무것도 없다는 것을 확신할 때는,

    어떤 지知도 필요 없습니다.

질: 제가 수피즘과 다른 영적인 행법들에서 이해하게 된 개념은 말을 넘어서 있었습니다. 정말로 그 수행의 많은 부분의 기초는 **스승**과 사랑에 빠지는 것이었습니다. 사랑을 통해 **스승**과 하나가 되는 것이 자유로워짐으로 이끌어 주었습니다.

마: 누가 사랑에 빠졌습니까? 그대는 한 개인이 아닙니다. 우리가 자신을 개인들로 여기기 시작한 이후로, 이른바 지知의 이 모든 과밀상태가 수많은 개념들을 투사했습니다. 그대 자신을 아는 것만으로도 족합니다.

  지知, 영적인 지知, 혹은 어떤 지知도 그 나름의 한계가 있습니다. 그것은 단지 "그대의 **무아인 진아** 외에는 아무것도 없다"는 것을 알려주고, 전달하는 것일 뿐입니다. 그러나 그대는 어떤 형상으로도 있지 않습니다. 그대의 무아인 진아는 어떤 형상으로도 있지 않습니다.

우리가 이야기하고 있는 것을 우리는 형상과 함께 고려하고 있습니다. "나는 **스승**이다, 제자다, 혹은 헌신자다"처럼 말입니다. 우리는 "나는 어떤 사람이다"라는 에고를 취하고 있습니다. 그러나 **궁극적 진리**를 갖고 나면, 그대가 아무도 아니라는 것을 깨닫습니다. 그대는 모두이기 때문입니다. 그러니 몸-형상 안에서 그대 자신을 가늠하는 것을 그만두십시오.

질: 이 방식, 당신의 방식에서 제가 발견하는 차이점들 중 하나는 **마하라지**님, 우리 안에 있는 것, 본래적으로 우리인 것을 우리가 깨닫도록 **스승**이 이끌어준다는 것입니다. 다른 노선에서 제가 경험했던 것은, 우리 자신의 바깥에 있는 어떤 것과 합일하는 그런 것이었습니다. 이것은 미세한 차이나 구분일 뿐인지도 모르지만, 중요하게 느껴집니다. (당신의 방식은) 우리 자신의 바깥에 있는 어떤 것과 합일하는 것과 반대로, 이미 우리인 어떤 것을 갖는 것, 바로 우리 안에 있는 어떤 것을 깨닫는 것입니다.

마: 우리는 수많은 단어들을 사용하고 있지만, 그 모든 것 이면에 그대의 **현존**이 있습니다.

그대의 현존 없이는 그대가 단 하나의 단어도 말하지 못합니다.

그대는 일체의 이전입니다.

지知는 나중에 왔습니다.

90. 그대가 읽은 모든 것을 잊어라!

질문자: 저는 별로 느긋한 사람이 아닙니다. 늘 생각, 생각을 하고 있습니다. "왜? 왜? 왜?"라고 말하고 있습니다.

마하라지: 생각하기를 그만두십시오! 전혀 어떤 "왜?"도 없습니다. 어떤 질문도 없습니다. 생각하기를 그만두는 것이 낫습니다. 생각하는 것이 그대가 우울한 원인이고, 그대가 지겹게 느끼는 원인입니다. 너무 생각이 많은 것

은, 그대가 아주, 아주 민감하기 때문입니다.

질: 저는 아주 민감합니다. 그리고 저의 '민감성'이 하나의 환幻이라는 것도 압니다. 그것은 그냥 몸과 마음 의식입니다. 그러나 저는 확실히 늘 사물을 분석하고 있습니다.

마: 그런 모든 단어들, 그런 모든 개념들―의식·몸·마음―을 잊으십시오. 잊어버리세요. 그대가 듣고 배운 일체를 잊어버려야 합니다. 그 모두를 싹 잊어버리십시오.

> 그대가 이제까지 듣고 배운
> 일체를 잊어버리십시오.

질: 깨끗한 바탕으로, 닦아내라고요? 예, 멋지게 들립니다! 저는 일찍이 그와 같이 이해에 가까이 다가간 적이 없기 때문에 울고 싶은 심정입니다. 저는 늘 책을 읽고, 읽고, 읽고, 읽습니다만, 쓸데없습니다!

마: 그대가 무엇을 보든 그것은 환幻입니다. 그대가 무엇을 보든 그것은 환幻입니다. 그러나 보는 자는 환幻이 아닙니다. 보는 자가 없다면 그대가 어떻게 전 세계를 볼 수 있습니까? 보는 자가 없다면 어떻게 "나는 볼 수 있다, 볼 수 있다"고 말할 수 있습니까? 그 보는 자가 누구입니까? 그 보는 자는 그대가 보는 것들의 이미지를 찍고 있는, 그대 안의 보이지 않는 진아입니다.

질: 당신 말씀의 진리를 느낄 수 있습니다. 해소하는 ···.

마: 그냥 이완하십시오. 생각을 멈추십시오. 그대의 마음이나 그대의 지성에 스트레스를 주지 마십시오. 그냥 아주, 아주 단순하고 겸허해지십시오. 그대가 이전에 읽고 들은 모든 것을 잊어버리십시오.

질: 저에게 더 이상 책은 해당이 없군요!

마: 그대의 모든 영적인 단어들을 잊어버리십시오. 의식과 마음과 에고 ···아무것도 없었습니다. 그대는 그 모든 것의 이전, 일체의 이전입니다.

질: 저는 명상을 얼마나 오랫동안 해야 합니까?

마: 시한은 없습니다. 목적지에 오고 나서, 왜 "저는 명상을 얼마나 오랫동안 해야 합니까?"라고 묻습니까? 주소는 길을 찾으려고 할 때 사용됩니다.

목적지에 도달하고 나면 더 이상 그 주소가 필요 없습니다. 명상이 그와 같습니다. **확신**을 얻고 나면 명상이 필요하지 않습니다.

질: 당신께서 수많은 개념들을 청소해 주셨습니다. 바로 지금 저는 이 모든 진리와 명료함과 함께, 당신과 이야기를 나누는 것이 감격스럽습니다. 당신께서 말씀해 주신 것을 해나가면 질문들이 일어날 거라고 확신합니다. 저는 그런 경험이 있고, 이제 저는 세계에 대한 흥미를 잃었습니다.

마: 다음을 위해 그대의 질문들을 기록해 두십시오. 이것은 모두 일종의 정신적 오락이고, 신체적 오락, 영적인 오락입니다. 그대의 **정체성**은 그것을 넘어서 있습니다. 그대가 "나는 하나의 몸이다"라는 데 고착되어 있기 때문에, 여러 곳을 방문하고, 영화를 보러 가고, 저녁을 먹으러 나가는 등 많은 오락이 필요합니다. 이 모든 오락은 신체적 느낌을 견딜 만하게 만들기 위한 것입니다. 존재성 이전에 그대에게 어떤 오락이 있었습니까? 존재성 이전에는 그대가 그대에게 알려져 있지 않았습니다. 몸이 해체된 뒤에도 그대는 그대에게 알려지지 않을 것입니다. 존재성 이전에 그대가 영화를 보았습니까?

　　존재성이 견딜 수 없는 것은
　　그대가 진정한 의미에서 그대 자신을 모르기 때문입니다.

　신체적인 몸, 정신적인 몸, 영적인 몸 안에서 그대 자신을 아는 것은 **환幻**입니다. 전 세계가 환인데, 왜냐하면 그것은 그대의 **자연발로적 현존**에서 투사되어 나오기 때문입니다.

　그러나 그대는 **실재**에 별로 많은 주의를 기울이지 않고 있습니다. 그대는 몸-형상, 정신적 형상에 너무 많은 주의를 기울이고 있습니다. 그대는 생각하고 늘 생각하면서 시종일관 큰 문제들을 야기하고 있고, 그 문제들이 우울·지루함·관심 부족·몸 등 모든 것에 대한 그런 생각에 뿌리 내리게 하고 있습니다. 이 심적인 수준, 지적인 수준, 신체적인 수준에서 너무 많은 에너지가 낭비됩니다. 그대의 **정체성**은 그것을 넘어서 있습니다.

　　이 심적인 수준에서 너무 많은 에너지가 낭비됩니다.

질: 저는 먹는 것을 좋아했지만 이제 그것이 사라졌습니다. 일체가 사라졌

습니다. 저는 하루하루를 다가오는 대로 받아들이고, 별로 상관하지 않습니다. 그 체험은 하나의 폭발과 같았습니다!

마: 인간들은 하찮고 하찮은 문제들과 씨름하고 있습니다. 비참하지요! 존재성 이전에 그대가 어떻게 있었는지 한 번 생각해 보십시오! 어떤 개인성도 없었습니다. 몸이 해체된 뒤, 몸을 떠난 뒤에는 어떤 투쟁도 없습니다. 생각을 멈추십시오! 그렇게 많이 생각하지 마십시오. 생각은 문제·스트레스·혼란·투쟁들과 함께 나중에 나타났습니다. 몸-지知 이전에는 어떤 생각도 없었습니다. 누가 생각합니까? 보이지 않는, 생각하는 자가 있습니다.

    그대는 그것을 통해 그대가 생각을 하는
    그 생각하는 자에게 집중하지 않고 있습니다.
    그대는 생각에만 집중하고 있습니다.
    그 생각하는 자에게 집중하는 것이 아니라,
    생각에만 집중하고 있습니다.

  그 생각하는 자가 없으면 그대가 생각을 할 수 없습니다. 그 생각하는 자가 곧 **정체불명의 정체성**입니다. 생각하는 자는 형태가 없습니다. 그것은 정체불명이고, 보이지 않습니다.

질: 저는 여전히 자신을 한 개인으로 바라봅니다.

마: 일체가 그대 안에 있지만, 그대는 계속 그것을 잊고 거듭거듭 몸에 기초한 지知로 돌아갑니다. 평상해지십시오. 너무 많이 생각하지 마십시오.

질: 제가 그렇다는 건 압니다! 그러나 이제 뭔가 더 나은 것을 이해합니다. 진리를 언뜻 보는 것은 **궁극적 실재**가 아닙니다. 그래서 제가 무엇을 겪었든 그것은 **궁극적 실재**가 아닙니다. 제가 **궁극적 실재**입니다. 설사 누가 저를 천국에 데려가서 **신**을 보게 한다 해도 말입니다!

  제가 무엇을 겪느냐는 중요하지 않습니다. 저는 그것이 모두 환幻의 일부라는 것을 이해합니다. 그것은 모두 게임의 일부입니다. 저는 이제, 제가 그 경험을 (저의 것으로) 취했고, 저 자신을 그 경험으로 삼았다는 것을 이해합니다. 그리고 거기서 제가 실수를 했습니다.

마: 이제 그대는 그 이해를 흡수해야 합니다. 그것을 그대 안에 온전히 흡

수해야 합니다.

질: 저는 또 **자기탐구**가 얼마나 도움이 될 수 있는지를 깨닫습니다. "누가 불행한가? 누가 생각하는 자인가?" 예, 저는 제 마음을 많이 청소했습니다.

마: 마음이란 없습니다. 거듭거듭 그대는 마음에 대해서 이야기하고 있습니다. 마음은 그대의 아기입니다. 그대가 마음을 낳았습니다.

　다른 누구에게 질문하지 말고,
　그대 자신에게 질문하십시오.
　그대의 내적인 스승은 매우 강력합니다.

그 스승에게 물으십시오. "나는 책을 많이 읽었다. 나는 여섯 시간에서 여덟 시간 명상한다. 그 결과가 무엇인가? 그 결과가 무엇인가?" 그대 자신에게 이런 질문을 하십시오. 그러면 지知에 이르게 될 것입니다.

현재 그대가 몸에 기초한 지知를 통해서 하는 것들은 환幻입니다. 그 '나'가 수많은 문제를 야기하고 있습니다. 그 '나'가 지워질 때까지는 그대의 문제들이 사라지지 않을 것입니다. 수많은 문제들이 '나'와 함께 나왔습니다. 어떤 '나'도 없었을 때는 아무 문제가 없었지요.

질: 저는 아주 신선해진 느낌입니다. 감사합니다, 마하라지님.

91. 내 스승님은 위대하시다

마하라지: 여러분은 언제까지나 한없이 "오, 신이시여. 오, 신이시여! 저를 도와주십시오, 신이시여" 하려고 합니까? 여러분의 **현존** 없이는 신이 어떤 존재성도 가지고 있지 않습니다. 여러분의 **현존** 없이는 신이 어떤 유형의 존재성도 가지고 있지 않습니다.

　여러분이 신을 낳았습니다.

여러분이 신을 낳았습니다. 여러분이 '신'을 말하려면 여러분의 **현존**이 필요합니다. 여러분은 많은 중요성을 지니고 있습니다. 따라서 여러분 자신을 과소평가하지 마십시오.

보통 사람, 겸허한 사람으로서 에고 없이 사십시오. 여러분의 마음과 지성에 스트레스를 주면 안 됩니다. 아주 단순한 삶을 사십시오. 실재를 알고 나면 모든 개인성의 느낌이 사라질 것입니다. 어떤 에고도 없지요!

질문자: 마음을 대접할 필요가 없군요?

마: 우리는 우리가 창조한 수많은 갖가지 개념들, **브라만·아뜨만·신·마야** 등에 의해 대접받고 있습니다. 우리는 가슴을 내밀고 아주 자랑스럽게 "나는 **브라만**이다" 하면서 돌아다닙니다. 이 모든 이야기는 무無에 대한 것입니다. 우리는 불생의 아이에 대해 이야기하고 있습니다.

니사르가닷따 마하라지님은 이렇게 말씀하시곤 했습니다. "좋은 일이 일어나도 나는 즐겁지 않다. 나쁜 일이 일어나도 낙담하지 않는다. 누가 달변으로 이야기를 해도 별 인상을 받지 않는다. 모든 생각이 나에게는 해당되지 않는다. 왜냐하면 나는 전혀 몸이 아니기 때문이다."

그대는 몸이 아니라는 것을 아십시오. 그대의 **현존**은 하늘이나 허공과 같습니다. 하늘은 자신의 정체성을 모릅니다. 그대가 하늘을 욕하면 하늘이 복수합니까? 하늘은 자신의 존재를 모릅니다. 하늘은 자신의 **현존**을 모릅니다.

질: 행위를 할 때, 모든 것을 **브라만**께 드리는 것, 혹은 모든 것 안의 **브라만**을 기억하는 것이 도움이 됩니까?

마: 존재성 이전에 무슨 행위가 있었습니까? 행위와 반응행위는 존재성 이전이 아니라 이후에 왔습니다. 어떤 행위도 없습니다. 어떤 행위가 있으려면 행위자가 필요합니다. 전혀 어떤 행위자도 없습니다. 어떤 행위자도! 어떤 행위자도 없습니다. 보세요, 그리고 들으세요, 그대는 몸이 아니라고 제가 이미 말했습니다. 그것은 아주 쉽지만 또한 아주 어렵습니다.

따라서 그대 자신에게 완전한 믿음을 가져야 하고, 똑같이 그대의 **스승**에게 완전한 믿음을 가져야 합니다. **니사르가닷따 마하라지**님과 **싯다라메쉬와르 마하라지**님 두 분 다 자신의 **스승**에게 많은 믿음을 가지고 있었습니다.

그래서 "내 **스승님**은 위대하시다!"라고 말씀하시곤 했습니다. (그 점에서는) 결코 어떤 타협도 없었습니다.

스승에게 순복해야 합니다.

그대의 스승에게 완전한 믿음을 가지십시오.

이것이 와 닿게 하십시오. "내 **스승님**은 위대하시다."

질: 스승에 대한 거리낌 없는 믿음이군요.

마: 니사르가닷따 마하라지님을 찾아온 사람들이 몇 가지 어려운 질문을 던졌습니다. 마하라지님은 즉각 답변했습니다. 당신은 그것을 늘 당신의 **스승**께 돌리면서 이렇게 말했습니다. "제가 이렇게 이야기하고 있는 것은 오로지 저의 **스승**이신 **싯다라메쉬와르 마하라지님**의 은총 덕분입니다." 지금 여기서도 마찬가지입니다. 제가 이렇게 이야기하고 있는 것은 오로지 저의 **스승**이신 **니사르가닷따 마하라지님** 때문, 오로지 그분 때문입니다.

질: 질문들은 의심을 뿌리 뽑기 위해서만 사용됩니까?

마: 질문들이 있는 것은 몸이 있기 때문입니다. 몸 이전에는 어떤 질문도 없었습니다.

질: 그러면 질문을 할 필요가 없습니까?

마: 질문을 하십시오! 스승은 영적인 삶, 그대의 존재, **자연발로적 존재**, 그대 자신의 이야기(story)에 대해 이야기하고 있습니다. 그대가 자신을 납득시켜야 합니다.

질: 확신이란 무엇입니까?

마: **확신**은 (몸-형상으로서의) '그대가 아닌 것'을 의미합니다.

확신은 '그대가 아닌 것'을 의미합니다.

현재 우리는 몸-형상 안에서 우리 자신을 알고 있습니다. 몸-형상은 그대의 **정체성**이 아닙니다. 그것을 알고 나면 확신은 "나는 몸-형상을 넘어서 있다"를 의미합니다. '그대인 것'은 규정할 수 없습니다.

그대인 것은, 규정할 수 없습니다.

92. 특공대 훈련

마하라지: 일상수행이 필수적입니다. 항상 방비防備하고 있으십시오. 늘 경각심을 가지고 무장武裝을 유지해야 합니다. 그래서 우리는 여러분에게 특공대 훈련을 시키고 있습니다. 어떤 유형의 유혹도 있어서는 안 됩니다. 왜냐하면 더는 알아야 할 것이 아무것도 없기 때문입니다.

존재성 이전에는 여러분이 어떤 형상으로도 있지 않았습니다. 존재성 이전에는 여러분이 어떤 형상으로도 있지 않았습니다. 그리고 몸이 해체된 뒤에는 어떤 형상으로도 머무르지 않을 것입니다. 전적으로 무형상입니다.

영적인 지知를 들어야 합니다. 그래야 모든 기억들이 지워질 것입니다.

경각심이 필요합니다.

흔들릴 수 없게 되십시오!

다른 사람의 생각에 노예가 되지 마십시오. 내로라하는 수많은 사람들이, 그들 자신의 관념을 여러분에게 인상 지우려 하면서 '이것을 하라, 저것을 하라'고 합니다.

질문자: 당신의 말씀은 괴롭힘을 당하지 말라는 거군요?

마: 사람들은 영적 공부(spirituality)를 악용합니다. 그것이 하나의 직업이 되었습니다. 영적 공부의 미명하에 취약한 구도자들을 착취하고, 그들에게서 돈을 받아내는 사람들을 경계하고 조심하십시오. **확신**을 얻고 나면, **실재**를 알고 나면, 남들에게 지배당하지 마십시오. 이 지知를 얻고 나면 그것을 지속적으로 유지해야 합니다.

질: 좋습니다, 좋습니다.

마: "좋습니다, 좋습니다"라고 하는군요. 그대 자신을 보호하십시오. 이 경내를 떠나는 순간, 주위의 온갖 영향요소들이 그대의 주의를 끌려고 경쟁할 것입니다. 그러니 강하고, 정신 차려 깨어 있고, 변치 않고, 규율 있고, 단호하고, 용기를 가지십시오. 그리고 그릇된 사람들과 어울리지 마십시오.

그대 자신의 경비원이 되십시오.

질: 24시간 동안요.

마: 그래야 어느 순간 그대가 한눈을 팔 때 알아차리게 됩니다.

　나무 한 그루를 키우는 데는 오랜 시간이 걸립니다.

　그러나 베어내는 데는 5분밖에 걸리지 않습니다.

　니사르가닷따 마하라지님이 언젠가 저에게 말했습니다. "만일 누가 독 한 방울을 마시면 그 독의 효과에 대해서는 생각해 볼 필요도 없다. 왜냐하면 그것이 자연발생적으로 작용할 테니까."

　마찬가지로, 남 만트라 형태의 이 감로 방울이 실재로 이끌어줄 것입니다. 그것이 이미 그대 안에 있습니다. 그에 대해 생각해 볼 필요가 없습니다. 보이지 않는 청자를 덮고 있는 몸-형상이 지워질 것입니다. 그대가 몸이 아니었다는 것은 하나의 사실이고, 그래서 모든 환적인 개념이 해소될 것입니다. 실재가 열려져 나올 것입니다.

질: 저는 간밤에 죽으러 가는 꿈을 꾸었습니다, 마하라지님. 눈에서 작은 눈물 한 방울이 떨어지려고 했습니다. 그런데 그 눈물 속에서, 말하자면 시대를 내려오는 '인간 조건'의 괴로움에 대한 이미지들을 볼 수 있었습니다. 그것은 몸-지知에 대한 것이었습니다. 일어나고 있는 상황에 대한 자각이 있었고, 눈물과 죽음의 실체가 보였습니다. 둘 다 환幻이었습니다.

　그 꿈 속에서 이것은 명상과 수행의 효과가 나타나고, 꿈 속에서 저절로 드러나는 것이라는 지각성이 있었습니다. 그런데 물론 수행의 전체 목적은 우리가 몸이 아니고, 결코 몸이 아니었고, 어떤 죽음도 없고, 우리가 불생이라는 사실에 대해 깨어나는 것입니다.

마: 맞습니다.

질: 그리고 몸의 죽음은 슬픈 일이 아닌, 정말 행복한 사건이어야 합니다.

마: 실재가 흡수될 것입니다. 그때가 오면 그대의 몸 정체성에 대한 모든 것을 잊게 될 것입니다. 니사르가닷따 마하라지님이 자주 말씀하셨듯이, "이 것은 하나의 음식-몸입니다." 그러니 그서 명상을 계속하십시오. 청소 과정을 계속해 나가십시오.

질: 저는 열심히 명상하고 있고 규율이 있습니다.

마: 제가 말했듯이, **영**靈은 매우 민감합니다. 그것은 마치 그대가 벽에다 공을 던지면 그것이 두 배의 힘으로 튀어나오는 것과 같습니다. 그와 마찬가지로, 명상을 하고 있으면 그것이 두 배의 힘으로 튀어 나와 돌아올 것입니다. **확신**이 두 배의 힘으로 돌아올 것입니다. 그러나 강력한 명상이 필요합니다. 만일 있는 힘껏 공을 던지면 즉시 그것이 튀어 나올 것입니다. 마찬가지로 있는 힘껏 명상을 하면 그것이 **무념**의 **상태**와 함께 튀어나올 것입니다. 아주 간단합니다.

따라서 **만트라**를 염하는 것은 하나의 필수이고, 그러고 나면 그것이 자연발로적일 것입니다. 깊은 잠 속에서도 명상이 있을 것입니다. **만트라**의 염송과 함께 그대는 어떤 기운을 감지하고, 봅니다. 그것은 자연발로적입니다. 내부의 귀로, 이 귀가 아니라 내부의 귀로 들을 수도 있습니다. 기적적인 체험들을 이야기하는 사람들이 종종 있습니다. 비상한 행복이 있습니다. 수행의 연속성을 유지하십시오.

93. 그대는 하늘보다 더 미세하다

마하라지: 이제 우리가 **실재**를 복습할 시간이군요.
질문자: 예, 마하라지님. 나쁜 어울림(bad company)에 대해서 말씀하셨습니다. 나쁜 어울림 상대는 에고·지성·마음이고, 그래서 우리가 혼자 있을 때조차도 나쁜 어울림을 가질 수가 있습니다.
마: 에고·지성·마음은 몸, 곧 신체적 몸과 영적인 몸 안에 내장된 나쁜 어울림 상대를 대표합니다. 이름나기·돈·성性은 나쁜 친구들입니다. 탐욕·시선 끌기·질투도 나쁜 친구입니다. 그런 것들은 모두 그대를 **실재**에서 한눈팔게 하여 몸에 기초한 갈등을 야기할 수 있습니다. 그러나 이런 유의 이야기들은 초심자들을 위한 것입니다. 그대는 더 이상 초심자가 아

닙니다.

질: 어떤 때는 진보의 느낌이 있고, 저는 "어, 내가 이걸 했네" 하고 생각합니다. 저는 그것을 지켜보고 그것이 일어나는 것을 주시합니다. 저는 물론 그것을 환幻으로 보고, 제가 그 행위자가 아니라는 것, 어떤 일이 일어나려면 저의 **자연발로적 현존**이 먼저 있어야 한다는 것을 압니다.

마: 그렇지요, 무엇을 말하고, 뭔가를, 어떤 것을 하는 등 모든 것에는 그대의 **현존**이 필수적입니다. 그대의 **현존**이 없다면 누가 세계에 대해 이야기하겠습니까? 누가 에고에 대해 이야기하겠습니까? 누가 신에 대해 이야기하겠습니까? 누가 스승과 제자에 대해 이야기하겠습니까?

> 그대의 보이지 않고, 익명이고, 정체불명인 현존은
> 마치 하늘처럼 도처에 있고,
> 그대는 하늘보다 더 미세합니다.
> **왜냐하면** 하늘이 그대 안에 있기 때문입니다.

그대가 잠을 자고 있으면 꿈이 시작되는데, 갑자기 그대의 **현존**이 초점에 들어옵니다. 투사投射지요. 일순간 전 세계가 투사됩니다. 그 꿈 세계는 그대에게서 나왔습니다. 그것은 그대 안에 있을 뿐이니까요. 그 꿈 세계가 그대에게서 나온 것은 내면에 있는 그대의 지知 때문입니다. 마찬가지로,

> 이 세계는 그대에게서 자연발로적으로 나왔고,
> (세계와 함께) 그대가 눈에 보이게 되었습니다.
> 따라서 일체가 그대 안에 근원을 두고 있습니다.
> 일체를 그대의 내면에서 나오는 것으로 보십시오.

그대는 한 스승입니다. 그대가 그대 자신의 스승입니다. 그대는 **궁극**입니다. 이것은 **공개적인** 진리입니다.

질: 저는 몸이 우리에게 **진아**를 깨달을 기회를 제공한다고 알고 있는데요?

마: 맞습니다! 몸은 깨달을 수 있는 하나의 기회입니다. 그것은 하나의 사다리, 매개물이며, 뭐라고 불러도 됩니다. 몸은 그 자체로 움직일 수 없습니다. **영**靈은 그 자체로 기능할 수 없습니다. 핵심적이고, 의미 있고, 중요한 것은 결합입니다. 영과 몸의 결합으로 인해 그대가 '나'를 말할 수 있습

니다.

'나'라고 말하기 위해서는 몸이 있어야 함은 물론이고,

이른바 '영靈'이라고 하는 자연발로적 현존이 있어야 합니다.

이들이 한데 결합될 때, 그대가 '나'를 말합니다.

간단한 예로 성냥갑과 성냥개비를 들자면, 성냥개비는 그 자체로 불을 일으키지 못하고 성냥갑도 혼자서는 그럴 수 없습니다. 그러나 한 번 켜면, 한 번 찰칵하면, 불이 있습니다. 그러나 그 불을 얻기 위해서는 어떤 결합, 어떤 직접적인 노력이 필요합니다.

불은 도처에 있지만 알 수가 없고, 보이지 않습니다. 마찬가지로, 그대의 **자연발로적 존재**는 도처에 있지만, 그대는 몸을 통해서 자신을 알 뿐입니다.

질: 마하라지님, 당신께서는 종종 "이것은 **보이지 않는 독자의**, 혹은 **보이지 않는 청자의 이야기다**"라고 말씀하십니다.

마: 그대가 어떤 영적인 책을 읽을 때는 그대의 주의가 이와 같아야 합니다. 즉, 그대가 읽고 있는 것은 그대의 이야기, 그 독자의 이야기, 그 독자의 지知이지, 브라만·아뜨만·빠라마뜨만·신·스승의 지知나 이야기가 아니라는 것을 아십시오.

그것은 그대의 이야기입니다.

이 대화를, 그대를 묘사하는 그대의 이야기로 들으십시오.

그것은 그 청자의 이야기, 그 청자의 정체성,

그 청자의 정체규명(identification)입니다.

그대가 좋아하는 어떤 단어들을 사용해도 됩니다. 그저, 그대가 그 몸이 아니라는 것은 하나의 공개적 사실이라는 것만 기억하십시오. 그것은 하나의 음식-몸입니다. 그것이 살아 움직이려면 그대가 음식을 주어야 합니다. 그것에게 음식을 먹이지 않으면 그대가 "따-따(Ta-ta)"[5]라고 말하게 될 수도 있습니다.

---

5) T. 이것은 마라티어로 "빠이빠이", "안녕히"라는 뜻이다.

94. 그 발견자가 궁극적 진리다

질문자: 저는 지난 20년 동안 구도자였지만, 저의 탐색을 도와줄 사람을 전혀 만나지 못했습니다. 제가 도움을 받은 유일한 방도는 주로 책을 통해서였습니다. 마하라지님, 당신은 제가 만나본 최초의 분, 최초의 **스승**이십니다. 지난 20년간은 책을 읽어 왔고, 그게 전부입니다.

마하라지: 그 책들을 읽고 나니 그대가 선 지점은 어디입니까?

질: 저는 제가 사람이 아니고, 마음이 아니고, 몸이 아니라는 최종적 깨달음에 이르렀습니다. 그리고 제 주위에, 주위에 뭔가가 있습니다. 아니, 바깥은 아니고 여기 주위인데, 그것이 진정한 길입니다. 어떤 때는 그것을 아주, 아주 강하게 느끼지만 어떤 때는 그런 느낌이 없습니다. 오늘 아침에 명상할 때는 그것이 아주 강력했습니다. 그 힘, 그 현존을 느낍니다. 몸은 거의 없었습니다. 그러나 제 일과로 돌아오면 그것이 희미해지는 것 같습니다.

마: 아주 좋습니다. 그대는 많은 노력을 할 필요가 없습니다. 그대가 독서를 통해 이해하는 것이 **확신**으로 화해야 합니다. 우리는 몸을 보유하고 있고, 그것을 통해 많은 지知를 획득하고 수집하고 있습니다. 지知의 목적이 무엇입니까? 이른바 지知는 환적인 개념들에서 형성되어 나왔습니다.

> 그런 영적인 책들을 읽고 나서도
> 우리가 실재를 발견하지 못하는 것은
> 소위 지知가 몸-지知이기 때문입니다.
> 에고가 있습니다.

확신이 온전히 확립되어야 합니다. 그럴 때만 그대가 **궁극적 진리**를 알게 될 것입니다.

> 그대가 무엇을 발견하고 기억하든,
> 그 '발견자' 자체가 궁극적 진리입니다.
> 그 발견자가 그대가 알아내려고 하는 바로 그 진리입니다.

그 발견자 자체가 실재이고, 신입니다.

도처에 개념들이 있습니다. 몸이 없으면 그대가 존재성을 가질 수 없습니다. 그리고 그대의 존재성 없이는 그대가 신을 인식할 수 없습니다. 그대의 **자연발로적 현존**이 없다면, 누구도 신을 이야기하지 못합니다. 그대가 '신'을 말할 수 있으려면 그대의 **현존**이 필요합니다.

이것은 신이라는 개념이 그대에 의해 창조되었음을 의미합니다. 단지 그대의 행복을 위해서 말입니다. 그러나 그대는 그대 자신에게 알려져 있지 않습니다. 그대가 그대의 **힘**에게 알려져 있지 않고, 그대는 그대의 힘, 그대의 에너지를 등한시하고 있습니다. 그대의 에너지를 과소평가하고 있지요.

신은 우리의 행복을 위해 우리가 창조한 개념입니다.

명상을 통해 확신이 올 것입니다. 명상은 집중을 뜻합니다. 집중은 **집중자**에게 집중하는 것을 뜻하며, 결국 (집중과 집중자) 둘 다 사라집니다. 그대의 몸을 잊을 때, 비상한 침묵이 있을 것입니다. 그 목표는 **무아인 진아**와 완전하게 접촉하는 것입니다.

요컨대 그대가 **최종적 진리, 궁극적 진리**입니다. 이 확신을 가져야 합니다. 이것이 **궁극적 진리, 최종적 진리, 적나라한 진리**에 이르는 최단 경로입니다.

지적으로는 실재를 이해할 수 없습니다.

우리는 모든 것을 지적으로 이해하지만, 지적인 이해는 그대의 목적에 이바지하지 못할 것입니다. 그것은 철저하고 완전한 **확신**이어야 합니다. 그리고 이를 위해서는 모든 개념, 곧 몸-지知가 해소될 필요가 있습니다. 그대는 좋은 기초를 가지고 있으니 아무 어려움이 없을 것입니다.

질: 그런데 마하라지님, 이 모든 것은 저에게 자연발로적으로 왔습니다. 왜냐하면 그것은 제가 무엇을 알아서가 아니었기 때문입니다. 저는 기독교인이고, 저의 종교에서는 이런 것을 한 번도 생각해 본 적이 없습니다. **예수 그리스도**도 같은 말씀을 여러 번 했습니다. 예를 들면 "아브라함이 있기 전에 내가 있다"고요. 이제 알겠습니다. 그것은 자연발로적으로 왔습니다.

마: "나는 이 종교에 속한다, 저 종교에 속한다." 어떤 종교도 없습니다. 존재성 이전에는 어떤 종교도 없었습니다. 모든 종교는 평화로운 사회를 확

립하기 위해 창조되었습니다.

질: 저는 교회가 조용할 때 거기 가서 침묵하면서 앉아 있기를 좋아합니다. 보통 상당히 오랜 시간 앉을 수 있고, 저 자신의 명상을 합니다.

마: 그것은 문제가 아닙니다. 그런다고 뭐가 달라지지 않습니다. 교회에 갈 때는, 그대의 **무아인 진아** 외에는 아무것도 없다는 것만 기억하십시오.

　　그대의 무아인 진아 외에는 아무것도 없습니다.

그러니 달리 무엇도 찾지 말고, 뭔가 더 찾지 마십시오. 아무것도 없습니다.

　　일체가 그대 안에 있습니다.

그대는 그냥 하늘과 같습니다. 그대의 **현존**은 그냥 하늘과 같습니다. 하늘은 어떤 느낌도 가지고 있지 않습니다. 하늘은 어떤 두려움도 가지고 있지 않습니다. 하늘은 자신이 태어났는지 태어나지 않았는지 모릅니다. 따라서 그대의 **정체성**은 전적으로 불생不生입니다.

질: 저는 니사르가닷따 마하라지님 책들 전부와 그분의 스승 싯다라메쉬와르 마하라지님의 가르침들을 읽었고, 『다스보드』도 읽었습니다. 지적으로는 이런 것들을 다 읽었습니다. 저는 이 책들에서 정말 많은 힘을 얻습니다. 매일 밤 저는 그 책들을 조금이라도 읽지 않고는 잠자리에 들지 않습니다.

마: 아주 좋지요, 기쁩니다. 그대는 좋은 배경(공부와 경험), 토대를 가졌습니다. 그대는 그것이 어렵게 느껴지지 않을 것입니다.

질: 저는 깨어 있는 모든 시간 동안 탐색하고 있습니다.

마: 온전한 자기투신(self-involvement)이 필수적입니다.

95. 그대가 '독자'를 별개로 만들었다

마하라지: 책 지식, 책에서 얻은 지식에 의존하지 마십시오. 여러분은 충분한 문자적 지知를 가졌습니다. 영적인 책, 철학에 관한 책들을 읽은 뒤에

하는 건조한 토론은 일시적 행복, 오락을 줄지 모르지만, 그 이상 아무것도 아닙니다. 책에서 얻은 모든 영적인 지知, 문자적 지知는 건조한 지知입니다.

물론 그것은 **정체불명의 정체성**과 관련되지만, 독서를 할 때 여러분은 그 '독자'를 "나는 **독자**다"라는 지知에서 분리하고 있습니다.

　여러분이 독서를 할 때는 그것이 독자의 지知라는 것을 아십시오.

　여러분이 청문을 할 때는 그것이 청자의 지知라는 것을 아십시오.

　그것은 **여러분**의 지知입니다.

　이원성이 아니라 단일성이 있습니다.

마치 누군가 **여러분**의 전기를 쓴 것처럼 읽으십시오. "오, 이건 내 전기야! 내 이야기야!" 이것이 어떤 분리도, 어떤 이원성도 없게 하는 방법입니다.

　여러분은 이런 영적인 책에서 여러분 자신의 이야기를 읽는 것이지, 다른 어떤 것, 브라만·아뜨만·빠라마뜨만 또는 신이라는 별개의 어떤 것에 대한 이야기를 읽는 것이 아닙니다. 그런 것들은 **실재**, 여러분의 **실재**를 가리키는 개념입니다. 읽는 법과 듣는 법을 아는 것은 매우 중요합니다. 이것은 이제까지 말해진 것 중 가장 위대한 이야기, 여러분의 이야기입니다!

　모두가 책을 읽고 있지만, 몸-형상 안에서

　마음·에고·지성을 가지고 읽습니다.

　그런 다음 그들은 그 말들을 분석하고

　가르침과 스승들을 비교합니다.

　이것은 건조한 지知입니다.

　보이지 않는 독자가 그 책들을 읽게 하십시오.

　보이지 않는 청자가 그 스승의 말씀을 듣게 하십시오.

단일성에 대한 확신이 없으면 그 지知는 쓸모가 없습니다.

　그 책의 저자, 그 말 그리고 독자는 하나입니다.

　이것이 **실재**입니다. 우리는 여러 가지 단어를 사용하여 똑같은 것에 대해 계속 이야기하고 또 이야기할 수 있습니다. 저는 여러분 앞에 브라만·아뜨만·빠라마뜨만·신의 실재가 아니라, 여러분의 **실재**를 놓아드리고 있습니다.

'그것'은 어떤 형상으로도 있지 않습니다.

지知라, 그 지知가 무엇을 가리켜 보였습니까? 그것을 분석하거나 그 말을 정밀히 살펴보려고 하지 마십시오. 세상에는 수많은 말들이 있어, 우리는 미로에서 쉽사리 길을 잃을 수 있습니다.

여러분은 좋은 기초를 가지고 있습니다. 좋은 토대를 가지고 있습니다. 어느 정도 성숙함과 확신을 가지고 있지만, '내려와서' 에고를 취하여 분석하고, 여러분이 읽은 모든 것을 비교하고 있습니다. 제 안의 보이지 않는 화자와 여러분 안의 보이지 않는 청자는 똑같은 하나입니다.

지知를 베풀고 있는 그 화자는 단지
그 청자의 지知를 나눠주고 있을 뿐입니다.
청자는 그 보이지 않는 청자의 지知를 들어야 합니다.

세간적 정체성을 잊어버리십시오! 제가 말했듯이, 여러분은 몸이 아니고, 몸으로 남아 있지 않을 것입니다. 여러분이 무엇을 듣든, 무엇을 읽든, 그것은 여러분의 **현존**에서 나올 뿐입니다.

존재성 이후에 여러분은 "신은 위대하다"고 하면서 신을 인식하기 시작했습니다. 존재성 이전에는 '신'이라는 단어를 몰랐습니다. 브라만이 무엇입니까? 신이 무엇입니까? 신은 하나의 개념입니다. 여러분은 '스승'과 '제자'에 대해 아무것도 몰랐습니다. 이 모든 개념들은 **영**靈이 몸과 맞물린 순간에 왔습니다.

저는 몸-지知 이전인 그것에게로 여러분의 주의를 끌고 있습니다.

목적지에 도달하고 나면 주소를 버리십시오. **니사르가닷따 마하라지**님은 이렇게 말씀하시곤 했지요. "이것은 하나의 길이 아니다. 이것은 **궁극적 진리, 최종적 진리, 최종 목적지이다.**"

여러분이 최종 목적지입니다.
어떤 길도 없습니다.
모든 길이 끝나는 곳, 거기에 여러분이 있습니다.

제 스승님은 사람들에게 그들이 읽은 것 일체를 잊어버리고 나서 말하라고 하셨는데, 그 말씀은 사람들이 책에서 읽은 지식, 문자적 지知의 범주 안에서 말하는 것을 원치 않는다는 뜻이었습니다.

 그 지_知는 물질적인 지_知입니다.

 왜냐하면 이것이 물질적인 몸이기 때문입니다.

 몸은 하나의 물질적인 몸입니다.

 여러분은 **궁극적 실재**입니다. 이제 여러분 자신을 납득시키십시오.

96. 신의 안경

질문자: 깨달음이 돌연한 것이라고 하면, 그것은 그 깨달음이 심오하지 않다는 것 아닙니까?

마하라지: 그렇지 않습니다. 그대 자신에게 완전한 믿음을 가져야 합니다. 그대가 **궁극적 진리**, 곧 "나는 **무아인 진아다**"라는 것을 알게 되면 문이 열릴 것이고, 어떤 노력도 필요 없을 것입니다.

 그대가 "나는 부자이지 가난뱅이가 아니다"라는 것을 알게 될 때, 그것은 하나의 돌연한 깨달음입니다. 그 변화는 순간적으로 일어납니다. 그 거지는 다음 15년 동안 자신이 거지라는 이야기를 하지 않습니다. 한때 거지였던 그 사람이 사라진 것입니다.

질: 그 사람이 사라진다고요?

마: 사라졌지요! 어떤 사람도 없을 것입니다. 몸-형상으로 자신을 가늠하지 마십시오. 그것은 공개적인 사실입니다. 영적인 공부는 신경 쓰지 마십시오. 제가 그대에게 말했듯이, 먼저 그대는 어린 소년이고, 그러다가 점점 나이가 듭니다. 이런 변화는 몸에만 해당됩니다. 어떤 사람도 없습니다!

질: 그래서 어릴 때는 우리가 자신이 어떤 여정에 올라 있다고 생각합니다. 어른이 되어서도 어떤 영적인 여정에 있다고 생각합니다. 애당초 어떤 '나'도 없는데 말입니다. 그래서 그것은 오인된 정체성입니다. 어떤 여정도 없

고, 어떤···.

마: 그것은 사향노루와 사향의 이야기입니다.

질: 펄쩍펄쩍 뛰면서 그 자신을 찾는 거지요.

마: 그와 같습니다. 우리는 **궁극적 진리**를 확립하기 위해 수많은 이야기를 사용합니다. 이런 모든 이야기들은 그대의 **궁극적 진리**를 확립하기 위한 것일 뿐입니다. 그대가 **최종적 진리**입니다. 그대는 불생입니다.

질: 당신께서는 **궁극적 진리** 안에 확립되어 계십니까?

마: 제가 무슨 말을 합니까? '너'도 없고, '나'도 전혀 없습니다. 그것은 (자연발로적으로) 반사합니다. 제 **스승님들**의 은총 덕분에 저는 생각을 하지 않습니다. 즉각적인 답변들이 자연발로적으로 나타납니다. 그것은 그대에게도 일어날 수 있습니다[언성을 높여 말씀하심]. 제가 그대에게 말하는 것은 그대에게도 일어날 수 있지만, 그대가 **진아**에 몰입하지 않으면 그것이 어렵다는 것을 알 것입니다. 스승이 그대에게 안경을, **신**의 안경을 쓰라고 주고 있습니다. 환적인 세계를 꿰뚫어볼 수 있는 눈 말입니다.

제가 하는 말을 문자적으로 받아들이지 마십시오. 말이란 필요한 매개물일 뿐입니다. 우리가 이야기하고 있는 것은 **청자**의 이야기입니다. 그러나 그 **청자**는 익명이고, 보이지 않습니다. 제가 무엇을 말할 때 그대는 듣고 있습니다. 자연발로적으로 어떤 분석하기가 일어나고 있습니다. 분석자가 누굽니까? 누가 분별하고 있습니까? 그것은 자연발로적으로 일어납니다.

저는 그대가 질문하는 생각들에 대한 저의 말을 분석하고 있는 그 분석자의 주의를 요청하고 있습니다. 그 생각들을 누가 창조했습니까? 그 생각들 이면에 그대의 **보이지 않는 현존**이 있습니다. 그 **현존**에서 생각들이 순간적으로 투사됩니다.

제가 무슨 말을 하면 그 질문들이 나오고, 답변이 나오고, 생각들이 나옵니다. 그 사고 과정이 어떻게 시작되었습니까? 그것은 그대의 **자연발로적 현존**에서 시작되었습니다. 생각들이 그 **현존**에서 투사되어 나옵니다. 그 **현존**에서 생각들이 투사됩니다. 그대는 "나는 어떤 사람이다"라고 생각하기 시작했습니다. 그대는 누구도 아닙니다.

질: 스승은 얼마나 오랫동안 필요합니까?
마: 그대가 제자인 동안입니다. 스승의 **현존**은 이미 그대 안에 있지만, 그대가 자신을 하나의 몸으로 보고 있습니다. 그대는 자신이 몸-형상 안에 있다고 여깁니다. 그래서 스승이 필요합니다. 그대는 주소가 하나 있었고, 그 주소가 그대를 여기로 데려왔습니다. 이 아쉬람에 도착한 뒤에는 더 이상 그 주소가 필요하지 않습니다. 그것은 목적을 달성했습니다.

    그대는 도착했습니다.
    그대는 목적지에 도착했습니다.
    왜냐하면 그대가 최종적 진리이고,
    그대가 궁극적 진리이기 때문입니다.
    불행히도 그대는 그 궁극적 진리를 받아들이지 않고 있는데,
    그것이 문제입니다.

같은 원리, 같은 것이 다른 단어들로, 다른 문장들로, 다른 이야기들을 이용하여, 거듭거듭 그대 앞에 놓이고 있습니다. 그러나 원리는 하나입니다. "그대의 **무아인 진아** 외에는 어떤 신도, 브라만도, 아뜨만도, 빠라마뜨만도, 스승도 없다"는 것입니다.

그대가 자신의 스승입니다. 그대가 자신의 **빠라마뜨만**입니다. 그러나 그대는 그 몸-형상 안에서 자신을 가늠하고 있기 때문에, 그대의 **궁극적 진리**를 알지 못합니다.

그대 자신의 두 발로 서야 합니다. 그대는 장애인이 아닙니다. 그대는 이 모든 몸-지知로 인해 자신을 불구자·장애자·무능자로 보게 되었습니다. 스승은 말합니다. "그대는 전혀 불구자가 아닙니다. 그대의 두 다리로 걸을 수 있습니다. 그 의족들을 치우십시오. 그대 자신의 두 발로 서는 법을 배워야 합니다."

용기를 가져야 합니다! 용기의 부족과 자신감 부족이 문제를 가져옵니다. "오, 나는 약해." 뛰어들어 헤엄을 치십시오! 그것이 그대가 강해질 수 있는 유일한 길입니다. 수영 코치는 아이를 물에 던집니다. 그러면 다음 순간 아이는 수영을 하고 있습니다. 아이의 자신감이 자랍니다. 스승이 그대 안

에 자신감을 만들어내 주고 있습니다.

스승이 그대 안에 자신감을 구축해 주고 있습니다.

그대는 이 모든 힘을 보유하고 있지만, 그것을 모릅니다.

그대는 그대의 힘을 모르고 있습니다.

그대는 어떤 도전도 마주할 수 있습니다.

용기를 가지십시오. 이와 같이 말입니다. "어떤 여건이 나에게 다가와도, 나는 그것과 정면으로 마주하겠다." 이렇게 해야 합니다. 어려운 환경에서 도망치지 마십시오. 생각들은 오고가고, 오고갑니다.

그대는 강둑에서 강이 흐르는 것을 지켜보고 있습니다.

차분하고, 동요가 없고, 평화롭습니다.

97. 업무를 포기해야 하는가?

질문자: 우리가 탐색을 하고 있을 때 우리의 활동에서 벗어나는 것, 예를 들면 저의 직업을 포기하는 것은 우리에게 도움이 됩니까?

마하라지: 그런 문제에 신경 쓰지 마십시오. 이것은 그대의 신체적 활동과 무관합니다. 정상적으로 해나가도 됩니다.

질: 아니군요. 그러나 제 일은 생각을 요하고, 그래서 저는 몸-마음으로서 움직여야 합니다.

마: 그대가 자신을 어떤 사람으로, 한 개인으로 여기는 한 그런 모든 질문이 계속 나오겠지요. 그대는 전혀 누구도 아닙니다!

그대는 누구도 아니고,

누구도 아니기 때문에 모두입니다.

그대는 누구도 아니기 때문에 모두입니다.

그대는 평생 그런 몸-지知를 가지고 있었습니다. 그대는 연속적 개념들의 흐름, 급행열차처럼 빠르고 끝이 없는 수많은 생각들에 의해 조건 지워져 왔습니다. 그러나 이제 용기를 가지고 멈추어야 합니다. 생각을 그렇게 많이 하는 것을 멈추십시오! 집중하십시오! 집중하는 자에게 집중하십시오. 일체가 그대 안에 있습니다. 이것은 **공개적인 진리**입니다. 그것을 받아들여도 되고 거부해도 됩니다.

질: 그런데 왜 저희는 어떤 것을 포기하지 않습니까?

마: 완전한 **진리**가 충만하게 그대 안에 있습니다. 그것에 절대적 믿음을 가지십시오! 그런 질문을 왜 합니까? 그대는 어떤 약함, 마음의 어떤 약함, 믿음의 약함을 치유하려 하고 있습니다. 그 약함이 제거되지 않으면 계속 온갖 어려움에 봉착하게 될 것입니다.

그대는 자신이 약하다고 믿습니다. 전혀 약하지 않습니다! 그대에게 불가능이란 없습니다. 왜 타협합니까? 용기를 가지십시오! 그대 자신에게 믿음을 좀 가지십시오!

이것은 진리이고, 공개적 진리, 최종적 진리입니다.

존재하는 어떤 진리든,

제가 그대 앞에 놓아드리고 있습니다.

저는 제 스승님이 주신 이 지知를 함께 나누고 있습니다. 그대의 지知를 그대 앞에 놓아드리고 있습니다. 그것을 받아들여도 되고 그러지 않아도 됩니다. 그것은 그대에게 달렸습니다.

니사르가닷따 마하라지님도 저에게 같은 말씀을 하시곤 했지요. "용기를 가져야 한다. 너의 삶을 허비하지 마라. 잘 들어라, 잘 들어." 그렇게 말씀하시곤 했습니다.

보이지 않는 청자가 그대도 모르는 사이에

일체를 녹음하고 있습니다.

그러다 보면 그 지知가 그대에게 노출되고 드러날 것입니다.

저는 제 **스승님**께 믿음을, 전적인 믿음을 가졌습니다. 그래서 지금 그대에게 **직접** 체험에서 나온 이야기를 해드리고 있습니다. 저는 결코 불가능이란 없다는 것을 깨달았습니다.

질: 제가 『아이 앰 댓』에서 처음 니사르가닷따 마하라지님을 만났을 때, 눈에 확 들어온 구절 중 하나는 그분이 미국인가 어디서 온 어떤 방문객들에게 이렇게 말했을 때입니다. "저는 이 모든 것을 넘어서 있지요! 세계를 넘어서 있고, 하늘을 넘어서 있고, 우주를 넘어서 있고, 이 모두를 넘어서 있습니다." 그래서 생각했습니다. '와! 이거 정말 인상적이다!' 그리고 그분이 그런 **확신**을 가졌다는 것이 더욱 더 인상적이었습니다. 그것이 저를 끌어넣었습니다.

질2: 저는 페이스북을 통해 **라마깐트 마하라지**님을 발견했고, 제 친구는 웹사이트를 통해서 당신에 대해 들었습니다. 당신의 가르침은 매우 절대적입니다. 그것은 모두를 위한 것은 아닙니다. 왜냐하면 당신께서 "모든 몸-지知가 사라져야 한다"고 말씀하시니까요. 그렇기는 하나 만일 어떤 사람이 성숙되어 있다면, 그 가르침이 완벽하게 맞습니다.

마: 시간은 매우 짧습니다. 그대 삶의 매 순간이 귀중합니다.

그대와 함께하십시오(Be With You)!
그대의 삶이 끝날 때까지
그대 자신을 뒷전에 두지 마십시오.

이제 진정한 의미에서 그대 자신을 알려고 노력하십시오. 안 그러면 개념들·환幻·생각들이 계속 그대에게 압박을 가할 것입니다. 그대의 삶이 혼란과 갈등으로 끝날 것입니다.

죽음의 개념과 대면할 용기를 가지십시오. 그대에게는 죽음이 없고, 그 몸에게만 있습니다. 그대의 삶은 두려움이 없어야 합니다. 두려움이 없을 수 있습니다. 그저 에고를 없애십시오! 문자적인 지知는 쓸모가 없습니다. 문자적인 지知는 쓸모가 없습니다. 그것은 모두 하찮은 지知입니다. 그대는 하찮지 않습니다. 그대는 위대합니다. 그대는 **전능합니다**! 그대는 위대합니다! 따라서 그대의 위대함을 발견하십시오! 진아를 발견하고, 그대 자신의 지知를 찾아내십시오. 그러면 **위대한** 지知를 풍부하게 발견할 것입니다.

지적인 지知로는 충분하지 않습니다.
뿌리로 들어가야 합니다.

더 깊이, 깊이 들어가십시오.

책들은 그대의 세간적 고통을 일시적으로 경감시켜 줄지 모르지만, 뿌리로 들어가서 그대가 누구인지 알아내야 할 필요가 있습니다. 근원으로 나아가서 그대의 힘을 깨달으십시오. 그대는 늘 자신을 과소평가하고 있습니다. 제가 하는 말을 귀담아 듣고 받아들이십시오.

그대는 위대하고, 그대는 전능합니다.

지금은 진지해야 할 때이고, 내면을 보고 뿌리로 나아가야 할 때입니다. 죽음의 순간은 즐거운 순간이어야 합니다.

98. 하늘에는 '나'가 없다

질문자: 저는 에고에 대해 작업하는 것, 에고를 해체하려고 노력하는 것에 대한 질문이 하나 있습니다. 저는 어떻게 할 수 있습니까?

마하라지: 우리가 몸-형상으로 우리 자신을 고려하고 있는 한, 그런 모든 질문이 일어날 것입니다.

질: 애써 보지만, 그걸 없애기 위해 무엇을 하기가 불가능해 보이고···.

마: 그것은 자동적으로 일어날 것입니다. 니사르가닷따 마하라지님은, 만일 우리가 독 한 방울을 마시면 "그 결과가 어떻게 될 것인가?"를 물어볼 필요도 없다고 말합니다.

마찬가지로, 이 영적인 지知는 하나의 감로 방울이며
자동적으로 그것이 갈 데까지 갈 것입니다.
그대에게가 아니라, 보이지 않는 청자에게
그것이 말해지고 있습니다.

'나'를 끌어들이지 마십시오. 무슨 일이 일어날지, 혹은 일어나지 않을지 생각할 필요가 없습니다.

질: 그것은 그냥 알아서 작용하는군요?
마: 이것은 그대에게 하는 말이 아니라 **말 없는 청자**에게 하는 말입니다.
질: 저는 그냥 사라지고 싶습니다.
마: 그 '나'와 섞이지 않도록 조심하십시오. 그대는 그냥 하늘과 같습니다.
질: 예, 압니다. 하늘너머조차도 ‥‥.
마: 하늘은 도처에 있습니다. 영국 하늘, 미국·인도 하늘, 다르지 않습니다. 우리가 거기에 '영국 하늘', '미국 하늘', '러시아 하늘'이라는 이름을 붙여서 하늘을 나누었지만, 전혀 어떤 차이도 없습니다. 왜냐하면 하늘은 하늘이니까요. 마찬가지로, 영적인 지知에서도 **브라만**은 브라만입니다. 제임스의 **브라만**이 마이클의 브라만과 다른 것이 아닙니다. 왜냐하면 **브라만**은 브라만이기 때문입니다.

궁극적 진리를 **빠라브라만** 혹은 **아뜨만**이라고 하지만, 우리는 이 마음과 지성을 가지고 분별하고 있습니다. 그러니 마음을 사용하지 마십시오! 그것은 잊어버리십시오! 마음은 나중에 왔습니다. 마음은 그 자신의 독립적 존재성이 없습니다. 그대가 마음에 힘을 공급하고 있습니다. 마음이 작동하는 것은 오로지 그대의 힘 때문입니다.

마음은 그대의 힘에 의해 작용합니다.
마음을 작용하게 하는 것은 그대의 힘일 뿐입니다.

에고는 그대의 힘에 의해 작동됩니다. 만일 힘이 없다면 이 몸이 어떻게 되겠습니까? 실은 그대는 **최종적 진리**이고, 따라서 그대는 **불생**不生입니다. 이 확신을 갖기 위해서는 이 과정을 거쳐야 합니다. 지知가 흡수되어야 합니다. 만일 어떤 질문이나 의심이 있으면 그것을 혼자 간직하지 마십시오. 모든 의심을 해소하십시오.
질: 이런 것은 다 압니다. 이것이 **궁극**이라는 것을 완전히 알지만, 그래도 어떤 미세한 개인성이 남아 있습니다.
마: 그대가 "이런 것은 안다"고 말할 때, 그것은 **환**幻입니다. 존재성 이전에는 그대가 아무것도 몰랐습니다. 존재성 이전에는 그대가 **브라만·아뜨만·빠라브라만·신**이라는 것을 몰랐습니다. 아무것도 몰랐습니다. 그것은 그냥

"나는 모른다"와 같았습니다. "나는 모른다"가 완전한 답입니다. 그대가 그대 자신의 스승이며, 그대가 모든 질문에 답할 수 있게 될 것입니다.

질: 저는 저 자신을 해소할 수 없고, 그래서 좌절합니다. 저는 제가 존재하지 않는다는 것을 압니다. 이 "나는 존재하지 않는다"는 하나의 생각과 같습니다. '나'가 들어왔다가 갑니다.

마: 생각을 멈추십시오! 그저 머무르십시오! 존재하십시오(Be)! 독이 작용하고 있고, 감로 방울이 이미 안으로 들어갔습니다. 무슨 일이 일어날지 일어나지 않을지에 대해, 혹은 어떤 결과에 대해서도 걱정하지 마십시오. 마음은 미친 마음입니다. 마음은 아주 미쳤습니다.

그것은 한동안 말이 없어집니다.
그러다가 돌아오는 길을 발견할 것입니다.
그것은, 똑바로 펴기 위해 원통에 집어넣은 개의 꼬리와 같습니다.
원통을 제거하는 순간 그것은 다시 둥글게 말립니다.

질: 마음이 묵연해질 때, 저는 그것이 해소된다고 보지 않습니다. 아마 그냥 숨어 있겠지요.

마: 제 말을 귀담아 들으십시오! 저는 똑같은 말을 망치질합니다.
마음은 그 자신의 존재성을 가지고 있지 않습니다.
우리가 마음을 낳았습니다.

마음이 어디 있습니까? 이 논의를 위해서 우리가 마음을 사용하고 있습니다. 영靈이 몸과 맞물린 순간 그것이 태어났고, 그대는 "이것이 내 마음이다"라고 말하기 시작합니다. 우리가 마음을 낳았습니다. 공개적인 사실입니다.

질: 그러면 이 '나'는요? "내 마음", "내 에고"라고 말할 때 이 '나'가 에고입니까?

마: 이 모든 혼동은 단어들에 의해 야기됩니다. 그리고 제가 말했듯이, 존재성 이전에는 어떤 단어도 없었습니다. 왜 이런 환幻들을 그렇게 중시합니까? '나'도 하나의 환이고, 그래서 제가 말했습니다. "어떤 '나'도 없고, 마음도 없고, 그냥 하늘이다 … 어떤 '나'도 없고, 마음도 없고, 그냥 하늘이다"

라고 말입니다. 하늘에게 어떤 예고가 있습니까?

　이 모든 몸-지知의 영향이 해소되어야 합니다. 그러기 위해 그대에게 명상 수행이 주어집니다. 서서히, 서서히, 서서히 그대가 궁극적 진리가 되도록 말입니다. "아! 그래서 그것이 나다! 내가 그것이다(I Am That)."

　'나'는 몸-형상으로 나 자신을 압니다. 이 몸은 하나의 음식-몸입니다. 이 음식-몸 안에서 누가 행위하고 있습니까? 이 음식-몸은 살아남지 않을 것입니다. 그것은 나이 제한, 시간제한이 있습니다. 만일 그대가 진정한 의미에서 자신을 알고 싶다면, 장소를 제대로 찾아가야 합니다. 무슨 질문 있습니까? 저는 어떤 질문에도 답변하기 위해 여기 있습니다.

질: 흡수할 것이 너무 많습니다! 저는 그냥 '나'를 죽이고 싶습니다.

마: 그것은 말도 안 되는 이야기입니다.

　죽일 것이 아무것도 없습니다.

　그 '나'는 환이라고 제가 말했습니다.

　그대의 수행을 하고 그대의 기초지식도 계발하십시오. 『아이 앰 댓』과 『그대가 그것이다』를 거듭거듭 읽으십시오.

　싯다라메쉬와르 마하라지님의 법문을 니사르가닷따 마하라지님이 노트로 기록했는데, 그것이 『그대가 그것이다』라는 책이 되었습니다. 당시에는 녹음기가 없었습니다. 그 말씀들 중 일부는 누락되었을 수 있지만, 니사르가닷따 마하라지님은 그 대부분을 기록해 냈습니다. 왜냐하면 당신은 튼튼한 기초를 가지고 있었기 때문입니다. 싯다라메쉬와르 마하라지님이 전달하고 싶어 한 것을 이해할 수 있었고, 그래서 이 책은 아주 효과적입니다.

　이 모든 지知는 아주 단순한, 아주 단순한 지知이지만, 사람들이 그것을 워낙 복잡하게 만들어 버려서 이제는 그것이 마치 그대가 아닌 다른 누군가에게 속하는 것처럼 보입니다.

　그대의 지知가 낯설고 외재적인 것이 되었습니다.

　그것은 다른 사람에게 속하는 것이 아니라, 그대에게 속합니다!

　그것은 그대의 지知입니다.

질: 어떤 때는 제가 당신께서 말씀하시는 것과 아주 연결된다는 느낌이 있

고, 단어 하나하나의 의미가 다가오지만, 어떤 때는 그것이 그리 분명하지 않습니다.

마: 제가 말했듯이, 그런 일이 일어나는 것은 그대의 미세신에 많은 인상들이 있기 때문입니다. 그것이 생각들에 어떤 불균형을 야기합니다. 그러나 마음·에고·지성은 나중에 왔다는 것만 기억하십시오.

그대 자신을 이 세상의 한 배우에 비유하십시오. 우리는 삶이라는 드라마에서 한 사람의 남자나 여자로서 연기하고 있습니다. 그러나 그대는 남자도 아니고 여자도 아닙니다. 이런 식으로, 그대의 **정체불명이고 익명인, 보이지 않는 정체성**을 납득해 보십시오.

99. 자기사랑

마하라지: 모리스 프리드먼은 『아이 앰 댓』 책을 위해 많은 노력을 쏟았습니다. 그는 70대였지요. 약하고 체구도 작았지만 많은 영적 가르침에 통달해 있었고, **라마나 마하르쉬**, **크리슈나무르티**, 달라이라마, 간디 등과 함께 했던 분이었습니다. 그의 마지막 정류소가 **니사르가닷따 마하라지**였습니다. 그는 제 스승님의 지知가 비상하다는 것을 알았고, 이 가르침을 반드시 세상에 알려야겠다고 느꼈습니다. 그래서 자신의 녹음기와 필름 카메라를 가져와서 마라티어·영어·힌디어 통역들을 경청하며 몇 시간씩 보내곤 했지요. 그는 아주, 아주 겸허했습니다. 오케이, 질문 있습니까?

질문자: 이 순간에는 아닙니다. 저는 말씀들을 흡수하면서, 소화하려고 하고 있었습니다. 어제 당신께서는 **자기사랑**에 대해서 말씀하셨는데요?

마: **자기사랑**은 몸과 관계됩니다. 존재성 이전에는 어떤 사랑도, 어떤 애정도 없었습니다. 아무것도 없었습니다. 그대가 자신을 가장 사랑하는 것은 그대가 사랑하는 '몸 집착' 때문입니다.

질: 우리는 **자기사랑**을 초월해야 합니까, **자기사랑**과 함께해야 합니까?
마: 그것이 몸-지향적인 사랑, 마음-지향적인 사랑, 에고-지향적인 사랑이 되어서는 안 됩니다.

  자연발로적 자기사랑은
  완전한 평안을 가졌음을 의미합니다.

우리는 **실재**에게 인상을 주기 위해 단어들을 사용하고 있습니다. 우리는 몸을 만났을 때 사랑을 만났습니다. 우리는 몸을 만났을 때, 사랑·애정·에고·지성·마음을 만났습니다. 그 이전에는 아무것도 없었습니다.

 당연하지요, 사랑이 있을 수밖에 없습니다. 왜냐하면 우리가 몸에 집착하고 있고, 몸에 대해 많은 애정을 가지고 있기 때문입니다. 우리는 우리의 어머니·아내·남편·자매·형제·아버지와 몸의 관계를 가지고 있고, 따라서 애정이 있을 수밖에 없습니다. 만일 가까운 누군가가 '사라지면', 그리고 갑자기 죽으면 그대는 슬픔을 느낍니다. 그것은 아주 당연합니다. 그대의 친한 친구나 아버지·자매·어머니가 세상을 떠난다고 생각해 보면, 그 사랑, 그 굳건하던 사랑 때문에 어떤 슬픔을 느끼는 것이 당연합니다. 우리가 이 몸-사랑이 영구적이지 않다는 것을 알기는 하지만, 그래도 그런 감정이 있을 수밖에 없습니다.

 영적인 공부에서는 그런 집착이 일시적으로만 머무릅니다. 즉시 우리는 이 세계가 환幻이라는 것을 알게 됩니다. 누구나 원하든 원치 않든 이 세상을 떠나지 않을 수 없을 것입니다. 그래서 **실재** 혹은 **궁극적 진리**에 대한 그 지知에서, 우리가 용기를 끌어냅니다. 이렇게 말합니다. "좋다, 그런 일이 일어난다." 그리고 잠깐 동안만 이런 느낌을 갖습니다. "오늘은 그였고, 내일은 그것이 나일 수도 있다." 그대의 집착이 해소되어야 합니다.

  진정한 의미에서
  궁극적 진리가 확립될 때,
  이런 무집착이 자연발로적으로 일어날 것입니다.

진정한 의미란, 신체적 의미에서나 정신적 수준, 지적인 수준에서가 아니라는 뜻입니다. 이 모든 것은 오고가고, 오고갑니다. 주시자가 되십시오!

그대가 꿈 속에서 어떤 사람을 사랑하는데, 그 꿈 속에서 그 사람이 죽는다고 생각해 보십시오. 그럴 때 그대는 울기 시작합니다. 그러나 깨어나자마자 "오, 그냥 꿈이었어!" 합니다. 그 꿈과 그대가 사랑하던 사람은 어떻게 되었습니까? 꿈속에서 그대는 울고 또 울었지만, 깨어나면 모두 금세 잊힙니다.

영적인 공부는 환幻에서, 환적인 생각과 감정에서, 깨어나는 것을 의미합니다. 그것은 그대의 음식-몸을 포함한 전 세계가 환幻이라는 **확신**을 갖는 것을 뜻합니다. 모든 음식-몸-지知가 해소될 필요가 있습니다. 어떤 의도적인 노력도 해서는 안 되고, 그저 이해하고, 이해하려고 노력하십시오.

    실재를 알고,
    실재, 그대의 실재를
    받아들이기만 하면 됩니다.

몸-지知 이전에 그대의 **현존**이 있었습니다. 몸-지知가 해소된 뒤에도 그대의 **현존**이 있겠지만, 어떤 형상으로는 아닙니다. 만일 비유를 하고 싶다면 그대 자신을 하늘에 비유하십시오. 지진이 일어나는 동안, 서 있던 집들이 무너집니다. (그러나) 하늘에 무슨 일이 생깁니까?

우리가 하늘을 가리는 것처럼 보이는 벽들 안에서 살고 있을 때는 하늘이 없는 것 같습니다. 하늘은 존재하지만 우리는 말합니다. "이것은 사원이다, 이것은 아쉬람이다, 이것은 주방이다, 이것은 방이다." 우리는 그것들에 이름을 붙입니다. "이것은 영국이고, 이것은 러시아다." 그대는 미국을 인도로 조금 가져올 수 있습니까? 아니지요! 그 이름들이 그대에게 문제를 야기하고, 분리와 환상을 창조합니다.

    그런 칸막이들에서 나오십시오.
    만일 큰 지진이 나면 집들이 다 무너집니다.
    그러나 하늘에 무슨 일이 생겼습니까?
    아무 일도 없었지요. 영향을 받지 않았습니다!

마찬가지로, 그대의 **자연발로적 존재**는 "내가 있다"든 "네가 있다"든, 그 자신을 알지 못합니다. "내가 있다"나 "네가 있다"가 없는 이것이 **궁극적 단계**

입니다. 그냥 잘 들으십시오. 왜냐하면 우리는 몸 정체성 때문에 서로를 알지만, 몸 정체성이 사라지면 그것은 그냥 하늘처럼 남기 때문입니다.

이것을 깨달으려면 단계적으로 수행을 해야 합니다. 조금씩 일체를 알게 될 것입니다. 확신을 가진 지知가 확립되어야 합니다. 확신! 확신! 그러면 완전한 **평안**이 있을 것입니다. (그럴 때에도) 그대는 이야기를 하고, 일을 하고, 가정을 돌보겠지만, 개입함이 없이, 초연하게, 부담 없이 하게 됩니다.

100. 완전정지가 있어야 한다!

질문자: 마하라지님, 저에게는 당신께 입문하고 **남 만트라**를 받는 것이 매우 중요합니다.

마하라지: 무엇보다 먼저, 그대는 어떤 **구루**나 **스승**이 있습니까?

질: 있습니다! 제 스승은 **니사르가닷따 마하라지**님이시고, 당신은 그분의 제자이십니다. 저에게는 그것이 이 **계보**에 들어오는 유일한 길입니다. 그래서 당신을 뵈러 왔습니다.

마: 만트라를 드리는 것은 문제가 아니지만 그대가 엄격한 수련을 할 마음이 있을 때만 드립니다. 명상 없이는 **궁극적 진리**를 깨닫지 못할 것입니다.

그대는 이미 "나는 **아뜨만·빠라마뜨만·브라만·신**이고, 일체다"라는 것을 압니다. 그러나 실재를 그대 안에 확립하려면 강한 매진이 필요합니다. 어떤 사람들은 **만트라**를 받지만 집중하지 않고, 그것을 진지하게 여기지 않습니다. 그런 다음 배회하는 마음과 **확신** 부족 때문에 다른 데로 갑니다.

만트라는 기적의 도구가 아니고, 마법의 지팡이가 아닙니다. 마법의 지팡이는 그대 안에 있습니다. 우리는 그대의 **힘**을 되살려줍니다. 힘이 있지만 그대가 자신의 힘을 모르고 있습니다. 그대는 자신 안에 엄청난 **힘**을 가지고 있습니다.

질: 그러니까 명상 중에는 **만트라**에 집중하면서 '나는 **브라만**이다'라는 느낌을 가져야 합니까?

마: 느끼지 마십시오! 명상 중에 느끼지 마십시오. 느낄 필요가 없습니다. 어떤 의도적인 노력도 하지 마십시오. 그것은 **자연발로적**일 것입니다. 어떤 것도 하지 말고 그냥 그것을 따르십시오. "나는 **브라만**이다, 나는 **아뜨만**이다" 같은 어떤 것도 생각하지 마십시오. 그것은 자동적으로, 자연발로적으로 일어날 것입니다.

어떤 **만트라**가 주어지든 그냥 그것을 염하십시오. 그 **만트라**를 염하십시오. "그것이 나에게 무엇을 해줄 것인가?"를 생각하지 마십시오. 전혀, 아무것도 생각하지 마십시오. 그것은 자동적으로 일어나고, 자연발로적으로 일어날 것입니다. 그것은 **마스터키**입니다.

지知는 그대의 밖이 아니라 그대의 안에 있습니다. 모두가 지知를 가지고 있지만 그대는 **실재**를 모르고 있고, 그래서 축복을 구걸하고 있습니다. "오, 신이시여, 저를 도와주십시오, 저를 축복해 주십시오, 뭔가를 해주십시오!" 그리고 다양한 **스승**들을 만나기 위해 여러 곳을 갑니다.

우리는 **브라만·아뜨만·빠라마뜨만·신**과 같은 아주, 아주 달콤한 단어들을 창조했지만, 그것은 여전히 단어들일 뿐입니다. 멋진 단어들이고, 영적인 책에 나오는 멋진 이야기들이지요.

그것이 누구의 이야기입니까?

브라만 이면에 무엇이 있습니까?

깊이, 깊이 들어가십시오.

어떤 맹신도 안 됩니다!

질: 저는 바잔 중에 거기서 무슨 일이 일어났는지 모르겠지만, 웃음을 멈출 수 없었습니다. 그냥 제가 점점 더 높이 올라가고 있고 너무나 많은 행복에 가득 차 있다고 느껴져서, 웃음이 그냥 폭발했습니다. 그것을 억제해 보려고 했지만 제어할 수가 없었습니다.

마: 그건 좋습니다! 바잔은 많은 **자연발로적 행복**을 가져옵니다. (바잔은) 기운이 아주 강하고, 드높은 의미를 담고 있습니다.

질: 저는 저녁 바잔을 정말 좋아하는데, 이런 구절이 있습니다. "늘 **절대자**인 스승에 대해서 명상하라. 그분을 숭배하는 것을 잊지 말라. 왜냐하면 그분은 올바른 이해를 안겨주는 유일한 분이시니." 그런 다음 "그분은 모든 지知이시다. 바잔을 불러라, 왜냐하면 그분은 밝혀주는 분이시니." 같은 식입니다. 그냥 놀라울 뿐입니다!

마: 명상과 바잔을 함께 하는 것은 아주 좋은 결합입니다. 바잔과 명상은 더없이 중요합니다. 왜냐하면 바잔을 하면 내면의 **영**靈이 **자연발로적 행복**을 얻기 때문입니다. 바우사헵 마하라지님이 이렇게 말했습니다.

"만트라와 바잔을 통해서 궁극적 실재를 알게 될 것이다."

니사르가닷따 마하라지님은 말했습니다. "이 모든 탐색에 완전정지가 있어야 한다. 이것은 완전정지, **궁극적·최종적 진리**이다." 다른 데로 가고 싶다는 어떤 유혹도 없을 것입니다. 깨달음을 얻고 나면 다른 방향으로 끌리거나 끌어당겨지지 않을 것입니다. 저 **신적 본질**을, **스승**이 그대 안에 있다는 것을 에고·지성·마음 없이 깨달을 때, 그것은 **자연발로적**일 것입니다. 그대가 **브라만**입니다. 그대는 그것 이전이고, 세계 이전입니다.

제가 말하는 것은 참으로
보이지 않게, 말없이, 영구적으로, 저 뒤에서 진행됩니다.
이것을 깨달으십시오!

헤매는 마음은 길이 아닙니다. 그대 자신에게 완전한 믿음, 강한 믿음을 가져야 하고, 다른 어떤 **스승**과 함께 가서도 안 됩니다. 완전한 믿음, 완전한 투신이 필수적입니다. 그대는 어떤 책들을 읽었습니까?

질: 많은 책을 읽었습니다. 니사르가닷따 마하라지님에 관한 책이 많고, 『다스보드』와 『요가 바쉬슈타』의 어떤 부분들은 제가 아주 좋아합니다.

마: 좋은 기초를 가지고 있군요. 그대가 무엇을 읽었든, 실천에 옮겨야 합니다. 지적인 영적 지知는 소일거리에 지나지 않지요!

세상에는 많은 영적인 책이 있습니다.
이 책들의 청자 혹은 독자가 궁극적 실재입니다.
그것을 아뜨만·브라만에 대한 그저 또 하나의 이야기로 여기지 마십시오.

영적인 책을 읽을 때는 "이것은 내 이야기다", 즉 **무형상의 실재**로서의 그대의 이야기라는 이해를, 확신을 가져야 합니다. 여러분이 몸-형상으로 있지 않다는 것은 공개적인 사실입니다. 몸은 외적인 덮개이고, 시간제한이 있고, 끝이 있습니다.

그대의 **궁극적 진리**를 자각해야 합니다. 일체가 그대 안에 있지만 그대는 그 **실재**를 모르고 있습니다. 저는 그대 안의 **보이지 않는 청자**의 주의를 요청하면서, 그대가 **브라만**이고, **아뜨만**이고, **빠라마뜨만**이라는 것을 그대에게 상기시키고 있습니다. 그러나 마음·에고·지성이 그대가 그 믿음을 간직하지 못하게 합니다. 그것이 이렇게 말합니다. "내가 어떻게 **브라만**일 수 있나? 나는 그렇고 그런 사람인데."

질: 저로서는 이 말씀을 당신에게서 듣는 것이 매우 중요합니다. 당신에게서 직접 들으니 고무되고 힘이 납니다. 그래서 당신께 정말 감사드립니다.

마: 니사르가닷따 마하라지님은 비상한 힘을 가지고 있었습니다. 저는 같은 **지**知를 모두와 함께 나누고 있습니다. 적절한 때이고 알맞은 때입니다. 한 순간 한 순간이 결코 다시 돌아오지 않습니다. 또한 그대가 이 모든 환적인 생각에서 나와야 합니다. 왜냐하면 **실재** 안에서는 그대가 전적으로 불생이고, 결코 태어나지 않았기 때문입니다. 그래서 탄생과 죽음은 몸에만 해당되며, 그대는 그 몸이 아니고, 몸이 아니었습니다.

백 년 전에 그대는 몸이 없었습니다. 죽음은 몸에게만 일어날 것입니다. 그대는 몸이 아니고, 몸이 아니었습니다. 백 년 뒤에는 그대가 그 몸을 알지 못할 것입니다. 그 말은, 이 몸-지知 이전에 그대가 존재한 방식, 그리고 이 몸-지知가 해소된 뒤에 그대가 존재할 방식, **그것**(THAT)이 그대의 **궁극적 진리, 최종적 진리**이고, **브라만·아뜨만·신·스승**이라는 뜻입니다. 어떤 단어를 사용해도 됩니다.

몸-지知 이전에 그대가 존재한 방식,

그리고 몸-지知가 해소된 뒤에 그대가 존재할 방식,

그것이 그대의 궁극적 진리이고, 최종적 진리입니다.

101. 실재를 알라

마하라지: 스승의 이야기를 듣고 나면 이 개념들의 세계에서 나와야 합니다. 이 일에는 매진이 필요합니다. 무수한 책들이 존재합니다. 읽는 것만으로는 충분치 않습니다. 그래서 여러분이 영적인 책을 읽는다면, 그와 동시에 수행을 해야 합니다.

그 책들의 청자·독자가 궁극적 실재라는 것을 늘 기억하십시오.

이 영적인 책들을 마치 그것이 **아뜨만·브라만**의 이야기일 뿐인 것처럼 보지 마십시오. 책을 읽을 때는 "이것은 내 이야기다"라는 이해를, **확신을** 가져야 합니다. 여러분이 몸-형상으로 있지 않다는 것은 공개적인 사실입니다. 몸은 외적인 덮개이고, 시간제한이 있고, 끝이 있습니다.

여러분은 저와 같습니다. [손으로 제스처를 취하신다.] 이것은 잊어버리십시오. [당신의 옷을 가리키신다.] 몸은 한 겹, 하나의 껍데기일 뿐입니다! 그러니 그것을 이와 같이 받아들여야 합니다.

스승이 여러분에게 무엇을 말해줄 때는
그것을 여러분의 진리, 여러분의 실재로 받아들여야 합니다.
왜냐하면 그것은 여러분의 이야기이기 때문입니다.

가르침을 들으면 이런 식으로 이해해야 합니다. 마치 어떤 사람이 처음부터 지금까지의 여러분의 생애담을 들려준 것처럼, "이것은 내 이야기다"라고 말입니다.

제가 들려주는 것은 여러분의 전기, 여러분의 이야기입니다.
이런 식으로 이 지_知를 흡수해야 합니다.
그래야 여러분 자신을 속속들이 압니다.

모든 영적인 책은 힌트를 제공합니다. 대부분의 구도자들은 책에서 얻은 지_知에 의존합니다. 그것은 여러분에게 어느 정도 즐거움을 줄 수 있지만, 몸을 떠날 때가 오면 그 지_知의 깊이가 시험당할 것입니다. 최근에 헌신자 한 사람이 큰 손실을 입었습니다. 그는 몸을 부들부들 떨었습니다. 그의 토대[지知]가 약했습니다. 저는 여기 오는 모든 사람에게 늘 이것을 강조합니다. "여러분의 토대가 튼튼해야 합니다."

왜 명상·만트라·바잔에 신경을 씁니까?
이런 것은 정체불명의, 보이지 않는 정체성 안에
실재를 확립하는 데 필요한 주춧돌이기 때문입니다.

니사르가닷따 마하라지님은, 어떤 사람들이 스승의 말씀을 이해하기 어렵다고 느끼는 반면 다른 제자들, 곧 진정한 제자, 참된 제자들은 당신의 가르침을 이해할 수 있다고 말씀하시곤 했습니다. 아이는 엄마의 말을 이해합니다. 엄마는 아이에게 무엇이 필요한지 압니다. 엄마는 알지요!

그러니 단순해지고, 겸허해지십시오. 그리고 두뇌에 스트레스를 주지 마십시오. 저는 여러분 앞에 여러분의 **진리**, **최종적 진리**, 여러분의 **궁극적 진리**, **여러분의 것**을 놓아드리고 있습니다! 보이지 않는 청자의, 익명인 청자의 진리입니다. 어떤 복잡함도, 어떤 혼란도, 어떤 갈등도 없습니다.

그래서 (여러분의) 아동기가 시작된 뒤로 수많은 개별적 생각과 개념들이 나타났습니다. 여러분 안에 수많은 생각이 있습니다. 여러분은 바로 전생에 어떤 범죄나 죄도 저지르지 않았습니다. 누가 죄인입니까? 누구의 업業입니까? 누구의 발현업입니까? 우리는 끝없는 단어들과 상상적인 생각들을 창조해 왔고, 그것이 우리에게 부과되고 맹목적으로 받아들였습니다.

여러분은 환적인 단어·생각·개념들의 바다에서 익사하고 있습니다.
이것은 모두 상상입니다!

영적인 공부를 위해서는 **완전한 토대**, 견고한 기초가 필요합니다. 그래야 여러분이 무엇을 읽고, 듣고, 공부하든 **하나됨**(단일성)이 있을 것입니다. 토대가 없이는 이원성이 지속될 것입니다. 여러분이 지금 가진 모든 지知는 몸과 관련되며, 모두 몸-지知입니다. 여러분은 지知를 지적으로 파악하고 있습니다. 여러분의 독서는 미세한 에고를 가지고 하는 지적인 독서입니다. "나는 어떤 사람이고, 이 책을 읽고 있다. 나는 어떤 사람이고, 이 책을 읽고 있다."

여러분은 자신의 몸에 기초한 지知와 이해력으로써 이해하고 파악하려

합니다. 제가 다시 여러분에게 이 점을 주목하게 하는 까닭은 그것이 매우 중요하기 때문입니다. 여러분은 아뜨만·빠라마뜨만·신의 한 측면에 대한 책을 읽을 때, 몸-지知라는 매개물을 통해서 그것을 읽습니다. 여러분은 그것을 이해할지 모르지만,

여러분이 지적으로 모든 것을 파악한다 해도

그것이 여러분 안에 확립되지 않고 있습니다.

왜냐하면 여러분은 궁극적 진리와 하나가 아니기 때문입니다.

여러분이 독서를 하고 있을 때, 여러분은 그것(THAT)과 별개입니다. 청문을 하고 있을 때, 그리고 다양한 스승들에게 다가갈 때, 여러분은 그것과 별개입니다. 여러분은 궁극적 진리에서 자신을 분리시켜 두고 있습니다.

여러분의 토대와 출발점은 몸에 기초해 있습니다.

여러분은 하나의 몸-지知 기반에서 나오고 있습니다.

이것은 여러분이 얻고 있는 영적인 지知가, 취약하고 환적인 몸-기반 위에 쌓인다는 것을 의미합니다.

여러분은 영적인 추구를 하면서 마음·지성·에고를 사용하고 있으나,

궁극적 진리는 그 모든 것을 넘어서 있습니다.

여러분은 "마음·에고·지성이 언제 나타났지?" 하고 묻기를 그치지 않았습니다. 자기탐구를 하여 마음·에고·지성은 존재성과 함께 나중에 왔고, 따라서 여러분에게 봉사할 수 없다는 것, 궁극적 진리를 발견하는 도구가 될 수 없다는 것을 알아내지 않았습니다.

마음이 어떻게 그것 이전인 것을 발견할 수 있습니까?

영靈이 몸과 맞물린 순간 여러분은 "내가 있다"를 시작했습니다. 그리고 "내가 있다"에서 이 모든 개념들이 왔습니다. 따라서 여러분의 기반은 환적인 개념들을 토대로 형성되었습니다.

만약 숙고해 본다면 한 가지는 분명하고 단순합니다. 즉, 존재성 이전에는 우리가 이를테면 어떤 브라만·아뜨만·빠라마뜨만·신이나 행복 또는 평안도 만나지 않았다는 것입니다. 아무것도 없었습니다. 이 모든 용어와 조건들이 생겨난 것은 여리분의 현존이 몸과 함께 존재하게 되었을 때, 즉

영靈이 몸과 맞물렸을 때입니다.

현존 혼자서는 행복, 평안 혹은 존재를 알지 못합니다. 몸과 현존이 이를 테면 선풍기와 전기처럼 결합될 때 이 환幻이 야기됩니다. 몸은 "나"라고 말하지 못합니다. 영靈은 "나"라고 말하지 못합니다. 전등이 들어오거나 선풍기가 돌아가는 것은 전기 때문입니다.

마찬가지로, 영靈이 몸과 맞물렸을 때 여러분은 "나"를 말했고, 그런 다음 '나'와 더불어 이 모든 기대·요구·필요가 나타났습니다. "나는 행복을 원한다. 나는 평안을 원한다. 나는 더 무엇을 원한다."

그러니 여러분 자신을 알도록 하십시오.

몸-지知 이전에 여러분의 현존은 어디 있었습니까?

여러분의 현존은 어떻게 있었습니까?

몸-지知 이전에는 여러분이 아무것도 몰랐고, 아무것도 가지고 있지 않았습니다. 이 점에 비추어 "몸-형상은 나의 궁극적 진리가 아니다"라는 확신을 가져야 합니다.

천당과 지옥은 어떻습니까? 그런 개념들을 둘러싸고 너무나 많은 두려움이 있습니다. 역시나 존재성 이전에는 여러분이 천당이나 지옥을 전혀 알지 못했습니다. 이 영적인 지知는 여러분이 나중에 얻었습니다.

아는 자가 없는데

영적인 지知가 무슨 소용 있습니까?

아는 자가 없다면,

여러분의 모든 영적인 지知가 무슨 소용 있습니까?

환적인 아는 자가 몸을 만났습니다. 그 아는 자는 눈에 보이지 않고, 형상이 없고, 모양이 없습니다. '아는 자'도 없고 '모르는 자'도 없습니다. 따라서 그 모든 영적인 지知는 환幻일 뿐입니다.

질문자: 만약 우리가 가진 이 모든 영적인 지知가 환幻이라면, 제가 어떻게 궁극적 진리를 발견할 수 있습니까?

마: 그대는 자신의 정체성을 잊어버렸습니다. 영靈이 몸과 접촉할 때 그대의 정체성을 잊었습니다. 따라서 "그대가 궁극적 진리이고, 그대가 최종적

진리"라는 그대 안에 진리를 확립하기 위해서라도 지知가 필요합니다.

지知는 그대를 꼭대기 층으로 데려다주는

하나의 엘리베이터 역할을 합니다.

일단 그곳에 도착하면 더 이상 그것이 필요치 않습니다.

몸에 기초한 지知에 의존하지 마십시오. 그것은 몸과 함께 사라질 것입니다. 그대는 **브라만**도 아니고, **아뜨만**도 아니고, 신도 아닙니다. 사실 그대는 아무것도 아닙니다. 기초가 튼튼해야 합니다.

너무나 많은 영적인 지知가 있습니다!

그대가 무엇을 읽든 그것은 강력한 지知여야 합니다.

끝없이 책을 읽는 사람들은 책의 달인, 철학의 달인일지 모르나, 그 모든 지知는 시간제한이 있습니다. 몸이 사라지는 순간 일체가 사라지며, 따라서 지知도 환幻입니다. 지知는 **최종적 진리**가 아니라 하나의 매개물일 뿐입니다.

지知가 무엇입니까?

지知란 진정한 의미에서 우리 자신을 아는 것일 뿐입니다.

그대는 몸-형상으로 그대 자신을 알고 있습니다. "나는 남자다. 나는 여자다. 나는 **브라만**이다." 이 환幻, 저 환, 이 환! "나는 이 활동을 한다, 저 활동을 한다"면서 에고, 에고, 에고를 보태고 있습니다. 에고적인 개념들에 완전히 사로잡혀 있습니다. "나는 이 활동을 하겠다. 나는 어떤 것을 했다." 그대는 아무것도 할 수 없습니다.

그대는 그 몸으로 아무것도 할 수 없습니다.

왜냐하면 몸은 그대의 기반이 아니기 때문입니다.

만일 그대의 기반을 발견하면,

그대의 토대가 완벽할 것입니다.

질: 저의 토대가 무엇입니까?

마: 그대의 토대는 그대가 모든 몸-지知를 청소해낸 뒤에 확립될 것입니다. 저는 같은 이야기를 망치질하고 있습니다. 주의 깊게 들으십시오! 존재성 이전에는 어떤 필요물도 없었습니다. 평안·행복·두려움·브라만·아뜨만― 이 모든 개념들은 뒤에 왔습니다.

이것은 아주 간단한 것입니다. 그러니 한 번 살펴보고 그대 자신에게 물으십시오. "그 모든 몸-지知를 읽고 나서 내가 있는 곳은 어디인가?" 우리는 그 모든 개념들에 중독되었습니다. 우리는 우리 자신의 개념의 제물이 되어 맹목적으로 이것을 노래하고 저것을 노래합니다. "나는 남자다, 나는 여자다. 나는 나쁜 일들을 했다. 나는 좋은 일들을 했다." 이제 깨어나서 **실재**를 알 때가 되었습니다!

실재를 아십시오.

실재가 그대 앞에 놓입니다.

그것은 하나의 공개적인 비밀입니다.

그 범주에서 나오도록 하십시오. 그대는 속박되어 있지 않습니다. 지知는 한계가 있고, 그대가 살아 있는 동안만 유용합니다. 어떤 지知도 없고, 아는 자도 없고, 개념도 없습니다. 이것은 **최종적 진리**입니다. 제자도 없고, 스승도 없고, 신도 없고, 헌신자도 없습니다. 이 모든 환幻은 그대가 세계를 만났을 때 시작되었습니다. 이제 그대는 전 세계가 그대의 **자연발로적 투사물**이라는 것을 압니다. 이 세계를 보려면 그대의 **현존**이 필요합니다.

그대는 어떤 단어들 안에도 있지 않습니다.

그대는 우주 안에 있지 않습니다.

우주가 그대 안에 있습니다.

현존이 (그대의 몸과) 맞물리는 순간 그대가 세계를 봅니다. 그대의 현존이 없으면 그대가 세계를 볼 수 없습니다. 저는 그 현존, 그 보이지 않는 현존, 그 **정체불명의 현존**의 주의를 요청하고 있습니다. [방문객을 가리키며] 그대가 그것입니다.

탄생과 죽음은 그대와 무관합니다. 이것이 **실재**, 그대의 **실재**입니다. 저는 모든 사람에게 같은 이야기를 하고 있습니다. 이런 말들의 문자적 의미를 분석하지 마십시오. "이건 뭐지? 저건 뭐지? **라마나 마하르쉬**는 이렇게 말했고, **니사르가닷따 마하라지**는 저렇게 말했다"라고 하면서 책들의 꼬투리를 잡지 마십시오. 책들, **스승들**, 가르침들을 비교하지 마십시오.

그분들이 자신의 말로써 전달하고자 했던 그것이 중요합니다. 어떤 비교도 하지 마십시오! 그대는 영적인 지知를 공부하고 있는 것이 아닙니다.

우리는 공부가 아니라 확신을 기대하고 있습니다.

수많은 사람들이 여기 와서 이러이러한 것의 의미가 무엇이냐고 하고, "왜입니까? 왜입니까? 왜입니까?"라고 묻습니다. 그대는 비교 연구로 무엇을 성취하려고 합니까? 그것은 그대에게 도움이 되지 않을 것입니다. 이 전체 환幻의 세계에서 나와야 합니다.

집중하는 자에게 집중하십시오.

문자적 의미들 사이에서 헤엄치지 마십시오.

단어들의 바다에서 익사하지 마십시오.

그대는 더 이상 중독자가 아닙니다.

102. 그 모든 책 읽기 – 누구를 위한 것인가?

질문자: 당신께서는 저희가 영적인 책 읽는 것에 대해서는 별 관심이 없으신 것처럼 들립니다. 책을 읽는 것은 수행에 도움이 되지 않습니까?

마하라지: 물론 책을 읽어도 됩니다. 그대에게 지知를 안겨주는 책들은 읽어도 됩니다. 그러나 그런 영적인 책을 읽고 있는 동안, 그대의 **궁극적 진리**가 그대와 별개가 아니라는 것을 확립해야 합니다. 그대가 읽고 있는 것은 그 **독자**의 이야기입니다.

그 **독자**는 어떤 형상으로도 있지 않습니다. 어떤 영적인 책을 읽을 때든 그대가 읽고 있는 그것이 그대의 이야기, **보이지 않는 독자**의 이야기라는 것을 아는 방식으로 읽으십시오. 궁극적으로 그것은 어떤 형상도 없는 그대의 이야기입니다. 그럴 때에만 그 지知가 확립될 것입니다.

질: 그 말씀은, 그 책의 내용에서 우리 자신을 분리할 필요가 없다는 뜻이군요. 우리는 그 개인이 말하자면 마음을 이용하여 정보를 수집하는 그런

방식으로, 일종의 지적인 연습으로 읽는 경향이 있습니다. 이것은 이원성입니다. 마하라지님, 당신께서 말씀하시는 것은 그 **독자**가 눈에 보이지 않는다는 거로군요. 그것은 **말 없는 청자**가 그 자신에게 말을 하는 것과 같고, 신이 신에게 말을 하는 것과 같군요?

마: 『그대가 그것이다』나 『아이 앰 댓』 같은 어떤 책을 읽을 때, 그 책들은 그대에게 어떤 메시지를 전달하는데, 그것은 그 **독자**의 메시지, 곧 그대의 **진리**입니다.

제 스승님이 주신 이 구절이 그대의 모든 독서의 결론이어야 합니다. "그대의 무아인 진아 외에는 어떤 신도, 브라만도, 아뜨만도, 빠라마뜨만도, 스승도 없다." 이것이 모든 철학적·영적 책들의 요지이고, 원리입니다.

이 원리가 다양한 단어들과
끝없는 이야기들로 채색되었고,
그래서 그 독자의 지知를 가리키는
이 주된 원리가 가려져 왔습니다.
그 독자는 어떤 형상도 없습니다.
그 독자는 보이지 않는 독자입니다.

제가 어떤 것에 대해 이야기하고 있을 때 그대는 듣고 있습니다. 그대는 듣고 있을 뿐만 아니라 분석도 합니다. 그리고 제가 하는 이야기를 분석하고 있을 뿐 아니라, 그대가 분석하고 있는 것을 주시하고 있기도 합니다. 순간적으로 일들이 발생하면 그대는 그것을 다시 주시합니다. 저는 그 주시자, 곧 브라만·아뜨만·빠라마뜨만·신·스승이라고 불리는 그대 안의 **보이지 않는 주시자**의 주의를 요청하고 있습니다.

수많은 책을 읽고 나면 어떤 결론이 있어야 합니다. 그 결과가 무엇입니까? 그 모든 책을 읽어서 무엇을 얻었습니까? 그 독서는 어느 정도까지 그대의 **궁극적 진리**에 도움이 되었습니까? 그 모두 얼마나 유용했습니까?

어떤 결론이 있어야 합니다.
어떤 결론에 도달해야 합니다.
그렇지 않으면 귀중한 순간들을 낭비하고 있는 것입니다.

지知를 수집하고 지知를 축적하는 것, 이것은 건조한 지知이며, 그대가 죽음을 맞이할 때는 도움이 되지 않을 것입니다.

그 모든 책 읽기,

그것은 누구를 위한 것입니까?

질: 저는 그냥 영적인 책 읽기를 좋아하는 것 같습니다.

마: 그대가 하는 일이 독서가 전부라면, 그대가 유일하게 하는 일이 독서라면, 앞으로 일어날 일은 그대가 '책의 달인', 문헌의 달인이 되는 것이 전부일 테고, **실재의 달인**이 되지는 않겠지요. 그것은 그대에게 도움이 되지 않을 것입니다.

왜 계속 더욱 더 많이 알고, 무지를 더욱 더 보태고 싶어 합니까? 책들은 이미 그대가 **궁극적 진리**라는 것을 가리켜 보였습니다. 그대가 그 **궁극적 진리** 안에 확립되어야 합니다. 그러니 왜 더욱 더, 거듭 거듭 읽으려는 그런 충동이 있습니까?

질: 알겠습니다! 이 영적인 책들이 마음에게 말하게 하기보다 제 안의 **보이지 않는 청자**에게 말하게 해야겠군요?

마: 그렇지요! 왜냐하면 그대는 더 이상 한 개인이 아니기 때문입니다. 그대는 더 나은 도리를 압니다! 책벌레가 되지 마십시오! 그대는 **궁극적 진리**, **최종적 진리**입니다.

궁극적 진리와 연관된 내용을 읽을 때는

그대가 그 궁극적 진리라는 것을 아십시오.

이것은 그대의 지知이지 책 지식이 아닙니다. "그래, 내가 **그것이다!**" 이것이 **확신**입니다. 이것이 **명상**입니다. 그대가 **궁극적 진리**라는 자연발로적인 지속적 경각심이 필요합니다.

질: 당신께서는 우리가 단어들을 문자적으로 받아들이거나, 그것을 우리가 다른 데서 읽은 것과 비교할 필요가 없다고 자주 말씀하십니다. 제 생각에 우리는 단어들에 걸리고 그것을 붙드는 것 같은데요?

마: (독서를 통해서 얻는) 지知가 있기는 하나 그것을 어떻게 해석하고 실천에 옮기느냐가 문제입니다. 그 지知를 올바르게 쓰지 않으면 그것이 그대에게

문제를 야기할 것입니다. 뭐든 과한 것은 독입니다.

질: 『아이 앰 댓』이나 『그대가 그것이다』 같은 어떤 책들은 다른 책들보다 **보이지 않는 청자**의 더 큰 주의를 요청합니다. 그것은 말하자면 우리의 **궁극적 실재**에게 직접 이야기하기 때문에 우리가 그 내용과 하나입니다.

마: 그렇지요, 그렇지요.

질: 그 점에 대해 고맙습니다, 마하라지님. 독자가 독자의 지知에서 그 자신을 분리하는 것에 대해 하신 말씀은 정말 도움이 됩니다. 당신께서 지적하신 것은 미세한 차이지만, 거기에 대해 제가 성찰하면 할수록 엄청난 차이를 가져옵니다. 저는 많은 영적 고전들을 읽고 "이건 놀랍다"고 스스로 말했지만, 저의 일부는 분리되어 있었다는 것을 알겠습니다. 이원성이 있었습니다. 왜냐하면 그 내용과 일체감을 느낄 수는 있었지만 그것이 '저의 이야기'라고 정말로 느끼지는 못했고, 완전히 느끼지는 못했기 때문입니다.

그 점에서 당신의 접근방식이 정말 도움이 됩니다, 마하라지님. **브라만**에 대한 이 책들이 브라만에 대한 이야기가 아니라 '저의 이야기'라는 것을 알게 해주시니 말입니다. **제가 브라만이니까요**. 표현되고 있는 **진리**와 (우리가) 하나라는 것이, 당신께서 말씀하시는 취지라고 믿습니다. 설명하기가 어렵군요. 그 문제에 관해 다시 말씀드리겠습니다만, (저의 내면에서) 뭔가 심오한 것이 일어났습니다.

마: 아주 좋아요, 아주 좋습니다!

질: 그런데 그것은 책들하고만 관계있는 것이 아닙니다. 저는 지금 **스승**이신 당신의 말씀을, 당신께서 저의 이야기로서 들려주시는 것을 듣고 있습니다. 그것이 너무나 **현실적**이고, 전적으로 완전히 받아들여지고 있습니다. 저는 그것이 **진리**라는 것을 압니다. 그것을 깊이 느낍니다. 당신께서 전달하시는 **진리**와 **하나임**을 느낍니다.

마: 아주 좋습니다! 그대는 깊은 투신을 하고 있군요. 계속 더 깊이, 깊이 들어가십시오.

103. "내가 있다"

질문자: 단순한 말로 "내가 있다"가 정확히 무엇이며, 무엇이 아닙니까?
마하라지: "내가 있다"는 그대의 **자연발로적인**, **익명의 현존**을 가리키는 지시물이지만, 그것은 어떤 모양도 어떤 색깔도 없습니다. **아뜨만·브라만·빠라마뜨만·신**에게 이름이 붙여진 것은 그냥 이해하고 의사소통하기 위해서일 뿐입니다. **실재**는 상상을 넘어서 있습니다. 어떤 헷갈림도 없어야 합니다. (여기 온) 어떤 사람들의 이야기를 들으면 그들은 "내가 있다"를 위해 특별한 집을 지은 것 같습니다. 진보한 단계에서는 "내가 있다"도 환幻입니다.

다시 말하지만, 분명히 이해하십시오. 어떤 "내가 있다"도 없고 "네가 있다"도 없습니다. 그런 것은 그냥 단-어-들일 뿐입니다. 존재성 이전에는 그대가 '나'나 '너'가 뭔지 몰랐습니다.

 그대는 인위적으로 그대 자신을 형성하여,
 "나는 어떤 사람이다"라고 말하고,
 그 지知의 견지에서 생각하고,
 "내가 있다"에 대해 명상하고 있습니다.

그대는 자신의 **실재**에 이름을 붙여서 그것을 한정하고, 그것에 울타리를 치고 있습니다. "내가 있다"는 하나의 개념이라는 것을 기억하십시오. 우리는 이해를 위해 단어를 사용하고 단어를 교환하는데, 그 단어들을 통해 우리는 그대 안의 **보이지 않는**, **익명의 청자**의 주의를 요청하고 있습니다. 모든 단어들은 이해의 목적을 위해 사용됩니다.

 그대의 정체성을 알려고 노력하십시오.
 그대의 정체불명의 정체성을 알려고 노력하십시오.
 그 아는 자가 사라질 것입니다.
 궁극적 진리를 알려고 하는 동안에
 그 아는 자가 사라질 것입니다.
 어떤 앎도, 아는 자도 없습니다.

질: 그 이해는 "내가 있다"가 아주 깊은 ….

마: 그것을 누가 이해하고 있습니까? [마하라지님이 웃으신다.] '나'가 이해하고 있습니다. 그것을 누가 이해하고 있습니까? 이 모든 것은 **현존**을 필요로 하지만, 그대의 **현존**은 어떤 모양이나 형상도 아닙니다. 그것은 무형상입니다. 존재성도 비非존재성도 없고, 의식도 비非의식도 없고, 자각도 비非자각도 없습니다. 아는 자도, 앎도 없습니다.

그대는 이미 그대 안에 존재하는 것, **무형상이고, 보이지 않고, 정체불명인 정체성**을 등한시하고 있습니다. 그대가 그것입니다. 그대가 **브라만·아뜨만**입니다. '나'는 하늘과 같습니다. 하늘이 "내가 있다"고 말합니까? 하늘은 자신의 존재를 전혀 모릅니다. 마찬가지로, 그대의 **현존**은 그대의 존재를 전혀 모릅니다.

이 모든 말들은 몸-지知입니다. 존재성도 환幻입니다. 누가 존재성과 비존재성을 말하고 있습니까? 그대는 몸을 만났을 때 하나의 큰 환의 장場을 창조했습니다. 존재성·비존재성·자각·비자각·의식 등의 장場 말입니다.

그대는 그 장場 안을 배회하면서 지知를 얻어내려 합니다.

그 장場에서 나오십시오!

용감해지고, 용기를 가지십시오!

질: 저는 가끔 "내가 있다" 수행을 너무 문자적으로 받아들인 탓에 그것이 어쩌면 균형을 벗어났는지도 모른다고 생각합니다. 또 그것을 둘러싸고 많은 혼란이 있습니다. 니사르가닷따 마하라지님이 가시고 3분의 1세기가 지났으니 말입니다. 아마 그것이 풍선처럼 부풀어 올라서 어떤 ….

마: 실상은 구도자, 헌신자 혹은 제자들이 책을 읽으면 그들이 읽은 것에 기초하여 어떤 틀을 형성하고, 그런 다음 그 틀 안에서 해답을 기대합니다. 그러니 그런 것을 모두 떠나야 합니다.

몸이 존재한다는 것을 토대로 그대가 무엇을 깨달았든,

그것은 다 환幻입니다.

그대는 혼란스러운 단어들을 사용하여 그 혼란의 장場으로 들어갔습니다. 그대는 "내가 있다", "네가 있다", '그녀', '브라만' 같은 그대 자신의 관념들,

그대 자신의 개념들의 제물입니다.

질: 우리가 "내가 있다"에 자리 잡고 있을 때는 어떻게 머물러야 합니까? 혹은 어떻게 그것을 넘어서야 합니까?

마: 영적인 이야기에 대해서는 신경 쓰지 마십시오. '나'라고 말하는 것은 에고입니다. 왜 '나' 안에, 혹은 '나'로서 머무르려고 합니까? 그것은 그대가 어떤 에고를 취하여 "나는 어떤 것, 어떤 사람, 다른 어떤 사람이다. 내가 있다!"고 생각한다는 것을 뜻합니다. 그 의미는, 그대가 자신을 다른 어떤 사람으로 생각하고, 이같이 '나'로 머물러야 한다고 생각한다는 것입니다. 그것은 이원성입니다.

어떤 노력('나'라는 에고가 주도하는 수행)도 할 필요가 없습니다. 처음에는 그대의 "내가 있다"가 존재하고 있다는 것과, 그대는 몸을 통해서만 "내가 있다"를 안다는 것을 받아들여야 합니다. 몸은 그대의 정체성이 아니라는 것은 공개적인 사실입니다. 그러나 그대는 "내가 있다" 안에 머무르고 있을 때도 자신을 다른 어떤 사람으로 여기고 있고, 미세한 에고를 가지고 "내가 있다"고 말하고, '나'라고 말합니다.

　　그대는 '나'를 체험하려 하고,
　　브라만·아뜨만이 되려고 하며,
　　그러기 위해 다른 어떤 사람, 다른 누군가가 되려고 합니다.

질: 그래서 이원성이 있고, 어떤 분열이 있군요.

마: 즉각적이지요. 그대가 그와 같이 머무르려고 하면 말입니다. 왜 그러려고 합니까? "나는 존(John)으로 머무르고 싶다. 나는 존이다." 그대는 이미 존인데, 왜 "나는 존이다"여야 합니까? 존은 그 몸에 붙여진 이름이고, 그것은 그대의 **궁극적 실재**가 아닙니다. 마찬가지로, 그대의 **자연발로적 현존**, 그대의 존재는 모양이 없습니다. (그런) 어떤 노력도 하지 마십시오. 그런 영적인 단어들의 문자적 의미를 취하지 말고, 그보다는 그것이 전달하려고 하는 것을 취하십시오.

그대가 그대 자신의 **스승**입니다. 그러니 그대가 무엇을 듣고 무엇을 읽든, 그것이 어느 정도 도움은 되지만, 최종 목적지에 도착한 뒤에는 주소가 필요 없습니다. 그러니 스승들이 말하는 것을 문자적으로 받아들이지 마십시오. 스승들이 전달하고 싶어 하는 그것이 무엇보다 중요합니다. 그대가 풍선을 하나 만들어냈습니다. 그 풍선을 터뜨리십시오!

그대가 해야 할 일은,

몸은 그대의 정체성이 아니라는 것을 깨닫는 것이 전부입니다.

그대는 명상할 때, 다른 어떤 사람 행세를 하고 있습니다.

그래서 그 명상은 이원적입니다.

그 "내가 있다"는 하나의 지시물일 뿐입니다. 그러니 왜 그것을 그렇게 많이 분석하고 있습니까? 이 모든 명상·집중·지知·**자기탐구**—이런 것들은 다양한 단계들, 곧 **최종적 진리**로 나아가는 과정의 일부일 뿐입니다. 그대가 몸이 아니라는 **확신**을 얻고 나면 더 할 일이 아무것도 없습니다. 그대의 반응은 자연발로적 행위일 것입니다.

그대는 이미 "내가 있다"입니다. 진정한 의미에서 그대 자신을 알기만 하면 됩니다. 그대의 **무아인 진아** 외에는 어떤 "내가 있다"도 없습니다. 그러니 왜 그 작은 세계, "내가 있다"라는 그 문자적 세계에 머무릅니까? 그대는 이미 24시간 (무아인 진아와) 함께 있습니다. 왜 인위적으로 창조된 것, 혹은 상상한 추측 안에 머무릅니까?

단어들과 씨름하지 마십시오. 그런 것들은 **궁극적 진리**를, 그리고 그 진리가 그대의 **정체성**이라는 것을 가리키는 지시물일 뿐입니다. 그러나 그 진리는 보이지 않는 익명의 진리입니다. 그러니 상상하고 추측하기를 그만두십시오. 논리나 지성을 사용하지 마십시오.

그대는 24시간 현존입니다.

그러니 "내가 있다"가 되려고 하거나

그것을 생각할 필요가 전혀 없습니다.

그대는 너머를 넘어서 있습니다.

104. "내가 있다"는 환幻이다

질문자: 저는 명상을 규칙적으로 하고 있고, "내가 있다" 안에 머무르려고 노력하고 있습니다.

마하라지: 그대가 실재를 알게 되는데, 왜 "내가 있다" 안에 머무르고 싶어 합니까? 그것으로 그대로 존재하십시오. 아주 간단합니다! 아무것도 하지 마십시오. 어떤 행위도, 어떤 행위자도 없습니다. 그러니 어떤 의도적인 노력도 하지 마십시오. 그대는 도처에 있습니다. 그러지 마십시오. '내가 있음' 안에 머무르려고 하지 마십시오. 그것도 무방하기는 하지만 그것은 아이들 게임입니다. 그리고 그대는 더 이상 아이가 아닙니다. "내가 있다"가 기초라는 것은 누구나 압니다.

그러나 그대는 언제까지
"이것이 기초다, 이것이 기초다"라고 계속 말하려고 합니까?

질: 니사르가닷따 마하라지님은 "내가 있다"가 최초의 개념이고‥‥.

마: 말이란 어떤 것을 가리키는 데 사용되는 하나의 매개물, 하나의 도구일 뿐이라는 것을 늘 기억하십시오. 또다시 저는 같은 말을 되풀이해야겠습니다. 스승들이 사용한 말을 문자적으로 받아들이지 마십시오. 그 말을 문자적으로나 논리적으로 받아들이지 마십시오.

몸이 무엇입니까? 존재성, "내가 있다", 일종의 "내가 있다"는 느낌의 한 표지標識일 뿐입니다. 그대는 "내가 있다"고 느끼고, 그 자연발로적 느낌 가운데서 세계를 봅니다. 이른 아침 최초의 순간에 그대는 이 느낌을 갖습니다. 처음에는 그대에게 몸이 없고, 그러다가 순간적으로 세계를 봅니다. 따라서 "내가 있다"는 하나의 지시물입니다. "내가 있다"는 그대의 **자연발로적이고, 보이지 않고, 정체불명인 정체성의 지시물**입니다. 이것은 완벽한 어구입니다. 그 자연발로적 영靈에서 나온 것이 "내가 있다"입니다.

"내가 있다"는, 그대의
자연발로적이고, 보이지 않고, 정체불명인 정체성의 지시물입니다.

개인성, 이원성—우리는 이런 단어들과 씨름하고 있습니다. 그런 단어들과 싸우지 마십시오! 저는 **궁극적 진리**를 그대 앞에 놓아드리고 있습니다. 그대가 읽었고 들었던 모든 것을 잊어버리십시오.

존재성 이전에 그대는 어떻게 있었습니까?
브라만·아뜨만·빠라브라만·신에 대해서
무엇을 알았습니까? 아무것도 몰랐지요!
"내가 있다"에 대해서 무엇을 알았습니까?
아무것도 몰랐지요!

질: 당신께서는 몸-지知를 해소하는 것에 대해 이야기하십니다. 거기에 "내가 있다"가 포함됩니까?

마: "내가 있다"는 느낌은 자연발로적입니다. 왜냐하면 그것은 몸-지知이기 때문입니다. 그것이 자연발로적인 것은, 그대가 몸-지知를 통해서 "내가 있다"를 알기 때문입니다. 존재성 이전에는 그대가 이 "내가 있다"를 알지 못했습니다. 그래서 그것은 '나'에 대한 하나의 느낌일 뿐인데, 거기에는 몸도, 지성도, 지知도, 아무것도 없습니다.

영靈이 몸과 접촉하기 이전에는 그대가 그대에게 인식되지 않았고, 알려져 있지 않았습니다. 그것이 그대의 **정체성**입니다. 그러니 왜 "내가 있다" 안에 머무르고 싶어 합니까? 그대는 너무 인위적으로 그렇게 하고 있습니다. 그대는 이미 있습니다. 그대의 **현존**이 이미 있습니다. 만약 애를 쓰고 있다면, 그것은 에고를 취하고 있다는 것을 의미합니다. 그대는 **최종적 진리**이지만 그대의 **정체성**을 잊어버렸고, 그래서 심리적·정신적으로 "내가 있다" 안에 머무르려고 하고 있습니다.

질: 그래서 어떤 의미에서 "내가 있다"는 증발되고 해소될 수도····.

마: "내가 있다"는 그대의 **자연발로적 현존**을 가리켜 보입니다. 제가 그대들에게 말해 왔지만, "내가 있다"고 말하려면 그대의 **현존**이 필요합니다.

"내가 있다"는 그대의 현존으로부터 투사됩니다.
그대의 현존은 알려져 있지 않고, 익명이고, 보이지 않고,
정체불명입니다.

질: 현존에 대해 헷갈리는 점이 있다고 생각되는데, "내가 있다"가 정확히 무엇을 의미합니까?

마: 그대는 거기에 너무 많은 중요성을 부여하고 있군요! 그것은 단어들일 뿐입니다―"내가 있다"는. 그대는 **단-어-**들과 씨름하고 있습니다. 그대는 단어들 이전, "내가 있다" 이전입니다.

질: 그러니까 **현존**은 "내가 있다" 이전이고, 앞이군요?

마: 그렇지요, 물론 그렇지요. 그대의 **현존**은 뚜까람이 말했듯이 "먼저, 먼저, 먼저"입니다. 하늘, **신** 그리고 그 모든 천신들 이전입니다. 하늘도 빛도 없었을 때 그대의 **현존**이 있었습니다. 하늘도 빛도 없었을 때 그대의 **현존**이 있었습니다. 우리는 **신**과 그 모든 천신들보다도 먼저입니다. 성자 뚜까람은 2, 3년밖에 학교를 다니지 않아 무식했습니다. 교육 받은 것이 보잘 것 없었습니다. 그런데 어떻게 이 **진리**가 그의 안에서 나타났습니까?

    진리가 그의 안에서 나타났습니다.

    진리는 그대 안에서도 나타날 수 있습니다.

    그러나 그대는 집중하지 않고 있습니다.

    그대는 충분한 주의를 기울이지 않고 있고,

    단어들을 가지고 노는 것과,

    몸-형상 안에서 일어나는 일들에 더 관심이 있습니다.

언어를 누가 창조했습니까? **바우사헵 마하라지**님의 이 이야기를 압니까? **구루데브 라나데**는 영어로 글을 쓰곤 했는데, 그런 다음 그것을 자기 **스승**에게 큰 소리로 낭독해 드렸습니다. **바우사헵 마하라지**님은 영어를 몰랐습니다. 그런데도 한 문장을 지적하면서 말했습니다. "그 문장은 틀렸어!"

구루데브 라나데가 여쭈었습니다. "어떻게 아십니까?" **바우사헵 마하라지**님의 답변은 이러했습니다. "언어를 누가 창조했지? 언어는 영원해. 자네는 단어들을 서로 이어서 놓고 있지만, 그 단어들의 의미는 내면에 있어. 전능한 **영**靈이 언어를 알지. 언어는 장벽이 아니야."

질: 저 자신이 경험한 바는, "내가 있다" 수행이 하나의 출입구여야 함에도 불구하고 그것이 걸림돌이 되었다는 것입니다. "내가 있다"라는 말에 우리

가 너무 걸릴 수 있습니다. 여하튼 그것은 여전히 하나의 개념일 뿐입니다. 마하라지님, 당신께서는 실은 어떤 개념에 대해서도 말씀하시지 않고 **절대자**로 직행하시고, 그곳에 머무르십니다. 그것은 일체를 단번에 치워버리는 효과적인 방법입니다.

당신께서는 단어들을 매우 적게 사용하여 지고의 지知를 단순화하십니다. 당신의 **직접적 접근법**은 효과가 있고, 망치질과 반복의 방법과 함께 큰 명료함이 있습니다. 이 가르침은 비언어적 요소도 있습니다. 왜냐하면 당신의 **현존**이 매우 강력하니까요.

105. 단어들 너머, 세계들 너머

마하라지: 존재성 이전에는 아무것도 없었습니다. 여러분이 전혀 자신에게 알려져 있지 않았습니다. 몸을 떠난 뒤에는 무엇이 남겠습니까? 아무것도 없지요! 그런데 그대는 왜 이 몸-지知에 대해 이야기하고 싶어 합니까?

　이 존재는 무無에서 나왔고,

　다시 무無 속으로 흡수될 것입니다.

"내가 있다"는 하나의 개념입니다. 몸-형상 안에서 자신을 가늠하기를 멈추십시오. 제가 이야기하고 있는 것은 "내가 있다"를 넘어서 있고, "내가 있다" 이전입니다. 진리는 진리이고, 모두에게 동일합니다. 여러분이 온 곳에는 가늠 테이프(줄자)가 없었습니다. 왜 계속 몸-지知에 대해 이야기하고 싶어 합니까?

질문자: 저는 "내가 있다"에 대해 명상하는 수행을 해왔고, 주의를 '저라는 느낌'에, 곧 저의 어떠한 사회적 정체성이나 조건 지워진 정체성과도 무관하게 "내가 있다"인 것에 향하게 할 수 있습니다. 그것은 지복스럽게 느껴집니다. 그러나 그 지복의 느낌은 오고가며, 그래서 (그것이 가고 나면) 풀이 죽

습니다. 어떻게 해야 합니까?

마: 모든 느낌은 몸에 기초한 느낌들입니다.

질: 그러면 제가 저로서 느끼는 저 **자연발로적 현존**, 그것은 실재하지 않습니까?

마: 그대는 몸을 통해서 그대를 압니다. 몸 이전, 존재성 이전에는 그대가 그대를 몰랐습니다.

"내가 있다"고 말하려면 그대의 현존이 필요합니다.

그대의 현존은 익명이고, 보이지 않고, 모양이 없습니다.

어떤 체험도 없고, 어떤 체험자도 없습니다.

질: 모양이 없이 있는 체험, 그것은 다소간 그냥 일어납니까? 우리는 그것을 그냥, 일체에서 벗어나 자유롭게 있는 것같이 체험합니까?

마: 그대는 전적으로 자유롭습니다. 그대가 자신이 속박되어 있다고 여기는 것은 몸-지知 때문입니다.

질: 제가 추측하기에 그것은 "내가 있다" 이전의 체험인데요?

마: 맞습니다! 그대의 **자연발로적 현존**은 "내가 있다" 이전입니다. 존재성 이전에는 그대의 현존이 그대를 몰랐습니다.

질: 그것이 저를 몰랐다고요?

마: 저 현존은 그대를 몰랐지요.

현존은 추적 불가능합니다.

몸을 만난 순간, 그대는 "내가 있다"를 알기 시작했습니다. 요컨대 그대는 실재입니다. 그대는 어떤 형상도 없는 **궁극적 진리**, **최종적 진리**입니다.

질: 처음에는 그것과 일체감을 느끼기 위해 노력이 필요합니까?

마: 처음에는 진정한 의미에서 그대 자신을 알기 위해 노력을 좀 해야 합니다. 왜냐하면 수많은 생각과 개념들이 그대를 에워싸고 있기 때문입니다. 환적인 생각들이 그대에게 밀집해 있고, 그래서 그 모두를 지우려면 영적인 지知는 물론이고 명상 수련의 도움이 좀 필요합니다.

질: 어떤 때는 제가 "내가 있다"는 느낌에 대해 명상하고, 어떤 때는 "나는 누구인가?"에 대해 명상합니다.

마: 그대 자신에게 "나는 누구인가?" 하고 물을 때, 답은 그 질문자입니다.
질: 질문자 자체가 답변이라고요?
마: 그 질문자는 보이지 않는 익명의 질문자입니다. 그대는 몸-형상을 통해서 그대 자신에게 "나는 누구인가?"라고 묻고 있습니다. 왜냐하면 그대의 정체성을 잊어버렸기 때문입니다.

따라서 그대가 "나는 누구인가?"라는
물음을 던질 때, 그 답변은 "그대는 일체다.
그대가 궁극적 진리이고, 그대가 최종적 진리다"입니다.
왜냐하면 그대는 어떤 형상으로도 있지 않기 때문입니다.

그대의 **자연발로적 현존** 없이는 그대가 단어 하나도 말하지 못합니다. 그래서 그대의 **정체성**은 그것 너머이고, 존재성 너머이고, 존재성 이전입니다.
질: 제 질문은, 이 이해에서 "내가 있다"에 대해 명상하는 것이 이런 측면에서 도움이 된다고 말씀하시겠는지 여부입니다.
마: 처음에는 괜찮습니다. 그러나 그대가 "내가 있다"에 집중하고 있다면, 그것은 그대가 몸을 이용하여 도움을 얻으려 한다는 것을 의미합니다. 그대는 몸이 아닙니다. 공개적인 사실이지요! 그대는 **보이지 않는 현존**입니다. 몸에 기초한 어떤 지知 없이 그대의 **현존**이 있었습니다.

그 집중자에게 집중하십시오.
그러면 나중에는 그 집중자가 사라질 것입니다.

이렇게 하면 어떤 "내가 있다"도 없을 것입니다. 수행하십시오. 그러나 그것을 하나의 문제로 만들지 마십시오. 편하게 하십시오.
질: 저는 접근방식에 대해 좀 헷갈리고 있는 것 같습니다.
마: "내가 있다", '나' 이런 것은 개념입니다. 어떤 신체적 접근법을 사용하는 것은 무방합니다. 그러나 그대는 이미 '나'이고, 그래서 실은 '나'에 너무 많은 주의를 기울이고, 그것을 기억하거나 알 필요가 없습니다. 그대가 이미 '나'이니까 말입니다. 수많은 사람들이 "저는 '내가 있다'에 대해 명상해야 합니다"라고 말하면서, 그것이 자신들의 **정체불명의 정체성**을 가리키는 하나의 지시물일 뿐이라는 것을 망각합니다.

"내가 있다"는, 그대의 정체불명의 정체성을 가리키는 하나의 지시물일 뿐입니다.

저는 모든 사람에게 계속 같은 말을 하고 있습니다. "단어들을 문자적으로 받아들이지 말라"고. 우리가 '나', "내가 있다" 같은 단어들을 창조했고, 의사소통을 위해 거기에 의미를 부여했습니다. 무엇을 가리키고 지적하고 확인하기 위해서 말입니다. 그러나 그것들은 단어들일 뿐입니다. 그대는 단어들에 의해 엉뚱한 길로 빠집니다.

그대의 존재, 그대의 현존은 너머입니다.

단어들 너머, 세계들 너머입니다.

자연발로적으로 그대 자신을 보십시오. 그러면 그대도 모르는 사이에 명상자가 사라질 것입니다. 형상이 사라질 것이고, 그와 함께 기억과 "내가 있다"가 사라질 것입니다.

일체가 사라질 때,

거기에 그대가 있습니다.

보이지 않는 형상으로.

질: 그러니까 마치 빛 속에서 헤엄치는 것 같다고 할까, 그 모든 것이 사라지는 지점이 있군요?

마: 그대가 쓰고 싶은 어떤 단어를 써도 됩니다. 그대가 **궁극적 진리**이고, 그대가 **최종적 진리**라는 것을 염두에 두고 있는 한에서 말입니다. 그대가 브라만이고, 아뜨만입니다. 그대가 빠라마뜨만입니다. 그대가 신입니다. 그대가 스승입니다.

궁극적으로 무엇보다 중요한 것은

이 실재가 전적으로 흡수된다는 것입니다.

흡수 뒤에는 전혀 어떤 개인성도 남지 않을 것입니다. 아무것도 남지 않을 것입니다.

질: 정말로요? 그것은 그냥 평안입니까, 아니면 지복이거나 비非지복입니까?

마: 평안은 존재에 속합니다. 평안과 침묵은 체험과 관계가 있을 수밖에 없고, 지복도 그렇습니다. 존재성 이전에는 어떤 평안도, 행복도, 불행도, 우

울도 없었습니다. 아무것도 없었습니다.

　우리가 평안과 침묵을 필요로 하는 것은

　우리가 몸-형상 안에 있기 때문입니다.

　모든 지知가 사라질 때,

　거기에 그대가 있습니다.

　왜냐하면 지知도 환幻이기 때문입니다.

질: 저에게는 그것이 정말 먼 길인 것같이 보이는데요?

마: 어떤 '길'도 없고 어떤 '먼'도 없습니다. 그대의 **자연발로적 현존**은 하나의 기적입니다. 그대가 그대에게 알려져 있지 않았습니다. 그대는 몸을 통해서 그대 자신을 알기 시작했고, 그런 다음 가능한 한 오래 그 몸 안에서 살아남기를 바랐습니다.

질: 맞습니다! 그래서 일단 그것을 보거나 깨달으면 그것이 모두 사라지는군요?

마: 깨닫고 나면 어떤 두려움도, 어떤 죽음도, 어떤 탄생도 없을 것입니다. 왜냐하면 "나는 불생不生이다"라는 것을 깨달을 테니까요. 한 가지를 기억하십시오. 이 모든 이야기, 우리가 지금 하고 있는 이 모든 이야기는 그 불생의 아이에 대한 거라는 것을 말입니다.

　이 모든 이야기는 그 불생의 아이에 대한 것입니다.

질: 제가 온갖 분투를 다 한 뒤에 말이군요! [웃음.] 뭐, 그저 놀라울 뿐입니다! 제가 추측하기에, 일단 우리가 몸이 아니라는 것을 알면, 일단 우리가 몸이 아니라는 것을 정말로 알면, 우리는 그것을 넘어서 있고‥‥.

마: 그런 추측을 그만두십시오! 어떤 추측도 필요하지 않습니다. 자연발로적으로 되십시오! 자연발로적으로 머무르십시오! 추측을 할 때는 그대가 다시 몸의 형상을 취하는 것입니다.

질: 예! 좋습니다.

마: 단순한 상태로 있으십시오. 단순한 상태로 머무르십시오. 그대의 **현존**은 아주 단순하여 개념이 없고, 상상이 없고, 추측이 없고, 어떤 지적인 활동도 없습니다.

그대는 좋은 지知를 가지고 있지만
그것을 적용해야 합니다.
그것을 실천에 옮기십시오.
이것을 확신이라고 합니다.

확신을 얻고 나면 그대에게 어떤 문제나 질문도 없을 것입니다. 그대는 질문하는 자이고, 따라서 그 답은 그대 안에 있습니다. 그러니 침묵하십시오! 그대 자신을 돌아보고, 이 모든 몸-지知 이전에 그대가 어떻게 있었는지를 보십시오.

어떤 질문도, 어떤 답변도,
어떤 행복도, 불행도, 탄생도, 죽음도 없었습니다.
그럴 때 이 실재의 빛 안에서
일체가 해소될 것입니다.
자연발로적 행복, 자연발로적 침묵, 자연발로적 평안이 드러날 것입니다.
그대는 무형상이었습니다.
그대는 무형상입니다.
그대는 무형상으로 남아 있을 것입니다.
어떤 형상도, 어떤 개인성도 없습니다.

질: 저는 질문을 더 드리고 싶었지만, 어떤 질문도 더 이상 나오지 않는 상태에 이르렀습니다.

마: 좋은 일이지요! 그것은 지知가 흡수되고 있는 징표, 지知의 합일의 징표입니다. 이런 이야기에 대해 내관하십시오. 그대에게 도움이 될 것입니다.

질: 저는 불이 났습니다! 당신의 가르침에 정말 감사드립니다.

마: 저의 스승이신 **니사르가닷따 마하라지**님의 은총 덕분에 제가 이 가르침을, 제 스승님이 저와 함께 나누신 그 가르침을, 함께 나누고 있습니다.

질: 고맙습니다, 마하라지님. 저는 당신을 발견한 것이 아주 행운이라고 느낍니다.

106. 기적은 그대 안에 있다

마하라지: 제가 여러분에게 말한 것을 기억하고 그것을 실천하십시오. 이론적으로는 여러분이 알고 이해하지만, 이 **지**知는 적용해야 하고, 실천적으로 살아내야 합니다. **만트라** 염송과 바잔이 깊이 침투하여, 그 기운으로 모든 환적인 개념들이 해소될 것입니다.

　저는 여러분을 납득시키고 있습니다.

　여러분도 자신을 납득시켜야 합니다.

　여러분은 몸이 아니라는 것을 자신에게 납득시키십시오. 그러면 두려움이 없게 될 것이고, 어떤 문제도 온전한 힘과 파워로 대면할 준비가 될 것입니다. 여러분의 책임과 가정적 임무를 등한시하지 마십시오. 삶을 행복하게 사십시오! 읽은 것을 실천하십시오. 이론적인 지知로는 충분하지 않습니다. 명상을 하고 내면의 음성에 귀를 기울이십시오.

　단순해지고, 진정한 의미에서 여러분 자신을 아십시오.

　바우사헵 마하라지님의 시신을 화장했을 때, 어떤 사람들은 유골에서 **남 만트라**를 들을 수 있었다고 말했습니다. 남 만트라가 당신의 뼈를 통해서 들려오고 있었습니다. 만트라가 당신의 온 몸과 완전히 하나가 되어 있었던 것입니다. 당신의 온 몸, 당신 몸의 모든 부분이 남김없이 자연발로적으로 **만트라**를 들려주고 있었습니다.

　모든 기적은 여러분으로 인해서만 일어나고,

　여러분 안에서만 일어납니다.

　이 **지**知가 실천 속에서 이행되었을 때, 그리고 여러분의 몸 모든 부분 안에 흡수되었을 때, 여러분의 신체적 정체성은 그냥 사라질 것입니다.

　영적인 공부에서는 여러분 자신을 비우고 완전히 공백 상태로 유지해야 합니다. 사람들이 **싯다라메쉬와르** 마하라지님을 찾아가서 "제가 **브라만입니다**"라고 말하곤 했습니다. 이 스승님은 이렇게 말했습니다. "그러면 여기는 왜 왔습니까?"

만트라를 이용하여 이런 모든 개념에서 해방되십시오. '서서히'는 여러분이 **만트라**를 염할 때 개념들을 제거하기가 쉽지 않다는 것을 의미합니다. 그래서 그것은 서서히, 말없이, 영구적으로 됩니다. "이것은 참되지 않다, 이것은 참되지 않다, 이것은 참되지 않다"고 하면서 한 번에 하나씩 제거하십시오. 마치 도로를 막고 있는 장애물들을 치울 때처럼 말입니다. 여러분은 지적으로는 영적인 공부를 알지만 실천적으로는 아닙니다.

　만트라와 구루 둘 다를 높이 평가해야 합니다.

구루는 중요한 역할을 합니다. 그는 그 과정에 대한 직접적인 체험이 있기 때문에 여러분을 인도해 줄 수 있습니다.

　깨달은 스승은 일체를, 모든 세부사항을 압니다.

　왜냐하면 그 자신이 겪어 보았기 때문입니다.

　따라서 실제적인 지知를 가진 그는,

　그 지知, 실재로써 여러분에게 인상을 심어줄 수 있습니다.

여러분이 아는 모든 것은 말을 통해 안 것일 뿐입니다. 여러분은 문자적 지知를 가지고 있습니다. 만약 **만트라**를 염할 때 생각이 일어난다면, 그것은 여러분이 그다지 잘 집중하지 못하고 있는 것일 수 있습니다. 그건 괜찮습니다. 만트라가 서서히 작업을 시작하겠지요. 몸-지知가 해소될 것이고, **지知**가 흡수될 것입니다. 궁극의 약은 소화되는 데 시간이 좀 걸리겠지요.

　누구나 "일체가 환幻이다"라고 말할 수 있지만,

　이 사실을 받아들이는 것은 별개의 문제입니다.

　사람들은 그것을 받아들이지 않습니다.

이렇게 하면 **지知**가 흡수될 것입니다. 어떤 때는 물이 어떤 식물에 가 닿게 하기 위해 땅굴을 파야 합니다. 그럴 때에만 그 물이 흡수될 것입니다.

　제가 "일체가 환幻이다"라고 해도 그것이 받아들여지지 않습니다.

이렇게 하면 그것이 서서히 흡수될 것입니다. 흡수되고, 흡수되다가 결국 물이 다 찰 것입니다.

　첫째, **깨달은 스승**을 찾아갈 필요가 있습니다. 둘째로 그에게 완전한 믿음을 가져야 합니다. 싯다라메쉬와르 마하라지님은 여러분이 스승 쪽으로 한 걸음 내디뎌야 한다고 말합니다. "협력이 있어야 한다"는 것입니다. 여러분이 앞으로 나서야 합니다. 그것은 일방통행이 아닙니다. 여러분이 지知를 전적으로 받아들여야 합니다. 어중간한 믿음은 충분하지도 않고 실제적이지도 않습니다. 완전한 믿음을 가져야 합니다.

우리는 몸-형상 안에서 진리를 기대하고 있습니다.

여러분 안에서 영적인 지知가 폭발하고 터져 나올 때는 말 없는 영적 도취가 있을 것입니다. "오!" 실재를 알고 나면 여러분이 아주 차분하고 고요해질 것입니다. 과거의 어떤 적이 다시 나타난다 해도 예전과 다른 방식으로 반응하게 될 것입니다.

왜냐하면 모든 사람에게서 여러분 자신을 보기 때문입니다.

그때는 몸-지知를 잊게 될 것이고, 여러분이 투신하고 있고 생각들을 계속 제어하는 한 자연발로적 행복으로 충만하게 될 것입니다. 궁극적 진리를 견지하려면 전적인 투신이 필요합니다.

사람들이 행복을 찾고 있다는 것을 알고서 구도자들을 이용하는 스승들이 많이 있습니다. 우리는 그것을 알지만, 무관심한 태도를 취해야 합니다. 니사르가닷따 마하라지님은 어떤 스승도 비난하지 않았습니다. 깨닫고 나면 질투나 분노 같은 어떤 나쁜 감정도 생겨날 기반이 없습니다.

모두가 헌신자는 아니지만

그래도 스승은 가르침을 함께 나눌 임무가 있습니다.

사람들이 문제가 없이 아쉬람을 떠나면 저는 행복합니다. 저의 바람은 여러분을 환幻에서 빼내는 것입니다. 저는 아무것도 기대하지 않고, 단지 여러분의 평안과 행복을 바랄 뿐입니다. 모든 성자들은 남들을 깨닫게 하기 위해 희생을 했습니다.

만일 실재를 알고 나서 여전히 뭔가 기대하는 것이 있다면, 이를테면 누군가에게서 돈이나 물질적 이득을 기대한다면, 그것은 여러분의 타락이 임박했음을 말해주는 징후입니다. 조심하십시오! 에고·마야·마음이 그 영적인 몸 안에서 또다시 어떤 자리를 차지하려 하고 있습니다. 마야는 여러분을 노예로 만들기 위해 있습니다. 마야, 곧 환幻은 그릇된 개념입니다. 여러분은 한 스승입니다. 환幻을 극복할 수 있습니다. 여러분은 자기결정권이 있습니다. 여러분은 한 스승입니다.

여러분은 마야의 스승입니다.

확신이 있기 전에는 마음이 여러분에게 지시를 했지만 더 이상은 아닙니다. 이제 여러분은 지휘적 성품을 가지고 있습니다. 누구의 제물도 되지 마십시오. 그 누구에는 신도 포함됩니다.

"신은 나의 아기다"라는 것을

아는 것이 깨달음의 표지입니다.

스승이 여러분에게 용기를 줍니다. 여러분은 용기를 얻어 그런 모든 환적인 영향 요소들을 극복합니다. 용기는 여러분의 투신·헌신·남(Naam)에서 옵니다. 그것은 스승들에 대한 헌신을 준수하는 데서 옵니다. 저는 어떤 에고적 스승들에 대해 이야기하는 것이 아닙니다. (깨달은 뒤에는) 누구에 대해서도 특별한 인상을 받지 않습니다. 왜냐하면 신이 무엇인지를 알고, 진정한 의미에서 여러분 자신을 보았기 때문입니다.

여러분은 더 이상 하나의 몸이 아닙니다.

"찌다난다 시보함 시보함(Chidananda Shivoham Shivoham)".

실재를 안 뒤에는 자신을 납득시키고 지知를 흡수하는 과정을 계속해야 합니다. 싯다라메쉬와르 마하라지님은 이렇게 말씀하시곤 했지요. "초콜릿을 씹으십시오. 브라만이라는 초콜릿을 씹으십시오. 그것이 여러분에게 행복을 안겨줄 것입니다."

누구도 두 스승을 섬길 수 없습니다. 남들을 존경하십시오! 여러분 자신을 내적으로, 외적으로 변화시켜야 합니다. 빛과 힘이 여러분에게 주어졌습니다. 힘이 여러분의 것이지만 그것을 잘못 쓰지는 마십시오.

"여러분의 혀는 검劍과 같다"고 니사르가닷따 마하라지님이 말씀하셨지요. 혀를 어떻게 쓸지 조심하십시오. 제가 여러분에게 조심하라고 하는 것은, 헌신을 한 뒤에는 여러분이 힘을 조금 갖게 될 것이기 때문입니다. 그 힘을 잘못 쓰는 일이 없도록 하십시오. 그렇지 않으면 에고가 (여러분의) 영적인 몸을 소유하게 될 것입니다. 주의력을 발휘하십시오!

(여러분이) 어릴 때 영성에 대한 어떤 인상들이 나타났을지 모릅니다. 그러나 이제 여러분은 영적으로 어른이니, 체험들이 성숙할 것입니다. 왜냐하면 그대는 **진리**를 확립했기 때문입니다.

진리가 여러분 안에 확립됩니다.
여러분의 영적인 토대는
여러분의 헌신, 여러분의 투신의 결과입니다.

여러분은 자신이 몸과 아무 상관이 없고, 아무 관계가 없다는 것을 압니다. "몸이 없는 나의 **현존**이 **궁극적 진리**다." 여러분은 **실재**를 압니다. 이제는 그것을 지속시켜야 합니다. 요가를 해서 건강을 유지하듯이 말입니다. 그러면 영적으로 건강해질 것입니다.

여러분 자신의 궁극적 진리 안에 계속 머무르십시오.

여러분의 **보이지 않는 현존**은 아주 민감합니다. 그것은 자석처럼 일체를 순간적으로 끌어당깁니다. 여러분의 **보이지 않는 현존**은 아주 민감합니다. 경각심을 가져야 합니다. 외부의 것들을 조심하십시오. 그 효과가 순간적입니다! 이런 분위기 속에 계속 머물러 (그런 것들의) 영향을 받지 않도록 하십시오. 그렇게 하면 일체에 무관심한 상태로 남게 될 것입니다. 무관심한 상태로 머무르십시오! 설사 직장에서 무슨 일이 생겨도 여러분에게 그다지 신체적 영향을 주지 않을 것입니다. 경각심!

"나는 세계에 상관하지 않는다"가 깨달은 진인의 성질입니다.

우리는 "이것은 좋고 저것은 나쁘다"고 규정하지만, 존재성 이전에는 좋고 나쁨이 없었습니다. 이것을 알면 모든 관심이 그냥 증발해 버립니다.

만일 여러분이 진리를 전적으로 받아들이면,
그것이 여러분 안에 전적으로 흡수될 것입니다.

여러분에게 다른 어떤 생각도, 어떤 2차적인 생각도, 어떤 의문, 어떤 의심도 없을 것입니다.

"나는 내가 추구해 왔던 그것이다"가 자연발로적 확신입니다.

그리고 그 **확신**이 여러분으로 하여금 투쟁 없이, 의문 없이 침묵하고 있게 만듭니다. 의문 없이 있으십시오! 의문이라는 작은 모기가 문제를 야기할 것입니다. (의문 없이 있으면) 엄청난 침묵이 있을 것입니다. 온전하고 전적인 침묵이. 어떤 일도 일어나지 않을 것입니다. 어떤 분별도 없습니다. 여러분 자신의 선생, 여러분 자신의 **스승**이 되어 자신의 두 발로 서십시오. 여러분은 더 이상 의존적이지 않고, 독립해 있습니다. 누구의 도움이나 어떤 기적도 기대하지 마십시오.

　　기적은 여러분 안에 있습니다.

　　여러분의 현존 없이는 어떤 기적도 여러분이 볼 수 없습니다.

질문자: 우리가 도움을 기대해서는 안 된다고 말씀하시는군요. **구루**께서 우리를 돕고 계시지 않습니까?

마: 그 **구루**는 그대를 돕고 있지 않습니다. 그는 그대가 잊어버린 그대의 **궁극적 진리**를 그대에게 보여주고 있습니다. 그대는 이미 부자입니다. 일체가 이미 그대 안에 있습니다.

질: 저는 **구루**가 제 아버지라고 느낍니다.

마: 싯다라메쉬와르 마하라지님은 "마야, 곧 환幻에서 아무것도 기대하지 말라"고 말씀하시지요. 그대가 **마야**를 낳았습니다. **브라만**이 무엇입니까? 그대가 그런 이름들을 낳았습니다. 그런 모든 개념들은 몸에 뿌리를 내리고 있습니다. 존재성 이전에 그대가 **마야**에 대해 알았습니까? 이해의 목적을 위해 우리가 이런 모든 세련된 단어들을 사용하고 있습니다.

질2: 당신의 친존에서 시간을 좀 보내고 나면 마하라지님, 한두 달은 느낌이 좋은데, 그러고 나서 제가 내려가기 시작합니다.

마: 그대는 여전히 자신을 한 개인으로 여기고 있습니다. 단일성밖에 없습니다. 스승과 제자 사이에 아무 차이가 없습니다. 이 **진리**를 받아들이십시오. 그대 자신을 **스승**과 별개라고 여기는 한, 그런 느낌들이 있을 수밖에 없습니다. 그대의 무아인 **진아**와 24시간 접촉하고 있어야 합니다.

　　그대 자신의 개념들이 재를 만들어냅니다. 불은 늘 있습니다. 지知라는 빗자루로 그 재를 쓸어내십시오. 그대의 **자연발로적 현존**이 스승의 표지입니다. 그대가 "내 **스승**님은 인도에 계시다"고 할 때는 스스로에게 개념과 문제들을 만들어내는 것입니다. **스승**은 그대와 별개가 아닙니다. 그는 몸-

형상 안에 있지 않습니다. 그는 하늘과 같습니다.

그대는 세계 안의 어디에도 있을 수 있습니다.

스승은 세계 안의 도처에 있습니다.

지知라는 안경이 그대에게 주어졌습니다. 그러니 "나는 내 스승님과 다르고, 별개이다"라고 생각하지 마십시오. 온전한 자기투신이 필요합니다. 스승이 그대의 **정체성**을 드러내고 있고, 그대의 힘을 드러내고 있습니다.

제자이기를 그만두고, 스승 되기를 시작하십시오!

"나는 내 스승님과 멀리 떨어져 있다." 이와 같이 생각하지 마십시오! 늘 그대의 **무아인 진아**와 접촉을 유지하십시오. "내 **스승님**이 내가 거기 있다고 말씀하신다!"

그대가 들은 것에 대해 내관하십시오. 그 불을 계속 살려두십시오. 그렇지 않으면 재가 더 많아질 것입니다. 유혹을 안에 들이지 마십시오! 그대의 **자연발로적 현존**에는 어떤 단어도 없습니다. 그대의 **궁극적 진리**에는 어떤 단어도, 아무것도 없습니다. 이제 그것을 유지하십시오! 이 대담을 기억하고, 읽고, 명상을 하십시오. 겸허하십시오! 투쟁하지 마십시오! 단순하게 머무르십시오!

마야에서 초연하십시오. 그대 자신의 환적인 관념·개념들의 제물이 되지 마십시오. 간단한 예방책만 지녀도 아무도 감히 그대 가까이 오지 못할 것입니다. 그대는 **비상한 힘, 스승적 힘**을 가지고 있습니다. 그 힘의 **범주**가 그대와 함께합니다.

107. 그대와 함께하라

마하라지: 그것은 정말 아주 단순합니다. 우리는 이 몸을 떠날 거라는 것입니다. 그 뒤에는 어떻게 됩니까?

영적인 학學에서는 여러분이 어디로도 가지 않는다고 말합니다.

여러분은 도처로 갑니다.

스와미 람다스는 말합니다. "그대의 몸이 화장된 뒤에 그대는 어디로도 가지 않는다." 여러분은 하늘과 같습니다. 어떤 건물이 무너지면 하늘이나 허공은 어떻게 됩니까? 아무 일도 없지요! 하늘은 도처에 있습니다. 마찬가지로, 보이지 않는 화자, 보이지 않는 청자는 어디로도 가지 않습니다. 몸이 사라질 때 청자의 영靈은 어디로도 가지 않습니다.

만일 영靈이 어디로도 가지 않는다면 여러분은 불멸입니다. 그 청자의 현존은 자연발로적이고, 보이지 않습니다. 우리는 언제나 이 현존이 어떤 것인지 추측하려고 애쓰면서 "왜 이렇지? 왜 저렇지? 왜지? 왜지?"라고 묻습니다. 그건 여러분의 잘못이 아닙니다. 왜냐하면 우리는 매일 에고·마음·지성의 도움으로 살고 있기 때문입니다.

생각·지성·정밀 검토, 그런 다음 지성이 에고에게 그 생각들을 실행하라는 지시를 내립니다. 이것이 그 과정이고, 자연스러운 기능입니다. 몸 그 자체로는 아무것도 하지 못합니다. 여러분은 몸을 통해 전 세계를 봅니다.

모든 존재에게서 눈에 보이지 않는 부분은 브라만·아뜨만이라고 불리는 힘입니다. 이 힘이 순간적으로 지성을 관통하면, 지성은 마치 문지기처럼 그 생각들이 좋은지 나쁜지를 결정합니다. 이 모든 것은 몸과 관계됩니다. 왜냐하면 (몸 이전에는) 우리가 우리 자신에게 알려져 있지 않기 때문입니다. 몸 이전에는 어떤 지知도 없었습니다. 좋고 나쁜 것은 사람에 따라 다릅니다. 제가 전달하고 싶은 것은 이것입니다.

전 세계는 여러분의 자연발로적 현존이라는 것.

이것이 결론입니다.

여러분은 궁극적 진리이고, 불생不生입니다.

(이것을 알면) 몸이 사라질 때 몸에 상관하지 않을 것이고, 두려움이 없을 것입니다. 몸은 그것을 통해 여러분이 자기 자신을 아는 매개물입니다. 죽음에 대한 공포가 제거될 것입니다. 마음이 어떤 두려움도 만들지 않을 것입니다. 마음이 사라질 테니까요.

영적인 공부의 결론이 무엇입니까?

여러분이 궁극적 진리라는 것입니다.

어디를 가든, 여러분이 궁극적 진리라는 것을 기억하십시오.

여러분이 여행을 하고 어떤 곳을 방문할 때는 여러분 안의 **보이지 않는 방문자**가 **궁극적 진리**라는 것을 아십시오. 진정한 의미에서 여러분 자신을 아십시오. 이것을 알면 원만하고 단순한 삶을 살게 될 것입니다. 가정을 등한시하지 마십시오! 영적인 공부를 하면서 가족들을 잊어버리는 것은 에고적인 영적 공부입니다.

여러분이 자기 자신에게 알려졌을 때
모든 문제가 시작되었습니다.

그러니 여러분(자기 자신)과 함께하십시오.

늘 여러분과 함께하고, 마음·에고·지성과는 함께하지 마십시오.

그러면 진정한 평안, 진정한 안정을 얻게 될 것입니다.

오락가락하는 마음은 늘 위험합니다. 의심스러워하는 마음은 늘 위험합니다. 그것은 여러분의 영적인 삶을 망칠 것입니다.

'여러분'으로 둘러싸여 있으십시오!

여러분이 **현존**을 가지고 있는 동안은 세계가 존재할 것입니다. 몸이 사라지면 누가 **신**에 대해서 이야기하겠습니까? 마음·에고·지성은 그들 자신이 잘났기 때문에 **실재**를 받아들이지 않습니다.

질문자: 그것은 에고에게 쉽지 않습니다.

마: 그런 것들은 그 자체의 **현존성**이 없는 단어들입니다. 그대의 **현존** 때문에 그대가 에고·마음·지성을 봅니다. 몸이 사라지면 그것들이 모두 어디로 갑니까? 몸-형상으로 사물들을 가늠하지 마십시오. 그대는 몸-기반에서 사물을 보고 있습니다. 그런 모든 단어들은 환幻입니다.

이 꿈 세계를 누가 창조했습니까?

그대가 (잠 속) 꿈 세계의 아버지입니다.

마찬가지로, 그대가 이 긴 꿈 세계의 아버지입니다.

질: 이 **현존**과 함께 살기가 어렵습니다!

마: 어렵지 않습니다. (현존의 자각 속에서) 우리는 그냥 정상적인 삶을 삽니다. 그리고 그것이 하나의 꿈이라는 것을 압니다. 우리는 행위하고 반응합니다. 행위자가 있다는 문제는 결코 일어나지 않습니다.

꿈속에서 그대가 나쁜 짓을 해도
그대는 그것을 자신이 한 것으로 받아들이지 않습니다.
마찬가지로, (이 꿈에서는) 우리가 좋거나 나쁜 일을 한 데 대해
에고를 취하기 때문에 그 결과를 받아들이지만,
(현존과 함께하면) 이 꿈 속에서 어떤 일이 일어난다 해도,
그대가 전혀 상관하지 않을 것입니다.

그런 물음들이 일어날 때, 그것이 **자기탐구**의 시작입니다. 분별을 이용하여 그대 안에서 그 답을 발견해야 합니다. 고행적 수행을 통해 그 물음들을 해결해서는 안 됩니다. 사두들은 자신을 고문합니다. 그들은 무엇을 성취하려는 것입니까? 누구를 위해서 그렇게 합니까? 몸을 위해서? 마음이 해소되고, 완전히 지워져야 합니다. 그러면 할 일이 아무것도 남지 않고, 다만 단순하고 겸허한 삶을 살 뿐입니다. 단순하고 겸허한 삶을 사십시오!

그대가 그대 자신의 영적인 삶의 설계자입니다.
이런 지知의 견지에서,
어떻게 행위하고, 행위하지 않을지는 그대에게 달렸습니다.

성자들은 행복과 평안을 쫓아 달리는 모든 사람에게 소리 지르고 고함을 칩니다. 이 행복과 평안은 그대와 별개가 아닙니다.

그대가 여기로 달려가고 저기로 달려가는 것은,
그 달리는 자를 모르기 때문입니다.

에고는 자부심 때문에 그대가 '그대와 함께하는' 것을 용납하지 않습니다. 그대가 그대 자신을 알지 못하게 막는 이 에고를 순복시키십시오.

질: 지적인 지知에는 자부심도 있습니다.

마: 존재성 이전에는 어떤 지성도 없었습니다. 에고·지성·마음이 그대의 온몸을 장악했고, 그런 다음 그것을 운영하면서 좌지우지하고 있습니다.

인간들은 에고·마음·지성의 지시를 따르면서

노예처럼 살고 있습니다.
그것들은 그대의 힘을 사용하고 있습니다.
그대가 주인이고, 그 힘입니다.

108. 그대가 사두이고, 그대가 스승이다

마하라지: 여러분 자신의 이야기가 도처에 쓰여 있습니다. 여러분이 **궁극적 진리**입니다. 영적인 책들은 **보이지 않는 독자**로서의 여러분이 **궁극적 진리**라는 것을 가리켜 보입니다. 그러나 독서 그 자체로는 충분치 않습니다. 왜냐하면 그 몸-기반에 여러분이 몸-지知를 보태기 때문입니다. 여러분은 읽고, 읽고, 또 읽으면서 자신을 헷갈리게 하고 있습니다.

영적인 공부 이면의 원리는 여러분 자신을 규명하는 것입니다. 여러분의 몸 정체성을 잊기 위해서는 지知가 필요하고, 이를 위해서는 하나의 과정이 필수적입니다.

책을 읽는 것으로는 충분치 않습니다. 사람들은 수천 권의 책을 읽고서도 여전히 아무 진보를 하지 못하고 있습니다. 온전한 자신감, 온전한 믿음, 온전한 투신이 필요합니다. 왜 책을 읽는지에 대해 목적이 분명하지 않으면 그것은 시간낭비입니다.

엄청난 두려움이 있기 마련인 그 마지막 순간을 위해 여러분의 마음을 강하게 만드십시오. 영적인 공부는 여러분이 강해지는 법을 가르치고, 여러분이 불생不生이라는 것을 상기시켜 줍니다. 여러분은 언제까지 책을 읽으려고 합니까? 그 모든 책에서 여러분이 무엇을 얻었습니까?

책을 읽지 말라는 것은 아닙니다.
다만 여러분이 자기 자신의 지知를 읽고 있다는
이해를 가지고 책을 읽으십시오.

그것은 그 독자의 지知입니다.

그 독자는 어떤 형상으로도 있지 않습니다.

내적으로 변하십시오! 책에서 가져온 지知 외에 아무것도 가르치지 않는 수많은 스승들이 있습니다. 그런데 그들은 그에 대해 돈을 내라고 합니다.

왜 돈을 내라고 합니까? 여러분이 진리입니다.

저는 여러분을 위해 아무것도 하고 있지 않습니다.

단지 여러분의 재산인 여러분의 최종적 진리를

여러분 앞에 놓아드리고 있을 뿐입니다.

여러분의 재산을 여러분이 모르기 때문에,

제가 여러분의 재산을 보여드리고 있습니다.

여러분의 소유인 것에 대해 제가 왜 돈을 내라고 합니까? 여러분이 잊어버렸을 뿐인 것에 대해서? 여러분 자신에 대한, 그리고 여러분의 **스승**에 대한 강한 믿음이 필요합니다.

알려지지 않은 것이 (이 세상에) 생겨났고,

몸을 통해서 알려지게 되었습니다.

알려지지 않은 것이 알려지게 되었습니다.

알려진 것은 그 알려지지 않은 것 안에 흡수될 것입니다.

단순한 가르침이지요!

여러분의 **내적** 스승에게 물으십시오! 성자 자나바이(Janabai)는 성자 남데브(Namdev)에게 헌신했는데, 확고한 믿음이 있어 곧잘 이렇게 말했습니다. "나는 **신**을 붙잡고 모든 존재 안에서 나 자신을 본다." 그것이 **확신**입니다!

전적인 투신이 필수입니다.

이 삶 속에서는 실용적일 필요가 있습니다. 왜냐하면 단순한 것들이 어려움을 야기할 것이기 때문입니다. 실용적이어야 합니다.

질문자: 저의 의문들이 사라졌습니다, 마하라지님. 제 의문들에 답해 주셨습니다. 이제는 침묵만 있는 가운데, 저 자신과 수행을 망치질합니다.

마: 좋습니다! 분노와 감정적 언짢음을 야기할 잠재력이 있는 수많은 개념들이 있습니다. 그것이 다 사라져야 합니다. 그것들이 그대를 **실재**에서 벗

어나 한눈을 팔게 만들 테니 말입니다.

이 지知가 하나의 과속방지턱 역할을 하여,

감정이 일어날 때 그 충격이 줄어들 것입니다.

책을 읽고 명상을 조금 하는 것으로는 충분치 않을 것입니다. 그대의 무아인 진아 속으로 깊이, 깊이 들어가야 합니다. 스승적 본질이 그대와 함께 합니다. 그대가 사두이고 그대가 스승이지만, 그대는 외적인 것들에 주의를 기울이고 있습니다.

그대의 무아인 진아 외에는 아무것도 없습니다. 그대가 전능한 신입니다. 이것은 그대의 지知이고, 그대의 권리입니다. 그대 자신을 이 지知를 가질 만한 사람으로 만들고, 그런 다음 그것을 전적으로 받아들이십시오. 에고적으로 받아들이지 말고.

그것을 통해서 그대가 듣고 있는,

그대의 영적 심장의 밑바닥에서부터 그것을 받아들이십시오.

용감해지고, 세계를 잊으십시오.

"그래서 그것이 '나'다!"

그대의 무아인 진아를 보십시오.

그러고 나면 보는 자가 사라질 것입니다.

그대의 무아인 진아를 보십시오. 그러면 보는 자가 사라질 것입니다.

보는 자가 바다에 던져 넣은 한 동이 물처럼 사라질 것입니다. 그대 자신을 영적인 공부의 바다에 던져 넣으십시오. 그대는 불생不生입니다!

질: 우리에게 강한 의지가 필요하다고 말씀하시지만, 저는 제 가족을 위해 행복한 태도도 필요로 합니다.

마: 그대는 자신을 한 개인으로 여기고 있고, 그래서 그런 생각들이 나옵니다. 환幻이지요!

존재성 이전에 그대가 존재하던 것처럼 사십시오.

누가 행복을 원합니까? 몸을 다른 누군가의 것으로 보십시오. 몸은 이웃집 자식입니다. 지知가 완전히 흡수될 때는, 그대에게 다가오는 모든 언짢은 것들을 용납할 수 있게 될 것입니다.

109. 위도 없고 아래도 없다

마하라지: 이 고통스러운 삶을 최소화하고, "나는 브라만이다"를 포함한 모든 개념을 해소하려면 지知가 필요합니다. 이 모든 과정들은 그대가 자연발로적으로 실재를 받아들이도록 하기 위해 존재합니다.

질문자: 왜 어떤 때는 제가 더 가까이 가고 있다고 느껴지는데, 어떤 때는 마치 뒤로 물러나고 있는 것 같습니까?

마: 그대는 위아래로 오르내림을 느끼고 있습니다. 어떤 위나 아래도 없습니다. 저는 실재를 그대 앞에 놓아드리고 있습니다. 오르내림(기복)을 느끼는 것은 그대가 몸에 대해 강한 믿음을 가지고 있기 때문입니다. 확신을 가질 때까지 그 과정들을 계속해 나갈 필요가 있습니다. 존재성 이전에 그대가 있던 대로 있으십시오.

우리는 알려진 것으로부터
존재성 이전의 알려지지 않은 것으로 가고 있습니다.
알려지지 않은 것이 몸을 통해서 알려지게 되었습니다.
(그대가) 몸을 떠날 때는 다시 한 번,
알려진 것이 알려지지 않게 될 것입니다.
(명상·바잔 등) 이 모든 과정들은
몸-형상을 지우기 위해 있습니다.

위아래 오르내림을 느낄 때는 집중하십시오!

질: 그러니까 위도 없고 아래도 없군요?

마: 단어들을 문자적으로 받아들이지 말라고 제가 말했습니다. 이것은 평이한 지知이고, 직설적인 지知입니다. 그대가 몸-형상으로 그대 자신을 내세우는 한, 명상이 필요합니다. 몸을 떠난 뒤에는 명상이 필요 없겠지요. 이와 같은 또 한 번의 꿈이 없어야 합니다.

영적인 지知가 자가 치유법들 중의 왕입니다.
진아지는 자가 치유를 의미합니다.

싯다라메쉬와르 마하라지님은 이렇게 말씀하시곤 했습니다. "브라만·아뜨만이라는 이 ABC, 예비지식을 언제까지 이야기하려고 하는가?" 그것은 우리가 좋은 기본 토대를 갖도록 하기 위해 있는 것일 뿐입니다.

스승은 말합니다. 그대는 그대가 생각하는 정체성을 넘어서 있다고. 스승은 여러 가지 언설을 이용하여 그대를 **궁극적 진리** 쪽으로 몰아가고, 밀어붙이려고 합니다. 그대가 그 범주를 깨야 합니다.

에고·마음·지성을 해소하고,

존재성 이전에

그대가 있던 대로 있어야 합니다.

단순합니다!

그대는 더 이상 아기가 아닙니다. 유치원이나 학교를 다니고 있지도 않습니다. 이것은 대학원 반입니다!

제가 언제까지 그대에게 알파벳을 가르쳐야 합니까?

그저 존재성 이전에 그대가 어떻게 있었는지를 알아내십시오.

그러면 고통이 사라질 것입니다.

고통이 왜 있습니까? 우리가 우리의 **정체성**을 잊어버렸기 때문입니다.

그대의 힘을 깨닫고 나면

그대의 모든 고통스러움이 해소될 것입니다.

제가 이런 식으로 이야기들을 들려주는 것은, 마치 어린아이들에게 음식을 주듯이 지知를 묽게 하기 위해서입니다. 우리의 이야기들은 묽게 한 음식입니다. 묽게 한 음식! 한 번 보십시오! 그대 자신을 보십시오. 존재성 이전에 그대가 어떻게 있었고, 몸을 떠난 뒤에는 어떻게 있게 될지를?

이것은 비상한 지知입니다.

일전에 한 청년이 사프란색(saffron) 법복을 입고 여기 왔습니다. 그는 귀에 새로 벤 자국이 있었습니다. 그의 **스승**이 그에게 그렇게 하라고 시켰는데, 그것이 **사두**의 한 표지이기 때문입니다.

그대가 태어날 때,

사프란색 법복을 입고, 귀에 베인 자국을 가지고 옵니까?

그것은 몸-지知입니다!

  우리 계보에서는 스승으로서 우리 자신들을 중요시하지 않고,

  듣는 이들을 중요시합니다.

  그들은 '잠재적으로' 스승들입니다.

  우리 계보의 모든 스승들은 매우 겸허했습니다.

법복을 입은 이 방문객은 요가 선생이자 가라데 사범이었습니다. 제가 그에게, 그가 받은 훈련으로 두려움이 없어졌느냐고 물었습니다. 그렇지 않았습니다. 그는 여전히 몇 가지를 두려워하고 있었습니다. 신체적 요가는 몸에는 괜찮은 것이지만, 동시에 그것은 에고를 부풀리는 효과가 있습니다.

우리 계보에서는 우리가 가르침으로서 **직접적 접근법**을 씁니다. 어떤 중개자도 없는 **직접지**입니다. 많은 스승들이 뭘 잘 모르는 구도자들에게 그들의 환적인 지知를 심어주고 있습니다. 그들의 가르침이 새로운 버전일지는 모르지만, 또 하나의 환幻의 버전일 뿐입니다. 우리 계보에서는 어떤 **브라만·아뜨만** 개념도 없습니다.

질: 스승이 가까이 계시면 지知가 가까이 있습니다!

마: 아닙니다! 그렇지 않지요! 저는 형상이 아닙니다. 저는 이미 그대의 심장 속에 있습니다.

  제가 그대 앞에 놓아드리는 것은

  비상한 어떤 것입니다.

실재의 견지에서 이 환적인 개념들의 범주를 타파해야 합니다. 그대는 형상이 아니고, 스승도 형상이 아닙니다. 이것은 단순한 지知입니다! 존재성 이전에는 그대에게 어떤 신체적 형상도 없었습니다. 그대는 몸과의 연관 때문에 그대 자신과 다른 모든 사람의 형상을 받아들였습니다. 이는 그대가 고통스러운 삶을 받아들였음을 의미합니다.

브라만·아뜨만은 그대가 아직도 가지고 노는 낡은 인형, 세련된 인형입니다. 그 인형들을 치워 버리십시오!

질: 어떻게 그렇게 인내심이 많으십니까? 저에게 가외의 힘을 주실 수 있으신지요?

마: 그렇지 않지요. 힘을 달라는 것이 '누구'입니까? **자기탐구**를 하십시오! 힘은 그대와 별개가 아닙니다! 그것은 그대, 곧 **내적 스승** 안에서 일어날 것입니다. 그것은 그대 안에서 자연발로적으로 일어날 것이고, 그런 다음 그대는 자신의 외적·내적 정체성을 잊어버리게 될 것입니다. 한 개념으로서의 힘에 대해서는 신경 쓰지 마십시오!

　잘 들으십시오!
　생각 없는 생각이 나타날 것입니다.
　왜 생각 없는 생각입니까?
　생각들은 몸과 연관되어 있습니다.
　생각 없는 생각은 궁극적 진리와 연관되어 있습니다.

단어 하나하나가 깊은 의미가 있습니다. (보통의) 생각들은 평범한 생각입니다. 그것은 몸-마음의 생각, 에고적인 생각, 지적인 생각들과 연관됩니다.

　생각 없는 생각은 그것이 그대 안에서
　자연발로적으로 나온다는 것을 의미합니다.

존재성 이전에 그대가 있었던 방식에 대한 저 비상한 체험이 그대 안에서 나타날 것이고, 그러고 나면 그대의 **무아인 진아**에 점점 더 가까이 가게 될 것입니다.

　모든 존재들은 죽음을 두려워합니다. 인간들은
　실재를 알 수 있으니, 어떤 두려움도 가질 필요가 없습니다.

어떤 꿈도 없어야 합니다. 지知의 문이 열렸습니다. 지知의 비밀이 그대의 것입니다. 진지하고 의문이 없어야 합니다. 산 정상에서 눈을 떼지 마십시오. **실재를 알고** 나면 그것을 유지하십시오! 그 이상 아무것도 없습니다.

사람들은 영적인 공부의 제물이 되고, **사두**들은 미혹의 세계 속을 배회합니다. 그대의 **스승**에게 강한 믿음을 가지면 어떤 유혹도 없을 것입니다.

　이제 그대는 지위, 기준을 가졌습니다.
　그것을 유지하십시오!

그대가 어떻게 행동하느냐가 중요합니다. 그대의 모든 행위가 헌신적이어야 합니다. **자연발로적 확신**을 가지고 **무아인 진아**에 하는 헌신 말입니다.

그대는 공개적인 비밀을 압니다. 언짢은 상황에서도 침묵이 지배할 것입니다. 우리는 그대에게 어떤 언짢은 상황에도 직면할 용기를 주고 있습니다.

그 몸은 하나의 마법 상자입니다, 마법 상자! 모든 진리가 그대 안에 있습니다! 그대가 어떻게 행동하고 반응하느냐는 그대에게 달렸습니다. 어떤 질문도, 어떤 답변도 없습니다. 이런 것들은 몸-형상을 위한 것입니다.

무無에서 유有로, 다시 무無로.

유有는 일체입니다. 역시나 단어들일 뿐이지만···. 영적인 공부의 기본 원리는, 그대가 몸을 떠나야 할 때 두려움이 없게 돕는 것입니다. "나는 불생이다"라는 **자연발로적 확신**이 그렇게 만들어줄 것입니다.

영靈을 등한시하거나, 편의적인 접근방식을 쓰지 마십시오. 경각심을 가지고, 조심하고, 강한 믿음을 가지십시오. 그대 자신을 포함한 누군가의 제물이 되지 마십시오. 누가 몸을 떠납니까? 그대는 어디로도 가지 않습니다. 우리의 문화가 인도·중국·영국이라는 경계선을 만들어냅니다. 어떤 경계선도 없다는 것을 그대 자신에게 납득시켜야 합니다.

110. 공은 그대의 코트에 있다

마하라지: 여러분이 최고의 수준에 있어야 합니다. 그래서 지知가 흡수되는 것이 그토록 중요한 것입니다. 최고 수준에 머무르십시오. 모두가 두려움의 영향 하에 있고, 그래서 명상과 남(Naam) 염송의 수련이 필수적입니다.

여러분은 탄생·죽음·환생에 대한 두려움이 있습니다. 자신이 했다고 생각되는 일들에 대해서는 죄책감을 느낍니다. 여러분은 죄가 없습니다. 여러분은 아무것도 하지 않았습니다.

어떤 일도 일어나지 않았고, 어떤 일도 일어나지 않고 있고,

어떤 일도 일어나지 않을 것입니다.

왜 여러분이 모르는 것들을 받아들입니까? 어떤 환생도 없습니다. 모든 개념들을 내버리고 여러분이 **궁극적 진리**라는 **실재**를 받아들이십시오.

램프가 기름이 다 떨어졌다고 환생을 합니까?

여러분은 몸이 아닌데 왜 걱정합니까? 차분하고, 고요하고, 좋은 생각이나 나쁜 생각 없이 전적으로 무념無念이 되십시오. **현존**이 있습니다. **말없는 현존, 익명의 현존**이. '나'를 언뜻 보기, 그냥 '나'. '나'를 언뜻 보기, 그냥 '나'. 어떤 의식도 없고, 그냥 '나', 그냥 '나', 말로 규정할 수 없는 어떤 것입니다.

질문자: 벽이 없는 '나' 같은 것입니까?

마: 어떤 체험도, 어떤 체험자도 없습니다. 저는 의사소통을 위해 몇 가지 단어들을 사용해야 합니다. 그대는 기본 원리를 아니, 이제 그것을 전적으로 받아들여야 합니다. 누구의 환생입니까? 누구의 운명입니까?

"나는 불멸이다",

그래서 어떤 것에 대한 두려움도 없습니다.

그대는 자유로웠고, 자유롭고, 자유로운 상태로 있을 것입니다. 이제 그것은 그대의 손 안에 있습니다. 공은 그대의 코트에 있습니다. 치십시오!

모든 개념에 대해서는 신경 쓰지 말고, 빈 상태로 있으십시오.

위장 문제로 병이 올 수 있습니다. 마찬가지로, 마음이 병의 원인입니다. 그대가 무엇을 느끼고 어떤 인상을 받아들이든, 모두 (그대의 마음에서) 자동적으로 반사됩니다.

질: 그것을 받아들이기가 어렵습니다.

마: **최종적 진리**는 받아들이기 쉽습니다. 마치 그대가 자신이 남자라는 것을 받아들였듯이 말입니다. 단지 그대가 마음·에고·지성의 명령을 받아들이고 그것들의 압박을 받을 때만, 그것이 어렵다고 느끼겠지요.

J. 크리슈나무르티가 한번은 이런 질문을 받았습니다. "우리가 예순 살이 넘으면 어떻게 살아야 합니까?" 그는 "그냥 송장같이, 가족·우주, 그 어떤 것도 고려함이 없이, 전적으로 상관하지 않고" 살아야 한다고 대답했습니다. 송장에게는 어떤 감정도, 어떤 요구조건도, 어떤 필요물도 없습니다. 그

것은 "오, 나는 매장되거나 화장되고 싶지 않아!" 하면서 가지는 않습니다. 매장되든 화장되든 송장에게는 아무 차이가 없습니다.

모든 의심을 내버리고 땅바닥에 내동댕이치십시오.

그대의 지위를 최고 수준에서 유지하고,

뒤를 돌아보지 마십시오.

등반가들에게 밑을 내려다보지 말라고 합니다. 만일 내려다보면 추락하겠지요. 과거를 잊어버리십시오! 그대의 과거는 사라졌습니다. 어떤 과거도, 미래도, 현재도 없습니다. 하늘에게는 과거·미래·현재가 없습니다.

이것은 실재, 더없이 귀중한 실재이고,

그것이 그대를 강하게 만들어

삶의 모든 상황과 마주하게 합니다.

그대에게 제시된 **실재**를 받아들이든 받아들이지 않든, 그대에게 달렸습니다. 이 **지**知는 공개적인 **지**知입니다.

우리 **계보**에서는 아무것도 숨기지 않습니다. 그것은 어떤 기대도 없이 무료로 공유하는 **공개적 진리**입니다. 이 **지**知를 상업적으로 남용하는 일이 없어야 합니다. 그것은 그대의 재산입니다. 저는 그대의 **진리**를 그대 앞에 놓아드립니다. 받아들이든 않든, 그것은 전적으로 그대에게 달렸습니다.

111. 과감히 개념들 없이 살라

마하라지: 몸을 제외하면 우리 사이에 아무 차이가 없습니다. 우리는 동일합니다. **영**靈은 하나입니다. 스승은 자신의 **정체성**을 알고 있습니다. 청자는 그의 **정체성**을 잊어버렸습니다. 두 개의 몸, 두 개의 정체성이 있는 것처럼 보이지만 **영**靈은 동일합니다. 스승은 진정한 의미에서 그 자신을 압니다.

그는 무아인 진아 안에 있습니다.

청자는 스승이라는 매개자를 통해서 자신의 참된 **정체성**을 알 수 있습니다. 스승은 말합니다. "제가 하는 말을 분석하지 마십시오. 그 말을 문자적으로 받아들이지 마십시오."

제가 말하고 있는 것은 궁극적 진리입니다.

여기에 집중하십시오.

영적인 책들을 읽는 것은 아무 잘못이 없습니다. 다만 그런 책들은 **실재**를 가리키는 지시물일 뿐이라는 것을 받아들이는 한에서 말입니다.

여러분이 아는 모든 것은 몸-지知**이고, 따라서 환**幻**입니다.**

여러분의 **현존** 없이는 여러분이 "나는 브라만이다"라고 말할 수 없습니다. 여러분의 **자연발로적 현존**이 필수적입니다. 그것이 없이는 어떤 행위도, 어떤 반응도 있을 수 없습니다.

질문자: 저는 영적인 책을 읽는 것에 대해 당신께서 말씀하신 것을 많이 성찰해 보았고, 어떤 돌파구가 있었다고 느낍니다. 과거에는 제가 책을 읽을 때 "나는 브라만이다"를 받아들였고, 그 개념에 머물러 있었다고 할 수 있겠습니다. 저는 또 브라만 주변의 체험들을 얻었는데, 그것을 가치 있게 여겼고 아주 중요한 의미가 있다고 여겼습니다.

그러나 이제 브라만이라는 **실재**와 '저의' 브라만 사이에 여전히 어떤 분리가 있었다는 것을 알겠습니다. 마하라지님, 당신께서 하시는 말씀은 "나는 브라만이다" 이면에, 일체의 이면에 사실은 우리의 **자연발로적 현존**이 있다는 것입니다. 그리고 그 **자연발로적 현존**이 먼저입니다. 그것이 있어야 "나는 브라만이다"라는 말을 할 수 있습니다.

요컨대 저는 "나는 브라만이다"라는 말 혹은 개념을 실재라고 집착하고 있었습니다. 이제는 저의 **자연발로적 현존**이 먼저이고, 그것이 **실재**, 규정 불가능한 **실재**라는 것을 알겠습니다.

마: 최종적 진리, 적나라한 진리지요. 만일 몸이 내가 아니라면 나는 누구입니까? 브라만·아뜨만… 이런 것들은 단어일 뿐입니다. "나는 누구인가?" 이런 단어와 이름들은 저 **보이지 않는 자연발로적 현존**을 확인하기 위해 사용됩니다. 그대의 **자연발로적 현존** 없이는 어떤 행위도, 감정도, 생각도, 어

떤 책도 있을 수 없습니다.

따라서 그대가 무엇을 보고 이해하든
그것은 모두 환幻입니다.
만일 그대가 "나는 신을 보았다"고 말한다면,
그것은 그 보는 자의 반영, 보는 자의 투사물입니다.

존재성 이전에는 그대가 아무것도 몰랐습니다. 지금 우리는 "이것은 '신'이라 하고, 저것은 '귀신'이라고 한다"고 말합니다. 이런 것들은 그대의 실재 위에 쌓인 층들입니다. "나는 어떤 끔찍한 일을 했고, 죄책감을 느낀다"는, 환幻의 또 다른 층입니다. 그대는 어떤 일도 하지 않았고, 어떤 것에 대해서도 죄책감이 없습니다. **자기탐구**를 하여 그대 스스로 알아내십시오.

그대 자신을 알고, 무아인 진아 안에 있으십시오.

영적인 지知의 목적이 무엇입니까? 만일 이 지知가 열리기를 바란다면, 그대에게 규율이 있어야 합니다. 명상이 모든 환幻을 씻어갑니다. 거울이 더러우면 그대의 얼굴을 볼 수 없습니다. 마찬가지로, 그대의 거울이 완벽하게 깨끗할 필요가 있습니다. **진아지가 확신**으로 이끌어주며, 그 확신이 진아 깨달음입니다. 완전한 믿음이 있어야 합니다. 어떤 의심도 없어야지요!

모든 증거를 갖춘 최종적 진리의 비밀이
그대 앞에 놓이고 있습니다.
그것은 청자의 비밀이자 화자의 비밀입니다.

우리는 저 **청자**를 어떻게 묘사할 수 있습니까? "**보이지 않고, 익명이고, 정체불명**"입니다. 우리는 몇 가지 단어를 사용해야 합니다. 지知를 받아들이고 흡수해야 합니다. 전혀 어렵지 않습니다.

질: 개념들 없이 사는 것을 생각해 보면, 큰 두려움이 있습니다.

마: 실재를 알고 나서 왜 다시 개념들의 바다에서 헤엄치고 있습니까?

이것은 미지의 영역입니다. 내버려 두십시오.
탐색하고, 더 깊이 들어가고, 자기를 발견하십시오. 그러나 그것은 이름 붙일 수 없고, 규정할 수 없고, 비교할 수 없다는 것을 기억하십시오.

질: 최근에 명상 도중 제 몸을 발견할 수 없었습니다. 저는 놀랐고, 겁이

났습니다.

마: 그런 일이 일어납니다. 걱정하지 마십시오! **무아인 진아**에 투신하고 있을 때는 많은 체험들이 일어납니다. 그런 모든 체험들은 아주 좋은, 진보하는 단계들입니다.

체험에 세 가지 유형이 있습니다. 스승을 보고, 듣고, 접촉하는 **친견**親見(Darshan)입니다. 스승들이나 천신들을 볼 수도 있습니다. 누군가가 그대를 접촉하는 것을 느낄 수도 있습니다. 스승이 그대에게 말하는 것을 들을 수도 있습니다. 이런 체험들이 일어납니다. 그 스승들은 그대의 믿음과 스승과의 일체감에서 나타납니다. 그들이 형상을 취해 그대와 이야기를 합니다.

예를 들어 바우사헵 마하라지님의 한 제자는 역병이 걸렸습니다. 그녀는 스승에게 기도했습니다. 바우사헵 마하라지님은 더 이상 육신으로 계시지 않았음에도 (그녀 앞에) 나타났고, 그녀를 치유해 주었습니다. 그 제자는 헌신으로 인해 자기 스승의 환영을 본 것입니다.

그녀는 그것과,

곧 스승의 정체성과 하나가 되었던 것입니다.

그런 체험은 지성과 무관합니다. 그것은 진보하는 단계이며, 사람을 고무합니다. 이런 기적들은 그대의 **현존**으로부터 일어납니다. 여기서는 제가 더 진보된 어떤 것에 대해 이야기하고 있지만, 그럼에도 불구하고 그런 체험들은 진보의 표지標識입니다. 그대에게 의심이 없고 강한 헌신이 있을 때는 기적들이 과연 일어납니다.

최종 단계에서는―실제로 어떤 단계들이 있다는 것은 아니지만―몸-지知의 모든 자취가 사라질 것입니다. 그때까지는 의구심 없이, 의심을 일으키는 동요하는 마음 없이 그냥 들으십시오. 저는 **명백한 진리, 적나라한 진리, 최종적 진리**를 그대에게 납득시키기 위해 힘껏 최선을 다하고 있습니다. 강한 믿음이 필요합니다. 진지하십시오. 무엇을 말하고 나서 그 반대로 하지 마십시오. 전체 **진리**가 그대 앞에 놓입니다.

질: 체험에 대해 말씀드리자면 마하라지님, 저는 오늘 여기 아쉬람에서 **니사르가닷따 마하라지**님을 보았습니다.

마: 좋습니다! 좋은 진보입니다! 그것은 그대가 몸 정체성을 잊어가고 있다는 것을 뜻합니다. 지知가 무아인 진아 안에서 해소·합일·흡수되는 과정에서 모두가 서로 다른 체험을 합니다.

질: 당신께서는 깨달은 사람들을 얼마나 많이 알고 계십니까?

마: 깨달았다는 것은 무슨 뜻으로 하는 말입니까? 사람들은 말합니다. "그는 깨달았는가? 그녀는?" 깨달았다는 것은 **자연발로적 확신**을 의미합니다. 깨달음의 어떤 표지도 없습니다. 그 **자연발로적 확신**으로부터, 그대의 전체 소견과 그대의 모든 행위가 변합니다. 깨달음을 말해주는 '하나의 큰 표지'는 없습니다. 이런 것은 이해의 목적을 위한 단어들일 뿐입니다.

    그대가 존재성 이전에 있던 방식과,

    몸을 떠난 뒤에 있을 방식,

    그것이 깨달음입니다.

112. 기적을 넘어선 지知

마하라지: '자각', '깨침', '깨달음', '신' 같은 달콤한 단어들은 여러분의 **현존**으로부터 나타납니다. 그런 것들은 그다지 중요하지 않습니다. 저는 여러분 앞에 '**존재성 이전**'을 놓아드리고 있습니다. 존재성 이전에 여러분이 어떻게 있었는지, 여러분 자신에게 물으십시오.

질문자: 그것은 가능할 수가 없고, 우리가 어떻게 있었는지 상상조차 해볼 수 없습니다.

마: 왜냐하면 그대의 **정체성**은 상상을 넘어서 있기 때문입니다. 그대의 **현존**은 상상을 넘어서 있습니다. 어떤 것을 상상할 때 그대는 몸에서 에고를 취하지만, 그대는 전혀 몸이 아닙니다.

질: 그러니까 이야기를 하는 순간, 우리는 어떤 허구에 참여하고 있군요.

마: 그대의 **궁극적 진리**를 확립하기 위한 단어들을 사용하십시오. 말장난을 하지 마십시오! 스승이 전달하는 것을 들으십시오. 그대의 **정체성**은 몸과 무관합니다. 그대의 **정체성**은 도처에 있습니다. 몸-지知와, 자각·깨침·신 같은 이 모든 단어가 그대에게 더 이상 아무 필요 없습니다. 그대는 이런 이야기가 쓸데없다는 것을 압니다. 더 나은 것을 압니다. 지知 없음이 지知 입니다. 일체가 무無에서 나옵니다. 일체가 무無 속으로 해소됩니다.

질: 잔인한 농담입니다.

마: 누구를 위한 잔인한 농담입니까? 어떤 과거도, 미래도, 현재도 없습니다. 어떤 과거도, 미래도, 현재도 없습니다. 영적인 책들은 그대의 **궁극적 진리**를 가리켜 보입니다. 그것만 받아들이십시오. 사람들은 단어들에 영향을 받고 헷갈려합니다. 말장난을 하지 마십시오. 그러는 것은 일시적인 즐거움을 위해 카드 게임을 하는 것과 같습니다.

질: 일을 할 때 모든 행위를 **참스승**, 곧 우리의 **내적 스승**에게 바치는 것이 좋습니까, 아니면 **스승님께** 바치는 것이 좋습니까?

마: 왜 바칩니까? 또다시 그대는 자신을 "나는 다른 어떤 사람이고, 뭔가를 내 **스승님께** 바친다"라고 여기고 있습니다. 그대는 자신을 저와 다르다고 여기고 있습니다. 우리 사이에는 전혀 어떤 차이도 없습니다.

질: 에고는 까다롭습니다.

마: 까다롭다, 그렇지요.

질: 뒷문으로 슬그머니 들어옵니다.

마: 에고·마음·지성이 여전히 그대에게 장난을 치고 있고, 그대를 당혹하게 하고 있습니다. 경각심을 가져야 합니다. 그러니 명상·지知·바잔을 계속 유지하십시오. 그렇게 하면 기만당하거나 속지 않을 것입니다. 외부의 힘들이 있어 매순간 그대를 속이려 합니다. [마하라지님은 손을 들어 제스처를 취하신다.] "그만!" 교통을 제어해 두십시오. 이제 그대가 교통 관제관입니다!

질: 저는 여기 있는 동안 가능한 한 많은 질문을 드리고 싶었습니다. 그러나 이제 더 이상 드릴 질문이 없어 보입니다. 왜 그렇습니까?

마: 모든 질문이 해결된 거지요. 우리의 지知는 아주 실용적입니다. 또 만

약 그대가 완전한 믿음을 가지고 있고, **실재**가 그대와 별개가 아니라는 것을 받아들인다면, 그게 어렵지 않습니다. 그것을 받아들여야 합니다.

그대의 삶은 일반적으로 환幻을 토대로 형성되었습니다. 그대는 환幻에서 평안을 발견하려고 애썼습니다.

행복은 그대 안에 내장되어 있습니다.

그대는 자신이 궁극적 진리와 별개라고 여깁니다.

이 미혹이 깨달은 스승들에 의해 제거됩니다.

우리는 그 **탐색자**의 주의를 요청하고 있습니다. '그 사람'이 **궁극적 진리**입니다. 그 **탐색자**가 이 세계의 **근원**입니다. 진정한, 그리고 실제적인 의미에서 이것을 알고 나면 달리 어디도 갈 필요가 없을 것입니다.

또 하나의 미혹은 (기적을 일으키는) 초자연적 능력을 둘러싼 것입니다. 사람들은 그릇된 인상(관념)을 가지고 있습니다. 기적은 그대의 **자연발로적 현존**에서 일어납니다.

그대는 어떤 기적이 일어나면

신이나 스승이 일으킨 것이라고 잘못 생각합니다.

그대는 자신이 마법사라는 것을 잊어버렸습니다.

그대 안에 마법 상자가 하나 있습니다.

그대는 자신의 마법 상자를 가진 마법사입니다!

스승은 그대가 자신의 두 발로 서게 만듭니다. 그대는 그럴 수 있습니다! 배짱이 있어야 하고, 동시에 스승의 원리들을 철저히 따라야 합니다.

확신을 얻고 나면 모든 추구가 끝납니다.

모든 추구가 그대에게서 시작되고,

모든 추구가 그대에게서 끝납니다.

거기에 그대가 있습니다.

그대의 **지**知는 어떤 기적도 넘어서 있습니다. 어떤 사람들은 백마술白魔術이나 흑마술黑魔術을 두려워합니다. 왜냐하면 그들 자신의 힘을 모르기 때문입니다.

그대 자신의 바깥에는 어떤 힘도 없습니다.

그러나 그대는 여전히 그대 자신을 충분히 중시하지 않고 있습니다. 그대는 제가 말하는 것을 늘 귀담아 듣거나 받아들이지는 않고 있습니다.

이것은 그대가 강한 의지력을 가지고 받아들여야 할
단순한 지知입니다.
그 원리는, 일체가 그대에게서 시작되고
그대에게서 끝난다는 것입니다.

질: 저는 남인도에 있었는데, 저도 모르는 사이에 어떤 수행을 하고 있었습니다.

마: 이것이 **실재**라는 것을 아는데, 왜 아직도 남인도를 여행하고 싶어 합니까? 얼음 위에 서 있거나 몸을 고문하기 위해서 말입니까?

질: 이번에는 그 수행이 마치 저절로 그런 것처럼 일어났습니다.

마: 모든 수행은 하나의 목적이 있습니다. 그대는 이미 **실재**를 압니다. 그것은 하나의 기분전환, 어떤 오락 같은 것이었지요.

그대가 여기 있는 것은 그 신비를, 그대의 **자연발로적 존재의 신비**를 풀고 싶어서입니다. 왜냐하면 그대가 **그것**에게 알려져 있지 않기 때문입니다. **실재**를 알고 나면 그대의 모든 문제가 풀릴 것입니다. 누구도 좋지 않고 누구도 나쁘지 않습니다. ('좋다', '나쁘다') 그런 것들은 모두 몸과 관련된 용어입니다. 일체가 사라질 것입니다. 아무것도 남지 않을 것입니다.

모든 행위는 어떤 자기 잘남도 없는 자연스러운 행위여야 합니다. 분별하지 않음이 성자들의 한 성질입니다. 일체가 그대 안에 있습니다. 그대가 선생이고, 학생이고, 스승이고, 헌신자입니다. 숭배자이자 숭배 받는 자이지요! 이 모든 것을 그대 안에 새기십시오. 만일 어떤 사람이 "신께서 문 앞에 서 계십니다"고 해도, 그냥 "미안합니다!" 하고 무시하십시오.

이것은 몸에 기초한 지知와 전혀 연관되지 않는
위대한 지知입니다.
"신은 내 현존의 반영이다.
나의 현존이 신을 나타나게 한다"는.

113. 두려움의 바다에서 헤엄치기

마하라지: 이 죽음에 대한 공포에서 나와야 합니다. 두려워할 이유가 없습니다! 여러분은 불생不生입니다. 그런데 밧줄과 뱀의 이야기에서처럼 여러분은 하나의 환幻을 두려워하고 있습니다. 여러분은 불생이고 불멸不滅이며, 따라서 탄생과 죽음의 문제란 없습니다!

여러분이 세상과 작별해야 할 때가 오면 그것은 즐거운 순간이어야 합니다. '죽음' 이면의 **실재**를 알려고 노력하십시오. 누가 죽습니까? **영**靈이 몸과 맞물리기 이전, 존재성 이전에, 여러분의 **현존**이 있었습니다.

만일 **현존**이 없다면 어떻게 그 몸에 무슨 탄생이나 죽음이 있을 수 있겠습니까? **영**靈은 불생不生이며, 그것은 **현존**으로서 늘 있습니다. 영적인 공부, 곧 명상·지知·기도 등이 있는 것은 여러분이 불생이라는 **확신**을 확립하기 위해서입니다.

여러분은 이런저런 것에 관한 여러 가지 영적인 책을 읽고 나서, 거기서 말한 모든 것을 분석합니다. 여러분, 즉 보이지 않는 **무형상의 독자**가 **궁극적 진리**인데, 왜 그런 모든 분석을 합니까? 음식-몸-지知가 해소되지 않으면 진정한 의미에서 여러분 자신을 알 수 없을 것이고, 어떤 **확신**도 없을 것입니다.

영적인 공부의 원리를 알아야 합니다.

건조한 지知는 영적인 오락일 뿐입니다.

여러분은 개념과 두려움, 죄와 공덕의 환적인 바다에서 헤엄치고 있습니다. 종교의 원리가 물에 잠겼고, 인간들에 의해 일련의 규칙들로 둔갑했습니다. 이런 규칙들이 사회를 규율하기 위한 이기적 목적에서 창조되어 왔습니다. 영적 지도자, 교회 지도자들은 사람들의 내면에 너무나 많은 두려움과 환幻을 창조하여 **실재**를 흐릿하게 가리면서, 사람들이 자신들과 종교와 신에게 의존하게 만들었습니다.

인간이 만든 이런 모든 규칙들을 잊어버리십시오. 이 모든 환幻들은 여러분의 **현존**에서 나왔습니다. 모든 행위가 이 환적인 꿈에서부터 기록됩니다. 누가 기록합니까? 누가 그 꿈을 즐기고 있습니까? 알아내십시오! 어떤 뱀도 없고 어떤 죽음도 없습니다.

여러분은 보는 자에게 충분한 중요성을 부여하지 않고 있습니다.

보이는 것에 대해서는 신경 쓰지 마십시오.

그것은 여러분의 반영일 뿐입니다.

질문자: 당신께서 하시는 말씀은 마하라지님, 우리가 온전히 독립적으로 되면, 어떤 조건화도 없이 완전히 자율적으로 될 거라는 것이군요?

마: 이 이해는 논리적 이해가 아닙니다. 그것은 **자연발로적 이해**입니다. 마치 그대가 두 번 생각할 것도 없이 자신이 남자임을 아는 것과 같은, 그런 **확신**입니다.

그대는 이론적 지知를 가지고 있지만, 필요한 것은 실용적인 지知입니다. 그런데 그것은 명상을 통해서만 일어날 것입니다.

질: 명상은 생기를 주는 것과 같고, 에고에서 빛을 거두어 우리의 주의를 **실재**로 옮기는 것과 같습니까?

마: 그 기운을 통해서 어떤 청소 과정이 일어납니다. 만약 거울이 더러우면 그대의 모습을 볼 수 없습니다. (명상을 통해) 모든 환적인 개념들이 해소될 것이고, 그러고 나면 "그래! 내가 **그것이다**!" 합니다. 우리는 늘 우리 자신을 장애가 있고, 불완전하다고 여기고 있습니다. 그것은 맞지 않습니다.

질: 우리는 환幻을 강요하는 모든 것들로부터 독립해야 하는군요?

마: 깊이, 깊이, 깊이 들어가십시오.

질: "그대의 무아인 **진아** 외에는 어떤 신도 없다" 등에서, "… 외에는" 대신, 이를테면 "존재성 이전에는"을 받아들이실 수 있습니까?

마: 그대는 말장난을 하면서,

건조한 지知를 가지고 건조한 상태로 물가에 안전하게 있습니다.

겁쟁이의 삶을 살지 말고 헤엄을 치십시오. 바다로 뛰어들어 사자처럼 살기 시작하십시오! 물을 겁내지 마십시오! 매 순간 두려워하는 사람은 겁쟁이입니다.

질: 우리는 "이것은 내 **힘**이다"라는 태도를 가져야 하지만, 동시에 그것이 잘못 사용되지 않도록 하기 위해 "그것은 내 **힘**이 아니다" 해야 합니까?
마: 그것은 건조한 논의입니다! 건조한 논의는 그대에게 도움이 되지 않을 것입니다. 지知를 실천에 옮겨야지요!

114. 그대 자신의 책을 읽어라

질문자: 저는 지知를 소화하고 있습니다.
마하라지: 아주 좋습니다. 그것은 좋은 징표입니다. 이제 그대는 **궁극적 진리**를 알고 있으니, 그것을 유지해야 합니다. 명상을 계속하십시오. 그것이 무엇보다 중요합니다. 낮 동안은 바잔을 부르십시오. 그것이 **자연발로적 행복**을 안겨줄 것입니다. 이런 수행들을 규칙적으로 하십시오. 그것이 필수적이고, 일용의 양식만큼이나 필요합니다.

영적인 공부의 목적은 몸에 기초한 지知를 해소하는 것입니다. 그러자면 청소 과정이 계속되어야 합니다. 매일 그대의 **확신**을 새롭게 해야 합니다.

어떤 책도 읽지 말고, 그대 자신의 책을 읽으십시오.

그대의 노트북은 계정, 비밀번호, 전화번호, 그대가 필요로 하는 모든 세부사항이 있습니다. 그대는 구글이나 야후! 같은 하나의 검색엔진입니다. 모든 웹사이트가 그대 안에서 발견됩니다. 모든 웹사이트가 그대 안에서 '하나'입니다.

질: 어떤 때는 제가 한눈을 많이 팝니다.
마: 그런 느낌에 주의를 베풀지 마십시오. 명상이 집중에 도움이 됩니다. 모든 생각이 사라질 것입니다. 서서히, 서서히 그런 생각들이 모두 사라질 것입니다.

그대가 세계의 원리입니다.

평생에 걸친 인상들 때문에 이 층들이 즉시 제거되지는 않을 것입니다. 시간이 좀 걸리겠지요. 그대의 업무를 해나가고, 그대의 일을 효율적으로 잘 하십시오.

그대가 도처에 있다는 그런 소견을 가지십시오.

어떤 남자도, 어떤 여자도 없고, 모두가 브라만입니다.

서서히, 말없이, 안정성이 확립될 것입니다.

질: 처음에는 그것이 불법점유자들로 가득한 집에서 사는 것과 조금 비슷합니다. 그러다가 자신이 주인이고, 이들은 세입자일 뿐이라는 것을 깨닫게 됩니다.

마: 그대가 이 집의 주인이라는 것을 알게 되면 그것을 청소하고 싶겠지요. 먼저 이 건물 안에 살기를 좋아하고 떠나고 싶어 하지 않는 세입자들을 내보내야 합니다. 그럴 때는 인내심과 확고함이 필요합니다. 왜냐하면 그들은 쫓겨날 때 욕을 해댈 것이기 때문입니다.

질: 그러고 나면 세입자들이 순종적으로 되고, 심지어 "무엇을 원하십니까, 주인님?" 하고 묻습니다.

마: 극적인 변화들이 일어날 것입니다. 서서히, 말없이, 영구적으로, 기다리며 지켜보십시오. 명상을 계속하십시오. 그것이 그대의 토대입니다. 다른 사람의 개념들에 영향을 받지 마십시오. 나약한 마음은 매우 위험합니다. 그대는 더 나은 도리를 알지요!

다른 누구의 생각도 수용하지 않으려면 마음의 힘이 매우 중요합니다. 자신감을 가지십시오. 그러면 누구도 감히 곁에 오려고 하지 않을 것입니다. 누가 감히 그대를 가르치려고도 하지 않을 것입니다. 왜냐하면 그대가 **궁극적 진리**이기 때문입니다. **베다·우파니샤드**를 누가 창조했습니까? 그것들은 그대의 아기들입니다.

모든 영적인 지知는 그대의 자연발로적 현존에서 나왔습니다.

마: 그대가 이 세계의 스승입니다. 공개적 사실이지요. 에고적으로가 아니라!

질: 오래된 습들은 아주 강합니다.

마: 몸과의 오랜 연관 때문에 그것은 당연하지요. 그대 자신을 심리학자가 필요한 환자로 보지 마십시오. 매일 세 시 정각이면 관절의 통증으로 고생하던 한 여성이 있었지요! 그녀는 세 시를 무시하라는 조언을 들었습니다. 그 조언을 따르자 문제가 사라졌습니다.

마찬가지로, 보통 사람들은 심리적 문제를 가진 환자들입니다. 좋고 나쁨, 죄·지옥·죄책감 등과 같이, 별 생각 없이 받아들여 온 무수한 환적인 개념들 때문에, 우리는 자신이 뭔가 잘못된 짓을 했다고 느끼고, 그 결과 죄책감과 두려움을 느낍니다.

스승은 말합니다. "그대는 전혀 죄가 없다. 왜 형사법정에서 그 모든 자백서와 유죄 자인서에 서명하고 있는가? 그대는 자신의 생각과 감정의 제물, 그대 자신의 꿈의 제물이 되었다. 그리고 그 꿈 속에서 울고 또 운다. 그대가 지은 유일한 죄는 자신을 한 '인간'이라고 잘못 생각한 죄뿐이다."

그대는 브라만이지 한 인간이 아닙니다.

범죄자는 한 인간이지만, 그대는 한 인간이 아닙니다.

따라서 그대는 죄가 없습니다. 사건 기각!

어떤 사람이 그대에게서 돈을 빌려가서 갚지 않는다고 생각해 보십시오. 그대는 말합니다. "내가 당신에게 돈을 좀 꾸어주었으니 이제 그것을 돌려주어야 합니다." 그대는 "내가 당신에게 돈을 꾸어 주었습니다. 자, 갚으십시오! 당신은 나를 속이고 있습니다. 나는 그 돈이 필요합니다."라고 부단히 그에게 상기시켜 줍니다.

그래서 마찬가지로 우리는 이렇게 말합니다. "아니, 아니지요! 그대는 전혀 몸이 아닙니다. 그대는 영靈입니다. 그대는 브라만이고, 아뜨만입니다." (그대의 에고에게 말하십시오.) "너는 거짓되게 내 자리를 차지하려 하고 있다. 너는 내 옥좌에 앉아 있다. 너는 나를 기만하고, 나를 속이고 있다! 그만 꺼져라!"

그대가 아닌 것을 받아들이는 것은 큰 죄입니다!

그리고 계속 그 꿈 속에서 울고 있는 것은!

115. 그대의 이야기

질문자: 사람들은 종종 가까운 관계의 사람들에게 상처를 받습니다.

마하라지: 영적인 사람은 누구의 감정도 다치게 하면 안 됩니다. 어떤 사람은 무시해 버려도 되지만 누구와도 싸우지 마십시오. 잊어버리고 용서하십시오! 우리는 모두 같은 본질을 가졌으나, 가치 기준과 성장 과정이 서로 다릅니다. (설사 상처를 받았다 해도) 언짢은 분위기가 계속 그대로 남아 있지는 않겠지요. 그대는 영적인 존재이지 한 인간이 아닙니다.

호랑이가 나타났을 때 그대가 도망을 가면 호랑이가 쫓아올 것입니다. 눈 대 눈으로 호랑이와 마주하면 호랑이가 달아날 것입니다. 누가 그대를 모욕하려 한다 해도 그것이 그대를 건드리지 못할 것입니다. 영적인 공부가 가르치는 것은, 그대에게 내장된 선생이 그대를 가르칠 거라는 것입니다. 그대의 명상을 통해 이런 일이 자연발로적으로 일어날 것입니다. 명상을 통해서 그대는 **무아인 진아**와 하나가 됩니다. 유혹들이 일어날 때 어떻게 행동할지에 대해 내면의 인도를 얻게 될 것입니다.

단순함이 최선의 방책입니다.

(상대하기) **어려운 사람들을 피하십시오!**
어려운 상황에서 살아가는 법을 그대 자신의 (내적) **스승**이 그대에게 가르쳐 줄 것입니다. 질문과 답변들이 하나의 내적인 대화처럼 흐르는 이것이 가장 높은 종류의 헌신입니다. 문제들이 왜 있는지 묻지 마십시오. 그것은 그냥 아이들이 ABC를 배우는 것입니다. 여기서 그대는 언어의 한 달인이 되고 있군요!

(내적 스승의 말을) 경청하고, 일러주는 말을 받아들이고, 인도를 받는 이것은 그대의 **무아인 진아**에 접근하는 한 방식입니다. 이 자연발로적 흐름이 그대의 **깨달음**을 말해주는 하나의 표지입니다.

질: 영적인 책을 읽는 것에 대해 말씀하실 때, '독자의 지知'라고 하신 것은 무슨 뜻입니까?

마: 그런 책들을 읽을 때는 그것을 그대의 이야기로 읽지, 브라만에 대한 이야기로 읽지 말라는 것입니다. 그것은 **독자의 지**知이고, **독자의 전기**이며, 그대의 '**영적 전기**'입니다. 차분하고 고요해지십시오! 어떤 말을 경청하든, 그것을 이용해 그대의 기억을 새롭게 하십시오. 복잡할 것이 없습니다.

그대와 함께하십시오!

세계에 대해서는 신경 쓰지 마십시오.

여기저기 보러 다니지 마십시오.

영적인 **지**知는 그대가 이 세상을 살아가며 행위하는 법을 가르쳐 줍니다. 명상은 에고·지성을 가라앉히는 데 효과적입니다. 그런 느낌들이 오고 있다는 것을 알 때는 그것을 무시하십시오. 마치 짖는 개를 무시하듯이, 그런 것들에 주의를 베풀지 마십시오! 그대가 자신을 가르치고 있습니다. 이것이 '**자기-가르치기**(Self-Teaching)'입니다.

처음에 제자는 무아인 진아에 가까이 가려고 노력합니다. 무아인 진아에 계속 점점 더 가깝게 움직여 갑니다. 이런 움직임을 성취하려면 처음에는 의도적 노력과 수련이 필요하고, 그래서 **자기탐구**·**명상**·**만트라 염송**·**바잔**, 그리고 얼마간의 영적인 독서와 성찰·내관을 사용합니다. 제자는 그 자신을 가르칩니다. 자기-가르치기를 합니다.

실재를 흡수하고 나면 헌신자의 내면에서 **자연발로적 깨어남**이 나타납니다. 헌신자가 내면의 '신'을 깨달은 것입니다. 그는 말하자면 '바다에 합일되었고', 더 이상 의도적 노력을 하거나 어떤 의도적 행위를 할 필요가 없습니다.

그때부터는 모든 행위가 자연발로적으로 일어납니다. 왜냐하면 **무아인 진아**와 그 헌신자가 하나이기 때문입니다. 따라서 여러 가지 상황에서 어떻게 행동하고 무엇을 할 것이냐가, 이제 어떤 의도적 노력도 필요 없이 자동적으로 됩니다. 내적인 인도, 어떤 지침들의 자연발로적 흐름이 있습니다. 우리는 이것을 어떤 의도적 노력도 없는 **자기-가르치기**라고 합니다. 깨어남 이전에는 그대 자신을 가르치려면 어떤 노력이 필요했지만, 이제는 그렇지 않습니다. 헌신자가 한 사람의 스승, 곧 무아인 진아의 스승, 무아인 진아의 선생이 된 것입니다. 이런 것들은 단어일 뿐이라는 것을 기억하십시오! 그 이면의 의미, 그 요지를 보십시오.

그대는 이제 그대의 무아인 진아의 한 '선생'입니다. 그대는 그대의 무아인 진아의 한 '스승'입니다. 따라서 그대의 영적인 힘을, 그대의 영적인 지知를, 모든 영역과 각계각층에서 사용하십시오. 그대의 가정생활, 사회생활 혹은 영적인 생활 등 모든 영역에서 말입니다.

질: 당신께서는 '제물이 되지 말라, 남들의 개념에 귀를 기울이지 말라'고 말씀하십니다.

마: 니사르가닷따 마하라지님은, 실재를 안 뒤에는 한눈을 팔면 안 된다고 말했습니다. 이 세상은 그대의 믿음과 신뢰를 흔들어서 그대가 다시 한 번 의심을 품게 만들려고 하는 사람들이 있는 환적인 세계입니다. 이제 그대는 실재를 가졌으니, 명상으로 그것을 유지하십시오. 다른 사람들은 책에서 얻은 지知에 대해서 이야기합니다. "베다에서는 이렇게 저렇게 말한다." 그러면서 그들의 어설픈 지知로 그대를 한눈팔게 할지 모릅니다. 그러다가 그대가 추락하게 됩니다. 조심하십시오!

이것은 단순한 지知이지만 본질적인 지知입니다. 왜 우리에게 이 지知가 필요합니까? 몸은 우리의 정체성이 아니고, 우리 자신이 우리를 모르기 때문입니다. 진정한 의미에서 우리 자신을 알아야 합니다.

이 환적인 세계와 '굿바이' 하려면 용기가 필요합니다.

그대는 직접적 근원, 궁극적 진리를 압니다. 이제 부단한 염송과 명상으로 이 지知를 소화하고 흡수해야 합니다. 이렇게 하면 그대의 '몸 기억들'이 실재에 의해 부단히 새로워질 것입니다.

니사르가닷따 마하라지님은 지知에 대해 말씀하실 때, 이렇게 말했습니다. "그것을 초콜릿처럼 씹으면 그 초콜릿 액이 절로 그것을 새롭게 할 것이다."

질: 저는 란지트 마하라지님의 책 하나를 읽고 있었습니다. 그분은 아무것도 하지 않고, 말하지 않고, 먹지 않는 것에 대해 말씀하고 계셨습니다. 그런 것들을 해야 합니까, 하지 말아야 합니까?

마: 왜 그런 상상적 기법들을? 초심자들에게는 무방하지만, 그대의 **현존**이 눈에 보이지 않는다는 것을 아는 지금 이 수준에서, 그런 질문을 왜 합니까? '나'라고는 없는데, 누가 "나는 먹지 않고 있다"고 이야기합니까?

그대는 아주 많은 지_知를 가졌으니, 한 계단 내려서면 안 됩니다.

이 모든 시간 동안 이야기를 들었으니,

저는 그대가 기반을, 어느 정도 토대를 가졌기를 기대합니다.

그러나 거기서 행복을 얻고 있다면, 그것을 읽으십시오!

116. 그대는 수탁자이다

마하라지: 의사는 환자들에게서 몇 가지 정보를 얻을 필요가 있습니다. 그래야 그들에게 조언해 주고 어떤 약을 처방할지 결정할 수 있습니다. 여러분이 자신의 스승입니다. 이 모든 지_知는 확신으로 이끌어줍니다. 만일 여러분이 확고한 기초·토대, 좋은 지_知의 기반을 가지고 있다면, 한 번의 맞물림, 스승에게서 오는 한 번의 접촉으로 충분합니다.

그러나 여러분이 앞으로 나서서 순복할 필요가 있습니다. 그래야 여러분의 영적인 성숙도에 따라 인도를 받고 올바른 처방을 얻을 수 있습니다. 불가능이란 없고, (여러분의) 토대가 확고할 때는 모든 것이 쉽습니다. 이렇게 하면 지_知가 여러분의 **무아인 진아** 안에서 자동적으로 드러날 것입니다. 여러분의 지_知가 이미 있습니다.

우리는 우물을 파면서, 돌을 제거하고,

진흙을 제거하고, 파고 또 파면서

원치 않는 모든 돌들을 제거하고 있습니다.

제가 말했듯이, 명상은 내부에 기운들을 창조합니다. 서서히, 말없이, 영구적으로, 이 기운들의 빛 안에서 일체가 제거될 것입니다.

그 속으로 여러분 자신을 던져 넣는 용기가 필요합니다.

제가 여기 있으면서 여러분을 보호해 줍니다.

여러분에게는 또한 24시간 여러분을 지켜주는 지知·명상·바잔이라는 세 경비원이 있습니다.

여러분에게 첫째로 필요한 것은 좋은 선생입니다. 그가 서서히, 서서히 여러분을 가르쳐서 여러분을 좋은 수영자로 만들어줍니다. 그런 다음 영적인 바다 속으로 여러분 자신을 던져야 합니다. 나쁜 생각들이 오고, 나쁜 개념들이 옵니다. 계속 해나가십시오!

우리가 우물을 파면 돌들이 나오고 그 다음에는 진흙이 나옵니다. 인내심 있게 계속 파고 또 파들어 가다 보면 마침내 순수한 물을 발견할 것입니다. 그 기운을 통해 불필요한 모든 것들, 원치 않는 일체가 제거될 것입니다.

여러분 자신을 납득시켜야 합니다.

여러분은 수탁자受託者**입니다.**

여러분은 자기 자신의 영적인 지知의 수탁자(신탁재산 관리인)입니다.

우리 **계보**에서 우리는 실용적인 영적 지知, **진아지**를 얻는 데 사용되는 한 가지 명상법을 가지고 있습니다. 이런 식으로 하면 지知가 조직적으로, 단계적으로, 체계적으로, 과학적으로 전달됩니다.

여러 가지 약을 구할 수 있다는 것은 누구나 알지만, 분량을 어떻게 투약할지는 의사만이 압니다. 여러분은 법을 알지 모르나 그것을 시행하려면 법률가가 필요합니다. 여러분은 많은 영적인 책들을 공부했지만, 체계적으로 또는 과학적으로 하지는 않았습니다.

저는 여러분이 이미 가지고 있지만 잊어버린 것을 드리고 있습니다. 단지 그것을 돌려드릴 뿐입니다. 저는 여러분에게 체계적인 지知를 드렸습니다. 빠져 있던 것은 이 지知를 조직화하는 방법뿐이었습니다. 그 지知가 없었습니다. 여러분은 이제 강한 **확신**을 가지고 있습니다. 일체가 여러분 안에 있습니다. 그것을 클릭하고, 치고, 점화하기만 하면 됩니다. 불은 이미 존재하고 있습니다.

이 지知를 새기십시오.

이 지知를 끌어안으십시오.

이 지知를 완전히 받아들이십시오.

자신을 투신하는 헌신자들이 매우 드뭅니다. 어떤 사람들은 별 부담 없는 마음으로 여기 아쉬람에 옵니다. 그들은 절조차 하지 않습니다. 저에게는 절을 하지 않아도 상관없지만, 위대한 성자들이신 저의 **스승님**들께는 절을 해야 합니다. 저를 존경하지 말고 그분들에게 존경을 표하십시오. 그분들께 절을 하십시오!

질문자: 절하기는 모든 교회, 모든 종교에서 하나의 관행입니다.

마: 어떤 방문객들은 먼 거리를 왔습니다. 저는 그들과 지知를 함께 나눠야 합니다. 그런 한편 저는 최소한 벽에 걸려 있는 저 위대한 성자들께는 그들이 어느 정도의 존경을 표하기를 기대하고 있습니다.

질: 어느 분이 앞서 무욕에 대해서 이야기했는데요?

마: 그것은 그대가 세간에 전혀 끌리지 않는다는 것을 의미합니다. 확신을 얻고 나면 더 이상 어떤 끌림도 없습니다. 그대의 **현존**이 있지만, 그것은 알려지지 않은 현존, 정체불명이고, 익명인, 보이지 않는 정체성입니다.

실재를 알고 나면 무욕은 무의미해집니다. 그대가 그 범주 안에 있을 때는 돈·지위·권력을 기대했습니다. 욕심도 있었습니다. **실재**를 알고 나서는 "이 돈을 누가 다 쓰겠는가? 언제까지? 내 존재가 몸에 기초해 있지 않은데, 이 모든 욕심이 무슨 소용 있나?"를 깨닫습니다. 그리고 세상에 상관하지 않게 됩니다.

지知는 **깨달음**으로 이끌어주게 되어 있습니다. 지知가 흡수되면 그 다음에는 아무것도 남지 않고, 체험자도 없습니다. 그대의 **무아인 진아**에 합일됩니다. 지知가 완전히 받아들여져 흡수되면 어떤 증거도 남지 않습니다. 일체가 사라지고 아무것도 보이지 않습니다. 모든 개념이 해소됩니다.

'진보한 단계'란 지知가 완전히 흡수되는 것을 의미합니다.

그러나 그대는 이 **진리**를 아직 그다지 받아들일 준비가 되어 있지 않습니다. 명상이 필요한 기초입니다. 제가 말했듯이, 토대가 약하면 건물 전체가 약합니다. (지知가 흡수되면) 그대는 용기와 힘이 증장될 것이고, 마지막 단계에서는 어떤 생각도 없을 것입니다. 그러면 **자연발로적 침묵**, 영적인 도취가 있을 것입니다. 그대는 그대 자신의 세계 안에 머무를 것입니다.

그 사이에 모든 개념들이 지워지고 에고가 해소되어야 합니다. 이 **지知**를 이용하여 모든 환幻을 지우십시오. 모두가 평등합니다. 경쟁할 필요가 없습니다! 그대가 누구와 경쟁하고 있습니까? 그대의 **내적 스승**이 깨어나면 모든 질문이 자동적으로 해결될 것입니다. 이것이 **자기치료**이고, **자기치유**이며, **자기-가르치기**입니다.

스승이라는 매개자를 통해 그대의 정체성이 그대 앞에 놓입니다.

그대의 **내적 스승**을 알게 되면, 차별상이 존재하지 않는다는 것을 알게 됩니다. 어떤 사람, 어떤 것 사이에서도 아무 차별상이 없습니다.

그대가 자신을 한 개인으로 인식하는 몸 동일시가 있는 한, 차별상을 발견하겠지요. 어떤 차별상이나 구별도 없습니다. 이 **진리**를 받아들이십시오. 그것이 **최종적 진리**입니다. 그것은 그대의 이야기입니다. 그대가 자신의 이야기를 알 수 있도록 하는 그것이 영적인 공부 이면의 목적입니다.

117. 실재가 그대의 심장을 건드려야 한다

질문자: 최근에 마하라지님, 너무 많은 생각이 밀고 들어와서 명상을 할 수 없었습니다.

마하라지: 생각들과 씨름하지 말고, 그냥 그것들이 흘러가게 하십시오. 그것은 당연하고, 몸과 관련되어 있습니다. 그 생각들을 주시하고, 그것들을 보고, 그런 다음 무시하십시오.

그대는 무아인 진아에게 전혀 알려져 있지 않습니다. 그리고 무아인 진아는 하늘과 같습니다. 하늘은 자신의 존재를 모릅니다. 그대는 무無형상입니다다. 그 명상자가 자신의 **정체성**을 잊어버렸고, 몸-형상 안에서 자신을 가늠하고 있습니다. 그대는 결코 몸-형상 안에 있지 않았습니다. **최종적 진리**입니다.

그대의 **자연발로적 현존**이 번뜩이면, 보는 자의 반사된 모습에서 그대가 꿈-세계를 봅니다. 그 **익명**이고 보이지 않는 '보는 자' 없이는 그대가 세계를 볼 수 없습니다.

일체가 그대에게서 나옵니다.

자연발로적 현존이 반사되지만,

그것은 무형상인, 정체불명의 현존입니다.

질: 어떤 일들이 일어나면 그것이 우리를 명상 속으로 더 밀어 넣습니까? 저의 사장님이 제 신경을 건드립니다.

마: 모든 신체적·정신적 문제는 명상과 함께 해소될 것입니다. 명상을 하는 사람들의 높은 비율이 명상에서 이익을 얻는다는 것을 (과학적) 연구들이 보여줍니다. 명상이 스트레스를 줄여주고 신체적·정신적 문제들을 완화한다는 것은 과학적으로 증명되어 있습니다. 영적인 지知는 신체적 문제들에 도움이 됩니다.

저는 이런 대화를 통해 그대에게 **보이지 않는 청자의 정체성**을 제시하고 있습니다. 그대가 **궁극적 진리**이고, **최종적 진리**입니다. 이 **실재**가 그대의 심장을 건드려야 합니다.

질: 그러면 어느 시점에서 그것이 열립니까?

마: 이 세계에서는 일체가 환幻입니다. 어떤 의심도 미해결로 가지고 있지 마십시오. 이것은 하나의 환적인 세계라는 것을 명심하십시오. 이 꿈 세계에서는 일체가 참되면서 일체가 거짓입니다.

그대는 어떤 형상도 없는

궁극적 진리라는 것을 기억하십시오.

그대는 그것을 알지만, 그래도 환幻의 범주 안에 머물러 있으면서 거기서 평안과 침묵을 얻어내려고 합니다. 누가 침묵을 원합니까? 하늘이 침묵을 원합니까? 이 확신을 얻기 위해서 이 모든 수련이 필요합니다. 이런 이야기들은 하나의 서커스나 말로 하는 쇼가 아닙니다. 그것은 그대의 **보이지 않는 실재**를 가리켜 보이는 실재입니다.

그대의 강한 에고가 그대가 무아인 진아에 도달하는 것을 허락하지 않고 있습니다. 모두가 차분히 조용히 듣고 있지만, 환적인 지知의 범주 안에서 여전히 "나는 다른 어떤 사람이다. 나는 **브라만**이다, **빠라브라만이다**"라고 생각하고 있습니다. 전혀 자기가 아닌 어떤 정체성을 끌어안고 있습니다.

이것은 하나의 긴 꿈이고, 지속되지 않을 것입니다.

그대는 어릴 때부터 수많은 꿈을 꾸어 왔습니다. (그 꿈속의) 모든 사람이 어디로 가버렸습니까? 그 모든 이미지들을 누가 붙들었습니까? 죽은 뒤에는 어떻게 될까요? 누가 죽고, 태어납니까?

이런 모든 질문을 무아인 진아에게 하십시오.
그 질문들은 무아인 진아에 의해 해결되게 되어 있습니다.

에고가 완전히 해소되어야 합니다. **무아인 진아**에 순복해야 하며, 그럴 때만 **실재**가 그대 안에서 나타날 것입니다. 그대의 **자연발로적 현존**이 실재를 투사합니다. 노력이 필요 없고, 단지 그대의 투신이 더없이 중요합니다.

에고를 없애십시오.
그러고 나면 제가 그대 앞에 놓아 드리는 실재가
그대의 심장을 건드릴 것입니다.
그것이 그대의 심장을 건드리고, 그대를 감동시켜야 합니다.
이와 같이 느껴야 합니다.
"나는 오늘날까지 내 시간을 허비했다.
그러나 지금이 때다."

그러면 나중에 유감스럽지 않을 것입니다. 그것을 등한시하면 뒤에서 시간이 슬그머니 다가올 것이고, 그대는 이렇게 말할 것입니다. "아, 내가 무엇을 했고, 무엇을 안 했군! 어떤 것을 할 기회가 있었는데 등한시했구나." 환적인 세계의 매력 요인들이 그대를 그 범주 속에 붙잡아 둔 것입니다.

118. 산꼭대기

마하라지: 어느 수준에 가면 조심하십시오. 어떤 생각도 다시 들어오지 못하게 하십시오. 몸-지知를 안에 들이지 마십시오!

'아무것도 없다'를 고수하십시오.

어떤 의구심도, 어떤 의심도 없어야 합니다. 목표에, 산의 정상에 시선을 고정하십시오. 만일 집중을 놓치고 어떤 소리를 듣거나 어떤 매력적인 것에 이끌리게 되면, '하늘까지 날지' 못하게 될 것입니다! 여러분은 이미 있습니다. 스스로를 납득시키기만 하면 됩니다. 만약 다른 사람들의 생각에 주의를 기울이면 목숨이 다할 때 한눈을 팔게 될 것입니다.

이것은 직접적인 길입니다. 어떤 옆길도 없습니다.

직접적인 망치질이 있으면

여러분이 곧 최종적 진리라는 것을 알게 될 것입니다.

여러분이 최종적 진리입니다.

일단 어떤 영적인 위치를 보유하면, 꾸준하되 경각심을 가질 필요가 있습니다. 한 독실한 헌신자가 있었습니다. 제가 곧잘 그에게 말했습니다. "그대는 거의 정상에 다다랐다." 그런데 그에게 갑자기 어떤 신체적 문제가 생기자 그는 아쉬람에 오는 것을 중단했습니다. 어떤 사소한 문제 때문에 일체를 내버렸습니다. 신체적 문제, 육신의 문제가 좌우하게 내버려둘 필요는 없습니다. 몸 이전, 존재성 이전에 여러분이 있던 대로 머물러 있어야 합니다.

여러분 자신의 생각들, 여러분 자신의 감정들이

여러분도 모르는 사이에 여러분에게 문제를 야기합니다.

질문자: 당신께서는 "전에, 존재성 이전에 그대가 있던 대로 있으라"고 말씀하셨습니다. 저는 상상이 안 되는 것이 ‥‥.

마: 상상되지 않는 그 영靈은 곧

자연발로적이고, 보이지 않고, 익명인 현존입니다.

질: 그것이 어떤 거라고 저희가 생각해야 합니까?

마: 그것은 생각을 넘어서 있지요!

실재를 알고 나면 세계가 내 안에 있습니다.
그 궁극적 진리를 전적으로 받아들이십시오.
신체적으로나 정신적으로가 아니라, 영적으로 말입니다.

질: 왜 크리슈나는 『기타』에서 업(karma)을 설명하지 않습니까?

마: 많은 것들이 설명되지요. 어떤 업 말입니까?

질: 만일 우리가 어떤 나쁜 짓을 하면‥‥.

마: 어떤 나쁨도, 어떤 좋음도 없습니다. 동물에게 나쁜 것이 도축업자에게는 좋습니다. 우파니샤드·베다·크리슈나·라마에 대해서는 신경 쓰지 마십시오. 그것은 영적인 오락입니다. 저는 존재성 이전에 대해 이야기하고 있습니다. 그런 모든 문자적 지知는 어중간한 지知입니다. 그대의 현존이 없다면 누가 우파니샤드·『마하바라타』·베다에 대해서 이야기하겠습니까? 존재성 이전을 고수하십시오!

그대의 무아인 진아 안에서 보려고 노력하십시오.
그대의 보이지 않는 현존이 그 모든 지知의 아버지입니다.

저는 그대 안의 보이지 않는 청자의 주의를 요청하고 있습니다. 몸-지知 이전에 그대가 베다·우파니샤드를 알았습니까? 그대는 저에게 절을 합니다. 그 '저'가 누구입니까? 그 저가 누구입니까? 그것은 보이지 않는 현존입니다. 모든 환幻을 내버리십시오! 이 모든 외적인 지知가 그대를 불구로 만들었습니다. 그대는 신을 본 적이 있습니까? 어떤 신이든?

질: 가끔요!

마: 가끔만, 항상이 아니고?

질: 어떤 현상입니다.

마: 그대의 현존 없이는 어떤 신도 없습니다. 그대는 이 진리를 받아들이지 않고 있습니다.

헌신자가 내내 신이지만,
그가 자신이 신임을 깨달을 때

그 헌신자는 사라지고 하나만이 남습니다.
실재를 알고 나면 모든 개념을 지워버려야 합니다. 저의 스승님은 이렇게 말씀하시곤 했습니다. "그대가 읽고 들은 모든 것, 그 전부를 마이너스 하고, 그런 다음 이야기하라."
　　　그 범주에서 벗어나,
　　　몸이라는 뿌리에서 벗어나 생각하십시오.
지성에게 스트레스를 주지 마십시오. 이것은 아주, 아주 단순한 지知입니다. 우리는 (개념들의) 제물이 되었고, 우리 자신의 지知, 브라만·아뜨만 등의 그물에 갇혔습니다.
　　　그런 것들을 누가 이야기합니까?
　　　　저는 그것을 통해 그 질문이 일어나는,
　　　　그 질문자의 주의를 요청하고 있습니다.
　　　납득하지 못했으면 고개를 끄덕이지 마십시오!
질: 그러나 그러려면 백 년이 걸릴지도 모릅니다!
마: 그대가 어두운 동굴 속에 오랜 세월 앉아 있다가 갑자기 빛을 얻으면, "아직은 이 빛을 이용하지 않겠다. 백 년은 더 기다리겠다"고 말하겠습니까? 아니지요! 그 변화는 순간적이고 즉각적입니다.
　그 빛을 보면 주저하지 말고, 미루지 말고, 어둠 속에 머물러 있지 마십시오. 내일이란 없습니다. 몸-형상으로 그대 자신을 가늠하지 마십시오. 진정한 의미에서 그대 자신을 알기만 하십시오. 우리는 우리가 읽은 것과 들은 것에 의존해 왔습니다.
　　　우리는 신체적 지知를 통해서 영적인 삶을 알려고 해 왔습니다.
　그 모든 상상적인 신들이, 지옥·천당을 포함한 모든 개념과 함께 해소될 것입니다. 사람들은 지옥과 같은 개념들을 너무나 두려워하고 있지요! 아무도 그것을 본 적이 없는데도 말입니다.
　　　그대의 내적인 스승은 매우 강력합니다.
　　　그대의 내적인 스승을 기쁘게 하십시오.
　　　그가 신입니다.

그대의 외적인 스승이 그대는 **전능하고 무소부재한 신**이고, **궁극적 진리**라고 말해 주었습니다. 그대는 그것을 그리 쉽게 받아들이지 않고 있습니다. "내가 어떻게 **전능한 신**일 수 있나?" 하는 어떤 의심이 어딘가에 있습니다.

"그래, 내가 전능한 신이야"라는 확신과 느낌을 가지고

그대가 앞으로 나서야 합니다.

그대 자신과 스승에 대한 완전한 믿음이 필요하고, 그러면 앞으로 나서게 될 것입니다. 어중간한 수단으로는 안 됩니다. 완전한 투신이 필수입니다! 그대는 헤엄치는 법을 아니, 뛰어들어 수행하십시오! 용기·힘·배짱을 가지고 뛰어들 필요가 있습니다. 일체가 그대 안에 있지만 그대는 자신의 힘을 사용하지 않고 있습니다. 마스터키(남 만트라)로 나쁜 생각들을 제어할 수 있습니다.

소견을 바꾸어

그대의 무아인 진아를 보십시오.

용기를 가지고, "나는 몸이 아니다. 나는 **마하트마다**"를 알고, 느끼십시오. 그 확신이 지知로 이어집니다. 베다는 잊으십시오. 그것들이 그대를 여기로 데려왔습니다. 문자적 지知는 그대가 한 스승이고, 그대가 **궁극적 진리**라는 것을 가리켜 보였습니다. 그렇다고 너무 심각해할 필요는 없습니다. 행복하십시오! 그대는 **실재**를 알고 있으니 행복하십시오! 찾는 자가 그대가 찾고 있던 것을 발견했습니다.

그대가 찾고 있던 것이 그대 안에서 발견되었습니다.

그것은 내내 거기 있었습니다!

"나는 신을 찾아 나섰고, 신이 되었다!"고 스와미 비베카난다가 말했습니다. 비베카난다는 사람들에게 "당신은 신을 보셨습니까?"라고 물으며 다녔습니다. 아무 대답을 듣지 못하다가 결국 **라마크리슈나 빠라마한사**를 찾아갔고, 같은 질문을 했습니다. **라마크리슈나**가 대답했습니다. "그렇다네, 젊은이, 나는 신을 보았네. 나는 여기서 자네를 보듯이 그를 보네. 더 또렷이 말일세. 신을 볼 수 있고, 그에게 이야기도 할 수 있네. 나는 자네에게 신을 보여줄 수 있네."

스와미 비베카난다는 놀란 정도가 아니라 경악했습니다. 그는 라마크리슈나의 말씀이 내면 깊은 곳에서 나왔다는 것을 알았습니다. "아! 누가 이렇게 말씀하시는 것을 듣기는 처음입니다." 비베카난다가 말했습니다.

비베카난다는 직감적으로 자신이 진정한 스승과 마주하고 있다는 것을 알았습니다. 그는 실재를 마주하고 있었습니다. 신이 그에게 아주 생생하게 존재하고 있었습니다. 비베카난다는 이 스승에 대해서 어떤 의심도 없었습니다. 왜냐하면 그 이전의 누구도 그런 식으로 말한 적이 없었기 때문입니다. 그 스승이 말했지요.

"나는 신을 보았고, 그대에게 보여줄 수 있다!"

그것은 비상한 그 무엇입니다. 니사르가닷따 마하라지님도 같은 말을 했습니다. "나는 그대를 제자로 만들지 않는다. 왜냐하면 스승이 이미 그대 안에 있기 때문이다. 나는 그대 안의 그 스승을 그대에게 보여주고 있다."

119. 스승은 신의 신이다

마하라지: 스승에 대한 신뢰, 스승이 여러분을 깨닫게 해줄 거라는 강한 신뢰를 가져야 합니다. 니사르가닷따 마하라지님은 당신의 스승 싯다라메쉬와르 마하라지님이 아니었다면, 그분이 당신의 삶 속에 들어오시지 않았다면, 당신이 그냥 평범한 사람으로서 여기저기, 이 사원 저 사원 정처 없이 쫓아다니는 사람이었을 거라고 말씀하시곤 했습니다.

구루, 스승에 대한 존경이 있어야 합니다. 성자 까비르는 말합니다. "만약 내 스승님과 신이 내 앞에 나타난다면, 나는 내 스승님께 존경을 드리겠다. 왜냐하면 오직 당신 때문에 내가 신을 알게 되었기 때문이다." 그러니 스승을, 구루를 중요시해야 합니다.

스승은 신의 신입니다.

스승은 신의 신입니다.

저기 **계보**가 보이지요? [마하라지님은 바우사헵 마하라지, 싯다라메쉬와르 마하라지, 니사르가닷따 하마라지, 란지트 마하라지의 사진을 가리키신다.] 저분들은 평범한 사람들이었지만, 에고가 없었고, 큰 지성이 없었고, 어떤 기대도 없었습니다. 저분들은 겸허했습니다. 이런 자질이 여러분 안에서 나타난다면 그것은 깨침의 한 표지입니다.

여러분의 삶 속에서 어떤 불유쾌한 일이 생기면 마음이 들뜨고 "오! 뭐가 잘못됐어" 하는 느낌이 듭니다. 그래서 수련은 아주 쉽지만, 동시에 아주 어렵기도 합니다. 왜냐하면 몸-지知, 음식-몸-지知가 완전히 해소되어야 하기 때문입니다. 이 지知는 아주 단순한 지知여서 상상을 넘어서 있습니다. 지성은 여러분에게 도움이 되지 않을 것입니다. 여러분은 존재성 이전에 어떻게 있었습니까? "모릅니다"라고 여러분은 답변합니다.

보세요, 어떤 에고도, 어떤 지성도,
어떤 마음도, 어떤 신도 없었습니다.
여러분에게 몸-형상 안에 있기 때문에
신이 필요한 것일 뿐입니다.

만일 '아무도' 없다면 이 신, 이 스승, 여러분이 이야기하는, 여러분이 책에서 발견한 이 지知가 어디 있습니까? 여러분은 자신의 **정체성**을 잊어버렸고, 그래서 우리가 여러분 안의 그 **말없고**, **보이지 않는 청자**, 곧 브라만 혹은 신이라고 불리는 것에 대한 주의를 요청하고 있는 것입니다.

변화가 일어날 것입니다. 강한 헌신, 강한 의지와 약간의 희생이 있으면 그것이 어렵지 않을 것입니다. 매 순간이 아주 중요합니다. 지금이 여러분의 시간입니다.

진지하십시오! 편의적으로
궁극적 진리를 추구하지 마십시오.

어떤 물질적 원인도 없는, 완전하고 **전적인 평안**이 있을 것입니다. 마음·에고·지성의 방해나 그 무엇의 방해도 없는 **내적 평안** 말입니다. 설사 외적인 분위기가 좋지 않다고 해도 여러분이 평화로울 것입니다. 혼란이 있을 때에도 깨달은 헌신자에게는 **완전한 평안**이 있을 것입니다. 왜냐하면 그는 늘 언제나 그 무엇에도 상관하지 않고, 영향 받지도 않기 때문입니다.

전체 지知가 단일성 안에 흡수됩니다.

어떤 이원성도 없습니다.

구름들이 오고, 구름들이 갑니다. 해는 그대로 있습니다.

우리는 몇 시간씩 몇 년씩 철학 토론을 계속할 수 있습니다. 거기서 여러분이 얻는 것은 '영적 오락'이지 그 이상 아무것도 아닐 것입니다. 강한 확신을 가지려면, 여러분에게 명상·바잔·기도·**지**知 등 다양한 과정의 수련이 필요합니다.

매우 진지하고 매우 열성적이어야 하며, 예리한 관심과 열망이 있어야 합니다. 이 모든 것을 궁구窮究하고 궁구하다 보면, 어느 날 이렇게 외칠 것입니다. "아! 이제 알았다!"

우리는 이런 직접적인 **지**知를 가진 이 **계보 스승들**을 가졌다는 것이 너무나 행운입니다. 이분들이 **마야·브라만·아뜨만·빠라마뜨만**에 대해서 말씀하시기는 했지만, 이런 세련된 단어들을 많이 강조하지는 않았습니다. '지난 발현업', '미래의 발현업', 이런 모든 단어들이 여러분을 빙빙 돌게 하고 함정에 빠트립니다. (우리 계보의 가르침에서는) 이런 세련된 단어에서 현실적이고 직접적인 용어로 초점이 이동했습니다.

일체가 여러분 안에 있습니다.

일체가 여러분 안에 있습니다.

보이지 않는 청자의 직접적인 주의를 끌기 위해 **직접지**가 사용됩니다. 여러분 안의 저 **보이지 않는 청자**에 집중된 주의로써, 우리는 여러분에게 이렇게 말합니다.

여러분이 행복의 원천입니다.

몸-형상 안에 있지 않은, **여러분이 평안의 원천입니다.**

점차, 나날이, 여러분의 집착이 느슨해지고 줄어들 것입니다. 여러분은 몸에 대해 많은 집착을, 많은 사랑과 애정을 가지고 있습니다. 그것이 모두 해소되면 **실재**를 알게 될 것입니다. 그것은 알려진 사실, 공개적인 사실이고, 공개적 진리, **궁극적 진리**, 최종적 진리입니다.

우리의 **계보 스승님들**이 우리에게 그것이 어떻게 일어날 수 있는지를 보여주었습니다. 그분들이 우리에게 **진아 깨달음**이 가능하다는 것을 보여주었습니다. 그것은 그분들에게 일어났고, 여러분에게도 일어날 수 있습니다.

수행을 하면 서서히, 말없이, 영구적으로 환적인 생각들이 해소될 것이고, 마침내 완전히 사라질 것입니다.

그것은 하나의 청소 과정입니다. 마치 여러분의 노트북이 원치 않는 파일들로 가득 차 있고, 바이러스 때문에 그것을 삭제해야 할 때처럼 말입니다. 명상이 안티바이러스 소프트웨어입니다. 이 안티바이러스 소프트웨어는 통제하고 경비하고 감시하여, 여러분의 경각심을 유지시켜 줄 수 있습니다.

매일 여러분의 집을 청소할 필요가 있습니다. 마찬가지로, '이 집'을 청소해야 합니다. 매일 명상 · 바잔 · **지**知를 닦으면 그것이 아주 쉬울 것입니다. 그러나 전념해야 합니다.

전념, 극도의 전념, 비상한 전념,

비상한 투신이 필요합니다.

니사르가닷따 마하라지님은 이렇게 말씀하시곤 했습니다. "편의적으로 하는 영적 공부는 도움이 되지 않을 것이다. 편의적으로 하는 영적 공부는 그대가 완전한 평안을 발견하는 데 도움이 되지 않을 것이다." 일체가 여러분 안에 있는데도, 여러분은 여기저기를 보면서 달리 뭔가를, 다른 뭔가를, 더 뭔가를 찾으려고 합니다. 늘 바쁘게 찾으면서 이걸 찾고, 저걸 찾으려고 하지만, 그 **발견하는 자**를 잊고 있습니다.

여러분은 그 발견하는 자를 잊어버렸습니다.

그 발견하는 자가 이 세계의 근원입니다.

그러나 그 발견하는 자는 눈에 보이지 않고, 익명입니다.

그것은 말로 규정할 수 없습니다.

확신을 갖는 것은 가능하지만, 강한 믿음과 용기를 가져야 합니다. 어려움이 있을 것이고, 있을 수밖에 없습니다. 그래서 완전한 믿음, 완전한 토대, 튼튼한 토대를 가져야 합니다.

그것은 아주 단순한 지知입니다. 어떤 복잡한 내용이나 복잡한 면도 없는 지知입니다. 이것은 **직접지**입니다. 여기저기 갈 필요가 없고, 책을 더 많이 읽을 필요가 없습니다. 더 많이 읽을수록 더 많이 헷갈리게 될 것입니다. 책을 읽어도 되지만 단어들에 중독되지 마십시오.

　원리를 고수하십시오.

　여러분이 곧 그 모든 단어들, 그 모든 책들
　이면의 그 원리입니다.

마찬가지로, 여러분이 자신의 선생이고, 자신의 안내자이며, 여러분 자신의 삶의 설계자입니다. 여러분의 무아인 진아를 보십시오. 그 무아인 진아를 어떻게 볼 수 있습니까? 마법의 열쇠가 여러분에게 주어졌습니다. 남 만트라, 그 마스터키가 여러분이 무아인 진아를 보는 것을 도와줄 것입니다.

120. 스승이 불을 점화한다

질문자: 남 만트라를 주실 때, 동시에 **샥띠** 힘(Shakti power)도 주십니까?
마하라지: 그대가 남(Naam-남 만트라)과 **스승**을 전적으로 받아들인다면 어떤 힘이 만트라와 함께 올 것입니다. 어떤 의구심이나 의심도 없으면, 이미 그대 안에 있는 그 힘이 폭발할 것입니다.

　그 힘은 이미 그대 안에 있습니다.

필요한 것은 접촉이 전부입니다. 스승을 통해서 그대는 어떤 접촉을 얻습니다. 그것은 제가 말했듯이, 불이 있는데 그 불을 일으키려면 성냥개비가 성냥갑을 접촉하기만 하면 되는 것과 같습니다. 성냥개비가 성냥갑을 긋는 순간 우리가 불을 봅니다.
질: 그리고 만약 남(Naam), 즉 입문과 **스승**을 전적으로 받아들이면····
마: 그대의 힘이 자연발로적으로 증가할 것입니다. 왜냐하면 그대의 **현존**은

자연발로적이기 때문입니다. 모든 행위와 반응이 그대의 **자연발로적 현존**과 연관되어 있습니다. 이것은 그대의 **궁극적 진리**로 가는 직선로입니다. **만트라**를 염하는 것은 처음에는 영적인 고문과 약간 비슷합니다. "나는 **브라만**이다, 나는 **브라만**이다, 나는 **브라만**이다." 그러나 이제 순복이 있습니다. "그래, 내가 브라만이다!"

뚜까람(Tukaram)은 말합니다. "사람들은 익사하고 있다. 나는 그들을 도우려고 하지만 그들이 내 도움을 받아들이지 않는다." 꿈들을 무시해야 하듯이, 남들도 무시해야 합니다. 왜냐하면 그대는 더 나은 도리를 알기 때문입니다.

큰 노력으로
그대는 어떤 단계에 도달했습니다.
이제 도로 떨어지지 마십시오.

그대는 산꼭대기 가까이 있습니다. 외적인 분위기에 신경 쓰지 마십시오. 하늘로 곧장 올라가십시오! 집중을 잃지 마십시오.

일단의 소년들이 궁술을 배우고 있었습니다. 그 중에는 가장 위대한 궁사가 될 아르주나도 있었습니다. 그들 중 몇 명이 멀리 떨어진 큰 나무 위에 인조 앵무새 한 마리를 놓았습니다. 그런 다음 모두에게 그 앵무새가 보이는지 물었습니다. 누구나 볼 수 있는 것은 하늘뿐이었습니다. 표적이 너무 멀리 있었기 때문입니다. 그래서 소년들은 웅성거렸고, 이런 불가능한 과제를 어떻게 해결하느냐고 말이 많았습니다. 아르주나에게 앵무새가 보이느냐고 묻자 그가 말했습니다. "눈만 보이고 앵무새는 안 보여."

이것은 대단한 의미, 깊은 의미가 있습니다. "눈만 보인다." 그는 그 눈을 겨냥했고, 표적을 맞혔습니다. 이것은 많은 헌신자들이 있어도 **자기확신**을 가진 사람은 단 한 명뿐일 수도 있다는 것을 잘 보여줍니다. 누구나 "나는 **브라만**이다, 나는 **브라만**이다"라고 말하지요.

모두가 한 사람의 '헌신자'이지만 그런 강한 헌신, 필요한 그런 전적인 집중이 결여되어 있습니다─전적인 집중, 전적인 집중이. 그러니 서서히, 말없이, 영구적으로 그대의 **무아인 진아**에 집중하십시오. 매 순간 삶은 점점 더 줄어들고, 줄어들고 있습니다. 그러니 그것을 가볍게 또는 편의적으로 여기지 마십시오.

저의 스승님이 저에게 말했습니다. "그대가 최종적 진리다."

그래서 저는 최종적 진리입니다.

어떤 에고도 없고, 어떤 자연발로적인 느낌만 있습니다. 그대가 그것을 받아들여야 합니다. 그대 자신과 그대의 스승에게 강한 믿음을 가지십시오.

몸 형상으로 스승을 가늠하지 마십시오.

그대의 스승은 그대의 자연발로적 현존의 일부입니다.

그대의 스승은 그대의 **자연발로적 현존의**, 말로 규정할 수 없는 그대의 **자연발로적이고 익명인 현존의 핵심적 부분입니다**. 안을 들여다보십시오! 누가 듣고 있고, 이야기하고 있습니까? 엄격한 명상. 온전한 집중. (하루에) 불과 두 시간씩의 수행!

질: 우리가 **만트라**를 염할 때는 그 의미에 집중해야 합니까?

마: 지적인 수준에서가 아니라 그냥 자연발로적으로지요. 온전한 신뢰가 있어야 합니다. 마음·에고·지성을 과도하게 사용하면 그대의 영적인 삶을 망치게 됩니다.

늘 그대와 함께하십시오.

그대와 늘 함께하십시오.

이것은 그릇된 종류의 분위기에

섞여들지 말라는 뜻입니다.

이런 영적인 말들이 자동적으로 그대 안에서 **실재**를 실행할 것입니다. 마치 독처럼, 그 결과는 그에 따라 내면에서 이미 자동적으로 작용하고 있습니다. 그것은 한 방울의 감로와 같습니다. "내가 그것이다!" 모든 환幻이 해소될 것입니다. 제가 그대에게 말한 것을 받아들이십시오. 그대 자신을 과소평가하지 마십시오. 일체가 그대 안에 있습니다.

질: 남 만트라를 받고 이틀쯤 지나 **바우사헵 마하라지**님이 나타나셨습니다. 놀랐습니다. 왜냐하면 저는 그분과 어떤 연관이 있다고 느끼지 않았으니까요. 사실 저는 이 스승님에 대해 거의 아는 게 없었습니다. 싯다라메쉬와르

마하라지님과 **니사르가닷따 마하라지**님과는 강하게 연관되어 있다고 느꼈습니다.

　처음 **바우사헵 마하라지**님을 뵈었을 때는 명상 중에 그분이 나타나셨습니다. 제 위에 솟아 있는 거대한 모습으로 말입니다. 당신이 제 머리에 왕관 하나를 놓고 말씀하셨습니다. "이것은 너의 정당한 유산이다." 저는 당신이 **지**知를 가리켜 하신 말씀으로 이해했습니다. 그러고 나서 또 명상을 하고 있을 때 당신이 깊은 청색 복장을 하고 깊은 푸른색 주변을 배경으로 나타났습니다. 뭔가가 제 안에서 열린다는 느낌이 있었습니다. **바우사헵 마하라지**님이 말씀하셨습니다. "은총이 너를 관통하고 있다." 그것은 이 스승님에 대한 아주 또렷한 환영이었고, 아주 강하게 힘을 실어주는 에너지였습니다.

　남 만트라의 직접적인 결과로 많은 일들이 일어나고 있습니다. 예를 들어, 어떤 때는 자연발로적인 웃음이 터져 나오는 일들이 있고, 또 어떤 때는 자연발로적인 울음이 터집니다. 그 눈물은 일종의 쏟아냄이었습니다. 웃음과 눈물 둘 다 행복하거나 슬픈 것과 같은 어떤 기분과도 관련되어 있지 않았습니다. 그래서 여하튼 많은 일이 일어나고 있고, 환상적입니다. 일어나는 일들이 정말 파워풀하고 흥미롭습니다. 저는 스승님들의 강력한 **현존**에 감사를 표하고, 그분들께 이 과정을 계속 도와주시라고 부탁드립니다.

마: 그분들께 도움을 청할 필요가 없습니다. 도움이 이미 있습니다.

　　스승님들이 그대 뒤에 있습니다.

　　이면에서 보이지 않게 작업하면서 말입니다.

그대는 깊이 투신하고 있기 때문에 좋은 체험들을 하고 있습니다.

　남(*Naam*)을 받음으로써 그대는 이 **계보 스승님들**의 도움과 힘을 받고 있습니다. 그대는 그 스승님들과 **하나**입니다. 그대가 깊이 더 깊이 들어갈수록 아주 흥미롭다는 것을 알 것입니다. 그것을 서로 다른 수준으로 가져갈 수 있는데, 그것은 그대가 이제까지 해온 내력 여하에 달렸습니다. 저는 즐겁습니다! 그대의 영적인 공부를 즐기십시오!

121. 마야는 그대가 궁극적 진리에 도달하는 것을 원치 않는다

마하라지: 여러분은 큰 헌신을 가지고 있을 수 있겠지만, 무아인 진아에 점점 가까이 갈 때 어떤 중대한 시점에서 집중을 놓치면 도로 떨어질 수 있습니다. 작은 의심의 기미만 있어도 여러분의 전체 입지를 그르치거나 심지어 결판낼 수도 있습니다.

마야는 여러분이
궁극적 진리에 도달하는 것을 원치 않습니다.
경각심을 유지해야 하며, 안 그러면 얻은 것을 잃어버릴 것입니다!
저는 다양한 이야기들을 이용하여 목적지에게,
산의 정상에게 '이야기'하려고 합니다.
돌아다보지 말고, 내려다보지 마십시오.

만약 어떤 것이 여러분을 유혹하려고 다가오면, 그것이 여러분과 여러분의 목표 사이에 끼어들 것이고, 그러면 집중을 잃는 결과가 나올 것입니다. 아이들의 '뱀과 사다리' 게임처럼 바닥으로 미끄러질 것입니다. 세간에서도 한 번만 미끄러지면 산기슭 아래로 추락할 수 있습니다.

저는 여러분을 경각시키고, 여러분에게 경고하고 있습니다!
환적인 생각, 탐욕, 에고, 마음 등으로 불리는
그런 뱀들을 피하는 법을 보여주면서 말입니다.

이것은 하나의 물질적 몸이고, 그래서 세간적·물질적 끌림 요인들이 있을 수밖에 없습니다. 실재를 알고 나면 전혀 어떤 유혹도 없을 것입니다.

용기 있고 강해지고, 스스로를 도우십시오. 여러분이 자기 자신의 스승이므로, 여러분의 무아인 진아를 납득시켜야 합니다. "나는 어떤 에고도 없는 **궁극적 진리다. 나는 궁극적 진리다. 나는 최종적 진리다.** 내 스승님이 그렇게 말씀하신다." 여러분의 스승이 누구든, 그를 믿어야 합니다. 여러분의 스승을 믿으십시오.

이 지知는 스승을 통해서만
(여러분 안에) 뿌리를 내리게 될 것입니다.
영적인 책을 읽기만 해서는
그 지知가 여러분 안에 새겨지지 못할 것입니다.

이 지知가 여러분을 건드려야 합니다. 그것이 여러분의 심장 자체의 바닥에서 여러분을 건드려야 합니다.

질문자: 마하라지님, 저는 아기들에 대한 질문을 드리고 싶었습니다. 만일 신생아를 받아서 어릴 때부터 이 지知를 가르치면, 그 아이가 자신의 본래적 상태를 이해하겠습니까? 아니면 그것은 다 예정되어 있습니까?

마: 좋은 질문입니다! 아기에게 인상 지워지는 것은 반사됩니다. 아기는 백지상태로 옵니다. 어떤 아이가 범죄자 가정에서 키워진다고 생각해 보십시오. 그 아이는 범죄자가 되지 않겠습니까? 영靈은 일체를 자석처럼 끌어당깁니다. 모든 것을, 30년 전의 기억까지도 말입니다. "오, 그건 내가 알지." 자연발로적인 자동사진술처럼, 영靈은 꿈들을 포함한 모든 것을 항시 기록하고 있습니다. 아기 안의 영靈은 새 컴퓨터처럼 완전히 백지상태입니다! 그래서 예, 무엇을 느끼든 다 반사됩니다. 인상들이 새겨질 것입니다.

질: 그러니까 그 말씀은, 어린 아기에게도 영향을 줄 수 있다는 것이군요. 니사르가닷따 마하라지님은 일체가 5대 원소로부터 예정되어 있다고 말씀하시는 듯합니다. 우리가 깨닫게 되든 않든, 달라지는 건 없습니다.

마: 어떤 '예정'도 없습니다!
누가 예정합니까?
그대가 이야기하고 있는 것은 몸에 기초한 지知입니다. 그대는 그것을 넘어서 있습니다. 누가 판정했습니까?

질: 5대 원소의 조합입니다.

마: 존재성 이전에 5대 원소가 있었습니까? 어떤 조합이 있었습니까?

질: 현상계가 나온 뒤라는 뜻으로 말씀드린 것입니다.

마: 그대는 이전에 5대 원소를 알았습니까? 아무것도 그대에게 알려져 있지 않았습니다.

질: 모두 개념적입니까?

마: 우리가 가르칠 때는 에고를 취합니다. 가르침을 통해서 우리는 그대가 **궁극적 진리**라는 것에 대해 청자의 주의를 요청합니다. 우리가 전달하는 것이 더없이 중요합니다. 일체가 그대의 큰 컴퓨터 안에 기록되고 있습니다. 거기에 수천 개의 프로그램이 저장됩니다. 어릴 때부터 오늘날까지 수많은 프로그램들이 그대 안에 밀집했고, 그 조건화 때문에 그대가 일순간에 자동적으로 응답할 수 있을 정도가 되었습니다.

그대는 어릴 때부터 한 번이라도 접촉한 사람을 아직도 다 알고 있습니다. 그대는 하나의 **마법 상자**, 아주 강력한 컴퓨터와 같습니다. 저는 계속 그대의 엄청난 **힘**에 대해서 이야기하고 있습니다. 그대는 달리 어디로 갈 필요가 없습니다.

그대가 **궁극적 진리, 최종적 진리**입니다. 그러니 몸-형상으로 그대 자신을 가늠하지 마십시오. 명상이 변화를 가져옵니다. 그대는 바른 길에 들어서 있습니다.

질: 그러나 가끔 제 마음을 잃어버린다는 느낌이 듭니다.

마: 마음에게 주의를 베풀면 마음은 그대에게 문제만 안겨줍니다. 이 '마음'을 알면 그것을 무시하십시오. 마음은 그대를 그릇된 길로 벗어나게 하려고 하기 때문입니다. 그대는 그것이 장난질일 뿐이라는 것을 압니다.

질: 그것이 어떤 힘의 느낌을 줍니다. 마야가 우리를 속이고 있습니다.

마: 스승의 언설을 분석하지 마십시오. 그들이 전달하고 싶어 하는 것은 그대의 **현존**의 비밀입니다. 그대가 **궁극적 진리, 최종적 진리**입니다. 그렇게 하기 위해 모든 **스승**이 서로 다른 기법, 서로 다른 말들을 사용합니다.

질: 저는 '존재성 이전'을 어떻게 탐색할 수 있습니까?

마: 존재성 이전에는 그대가 자신에게 알려져 있지 않았습니다. 그러다가 그대는 한 사람의 남자나 여자로 행세하고, 어쩌면 **자기탐구**를 조금 하다가 몸을 떠나겠지요. 아무것도 남지 않습니다. 영적인 공부를 왜 합니까? 그대가 자신의 **정체성**을 잊어버렸기 때문입니다. 존재성 이전에 그대는 어떻게 있었습니까? 형상이 없었지요! 무형상! 그대는 무형상이었습니다.

122. 망치질, 또 망치질

마하라지: 우리는 여러분에게 망치질을 하고 또 망치질 합니다! 우리가 바위에서 원치 않는 부분들을 제거할 때 여러분은 어떤 고통을 느낄 것입니다. 그 바위가 **바가반**이고 주님이고 신입니다. 스승은 신의 훌륭한 상像을 만들기 위해 환적인 몸의 원치 않는 부분들을 제거합니다. 그 망치질이 바로 지금 어떤 고통을 야기하고 있지만, 그럴 만한 가치가 있겠지요. 나중에 여러분은 웃으면서 외칠 것입니다. "아! 행복해!"

자기투신을 하십시오!

이제 여러분은 힘을 좀 지녔고 **실재**를 아니, **지**知를 실천에 옮길 수 있습니다. 한눈팔게 하는 것, 가로막는 것, 장애물, 어려움들이 있을 것이고, 여러 가지 형태의 **마야**가 여러분을 끌어 내리려고 합니다. 이런 물질적 끌림 요인들이 잠시 불균형을 야기할지 모르지만, 여러분 자신을 제어할 수 있을 것입니다. 여러분의 **내적 스승**의 인도를 받게 됩니다. **내적인 목소리**가 "그것은 하지 마라!" "이것을 하라!", "조심하라!" 등으로 말할 것입니다.

질문자: 저의 직업생활에서는 사무실 내에서 (사람들 간에) 많은 정치가 벌어지고 있습니다. 제가 끌려듭니다.

마: 낙담하지 마십시오! 그대의 임무를 처리하고 퇴근하십시오. 사람들이 그대를 모욕한다 해도 그들을 무시하십시오.

그대의 영적인 임무에 정직하십시오.

그대의 무아인 진아에 정직하십시오.

가족, 친구들 그룹, 늘 경쟁이 있는 사회생활에 대해서는 신경 쓰지 마십시오. 여기서는 그대가 **완전함**을 얻을 것입니다.

저는 은행에서 일할 때, 화난 고객들을 맞이하곤 했습니다. 제가 맨 먼저 한 일은 차를 한 잔 내주면서 그들을 진정시키는 것이었습니다.

질: 실무적이고 직업적인 삶이 영적인 삶에 도움이 됩니까?

마: 체험과 수행은 그대의 일상생활에 분명히 도움이 될 것입니다. 인내심

이 있고 편견이 없으면, 긍정적인 접근법을 계발하게 될 것입니다. 영적인 공부는 그대가 세간에서 요령 있게 처신하는 데 도움이 될 수 있고, 에고와 지성을 적당히 사용하는 법을 가르쳐 줄 것입니다. 어떤 생각을 지니고 어떤 생각을 지니지 않을지, 생각들의 심판관이 되어야 합니다.

질: 가부가 분명해야 하는군요?

마: 분별력을 사용하십시오! 그대가 스승입니다! 그대의 존재는 마음·에고·지성을 넘어서 있습니다.

그것 안에 머무르십시오!
저 궁극적 진리 안에 있으십시오!

123. 그대의 위대함에 절하라

질문자: 구루 혹은 스승이 필요합니까?

마하라지: 예, 그대에게 실재를 보여주기 위해 스승이 필요합니다. 그대는 스승을 만나기 전의 거지 소년과 같습니다. 스승이 그대는 자신의 두 발로 걸을 수 있다고 말해줍니다.

영적인 삶과 수행의 노력을 할 때, 처음에는 넘어질지 모르지만 다시 일어날 수 있습니다. 스승은 그대에게 계속 시도하라고 격려합니다. 그대는 자신을 만류하면서 우울해하는 데 익숙해져 있습니다. 자신감이 부족하기 때문이고, 그 이면에 어떤 에고·자존심 또는 위신이 있기 때문입니다. 그런 것들이 이 도상에서, 영적 공부의 길에서 적입니다.

인도 문화에서는 사람들이 사원에 가면 절을 합니다. 그들이 하는 행위가 그대가 하는 행위입니다.

내면에서 순복하고, 자기순복을 해야 합니다.
그대의 무아인 진아에게 절하십시오.

그대는 위대합니다!

그렇게 하면 그대가 위대하다는 표지를 얻을 것입니다. 위대한 분들은 늘 겸허합니다. 겸허하고, 친절합니다. 그것이 성자들의 한 특징입니다.

삶 속에서 일어나는 현실은, 사람들이 "나는 지위를 얻었다. 위신을 얻었다"고 말한다는 것입니다. 그것은 건조한 지知입니다. 이 지知가 그대를 건드려야 합니다. 그것이 그대의 심장 바닥에서 그대를 건드려야 합니다. 그것이 그대의 심장 바닥을 건드려야 합니다.

스승이 그대를 경각시킵니다. 스승이 있어 그대를 인도합니다. 스승은 지휘적 성품을 가지고 있습니다. 스승이 그의 지휘적 성품을 통해 힘을 베풀고 있습니다. 지휘적 힘입니다! 그가 힘을 실어 말한 것을 실천에 옮기십시오. 그 힘에 값할 만한 사람이 되십시오.

그대에게 드린 모든 것에 값할 만해야 합니다.

어떤 의심도 없이 그 힘을 받아들여야 합니다.

의구심을 가지고 받아들이면,

그것이 충족되지 않을 것입니다.

따라서 일체가 그대 안에 있습니다. 모든 비밀이 그대에게 열려 있습니다. 공개적인 비밀입니다. 어떻게 행위하고 반응할지는 그대에게 달렸습니다. 스승이 그대에게 힌트와 단서들을 주었고, 그대의 기회를 제한할 수 있는 한눈팔기와, 그대를 딴 길로 가게 할 수 있는 사건들에 대해 경고해 주었습니다.

그러나 사람들은 스승의 인도를 등한시하고 있습니다. "나는 헌신자다" 하는 사람들이, 마음·에고·지성이 만들어내는 의구심 때문에 스승의 말을 등한시하고 있습니다. 진리 전체가 그대 앞에 놓입니다. 그런데도 왜 무슨 의심을 갖습니까? 그래서 그대는 마음·에고·지성의 지시를 따르면 안 됩니다.

공개적인 진리, 명백한 진리가 모두 제시되었고,

그대 앞에 진열되었습니다.

우리는 실재를 그대에게 납득시키기 위해 최선을 다하고 있습니다.

청자가 압력을 받고 있고, 그래서 명상이 순복을 가져다줍니다.

저는 그대를 납득시키려고 애쓰고 있습니다! 우리는 "신은 위대하다"고 말하지만, "신은 위대하다"고 말하는 그 사람이 신보다 더 위대합니다. 어떤 학생에게 백 점을 줄 때 우리는 "우수하다!"고 말합니다. 그러나 그 우수함은 그대의 우수함에서 옵니다. "아름답다!"고 말하는 것은 아름다움의 원리가 그대 안에 있다는 것을 의미합니다. 우리는 "아주 좋습니다!"라고 하는데, 그것은 그대 안에 아주 좋은 성품이 있다는 것을 의미합니다. "착하구나!"라는 것은 그대 안에 착함이 있음을 의미합니다.

그대는 자신의 자질들을 무시하고 있고, 그대의 **마법 상자**를 중요시하지 않고 있습니다. 집중의 시기가 지나고 나면 **명상의 열쇠**가 그대의 **마법 상자**를 열어 줄 것입니다.

124. 그대의 비밀을 알아야 한다

마하라지: 우리는 몸에 많은 집착, 많은 애정을 가지고 있는데, 궁극적으로 그것이 해소되어야 합니다. 그럴 때만 두려움이 없게 될 것입니다. 모든 존재가 두려워하는 까닭은, **아뜨만·브라만**이라고 불리는 **영靈**이 그 자신의 존재를 모르기 때문입니다. 그것은 그 몸-형상 안에서만 자신을 압니다.

영靈이 몸과 맞물렸을 때 그것은 "나는 이것이다"라고 (그 몸을) 받아들였습니다. 그리고 그것을 좋아하고, 즐기고, 몸을 통해 살아남기를 원합니다. 이 몸을 통해서 **영靈**은 행복과 평안을 얻습니다. 이 **보이지 않는 영靈**은 그 자신의 존재를 전혀 인식하지 못합니다.

영靈의 존재는
몸을 통해서만 발견됩니다.
몸은 살과 피와 뼈로 만들어진 그것의 매개물입니다. 이 몸이 한 가족을 산출하는 것은 영靈 때문입니다. 이 비밀, 여러분의 비밀을 알아야 합니다.

이것은 신의 비밀이나,

브라만·아뜨만·빠라마뜨만의 비밀이 아닙니다.

이것은 어떤 몸-형상도 없는 여러분의 비밀입니다.

그러니 여러분 자신을 알고, 침묵하십시오.

단어들과 싸우지 마십시오. 이것은 토론이 아닙니다. 사람들은 늘 질문을 하고, 이야기를 하고, 이야기를 하지만, 전 세계가 환幻입니다.

여러분 자신을 알고 침묵하십시오.

불생不生의 아이에 대해 여러분이 어떻게 이야기할 수 있습니까? 그 아이는 불생입니다. 우리가 늘 이야기하고 있는 이 아이는 환幻입니다. 어떤 일도 일어난 적이 없습니다. 어떤 일도 일어나지 않을 것입니다.

스승이 여러분의 실재를 여러분에게 납득시킵니다.

그러고 나면 여러분이 자신을 납득시켜야 합니다.

스승이 여러분을 설득하고 나면 여러분이 자신을 납득시켜야 합니다. 그러다 보면 결론에 이르고, 확신에 도달합니다. 납득시키기가 확신으로 이끌어줍니다. 납득시키기가 확신으로 이끌어 줍니다. "그래! 여기저기 그렇게 헤매고 다닌 끝에 마침내 나는 확신한다." 여러분은 자신이 곧 목적지임을 압니다. 여러분이 궁극적 진리이고, 최종적 진리입니다.

여러분은 자신이 곧 목적지임을 압니다.

여러분이 궁극적 진리이고, 최종적 진리입니다.

보는 자를 보아야 합니다! 그러나 보는 자를 볼 수는 없습니다. 왜냐하면 그 보는 자는 눈에 보이지 않고, 익명이고, 정체불명이기 때문입니다.

우리가 영적인 지知라고 하는 것은 무슨 뜻입니까? 여러분의 영적인 눈이 여러분의 영적인 지知입니다. '나'가 사라집니다. 아무도 없습니다. '나'도 없고, '너'도 없고 아무것도 없습니다. 여러분은 전적으로 초연하고, 세계에 상관하지 않습니다. 어떤 체험도, 체험자도, 어떤 주시도, 주시자도, 어떤 이원성도 없습니다―아무것도. 어떤 이원성이나 개인성도 없습니다. 이것은 희유한 지知입니다. 일체가 사라질 때, 거기에 여러분이 있습니다.

자기투신(self-involvement)으로, 깊은 자기투신을 통해서, 여기에 이르게 될 것입니다. 제가 지금 말하고 있는 것을 진아지로서 직접 알게 될 것입니다. 이것이 진아지입니다.

제가 지금 말하고 있는 것을,

여러분이 직접적으로 알고 깨달을 것입니다.

자기투신이 진아지를 가져옵니다.

제가 처음 니사르가닷따 마하라지님을 찾아갔을 때는 당신이 말씀하시는 것을 이해할 수 없었습니다. 저에게는 그것이 어떤 외국어 같았습니다. 그래서 당신은 아주 직접적인 접근법을 사용했습니다. 왜냐하면 저의 정신적·영적 능력이 바닥이었기 때문입니다. 그러나 당신은 늘 저를 격려하면서, "잘 들어라, 잘 들어!" 하셨지요. 그리고 이제 이 지知가 드러났습니다. 시간이 지나자 자연스럽게, 쉽게 이해가 되었습니다.

질문자: 니사르가닷따 마하라지님을 뵈었을 때 몇 살이셨습니까?

마: 1962년이니까 약 스물한 살이었지요. 흔히 일어나는 일이지만, 환경이 우리를 **궁극적 진리**로 나아가지 않을 수 없게 합니다. 만일 안락한 삶을 살고 있으면 나아가지 않을 것이고, 어려움이 있으면 그것을 수용할 것입니다. 간단한 예로, 이를테면 그대가 아이일 때 뭔가가 그대를 겁먹게 하면 그대는 비명을 지릅니다. "귀신이다!" 그리고 엄마한테 달려가 엄마를 부둥켜안습니다. 왜냐하면 엄마는 **궁극**이고 그대의 보호자이기 때문입니다. 스승과 제자도 마찬가지입니다. 스승이 어머니이고, 스승이 아버지입니다. 스승은 모든 것입니다. 스승은 곧 신입니다.

니사르가닷따 마하라지님은 이렇게 말씀하시곤 했습니다.

"만일 내가 운이 좋으면, 불운이 나에게 올 것이다.

어려움이 나에게 올 것이다."

당신의 삶 속에서는 실제로 어려움이 많았습니다. 수많은 고통, 수많은 손실이 있었습니다. 그러나 당신은 도망가지 않았습니다. 어떤 불가능한 상황에 직면해도, 늘 확고하고 강한 상태로 있었습니다. 그분께는 시련이 많았지요.

그리고 임종을 앞두고도 제 **스승님**은 돌아가시기 며칠 전까지 계속 가르쳤습니다. 인후암으로 그토록 고통이 심하고 각혈을 하면서도 결코 불평하지 않았습니다. 그것이 당신의 위대함을 보여줍니다.

사람들은 일반적으로 문제에서 도망가는 경향이 있습니다. 그들이 명상 기타 수행을 하고 있을 때는 종종 이렇게 묻습니다. "왜 나에게 이런 문제들이 있는가?" 마치 그것과 어떤 관련이 있다는 듯이 말입니다.

영적인 삶과 세간적 문제 간에는

아무 관련이 없습니다.

몸-지知를 영적인 지知와 뒤엉키게 하지 마십시오. 그것들은 상관관계가 없습니다. 그대의 토대를 튼튼하게, 아주 튼튼하게, 견고하게 하십시오. 그것이 **확신**으로 이끌어줄 것입니다. 이 외에는 아무것도 없습니다.

그러니 그 누구도, 그 무엇도 그대를 이 귀중한 지知에서 벗어나게 하지 못하도록 하십시오. 시험들이 올 것입니다. 그러니 언제나 경각심을 갖고, 강한 상태로 있으십시오. 사람이나 사물들에 한눈을 팔지 마십시오. 다른 사람들은 환幻의 압력 하에 있을 수 있고, 그들의 환幻을 그대에게 강요하고 싶어 할 것입니다. 연속성을 유지하십시오.

질: 공부가 계속 이어지게 해야 하고, 또한 누구와 함께 시간을 보낼지 주의해야 한다고요? 그렇군요!

마: 물론입니다. 이것은 더없이 중요합니다. 니사르가닷따 마하라지님은 당신의 헌신자와 제자들에게 이렇게 조언하시곤 했습니다. "그대를 방해하고, 그대의 원리에서 벗어나게 할 그런 부류의 사람들과는 어울리지 말라." 원리란 곧 **궁극적 진리**입니다. 경각심을 가져야 합니다. "나는 안다"는 것을 스스로 상기하십시오. 마음이 약하면 한눈을 팔게 됩니다. 그래서 당신은 그들에게 아주 조심하라고 한 것입니다. 곧잘 이렇게 말씀하셨지요.

"세상 사람들이 그대를 호주머니에 집어넣을 수 있을 만큼

너무 싸게 굴지 말라."

당신은 종종 우리에게 도움이 되는 정보를 주었습니다. 그것은 실용적이었기 때문에 좋은 정보였지요. "자존감을 가져야 한다"는 말씀도 하시곤 했

습니다. 당신은 아주 현실적이고 아주 실용적이었습니다. 제가 어떤 교육을 받은 것도 제 스승님이 저를 위해 안배해 주셨기 때문입니다.

옛날 옛적에는 제가 정말 하찮고, 아주 하찮았지만,
지금의 저는 하나의 기적입니다. 정말 하나의 기적입니다.

저는 제 과거를 압니다. 오늘의 저, 오늘의 저인 모든 것은 다 제 스승님 덕분입니다. 오로지 당신 때문입니다. 저의 삶에서 극적인 변화가 일어난 것은 저의 위대하신 **스승님 니사르가닷따 마하라지**님 때문입니다. 저는 이제 같은 지知를 모두와 함께 나누고 있습니다.

그대들 가운데 얼마나 많은 사람이 그것을 기꺼이 받아들입니까?
받아들이고 안 받아들이는 것은 여러분에게 달렸습니다.
그 비밀을 공개하는 것이 저의 임무입니다.

보석의 동굴이 여러분을 위해 열렸습니다. 여러분이 잃어버린 보배가 발견되었습니다. 그것을 가지십시오! 거기서 원하는 만큼 많이 가져가십시오! 가져갈 수 있을 만큼 가져가고, 여러분의 역량에 따라 양껏 가져가십시오.

질: 저는 조금만이 아니라 다 갖겠습니다! 그러겠습니다! 저는 이 희유한 보배를 발견하려고 너무 오래 기다려 왔기에, 갈증과 허기가 한이 없다고 느낍니다.

125. 힘의 전이

질문자: 은총이 무엇입니까? 최근에 몇 사람이 당신의 은총을 청했다는 이야기를 들었습니다.

마하라지: 은총은 일종의 지지요 격려입니다. 사람들은 "**사드구루**(Sadguru), 곧 마하라지가 당신에게 은총을 주거나 당신을 축복해줄 것입니다"라고 말합니다. 그것은 그대가 기대하는 것이 현실화될 것임을 보증해 준다는 뜻

입니다. 오늘날에도 은총을 둘러싸고, 은총과 저주를 둘러싸고, 많은 미신이 있습니다.

만일 어떤 사람이 (스승에게서) 자신이 원하는 것을 얻지 못하면 "당신을 저주하겠습니다"라고 말할지 모릅니다. 그러나 우리의 영적인 언어로, 은총은 우리가 우리의 **무아인 진아**에게서 무엇을 기대하든, 그것이 현실화될 거라는 것을 의미합니다. 그렇게 될 것입니다. 그래서 헌신자는 **신**을 기쁘게 하고, **스승**을 기쁘게 하기 위해 헌신을 보이고, 사랑을 표현합니다. 저는 기대함이 없는 **무아적** 사랑을 말하는 것이지, 이기적인 사랑을 말하는 게 아닙니다.

스승이 그 헌신자에 대해 즐거워하고 그가 참된 헌신자임을 알 수 있으면, 그에게 은총을 베풉니다.

헌신자가 스승에게 무아적 사랑을 보여줄 때는
스승이 자신의 힘으로 그에게 은총을 베풉니다.

스승은 엄청난 **힘**을 가지고 있습니다. 단지 이해의 목적을 위해, 제가 한 가지 이미지를 제시하겠는데, 금방 잊어버려야 합니다. 인도철학에서는 '**힘의 전이**(Transference of Power)'를 이야기합니다. 그대가 알다시피 모든 **힘**은 그대 안에 있습니다. 그러나 단지 이해를 위해, '힘을 전이하기' 같은 그런 개념들이 존재합니다.

그대는 이미 **힘**, 에너지를 가지고 있지만 그것을 잊어버렸습니다. **스승**은 그대가 엄청난 **힘**을 가지고 있다는 것을 그대에게 보여줍니다. 그래서 그가 이 **힘**으로 그대에게 은총을 베푸는 것입니다.

스승은 그대 안에 있는 힘,
바로 그 힘으로 그대에게 은총을 베풉니다.

몸-형상을 제외하면 **스승**과 제자 사이에 아무 차이가 없고, 그래서 **스승**은 다양한 말들, 반복, 담론과 대화를 통해 그대의 **힘**을 그대에게 납득시킵니다.

그대의 무아인 진아에 완전히 헌신하면,
은총을 받게 될 것입니다.

질: 완전히 헌신하는 데는 어려운 점이 있습니다. 특히 우리가 가족과 함께 세간에 살고 있고, 관계들에서의 문제, 늘 일어나는 일들이 있을 때는 말입니다.

마: 어떤 일도 일어나고 있지 않습니다. 이것은 하나의 긴 꿈, 긴 꿈입니다. 성자 **사마르타 람다스**(Samartha Ramdas)는 이렇게 말합니다. "이것은 우리가 그 속에서 내 어머니, 누이, 내 아내, 내 아들을 말하는 하나의 긴 꿈이다." 우리는 많은 감정, 많은 느낌을 가지고 "이분은 내 어머니, 내 아버지, 내 형제, 내 자매, 내 아내, 내 신이다"라고 말합니다. 우리는 이런 모든 것을 이야기하지만, 아무것도 없습니다. 이 모든 관계는 몸-형상과 관계됩니다.

몸-형상 이전에는 어떤 관계도, 누구도, 어떤 형제도, 누구도, 어떤 자매도, 누구도, 어떤 **스승**도, 누구도, 어떤 **브라만**도, **아뜨만**도, 아무것도, 아무것도, 아무것도 없었습니다. 그대는 이 모든 것을 문자적으로는 이해할 수 있겠지만, 그것이 실제에 적용될 필요가 있습니다. 그렇게 되어야만 그것이 **확신**으로 이끌어줍니다.

그것을 논리적으로, 지적으로 이해할 수는 있겠지만, 이 지知는 살아내야 하는 것입니다. 그와 같이 살아야 합니다. 니사르가닷따 마하라지님이 말했습니다.

"나는 그런 삶을, 그런 영적인 삶을 살고 있다.
나는 지적으로, 또는 논리적으로 이야기하지 않는다.
나는 살아 있는 지知를 바탕으로 이야기한다."

그대가 수전(Susan)의 이야기를 살아내고 있듯이 말입니다. 우리는 그대의 이야기를 들려주고 있습니다. 그대는 수전이고, 그래서 그 이름을 들으면 그대가 외칩니다. "이건 제 이야기입니다." 그것은 그대의 전기를 읽는 것과 같습니다. 왜냐하면 **스승**은 어떤 상상적 이야기를 들려주는 것이 아니라 그대의 진짜 이야기, 그대의 실화를 들려주고 있기 때문입니다. 그래서 그대가 완전히 투신하고, 완전히 헌신하면 은총이 옵니다. 그대가 "나는 그런 삶을 살고 있다"는 것을 알 때 말입니다.

독서·명상·지知·기도 등 이런 모든 과정은 오로지 그대의 무아인 진아를 확인하기 위한 목적에서 존재합니다. 이 모든 수련들이 있는 것은 그대가 그 결론에 도달할 수 있게 하기 위해서입니다.

질: 그 결론이 무엇입니까?

마: 아무것도 없다는 것이지요! 마치 양파를 한 겹 한 겹 벗겨내고 나면 아무것도 남지 않듯이 말입니다. 이것은 공개적인 비밀입니다. 저는 그 비밀을 그대에게 드러내고 있습니다. 이것은 사물을 우회적으로, 간접적으로 설명하는 지知가 아닙니다. 이것은 직접지입니다. 직접적인, 살아 있는 지知입니다. 그저 이것을 소화하십시오. 이것을 소화하십시오.

　이것은 직접지입니다.

　직접적인, 살아 있는 지知입니다.

질: 뭔가 말하고 싶은 충동이 있지만, 어떤 단어도 없습니다.

마: 침묵하십시오! 묵연하십시오!

126. 영적인 깨침

질문자: 꾼달리니(kundalini)와 차크라(chakras)는 어떻습니까?

마하라지: 이런 차크라, 저런 차크라―어떤 차크라도 없습니다! 이런 건조한 지知는 일시적 오락입니다. 존재성 이전에는 어떤 차크라도 없었습니다. 그대가 꾼달리니라고 하는 것은 무슨 뜻입니까? 그것은 몸과 연관될 뿐입니다. 그대는 그것 너머, 그것 너머입니다.

　문자적인 지知의 노예가 되지 마십시오. 그대의 내면을 보십시오. 일체가 열려 있습니다. 수많은 책, 수많은 개념들이 존재합니다. 모두가 그대에게 이것을 하라, 저것을 하라고 요구합니다. 왜입니까? 어떤 행위도, 어떤 행위자도 없습니다.

이 지知는 비상한데, 그대의 것입니다.

그러나 에고는 그대가 그것을 되찾는 것을 허락하지 않습니다.

그대가 환적인 생각들의 범주를 타파하는 것을 그것이 가로막습니다. 그대는 아직도 구원을 찾고 있습니다. 그대는 이미 자유로운데 왜 '구원'입니까? 왜 '해탈'입니까? 존재성 이전에는 어떤 해탈도 없었습니다. 그대는 자신의 생각과 개념들에 속박되어 있습니다.

질: 그러나 우리가 무아인 진아를 알려면 몸을 이용해야 합니다. 그렇지 않습니까?

마: 몸을 이용해야지요. 그것은 하나의 매개물입니다. 영靈은 몸을 통해서만 그 자신을 압니다. 그것은 "나는 브라만이고 신이다"라는 것을 모릅니다.

"나는 몸이 아니다, 나는 마하트마다"라고 샹까라가 말했습니다. 그는 자신이 브라만이라는 확신으로 살았습니다. 이 확신이 지知로 이끌어줍니다. 그대의 현존은 매우 귀중합니다. 이 꾼달리니와 차크라 이야기로 그대의 시간을 낭비하지 마십시오!

질: 우빠사나(upasana)의 의미는 무엇입니까?

마: 그대는 아이가 아닙니다! 왜 알고 싶어 합니까? 그대가 책에서 읽는 것은 우빠사나가 아닙니다. 문자적 지知의 노예가 되지 마십시오. 그대는 초심자가 아닙니다.

질: 시간은 기억 속에만 있습니까?

마: 누구의 기억입니까?

질: 시간은 기억 속에 있을 수밖에 없습니다. 기억이 없으면 시간이란 없으니까요.

마: 몸-형상으로 그대 자신을 고려하면 기억·시간·업業(karma) 등이 있습니다. 그러나 존재성 이전에 무슨 업이 있었습니까? 그대는 『기타』를 읽었습니까?

그대 자신에게 절해야 합니다.

절한다는 것은,

그대가 그것을 통해 그대의 무아인 진아를 아는

'그것'에게 절하는 것을 의미합니다.

그것은 하나의 자연발로적 행위입니다.

그대가 해탈(mukti)·우빠사나·차크라 혹은 무엇에 대해 이야기할 때, 그대는 불생不生의 아이에 대해 이야기하고 있는 것입니다.

불생의 아이에 대해서는 신경 쓰지 말고,

그대의 위대함을 기억하십시오.

제가 말했지요. 그대는 **마법사**이고, 그대 안에 있는 **마법 상자**를 전 세계로 열 수 있는 열쇠를 가지고 있다고. 명상·바잔 등의 과정들이 있는 것은 그대가 자신의 위대함을 잊어버렸기 때문입니다. 그대는 **지**知를 알고 나서도 여전히 다른 데로 가고 싶어 합니다. 수백만 루피를 가진 부자인데도 계속 "1루피만 주십시오" 합니다.

황금 접시를 이미 그대에게 주었지만,

그대는 그 접시를 구걸하는 데 쓰고 있습니다.

지知가 있고, 실재가 그대 앞에, 그대 안에, 그대 주위에, 도처에 있습니다. 같은 말을 제가 얼마나 많이 해야 합니까! 그래서 끊임없는 망치질이 필요합니다. 잘 들으십시오! 어떤 발현업도, 업業도, 운명도 없습니다. 명상과 그 기운을 통해서 그대는 마치 병아리처럼 딱딱한 껍질을 쪼아 뚫고 나올 것입니다. 그대가 **브라만**이고, 그대가 **아뜨만입니다!**

이 모든 추구, "내가 어디 있지? 내가 어디 있나?"

그대는 항상 여기 있는데 말입니다.

니사르가닷따 마하라지님은 이렇게 말씀하시곤 했습니다. "어떤 길도, 어떤 죽음도, 어떤 방도, 어떤 경로도 없다. 그대는 늘 그대와 함께한다." 직접적인 망치질이지요! 그대가 **최종 종착지**입니다. 만일 그대가 **실재**를 알고 나서도 여전히 다른 데로 가고 싶다면, 혼란만 더할 뿐입니다. 그 수많은 곳을 언제까지 계속 찾아다니려 합니까? **방문자**인 그대 자신이 **궁극적 진리**인데도?

그 방문자가 궁극적 진리입니다.

그대가 해야 할 일은 그대 자신의 장소를 방문하는 것뿐입니다.

이것은 지적인 지知가 아닙니다.

그것은 실재입니다.

질: 우리는 어떻게 살아야 합니까? 무엇이 최선의 길입니까?

마: 어떻게 살지를 그대들에게 말했지요 — 하늘같이 살라고. 하늘은 그 자신의 존재를 모릅니다. 그것은 그 자신에게 알려져 있지 않습니다. 그대의 **현존**은 알려지지 않은 **현존**입니다. 니사르가닷따 마하라지님은 이렇게 말씀하시곤 했습니다.

"실재는 그대에게 알려져 있지 않다.

그러니 그와 같이 살라.

그러면 그것이 그대에게 문제가 되지 않을 것이다."

그대는 어떻게 살아야 합니까? 몸이 해체될 때 그대는 어떠하겠습니까? 과거도 잊어버리십시오! 현재도 없고, 미래도 없고, 과거도 없습니다! 지금까지 그대가 해온 것들, 그냥 놓아버리십시오! 그것이 그대를 **최종 목적지**에 데려다 주었습니다. 지知는 그대가 무엇을 하는지, 무엇을 먹는지와 상관이 없습니다. 뭐든 과하게 취한 것은 독입니다. 문자적 의미들을 취하지 마십시오! '하라', '마라' 하는 제약과 투쟁에 말려들지 마십시오.

자신이 행위자라는 에고를 취하지 마십시오.

그대는 아무것도 할 수 없습니다.

질: 그것을 항상 기억하기란 어려운 일입니다.

마: 어렵지 않지요. 간단합니다. 만일 그대의 몸이 음식을 원하면 음식을 먹어주되 과도하게 먹지 마십시오. 너무 많은 자유는 독입니다! 그대 자신을 존경하고, 남들을 존경하십시오. 겸허하고 자비로우면서 미세한 에고를 제어하십시오. 에고에게 "안 돼"라고 말하십시오.

모든 성자들은 겸허합니다. 그들같이 되십시오!

그 모든 성자들은 그대 안에 있습니다.

그대는 그들이 그대와 별개이고 그대와 다른 것처럼 말하고 있습니다.

존재하는 것은 단일성(Oneness)뿐입니다.

마치 하타 요가를 스스로 익히듯이, 그대 자신을 가르치십시오. 불가능

없다는 것을 깨달으십시오.

저 실재를 받아들이십시오. 그것은 그대 안에 있습니다.

저 스승적 본질이 그대 안에 있습니다.

그러면 마침내 배회하기를 멈추게 될 것입니다.

스승이 그대를 신에게 소개했고, 그대에게 신을 보여주었습니다. 그래서 **까비르**가 그의 스승에게 절한 것입니다. 누군가의 생각에 노예가 되지 마십시오.

질: 저는 여전히 저 자신을 '나'로, 남들을 '그들'로 봅니다.

마: 그대는 그 **보는 자**를 볼 수 있습니까? 그대가 **보는 자**를 보지 못하는 것은 그 **보는 자**가 **궁극적 진리**이기 때문입니다. 이것은 몸과 관계되는 이야기입니다. 그대 외에는 어떤 **신**도 없습니다. 신은 그 자신의 존재성을 가지고 있지 않습니다. 몸-형상에 대해 생각하기를 멈추십시오. 그대는 몸이 아니라 몸의 보유자입니다. 몸-형상을 상상하면 안 됩니다.

그대는 몸 건립자가 아니라, 몸 보유자입니다.

그대의 내적 시각을 이용해서 보십시오! 영적으로 강해지십시오! 그대의 몸-지知가 완전히 해소되어야 합니다. 계속 **남**(Naam)을 염하십시오!

그대는 세계의 투사자이지 투사물이 아닙니다. 그 **질문자**는 눈에 보이지 않습니다. 그 **질문자** 자체가 답입니다. 그것을 단순하게 유지하십시오.

환幻이라고 말하는 것도 환입니다.

아무것도 하지 마십시오.

존재성 이전에는 그대가 아무것도 하지 않았습니다.

몸이나 마음을 사용할 수 없다면,

그대의 현존을 어떻게 알 수 있습니까?

그저 자신을 돌아보십시오.

이 모든 생각들을 주시하고 있는 그것을 바라보십시오.

그대는 환적인 몸-기반을 가지고 그대 자신을 알려고 합니다. 불가능하지요! 존재성 이전에 있던 그대로의 그대 자신을 아십시오. 그것은 어떠했습니까? 그대는 "나는 모른다"고 합니다. 이 '부정적' 답변은 어떤 '긍정적인 것'에서 왔습니다.

"나는 모른다"는 "나는 안다"를 의미하지만,

'나'는 어떤 형상으로도 있지 않았습니다.

그 앎이 현존, 곧 "내가 있다"입니다.

그대는 자신이 모른다는 것을 압니다.

간단히 표현하자면, 그것은 아이들이 놀면서 한 명이 "똑똑, 누구세요?" 하면, 다른 아이가 "아무도 없어요!" 하는 것과 같습니다. 여기서 "아무도 없다"는 대답이 의미하는 것은, "아무도 없다"고 말하기 위해서는 먼저 '누군가'가 있어야 한다는 것입니다.

저 익명의, 보이지 않는, 정체불명의 현존처럼 사십시오!

사람들은 가끔 이곳을 마치 전시장 방문하듯이 옵니다. 그들은 전혀 접촉 받지도 않고, 감동 받지도 않고, 석상처럼 앉아 있습니다. 마치 냉정하게 정보를 수집하거나 여론조사용 통계를 모으는 것 같습니다. 그들이 자신의 틀을 벗어나서 제 스승님들의 위대함에 경탄하는 것을 그들의 에고가 허락하지 않습니다.

그들은 이 스승님들에게 아무런 존경심을 보이지 않습니다. 이런 대답, 이 실재가 사람들의 심장을 건드려야 합니다. 한 방문객은 이곳에 일주일째 있는데, 저는 그의 얼굴에서 어떤 효과도 나타나는 것을 보지 못하겠습니다. 그는 여전히 하나의 석상입니다. 그는 아직 여기 있지만, 저는 어떤 변화도 일어나는 것을 보지 못합니다. 그는 하나의 석상으로 남아 있습니다.

127. 도랑으로 도로 떨어지기

질문자: 우리는 늘 경각심을 갖고 방비해야 한다고, 왜냐하면 장애들이 여러 가지 많은 형태로 늘 나타나기 때문이라고 말씀하셨습니다.

마하라지: 영적인 공부 과정에서, 그대가 그대의 **무아인 진아**에 아주 가까이 있을 때 그런 일이 일어납니다. 어떤 환적인 생각, 끌림 요인들, 어떤 유혹물들이 있을 수 있고, 그런 것들이 중요한 순간에 그대를 한눈팔게 할 수 있습니다.

 그대의 내적인 힘,
 그대의 **본원성**(originality)이 노출되고
 실재가 나타나고 있을 때 그런 일이 일어납니다.

이것을 **마야**라고 합니다. 그러나 **실재** 안에는 **무아인 진아**만이 있고, 어떤 **마야**도, **브라만**도, **아뜨만**도, **빠라마뜨만**도 없습니다. 그것은 그대가 **단일성**에 가까워졌을 때 일어납니다.

 그대가 무아인 진아 쪽으로 나아가
 지知를 흡수하면서 단일성에 점점 더 가까이 가고 있을 때,
 바로 그 순간 장애들이 나타나서
 혼란과 갈등을 야기할지 모릅니다.

그럴 때 어떤 유혹물이나 역경들이 나타납니다. 어느 수준의 무집착에 도달한 뒤, 일시적인 행복을 주는 어떤 사소한 것에 마음이 끌려 다시 도로 끌려가는 일이 일어납니다.

알고서든 모르고서든 일순간에 **실재**를 잊고, 일체를 잊어버리고, 도랑으로 도로 떨어질 수 있습니다. 그 결과를 생각하지도 못한 채 말입니다. 그러고는 나중에 실수를 깨달으면 그것을 후회하고 참회하겠지요. "어! 내가 무엇을 한 거지?"

영적인 문헌에는 이런 사례들이 많이 나옵니다. 그렇게 타락했던 한 성자가 대大현인 비슈와미트라(Vishvamitra)였습니다. 이 성자는 6만 년 동안 치열하고 흔들림 없는 헌신을 했습니다. 그래서 아주 파워풀했지요! 그러던 어느 날 한 절세미인을 만났고, 갑자기 [마하라지님은 손뼉을 치신다] 거기에 끌려 일체를 던져 버렸습니다. [다시 박수를 치신다.]

 이 이야기는 항시 경각심을 가질 필요가 있다는 것을 잘 보여줍니다.
 환幻이 늘 있어 그대를 함정에 빠트립니다.

무심결에든 의도해서든, 어떤 일이 일어나고,

그러다가 갑자기, 전혀 아무 이유 없이

영靈이 유혹을 끌어당깁니다!

일시적 행복을 찾다가 일체를 상실할 것입니다. 그 유혹은 이름나기일 수도 있고, 돈이나 성性일 수도 있습니다. 그 결과를 생각해 보지도 않고, 다 내버리고 다시 환幻 속으로 떨어질 것입니다. 그런 일이 일어나면 제가 매우 유감입니다. 잘 들으십시오!

그런 일이 일어나면 안 됩니다.

환적인 세계를 다시 들여놓지 마십시오.

그대는 무아인 진아에 아주 가까이 있으니 돌아보지 마십시오.

그것은 그대가 산을 오르고 있을 때 정상 아주 가까이, 거의 산꼭대기에 가 있는 것과 같습니다. 뒤를 돌아보면 안 됩니다. 목표에 도달할 때까지 그냥 계속 위로 올라가고, 계속 가십시오. 만약 돌아보면 디디고 섰던 곳을 놓치고 산 밑바닥으로 돌아가고 말 것입니다.

따라서 이 진보된 단계에서는 어떤 예방 조처를 마련해 둘 필요가 있습니다. 그것은 아무리 강조해도 지나치지 않습니다.

확신을 얻고 나면,

어떤 종류의 끌림이나 유혹도 전혀 돌아보지 마십시오.

환幻에 주의를 기울이지 마십시오.

자신을 잘 지키고,

마야를 거들떠보지 마십시오.

스승이 그대에게 예방 조처를 취하라고 경고해 주고 있습니다. 이런 조처들을 시행하고 실재를 이행하면 경각심을 유지하면서 그런 도전·시험·장애들에 대비할 수 있습니다.

이제 그대는 확신을 가지고 있으니, 더 나은 도리를 압니다.

그대는 더 이상 한 개인이 아니고, 그래서 유혹당할 수 없습니다.

질: 만일 제가 유혹당하거나 다시 환幻 속으로 끌려든다면, 그것은 실은 확신이 없거나 토대가 충분히 튼튼하지 않다는 것을 의미합니까?

마: 맞습니다! 그래서 수행을 진지하게 해야 합니다. 그래서 제가 명상 수련을 계속 강조하는 것입니다. 완벽한 토대, 튼튼한 토대가 필요합니다. 명상이 일체의 기초이자 기반입니다. 궁극의 단계에서는 명상도 환幻이지만, 몸-지知를 해소하고 실재를 확립하기 위해서는 그것이 필요하다고 제가 그대들에게 여러 번 말했습니다.

어떤 에고도 없이
그대 자신을 납득시켜야 합니다.
그대의 정체불명의 정체성이 전능한 신이라는 것,
그대의 정체불명의 정체성이 전능한 신이고, 브라만이고,
아뜨만이라는 것을 말입니다.
이 실재를 끌어안으십시오.
이 실재를 끌어안으십시오.

그대는 실재 대신 음식-몸을 끌어안고 있습니다. 그래서 일체에 의존하고 있습니다. 존재성 이전에는 그대에게 아무것도 필요하지 않았습니다. 존재성 이전에는 그대에게 아무것도 필요하지 않았습니다. 몸-형상이 없을 때는 행복, 불행, 평화로움, 긴장 없는 삶, 혹은 두려움 없음 같은 문제가 없습니다. 이것이 실재의 전부입니다. 이것이 최종적 진리입니다.

128. 근본 원인을 고수하라

마하라지: 경전들, 책들, 스승들 기타 모든 것이 이렇게 말합니다. "신은 이와 같다. 그대는 이것을 혹은 저것을 해야 한다. 그대의 업業 때문에 이러이러한 것을 해야 한다." 이것은 모두 몸-지知입니다.

신이 여러분 안에 있다는 것을
여러분에게 '보여주는' 스승은

아주 희유한 스승입니다.

여러분이 이 확신을 가질 때, 완전한 확신을 확립한 뒤에는, 마침내 그것을 알고 이렇게 말할 것입니다. "그래! 내가 찾고 있었고, 발견하려고 애썼던 모든 것은 몸과 아무 상관이 없었다. 이제 나는 일체가 내면에 있다는 것을 **안다**. 내가 그것이다!"

"일체가 내면에 있는데, 왜 내가 어디로 가야 하나?"

이것은 예고적인 이야기가 아닙니다. 그 **자연발로적** 확신에서 이것을 깨닫습니다. "내가 찾고 있던 것, 내가 알려고 애쓰고 알아내려고 애쓰던 것, 내가 추구하던 행복은 내내 내 안에 있었고, 내 안에 있다." 더 이상 어디로 갈 필요가 없습니다.

여러분이 일체의 근원인데, 왜 다른 데를 봅니까?

확신을 얻고 나면 어떤 바뀜, 어떤 분명한 변화가 있습니다. 왜냐하면 여러분이 몸이 아니라는 것을 확신하기 때문입니다. 그 전까지는 몸-형상으로 여러분 자신을 고려했습니다. 그리고 그 몸-형상을 가지고 신, 또는 행복과 평안을 발견하려고 애썼습니다.

여러분은 몸-형상을 가지고
신, 또는 행복과 평안을 발견하려고 애썼습니다.

근본 원인으로 나아가십시오! 근본 원인을 고수하십시오. 왜냐하면 몸은 영구적인 것이 아니기 때문입니다. 원하든 원치 않든 우리는 이 몸을 떠나야 합니다. 그러니 누가 행복을 원합니까? 누가 행복을 원합니까? **영靈**은 몸을 용납하기 힘들어합니다. 몸 안에서 견딜 수 없어 합니다. 몸이 없었을 때는 용납·불용납, 행복·불행, 평안·불평의 문제가 없었습니다. 아무것도 필요하지 않았으니까요.

질문자: 그러니까 어떤 필요물도, 어떤 문제도 없었고, 찾을 것이 아무것도 없었군요?

마: 제가 여러분에게 계속 말하고 있듯이, **영靈**이 몸과 맞물리기 전에는 그대가 자신을 알지 못했습니다. 그대가 그대에게 전혀 알려져 있지 않았습니다. '나'도 '너'도 없고, '그'도 '그녀'도 없었습니다. 이 모든 필요물·요

구·기대들은 몸과 함께 왔습니다.

근본 원인을 고수하십시오. **확신**을 얻고 나면 알게 될 것입니다. "내가 아닌 이 모든 것, 내가 아닌 것들을 나는 마치 내가 어떤 사람인 것처럼 맹목적으로 받아들였다. 몸은 나의 **실재**가 아니고, **궁극적 진리**가 아니다." 그대는 순진무구하게도 그것을 모르고 있었습니다.

그대는 몸을 궁극적 진리로 받아들였고,

그래서 "나는 몸이다"라고 생각하게 되었습니다.

그러자 그대의 모든 문제와 걱정들이 시작되었습니다.

질: 몸에 병이 오거나 노년이 되면 어려움이 한층 더 커집니다. 건강이 좋을 때는 몸을 뒷전으로 해두고, 우리인 것에 말하자면 더 참되게 집중할 수 있습니다.

마: 그대의 **현존**은 이 모든 몸-지知를 넘어서 있습니다. 수행을 견지해야 합니다. 여기서 우리는 그대를 강하게 유지하는 약들을 처방하고 있습니다.

질: 저는 저의 모든 의심을 없애기가 그리 쉽지 않다고 생각합니다.

마: 그대의 하드드라이브가 꽉 차 있습니다.

질: 저의 여정은 워낙 긴 여정이었고, 수많은 **스승**들을 만났습니다.

마: 목적지에 당도하고 나면 그 주소를 없애도 됩니다. 그대의 여정에 대해서는 신경 쓰지 마십시오. 이제 그대는 종착지에 도착했습니다.

질: 저는 피로하고 늙었다고 느끼고 있고, 그 모든 것을 너무 늦게 떠난 게 아닌가 싶습니다.

마: 누가 피로합니까? 누가 늙었습니까?

존재성 이전에 그대는 얼마나 늙어 있었습니까?

언제부터 햇수를 세기 시작했습니까?

그런 것은 모두 생각이고 환幻입니다. 일체를 잊어버리십시오! 컴퓨터가 완전히 공백 상태여야 합니다.

질: 저의 하드드라이브를 비워주실 수 있습니까, 마하라지님?

129. 자신을 돌아보라!

마하라지: 오롯한 마음으로 그대 자신을 **진아 깨달음** 속으로 던지십시오. 이 가르침은 직접적입니다. **자기탐구**를 계속 해야 합니다. "나는 몸이 아니다"라고 생각하는 것만으로는 충분치 않습니다. 깊이 내려가서 알 필요가 있습니다. 마찬가지로, 깊이 내려가서 여러분이 **브라만**이라는 것을 알아야 합니다. '지금'은 우리가 가진 전부이고, 결코 되풀이되지 않습니다.

질문자: "그대의 삶의 매 순간이 아주 중요하다"고 하실 때, 그것은 어떤 의미입니까? 그 말씀을 상당히 자주 하시는데요?

마: 왜냐하면 그대가 몸-지知와 함께 가면, 이것과 같은 또 하나의 꿈 속으로 빠져들기 때문입니다. 저 **확신**을 갖기 위해서는 매 순간을 **실재**를 아는 데 써야 합니다. 당연하지만 장애들이 늘 나타나기 때문입니다. 따라서 경각심을 유지해야 하고, **실재**를 흡수해야 합니다. 비슈와미트라는 잠깐 한눈을 팔았을 뿐인데, 그 순간에 모든 것을 잃었습니다.

    이 인간의 삶 속에서 깨달을 수 있습니다.

    왜냐하면 그대는 지성이 있어, 실재를 알 수 있기 때문입니다.

따라서 경각심을 가지십시오! 그런 뒤부터는 그것이 자연발로적일 것이고, 몸과 세계에 대해 신경 쓰지 않게 될 것입니다.

질: 잠시라도 한눈을 팔지 않기는 아주 어려운 것처럼 들립니다.

마: 그래서 우리 **계보**에서는 우리에게 명상의 수행이 있습니다. 이렇게 하면 잊어버렸던 **실재**가 그대 안에 인상 지워지고 새겨집니다.

    그대는 잘못된 교분을 가지고 있습니다.

    친구를 잘못 사귀었고, 몸과 친구가 되었습니다.

    그것은 오인된 교분입니다.

    그대 자신의 친구가 되어야 합니다, 그대 자신의 친구가.

그대가 운전을 할 때는 보통 도랑과 패인 구덩이를 피하려 할 것입니다. 그러지 않으면 거기에 떨어지거나 오도 가도 못하게 되겠지요. 마찬가지로,

삶 속에는 다치지 않고 피해야 하는 수많은 도랑과 방해물이 있습니다.

다양한 방식으로 그대 자신을 가르쳐야 합니다. 그대가 자신의 **스승**입니다. 따라서 그에게 그대를 인도하게 하십시오. 그를 무시하면 사고가 날 것입니다. 이리저리 기동하면서 예방 조처를 취해야 합니다. 이 몸은 사고가 나기 쉽습니다!

질: 저는 행위자가 아니라고 말씀하시지만, 저는 여전히 과거에 일어난 어떤 일들에 대해 죄책감을 느낍니다.

마: 존재성 이전에는 그대가 어떤 일도 하지 않았습니다. 어떤 죄도, 아무 것도 하지 않았는데, 어떤 죄책감이 있을 수 있습니까? 그대가 전적으로 알려져 있지 않았습니다. 어떤 전생도 없고 어떤 내생도 없습니다.

그대는 자신이 죄가 있고, 어떤 나쁜 일을 했고, 태어났다는 몇 가지 주장을 하고 있습니다. 그대는 환생과 지옥·천당의 개념을 채용하고 있습니다. 그런 것은 모두 그릇된 주장입니다. 그런 모든 개념을 파기하려면, 그대의 **무아인 진아**를 보아야 합니다. 안으로 들어가서 **실재**를 알려고 노력하십시오. 그대는 행복을 얻기 위해 밖으로 여러 스승들을 찾아갑니다.

그대는 그대 자신의, 아주 힘 있고 강력한
스승을 찾아가지 않고 있습니다.

그렇게 되는 것은, 믿음과 그대 자신에 대한 신뢰의 부족 때문입니다. 그리고 이것은 잇따라 **스승님들**에 대한 신뢰의 부족으로 이어집니다. 저 스승님들같이 되십시오! 그대가 원하는 어떤 스승도 가질 수 있지만, 그에게 충실하십시오.

하나의 결론에 이르십시오!
자신을 돌아보십시오!
자신을 돌아보십시오!

그러면 숨겨져 있던 문이 열릴 것입니다. 아무 노력이나 투신이 없으면, 지(知)를 듣기만 하는 것으로는 소용이 없을 것입니다.

그대가 앞으로 나서야 합니다.
한 걸음 내딛으면,

제가 그 다음을 내딛겠습니다.

그것은 일방통행이 아닙니다. 깊은 관심을 가져야 하되 상업적 관심이 아니어야 합니다. 스승에게서 받아 가지십시오. 이 지知는 공짜로 주어지지만 그것을 귀중히 여겨야 합니다. 우리는 아무것도 기대하지 않지만, 만일 그대가 여기 온다면 그 지知를 진지하게 여기고, 그것이 깊은 의미가 있다는 것을 인정해야 합니다.

질: 저는 남쪽에서 이상한 이야기를 들었습니다. 거기에는 '신 부부'(Mr & Mrs God)[깔끼 바가반과 암마 바가반]라고 하는 커플이 있는데, 초당 그리고 분당 몇 유로씩 받는다고 합니다. 그들은 외국인들을 초대하면서 "당신에게 평화나 그대가 원하는 뭐든지 주겠다"고 말합니다.

마: 그들은 헌신자들을 이용하고, 기적을 약속하며 그들을 속이고 있습니다.

여기서는 그대의 행복이 우리의 자산입니다. 그대의 평안이 우리의 자산이고, 스승들의 자산입니다. 우리에게서 뭔가를 가져가십시오! 저는 그대에게 코끼리 전체를 보여줍니다! 그리고 그대가 실재를 알 때는, 장님과 코끼리의 경우처럼 아뜨만·브라만·빠라마뜨만에 대한 누군가의 말에 감명 받지 않을 것입니다. 보석을 주는데도 그대는 돌만 가지면서 계속 구걸합니다.

일체가 그대 안에 있음을 보여주는데, 왜 구걸합니까?
경각심을 가지십시오! 경각심을 가지십시오!

실재가 그대 안에 있습니다.

원리에서 한눈을 팔지 마십시오. 그래서 그대가 미끄러지지 않도록 하기 위하여 매 순간이 중요한 것입니다. 그 특정 순간을 놓치면 어떤 힘이 그대를 끌어내릴 것입니다. 적들이 그대의 약점·결점을 찾으며 기다리고 있습니다. 그대의 방어가 허술하면 공격할 것입니다.

그래서 저는 그대들에게 경각심을 가지고 명상하라고 요구하고 있습니다. 군인들을 경계근무 시켜 밤낮으로 지켜보며 경비하게 하십시오. 그리고 국경 경비대도 경각심을 갖게 하십시오! 만일 그들이 주위에 있는 것들을 등한시하면 침략자들과 불법 이민자들이 국내로 들어올 것입니다. 이것은 큰 나라이기 때문에 일단 그들이 들어오면 추방하기 어려울 것입니다. 그대는 그 군인들을 지휘하는 대위나 대령입니다. 그러니 늘 경각심을 가지십시오. 만일 잠이 들어 버리면 무슨 일이 일어날지 모릅니다.

그대가 완전히 순복하면
그것이 어렵지 않을 것입니다.
왜냐하면 에고가 제어될 테니까요.
그대의 무아인 진아를 존중하십시오.

자부심을 피하십시오! 에고를 피하십시오! 그대는 자부심이 에고의 한 표지임을 더 잘 알고 있습니다.

130. 어떤 나라도, 어떤 국적도 없다

마하라지: 영적인 학(學)에서는 여섯 가지 바람직한 자질이 있다고 말합니다. 여러분의 진보를 가늠해 보고 여러분에게 그런 자질이 있는지 살펴볼 수 있겠지요. 그것은 관용, 인내, 깨달음에 대한 기대, 알려는 욕망, 전적인 헌신, 마지막으로 스승에 대한 믿음입니다.

질문자: 인도 사람들은 일반적으로 말해서 그런 것을 가지고 있습니다. 그렇지 않습니까? 그래서 저는 왜 인도에 깨달은 사람들이 더 많지 않을까 궁금했습니다.

마: 다른 사람들은 고려하지 마십시오. 다른 사람들에게 신경 쓰지 마십시오. 그대 자신에게 신경 쓰십시오. 제가 말했듯이, 이것은 하나의 꿈입니다. 그대가 이 세계에서 살고 있는 삶은 하나의 꿈입니다.

인도인도 없고, 호주인도 없고, 영국인도 없습니다.

존재성 이전에 인도·러시아·호주가 있었습니까? 그대가 "나는 호주에서, 중국에서 태어나겠다"고 말했습니까? 그대가 몸을 취할 때, 나라들을 상상하기 시작했습니다.

존재성 이전에 그대는 어떤 나라도 알지 못했습니다. 그대는 하늘과 같습니다! 그대의 소견을 바꾸십시오! 하늘과 같이, 그대의 **현존**은 **궁극적 진리**입니다. 그대는 또다시 몸-형상으로 그대 자신을 분리시키면서 서로 다른 국적들을 보고 싶어 합니다.

 우리는 그런 데 신경 쓰지 않습니다.
 우리는 무아인 진아에 신경 씁니다.
무아인 진아 없이는 우리가 인도, 일본 혹은 어디도 볼 수 없습니다. 전 세계가 그대 안에 있습니다. 잠에서 깨어나는 순간 그대는 세계를 봅니다. 전 세계가 그대의 **현존**의 한 반영입니다.

 그 **보는 자**의 투사는 자연발로적이며, 의도적이지 않습니다. 그러나 이 세계에서의 현실은, 우리가 인간의 형상으로 우리 자신을 내세우고 있다는 것입니다. 제가 되풀이해서 말했듯이, 몸은 하나의 덮개·송장일 뿐입니다. 이 모든 나라들은 그대의 **현존**에서 나왔습니다.

 그대가 보고 있는 것은, 단어들과 세계의 형상으로 된 그 **보는 자**의 반영입니다. 그대의 **현존**이 그 모두의 이면에, 일체의 이면에 있습니다. 그런 모든 환적인 생각들을 피하십시오. 자신을 돌아보십시오!

 저는 몸 안에 있지 않습니다.
 저는 이야기를 하고, 그대는 듣고 있습니다.
 몸은 하나의 매개물일 뿐입니다.
 청자는 보이지 않는 침묵입니다.
 청자는 보이지 않고, 익명입니다.
저 초자연적 힘이 이미 그대 안에 있습니다. 그 사이에서 에고·지성·마음의 방해가 있는데, 그것이 그대가 **궁극적 진리**에 도달하는 것을 용납하지 않고 있습니다.

 누구나 깨쳐야 합니다!
자신을 돌아보고 달리 어디도 보지 마십시오! 인도도, 중국도, 어떤 나라도 없습니다. 우리가 하늘·사원·화장실·주방·욕실·식당에 이름을 붙였습니다. 우리는 한 집 안에서 하나의 하늘에 여러 이름을 붙이고 있습니다.

우리는 사원·주방·화장실 등 다양한 벽들로 하늘을 구획하고 있습니다. 나라들에 대해서도 그렇게 합니다. "이것은 호주다, 인도다"라는 식으로 말입니다. 우리는 우리의 상상으로 이런 벽들을 구축해 왔습니다. "이 사람들은 인도인들이고, 저 사람들은 호주인들이다." 누가 분별하고 있습니까? 저는 그런 의미에서 이야기하는 것입니다.

따라서 그대가 몸이 아니라는 **확신**을 가져야 합니다. 일정 시간이 지난 뒤에는 몸과 "빠이빠이!" 해야 하지만, 그대의 **현존**에게는 결코 그럴 수 없습니다. 하늘은 있고, 있었고, 있을 것이지만, 그대는 하늘보다 더 미세합니다. 집들은 무너질 수 있지만 그런다고 하늘이 죽습니까?

이것이 아주, 아주 중요합니다. 자신을 돌아보고, 이 세계가 어떻게 투사되는지를 보십시오. 우리가 ABC에서 언어를 창조했고, 단어들에 의미를 부여했습니다. 저는 단어들과 그 의미에 신경 쓰지 않습니다. 저는 **그것**, 즉 그대가 그것인 저 **궁극적 진리**에 대한 주의를 요청하고 있습니다.

진지하게 생각하십시오!

무아인 진아 속으로 깊이, 깊이, 깊이 들어가십시오.

영적인 공부의 전체 비밀이 그대 안에 숨겨져 있습니다.

그대가 그것을 열어야 합니다.

물론 강한 투신과 믿음이, 그대에 대한 믿음이 필요합니다.

신뢰, 완전한 신뢰를 가져야 합니다. 누가 깨달았거나 깨쳤다, 또는 그러지 못했다 하는 비교 연구에 신경 쓰지 마십시오. **실재**를 알고 나면 완전한 신뢰를 가져야 합니다.

다른 사람들에 대해서는 신경 쓰지 마십시오. 왜입니까?

그들은 꿈속의 사람들이기 때문입니다.

몸은 죽어 없어지는 것이지만, 우리가 이 사실을 받아들이지 않기 때문에 수많은 질문을 하고 있습니다. 명상이 기초이고 ABC인데, 그것이 환幻을 해소하면 **최종적 진리**가 전적으로 확립될 것입니다.

어떤 스승을 방문해도 좋지만,

제가 여러 번 말했듯이,

그대, 곧 몸-형상 안의 그 방문자가
스승들 중의 스승입니다.
그대가 스승들 중의 스승이라는 것이
그대의 확신이 되어야 합니다.
그대 자신의 위대함을 부인하지 말고,
다른 사람에게서 그것을 긍정하십시오.

인도 문화에서는 사람들이 사원에서 절을 하고, 공경을 표하고, 에고를 내맡깁니다. 그대가 깨쳤든 못 깨쳤든, 교회에 가서 절을 하는 것은 어느 종교에서나 좋은 관습입니다. 때로는 어떤 사람이 절을 하는 것을 그의 에고가 허락하지 않습니다. 어떤 방문객들은 아쉬람에 와서도 우리 **계보**의 이 위대한 성자들 사진 앞에 절을 하고 싶어 하지 않습니다.

건조한 지知는 도움이 되지 않을 것입니다. 그대가 단어들의 **달인**이 되어, 그대가 책에서 암기한 것을 가지고 영적인 강의를 할 수는 있겠지만, 그것은 달달 외어 아는 것이지 실용적인 **지**知가 아닙니다.

그러니 그대 자신을 알고 침묵하십시오.
그것을 생각(궁구)하십시오! 그것을 생각하십시오!
생각(성찰/탐구)에 의해, 그 생각하는 자가 사라질 것이고,
거기에 그대가 있습니다!

그대의 일상생활에서 영적인 공부에 도취해야 합니다. 이것은 그대가 이 드라마 안에서 연기하고 있는 동안, "그대와 함께하라! 그대 안에 머물러 있으라!"를 의미합니다. 이것은 아이가 "내 아버지"라 하고, 친구가 "내 친구"라 하고, 사장이 "내 부하"라고 말하는 멋진 드라마입니다. 모두 하나이지만 이름들은 서로 다릅니다.

그대의 무아인 진아를 이런 식으로 보아야 합니다.
이 실재가 이미 그대 안에 들어 있으나,
그대가 보지 않고 있습니다.

질: 이를테면 제가 다른 **스승**을 만나러 가고 싶어 한다면, 그것은 일체가 저의 안에 있다는 것을 제가 받아들이지 않았다는 표지입니까?

마: 그렇게 되는 것은 자신감과 그대 자신에 대한 믿음의 부족 때문이고, 어쩌면 의심·에고·자부심 때문일 수도 있습니다. 그대의 일상생활에서 실용적으로 되십시오. 늘 눈에 보이는 것을 넘어서고, 이면을 보고, 그대의 보이지 않는 **현존**을 고수하십시오.

어떤 일이 일어나는 것을 볼 때는 "어떤 일도 일어나지 않는다"는 앎을 가지고 그 이면을 보십시오. 어떤 일이 일어나거나 일어나지 않는다고 말할 때는, **근원**으로 나아가십시오. "누가 그 말을 하는가?" 이와 같이 자신을 훈련하여, 그대의 입장이 "어떤 일도 일어나지 않는다"가 되게 하십시오.

존재성 이전에,
무엇이 일어나거나 일어나지 않았습니까?
몸이 해체된 뒤에,
무엇이 일어난다거나 일어나지 않는다고 누가 이야기하겠습니까?

무엇이 좋고 나쁜지 누가 판단합니까? 각자가 이해하는 것이 서로 다릅니다. 우리의 견해들이 서로 다른 것은, 몸의 영향과 우리가 어릴 때부터 오늘날까지 흡수해 온 모든 인상들 때문입니다. 좋다·나쁘다, 옳다·그르다, 그대가 세계를 보는 방식, 이 모든 몸-지知가 해소될 필요가 있습니다.

무아인 진아 속으로 깊이, 깊이 들어가십시오.
그대는 이미 무형상입니다. 어떤 형상도 없습니다!
질: 어떤 때는 제가 그걸 의심하지 않고, 그것을 아주 강력하게 느낍니다.
마: 그대가 등한시하고 있는 것은 하나의 **슈퍼파워**입니다. 그대는 몸 인상들 때문에 그대의 **실재**를 잊어버리고 있습니다.

실재를 옹호해야 합니다.
그러면 문이 열리고, 길이 분명할 것입니다.
질: 문이 열릴 거라고요?
마: 이것은 제가 쓰는 단어들일 뿐입니다. 어떤 문이나 길도 없습니다. 일체가 이미 열려 있습니다. 차분하고 고요해지십시오!
질: 만일 누가 우리를 공격하면 마하라지님, 우리가 반응해야 합니다.

마: 물론이지요! 만약 뱀이 물려고 하면 그대는 도망가겠지요. 그대는 그대의 몸을 보호하고 싶어 하고, 뱀도 자기 몸을 보호하고 싶어 합니다. 그 의도는 같은 하나입니다. 누구나 어려운 경험들을 하며, 그에 어떻게 반응할지는 자연발로적으로 일어날 것입니다. 그대의 **내적 스승**이 모든 지시를 내릴 것입니다.

질: 제 생각에는, 에고가 해소되어야 우리가 **내적 스승**의 목소리를 들을 수 있을 것입니다.

마: 어떤 에고도 없습니다! 세상에서 그대의 지위는 무엇입니까? 몸은 어떤 지위도 없습니다. 몸은 아무 가치가 없습니다. 그대는 **초자연적인 힘**을 가진 **슈퍼파워**이지만 아직 그대 자신을 모릅니다. 따라서 만약 아직도 여행을 다니고 싶다면,

  그대 안의 그 여행자에게 집중하십시오.

  그 여행자가 궁극적 진리인데,

  그것은 어떤 형상 안에 있지 않습니다.

이것은 참으로 **비상한 지**知이고, 비상한 실재입니다.

131. 내면을 보라

질문자: 경각심을 유지하는 것이 매우 중요하다고 말씀하십니다. 누가 항상 경각심을 유지합니까?

마하라지: 그것은 **자연발로적**이지 의도적인 노력이 아닙니다. 그대의 경각심이 **자연발로적**일 것입니다. 이야기에 의존하지 말고, 그 이야기들 이면의 원리, 그 이야기들이 전달하는 그것만 기억하십시오.

  그대의 공개적인 비밀이 자연발로적으로 투사될 때는

  모든 개념이 해소될 것입니다.

그대들이 한 사람의 남자나 여자로 행세하고 있는 이 세계는 환幻의 세계입니다. 존재성 이전에 그대는 누구였습니까? 이 지知를 소화하십시오. 그대 자신을 영적인 공부에 던지십시오. 이것은 전적인 투신을 의미합니다.

그대 자신의 내면을 보십시오.

힘이 그대 안에 숨겨져 있습니다.

각자가 자신의 영적인 지위에 따라 서로 다른 체험들을 합니다.

질: 영적인 지위란 어떤 의미로 하시는 말씀입니까?

마: 그것은 그대가 얼마나 투신하고 있느냐, 그대의 접근방법이 어떠하냐를 의미합니다. 그대는 그 모든 것을 얼마나 진지하게 받아들이고 있습니까? 영적인 공부는 우리가 영적인 전문가가 되라고, 그 주제에 관한 철학박사가 되라고 있는 것이 아닙니다. 그 목적은 모든 환幻과 두려움을 제거하여, 우리가 몸을 떠날 때가 왔을 때 즐거울 수 있기 위한 것입니다.

누구도 죽지 않고 누구도 태어나지 않습니다. 1년, 2년, 50년, 80년은 물질적인 음식-몸의 나이입니다. 하늘은 나이가 없습니다.

보는 자가 중요하지, 보는 것(seeing)은 중요하지 않습니다. 그대는 **실재**보다 환幻을 강조하고 있습니다. 우리는 이런 모든 개념들의 견지에서 우리 자신을 알려고 애쓰고 있습니다. 세상을 보기 위해 단단한 껍질을 마치 견고한 문을 뚫듯이 뚫고 나오는 병아리같이, 결연하십시오. 그와 같이 그대도 환적인 개념이라고 하는 단단해진 층들을 뚫고 나가야 합니다.

그대는 이 모든 지知를 지성을 통해서 받아들이고 있습니다. 그것이 자연발로적으로 받아들여져야 합니다. 그대는 자신이 남자이기로 결정하지 않았지만, 그 이름과 더불어 살고 있습니다. 그대의 **스승**이 '브라만'이라는 이름을 그대에게 주었으나, 여전히 어떤 저항이 있습니다. 모두 그대에게 달렸습니다. 그 순간이 사라졌다면 사라진 것입니다. 그대는 자신의 **내적 스승**을, 그대 자신의 **존재**를, 그대 자신의 **현존**을 등한시하고 있습니다.

질: 우리는 왜 이 모든 것을 등한시하고 있습니까?

마: 몸-지知의 압력 때문입니다. 그 비밀이 그대에게 알려집니다.

일체가 무無에서 나옵니다.

질: "나는 몸이다"라고 생각하는 것은 자연스러운 과정 아닙니까?
마: 존재성 이전에 그 자연스러운 과정이 어디 있었습니까?
　　우리가 그 과정을 창조했습니다.
　　존재성 이전에는 어떤 지知도, 어떤 무엇도 없었습니다.
어떤 자연도! 왜 이것입니까? 왜 저것입니까? 모두 몸과 관련됩니다!
　　그대가 오늘날까지 어떤 지知를 수집했든,
　　그것을 마이너스하고, 그런 다음 이야기하십시오.
　　그렇게 하면, 이야기를 할 수 없다는 것을 알 것입니다.

132. 알려는 열망으로 불타서

마하라지: 생각들이 마음 속에 들어오면 즉시 지성에게 보고됩니다. 그러면 지성이 지시합니다. "이것을 하라!" 여러분은 한 **스승**이므로, 마음·에고·지성을 통제할 수 있습니다. 바로 그 자리에서 어떤 생각을 멈추어, 그것이 지성에 당도하지 못하게 할 수 있습니다. 그렇게 하면 어떤 행위도 없습니다. 그러나 만약 그 생각이 지성에까지 가게 허용하면, 즉시 망치질이 있겠지요.

　여러분은 이 모든 미세 원소들의 **스승**입니다. 여러분은 이 모든 보이지 않는 몸들을 넘어서 있습니다. 명상을 통해 하나하나 통제할 수 있습니다. 명상에서 얻는 큰 이익이 있는데, 그것이 여러분에게 큰 파워·힘·경각심을 안겨줄 것입니다. 만일 원치 않는 사람이 다가오면 그를 막을 수도 있습니다. 원치 않는 어떤 생각이 나타나면 그것을 멈출 수 있습니다. "나는 마음·에고·지성이 아니라 (그것들을 다루는) 전문기술자이다." 이렇게 하면 여러분 자신을 쉽게 통제할 수 있고, 그 결과 모든 활동이 자연발로적으로 제어될 것입니다.

질문자: 제가 삶 속에서 발견하는 유일한 가치는, 의식이 자신이 있어야 곳으로 돌아가는 길을 발견하는 것입니다.

마: 존재성 이전에 그대가 의식이나 무의식에 대해 알았습니까? 자각·무자각은? 이런 것들은 우리의 이해를 위해 있는 멋진 단어들일 뿐입니다. 의식·깨달음·깨침·신·마음·에고·지성. 수많은, 많은 단어들이지요! 이 모든 단어는 그대의 **현존**으로부터 나타났습니다. 저는 그대 앞에 '**존재성 이전**'을 놓아 드리고 있습니다. 그대 자신에게 물으십시오! 존재성 이전에 그대는 어떻게 있었습니까?

질: 모르겠습니다. 그것은 가늠조차 할 수 없습니다.

마: 그대의 **현존**은 상상을 넘어서 있습니다.

"이것은 내 집이다! 이것은 내 몸이다!" 몸에 대한 집착이 있고, "이것이 내 집이다"라는, 그리고 그대가 그 집에 머무르고 있다는 일종의 확신마저 있습니다. 그대의 에고가 나타나서 선언했습니다. "내가 이 집의 주인이다." 그대는 이 집(몸)을 통해서 그대의 모든 활동을 수행하고 있습니다.

그대는 저를 바라보고, 먹고, 걷고, 손을 움직입니다. 그대가 알다시피, 몸 그 자체는 어떤 힘도 없습니다. 우리는 마음과 지성을 사용하여 논의하고, 질문하고, 듣고, 생각하고, 마음·지성을 사용하고 있습니다. 그러나 몸과 영靈의 결합이 행위를 가능케 한다는 것을 잊지 마십시오.

    이런 확신을 가져야 합니다.
    그대가 그 집에 머무르고는 있지만, 그것은 셋집이라는 것.
    그대가 알다시피 브라만이라는
    또 하나의 주인이 있습니다.

그 주인이 그대에게 이제 집을 비워 달라고 합니다. 왜냐하면 장차 그 몸을 비워 주어야 하기 때문입니다. 하지만 그것을 아는데도 불구하고, 여전히 그 몸에 대한 많은 집착이 있습니다.

    그대는 진리를 알고, 모두가 알지만,
    그 진리가 확신으로 화하여, 확립된 진리가 되어야 합니다.
그대가 어디론가 가고 싶은 유혹을 느낀다면, 그 **확신**이 없는 것입니다.

질: 에고가 "나는 몸이다"라고 말합니다.
마: 그 확신은 몸을 통해서 뿌리 내리고 있고, 따라서 (그것은) **확신**이 아닙니다. 의심들이 있지요!

질: 저는 왜 몸에 그토록 집착하고 있습니까?
마: 그것은 당연하고, 그대의 잘못이 아닙니다. 영靈은 매우 민감합니다. 그대의 **존재**, **현존**이 **궁극적 진리**라는 것을 아십시오. 그 몸은 아닙니다. 모든 안락은 몸에게 필요하지 그대에게는 아닙니다. 그대는 질문이 많으니 온전히 집중하여 들으십시오.

질: 영靈은 독립적입니까?
마: 물론입니다. 그러나 그것은 그 자신을 모릅니다. 그것은 몸을 통해서만 그 자신을 압니다. 이런 이야기의 목적은 그대의 중요성을 전달하기 위해서입니다. 그대는 그것을 받아들일 의지, 강한 의지가 필요합니다.

　아주 조용히, 온전히 집중하면서 제 이야기를 들으십시오.

　아주 주의 깊게 들으십시오.

　그것은 그 청자의 원리, 곧 실재입니다.

　그러나 거듭거듭 에고가 일어나고, 그와 함께 더 많은 질문이 나옵니다. 주의 깊게 들어야 합니다. 그대는 책들을 읽어 왔는데, 그대가 읽은 것에 대해 잠깐 집중하고 나면 다 잊어버립니다! 30년, 40년간 영적인 공부를 하고도 아직 아무것도 없습니다. 그것을 왜 하고 있습니까?

질: 어쩌면 영적인 체험을 하기 위해서이겠지요.
마: 그것은 몸-이야기입니다. 존재성 이전에는 어떤 체험도 없었습니다. 이제 일체가 공개되어 있습니다. 그것을 받아들이든 받아들이지 않든, 그것은 그대에게 달렸습니다. 편의적인 태도에다 생각을 과도하게 해서는 어려움만 야기될 뿐, 그대가 앞으로 나아가지 못할 것입니다. 명상이란 그대의 온몸, 그대의 온 존재의 느낌이 (실재를) **알려는** 열망으로 불타고 있고, 그대의 **무아인 진아**에 대해 부단히 생각하는(탐구하는) 것을 의미합니다.

　그것이 그대의 심장을 건드려야 합니다.

　그것이 그대의 심장에 일격을 가해야 합니다.

132. 알려는 열망으로 불타서

실재가 그대를 깊이 건드려야 합니다.

133. 화를 내지 말라

질문자: 저는 이제 제가 어떤 것들을 관용하지 못한다는 것을 발견했습니다. 전에는 그럴 수 있던 것이었는데 말입니다.

마하라지: 관용은 몸 수준, 그리고 마음·에고의 영향과 연관됩니다. 이제 그대는 **실재**를 아니, 그대가 관용할 수 없는 것들이 무엇인지 확인하십시오. 그 유발요인들에 대해, 그리고 왜 어떤 것들을 관용하지 못하는지를 생각해 보십시오.

존재성은 견디기 힘든 것이기 때문에 그대는 결혼하기, 가정 꾸리기, 아이스크림 먹기 같은 많은 오락을 필요로 합니다.

그러나 그대는 영적인 공부를 해 왔고, 또 그것이 마음에서 나온다는 것을 알기 때문에, 그 문제를 최소화해야 합니다. 그것을 안에 들여놓지 마십시오. 그런 생각들을 마음에 새기는 것은 아주 나쁜 것입니다. 삶 속에서는 수많은 일들이 일어나지만 이제 그대는 관리의 기술을 압니다.

위대한 성자 **에끄나트**(Eknath)는 살아가면서 여러 번 도전을 받았고, 그러면서 관용의 힘을 길렀습니다. 어떤 사람은 성자 **에끄나트**를 볼 때마다 그에게 침을 뱉었습니다. 그런 일이 있으면 이 성자는 목욕을 하곤 했습니다. 결국 그에게 40번쯤 침을 뱉은 후 이 적대자가 성자의 발아래 절하고 말했습니다. "저는 당신을 화나게 하지 못했습니다." 성자는 자신이 상서로운 목욕을 40번이나 해서 즐겁다고 말했지요!

이것이 관용입니다. 그것은 그의 영적인 삶에 대한 하나의 시험이었습니다. 늘 시험들이 있는데, 시험이 찾아올 때는 모든 사람을 그대 자신으로 보아야 합니다! 그대와 다른 누구 사이에도 아무 차이가 없습니다. 친구니

적이니 하는 것은 단어일 뿐입니다. 남들에게서 그대 자신을 보는 이 자질이 바른 길입니다. 그것이 자연발로적으로 있게 될 것입니다. 화를 내지 마십시오! 마음을 누그러뜨리십시오! 영적인 공부는 어려운 상황에서 행동하는 법을 그대에게 보여줍니다. 이 삶은 시간제한이 있다는 것을 인식하십시오!

　　만일 오늘 (그것을) 무시하면 영원히 무시하는 것입니다.
또한 그대는 자신이 또 다른 꿈 속에 있다는 것을 발견할 것입니다. 이것은 하나의 기회이니 온전히 사용하십시오. 그런 생각과 느낌에 주의를 기울이지 마십시오. 지금이 그대의 시간이니 그것을 자각하십시오. 그렇지 않으면 그것을 놓칠 것이고, 그것은 불운한 일일 것입니다.

질: 제가 이것을 알아야 하지만, 그것을 충분히 진지하게 받아들이지 않고 있다고 생각됩니다.

마: 영적인 공부에서 힘과 파워를 얻게 될 것입니다. 그런 사건들은 일시적인 것인데, 화를 내는 것이 무슨 소용 있습니까? 강한 상태로 있으십시오! 도중에 많은 도전, 시험들이 있을 것입니다. 저는 그대에게 특공대 훈련을 시키고 있습니다. 그것이 그대를 만능인으로 만들어 주어, 어떤 상황에서도 그대가 영리하게 행동할 수 있게 될 것입니다.

134. 그대가 세계를 낳았다

질문자: 제자가 이미 알고 있는 어떤 것을 스승이 강화해 준다는 느낌, 어떤 느낌이 있습니다.

마하라지: 초기 단계에서는 스승과 제자가 두 개의 정체성이지만, 영靈은 하나입니다. 우리가 '스승'과 '제자'라고 말하는 것은 이해의 목적을 위해서입니다. 그대가 자신의 **정체성**을 잊어버렸기 때문에, 그대의 **무형상의 정체성**

을 가리켜 주기 위해 **스승**이 필요합니다. 스승이 그대 앞에 그대의 **궁극적 진리**를 놓아드리고 있습니다.

질: 그래서 어떤 체험자도, 체험도 없고, 체험하기만 있군요?

마: 몸-지知 이전에는 그런 어떤 단어도 전혀 없었습니다. 우리는 그런 모든 용어들을 지워버릴 필요가 있고, 그러기 위해 **스승**이 필요합니다.

질: "내가 있다"는 하나의 기점 같은 것입니까? 에고로 갈 것이냐, **진리**로 갈 것이냐가 유일한 선택인 것 같습니다.

마: "내가 있다"고 말하려면 그대의 **현존**이 필요합니다. **현존** 없이는 그대가 단 하나의 단어도 말할 수 없습니다. 모든 단어는 몸과 함께 왔습니다. 몸을 떠나고 나면 누가 "내가 있다"고 말하겠습니까? "내가 있다"는, 몸-형상 안에 있지 않은 그대의 **자연발로적 현존**을 말해주는 하나의 표지입니다.

전 세계는 집중자의 투사물입니다.

익명의 보이지 않는 집중자,

그 집중자의 자연발로적 투사물입니다.

그 **집중자**의 성품은 추측할 수 없습니다. 상상하거나 추론할 수 없습니다. 논리를 이용해서 이해할 수 없습니다. 그저 존재성 이전에 그대가 어떻게 있었는지를 보십시오. "저는 모릅니다"는 그대가 자신을 안다는 것을 뜻하지만, 무형상으로서의 그대 자신을 아는 것입니다.

어떤 인식도 있을 수 없지요! 이런 말들의 견지에서 그대의 **정체불명의 정체성**을 새겨두어야 합니다.

질: '존재성 이전'을 말씀하실 때, 그것은 '의식 이전'과 같은 것입니까? 우리가 분리되어 있었다는 ⋯⋯.

마: 우리가 이런 모든 단어를 쓰는 것은 단지 이해하기 위해서입니다.

그대가 단어들을 사용할 때마다

그대는 본래의 그대가 아닙니다.

모든 몸-지知를 지워야 합니다.

질: 그러니까 (거기에) 가장 가까운 것은 체험하기군요?

마: 그대가 세계를 낳았습니다. 세계는 보는 자의 투사물입니다. 보는 자 없

이는 세계를 알 수 없습니다. 기본적으로 그대는 단어들을 통해서, 알파벳을 통해서, ABC 등 일련의 문자들을 결합한 다음 그 단어들에 의미를 부여하여 세계를 압니다.

질: 그러니까 그 말씀은, 모든 것에 우리가 의미를 부여해 왔고, 그것을 우리는 지知라고 하는데, 그 모든 것은 실은 몸-지知일 뿐 **진아지**가 아니라는 거군요? 따라서 당신께서 주장하시는 것은 역逆**축적**(축적한 것을 들어내기) 혹은 일체를 원상태로 돌리는 역逆**조건화**(reverse conditioning)의 과정이군요?

마: 요약하자면, 그대가 자신의 **정체성**을 잊어버린 것입니다! **지**知의 **원리**를 알 필요가 있습니다. 이것은 진정한 의미에서 그대 자신을 아는 것을 뜻합니다. 그대 자신을 알려면, **실재**를 알려면 튼튼한 기초가 필요합니다. 또한 (본인의) **확신**과 스승의 인증이 필요합니다.

135. 가슴 사랑

질문자: 저는 가슴 사랑(가슴에서 우러난 사랑)과 **무아인 진아**가 똑같은 하나라고 보는데요?

마하라지: 가슴 사랑은 몸과 연관되어 있습니다. 가슴 사랑은 몸과 함께 왔습니다. 가슴이 어디 있습니까? 사랑이 어디 있습니까? 애정이 어디 있습니까? 이런 모든 단어는 몸과 함께 왔습니다. 존재성 이전에는 '가슴 사랑' 같은 것이 없었습니다. 그대의 **현존**이 알려져 있지 않았기 때문입니다.

그런 모든 지知는 몸-지知입니다. 저는 그대의 주의를 몸 이전, 존재성 이전으로 이끌고 있습니다. 어떤 가슴도, 어떤 사랑도, 어떤 애정도 없습니다. 우리가 '무아인 진아'를 말하는 것은 '자아'가 몸과 연관되어 있기 때문입니다. 무아인 진아는 몸이 없고, 마음이 없고, 에고가 없고, 지성이 없는 것을 의미합니다. 그것을 무아인 진아라고 합니다.

"내가 있다"는 몸과 연관된 몸 느낌입니다. 그것 이전에는 어떤 "내가 있다"도 없었고, 자아도 없었습니다. 그래서 그것을 '무아인 진아'라고 합니다.

 어떤 지知도 없었고, 어떤 무지도,
 어떤 체험, 어떤 주시자, 어떤 체험자도 없었습니다.
 그대는 하늘과 같습니다. "나는 하늘이다"를 모르는.
 무아인 진아는 하늘과 같습니다.
 어떤 정체성도 없지요!

질: 그러니까 어떤 사랑도 없군요?

마: 그 사랑은 몸과 함께 왔습니다. 하늘이 (무엇을) 사랑합니까? 모두가 하나인데, 영靈은 하나인데, 사랑할 사람(대상자)이 누가 있습니까? 어떤 차별상도, 어떤 분리도, 어떤 개인들도 없습니다. 호주 하늘이 인도 하늘을 사랑합니까? 이 모든 사랑과 애정 이야기는 몸과 함께 시작되었습니다.

마음·에고·지성·가슴·사랑·애정은 모두 환적인 개념인데, 그것을 그대가 사용하는 것은 몸-형상 안에서 그대 자신을 가늠하고 있기 때문입니다. 존재성 이전에는 그대가 그 모든 것과 연관되어 있지 않았습니다. "나는 누구인가?"를 몰랐습니다. 일체가 그대의 **자연발로적 현존**, 그대의 보이지 않는 현존 이후입니다. 그대의 **현존**은 눈에 보이지 않습니다. 이런 것들은 제가 의사소통을 위해 사용하는 단어들일 뿐입니다.

 보는 자는 자신이 투사하는 것이 자신의 투사물인 줄 모릅니다.
 그 보는 자가 보는 것은
 보이지 않고, 익명인, 정체불명의 정체성입니다.

따라서 몸-지知가 해소되어야 합니다. 그대의 **자연발로적 현존**은 어떤 음식도 필요로 하지 않습니다. 현존은 "나는 몸이다"나 "나는 어떤 사람이다"를 모릅니다. 영靈이 몸과 맞물렸을 때 그대는 "내가 있다"고 말합니다. 영은 몸을 통해서만 그 자신을 압니다. 그대의 **정체성**은 **정체불명의, 보이지 않는 정체성**입니다. 확신을 가져야 합니다. 이 모든 사랑과 애정에 대해서는 신경 쓰지 마십시오. 그것은 몸-지知일 뿐입니다.

전 세계는 환幻입니다. 그대의 소견은 이런 것이어야 합니다. 즉,

"나의 현존이 도처에, 모든 존재 안에 있다.

그러니 내가 누구를 미워할 수 있으며, 누구와 싸울 수 있겠는가?"

이것을 깨달음, 자연발로적 깨달음이라고 합니다.

그대가 자신을 돌아본다면 그것이 아주 쉽습니다. 그대가 들은 이 모든 것을 기억하십시오.

일체가 그대 안에 있을 뿐입니다.

자신을 돌아보십시오.

이런 말들을 기억하십시오.

그런 다음 그것을 그대 자신에게 적용하십시오.

이것은 그대의 지知입니다.

그대의 미세한 에고가, 그대가 깨달음에 이르는 것을 허용하지 않고 있습니다. '깨달음'이 이미 있지만 아직 그대가 모릅니다. 확신을 가진 깨달음이 필요합니다. 실재에 대한 **확신** 말입니다. 그대가 **실재**입니다. 그것을 성취하려면 명상이 필요합니다. 행동이 없는 건조한 청문은 소용이 없습니다.

전달되고 있는 지知, 진리가

그대의 심장을 건드려야 합니다.

그대가 그에 워낙 깊이 감동 받아서,

그것이 그대의 핵심에 도달해야 합니다.

여기서 '심장'에 대해 이야기할 때, 저는 깊이 느껴지는 어떤 것에 대해서 이야기하고 있습니다. 어떤 '심오한 느낌' 말입니다. 만일 어떤 사람이 욕설로 그대를 언어적으로 모욕하면 그대는 그것을 깊이 느낍니다. 그대의 심장, 그대의 핵심 자체가 그것을 느낍니다. 그대의 신뢰, 그대의 믿음이 상처받거나 배반당했기 때문입니다. 저는 이 심장에 대해서 이야기하고 있습니다.

질: 제가 읽은 바로는, 심장에는 또 다른 의미가 있습니다. 그것은 하나의 의식하는 물건입니다.

마: "그대가 **브라만이다**"라는 말을 들을 때, 그대의 반응은 어떤 깊고 의미 있는 전환점 같은 것이어야 합니다.

"그래! 나는 브라만이기 때문에 건드려지고 감동한다."

그대가 건드려지는 것은, 너무나 오랫동안

그대가 한 남자나 여자로 살아 왔기 때문입니다.

그대가 "내가 있다"를 알기 시작했을 때, 갑자기 모든 개념과 다른 사람들을 수용했습니다. 어떤 의도적인 노력도 할 필요가 없습니다. 그것은 **자연발로적입니다**. 남들에 대해서는 신경 쓰지 마십시오!

남들은 그대의 현존 때문에 존재할 뿐입니다.

질: 누군가를 용서하기 위해 어떤 의식적인 결정을 내린다면요?

마: 아니지요! 그것은 **자연발로적입니다**. 그것은 하나의 자연스러운 과정이 될 것입니다. 이제까지 그대는 자신을 한 죄인으로 여겼습니다. 명상이 토대입니다. 그것이 일체를 청소하고 정화합니다. 그러고 나면 빛 속에서 지知가 심어질 것입니다.

농부들이 땅을 불태우고 비료를 주면 씨앗들이 잘 자라겠지요. 만일 돌이나 잡초 같은 다른 것들, 원치 않는 것들이 아직 있다면, 그 작은 씨앗들이 자라나기 어려울 것입니다.

따라서 그런 개념들을 제거하고

지知라는 실재를 심어야 합니다.

지知는 실재를 의미합니다.

그 뒤에는 명상과 기도로써

그것이 잘 자라게 북돋워 주어야 합니다.

간단합니다. 그대의 투신이 무엇보다 중요합니다. 필요한 것은 그뿐입니다.

제가 그대 안에 심어주려 하는 지知를 살펴보십시오.

그대가 들은 것을 잘 새겨 두십시오.

제가 말한 것을 기억하십시오.

이 모든 지知가 그대의 내적 녹음기로 기록되고 있습니다.

질문할 어떤 물음도 남지 않을 것이고,

그대가 어떤 개념에 의해 망치질 당하지도 않을 것입니다.

에고·의지력·신뢰를 (스승에게) 내맡겨야 합니다. 에고·위신·자부심을 말입니다. 에고는 존재성이 없고 변함없이 남아 있지도 않을 것인데, 왜 그것이 그대를 부리게 합니까?

몸은 땔나무와 같아서, 매장되거나 화장될 것입니다.

살아가면서 투쟁하지 마십시오. 평화로워지고, 평화로운 삶을 사십시오. 모든 존재는 평화로운 삶을 원합니다. 그대의 **무아인 진아**를 알면 평화로운 삶을 살 수 있습니다. 만일 그대에게 평안이 없다면 행로를 바꾸고, 그대의 평안을 방해하는 사람들을 피하십시오. 그 사람들이 그대의 가족일 수도 있겠지요. 그들을 피하십시오!

그대의 평안이 무엇보다도 중요합니다.

그대가 궁극적 진리이고, 그대가 최종적 진리입니다.

136. 그대 자신의 영화 속에서 연기하라

질문자: 바로 지금도 혼란에 빠져 있는 때가 있습니다.
마하라지: 혼란이 있을 때는 "혼란을 아는 것은 누구인가?"라고 물으십시오. 그것은 실은 좋은 징후입니다. 왜냐하면 그대가 **실재**를 안다는 것을 말해주기 때문입니다. 알 때는 주의를 다시 **무아인 진아**로 옮길 수 있습니다. 내면에서 어떤 혼란이 일어나고 있는 것을 알아차릴 때, 그것은 좋은 징후입니다. 무슨 일이 일어나고 있는지를 그대가 알기 때문입니다.

그 아는 자는 경각하고 있습니다.

그 말은, 그대가 그 어떤 것, 일어나고 있는 이 어떤 것과
별개라는 것을 의미합니다.

지금 그대는 몸과 별개입니다. 왜냐하면 "몸은 나와 별개다"라는 것을 그대가 알기 때문입니다. 만일 집안에서 어떤 일이 일어나면 그대가 그것을 알아차립니다. 이는 그대가 집과 별개이고, 몸과 별개라는 것을 의미합니

다. 싫어하는 어떤 것이 있을 때는 그대가 행로를 바꿀 수 있습니다.

예컨대 전에는 그대가 우울함을 느끼면 거기에 그냥 빠졌습니다. 이제는 무슨 일이 일어나는지 압니다. 그것은 좋은 징후입니다. 왜냐하면 그대가 **보는** 자에 점점 가까이 가고 있기 때문입니다. 어떤 일이 일어나는지 그대가 알고 있고, 그에 대해 뭔가 조처를 할 수 있습니다.

단순한 공식입니다. 즉, 지知와 그대는 하나라는 것입니다.

어떤 차이도 없습니다.

그대의 무아인 진아는 몸과 별개이고, 세계와 별개입니다. 기분 변화는 일어날 수밖에 없습니다. 왜냐하면 이 몸은 5대 원소의 것이기 때문입니다. 5대 원소에 어떤 불균형이 오면 그것이 (그대의 기분에) 반영됩니다. 그것을 알아차리면 이렇게 말하겠지요. "뭔가가 일어나고 있군." 온몸이 5대 원소로 이루어져 있습니다. 불균형이 있을 때는 세 가지 구나(gunas), 곧 성질들에도 같은 일이 일어납니다.

따마스(tamas)가 가장 위험한데, 남들과 싸우고, 공격하고, 범죄를 저지르는 등입니다. 사뜨와(sattva)는 기도와 명상을 좋아하고, 그래서 영적인 공부에 가장 좋습니다. 라자스(rajas)는 쾌락·향유를 찾고, 따라서 그대를 **실재**에서 벗어나게 합니다. 이 성질들 중 어느 하나가 과도해지면 불균형이 올 것입니다. 이제 구나들은 잊어버리십시오!

그대는 이 구나들 모두를 넘어서 있습니다.

자각하고 경각심을 가지십시오. 그러면 문제가 없을 것입니다. 무아인 진아에 점점 가까이 가게 되면, 그대가 세계와 별개로 머물러 있게 될 것이고, 그런 성질들이 그대에게 아무 영향이 없을 것입니다. 일체가 그대 안에 있습니다. 존재성 이전에 구나들이 어디 있었습니까? 그대는 그런 지知를 언제 만났습니까? 이것은 그대가 그것을 넘어서 있다는 것을 의미합니다.

질: 제가 구나를 선택할 수 있다는 뜻입니까?

마: 왜 선택합니까?

선택하기 위해서는 어떤 사람이 있어야 합니다.

아무도 없습니다!

존재성 이전에 그대가 있던 대로 있으십시오.

그와 같이 머무르십시오.

어떤 구나도 없습니다! 사뜨와는 진리를 확립하기에 좋지만 그것이 궁극적 진리는 아닙니다. 모든 구나에서 나오십시오! 그것은 초등교육, 초등학교 수준의 이야기입니다. 어떤 구나도 없고 어떤 몸-지知도 없습니다!

존재성 이전에 그대가 있던 대로 있으라―궁극적 진리입니다.

전적인 투신이 필요합니다. 만약 깊은 바다에서 헤엄치고 싶다면 깊이 잠수해야 합니다. 일체를 그대에게 가르쳤으니, 두려워하지 마십시오. 그대의 무아인 진아 안에서 자신감을 창출하십시오.

그대는 지知가 있습니다.

언제까지 강둑에 머물러 있으려고 합니까?

이제 수행하십시오!

질: 어떤 사람이 헤엄을 칠 줄 모른다면 그는 죽지 않을까요?

마: 어떤 사람이 없습니다. 그대 자신, 그대의 자연발로적 현존만 있습니다.

아는 자와 앎이 사라질 때, 거기에 그대가 있습니다.

어떤 형상도 없습니다!

왜 남들을 생각합니까? 몸을 떠나야 할 때, 그대는 남들을 생각하고 있겠습니까?

그대가 몸 안으로 들어왔을 때,

아내나 무슨 친구들을 데려왔습니까?

꿈에 대해서는 신경 쓰지 마십시오!

그 큰 가족은 하나의 꿈입니다.

그대의 남편은 하나의 꿈입니다.

그대의 아내는 하나의 꿈입니다.

깨고 나면 이 모든 것이 어디로 갑니까?

모든 질문과 답변은 그대 안에 있지만, 그대가 내면을 들여다보지 않습니다. 그대는 무아인 진아와 함께 보지 않고 있습니다. 제가 말하는 것을 문자적으로 받아들이지 마십시오. 제가 여기서 사용하는 단어들은 그대의 이해를 돕고, 그대의 무아인 진아를 가리켜 보이기 위한 것일 뿐입니다.

우리는 세간지世間知의 범주 안에 살고 있습니다.

그대는 자신의 정체성을 잊어버렸고, 그대가 아닌 것들을 받아들였습니다. 무아인 진아와 대화를 하십시오. 그대의 내적 스승이 이야기하게 하십시오! 그대가 질문자이고 그대가 답변자입니다. 그대가 스승이고 그대가 헌신자입니다. 아무것도 없다는 것을 그대가 알게 되면 행복과 평안이 있을 것입니다. 아무것도 없는데 왜 싸웁니까? 그대 자신을 포함한 전 세계가 하나의 환幻인데, 왜 싸웁니까?

지知 아님이 지知입니다. 실재를 알고 나면, 그대가 허공을 망치질하고, 때리고, 치고, 허공과 싸우려 했다는 것을 깨달을 것입니다. 투쟁할 필요가 없습니다. 왜냐하면 그대의 '나'는 존재성 이전이기 때문입니다.

이것은 절호의 기회입니다.

완전히 순복하십시오!

부분적인 지知로는 충분하지 않습니다.

실용적인 영적 공부란 그대가 문제들로부터 도망치지 않고 그것을 정면으로 마주한다는 것을 뜻합니다. 예를 들어, 그대의 부모님을 버리지 않습니다. 그분들을 버리는 것은 영적인 공부가 아닙니다. 그대의 임무를 다하고, 부모님을 보살펴 드리십시오. 왜 영적인 공부라는 미명하에 여기저기 다닙니까? 그대는 전 세계가 환幻이라는 알고 있고, 따라서 이른바 나쁜 상황과 환경을 좋은 것으로 바꿔 놓는 것을 하나의 도전이자 그대의 영적인 지知에 대한 시험으로 보아야 합니다.

마치 영화 속에서 연기를 하듯이 사십시오. 어떤 때는 그 영화가 비극이고, 어떤 때는 희극일 수도 있습니다. 어떤 때는 그대가 악당이지만, 무슨 일이 일어나든, 그대는 그것이 환幻이라는 것을 늘 알고 있을 것입니다.

그저 그대의 무아인 진아를 보고,

존재성 이전에 그대가 어떻게 있었는지를 보십시오.

137. 또 다른 꿈을 원하는가?

질문자: 마하라지님, 이제 상황이 상당히 분명합니다. 저는 이 수행을 더 잘 이해하게 되었습니다.

마하라지: 명상 수련을 계속해 나가야 합니다. 그대는 또 다른 꿈을 원치 않습니다. 그대가 몸을 떠날 때 어떤 개념을 갖든, 그것이 (다음 번 꿈에서) 반영될 수 있습니다. 이 반영을 '환생'이라고 부르지만, 전혀 어떤 환생도 없습니다. 그러니까 이제 그대는 아는군요!

그대의 정당한 자산을 요구하십시오.

조금만 갖지 말고, 다 가져가십시오!

그대가 자신의 스승입니다. 그대의 사고는 긍정적 사고여야 합니다. 어떤 의심도 없이 실재를 받아들이십시오. '무슨 일이 일어날까? 그것이 맞나 틀리나?' 아니지요! 그것은 의구심이 있는 지知입니다. 그것은 부정적 사고, 부정적 감정이고, 의심입니다. 긍정적으로 생각해야 합니다. 그대의 **궁극적 진리**를 오롯한 마음으로 받아들이십시오.

저는 말을 통해서 그대 안의 **말 없는 청자**를 납득시키려고 하고 있습니다. 기본적인 요건은 여전히 동일합니다. 즉, 명상으로 몸-지知가 완전히 해소되어야 한다는 것입니다. 이것을 우회하는 방법은 없습니다.

그대의 **지**知, 그대의 **실재**를 받아들이십시오. 그대는 이제 그대의 **무아인 진아**에 대해 알아낼 수 있는 법을 그대에게 보여줄 기법(남 만트라)을 가졌습니다.

그대는 제시할 사실과 수치數値를 가졌으니,

이제 필요한 것은 그대의 진지한 투신뿐입니다.

명상은 그것을 받아들일 용기를 그대에게 줄 것입니다. 그대가 세상 어디에 있다 해도, 오직 **무아인 진아**만이 있다는 것을 늘 명심하십시오. 달리 그 무엇도 전혀 없습니다.

그대의 **현존**은 **자연발로적 현존**입니다 용기와 강한 의지력이 있으면, 그 무엇도 불가능하지 않다는 것을 발견할 것입니다. 그대는 **실재**를 아니, 이제 음식-몸-지知를 해소할 필요가 있습니다. 영적으로 강해지십시오! 두려움 없이 사십시오. 그대는 불생不生이니까요. 이 **진리**를 확립하려면 그대가 앞으로 나서야 합니다. 제가 있는 방향으로 한 걸음 내디디십시오. 이 과정은 쌍방통행을 요구합니다.

  실재를 알고 싶다는 강한 의지가 있어야 하고, 달리 어디도 가고 싶다는 마음이 들지 않아야 합니다. 만일 여전히 다른 스승에게 끌린다면 그것은,

    그대가 자신을 잘못 대표하고 있는 것입니다.

    일체가 그대 안에 있고,

    따라서 더 이상 구걸할 필요가 없습니다.

질: 니사르가닷따 마하라지님이 말씀하시기를, "석녀의 자식은 · · · ."

마: 문자적 지知의 범주 안을 배회하는 것은 그대에게 행복을 안겨주지 않을 것입니다. 지知를 분석하지 마십시오. 스승들이 말한 것은 올바르지만, 그들이 전달하고자 한 그것이 더 중요합니다. 그것은 영적인 경쟁이나 토론이나 논변·반론이 아닙니다.

    그대가 서 있는 곳이 궁극입니다.

    중요한 것은 그것입니다.

  그대는 더 이상 그대의 스승의 학인(제자)이 아닙니다. 이것이 영적인 지知의 요약입니다. 그것이 **보이지 않는** 청자의 원리이고, 기초이며, 요지입니다.

  그러니 긍정적으로 생각하고, 이 지知를 새기십시오.

    이 지知를 새기십시오.

그것이 사라지지 않게 하십시오! 그것을 지속해 나가고, 그것을 영구적으로 새기십시오! 만일 돌·금속·황동이나 금에 무엇을 새겨두면 없애기가 아주 어렵겠지요.

138. 그대는 세계와 별개이다

질문자: 문제는, 세간에서 영적인 삶을 사는 법과 자각을 유지하는 법을 아는 거로군요?

마하라지: 누가 "안다"고 말합니까? 이 세계는 하나의 꿈 세계입니다. 신나 할 것이 없습니다! 단순한 삶, 고요한 삶을 사십시오. 누구도 친구가 아니고 누구도 적이 아닙니다. 실재를 알기 위해서는 수련들을 해야 하며, 그러고 나면 전적으로 평안해질 것입니다. 이 만트라는 기운을 창조하는데, 그것이 '찌따(chitta-기억)', '붓디(buddhi-지성)', '의식', '자각' 등 세련된 개념들을 포함한 모든 몸-지知 파일을 삭제해 줄 것입니다. 사람들은 별난 이름들을 가지고 놀기를 아주 좋아하지요!

　　이름들은 궁극적 진리가 아니고,
　　그대가 궁극적 진리입니다.

　남 만트라는 필요한 것보다 과잉인 모든 것을 씻어냅니다. 제 스승님이 이렇게 말했습니다.

　　"그 몸은 가장 더러운 몸이다.
　　그 몸의 보유자는 전적으로 순수하다. 가장 순수한 순수성이다."

　몸이 중요한 것은 영靈 때문입니다. 확신을 얻고 나면 완전한 평온과 침묵이 있을 것이고, 어떤 기대나 욕심도 없을 것입니다. 확신의 표지는 절대적인 지知, 무소부재함입니다.

　　우리는 본연의 우리를 잊어버렸습니다.
　　우리는 환幻을 진리로 받아들였습니다.

　그대의 삶의 목표는 중대하고, 핵심적입니다. 무아인 진아를 중요시하십시오. 왜냐하면 그대가 이 온 세계의 뿌리이기 때문입니다. 업業이니, '30년간의 추구'니 하는 어떤 개념도 따르지 마십시오! 그 모든 것이 무슨 소용 있습니까? 그대의 몸을 고문하기, 수행(sadhana)을 하기. 누구의 수행입니까? 그대의 영적 지성을 사용하십시오.

그대는 자신을 과소평가하고 있습니다.

다시는 개념의 노예가 되지 마십시오!

어떤 행법을 따르는 데서 그대가 무엇을 얻겠습니까? 행복, 어쩌면 평안? 그러나 그 이익은 일시적일 것입니다.

질: 저의 목표는 그 수행이 드러나게 하는 것입니다.

마: 누가 그 수행을 드러나게 하고 싶어 합니까? 존재성 이전에 누가, 무엇이 드러나 있었습니까?

질: 제 친구 한 사람과 무슨 일이 있었습니다. 그를 사교상 알고 지냈는데, 여하튼 그는 정직하지 않은 것으로 밝혀졌습니다. 저는 정직하지 않은 사람들을 좋아하지 않습니다. 제가 이 말씀을 드리는 것은, 그것이 그냥 바로 이 순간 마음속에 떠올랐기 때문입니다.

마: 사회생활은 사회생활이고, 영적인 삶은 영적인 삶입니다. 그것들은 연관이 없습니다. 그 사건을 마음에 담아두지 마십시오. 거기에 대해 생각하지 마십시오. 그런 종류의 에너지, 흥분이나 들뜸은 일시적이어야 합니다. 그것을 붙들고 있지 마십시오.

요령은 그것을 빨리 잊는 것입니다.

사건들을 새겨두고, 마치 레코드처럼

그것을 계속 거듭거듭 틀지 마십시오.

그런 종류의 사건을 계속 기억하면 안 됩니다. 도움이 되지 않습니다. 생각들·흥분·분노를 가지고 다니지 마십시오. 건강에 좋지 않습니다!

그런 기억들을 가지고 다닌다면,

그것은 그 경험들을 다시 살아나게 만드는 것입니다.

그대는 레코드처럼 그것을 계속 틀고 있습니다. 10년 전에 그대에게 어떤 일이 일어났는데, 아직도 그 옛날 레코드를 거듭거듭 틀고 있군요! 아니지요! 그것은 나쁜 습관입니다. 그대의 반응은 잘못된 것이 아니었지만, 그 기억을 가지고 다니는 것은 좋지 않고, 영리하지도 않습니다! 에고, 에고, 에고를 덧붙이는 것을 피하십시오. 그대의 **영적인 지**知를 사용하십시오.

질: 깨달으신 존재로서 마하라지님, 당신께서도 화를 내십니까?

마: 최근에 아쉬람에 온 한 방문객이 들뜬 상태가 되었습니다. 그는 자신의 개인적인 문제로 저한테 화풀이하고 싶어 했지요. 저는 침묵을 지켰고, 그를 가라앉히려고 했습니다. 저에게 그건 아무것도 아니었지만, 효과가 없었습니다! 비베카난다의 스승인 라마크리슈나 빠라마한사가 한번은 한 동료와 같이 있었습니다. 곤충, 즉 전갈 한 마리가 가까이 있었습니다. 동료가 말했습니다. "왜 저걸 죽이지 않습니까?" 라마크리슈나가 대답했습니다. "무는 것이 그것의 성품이지요. 그것은 자신이 무엇을 하는지 모릅니다." 만일 어떤 사람이 그대를 언어적으로 공격하면 그냥 그것을 잊어버리십시오. 일들이 늘 일어나지만 그것을 무시하고, 잊어버리십시오!

그대는 더 나은 도리를 압니다.
평범한 사람과는 다릅니다.
그는 영적인 공부에 대해 아무것도 모릅니다.
만일 우리가 그의 성품을 따라간다면,
그대들 둘 사이에 아무 차이가 없습니다.

40번이나 침 뱉음을 당했던 에끄나트 이야기를 제가 했습니다. 그는 40번이나 신성한 물에서 목욕을 했을 뿐 아니라, 자신을 적대했던 그 사람을 점심 식사에 데려가기까지 했습니다!

언짢은 일들이 일어날 때는 약간의 흥분, 들뜸, 일순간의 분노가 있기 마련입니다. 그러나 그것을 제어해야 하고, 다음 순간 잊어버려야 합니다.

마음은 부정적인 것들을 거듭거듭 반추하기를 아주 좋아합니다. 꿈 속에서는 그대가 남을 상해하거나 심지어 죽일 수도 있지만, (깨어나서) 그런 감정을 취하지는 않습니다. 마찬가지로 이것은 하나의 꿈입니다. 그러니 어떤 공격성도 지니지 마십시오. 그대는 이 세계와 별개입니다. 신적인 본질이 그대와 함께하고, 스승적 본질이 그대와 함께합니다.

그대가 진정한 헌신, 완전한 헌신을 지녔을 때는,
설사 화를 내고 싶은 마음이 들어도
화를 낼 수 없을 것입니다.
그대가 실재 안에 확고히 자리잡게 될 것입니다.

언젠가 한 방문객이 저의 스승님에게 소리를 질렀습니다. 그리고 니사르가닷따 마하라지님의 멱살을 잡았습니다. 당신을 시험해 보고 싶었던 것입니다. 제 스승님은 차분하고 고요하셨지요. 방 안에 있던 다른 사람들은 가만히 있지 못했습니다. 그 일은 자연발로적으로 일어났습니다.

모든 환적인 개념이 해소될 것입니다. 이것이 남 만트라가 갖게 될 효과입니다.

질: 이 만트라는 니사르가닷따 마하라지님의 것과 같은 것입니까?

마: 예, 닷따뜨레야(Dattatreya)까지 소급해서 말입니다. 이 만트라는 상업적 용도를 위한 것이 아닙니다. 시골 의사들은 여러 가지 많은 약을 사용합니다. 그들은 돈을 받지 않습니다. 그들은 그 약에 돈을 받으면 지知에 영향을 준다고 믿습니다. 마찬가지로,

 돈과 조금이라도 연관되면
 남 만트라를 망치게 될 것입니다.

이 삼쁘라다야(Sampradaya)는 아무것도 요구하지 않습니다.

 저는 이 지知를 무료로 공유하고 있지만,
 그대가 이 가르침을 따르기를,
 이 환幻 모두에서 나오기를 기대하고 있습니다.
 그대 자신의 이익을 위해서 말입니다.

그대의 마음에 노예가 되지 마십시오. 마음은 늘 요구하고, 새 집, 자동차, 휴일, 돈, 더 많은 돈을 원합니다.

 그 모든 돈을 가지고 그대가 무엇을 하겠습니까?
 그것을 모두 천국의 은행에 이체할 수 있습니까?

질: 어쩌면 천국에 땅 한 뙈기를 살지 모릅니다!

마: 만일 의미 있는 시주를 하고 싶다면, 그대의 에고·지성·마음을 여기서 저에게 맡기십시오.

139. 실체감 있는 침묵

마하라지: 이제 그대는 몸에 전혀 상관하지 않습니다. 그대가 전혀 몸이 아니라는 것을 압니다. 그 몸의 보유자가 누구입니까? 그대는 누구입니까? '그들'은 그것이 브라만·아뜨만·빠라마뜨만·신이라고 말합니다. 그것을 어떤 이름으로 불러도 무방합니다. 어떤 이름이 주어졌든, 그대는 그것을 넘어서 있습니다.

　　그대는 그것을 넘어서 있습니다.
　　그대는 그것을 넘어서 있습니다.
　　그대는 하늘을 넘어서 있습니다.

실재를 알고 나면 환적인 개념들이 자연발로적으로 해소될 것입니다. 영적인 지知란 진정한 의미에서 그대 자신을 아는 것입니다. 우리는 몸-형상으로 우리 자신을 알고 있습니다.

　　이 지知를 얻고 나면
　　몸에 기초한 지知가 완전히 해소될 것입니다.

무엇보다 먼저 그대는 명상에 집중했고, 이제 진보된 단계로 서서히 나아가고 있습니다. 그 단계에서는 그대 자신을 포함한 일체를 잊을 것입니다.

　　비상한 침묵과
　　비상한 평안이 있을 것입니다.

질문자: 마하라지님, 최근에는 명상 중에 스승님들의 현존이 아주 강했다는 말씀을 드리고 싶었습니다. 어제는 니사르가닷따 마하라지님, 오늘은 싯다라메쉬와르 마하라지님이었습니다. 마치 그분들이 수행을 돕고 격려하면서, 길을 닦고, 저를 친절하고 부드럽게 앞으로 밀어주시는 것 같았습니다.

　　예를 들어 니사르가닷따 마하라지님은 문을 열고 "들어와!"라고 말씀하셨습니다. 손을 흔드시며 저에게 앞으로 오라고 손짓하셨습니다!

마: 스승님들이 언제나 그대를 돕고 인도하고 계십니다. 명상을 통해서 그대는 자신의 **보이지 않는 존재**와 자연발로적으로 일체감을 느낍니다. 명상

을 통해서 그대의 **정체불명의 정체성**과 자연발로적으로 일체감을 느낍니다.

　　명상을 통해서 그대는 정체불명의 실재, 곧

　　어떤 모양도 없고, 어떤 몸도 없는

　　본래의 그대와 일체감을 느낍니다.

　모든 생각, 그리고 몸과 관련되는 모든 개념들이 해소될 것입니다. 전적으로 두려움이 없어질 것입니다. 어려움은 있을지 모르지만, 마치 꿈속에서 연기하듯이 어떤 어려움에도 전혀 상관하지 않으면서 일을 하고, 그대가 책임진 것들을 처리하게 될 것입니다.

질: 더 큰 침묵과 평안이 있습니다. 실체감 있는 침묵입니다!

마: 어떤 단어를 써서도 묘사할 수 없는 비상한 침묵, 비상한 평안이 있을 것입니다.

　진리는 "나는 브라만이다"를 넘어서 있습니다. 그것을 넘어서 있고 침묵을 넘어서 있습니다. 이것은 **무아인 진아**를 통해서 깨달을 수 있습니다. 어떤 자아도 없습니다. 자아가 사라지면 아무것도 남지 않습니다. 이것을 무아인 진아라고 합니다. 자아의 자취가 있는 한 그대는 그것과 자신을 동일시할 수 있습니다. 일체가 사라질 때, 그것은 묘사할 수 없습니다.

질: 이런 말씀을 다시 듣고 있을 때는 마하라지님, 당신께서 말씀하신 것을 갈수록 더 흡수하게 됩니다. 그리고 그것이 너무 좋고, 경이롭습니다! 일어나는 일들이 유기적으로 느껴집니다. 그것이 마치 한 그루 식물처럼 자라고 있습니다.

마: 그것은 제 **스승님들**의 은총에 의해서입니다.

질: 자이 구루(Jai Guru)![6] 저는 아주 행복하고 강합니다. 이 수행이 더 강해지고 더 깊어지고 있습니다. 모든 것이 순조롭습니다.

마: 아주 좋습니다! 강하고 용기 있는 상태를 유지하십시오.

---

6) *T.* 문자적으로는 "스승께 승리를!"이라는 뜻이며, 스승을 환영하고 찬양하는 인사말이다.

140. 바다에 합일되라

마하라지: 기본적으로 알아야 할 것은 **지**知가 이미 여러분 안에 있다는 것입니다. 영적인 지知가 이미 여러분 안에 있습니다. 그것을 새롭게 하고, 환적인 개념들을 제거하기만 하면 됩니다. 그리고 그것이 명상을 하는 목적입니다. 명상은 에고·마음·지성의 힘들을 줄여줄 것입니다.

    변화가 일어날 것입니다.
    그것은 자연발로적 변화일 것입니다.
    그것은 이미 여러분 안에 내장되어 있지만
    여러분이 자각하지 못하고 있습니다.

존재성 이전에 **보이지 않는, 말없는 현존**이 있었습니다. 몸이 해체되고 난 뒤에도 그 **현존**이 있겠지만 어떤 주시자나 체험도 없을 것입니다. **현존**은 도처에 있으나 우리는 몸에 의해 제한됩니다. 여러분이 수많은 질문을 가지고 있는 것은 단지 몸 집착 때문입니다.

    그 질문자에게 집중하면 답변을 발견할 것입니다.
    그 질문들이 일어나는 근원에, 그리고 그 질문자에게 집중하십시오.
    그 질문자가 누구입니까?

동시에 여러분은 그 질문을 주시하고 있습니다. 그것은 여러분이 그 질문이자 **질문자**이기도 하다는 것을 의미합니다. 그대가 **청자**이자 **화자**입니다. 그러나 음식-몸 때문에 여러분의 **정체성**을 잊어버렸습니다. 그래서 명상이 필요합니다. 실재에 대한, **궁극적 진리**에 대한 기억을 새롭게 하기 위해서 말입니다.

명상에 더하여 여러분은 **지**知를 필요로 합니다. 제가 여러분에게 계속 이야기하듯이, **지**知는 그냥 진정한 의미에서 여러분 자신을 아는 것을 의미합니다. 따라서 **지**知를 얻고 나면 "나는 **궁극자**이다. 내가 **최종적 진리다**"라는 **확신**이 있을 것입니다.

확신에 뒤따르는 다음 단계는 **흡수**로 이어집니다. **지**知가 몸 안에 흡수될 것입니다. 그래서 지知란 여러분이 안다는 것을 의미합니다. 이것이 실재로 이어집니다. "그래! 나는 실재를 안다. 내가 브라만이고, 내가 궁극적 진리다." 그러나 그것이 단어들에 의해서만 알려집니다. 그것이 여러분의 무아인 진아 안에 흡수되어야 합니다.

그런 뒤에는 그 개인이 사라집니다.

실재에 대한 지知가 흡수된 것입니다.

그 개인은 사라질 것입니다.

더 이상 어떤 개인성도 없을 것입니다. 여러분의 정체성이 사라질 것입니다. 일체가 무無에서 나오고 일체가 다시 무無 속으로 해소됩니다.

몸과, 우리가 이 생애 기간 내에서 보는 것들,

무無 안의 유有가 다시 무無 속으로 해소됩니다.

몸 때문에 여러분이 자기 자신을 보았고, 자기 자신을 알았습니다. 그리고 몸을 통해서만 어떤 행복과 평안을 얻으려고 했습니다. 그러나 이제 여러분은 더 나은 도리를 압니다. 여러분의 몸은 여러분의 정체성이 아니라는 것, 그것은 여러분이 음식을 제공하는 한에서 계속 살아 있을 음식-몸에 불과하다는 것을 압니다.

확신이 흡수로 이어지는데, 흡수는 합일을 의미합니다.

일체가 단일성 속으로 흡수되고, 합일됩니다.

바다에 쏟아 부은 한 동이의 물은 바다와 하나가 되어 바다와 분리할 수 없게 됩니다. 그것은 바다가 됩니다. 그래서 흡수된 뒤에는 합일이 있습니다. 거기서는 어떤 것도 들어내거나 원상 복구할 수 없습니다. 설사 그러고 싶다 해도 말입니다.

질문자: 그러니까 제가 이해하고 있는지 확인해 봐도 되겠습니까, 마하라지님? 첫 번째는 명상과 지知이고, 그 다음은 확신인데, 그것은 스승이 우리에게 실재를 납득시키는 데서 올 뿐만 아니라, 우리 자신의 자기확신에서도 옵니다. 이것은 '적극적' 확신입니다. 왜냐하면 우리는 실재를 받아들이기 위해 그것을 목표로 노력하고 있기 때문입니다.

확신은 우리가 몸이 아니라는 것을 실제로 아는 것을 의미하고, 그것을 얻고 나면 **흡수**의 기간을 경험하는데, 그것은 모든 **지**知가 몸 안에 흡수되는 것을 의미합니다. 그리고 나면 **자연발로적 확신**의 최종 단계가 있고, 이것은 일어나 봐야 압니다. 이것이 어느 정도 정확합니까, 마하라지님?
마: 그렇지요, 그렇지요. 그런데 그 **지**知가 어떻게 흡수됩니까? 계속 같은 말을 하지만, 그것은 기본기, 곧 명상을 해서입니다. 명상이 마음·에고·지성의 힘을 감소시킵니다. 그래서 비밀 **만트라**를 주는 것입니다.

　만트라를 염하고 있을 때,
　그대는 그 염하는 자의 주의를 요청하는 것입니다.
　제 말을 주의 깊게 들으십시오!
　만트라를 통해 그대는 주의를 몸에서 옮겨
　그대가 궁극적 진리라는 것,
　그대가 최종적 진리라는 것을 염하는 자에게 상기시킵니다.

그리고 (만트라를) 염한 뒤에 지속적으로 **염하는** 자의 주의를 요청하면, 그것이 "그래, 내가 그것이다!"가 됩니다.

　그대의 **자연발로적 현존**은 몸과의 오랜 연관 때문에 처음에는 만트라에 저항합니다. 그러나 이제는 그대가 알겠지만, 지속적으로 염하고, **보이지 않는 현존**, 궁극자의 주의를 지속적으로 요청하다 보면 **그것**이 갑자기 일어나고, "그래, 내가 **그것이다**!" 하게 됩니다. 이 시점에서 '그것'은 즉시 세계에 상관하지 않게 됩니다.

　(그때는) 그대가 자신의 외적인 정체성을 잊고, '나'를 잊고, 일체를 잊습니다. 그대의 **현존**도 잊습니다. 어떤 몸-지知에도 상관하지 않습니다. 어떤 평안이나 행복도 그대가 필요로 하지 않습니다.

　자연발로적 행복, 자연발로적 평안이 있습니다.
　어떤 긴장도, 어떤 두려움도 없습니다.
　왜냐하면 "나는 결코 태어나지 않았다"는 것을 알기 때문입니다.

　그래서 제가 말했듯이, 그대의 **확신**이 **지**知의 흡수로 이어집니다. 확신 이후에는 **흡수**가 무엇보다 중요합니다. 그것은 일종의 합일입니다. (그때는) 그대가 몸을 사용하기는 하지만, 어떤 기대도 없고, 어떤 집착도, 사랑이나 애정도 없습니다. 그대는 자연발로적으로 활동하게 됩니다.

확신 이후에는 자연발로적인 살아감이 있을 것이고,
모든 행위가 의도적이지 않고 자연발로적일 것입니다.
그것은 단순한 것입니다.
일체가 그대 안에 있습니다. 일체가 그대 안에 있습니다.
단순하게 표현해서, 그대는 순진하게도 자각하지 못했습니다.

이것은 단순한 지知인데 지적인 사고와 책들에 의해 복잡해진 것입니다. 그것은 그대의 무아인 진아와 직접 관계되는 직설적인 지知입니다. 그것을 알아내려고 어디로 갈 필요가 없습니다. 왜냐하면 그 **발견자** 자체가 **궁극적 진리**이기 때문입니다.

그 발견자 자체가 궁극적 진리입니다.

우리는 여기저기 뒤지면서 그 **발견자**를 찾았습니다. 그 **수색자 · 발견자**가 **궁극적 진리**이지만, 그것이 몸으로, 음식-몸으로 덮여 있습니다. 그리고 몸과의 오랜 연관 때문에 우리의 모든 지知는 에고적인 지知였습니다. 이제 그 에고가 해소되고, 또 해소되고 있습니다.

141. 무無는 무無이다

질문자: 누구의 **현존**입니까? 우리는 아이로서 자라고, 자각하게 되고, 점차 깨닫기도 합니다. 현존을 어떻게 묘사하시겠습니까?

마하라지: 그대는 전 세계를 어떻게 봅니까? 아이, 남자나 여자, 세계를 어떻게 봅니까? 그것은 모두 그대의 **현존**, 그대의 **자연발로적 현존**의 반영이고, 투사물입니다. 어떤 개인성도 없고, 도처에 아주 광대한 **현존**만이 있습니다. 우리가 거기에 '**현존**'이라는 이름을 부여했지만, 그대가 알다시피 그 단어도 환幻입니다.

단어들에 말려들지 마십시오. 그 단어들 이면으로 나아가십시오. 우리가 '아이', '자각', '존재성', '의식'을 말한다면, 우리는 그저 의사소통 수단으로 이런 단어들을 사용하고 있을 뿐입니다. 마찬가지로, **현존**은 그대를 그대의 **정체불명의 정체성**에게로 향하게 하는 하나의 단어입니다. 그것은 그대의 **정체불명의 정체성**을 전해주고 있습니다.

어떤 단어도 없고, 어떤 존재도 없습니다.

어떤 현존도 없습니다.

우리가 **현존**에 대해서 이야기할 때, 우리는 에고적이고, 지적이고, 논리적인 생각들을 사용하고 있습니다. 어떤 논리도, 지성도, 마음도, 에고도 없습니다. 절대적으로 아무것도 없습니다.

그러나 무無로부터 그대가 일체를 봅니다.

무無가 해소되고 흡수될 때, 거기에 그대가 있습니다.

질: 그러니까 **자연발로적 현존**은 어떤 단어로도 규정할 수 없군요?

마: 그 단어가 사용되는 것은 단지 가리켜 보이기 위해, 단지 확신을 위해, 단지 **보이지 않는 청자** 자신의 하늘 같은 **정체성**을 알기 위해서일 뿐입니다. 그대가 하늘을 보고, 그대가 바다를 봅니다! 그것은 그 **보는 자**의 반영입니다. 그대의 **정체성**은 그것 너머, 그것 너머입니다.

질: 누가 깨어납니까?

마: 깨어나는 자가 아무도 없습니다. 몸-형상과 관계되는 그 무엇도 있을 수 없습니다. 어떤 깨어남도, 어떤 의식도, 어떤 의식 너머도, 어떤 의식 이전도 없습니다. 이런 것은 우리가 이해를 위해, 단지 **확신**을 얻기 위해 사용하는 단어들일 뿐입니다. 우리는 이 세계와 아무 관계가 없고, 개인성과 아무 관계가 없습니다. 이런 모든 설명을 하는 것은 그대 안의 아무 형상 없는 **보이지 않는 청자**, **자연발로적 청자**의 주의를 요청하기 위해서입니다.

질: 일체가 무無에서 나오고, 다시 무無 속으로 흡수된다고 말씀하셨습니다. 그러면 무無는 무엇입니까?

마: 무無는 무無지요! 무無는 규정할 수 없습니다. 무無는 무無입니다. 그것은 규정될 수 없습니다. 지知 아님이 무엇입니까? 그것은 지知 아님입니다.

141. 무無는 무無이다　541

우리는 불생의 아이에 대해 이야기하고 있다고 제가 그대들에게 말했지요!
　우리는 이 아이, 불생의 아이에 대해서 이야기하고 있습니다.
　무無, 태어나지 않는, 불생의.

질: 그러나 그 해체 뒤에 어떤 유有가, 무無 안에 유有가 여전히 있습니까?

마: 아니지요. 어떤 무無도, 어떤 유有도, 어떤 해체도 없습니다. 이 모든 것들은 단어입니다. 단-어-들. 또다시 그대는 그대의 몸 정보를 통해서 이야기하고 있습니다.

질: 그렇습니다! 그러나 여전히 어떤 유有가 있다고 말씀하셨습니다. 일체가 사라지고 아무것도 없을 때, 조금은 있는····.

마: 늘 단어들이 그대를 함정에 빠트리는군요! 그것들을 너무 문자적으로 받아들이지 마십시오. 저는 **확신**과 관련하여 "거기에 그대가 있다"고 말했습니다. 우리는 몇 가지 단어를 사용해야 합니다.

질: 그리고 "거기에 그대가 있다"는 **자연발로적 현존**이군요?

마: 그렇지요! 보이지 않고, 익명이고, 정체불명인 그대의 **자연발로적 현존** 없이는 그대가 세계를 볼 수 없습니다. 저는 모든 사람에게, 단어들을 분석하지 말고 그 단어들이 전달하려고 하는 것에 초점을 맞추라고 말합니다. 소통되는 내용의 문자적 의미를 취하지 마십시오.

질: 니사르가닷따 마하라지님은 우리가 어린아이일 때, 몸과 이름을 자신과 동일시하기 전, 이를테면 유아일 때에 대해 이야기합니다. 그것에 대해, 곧 "내가 있다" 이전 상태, 몸과의 동일시 이전에 대해 꽤 많이 이야기합니다.

마: 역시나 그분이 말하고 있는 것을 문자적으로 받아들일 필요는 없습니다. 그분은 그냥 **현존**을 가리켜 보이고, 다른 각도와 차원에서 그대에게 **현존**을 납득시키려고 하는 것일 뿐입니다.

질: "내가 있다" 이전 말입니까? 몸 이전?

마: 그것은 그대 나름의 예상이지요. "'내가 있다' 이전에 무엇이 있었을까?"라는. 그런 모든 예상은 몸-형상과 관련됩니다. 어떤 단어도 없습니다.
　거기서는 모든 단어가 끝납니다.
　어떤 언어도, 어떤 단어도 없습니다.

'존재(existence)'조차도 익명입니다. 그것은 단어로써 규정할 수 없습니다. 이런 모든 질문이 나오는 것은 몸-형상 때문입니다.

질: 그 답변들은 침묵 속에 있습니다.

마: 침묵이 모든 질문에 대한 답변입니다.

142. 신선한 귀로 듣기

마하라지: 앎이 있기 위해서는 아는 자가 있어야 합니다. '앎'을 말하기 위해서는 아는 자가 있어야 합니다. 앎이 사라질 때, 아는 자도 사라집니다. 아는 자는 어떤 정체성도 가지고 있지 않습니다. 여러분이 "나는 **브라만**이다, 나는 **아뜨만**이다, 나는 지知를 가졌다"고 말할 때, 그것은 여러분이 근원에서 여러분 자신을 분리하고 있음을 의미합니다. 미세한 에고가 여러분으로 하여금 자신을 다른 어떤 것, 별개의 어떤 것으로 보게 만듭니다.

　앎과 아는 자가 사라질 때, 거기에 여러분이 있습니다.

　앎과 아는 자가 사라질 때, 거기에 여러분이 있습니다.

앎은 아는 자와 관계됩니다. 아는 자와 앎은 어떤 물리적 존재성도 가지고 있지 않습니다. 아는 자는 어떤 물리적 존재성도 가지고 있지 않습니다.

질문자: 저는 **만트라**를 계속 염하면 제 마음의 불길을 가라앉히게 될 거라는 믿음이 있습니다.

마: '나의(my)'는 '나'가 아닙니다. '나의 몸'이라! 그대는 그 몸과 별개입니다. '나의' 아내, '나의' 아들, 그대는 그들과 별개입니다. '나의' 신, '나의' 스승, 이것은 '나'와 별개입니다. 일체가 그대의 **현존**에서 나옵니다. **현존**에서부터 그대는 '나의 이것, 나의 저것'을 이야기하고 있습니다.

질: 마음이 사라지고 몸이 사라지면 무엇이 남습니까?

마: 수많은 단어들이 있고, 수억의 단어들이 있는 것은 단지 그대를 이해시

키고, 그대에게 경각심을 갖게 하기 위해서일 뿐입니다. 그러나,

    실재는 어떤 단어, 혹은 어떤 세계와도 무관합니다.

    실재는 그 무엇과도 무관합니다.

스승이 그대에게 그대의 **궁극적 진리**를 제시하고 있습니다. 저 **궁극의 단계**를 그대에게 인상 지우고 있습니다. 그대의 **현존**이 전적으로 **보이지 않고**, **익명이고**, **정체불명**이라는 것을 그대가 알기 때문에, 세계에 전혀 상관하지 않는 단계 말입니다.

    그대는 압니다! 그대는 더 나은 것을 알면서도 여전히 그것을 완전히 받아들이지 않고 있는데, 그것이 그대의 삶의 불행입니다. 이제 그대는 일체를 아니, 그 **지**知를 받아들여 사용하고, 일상생활에서 실천에 옮겨야 합니다. 그대는 좋은 **지**知를 가지고 있지만 그것을 실행하지 않고 있습니다.

    그대가 이 **실재**를 받아들이는 순간 일체가 사라질 것입니다. 저는 그대가 그대의 **실재**를 받아들이는 그 순간에 대해서 이야기하고 있습니다.

    브라만·아뜨만·빠라브라만·신의 실재가 아닌,

    그대의 실재를 받아들이십시오.

    그대는 어떤 형상도 없는 실재입니다.

    그대는 전적으로 무형상입니다.

    우리 계보의 스승님들이 그대에게 **궁극적 진리**라는 실재를, "그대가 **그것**이다"를 인상 지우려 하고 있습니다. **스승**이 그대 안에 있지만 그대가 온전히 인식하지 못합니다. 그대는 그대의 중요성, 그대의 위대함을 온전히 인식하지 못하고 있고, 그래서 우리가 여기서 하고 있는 일은 '**그것**'을 그대에게 보여주는 것뿐입니다. 우리는 그대의 위대함, 그대의 가치, 그대의 중요성을 그대에게 지적하면서 보여주고 있습니다.

질: 저는 귀를 씻고 듣고 있습니다, 마하라지님, 그리고 당신께서 저에게 망치질을 더 하면 하실수록, 같은 말씀을 거듭거듭 되풀이하실수록, 제가 저의 **실재**를 받아들이기가 더 쉬워집니다.

마: 그 메시지는 복잡한 것이 아닙니다. 저는 브라만·아뜨만·빠라마뜨만·신의 **진리**가 아니라, 그대의 **진리**를 단순화하여 그대 앞에 놓아드리고 있습

니다. **브라만** 등은 세련된 단어, 아주 세련된 단어들이지요.

 그대는 자신의 두 발로 설 수 있습니다. 전혀 장애인이 아닙니다. 결코 아니었지요. 그대는 의존해 있지 않고 독립해 있습니다. 이 모든 환적인 지지물들을 내던져 버리십시오!

143. 왕좌에 앉은 왕

마하라지: 모리스 프리드먼이 **니사르가닷따 마하라지**님을 찾아왔을 때, 그는 남을 돕는 좋은 일에 많이 관여하고 있었습니다. 고아·동물들을 돕고 있었고, 그 밖에도 다른 종류의 다양한 사회사업에 관여했습니다. 하루는 **마하라지**님이 그에게 물었습니다. "언제까지 남들을 계속 도우려고 합니까? 그들을 돕되, 당신이 하는 일에서 어떤 에고도 취하지 마십시오. 자신이 좋은 일을 하고 있다고 결코 느끼지 마십시오. 안 그러면 내면의 에고가 발달할 것입니다. 뿌리로 나아가서 그곳에 머무르십시오."

 여러분이 몸을 떠난 뒤에는 누구를 도우려 합니까? 백 년 전에는 누구를 도왔습니까? 그래서 제가 늘 말하지만, 여러분의 일을 하되 에고를 취하지 마십시오. **자기탐구**를 하고, 어떤 에고도 개입되지 않게 하십시오.

질문자: **자기탐구**를 계속해야 한다고 말씀하시겠습니까? 저는 평생 명상을 많이 했지만, 고백하건대 **자기탐구**는 많이 해보지 못했습니다.

마: 자기탐구는 진아지로 이어지고, 진아지는 진아 깨달음으로 이어지며, 그 역도 마찬가지입니다. 그러니 예, **자기탐구**를 계속해 나가십시오.

 자기탐구를 계속 해나가십시오.

 겁쟁이가 되지 마십시오! 일체가 그대 안에 있지만, 그대가 (직접) 보아야 합니다.

 그대 자신을 아십시오!

사자같이 용감해져서 포효하십시오. 왕처럼 행동하십시오! 에고 없는 왕처럼 행동하십시오! 그대는 왕좌에 앉은 왕입니다. 거지가 아닙니다. 그대는 백만장자입니다!

질: 그것을 알게 되니 좋습니다, 마하라지님.

마: 그대는 백만장자이지만 그대 자신의 재산, 그대의 자산을 알지 못하고 있습니다.

이 재산, 그대의 재산이 스승이라는 매개자를 통해서

그대에게 제시되고 있습니다.

그대는 백만장자이지만 그대의 부를 알지 못하고 있습니다. 스승이라는 매개자를 통해서 그대의 **실재**가 그대에게 제시됩니다. 그대는 자신을 거지로 보는데, 그것은 환幻입니다. 스승이 그 환幻을 없애줍니다. 그가 그대에게 **실재**를 보여줍니다.

질: 마하라지님, 당신께서 거울을 들어 제가 양이 아니라 사자라는 것을 저에게 보여주십니다.

마: 그렇지요! 우리는 단순한 단어, 단순한 언어를 이용해 단순한 방식으로 그대의 **정체성**을 보여주려 하고 있습니다. 이 아주 단순한 지知를 너무나 많은 단어와 책들이 복잡하게 만들어 버렸습니다.

실용적인 삶을 사십시오! 영적인 이야기는 아주, 아주 쉽습니다. 그 상태에서, 몸의 보유자로서 살아야 합니다. 확신을 가질 때는 그와 같이 살게 됩니다. 마음·에고·지성은 그대의 아기들인데, 왜 그것들의 노예가 됩니까? 그것들에게 음식과 힘의 공급을 중단하십시오. 그러면 그것들이 결국 말을 못하게 될 것이고, 침묵하게 될 것입니다.

마음·에고·지성에게 음식과 힘의 공급을 중단하면,

그것들이 침묵하게 될 것입니다.

계속 그대 자신을 납득시키십시오.

그대 자신을 납득시키십시오!

그렇게 하면 그대의 영적인 삶의 방식이 완전히 바뀔 것입니다. 그대의 영적인 삶이 전적으로 바뀔 것입니다. **실재**에 대한 다른 누군가의 말에 의존하지 마십시오. 그대 자신의 말을 경청하고 그대의 말에 귀를 기울이지, 남들의 말에 귀를 기울이지 마십시오. '그대'란 저 보이지 않는 청자, 그대의 힘인 저 내적인 스승을 의미합니다.

한 사원만 방문하십시오.

그대의 사원, 내면의 사원 말입니다.

질: 제가 추측컨대, 여기서 명상하면 다년간에 걸쳐 구축된 모든 인상들을 제거하는 과정에 도움이 되겠군요?

마: 그렇지요. 그대의 집을 깨끗이 유지하려면 만트라를 염해야 합니다! 이 계보의 스승님들—니사르가닷따 마하라지, 란지트 마하라지, 싯다라메쉬와르 마하라지, 바우사헵 마하라지—은 모두 같은 만트라를 염했습니다. 그것은 그대를 본래적 상태로 도로 데려가는, 그리고 그대를 참된 진아지로 이끌어 주는 유일한 수단이고, 유일하게 효과적인 방법입니다.

그 만트라를 염하십시오.

그러면 그것이 그대를

그대의 본래적 상태로 이끌어 줄 것입니다.

이것은 직접적 접근법입니다. 우리는 단어들을 사용하여 그대의 궁극적 정체성을 그대에게 인상 지우려 하고 있습니다. 모든 단어는 (방향을 가리키는) 지시어이고, 어떤 메시지를 전달하는 지침입니다. 마찬가지로, 모든 책은 등대와 같습니다. 그 섬광들은 어떤 메시지를 가리켜 보입니다.

질: 만트라 염송이 이미 자연발로적으로 일어나고 있습니다, 마하라지님! 아침에 일어나면 그것이 있고, 잠이 들 때까지 하루 종일 쭉 이어집니다!

마: 그렇지요! 자연발로적으로! 그대 자신과 그대의 스승에 대해 강한 믿음을 지니십시오! 제가 그대 앞에 최종적 진리를 놓아드리고 있습니다. 그 너머에는 아무것도 없습니다. 동의해도 좋고, 동의하지 않아도 좋습니다.

실재를 알고 나서, 왜 다른 데로 갑니까?

그러나 그런 일이 일어납니다. 왜냐하면 사람들이 여전히 헤매는 마음을 가지고 있거나, 아니면 여전히 기적적인 체험들을 찾고 있기 때문입니다.

세상에는 그대 같은 사람들에게서 돈을 뜯어내는 수천 명의 스승, 수십만의 스승들이 있습니다. 우리는 아무것도 청구하지 않지만, 아이러니컬하게도 요즘 사회에서는 무료인 것에 아무 가치를 두지 않는 것 같습니다.

바우사헵 마하라지님이 말했습니다. "우리 **계보**에서는 (가르침의 대가로) 헌신자들로부터 어떤 돈도 받아서는 안 된다." **니사르가닷따 마하라지**님은 결코 한 푼도 받지 않았습니다. 아무것도! 서양인들이 찾아왔을 때 당신은 그들에게 이렇게 말했습니다. "저는 상인이 아닙니다." 당신은 매우 엄격했습니다.

질: 진리는 무료이고, 지知는 무료입니다. 물론 무료여야 하지만요!

마: 우리는 얼마간의 노력으로 그대를 환적인 도랑에서 건져내고 있습니다. 그러나 어떤 사람들은 도로 뛰어듭니다. 어떻게 합니까?

떠나기 전에 이 분위기를 상기할 수 있도록 사진을 몇 장 찍으십시오. 그것이 **실재**를 번뜩이게 할 것이고, 가르침을 상기시켜 줄 것입니다.

질: 제가 보니 당신께서는 매번 다른 각도에서 들어오십니다. 때로는 제가 어떤 메시지를 듣고, 때로는 듣지 못합니다. 그러나 그것을 또 다른 방식으로 말씀하실 때는 유레카(eureka-'알았다!') 효과, 어떤 '아하!'의 순간이 있습니다. 그리고 그것은 아주 강력합니다! 그러나 제가 생각하기에 마하라지님, 당신께서는 단 하나의 메시지만 가지고 계시고, 그것을 많은 방식으로 말씀하십니다. 그러다 보면 마침내 이해가 됩니다. 망치질하고, 망치질하고, 망치질하십시오!

덧붙여, 저희가 저희 자신의 역을 해야 합니다. 저희들의 **자기탐구**를 하고, 명상을 하고, **만트라**를 해야 합니다. 당신께서 말씀하시듯이, 저희들의 협력이 있어야 효과가 있을 것입니다. "일방적이기만 한 것은 아니다", 그것이 이해됩니다. 저도 공부를 해야 하고, 그런 다음 **스승님**의 도움을 더 받습니다.

당신께서 말씀하시듯이, 당신은 제자들을 만들어내는 것이 아니라 **스승**들을 만들어내고 계십니다. 당신을 발견한 것이 너무 즐겁습니다. 왜냐하면 오늘날 알맹이가 거의 없거나 전혀 없는 수많은 선생들이 있기 때문입니다. 당신께서는 돋보이십니다! 가르침이 견고하고 강하며, 전체 **계보**가 뒤를 받치고 있습니다. 이 가르침은 바위같이 견고하고, 아주 순수하고 너무나 순수하며, 굉장히 파워풀합니다.

미국에서는 단일성에 대한 관심이 많지만, 지금 현재 미국이든 다른 어디든 어떤 강력한 스승들이 있는지 확실치 않습니다. 저는 당신을 발견해서 다행이라고 느낍니다. 고맙습니다, 마하라지님. 당신께 절합니다.

마: 제 스승님이 "걱정 마라, 내가 여기 있다" 하시며, 그대를 격려해 주고 계십니다. [당신은 벽에 걸린, 미소 짓는 니사르가닷따 마하라지님의 사진 하나를 바라보신다.] 저쪽에 있는 사진 보이지요? 제 스승님이 그대에게 "걱정 마라, 내가 여기 있다"고 말하고 있습니다.

그분이 힘을 공급하고 있고,

제가 그 힘을 그대 속으로 전달하고 있습니다.

이곳을 떠나 집에 돌아갈 때는 그대가 **궁극적 진리**라는 것만 기억하십시오.

그대가 궁극적 진리입니다!

144. 이것은 관념이 아니고 개념이 아니다

마하라지: 건조한 지知는 수행에서 현실화되지 않을 것입니다. 그것은 몸-지知 기반에서 파악되고, 따라서 물질적 지知를 통해 뿌리 내리기 때문입니다. 제자로서는 직접지가 몸에, 그리고 몸을 통해서 뿌리 내리면 안 되고 '무아인 진아적으로', 바꾸어 말해 무아인 진아에 의해 받아들여져야 합니다. 이것은 몸이, 여러분이 그것을 통해 **보이지 않는 청자**의 이야기를 들을 수 있는 매개물일 뿐이라는 것을 의미합니다. [마하라지님은 손뼉을 치신다.]

여러분이 몸·귀·지성을 사용하고 있기는 하지만, 여러분이 유지해야 할 확신은 이 지知가 보이지 않는 청자의 실재라는 것입니다. 그것은 **브라만·아뜨만·빠라마뜨만**에 대한 어떤 몸 기반적 지知의 이야기가 아닙니다.

그것은 여러분 안의 보이지 않는 청자의 실재입니다.

그것은 여러분의 **실재**, **최종적 실재**입니다. 그 청자는 모양이 없고, 따라서 미세한 에고를 사용하여 **실재**를 파악해 보려고 들지 않습니다.

질문자: 그것이 건조한 지知인 것은 우리가 그것을 이해하려고 마음과 지성을 사용하기 때문입니까? 그리고 그렇게 하면 그것이 이원성을 창조하고, 개념적으로 됩니까? 마음이 작용하고 있어서 ‥‥.

마: 마음에 대해서는 신경 쓰지 마십시오! 마음은 존재성이 없고, 그것은 생각들의 흐름에 불과합니다. 무아인 진아가 지知를 받아들이게 하십시오.

질: 그러니까 당신께서 말씀하시는 것은 지知를 넘어서 있군요?

마: 그렇지요, 그렇지요, 지知를 넘어서 있고, 말을 넘어서 있습니다. 우리가 '넘어서'를 말하는 것은 이해의 목적을 위해서일 뿐입니다. 우리가 '지知 이전' 혹은 '존재성 이전'이라고 하듯이 말입니다. 이런 것들은 이해를 위한, **확신을 위한**, **깨달음을 위한** 단어들일 뿐입니다. 어떤 '넘어서'도 없습니다. 어떤 '이전에'도 없고 어떤 '무無'도 없습니다. 이 모든 이야기는 의사소통을 하고, **실재**를 보여주기 위한 것입니다. 혹시 의문 있습니까?

질: 아니요, 마하라지님, 전혀 없습니다. 이 수행으로 제가 **실재** 안에 뿌리를 잘 내린다고 느껴집니다.

마: 그대가 지금까지 들은 모든 것은 그 **청자의 이야기, 청자의 실재**입니다. 그것은 **청자의 궁극적 진리, 최종적 진리**입니다. 얼마 지나면 제가 말했듯이, 그 수행이 자연발로적이고 자동적일 것입니다. 그대가 진보된 단계에 도달하면 모든 지知가 흡수됩니다. 아무것도 남지 않습니다.

모든 지知가 흡수되면 아무것도 남지 않을 것입니다.

질: 양파를 끝까지 벗길 때처럼 말입니까?

마: 한 겹, 두 겹, 세 겹, 그러다가 아무것도 없지요. 일체가 최종적으로 제거되면 아무것도 남지 않을 것입니다. 일체가 사라질 때, 거기에 그대가 있습니다. 모든 수행은 결국 이렇게 되기 위한 것입니다. 이 진보 단계들, 이 랜드마크들도 말입니다. 그대가 목적지, **최종 종착지**에 당도하면 이 모든 랜드마크들이 사라질 것입니다. 우리는 **청자**를 납득시키기 위해 단어들을

사용할 뿐입니다.

질: 제 생각에 당신께서는 단어들을 넘어서는 가르침을 베풀고 계십니다.

마: 그대가 **궁극적 진리**입니다. 어떤 '넘어서'도 없습니다.

이것은 관념이 아닙니다. 이것은 개념이 아닙니다.

그대가 최종적 진리입니다.

그대가 최종 종착지이며, 거기에는

어떤 시작도 없고, 어떤 끝도 없습니다.

시작도 없고 끝도 없습니다.

만일 '넘어서'라고 한다면, 그 '넘어서'는 뭔가가 있다는 것을 의미합니다! 무엇을 넘어서입니까? 아무것도 없습니다! 일체가 끝나는 곳, 일체가 완전 정지하는 곳, 거기에 그대가 있습니다. 거기에 그대가 무형상으로 있습니다.

일체가 끝날 때, 거기에 그대가 있습니다 ─ 무형상으로.

강해지고, 확고해지십시오. 마음에 압박을 가하거나 지성에 스트레스를 주지 마십시오. **실재**는 그런 것들과 무관합니다. 그대가 아쉬람을 떠날 때는 일체를 여기 버려두십시오. 일체를 여기에 맡겨두십시오. 원한다면 책을 읽어도 됩니다. 그 **독자**를 등한시하지 않는 한, 아무 문제 없습니다.

그 독자를 등한시하지 마십시오.

보이지 않고 익명인 그 독자를 과소평가하지 마십시오.

혹시 질문이나 의문 있습니까?

질: 제가 수행을 시작한 이후로 저의 많은 습관과 중독들이 다시 올라오고 있고, 재부상하고 있는 것 같습니다.

마: 그것은 좋지요, 아주 좋습니다. 일체가 녹고 있고, 그것은 녹는 과정입니다. 내면의 많은 변화를 생생히 보게 될 것입니다. 서서히, 말없이, 영구적으로, 모든 개념들이 하나씩 떠날 것이고, 묘사할 수 없는 비상한 **행복**, 비상한 **평안**이 있을 것입니다. 그대가 그토록 오랫동안 얻고자 분투해 왔던 것을 발견할 것입니다. 전진하고, 전진하십시오! 더 깊이, 더 깊이 들어가십시오.

145. 공개적인 비밀

마하라지: 현존은 추적 불가능합니다. 지知 아님이 지知입니다. 지知 아님이 지知입니다.

질문자: 그러니까 지금 제가 **궁극적 실재로군요**!

마: 그런 것은 단어일 뿐입니다. 이제 그대는 확신을 따라야 합니다. 그대는 이미 있습니다. 이것은 **공개적인 비밀**입니다.

그대는 이미 있습니다.

그대는 늘 모양 없이, 형상 없이 있었지만 자각하지 못했습니다. 이것은 **공개적인 비밀**입니다. 그대는 늘 뭔가 외적인 것, 몸을 위한 음식이나 마음을 위한 생각 같은 것을 추구했습니다.

그대는 손에 불빛을 들고 어둠을 뒤쫓아 달렸습니다.

이것은 **공개적인 비밀**입니다. 이것은 그대의 시간입니다. 지금이 그대의 시간입니다. 이것은 **절호의 기회**입니다. 전적인 투신이 무엇보다 중요합니다. 전적인 투신이 무엇보다 중요합니다. 더 이상 그대에게 무엇이 필요합니까? 더 많은 설명을 찾는 것을 그만두십시오.

그대의 위대함을 보십시오!

그대의 영적인 눈을 사용하십시오.

더 이상 찾기가 없어야 합니다. 왜냐하면 **찾는** 자가 발견되었고, 노출되었기 때문입니다. 이것은 영적인 공부의 종결부, 영적인 공부의 종결부입니다. 그대가 **궁극적 진리**이고, 그대가 **최종적 진리**입니다. 그대는 **자연발로적**이고, **자율적**입니다.

질: 어제, 스승은 실재의 바닥으로부터 이야기한다고 말씀하셨는데요?

마: 그렇지요, 그것은 **자연발로적 현존**에서 나오는 **자연발로적 투사**입니다. 그대가 존재성 이전의 **정체불명의 정체성**을 규명함에 따라, 그 비밀이 그대에게 열릴 것입니다. 그대가

존재성 이전인, 그대의 보이지 않는 존재를 규명함에 따라,

그 비밀이 열릴 것입니다.

그대의 '익명이고 정체불명인 정체성'을 규명함에 따라,

그 비밀이 열릴 것입니다.

그대들에게 여러 번 말했듯이, 존재성 이전에는 그대의 현존이 보이지 않고, 익명이고, 정체불명이었습니다. 어떤 '나'도 없습니다. '나'라고 말할 누군가(somebody)가 있어야 합니다. 실은, '누군가'는 (어떤 특정한) 누구도 아닙니다(nobody). 왜냐하면 그는 모든 사람(everybody)이기 때문입니다. 강한 확신을 가져야 합니다. 이 너머에는 아무것도 없습니다.

질: 마하라지님, 그것을, 즉 당신은 무아인 진아일 뿐이라는 것을 언제 깨달으셨습니까? 니사르가닷따 마하라지님과 함께 계실 때였습니까?

마: 그런 건 잊어버리십시오! 무아인 진아와 어울리다 보면 구루, 곧 스승의 빛 안에서 그 비밀이 점차로, 점차로, 자연발로적으로 열립니다.

질: 말이 없고 보이지 않는 청자만큼이나 이 가르침은 먼 길을 걸은 나그네, 반세기 가깝게 추구해 온 구도자들에게 잘 이해되고 있다고 하면 맞습니까? 우리는 이런 것들을 이미 알고 있지만 실천에 옮기지 못했습니다. 당신께서 그것을 실행하게 해 주십시오. 그것은 하나의 컴퓨터와 같습니다. 새로운 프로그램이 있는데, 버튼을 눌러서 그것을 구동해야 합니다. 마하라지님, 당신께서 그 프로그램을 구동하는 버튼을 누르는 분이시군요?

마: 그 프로그램을 구동하려면 그대 자신이 버튼을 눌러야 합니다. 스위치는 그대의 손 안에 있습니다. 그 스위치를 켜도 되고, 꺼도 됩니다.

146. 덩굴나무

마하라지: 남 만트라는 아주 중요합니다. 사람들은 말합니다. "나는 지知가 있다. 왜 내가 남 만트라를 해야 하는가?" 그건 좋습니다. 그러나,

만일 여러분 자신을 완전하게 알고 싶다면,
남 만트라가 굉장히 중요합니다.

여러분 자신을 완전하게 규명하고 싶다면, 남 만트라의 과정이 굉장히 중요합니다. 인류는 브라만·아뜨만·빠라마뜨만, 그런 모든 것에 대해 많은 지식을 가지고 있지만, 그것은 실용적인 지知가 아닙니다. 그것은 논의의 목적만을 위한 건조한 지知입니다.

질문자: 어떤 사람들은 남 만트라 없이 자신들이 실용적 지知를 가지고 있다고 주장합니다. 그들은 니사르가닷따 마하라지의 책들을 읽고 그분의 지침을 따르는 것으로 충분하다고 말합니다. 자신들은 남 만트라 없이도 절대적인 지知, 절대적 상태를 발견했다고 주장합니다.

마: 그것은 궁극적 상태를 발견하는 문제가 아닙니다. 왜냐하면
무엇을 발견하든, 그것은 몸에 기초한 지知를 배경으로
발견한 것이기 때문입니다.

여기에는[당신의 몸을 가리키며] 몸에 기초한 지知가 안에 들어 있습니다. 그래서 그것이 해소되지 않으면, 그 위에 무엇을 건립하든 그것은 무너질 것입니다. 기본적이고 근본적인 요건은 몸-기초를 해소하는 거지요!

질: 당신의 말씀은, 몸-기초라는 토대 위에는 지知를 건립할 수 없다는 것이군요?

마: 그렇지요! 남 만트라 없이 영적인 공부를 챙기는 사람들이 "나는 지知를 가졌다"고 말합니다. 그건 좋지만, 그것은 일시적 위안을 줄 뿐입니다.

질: 그러니까 우리는 먼저 몸-지知를 해소할 필요가 있군요? 당신의 말씀은, 우리가 그렇게 하기 위해서는 만트라의 도움이 필요하다는 거로군요?

마: 그렇지요! 이 과정을 겪어야 합니다. 그에 대해 한 가지 예를 들겠습니다. 70세쯤 되던 대단한 철학자 겸 정치인이 있었습니다. 그가 니사르가닷따 마하라지님과 영적인 문제들에 대해 토론하면서 대여섯 달을 보냈습니다. 그는 철학·베다·냐네스와르·뚜까람 등에 대해 아주 해박한 사람이었습니다. 그러던 어느 날 그가 선언했습니다. "당신의 지知는 아주 잘 알겠습니다. 그러나 여전히 제 안에 그다지 인상 지워지지 않고 있습니다."

니사르가닷따 마하라지님은 덩굴식물의 비유로 그에 답했습니다. "벽을 따라 자라는 덩굴식물 있지요? 그것이 어떻게 해서 그렇게 자랐습니까? 씨앗을 올바른 장소에 심었기 때문에 자랄 수 있었습니다. 그 식물은 벽에 붙어 자라면서 벽을 지지대 삼아 붙들고 점점 튼튼하게 높이 자랍니다.

영적인 지(知)도 이와 같이 스승을 통해서만,

구루를 통해서만 뿌리내리게 되어 있습니다.

만일 덩굴식물 씨앗들을 다른 데 심어 보면 제대로 자라지 못할 것입니다." 스승은 그대의 무아인 진아 안에 실재라는 식물을 심고 있습니다. 이것은 보이지 않는 화자에게서 보이지 않는 청자에게로 전해지는 직접지입니다. 그들은 똑같은 하나입니다.

또 한 번은 모리스 프리드먼이 그의 스승에게 지(知)는 이해하겠는데, 그것을 흡수하고 확립하는 법은 확실히 모르겠다고 말했습니다. '진정한 의미에서' 지(知)를 얻고 있지는 않았던 것입니다. 니사르가닷따 마하라지님은 다시 이 덩굴나무의 예를 들었습니다. 헌신자는 스승에게 뿌리내려야 합니다. 스승이 기반이고 지지대입니다. 지(知)는 스승을 통해서만 확립될 수 있습니다.

스승이 말하는 것을 따라야 합니다.

초기 단계에서는 이 구루 만트라 과정을 이용하십시오.

그것은 그대의 영적인 지(知)를 위한

완벽한 토대가 되어 줍니다.

그러나 물론, 각자의 의견은 서로 다릅니다.

질: 니사르가닷따 마하라지님은 사람들이 만트라 받기를 원하셨습니까?

마: 아닙니다. 당신은 평범한 사람이든, 유명한 사람이든, 외국인이든, 그 어떤 사람이든, 누가 무엇을 해야 한다고 결코 주장하지 않았습니다. "만트라를 받고 내 제자가 되라"고는 결코 말씀하시지 않았지요. 그것은 제가 말한 그 정치인의 경우처럼 자연발생적으로 일어났습니다. 그는 스스로 결정한 다음 니사르가닷따 마하라지님께 말했습니다. "이제 저는 구루 만트라를 받고 싶습니다." 그에게는, 시간이 가면서 만트라의 중요성이 커져 결국 그것이 그에게 필요하고 필수적인 것이 된 것입니다.

질: 거기 도달하는 데, **절대자**에 도달하는 데 다른 길도 있습니까?

마: 다른 길들도 있지요. 예를 들어, 그대가 [마하라지님은 주먹을 쥐어 공중에 흔드신다] 성자 에끌라비야(Eklavya) 같은 강한 헌신을 가지고 있다면 말입니다. 다른 방법을 써서 그렇게 하는 것이 불가능하지는 않지만, 그것이 그리 쉽지는 않습니다. 그냥 편의적으로 하는 영적인 독서로는 그렇게 하지 못할 것입니다.

그대가 몰아붙여져야 합니다.

"그래, 나는 실재를 알고 싶다. 알아야겠다!"

스승에게 전적으로 순복해야 합니다. 그 스승이 누구든 관계없이 말입니다. 이것도 아주 중요합니다.

질: 만일 한 **스승**에게 헌신하고 있는데, 그분이 더 이상 육신을 가지고 있지 않다면 어떻게 합니까, 마하라지님?

마: 그의 **현존**은 생명을 가지고 있지 않을지 모르지만, 그는 존재하고 있지 않을지 모르지만, 투신이 아주 강하다면 그렇게 하는 것도 가능합니다. 그러나 완전한 헌신은 좀처럼 드뭅니다. 그것이 어려운 까닭은, 어떤 이원적 마음이나 이원성의 자취도 남아 있지 않아야 하기 때문입니다.

질: 그런데 마하라지님, 당신께서는 사람들이 **만트라** 받기를 원하십니까?

마: 저는 어떤 것도 주장하지 않습니다. 많은 사람들이 저를 찾아오지만, 저는 그들이 **만트라**, **구루 만트라**를 받고 저의 제자가 되어야 한다고 주장하지 않습니다. 아니, 전혀 그러지 않지요. 저는 그들과 모든 영적인 비밀을 공개적으로 함께 나누고 있습니다. 어떤 것도 저 혼자 간직하지 않습니다. 저는 그들에게 모든 비밀을 베풀고 있습니다.

그럴 때 이 **지**知의 효과를 판정하는 것은 그들에게 달렸습니다. 어떤 사람들은 깊은 인상을 받고, 어떤 이들은 별로 그렇지 않습니다. 어떤 이들은 입문을 받는 것이 중요하다고 느끼는 반면 어떤 이들은 관심이 없습니다. 모두가 서로 다릅니다. 그것은 그들의 영적인 성숙도에도 달려 있습니다.

147. 값을 따질 수 없는 만트라

질문자: 최근에 저는 니사르가닷따 마하라지님과 남 만트라에 대한 대목 하나를 만났습니다. 그분 말씀이, "부모님이 그대에게 이름을 지어주고, 그 이름으로 그대를 부른다. 마찬가지로, 남 만트라가 그대에게 주어지는데, 그것이 그대의 진정한 이름이고, 그대의 진정한 **정체성이다**"라고 했습니다.

그분이 말했습니다. "이 **만트라**는 매우 강력하고 효과적이다. 스승님이 이 **만트라**를 나에게 주셨고, 그 결과가 전 세계에서 오는 이 방문객들이다. 그것이 이 **만트라**의 힘을 보여준다." 그래서 니사르가닷따 마하라지님도 거기에 큰 중요성을 부여하셨군요! 그 이후로 이 **만트라**가 등한시되고 간과된 듯합니다. 서양 문헌들은 그것을 대수롭지 않게 여기는 경향이 있습니다.

마하라지: 그것은 실은 그대에게 달렸지요! 만약 그것을 높이 평가하면 그것이 그대를 강력하게 보조할 것입니다. 만약 그것을 대충 편하게 다루면 아무 이익이 없을 것입니다. 뭔가를 아는 사람들은 그 진가를 이해합니다.

이 만트라가 그와 같습니다.

제자들마다 거기에 다른 가치를 부여합니다.

저는 모든 사람에게 이 만트라는 높은 가치가 있다고 말합니다.

스승이 하는 말씀을 받아들이는 제자들은,

그래서 거기에 높은 가치를 부여합니다.

스승에 대해 전적인 믿음을 가지고 있는 제자들은 이 **만트라**를 높이 평가할 것이고, 가장 많은 이익을 얻을 것입니다. **만트라**는 **만트라**지만, 거기에 붙는 가치는 엄청나게 다릅니다. 그것을 대충 편하게 받아들이는 사람들에게는 '무가치'하지요! 그것은 그대에게 달렸습니다.

질: 입문을 한 뒤 하루 이틀 뒤 제가 여기 회당에서 명상을 하고 있었습니다. 지난 세월 그렇게 많은 명상을 한 적은 없었고, 차만 많이 몰고 다녔습니다! 어쨌든 명상 도중 갑자기 제가 다시 한 번 운전석에 앉아 있었습니다. 제가 볼 수 있었던 것은 아주 뿌연 자동차 앞 유리가 눈앞에 갑자기

솟아오르는 것뿐이었습니다. 유리창 밖은 전혀 볼 수 없었습니다!

그러나 어떤 '마법적' 와이퍼가 한 번 부드럽게 조용히 '휙' 지나가자 일순간에 유리창이 완전히 또렷해졌습니다. 이 또렷함은 고요하고, 평화롭고, 굉장히 파워풀하고, 생생하고, 깊이를 가늠할 수 없었습니다. 말로는 그 변화를 묘사할 수 없습니다! 이것이 이 **만트라**의 놀랍도록 자비로운 힘을 드러내 주었습니다. 이 또렷함이 이제 지속적입니다. 너무 고맙습니다.

마: 만트라를 올바르게 사용하면 내면에서 극적인 변화, 자연발로적인 변화들이 진행되는 것을 보게 될 것입니다. 이런 변화들은 신체적·정신적 수준에서 일어납니다. 영적인 체험들도 일어날 것입니다.

한동안 명상을 하고 나면 보는 것, 듣는 것, 접촉하는 것을 통한 세 가지 체험의 유형이 있다고 **진인**들은 이야기합니다. 신체적 형상을 한 그대의 **스승**을 볼 수도 있습니다. 그대의 **스승**이 그대에게 이야기를 하는 것을 들을 수도 있습니다. 그대의 **스승**이 그대에게 접촉하는 것을 느낄 수도 있습니다.

이런 유형의 체험들이 일어날 수 있지만,

그것은 궁극적 진리가 아닙니다.

그것은 진보하는 단계들입니다. 각자의 진보 단계는 서로 다릅니다.

거기서 멈추지 마십시오!

어떤 때는 기적적인 힘을 체험하거나 자신이 무슨 말을 하는 것을 발견할 수도 있는데, 그러고 난 직후 그대가 말한 바로 그 일이 일어나기도 합니다! 힘이 그대 안에서 되살아나고 있습니다. 그러나 그 또한 **궁극적 진리**가 아닙니다. 거기서 멈추지 마십시오!

변화들이 자연발로적으로 일어날 것입니다. 그것이 **궁극적 진리**로 이어집니다. "아!" 전적인 고요함, 무無욕망, 무無유혹. 그냥 "**옴 샨띠, 샨띠, 샨띠**" 지요. 이것이 최종적 단계입니다. 그대의 활동은 정상적이지만, 에고 없이 이루어집니다. '나'가 사라졌습니다. 과거를 잊으십시오. 과거를 잊으십시오. 그대가 들은 것은 **그대의 이야기**입니다!

148. 죽음

질문자: 마하라지님, 죽음은 어떻습니까?
마하라지: 누가 죽습니까? 누구에게 죽음이 있습니까? 죽음은 하나의 환幻입니다. 왜 죽음에 대해 이야기합니까? 그대가 누구인지에 대해 이야기하는 것이 더 낫습니다. 그것이 훨씬 더 중요합니다. 그대에게 아직 기회가 있는 지금 알아내십시오. 그대 자신에게 "나는 누구인가?"라고 물으십시오. 죽음이라는 개념은 그대 쪽으로 서서히 기어드는데, 그러다가 어느 날 원하든 원치 않든 그대는 그 몸을 떠나야 할 것입니다. 공개적인 사실이지요!

그 몸은 시간제한이 있지만, 그대는 몸이 아닙니다. 그대는 불생不生입니다. 우리는 매일 사람들이 죽는 이야기를 듣습니다.

깨어나십시오! 그대는

그 몸을 떠날 때, 그것이 아주 행복한 때가 되게 할 수 있는

절호의 기회를 가졌습니다.

질: 며칠 전 당신께서, **바우사헵 마하라지**님이 임종 때 큰 행복감으로 손뼉을 치셨다는 말씀을 하셨습니다!

마: 누가 죽습니까? 누가 삽니까?

그대 자신을 아십시오.

저는 그대의 기억을 새롭게 해드리고 있습니다. 이 죽음에 대한 두려움은 그대가 몸을 자신과 동일시하는 데서 왔습니다. 바로 처음부터 우리는 우리가 태어났고, 언젠가 죽을 거라고 믿게끔 조건 지워져 왔습니다. 그리고 우리는 그 정보를 맹목적으로, 사실로 받아들여 왔습니다. 우리는 몸에 워낙 강하게 집착하게 되어 이제는 그것을 놓아버리는 것을 두려워합니다. 거기서 벗어나기가 아주 어렵다고 느낍니다.

많은 사람들이 영적인 지知를 가지고 있다고 주장합니다. 그대는 "나는 몸이 아니다, 나는 **브라만**이다, 나는 **아뜨만**이다"라고 말합니다. 그러나 사고나 질병같이 예기치 않은 일이 일어나거나 그대가 임종의 자리에서 고통

받을 때는, 그런 모든 진리가 단지 그렇다는 말뿐인 양 사라집니다. 그리고 그대가 할 수 있는 것은 두려움에 가득 차 벌벌 떠는 것뿐입니다. 저는 여기서 일반적인 이야기를 하고 있습니다. 이것은 "나는 몸이 아니다"라는 확신이 뿌리를 내리지 않았음을 의미합니다. 그것은 진정한 확신이 아니고, 그대의 '영적인' 지知가 진정한 진아지는 아닌 것입니다. 토대 어딘가에 갈라진 틈이 있습니다.

질: 그러면 갈라진 틈이 없게 하려면 무엇을 할 수 있습니까?

마: 그러기 위해서 그대가 마스터키를 갖습니다. 남 만트라를 계속 사용하십시오. 그것이 좋은 보험입니다. 그대 자신을 완벽하게 알고 싶다면, 남 만트라의 과정이 더없이 중요합니다. 제가 그대에게 드린 이 만트라는 닷따 뜨레야로부터 시작된 것이고, 천 년의 역사를 가지고 있습니다. 그것은 단어들 이상입니다. 그 이면에 과학과 오랜 역사가 있습니다. 인류는 브라만·아뜨만·빠라마뜨만에 대해 많은 지知를 가지고 있지만, 그것은 모두 토론과 오락을 위한 건조한 지知에 불과합니다. 보세요, 몸에 기초한 지知가 여기 있습니다. [스승님은 당신의 몸을 가리키신다.]

　몸에 기초한 지知가 해소되지 않으면
　그 위에 건립된 것이 무엇이든, 다 무너질 것입니다.

질: 모래성을 쌓듯이 말입니까?

마: "나는 남 만트라 없이도 지知가 있다"고 말하는 사람들로 말하면, 뭐 그것도 무방하지만 그것은 여전히 하나의 진통제 역할을 할 뿐이고, 어쩌면 어느 정도 일시적인 위안은 주겠지요. 많은 우유[지知]가 있습니다. 그러나 소금을 조금만 집어넣어도 우유가 다 상해 버릴 것입니다. 이것은 우리에게 작은 의심 하나만 있어도 이 작은 의심이 큰 진동을 가져오고, 그런 다음 금이 하나 가고, 점차 지진이 잇따르게 될 거라는 것을 의미합니다. 그리고 나면 건물 전체가 무너지는 것은 시간문제일 뿐입니다.

　우리가 남 만트라를 염하면 아주 좋은 견고한 기초가 마련되고, 아주 좋은 출발을 할 수 있게 될 것입니다. 우리의 토대가 워낙 확고하고 견고하여 그 무엇도 영향을 주거나 그것을 뚫지 못할 것입니다. 백 퍼센트 보장

됩니다!

질: 그래서 명상이 우리 모두를 위한 처방약이로군요?

마: 제가 말했지만, 남 만트라에 대한 명상은 만성적인 환幻에 대한 항바이러스제입니다. 모든 몸-지知를 해소하고, 환幻이라는 그대의 하드드라이브를 깨끗이 비우려면 이 만트라가 필요합니다. 이 만트라는 일체를 청소해낼 뿐만 아니라 그대의 힘을 되살려 주고, "나는 브라만이다, 브라만이 나다"라고 그대의 실재를 그대에게 상기시켜 줄 것입니다.

그대 삶의 매 순간이 아주 소중하고, 결코 되풀이되지 않습니다. 지금이야말로 그대의 토대가 견고한지 않은지를 발견할 때입니다. 살펴보세요! 점검하세요! 알아내십시오! 남아 있는 의심이 있습니까? 지금 **자기탐구**를 하십시오! 그것을 연기하고 최후의 순간까지 내버려두면 너무 늦을 것입니다.

이것은 하나의 긴 꿈, 긴 영화입니다.
그대가 제작자이고, 감독이고,
그대 자신의 삶의 설계자입니다.
그대의 영화에서 종막終幕을 어떻게 할지는
그대에게 달렸습니다.

질: 당신의 말씀은 마하라지님, 끝이 어떻게 될 것이냐, 최종 시나리오가 어떻게 전개될 것이냐는 전적으로 우리에게 달려 있다는 거로군요? 우리는 아득히 먼 곳으로 행복하게 항해해 갈 수도 있고, 벌벌 떨면서 저 배고픈 '냉혹한 수확자'(grim reaper-죽음의 신)가 우리를 잡아먹게 할 수도 있습니다. 만일 우리가 순탄한 퇴장을 원한다면, 지금부터 우리 자신과 진지하게 대결하고, 우리의 지知가 피상적인 수준 이상으로 깊이 들어갈 수 있는지 알아낼 필요가 있습니다.

마: 그것은 전적으로 그대에게 달렸습니다. 진아지는 실용적이어야 합니다. 그래야 몸을 떠나야 할 때가 되어서도 두려움이 없을 것입니다. 그대를 한눈팔게 할 어떤 집착도 남아 있으면 안 됩니다. 저는 이것을 거듭거듭 망치질하고 있습니다.

그대는 몸이 아니고, 몸이 아니었고,

몸으로 남아 있지 않을 것입니다.

공개적인 사실이지요!

따라서 이 진리를 받아들여야 합니다.

그대가 몸이 아니라면, 그대는 무엇입니까? 그대는 불생不生입니다. 그대 스스로 알아내십시오. 그러면 그대가 몸과 무관하다는 것을 알 것입니다. 실제로 알 것입니다. 분별을 사용하고, 한 번 살펴보고, 성찰하십시오. 그대의 존재에 대해 진지하게 생각해 보십시오!

그대의 존재는 그 자신을 알지 못합니다. 저는 그것에 대해 이야기하고 있습니다. 저는 짧은 단어들, 직접적인 단어들을 사용하여 궁극적 진리의 선명한 그림을 그대 앞에 놓아드리고 있습니다. 어떤 중간 매개물도 없습니다. 사람들을 납득시키기 위해서 제가 언구들을 사용하는데, 그런 것 없이 어떻게 그대가 납득할 수 있겠습니까?

아무도 생각을 하지 않고, 모두가 일체를 그냥 맹목적으로 받아들이고 있습니다. 그대의 약점들을 알아내십시오! 누구보다도 그대가 자신의 약점을 잘 압니다. 그대가 불안한 기반 위에 있는지 알아내십시오. 그대는 영적인 책을 많이 읽었을지 모릅니다. 어쩌면 믿음이 있고, 소중히 간직한 신념이 있고, 자신이 준비되어 있다고 생각할지도 모릅니다. 그것은 좋습니다. 그러나 확실히 알고, 확신을 가지십시오.

질: 당신의 말씀은, 우리가 자신을 시험하여 우리가 실재에 확고하게 두 발을 디디고 있는지 확인해야 한다는 거로군요?

마: 우리 계보의 스승님들은 접근방식에서 모두 아주 실용적이었습니다. 스스로에게 네 가지 질문을 해보십시오. "나는 전적으로 두려움이 없는가? 나는 전적으로 평안한가? 나는 완전한 행복을 가지고 있는가? 나는 긴장이 없는가?" 이 질문들에 대한 답변이 "아니오"라면, 그대의 모든 노력, 그대의 모든 지知는 헛되고, 아무 쓸모가 없어 보입니다. 그대가 샀던 화폐들이 가짜 돈, 위조지폐, 위조통화로 드러났습니다. [스승님이 껄껄 웃으신다.]

너무 늦기 전에 스스로에게 질문하십시오. "내가 서 있는 곳은 어딘가?" 우리의 몸이 최후가 가까워질 때까지 기다리느니, 지금 이 환적인 유령들을 대면하는 것이 낫습니다. 최후가 가까워지면 두려움에 떨면서 "우, 우" 하게 될 것입니다. 어떤 평안도 없고, 두려움만 있을 것입니다.

질: 예, 이해됩니다. 진정한 **영적인 지**知, **진아지**는 실용적일 필요가 있습니다. 그것은 일상생활 속에서 실행되어야 합니다. 당신께서 말씀하시듯이 만일 그것이 이론적·지적인 지知로만 남아 있으면, 그것은 기본적으로 쓸모가 없습니다.

마: 그대는 어떤 탄생과 죽음도 없다는 것을 압니다. 그대가 불생이라는 것을 압니다. 그대가 **실재**를 알 때는, 이 압도적인 두려움이 근거가 없다는 것을 알게 됩니다. '태어났을 때'부터 그대를 따라다니고, 그대에게 붙어 있던 그 두려움은 하나의 큰 환幻이었습니다. 이제 그 풍선이 터졌습니다!

　　그대가 그 풍선을 터뜨렸습니다!

질: 우리는 우리의 모든 두려움이 죽음에 대한 더 큰 두려움에 뿌리를 두고 있었다는 것을 발견합니다. 그리고 그 죽음에 대한 두려움은 하나의 몸-개념, 몸-지知일 뿐이고, 따라서 근거가 없고 허풍입니다.

　저는 제가 왜 웃는지 모르겠지만, 알고 보니 우리가 죽을 수밖에 없다는 것에 대한 두려움과 전율이라고 하는, 우리가 수십 년 동안 메고 다닌 우리의 모든 무거운 자루는 아예 불필요했습니다. 정말 아깝습니다! 우리, 혹은 저는 거대한 괴물 하나를 제어해 두느라고 그 모든 에너지를 썼습니다. 그런데 이 야수, 이 괴물은 애당초 결코 존재하지 않았습니다. 뭐, 어떡합니까! 그것은 이제 사라졌습니다. 그 환幻이 해소되고 있습니다. 전혀 안 하는 것보다는 지금이라도 해소하는 것이 낫습니다.

마: 자기탐구가 **진아지**와 **진아 깨달음**으로 이어집니다. 진정한 **진아지**가 너무나 중요합니다. 왜냐하면 그것이 없이는 최후가 고통스럽고 무자비할 것이기 때문입니다.

　스스로에게 물으십시오. "나는 왜 죽음을 두려워하는가?" **실재**를 알지 못하면 이 두려움이 중얼거리고, 그 두려움이 몇 배로 늘어납니다. 죽을 때 두려움이 없는 상태가 **진정한 지**知, **실용적 지**知이고, **궁극적 진리**입니다. [스승님이 따뜻한 미소를 지으신다.]

경각심을 가지십시오.

그리고 진지한 구도자의 목표인

그 행복하고 평화로운 순간을 준비하십시오.

질: 대단한 대삼매(Mahasamadhi)입니다! 감사합니다, 마하라지님.

149. 그대는 신 이전이다

마하라지: 싯다라메쉬와르 마하라지님이 이런 말씀을 하시곤 했습니다. "그대가 한 걸음 내디디면 내가 그대의 발을 들어서 그대를 위해 그 다음 걸음을 내디뎌 주겠다." 짝사랑은 효과가 없고, 사랑이 양쪽에 다 있어야 합니다. 그대의 스승에게 강한 믿음을 갖고, 그에게 충성해야 합니다.

싯다라메쉬와르 마하라지님이 세상을 떠나시고 여러 해가 지나서 니사르가닷따 마하라지님이 이렇게 말씀하시곤 했습니다. "내 스승님은 살아 계시다. 신체적으로는 여기 계시지 않을지 몰라도, 스승님은 살아 계시다. 나는 과부가 아니다."

질문자: 마치 아직도 당신이 싯다라메쉬와르 마하라지님과 결혼해 있는 듯이 말입니까?

마: 그렇지요! 당신은 제일 강한 믿음을 가지고 있었습니다. 그대의 스승이 누구든, 그에게 강한 믿음을 가져야 합니다. 그럴 때에만 지知가 실행되고, 변환되고, 실천에 옮겨질 것입니다. 어중간한 믿음, 어중간한 신뢰는 별 쓸모가 없습니다.

설사 신이 그대 앞에 나타난다 하더라도

그를 인식하고 부인하면서 이렇게 말할 용기가 있어야 합니다.

"아니, 아닙니다. 제 스승님이 당신보다 위대합니다. 왜냐하면 당신이 신으로 나타나는 것은 저의 현존에서 비롯되기 때문입니다."

그런 확신이 있어야 합니다. 신은 그대의 **현존** 없이는 나타날 수 없습니다. 그대의 **현존**이 먼저고, 그 다음에 신입니다. 그 확신은 이런 것입니다. "저의 **자연발로적 현존**에서 당신이 신으로 나타납니다. 만일 저의 **현존**이 없다면 누가 신을 볼 수 있습니까? 그래서 저는 신이신 당신 이전입니다."

이 자연발로적 느낌은 농담이 아닙니다.

이것은 스승들에 대한 강한 믿음입니다.

구루, 곧 스승이 신보다 더 위대합니다. 까비르가 말했습니다. "만일 신과 나의 스승님이 내 앞에 나타난다면, 나는 내 스승님께 절하지 신에게 절하지 않겠다. 왜냐하면 스승님이 나에게 신을 보여주셨기 때문이다. 스승님이 '이것이 신이다'라고 하셨고, 그래서 나는 스승님을 믿는다. 나는 스승님께 완전한 믿음을 가지고 있다. 나는 신이 무엇인지 몰랐으나, 스승님이 '이것이 신이다'라고 내게 보여주셨다. 그래서 나는 내 스승님께 먼저 절하겠다."

대충 하는 영적인 공부는 그대에게 도움이 되지 않을 것입니다. 사람들은 말합니다. "나는 이 스승을 만나러 갔다. 그분은 아주 훌륭하다. 그런 다음 다른 스승을 만나러 갔다. 그분은 더 훌륭하고 더 위대했다." 이런 사람들은 방문객이고, 배회자이고, 여행자이며, 안정감이 없습니다. 그대는 이곳을 최종 목적지로 삼아야 합니다.

만일 어떤 스승이 그대에게 궁극적 실재를 보여준다면,

그 스승을 고수하면서,

그에게 충실하고 그에게 충성해야 합니다.

스승은 어머니와 같습니다.

우리는 어머니를 바꾸지 않습니다.

그대가 달리 어디도 갈 필요가 없다는 확신을 갖는 것이 굉장히 중요합니다. 더 이상 발견할 것이 아무것도 없다는 것을 아는 것입니다.

만일 여전히 다른 스승을 찾아가고 싶다면,

그것은 그대가 아직 확신을 갖지 못하고 있다는 하나의 징표입니다.

아직도 헤매고 있고, 배회하고 있는 것입니다.

저는 스승님이 저와 함께 나누신 바로 그 **지**知를 함께 나누고 있습니다.

만일 그대들 중 어떤 사람이 **궁극적 진리**를 향해 나아가고 있으면 제가 기쁠 것입니다. 그것이 (제 스승님에 대한) 저의 보답이 될 것입니다. 실재의 달인이 될 것이지, **철학**이나 **영성학**의 달인이 되는 데 그치지 마십시오. 교수는 진리에 대해 이야기하는 것으로써 가르칠지 모르지만, 스승은 진리를 살아 냅니다. 이것은 실용적이고 살아 있는 지知입니다.

강해지십시오! 스승에게 강한 믿음을 가지십시오. 바로 그 스승이 그대들 안에 존재합니다.

결코 그대 자신을 (스승과) 다르거나 별개라고 여기지 마십시오.

오직 한 스승이 있습니다.

스승은 똑같은 하나입니다.

우리 **계보**의 모든 **스승님**들은 아주 소박하고 아주 겸허했습니다. 니사르가닷따 마하라지님은 상점 계산대에서 일했습니다. 당신은 "오, 나는 스승이야. 나는 영성이 있어"라고 말씀하시지 않았습니다. 그러지 않으셨지요! 당신은 완전한 겸허함을 가지고 있었습니다. 그러나,

그대가 겸허해지려는 것을

그대의 에고가 반겨줄 거라고 기대하지 마십시오.

질: 그러니까 겸허한 것이 매우 중요하군요?

마: **실재**를 알고 나면 겸허함은 자동적으로 일어나는 과정입니다. 실재를 알고 나면, 남는 거라고는 "나는 아무것도 아니다, 아무것도 아니야"가 전부입니다.

질: 그것은 우리가 기대할 수 있는 것의 반대와 같습니다. 저라면 갖은 노력으로 오랜 여행을 하고 났으니 왕관이라도 쓸 것을 고대할 텐데요!

마: 확신이 올 때, 그것이 자연발로적으로 일어날 때, 그대가 아무것도 아니라는 것을 알 때, 그럴 때 그대는 '모든 것'이기도 할 것입니다.

그대가 아무것도 아니라는 확신이 있을 때,

그것은 "그대가 모든 것"이라는 것을 의미합니다.

경각심을 가지십시오! 조심하십시오!

질: 그리고 인내심이 있어야 하고요?

마: 이 스승님들처럼 강한 믿음을 가져야 합니다. 그분들은 평범한 사람들이었지만 지知를 받아들였고, (그들 자신의) 스승님들에 의해 전적으로, 완전하게 실재가 주어졌습니다. 이분들은 강한 믿음, 강한 헌신, 강한 투신의 멋진 사례입니다.

질: 그래서 당신께서 거듭거듭 똑같은 말씀을 되풀이하면서 계속 망치질을 하시는 것이 중요하군요.

마: 똑같은 말이지요, 왜냐하면 그것이 필요하니까.

질: 동시에 저는 저 자신을 납득시키고 있습니다. 그러나 그 말씀이 당신에게서 나오기 때문에 아주 효과적입니다.

마: 그렇지요, 그러나 늘 정신을 바짝 차리고 있어야 합니다. 그래서 **바우사헵 마하라지**님이 명상과 바잔의 수련을 분명하게 설정해 둔 것입니다. 하루 24시간, **궁극적 진리**인 그대의 **현존**에 대해 정신을 바짝 차릴 필요가 있습니다. 끝없는 망치질이 필요합니다. 그대의 정상적인 활동을 하되, 동시에 늘 "그래, 나는 **브라만**이다. **내가 그것이다**"를 고수하십시오.

질: 오늘 아침 저희는 『그대가 그것이다』에 있는 **니사르가닷따 마하라지**님의 서문을 읽었습니다. 거기서 그분이 당신의 스승이신 **싯다라메쉬와르 마하라지**님에 대한 당신의 헌신에 대해 이야기하면서, 그것이 얼마나 중요했고 얼마나 특별했는지를 말씀하고 계셨습니다. 그분의 말씀인즉, 기본적으로 우리가 **스승**에 대한 완전한 믿음을 가지고 있지 않으면, 시간을 낭비한다는 것이었습니다.

마: 그리고 그대에 대한 강한 믿음도 마찬가지입니다. 이것이 그대의 마지막 여정이어야 합니다. 다른 **스승**을 찾아가겠다는 어떤 유혹도 없어야 합니다. 안정되어야 하고 강해야 합니다.

　　스승은 그대 안에 있습니다.
　　그대의 스승에게 믿음을 가지십시오.
　　거기서 안정을 발견하십시오.

질: "강하다"는 것은 어떤 의미로 하시는 말씀입니까?

마: 내적으로 강해지십시오. 단호해지고 용기를 가지십시오. 그대가 듣고

있는 것이 참되다는 것을 믿고 그것을 받아들이십시오. 계속 그대 자신을 납득시키십시오.

공개적인 진리가 그대 앞에 놓아졌습니다.

그대의 진리, 그대의 궁극,

그대의 최종적 진리입니다.

그대와 함께하십시오! 그대 속으로 깊이, 깊이, 더 깊이 들어가십시오. 요즘 세상에는 우리가 조심해야 할 수많은 스승들이 있습니다. 제대로 된 스승, 그 자신을 아는 참된 스승, 깨달은 자와 함께하십시오.

만일 그 자신이 깨닫지 못했다면,

어떻게 남들을 진아 깨달음으로 인도할 수 있겠습니까?

질: 맞습니다! 장님이 장님을 인도하듯이 말입니다.

마: 제대로 된 참된 스승은 찾기가 어렵습니다. 비베카난다는 자신에게 신을 보여줄 수 있는 스승을 찾고 찾았습니다. 결국 그는 '그 자신 안에 있는 신'을 그에게 보여줄 수 있다고 말한 라마크리슈나 빠라마한사를 만났습니다. 제 스승님도 같은 말씀을 했습니다.

"나는 그대를 제자로 만들지 않는다.

왜냐하면 스승이 이미 그대 안에 있기 때문이다.

나는 그대 안에 있는 스승을 그대에게 보여주고 있다."

질: 그게 아주 마음에 듭니다! 우리는 모두 동일하고 동등합니다. 당신께서는 저희를 의존적으로 만들지 않으십니다. 당신께서는 하나의 거울 역할을 하여, 저희가 저희 자신을, 저희의 참된 **실재**를 보게 하시는군요?

마: 스승은 거울 이상이지요! 거울은 뒷면에 어떤 어둠이 있습니다. 그것은 하나의 상(像)밖에 보여주지 않습니다.

스승은 그대에게 전 세계를, 앞과 뒤와 옆을 다 보여줍니다.

모든 방면이 그대에게 열려 있습니다.

'명료실재(CleaReality)'지요!

질: 그런데 만약 제가 전적인 믿음으로 스승을 따르면, 조금씩 제가 스승이 되겠군요?

마: 되는 것이 아니라 그대가 이미 스승입니다.

질: 좋습니다, 그럼 깨달은 스승입니까?

마: 조심하십시오! 그런 것은 우리가 쓰는 단어들일 뿐입니다. 그대는 "내가 수전(Susan)이 된다"고 말합니까? 그대는 이미 수전입니다. 단어들은 궁극적 진리를 가리키는 지시물입니다. 모든 단어는 그 나름의 한계가 있습니다. 그대의 존재는 모든 한계를 넘어서 있습니다.

질: 제가 또 단-어-들의 함정에 빠졌군요!

마: 이것은 비상한 지知입니다. 그것을 받아들이십시오. 스승의 가르침의 견지에서는 자기확신이 더없이 중요합니다. 자기확신이 아주 중요합니다. 학교에서 선생님이 그대에게 몇 가지 숫자를 주어, 이를테면 몇 가지 합계를 내게 합니다. 그대는 여러 가지 방식으로 그것을 합산하여 정답을 얻으려고 합니다. 마찬가지로, 스승이 그대에게 지知를 베풀고 있습니다. 그것을 풀어서 합계 내고, 모두 합산하여 참된 확신, 진정한 확신, 온전한 확신에 도달하는 것은 그대에게 달렸습니다.

질: 예, 저희는 당신께서 말씀하신 모든 것을 의심 없이 받아들이고, 그것을 다 합산하고 있습니다. 어떤 토의도, 토론이라고 할 것도 없습니다.

마: 맞습니다. 어떤 토론도 없지요. 여기서는 지知를 시험할 필요가 없습니다. 그것은 정치적 문제가 아니고, 철학적 문제가 아닙니다. 토론하기에 적당하지 않습니다.

그저 알고, 침묵하기 위해서입니다.

그저 실재를 알고, 침묵하기 위해서입니다.

열쇠가 그대에게 주어졌습니다. 비밀이 공개되었습니다. 그 힘이 있습니다. 그것이 그대의 것입니다. 그것의 자물쇠가 열렸습니다. 그 엄청난 힘을 사용해야 합니다.

그대 자신을 등한시하여

그대의 내적인 스승을 모욕하지 마십시오.

이런 식으로 그대 자신을 납득시키십시오. 즉, 그대는 이제 '선장'의 직위로 승진했습니다. 전에는 일개 '선원'이었습니다. 선장 직을 얻고 나서도 계속 "예스, 써. 예스, 써" 합니까? 아니지요! 왜냐하면 더 이상 선원이 아니기 때문입니다. 마찬가지로, 스승이 그대에게 큰 직, 중요한 직을 주었습니다. 더 이상 '선원'과 그의 "예스, 써"가 필요치 않습니다.

실재를 알고 나면 완전한 믿음을 가져야 합니다. "내 스승님이 나의 정체성을 보여주셨다. 나는 모든 것이다. 나는 궁극적 진리다." 그 말을 할 것도 없이 말입니다. '나'도 없고 '너'도 없지만, 자연발로적 확신이 있습니다.

'나'가 없고, '너'가 없는
자연발로적 확신이 있습니다.

150. 그들은 보이지 않는 존재로부터 말한다

마하라지: 이 진인들, 대장부들, 스승들, 위대한 성자들을 그 몸-형상으로 보아서는 안 된다는 것이 중요합니다. 그들이 공개한 비밀은 그들의 실재로부터, 곧 그들 자신의 정체성, 그들의 보이지 않는 정체성에서 왔습니다.

드러나는 그 비밀은
그들의 보이지 않는 정체성에서 오지,
몸-형상에서 오는 것이 아닙니다.

그들의 진리들이 독자의 보이지 않는 정체성에 베풀어지고, 말해지고, 도달합니다.

그들이 서로 들어맞아야 합니다.
그것은 하나입니다. 어떤 이원성도 없습니다.

모든 성자들은 그들의 보이지 않는 존재로부터 자신들의 이야기를 들려줍니다. 여러분의 보이지 않는 존재는 그들의 그것과 같습니다.

질문자: 깨닫는다는 것은 무엇을 의미합니까?

마: 수많은 사람들이 제가 깨달았느냐고 묻습니다. 그대가 '깨달았다'고 하

는 것은 어떤 의미입니까? 이 질문은 (우리의 논의와) 별 관련성이 없습니다. 누가 깨달았습니까? 어떤 사람이 "나는 깨달았다, 나는 깨쳤다"고 할 때, 그것은 **무념의 자연발로적 현존**을 가리킬 뿐입니다.

사람들은 늘 스승들을 비교하면서 분별하려 듭니다. 그것을 그만두십시오! 그것은 영적인 공부에 좋지 않습니다. 그런 일이 생기는 것은 그대가 책을 많이 읽었고, 좋은 영적 배경지식을 가지고 있기 때문입니다.

그대는 지知를, 겹겹의 지知를 수집해 왔습니다.

그러나 그대가 무엇에 대해서 이야기하든,

그것은 궁극적 진리가 아닙니다.

만일 그대가 **싯다라메쉬와르 마하라지**에 대해서 이야기하고, 예컨대 **니사르가닷따 마하라지**와 관련하여 그분의 가르침을 비판한다면, 그것은 명백히 좋지 않습니다. 여기에는 왜 왔습니까?

영靈은 그와 같이 스승들에 대해서 하는

그런 식의 이야기를 좋아하지 않습니다.

제가 그대들에게 말했습니다. 그대들이 여기 있는 것은 토론하고, 가늠하고, 비교하기 위해서가 아니라고. 그대들은 지적인 사람들이고, 헌신자이거나 제자들이기도 합니다. 이것은 몇 가지 결점이 있습니다. 만일 그대들이 지적인 수준에서 생각한다면 그것은 하나의 결점입니다. 여러 신들, **라마나 마하르쉬**, **싯다라메쉬와르 마하라지** 같은 영적 스승들을 그런 식으로 가늠하지 마십시오. 그것은 그대들을 영靈에서 멀어지게 할 것입니다.

질: 무슨 말씀인지 알겠습니다. 스승님들은 그분들의 보이지 않는 존재로부터 말씀하시고, 우리는 우리의 작은 마음으로 그것을 분석하려고 듭니다. 저는 당신의 **친존**(Presence)도 중요하다는 말씀을 드리고 싶었습니다. 당신의 **친존**은 마하라지님, 매우 강력한데, 그것은 비언어적입니다.

그래서 이 가르침은 당신께서 전달하신 취지만 중요한 것이 아니라, 모종의 전수(transmission)도 있습니다. 아니면 당신께서 말씀하시듯이 **청자와 스승은 하나**인데, 그것이 설명하기 어려운 어떤 방식으로 체험됩니다. 명료함의 물결이 있습니다. 저로서는 묘사하기가 쉽지 않지만 당신께는 쉽습니다. 저는 아직 스승이 아닙니다.

마: 그대가 스승이 아니라고 어떻게 말할 수 있습니까? 그대는 이미 스승이지만, 그대 안의 스승적 본질을 그대가 아직 온전히 자각하지 못하고 있습니다. 그대는 하나의 그물을 창조하고 그 안에 얽혀듭니다. 어떤 장애물도 없습니다. 그대는 그대 자신의 생각이라는 그물의 제물인데, 그것이 유일한 장애물입니다.

성자와 스승들은 그들 자신의 방식으로 이야기하고 표현한다는 것을 기억하십시오. 그들이 전달하고 싶어 한 그것이 가장 중요합니다! 우리는 라마나 마하르쉬, 싯다라메쉬와르 마하라지, 란지트 마하라지, 니사르가닷따 마하라지의 몸-형상들에 대해서는 상관하지 않습니다.

존재성 이전에 이런 스승들이 어디 있었습니까? 그대가 신들과 이 모든 스승들에 대해서 알기 시작한 것은 존재성 이후였을 뿐입니다.

그대가 스승들의 스승입니다.
왜냐하면 그대의 존재 없이는
이 모든 신들과 이 모든 스승들을
인식할 수 없기 때문입니다.
존재성 이전에 그대의 현존이 있었습니다.
모든 신들과 모든 스승들을 포함한 전 세계는
그대의 무아인 진아의 자연발로적 투사물입니다.

'신'을 말하려면 그대의 현존이 필요합니다. 그대는 "신은 위대하다!"고 말합니다. 신에게 그 위대함을 누가 부여했습니까? 그대지요! 그대가 백 점을 준 것입니다!

그대가 시험출제자이고,
그대가 신입니다.
신은 위대합니다.
그대는 위대합니다.

그러나 그대가 소박하고 겸허해야 합니다.

질: 이해됩니다!

마: 예, 그러나 그것을 전적으로 받아들여야 합니다. 그대의 이해가 신체적 기반, 정신적 기반, 지적 기반, 논리적 기반 위에 있으면 안 됩니다. 몸-지知가 끝나는 곳, 거기에 그대가 있습니다.

 그대가 자신의 무아인 진아를 보도록

 스승이 그대에게 시력을,

 지知라는 안경을 주고 있습니다.

전 세계는 그대의 **자연발로적이고 보이지 않는 현존**에서 투사되어 나옵니다. 어디도 갈 필요가 없습니다.

 이것은 이해하기 아주 쉽지만,

 그것이 흡수되는 것,

 그대가 이 지知에 대해 확신을 갖는 것,

 그것은 다소 어렵습니다.

151. 빛의 원들

질문자: 처음에는 마하라지님, 남 만트라를 염하는 동안 많은 것이 일어났습니다. 그것이 많은 체험들로 분주했습니다. (지금까지도) 저에게 계속 남아 있는 것은 **만트라**를 받은 직후에 왔습니다. 명상 회당에 앉아 있을 때, 제가 있는 쪽으로 스르르 미끄러져 오는 어떤 엄숙한 인물의 막연한 친존을 느꼈습니다.

계보의 창립자이신 **바우사헵 마하라지**님이었습니다. 그분이 말없이 평화롭게 제 앞에 서 계셨습니다. 그분이 저에게 주시는 말 없는 메시지는 진지하게 명상을 하는 것이 중요하다는 것이었습니다. 그런 다음, 그 에너지가 바로 저를 뚫고 지나가더니 순식간에 사라졌습니다!

마하라지: 명상 도중에 각 헌신자가 서로 다른 체험을 합니다. 헌신자로서 어떤 체험도 추구하지 마십시오. 그러다가는 좌절과 실망만 느끼게 될 테니 말입니다. 체험들이 온다면 좋지만, 그러지 않아도 좋습니다! 어떤 사람들은 빛의 원들, 빛나는 고리들, 섬광들, 번뜩이는 빛들을 봅니다. 어떤 사람들은 자신의 무게를 못 느끼거나, 공중을 나는 체험을 합니다. 헌신자들마다 체험하는 것이 다릅니다.

초기 단계에서 그것은 진보의 한 표지입니다. **만트라가 한 번 들어맞기**만 해도 에고적 활동이 저절로 멈추고, 그런 다음 지知가 열립니다. 자연발생적인 빛의 섬광들이 일어납니다. 눈을 감고 있어도 해보다 더 밝은 큰 빛의 섬광들이 있을 수 있습니다. 그것은 '영靈의 빛(*Atma Prakash*)'입니다.

이런 것이 어떤 사람들이 경과하는 단계입니다. 그대 자신을 무형상으로 볼 수도 있습니다. 비상한 행복과 평안, 자연발로적 웃음 등이 있습니다.

질: 이런 체험들은 융해 과정의 일부입니까?

마: 그렇지요. 융해 과정이 일어나고 있습니다. 그것은 즉각적이고 직접적인 효과가 있습니다.

> 서서히, 서서히, 몸 정체성이 녹고 있고,
> 그런 다음 궁극적 진리 쪽으로 향합니다.
> 거기서는 어떤 체험도, 어떤 체험자도 없습니다.

이 명상의 과정에서 체험들이 일어나고 있습니다. 그러나 그것은 **최종적 진리가 아닙니다.** 니사르가닷따 마하라지님은 그것을 진보하는 단계들이라고 불렀습니다. 그런 것들은 좋습니다.

> 그런 것들은 랜드마크,
> 깨달음으로 가는 도상의 랜드마크들입니다.
> 그러나 랜드마크는 궁극적 진리, 최종적 진리,
> 목적지 또는 종착지가 아닙니다.

그래서 이와 같이 와야 하고, 그런 다음 이렇게, 이렇게, 이렇게 [조금씩 앞으로 움직이시며], 그러다가 마침내 마지막 단계에 도달한다고, **니사르가닷따 마하라지님**은 말씀하시곤 했습니다. 이런 것들이 단계인데, 영적인 공부의 새 초심자들이 갖는 체험들은 서로 다릅니다.

저의 **스승님**은 이런 말씀을 하시곤 했습니다. "누구에게도 그대의 체험을 밝히지 말라. 왜냐하면 그것이 어떤 경쟁심을 야기할 수 있기 때문이다. 둘째로, 어떤 사람들이 질투심 때문에 그대의 기를 꺾을 수도 있다." 어떤 에고 문제가 있을 수 있고, 그래서 만약 그대의 아내에게 그대의 체험을 들려주면 그녀는 "저도 그런 체험을 하고 싶어요"라고 할지 모릅니다.

그래서 당신은 그 점에 대해 매우 엄격하셨고, 이렇게 말했습니다. "깨달은 사람들은 뭘 모르는 사람과 그런 것을 논의해서는 안 된다." 그대의 체험이 그 사람에게는 쓸모가 없을 수 있고, 그 반대도 마찬가지입니다.

만일 그대의 체험에 대해 뭔가를 묻고 싶다면

스승에게 물으십시오. "저는 어디쯤 있습니까?"라고.

만일 그대의 체험을 확인받고 싶은 마음이 있다면, 달리 누구도 말고 스승에게, 스승에게만 확인받으십시오. 어중간한 지知를 가진 다른 사람은 그대를 한눈팔게 하거나 헷갈리게 할 것입니다.

바우사헵 마하라지님은 인간 행동의 심리적 작용에 대해 깊은 이해를 지니고 있었습니다. 당신은 사람들이 **확신**을 얻은 뒤에도, 그들이 모르는 사이에 에고가 이런 저런 방식으로 다시 끼어들려 할 수 있고, 그러다가 일체를 망쳐버릴 수 있다는 것을 알았습니다.

그대의 노트북에 웜(악성 소프트웨어)이 들어갈 수 있습니다. 그대가 모르는 사이에 바이러스가 침입할 수 있는데, 그렇게 되면 그대의 모든 파일이 손상될 것입니다. 그래서 그분은 **만트라**와 바잔을 하여 마음을 바쁘게 만들라고 한 것입니다. 늘 경각심을 가져야 합니다.

늘 그대의 노트북용 안티바이러스를 사용하십시오. 매일 어김없이 그것을 돌려서 노트북에 바이러스가 없는지 살펴야 합니다. 마찬가지로, 바잔·지知·명상이라는 이 모든 소프트웨어는 안티바이러스 과정입니다.

질: 우리의 수행은 꾸준하고 일정해야 합니다. 왜냐하면 세계가 여러 가지 방식으로 늘 들어오기 때문입니다. 보이지 않게 뒤에서도 들어옵니다.

마: 지난 50년간 저는 내로라하는 수많은 사람들이 도랑으로 다시 떨어지

는 것을 보았습니다. 한 사람은 기적에 끌려서 자신의 **스승**을 뒤로했습니다. 그의 마지막 나날들은 아주 아주 비참했습니다. 그는 여러 신들의 이름을 염하면서 혼란에 빠졌습니다. 또한 **니사르가닷따 마하라지님**을 버렸기 때문에 죄책감을 느끼고 있었습니다.

    그대의 무아인 진아와

    끊임없이 접촉을 유지해야 합니다.

    그대의 무아인 진아와 끊임없이 접촉하십시오.

  그대의 일을 하되, 늘 끊임없이 그대의 **무아인 진아**와 접촉해야 합니다.

질: 그것은 서양인들이 하는 말로, 큰 일거리(big commitment)입니다. 풀타임으로요!

마: 니사르가닷따 마하라지님같이 강한 믿음을 가지고 있다면, 그렇게 될 것입니다.

질: 마하라지님, 분명히 하고 싶어서 여쭙니다만, 존재성 이전에는 일체가 완전했습니까?

마: 어떻게 그렇게 말할 수 있습니까? 어떤 사람들이 같은 것을 물었는데, 저는 그들에게 그것은 그들의 추측일 뿐이라고 말해주었습니다. 완전하다는 것은 무슨 의미입니까? 그것은 책 지식입니다! 존재성 이전에는 어떤 '완전'도 없었습니다. 제가 그대들에게 말했지만, 아무것도 없었습니다! 그대 스스로 보아야 합니다. 저는 그대에게 하나의 그림을 보여주고 있습니다. 그러면 그대도 같은 것을 보겠지만, 지성으로는 그것이 보이지 않습니다.

  니사르가닷따 마하라지님은 두 사람에 대한 이 이야기를 들려주시곤 했습니다. 한 사람은 산꼭대기에서 머리 위로 두 팔을 흔들고 있었습니다. 두 번째 사람은 산 밑에 있습니다. 그가 묻습니다. "왜 그러고 있습니까?" 첫 번째 사람이 말합니다. "여기 올라와 보셔야 합니다! 거기 아래에서는 이 경험을 얻지 못해요! 꼭대기로 올라오십시오. 그러면 경험할 겁니다!"

  마찬가지로, '여기 아래에서는' 그대가 그 체험을 얻지 못합니다. 이 상태로 와야 하고, 그러면 그가 왜 팔을 흔드는지 알 것입니다. 그대는 추측할 뿐입니다.

제가 그대에게 말하고 있는 것은
추측에서 나온 것이 아닙니다.
그것은 청자의 실재입니다.
지적으로 추측하려고 하지 마십시오.
그것은 실재입니다.

질2: 저도 질문 드릴 것이 하나 있었는데, 이제 그것도 어리석은 추측이라는 것을 알겠습니다. **무아인 진아** 혹은 **빠라브라만**은 그 자신을 알 것이 분명합니다. 그렇지 않습니까?

마: 어떻게 그것이 그 자신을 알 수 있겠습니까? 그것은 무형상, 무형상입니다. 그 질문은 상상이고 추측입니다. 그대는 추측하면서 마음과 지성을 통해 지知를 얻으려고 하는데, 그래서 그것을 얻지 못합니다.

질3: 저는 가르침을 흡수하고 있다고 느낍니다, 마하라지님. 저는 지知가 먼저 뇌의 전두엽에 자리 잡은 것을 보고 있었는데, 이제는 마치 그것이 더 깊이 내려간 것같이 느껴집니다. 더 자연스럽게 느껴집니다. 상상처럼 들리기는 하지만요. 아닙니까?

마: 스승의 지도하에 양파 껍질들이 벗겨지고 있습니다. 한 겹을 벗긴다, 오케이. 또 한 겹을 벗긴다, 오케이. 다 벗기고 나면 무엇이 남습니까? 스승이 그대에게 얼마나 남아 있다고 말합니까? 아무것도 없지요! 그래서 모든 겹이 제거되면, 모든 껍질이 제거되면, 아무것도 남지 않습니다.

질: 그것은 더 자연스럽습니까? 사람들은 '니사르가(nisarga)', 곧 자연스러움에 대해 이야기합니다.

마: 아닙니다. 어떤 자연도 없습니다. 그것은 전적으로 **진짜**입니다. 어떤 자연도 없습니다. 어떤 자연도 없고, **진짜**이고, **궁극적**이고, **최종적**입니다. 그대가 납득할 때까지는 잘못 해석하게 될 것입니다.

거울을 한 번 들여다보고, 그대가 어떻게 있는지 보십시오.
거울에서 그대 자신을 볼 수 있습니다.

152. 닭과 계란

질문자: 제가 들은 한에서, 당신께서는 "내가 있다"에 대해 전혀 말씀하시지 않으십니다.

마하라지: 그대가 **전능한 신**인데, 왜 "내가 있다"라는 문자적 세계에 머무릅니까? 그대의 **자연발로적 존재**에는 어떤 초점도 없습니다. 그대가 "내가 있다" 안에 머무르려고 노력할 때는 미세한 에고가 작용하기 시작합니다.

다시 같은 말을 하게 되지만, 그런 영적인 단어들을 문자적으로 받아들이지 마십시오. 그것들은 그대의 **보이지 않고, 익명인, 정체불명의 정체성**을 가리킵니다. 이 환적인 풍선, 이 환적인 거품을 터뜨리십시오!

'닭' 있지요? 닭과 계란? 계란 안에서 병아리가 자기 부리로 그 딱딱한 껍질을 쪼고 쪼면 마침내 알을 깨고 나올 수 있습니다. 그 부리가 지知의 형태로 그대에게 주어졌습니다. 그대는 환幻의 범주 안에 있습니다. 그 지知의 부리로, 그대가 그 범주를 깨고 나오게 될 것입니다.

그 지知의 부리를 이용하여,

그대가 환의 악순환을 깨고 나올 것입니다.

그 닭, 어린 병아리가 두꺼운 껍질을 자연발로적으로 깨고 나갈 것입니다.

질: 그 부리는 껍질을 깨고 나오는 지知를 대표하는군요?

마: 궁극적 진리가 그와 같습니다. 이른바 브라만·아뜨만·빠라마뜨만이라는 거지요. 그것의 작용은 **자연발로적입니다**.

계란이 성숙하면,

그 타파가 일어납니다.

보세요, 그것은 아주 단단한 껍질이지만, 작은 병아리가 어떻든 그것을 깹니다. 마찬가지로, 아주 단단한 환幻의 껍질이 우리 주위를 온통 싸고 있지만, 지知, 궁극적인 지知, 영적인 진리로 쪼고 또 쪼면, 마침내 그것이 밖으로 나옵니다.

궁극적 진리가 그와 같습니다.

이른바 브라만, 궁극적인 지$_知$, 영적인 진리가
쪼면서 밖으로 나옵니다.

따라서 억지로 "내가 있다"를 고수하려고 하지 마십시오. 왜냐하면 그대는 이미 있지만, 그것을 그대가 형상으로 채색하고 있기 때문입니다. 존재성 이전에 그 "내가 있다"가 어디 있었습니까? '나'가 어디 있었습니까? 제가 말했듯이, '나'는 그냥 하늘과 같습니다. 이것이 실재입니다.

우리는 미국·인도·런던 같은 단어들로 이름을 붙이는데, 이 실재에는 브라만·아뜨만·빠라브라만 같은 이름을 붙입니다. 그러나 익명이고, 말이 없고, 보이지 않는 이른바 '나'는 내내 있습니다. 그래서 그것에 집중할 필요가 없습니다. 그대가 이미 있습니다. 존재성 이전에 그대가 어떻게 있었는지를 숙고하십시오.

공개적인 비밀은
"나는 모른다"에 있습니다.

인도를 방문한 한 외국인 이야기를 들려드리지요. 그가 가이드에게 "타지마할은 누가 지었습니까?" 하고 묻습니다. 가이드는 "모르겠습니다"라고 대답합니다. 그들은 많은 곳을 방문했는데, 그때마다 방문객은 같은 질문을 했고, 같은 답을 들었습니다. "이 사람들은 누굽니까?" "모르겠습니다." 그것이 답변이었습니다. 그때 근처에서 시신 하나가 운구되는 것을 보고 그가 묻습니다. "저건 누굽니까?" 가이드가 대답합니다. "모르겠습니다."

이것은 그가 무엇의, 혹은 어떤 사람의 이름도
모른다는 뜻입니다.

일체가 하나의 꿈이고, 따라서
"나는 모릅니다."

"나는 누가 죽었는지 모릅니다."

전 세계가 "나는 모른다"입니다. 우리가 이 말을 하는 것은 이해의 목적을 위해서입니다. 존재성 이전에는 어떤 '나'도 없었습니다. 존재성이 해소된 뒤에도 어떤 '나'도 없습니다. 무엇이 그 '나'를 느끼든, 몸을 통해서만 그것을 느낍니다. 그래서 여기서 그대는 그 '나' 또는 "내가 있다"에 형태를 부여하고 있는데, 그것은 어떤 정체성도 가지고 있지 않습니다.

그대는 형태 없는 것에 형태를,

정체불명의 정체성에 정체성을 부여하고 있습니다.

질: 저는 **니사르가닷따 마하라지님**으로부터, "내가 있다"는 문간이고, 하나의 터널 같은 것이며, 우리는 닭과 계란처럼 그것을 통과해야 한다는 인상을 받았습니다. 저 자신의 수행에서는 많은 움직임을 느끼지 못했습니다. 그런데 최근 명상 도중에 이런 개념이 떠올랐습니다. "문간에 머물러라. 문이 열려 있다." 그리고 그 순간 그 '문'이 하나의 방해물, 장애물이 되어 있었다는 것을 알았습니다. 그것을 깨닫자 그 개념적 문이 해소되었습니다. 더 이상 어떤 문도 없었습니다.

마: 전혀 어떤 문도 없습니다. 벽들이 있는 것은 몸들이 있기 때문입니다.

질: 저는 그 문을 제거했고, 통과했습니다. 제 말은, 그 문이 사라졌다는 뜻입니다.

마: 그러니까 병아리처럼 깨고 나왔군요. 스승이 열쇠를, 그 문을 여는 데 필요한 지知를 주었습니다. 이 모든 과정들이 있는 것은 **보이지 않는** 청자 혹은 **독자**의 주의를 요청하기 위해서일 뿐입니다. 존재성 이전에는 그대가 그대 자신을 몰랐습니다. (존재성 이전에) 그대는 어떻게 있었습니까? "모른다"고 하겠지요. 몸을 떠난 뒤에는 어떻게 있을까요? 그대는 "모른다"고 합니다. 그것이 맞습니다.

"모른다"고 하는 그 '보는 자'가 말합니다.

"나는 어떤 형상으로도 있지 않다"고.

그대의 존재성도 환幻입니다. 그대는 존재성·비존재성·자각·비자각·의식 같은 단어들을 언제 만났습니까? 이것은 하나의 큰 환적인 장場입니다. 그대는 여기서 행복과 지知를 얻어내려고 애쓰면서, 이 장場 안을 배회하며 방황하고 있었습니다. 이제 과감해지십시오! 용감해지십시오! 그 장에서 나오고, 거기서 나와 있으십시오!

그대가 궁극적 진리입니다.

완전정지, 이야기 끝.

그대는 **스승**의 제자가 아니라 **스승들**의 **스승**입니다. 그대가 자신의 **정체성**을 검토해 보면, 거기에 아무 잘못된 것이나 누락된 것이 없습니다. 그것은 완전합니다. 이 모든 외적인 옷들, 이 모든 환적인 옷들을 없애고 그대 자신을 보십시오. 그대는 전체적이고 완전합니다.

돌아다니기를 그만두십시오! 일체가 그대 안에 있습니다. 다른 사람의 것 말고, 그대 자신의 웹사이트를 방문하십시오.

그대 자신의 웹사이트를 방문하고,

그대 자신의 집을 청소하십시오.

진리를 받아들이십시오! 스승이 말합니다. "그대가 **궁극적 진리**입니다." 그 확신이 확립될 때까지는 싸워야 합니다.

질: 지켜보면서 기다립니까?

마: 어떤 기다림도 없지요! 그것은 저절로 일어납니다.

그대가 궁극적 진리라는 것을 받아들인다면,

기다리고 말고가 어디 있습니까?

확신이 일어날 때까지 계속 명상 수련을 해 나가십시오. 그러다 보면 확신이 있습니다. 어떤 사람들에게는 그것이 즉시 일어나고, 어떤 사람들에게는 모든 인상들을 지우는 데 시간이 더 오래 걸릴 수 있습니다. 제가 여러 번 말했지만,

그대의 모든 인상이 지워지지 않으면

그대 자신을 알 수 없을 것입니다.

사람들은 말합니다. "살아 있는 **스승**을 만나고 싶다."

그대가 살아 있는 **스승**입니다.

만약 살아 있는 **스승**을, 진짜 살아 있는 **스승**을 찾아가서 만나고 싶다면 가십시오. 그러나 그럴 때는 그 **스승**을 고수하십시오. 충성하십시오!

현실에서는 살아 있는 한 **스승**이 몸-형상을 떠나면, 사람들이 다른 살아 있는 **스승**을 찾아간다는 것입니다. 그들은 늘 다른 **스승들**을 쫓아다닙니다.

집중자에게 집중하십시오.

그대 자신의 살아 있는 **스승**을 그만 무시하십시오.

원한다면 어디든지 가십시오! 언제까지 계속 돌아다니려고 합니까?

　　궁극적 실재에 대한 직접지 너머로는

　　어디도 갈 데가 없습니다.

질: 우리 서양인들의 경우—어쩌면 여기 인도에 있는 어떤 사람들도 그렇겠지만—돌아다니면서 **스승들**을, 서로 다른 많은 **스승들**을 수집하기 좋아한다고 생각됩니다. 그것은 다량의 국을 끓이기 위해 모든 재료를 모은 다음 그것을 모두 한데 넣고 휘젓는 것과 같습니다.

마: 그대는 **궁극적 진리**에서 멀어지게 자신을 몰고 가면서 이렇게 생각했습니다. "나는 세속인이다. 나는 남자나 여자 형상을 한 어떤 사람이다." 개인성이 절대적으로 완전히 해소되지 않으면, 진정한 의미에서 그대 자신을 알 수 없을 것입니다.

　저는 그대가 **궁극적 진리**라는 것을, 보이지 않는 청자에게 납득시키려고 애써 왔습니다.

　　그대가 궁극적 진리이기에,

　　그대는 어디도 갈 이유가 없습니다.

153. 최초의 탄생 이전에는 업이 어디 있었는가?

마하라지: 스승은 여러분이 실재를 흡수할 수 있도록 청자의 이야기, 보이지 않는 청자의 이야기를 전달하고 싶어 합니다. 그러나 여러분은 오히려 브라만과 아뜨만 같은 세련된 단어, 달콤한 단어들을 가지고 놀려 합니다. 그런 것은 우리가 만들어낸 것이고, 2차적인 중요성밖에 없습니다. 왜냐하면 그것들은 몸-지知이기 때문입니다. 필수적인 것은 확신입니다. 확신, 전적인 확신이 있어야 합니다.

　　이 모든 지知에 비추어

여러분이 자신을 가르쳐야 합니다.

왜냐하면 여러분이 자기 자신의 스승이기 때문입니다.

여러분 삶의 매 순간이 아주 귀중하고 더없이 귀중합니다. 지금이 때입니다. 어떤 맹목적 믿음도 있어서는 안 됩니다. 여러분이 동의하지 않는 것은 받아들이지 마십시오. 환생, 전생, 영적인 탄생, 전생업, 미래업 같은 많은 개념들이 있습니다. 누구의 업(karma)입니까? 영적인 학學에서는 우리가 전생업 때문에 태어났다고 말합니다. 그에 대해 생각해 보십시오!

최초의 탄생 이전, 그때는 업이 어디에 있었습니까?

어떤 업도, 어떤 다르마(dharma)도, 어떤 종교도 없습니다. 우리는 문명사회를 확립하기 위해 종교들을 창조하고 형성해 왔습니다.

여기서는 우리가 직접지를, 직설적인 지知를 이야기합니다. 이것은 여러분의 지知인데, 여러분은 받아들이기를 어려워합니다. 왜냐하면 여러분이 이 환적인 분위기의 압력 아래 있기 때문입니다.

브라만·아뜨만·빠라마뜨만·신과 그런 모든 세련된 단어들에 대해서는 신경 쓰지 마십시오. 제가 같은 말을 얼마나 많이 망치질해야 합니까? 여러분의 정체성은 정체불명이고, 보이지 않는, 익명의 정체성입니다. 여러분은 불생입니다. 죽음이라는 문제는 결코 일어나지 않습니다.

누구도, 탄생과 죽음의 어떤 경험도 가지고 있지 않습니다.

언젠가 니사르가닷따 마하라지님이 이 주제에 대해 말씀하고 계실 때, 한 헌신자가 자신의 전생과 환생에 대한 질문을 했습니다. 스승님이 답변했습니다. "그대가 태어났을 때 어머니가 입었던 사리(sari) 색깔은 무엇이었습니까? 그대의 전생에 대해서는 신경 쓰지 마십시오."

"만일 그대가 이번 생에 대해서 말할 수 없다면
전생이나 내생에 대해서 어떻게 이야기할 수 있습니까?"

실상은 우리가 일체를 맹목적으로 받아들이고 있고, "그래, 그래, 나는 구원을 원해" 하면서 그것에 서명하고 있다는 것입니다. 그러나 누가 구원을 원합니까? 여러분은 어떤 속박에서도 전적으로 벗어나 있습니다.

여러분은 죽음과 탄생이 영(zero)이라고 말할지 모르지만, 그 '영'을 말하기 위해서도 여러분의 **현존**이 필요합니다. 지知는 영입니다. 따라서 이 모든 것에 비추어, 여러분의 **무아인 진아**를 이렇게 납득시켜야 합니다. "나는 몸이 아니고, 몸으로 남아 있지 않을 것이다. 나는 누구인가? 나는 **정체불명의, 보이지 않는 정체성**이고, 여기에는 어떤 탄생도 어떤 죽음도 없다. 나는 전적으로 불생이다. 비록 내가 이 몸을 보유하고 있기는 하지만, 이것은 **궁극적 진리**가 아니다. 이 몸은 이 옷과 같은 하나의 겉껍질이다."

여러분의 신체적 존재가 끝날 때 여러분의 지知가 시험당할 것입니다. 그러니 과감해야 하고 용기를 가져야 합니다. 이렇게 말입니다. "나는 죽지 않는다. 죽음과 탄생은 몸에게 일어난다. 나는 전혀 몸이 아니고, 전혀 몸이 아니었다." 탄생과 죽음은 몸에만 속한다는 것을 아십시오.

이것이 여러분 자신을 납득시키는 방식이고,

여러분이 자기확신 안에서 성장하는 방식입니다.

그것은 하나의 **공개적인 비밀**입니다. 저는 여러분 자신의 비밀, **공개적인 비밀**을 여러분 앞에 놓아 드리고 있습니다. 그것은 여러분의 비밀입니다. 그것을 어떻게, 어느 정도로 받아들일지는 여러분에게 달렸습니다. 그것은 모두 여러분에게 달렸습니다.

여러분이 일단 이 지知를 받아들이고 확신을 갖는데도,

여전히 다른 데로 가고 싶은 유혹을 느낀다면, 조심하십시오!

그것은 뭔가가 부족하다는 것을 의미합니다.

그것은 마음의 어떤 불균형, 혼란과 갈등을 보여줍니다.

자각하고 조심하십시오(Be aware and beware)! 한눈팔게 하는 것들이 도처에 있습니다. 이 상서로운 장소가 여기 있고, 상서로운 어떤 강이 저기 있습니다. 사람들은 염주를 돌리면서 "람, 람, 람(Ram, Ram, Ram)" 하고, "람, 람, 람"을 염합니다. 왜입니까? 그들은 염주를 천 번이고 십만 번이고 돌립니다. 염주가 마치 몸의 일부인 것 같습니다. 그들은 손가락 운동을 하고 있는 것일 뿐입니다.

한편 강 속에 꼼짝 않고 서서 자기 몸을 상하게 하거나, 몇 년씩 팔을 치켜들고 있어서 팔이 말라비틀어지는 사람들이 있습니다. 왜입니까? 그 모든 것은 환幻입니다. 용기를 가져야 하고, 과감해져야 합니다!

    퇴보해서 여러분의 마음·에고·지성의 노예가 되어

    "오, 신이시여, 저를 축복해 주십시오" 하며

    남들에게 축복을 청하지 마십시오.

    여러분은 더 나은 도리를 압니다! 이제 여러분은 더 나은 도리를 압니다. 신은 하나의 개념이라는 것을 압니다.

    여러분의 현존 없이는 신이 존재할 수 없습니다.

    여러분의 현존 없이는 어떤 신도 없습니다.

    여러분은 더 나은 도리를 압니다, 더 나은 도리를 알지요! 죽음과 탄생의 문제는 결코 다시는 일어나지 않을 것입니다. 그리고 때가 오면, 그 특정한 때에는 여러분이 용기를 갖게 될 것이고, 죽음에 대한 어떤 두려움도 없을 것입니다. 그것이 확립된 지知의 표지, 지知의 **확신**입니다. 그 특정한 순간에 전적으로 두려움이 없을 때, 그것이 진정한 **확신**의 표지입니다.

    여러분은 말합니다. "저는 여러 **스승들**을 찾아뵈었습니다. 저는 수많은 책을 읽었습니다." 오케이, 오케이. 그러나 그러는 동안 내내 여러분은 에고를, 더 많은 에고, 미세한 에고를 보태고 있었습니다. 사실은,

    그 모든 스승들, 그 모든 책들,

    그 모든 영적인 지知를 포함한 전 세계가

    여러분의 자연발로적 현존의 한 투사물입니다.

그래서 저는 **니사르가닷따 마하라지님**이 올바르게 말씀하신 것을 되풀이해서 말합니다.

    여러분의 무아인 진아 외에는 아무것도 없습니다.

    무아인 진아, 무아인 진아만이 있습니다.

이것이 이 모든 **영적인 지**知의 요지입니다.

    다년간 건조한 지知를 가지고 있던 사람들이 말합니다. "오, 당신의 은총 덕분입니다, 스승님." 하지만 여전히 영적인 단어들을 가지고 놀고 있고, 여전히 축복을 청하고 있습니다. "부디 스승님, 당신의 손을 제 머리에 얹어 저를 축복해 주십시오."

여러분 자신의 머리에 그대의 손을 얹으십시오.

여러분 자신을 축복하십시오!

여러분 자신에게 절하십시오!

왜 세련된 단어들의 노예가 됩니까? 진지하십시오! 여러분이 배운 것에 대해 진지하십시오! 집중하십시오! 함정에서, 큰 악순환에서 나오고, 이 모든 환幻을 내맡기십시오. 요컨대,

여러분은 정체불명의, 보이지 않는, 익명의 정체성입니다.

여러분의 보이지 않고, 익명인, 정체불명의 정체성이

궁극적 진리입니다. 그 너머는? 무無입니다.

여러분은 세상 어디도 갈 수 있는데, 거기에 여러분의 **현존**이 있을 것입니다. 여러분이 세상 어디로 가도 하늘이 있습니다.

하늘은 하늘입니다.

여러분의 현존은 하늘을 넘어서 있습니다.

단일성만이 있습니다. 어떤 분리도, 어떤 차별상도 없습니다. 그저 제가 여러분에게 말한 것을 기억하십시오. 우리는 계속 이야기하고 또 이야기할 수 있습니다. 저는 같은 것을 다양한 단어를 써서, 여러 가지 방식으로 여러분에게 망치질하고 있습니다. 그러나 이제 여러분에게 달렸습니다.

공은 여러분의 코트에 있습니다. 모든 **힘**이 여러분 안에 있습니다.

저는 실재라는 황금 접시를 여러분에게 제시했습니다.

다시는 구걸하러 갈 필요가 없습니다!

여러분이 최종 목적지입니다.

모든 길이 끝나는 곳, 거기에 여러분이 있습니다.

궁극적 진리에 도달하기 위해 여러분은 이 역과 저 역을 비교했습니다. 선택할 수많은 길들이 있었습니다.

이제 지도를 버려도 됩니다. 그것을 잊으십시오!

여러분은 마지막 역, 궁극의 역에 도착했습니다.

154. 확신

마하라지: 나의 친애하는 헌신자님, 그대는 죽음도, 탄생도, 옴도, 감도 없는 신입니다.

질문자: 그 말씀은 아주 사람을 북돋워줍니다! 저는 그런 **확신**을 원합니다. 우리가 나이를 먹어 가면 **확신**이 쉬워집니까? 어느 수준에서는 우리가 죽음이 없다는 것을 알지만, 몸이 병들면 패닉이 시작됩니다!

마: 물질적인 몸의 본질을 감안하면, 그 문제는 일어나게 되어 있습니다.

  그대가 일단 실재에 대한 지(知)를 갖게 되면
  어떤 질병도 견딜 만해질 것입니다.

몸에서 일어나는 일에 초연하고 무관심한 상태로 있는 용기를 갖게 될 것입니다. 왜입니까?

  왜냐하면 존재성 이전에는
  그 보이지 않는 정체성에게 어떤 질병도 없었기 때문입니다.

존재성이 있고 나서 질병, 심리적·신체적·정신적 질병이라는 이 모든 문제들, 그 밖에 불행·우울 같은 수많은 것들이 시작되었습니다. 그대가 알다시피, 이 모든 것이 시작된 것은 몸-지(知) 때문입니다.

  만일 그대의 **궁극적 진리**를 인식하면 "나는 이 질병에 상관하지 않는다"고 말하게 될 것입니다. 설사 병이 있어도, 그 나쁜 느낌이 용납할 만한 것이 됩니다.

  왜냐하면 그대가 **완전성**(단일성)을 알기 때문입니다.

  성자들은 **궁극적 진리**와 하나이고, 따라서 질병에 그다지 신경 쓰지 않습니다.

질: 초연함이 있습니다.

마: 전혀 어떤 집착도 없지요. 성자 **까비르**가 명상을 하고 있을 때 개 한 마리가 어슬렁거리며 다가가 그의 다리를 물어뜯기 시작했습니다. 그는 의식하지 못했습니다. 어떤 행인이 말했습니다. "아니, 저 봐! 피 흐르는 것

좀 봐!" 까비르가 대답했습니다. "개를 내버려두시오! 나는 몸에 상관하지 않소. 개의치 않소." 궁극자 안에 몰입할 때 이런 일이 일어납니다.

그대가 궁극자 안에 몰입해 있을 때는
그 무엇도 그대를 동요시킬 수 없습니다.

다른 예를 하나 들지요. 니사르가닷따 마하라지님의 부인이 막 세상을 떠났습니다. 그 직후 동문 사형제인 **가나빠뜨라오 마하라지**(Ganapatrao Maharaj)님이 멀리서 왔는데, 가르침의 어떤 점에 관해 스승님과 말씀을 나누고 싶어 했습니다. 그분들이 한 시간 남짓 이야기를 하고 나서 당신이 그분께 말했습니다. "참, 내 안식구가 죽었다네."

그 어려운 상황에서 보인 그런 용기는 참된 확신의 한 표지입니다. 어떤 어려움이 있든, 어떤 환경에서든, 늘 **자연발로적 평안**이 있습니다.

누구에게서 그 무엇도 기대하지 않습니다.
그것이 이 지知의 성질이고, 중요한 점입니다.

확신을 가지고 있을 때는 더 이상 몸에 상관하지 않습니다. 그러면 이런 모든 문제들이 가라앉을 것이고, 그 심각성이 줄어들 것입니다.

집중 이전, **확신** 이전에는 우리가 몸에 너무 많은 주의를 기울였습니다. 신음하고 불평하면서 "우! 우!" 했습니다. 이런 고통, 저런 고통. 우리는 불평이 많습니다. **확신**을 얻고 나면 그런 것들에 거의 신경 쓰지 않습니다. "나는 몸이 아니다"라고 말하기는 쉽지만, 그것이 **실재**가 되어야 합니다.

그것이 문자적인 책 지식 수준이 아니라,
궁극적 진리의 수준에 있어야 합니다.

질: 저는 제가 가지고 있는 건강 문제에 대해 여쭈어 보려 했는데요?

마: 그대에게 어떤 문제가 있든, 스승은 그것을 해결해 주려고 여기 있는 것이 아닙니다. 사람들은 "오, 스승님을 뵈러 가자. 당신이 우리를 도와주실 거야"라고 기대합니다. 사람들은 때로 기적을, 스승으로부터 기적적인 뭔가를 기대합니다. 저는 건강 문제, 사회적 문제 혹은 개인적 문제를 치유하기 위해 여기 있지 않습니다.

과거 · 미래 · 현재에 대해 걱정하는 수많은 사람들이 있습니다.

모든 행복은 과거를 기억하지 않는 데서 옵니다.

과거는 사라졌습니다. 현재는 사라질 것입니다. 어떤 과거도, 현재도, 미래도 없습니다. 영적인 공부에는 마음과 지성이 필요치 않습니다.

가슴에 손을 얹고 받아들여야 합니다.

"이것은 내 이야기다"라고.

교육도 필수는 아닙니다. 니사르가닷따 마하라지님과 싯다라메쉬와르 마하라지님은 학교를 2학년까지만 다녔지만 세계적으로 유명해졌습니다.

그런 일이 어떻게 일어났습니까?

그것은 자연발로적으로 일어났습니다.

155. 더 이상 여행하지 말라

마하라지: 첫 번째 구루, 두 번째 구루, 세 번째 구루, 구루, 구루, 구루. 여러분은 얼마나 많은 구루가 필요합니까? 한 스승이 필요할 뿐입니다. 한 스승에게만 믿음을 가져야 합니다. 그 스승을 완전히 신뢰하십시오.

어떤 스승과 백 년을 함께 보낸다 해도,

그 스승을 받아들이고 완전한 믿음을 갖지 않는다면,

그것은 다 시간 낭비입니다.

내면에서 완전한 믿음을 가져야 하고, 동시에 여러분의 스승에 대한 믿음을 가져야 합니다. 어떤 **구루**를 가져도 됩니다. 왜냐하면 여러분의 **내적인 구루** 곧 스승이 가장 중요한 초점이기 때문입니다. 우리가 '외적'·'내적'이라는 단어를 사용하는 것은 가르침을 위해, 여러분을 납득시키기 위해서일 뿐입니다. 그래서 다시금, 제가 하는 말의 문자적 의미를 취하지 마십시오. 여러분의 내부적인, **내적인 스승**, 자연발로적인 익명의 현존은 방대한 지知를 가지고 있습니다. 여러분의 스승이 그 힘을 되살려주고 있습니다.

확신을 얻고 나면 여러분 안에 어떤 유혹도, 지知를 좀 더 얻으려고 다른 데로 가려는 어떤 욕망도 없어야 합니다. 전에 여러분과 같은 사람들을 본 적이 있습니다. 그들은 **만트라**를 받고 나서 다른 데로 갑니다. 저는 그들이 안됐습니다. 저는 그들을 납득시키려고 시간을 쓰고 있는데, 그들은 그런 다음 다른 스승에게로 냉큼 옮겨갑니다. 딱하게도 그런 일이 일어납니다.

천 명 가운데서 진지한 구도자는 한 명일 수도 있습니다.

이 너머에는 아무것도 없습니다. 이 **지知** 너머에는 아무것도 없습니다. 이것이 **최종적 진리**입니다. "그대가 **브라만**이다, 그대가 **브라만**이다." 저는 매일 같은 말을 망치질하고 있지만, 여러분이 그것을 받아들이지 않고 있습니다. 왜냐하면 여러분은 저 환적인 세계, 여러분이 너무나 집착하게 된 그 세계에서 나오고 싶지 않기 때문입니다.

영적인 공부에 대해서는 신경 쓰지 마십시오! 몸은 시간제한이 있습니다. 그 시계가 재깍거리고 있고, 언젠가 여러분이 원하든 원치 않든 몸을 떠날 것입니다. 공개적인 사실입니다.

죽음이라는 개념이, 늘 점점 더 가까이 다가오고 있습니다.

언제까지 돌아다니려 합니까? 여러분은 더 이상 여행자가 아닙니다. 왜냐하면 여러분이 곧 목적지이고, **종착지**이기 때문입니다. 더 이상 여행하지 마십시오!

질문자: 저는 사람들이 자신으로부터 도피하고 있고, 그래서 계속 돌아다니지 않나 의심할 뿐입니다.

마: 십만 명 중에 한 명이 영적인 공부를 생각할 것이고, 천만 명 중에 한 명이나 **실재**에 대한 **확신**을 가지고 있다고 합니다. 수백만 명 중에서 한 명이 **실재**를 확신하고 있을지 모릅니다.

질: 그러니까 그런 완전한 확신은 아주 드물군요?

마: 그대가 자신의 개인성을 무시하지 않고, 자신의 **실재**를 받아들이지 않고 있기 때문입니다. 그래서 제가 하는 어떤 말도 쓰레기통으로 들어갑니다.

그대가 자신의 개인성에 주의를 베푸는 한,

그대의 실재를 받아들이지 않을 것이고,

돌아다니고 싶은 욕망이 계속될 것입니다.

질: 그것은 우리가 변화하고 변화를 만들어내는 데 느리기 때문입니까?

마: 아니지요! 사람들은 자신들의 내면에서 변화를 만들어내고 싶어 하지 않습니다. 그들은 수많은 생각들의 인상을 가지고 있습니다.

질: 습관입니까?

마: 습관이 아니라 그들의 환적인 토대입니다. 저는 그들을 환적인 도랑에서 건져내려고 애쓰지만, 그들은 여전히 도로 뛰어들고 싶어 합니다.

질: 그 도랑이 너무 안락하고, 너무 친숙해졌기 때문입니까?

마: 그것은 단순한 **실재**입니다. 저는 그것을 단순화하려고 애쓰지요!

질: 그러니까 그 힘이 이런 변화를 일으켜, 그들이 도랑에 도로 떨어지지 않게 하는군요?

마: 그것은 그대가 전적인 **확신**을 가져야 한다는 것을 의미합니다. **실재**를, 그대의 **실재**를 받아들여야 합니다. 마라티어로 중요한 문장이 하나 있는데, 이런 것입니다. "스승님은 그대가 **실재**를 알고 나면 완전한 믿음, 강한 믿음을 가져야 한다고 말씀하시네."

"스승님이 나의 정체성을 나에게 보여주셨네.

나는 일체라네. 궁극적 진리라네. 그렇게 말할 것도 없이."

어떤 '나'도 없고 어떤 '너'도 없습니다. 그러나 **자연발로적 확신**이 있습니다. 그대가 자신의 **영적인 지**知의 설계자, 자신의 **영적인 지**知의 설계자입니다. 그 비밀을 열 열쇠를 제가 그대에게 주었습니다.

그대는 그 열쇠를 가졌고, 그 힘을 가졌습니다.

이제 그대는 이 힘을 사용해야 합니다.

질: 접할 수 있는 모든 영적 문헌에서 최대한 많이 알고 나면 우리가 **구루**를 탐색하게 됩니다. 깨달은 **스승**을 친견하여 이익을 얻고 싶어 합니다.

마: 예, 확인을 위해서, 확신을 위해서지요. 많은 사람들이 깨달음의 어떤 체험을 가지고 있지만 그것은 몸에 기초한 깨달음입니다. 그들과 이야기해 보면, 그들은 영적인 지知에 대해 아주 거창하게 이야기합니다. 차분하게 침묵하는 사람은 예외적인 사람입니다. (그들은) 전적으로 차분하고 고요하여

어떤 유혹도 없습니다. "옴 샨띠, 샨띠, 샨띠"지요. 어떤 흥분도, 어떤 개인주의도, 어떤 탐색도 없습니다.

질: 깨달음이란 무엇을 의미합니까?

마: 그것은 지知가 그대 안에 전적으로 확립되어 있다는 확신을 가진 것을 의미합니다. 누가 "주 크리슈나께서 당신 앞에 서 계십니다"라고 해도 유혹당하지 않을 것입니다. 무심하고 무관심할 것입니다. 누가 어떤 위대한 천신, 위대한 신이 거기 서 계시다고 말해도 전혀 신경 쓰지 않을 것입니다.

이것이 깨달음의 한 표지입니다.

왜냐하면 그대는, 주 크리슈나나 이 소위 신들이

그대의 자연발로적 현존의 투사물이라는 것을 알 것이기 때문입니다. 이 확신이 있는데, 왜 흥분하거나, 호기심을 갖거나, 더 발견하고 알아내려고 하겠습니까?

이것은 자연발로적 확신입니다.

모든 탐색이 끝날 때, 거기에 그대가 있습니다.

몇 해 전에 한 여성이 저를 찾아왔습니다. 철학박사였지요. 그녀는 늘 여기저기 여행하면서 이것저것 탐색했습니다. 어떤 좋은 체험들, 몇 가지 기적적인 체험도 했습니다. 제가 그녀에게 말했습니다. "그대의 탐색이 멈추지 않으면 그대가 깨달음의 상태에 이르지 못할 것입니다." 그녀는 울었습니다. 정말이지 울었습니다. 그런 일이 일어납니다. 그 여성을 비난하는 것은 아니지만, 그런 일이 일어납니다.

그대는 많은 지知를, 영적인 지知를 가지고 있을지 모르나, 그 모든 지知가 안정성이 없습니다. 안정성이 있어야 합니다. "그래, 이것이 옳다." 그대는 자신이 목적지에 당도했음을 압니다. 계속 탐색하면서 더 많은 체험을 구하지 마십시오.

그대의 탐색은 끝났습니다.

이것은 마지막 역, 마지막 정류소입니다.

만일 이 지知, 실재가 확립되지 않으면, 소위 마음이

그대를 계속 여행하게, 계속 탐색하게 강요할 것입니다.

질: 정말 맞습니다, 정말 맞습니다.
마: 그래서 몸의 일부, 미세한 몸의 일부인 마음·에고·지성이 완전히 해소되지 않으면, 이런 식의 퇴행이 일어나기 마련입니다.

많은 사람들이 좋은 지知를 가지고 있고, 자신이 **브라만**이라는 것을 알지만, 저 **실재**가 확립되지 않고, 그래서 불안정이 야기됩니다. 토대가 올바르지 않으면 건물이 무너질 것입니다. 작은 지진이 와도 무너질 것입니다. 그 지진은 작은 의심, 작은 의심인데, 그 작은 의심과 함께 그대는 쉽게 도로 원위치 하고 말 수 있습니다. 뱀과 사다리 게임에서처럼.

질: 99에서 1로 말입니다!
마: [웃으면서] 뱀을 한 번 건드리면 밑으로 떨어지지요. 의심 하나면 충분합니다. 그대에게 많은 우유[지知]가 있는데, 소금을 약간만 넣어도 다 상해 버립니다. 작은 의심 하나가 문제들을 야기할 것입니다. 그대 자신을 납득시켜야 합니다. 왜냐하면 그대가 **설계자**이고, **스승**이기 때문입니다. 그것이 **자기순복**(*Atma Nivedanam Bhakti*)입니다. 일체를 내맡기는 전적인 순복을 하여 아무것도 남지 않게 해야 합니다. '너'도 없고 '나'도 없게 말입니다. 그대 자신의 두 발로 서야 합니다. 이론과 실천은 늘 다릅니다.

니사르가닷따 마하라지, 싯다라메쉬와르 마하라지 같은 이 모든 성자들은 제가 말했듯이 교육을 별로 받지 못했지만, 그분들의 단순하고 깊은 헌신으로 충분했습니다.

단순한 헌신으로 충분합니다. 니사르가닷따 마하라지님은 이렇게 말씀하시곤 했습니다. "단순한 헌신자는 즉시 완전함을 얻을 수 있지만, 지적인 배경을 가진 헌신자는 늘 지적으로, 논리적으로 생각하고 비교하면서 '왜 이렇지? 왜 저렇지? 왜? 왜? 왜?' 하고 묻습니다."
질: 아주 영리하여, 마음과 그런 모든 것을 사용하여 머리를 계속 굴리는 것이 영리한 사람의 관념입니다.
마: 전적인 겸허함이 더없이 중요합니다, 전적인 순복이. 외적인 힘들이 늘 그대의 마음을 끌려고 하겠지요. 인간의 삶에서는 그대가 몸을 가지고 있는 한, 이름나기·돈·성이라는 세 가지 유혹이 있을 것입니다. 많은 성자

들이 평생을 헌신한 뒤에도 타락했습니다.

　여기서는 우리가 **직접지**$_知$를, 직접적인, 매우 직접적인 **지**$_知$를 드리고 있습니다. 그런데도 여기 온 다음 여전히 계속 여행하는 사람들이 있습니다. 그들은 오고 가고, 오고 가는 영적인 관광객들입니다.

질: 인도 구경을 다니면서요!

156. 어릿광대짓을 그만두라!

마하라지: 어떤 사람들은 여기 와서 자신들이 인도 여기저기를 안 가본 데 없이 다녔다고 말합니다. 한 유럽인 헌신자는 자신의 염주(*mala*)를 가지고 저를 찾아왔습니다. 그녀는 계속 염주를 세었습니다. 제가 말했습니다. "그대는 더 이상 어린아이가 아닙니다. '람, 람, 람', 거기서 그대가 무엇을 얻고 있습니까? 그것은 시간 낭비입니다."

　"람, 람, 람"이라고 말하는 그 영$_靈$, '그것'은 여러분이 세지 못합니다.

　'그것'은 여러분이 '어떻게 하지' 못합니다.

오락이지요! 사람들은 "나는 염주를 천 번 세었다"고 말합니다. 그들은 그렇게 하면서 어떤 에고, 미세한 에고를 덧붙이고 있습니다. 저는 그들에게, 그들이 더 이상 어린아이가 아니라고 말해줍니다.

　"그대는 그 '세는 자'를 등한시하고 있습니다."

제가 하는 말이 마음에 들지 않으면 그들은 다른 데로 갑니다. 그러면서 계속 염주를 셉니다.

　한눈팔 거리가 도처에 있습니다. **실재**를 안 뒤에는 한데 어울리는 사람을 조심하십시오. 잘못 어울리면 다시 영향을 받아, 환$_幻$ 속으로 도로 떨어질 수 있습니다. 어중간한 지$_知$를 가진 사람들은 여러분을 한눈팔게 할 것입니다.

여기 있으면서 실재를 안 뒤에는 달리 어디도 갈 필요가 없습니다.

사람들이 오면 저는 그들을 납득시키려고 합니다. 어떤 때는 그들이 떠난 뒤 그들로부터 소식을 듣지 못합니다. 그들 중 일부는 수행을 계속하고 스승에게 충성할 것이라고 저는 기대합니다.

확신 이후에는 함께 어울리는 사람들을 조심하십시오. 그들은 마음이 실재하고 브라만이 존재한다고 말할 것입니다. 과거업·미래업·발현업·환생 등이 있다고 말할 것입니다. 그리고 여러분은 자신도 모르게 다시 서커스에 가담하여 회전목마를 타고, 어릿광대짓을 하며 다닐 것입니다.

저는 그 악순환에서 여러분을 떼어내기 위해
힘껏 최선을 다하고 있습니다.
그러나 또다시 여러분은 도랑으로 도로 뛰어들고 싶어 합니다.
어릿광대짓을 그만두십시오.

질문자: 서양에서는 그게 좀 다릅니다. 일반적으로 말해서 젊은 사람들은 영적인 문제에 관심이 있을 수도 있으나, 오로지 이것만 하지는 않습니다. 물론 예외는 있지만, 일반적으로 나이든 사람들이 이 일에 더 전념할 것입니다.

마: 모두가 어떤 기적, 마법적 변화를 기대하면서 "저에게 남 만트라를 주십시오" 합니다. 그래서 이제 저는 몇 가지 제한을 두기로 했습니다. 그냥 누구에게나 만트라를 주지는 않을 것입니다. 먼저 그 사람의 믿음의 정도를 고려할 것입니다.

먼저 스승에 의해서 의심들이 해소되어야 합니다. 그렇지 않으면 어떤 사람이 확신을 얻기도 전에 그 범주, 그 꿈, 그 환적인 도랑으로 뛰어들고 맙니다. 저는 동일한 직접지를 모든 사람과 함께 나누고 있습니다. 우리는 여기서 숨바꼭질을 하고 있지 않습니다. 지금이 그대의 때입니다. 그대 삶의 매 순간이 아주, 아주 중요합니다. 그것은 다시는 오지 않을 것입니다.

그대는 자신이 궁극이고, 최종적 진리이며,
마지막 목적지라는 것을 압니다.
실재에 주의를 기울이십시오.

그대의 실재를 등한시하지 마십시오.

그대들은 토론을 위해, 영적인 오락을 위해, 그대들의 지성을 시험하고 저의 지성을 시험하기 위해 여기 옵니다. 그대들은 저의 지성을 시험하고, 그대들의 지知로 저에게 좋은 인상을 주고 싶어 합니다. 사람들은 여기 와서 그냥 자신의 지성을 사용하고, 자신의 책 지식을 교류하고 싶어 합니다.

니사르가닷따 마하라지님에게도 그런 일이 일어났습니다. 그들은 자신이 아주 영리하다고 믿으면서 에고를 가져와 자신의 영리함을 과시하려 들었습니다. 그들은 자신들이 스승들보다 더 많이 안다는 것을 증명하고 싶어 했습니다. 그들에게는 헌신이 없습니다.

질: 서양에서는 '하늘에 계신 하느님' 개념을 숭배하는 것 외에는, 헌신이 적고, 헌신에 대한 이해도 적습니다.

마: 무아인 진아에 대한 헌신이 없지요.

그에 대해 생각이라도 해보는 사람들이 아주, 아주 적습니다.

어쩌면 천에 한 사람 정도로.

전 세계에서 방문객들이 여기 옵니다. 그들은 신에 대해서 이야기하고, 여러 천신들, 여러 스승들에 대해서 토론합니다. 건조한 토론이지요!

그들은 아무것도 모릅니다.

그들은 질문과 의심으로 가득 차 있습니다. 그것은 그들의 모든 독서, 그들의 경험에서, 그리고 여러 스승에게서 들은 지知와 함께 나왔습니다. 그들은 미혹의 장場 안에 있습니다. 저는 늘 사람들에게 말합니다. "어떤 의심이 있으면 고개를 끄덕이지 말라"고 말입니다. 그대들은 "예, 예"라고 말해도 속으로는 "아니요, 아니요"라거나 "확신 못 하겠는데요"라는 느낌이 있지만, 아무 말도 하지 않습니다.

모든 의심이 해소되어야 합니다.

그렇지 않으면 그런 의심들을 지닌 채 계속 여행하게 될 것입니다. 그대의 여행 시절은 끝났습니다. 그대는 그것을 압니다.

질: 물론입니다, 마하라지님!

제3부 진아 깨달음

157. 초콜릿을 씹어라

마하라지: 스승에 대해 강한 믿음을 가져야 합니다. 강한 믿음, 강한 신뢰, 강한 헌신을 가져야 합니다. 그대는 살아 있는 한 스승입니다. 오롯한 집중과 오롯한 신뢰를 가지고 있으면 **자연발로적인 지**知, **실재**를 얻게 될 것입니다. 강한 믿음이 더없이 중요합니다. 그것이 이 **지**知가 흡수되는 유일한 길입니다. 늘 스승을 바꾸는 사람들이 보입니다. 그래서는 안 됩니다.

 모든 스승들 중에서
 신이 그대 안에 있음을 그대에게 보여주는
 그 스승이 위대한 스승입니다.
 그는 다른 모든 이들 가운데서 돋보이는 스승입니다.

 확신을 얻고 나면 **실재**를 지속적으로 유지해야 합니다. 그대는 오케이, 오케이라고 말하지만, 이 경내를 떠나는 순간 뭔가가 침입하려고 할 것입니다. 그러니 강해지고, 경각심을 가지고, 일정하고, 규율 있고, 단호하고, 용기 있으십시오.

 영적인 나무의 뿌리가 자라는 데는
 오랜 시간이 걸립니다.
 그러나 그 나무가 잠깐 사이에 베어질 수 있습니다.

질문자: 당신께서 하시는 말씀은, 이 진보된 단계에서조차도 규율이 있어야

하고, 수행을 견지해야 하며, 우리에게 부정적 영향을 주고 안정을 저해할 수 있는 사람들과 어울리는 것을 피해야 한다는 거군요. 어린 묘목은 아기에 지나지 않고, 따라서 쉽게 넘어뜨려질 수 있습니다.

마: 이 知는 비상한 知입니다. 그것을 완전히 흡수하고 소화해야 합니다. 실재가 그대 안에 심어졌습니다. 실재 나무가 그대 안에 심어졌습니다. 이제 비료로 영양을 공급하고 그것을 키워내야 합니다. 헌신과 명상으로 비료를 주십시오. 그대가 무엇을 심으면 그 식물은 물과 비료가 필요할 것입니다.

    제가 그대에게 감로 나무를 주었으니,
    이제 그대가 그것을 보살펴야 합니다.
    물과 비료를 주지 않으면
    그것이 죽을 것입니다.

따라서 그것을 잘 견지하십시오. 그러면 아주 좋은 결과, 풍성한 결실을 거두게 될 것입니다!

명상과 바잔을 계속하십시오. 바잔의 리듬은 '알려지지 않은' 것이 '알려지게' 할 수 있는 기운을 창조합니다. 그대에게 알려져 있지 않은 저 **자연발로적 존재, 자연발로적 현존**이 알려지게 될 것입니다. 그 기운의 힘으로 그대는 알려지지 않은 것을 알게 될 것입니다.

    알려지지 않은 것을 알게 될 것입니다.

이제 그대는 확신을 가졌으니 세상에서 일어나는, 혹은 일어나지 않는 일에 대해 무관심해질 것입니다. 전과 같이 그대의 몸을 사용하겠지만, 동시에 그것이 **궁극적 진리**가 아니라는 것을, "그것은 나의 진리가 아니다"라는 것을 알 것입니다. 그대는 저변의 원리를 이해하고 받아들였고, 확고한 토대를 확립했습니다. 그대의 기반은 이제 **실재**입니다. 환적인, 따라서 불안정하고 흔들리는 몸-知 기반이 아닙니다.

    이제 그대는, 그대가 무엇을 보든
    그것은 보이지 않는 '보는 자'의 투사물이라는 것을
    추호의 의심도 없이 압니다.

이제 그대는, 그대의 자연발로적 현존이
보이지 않는, 익명의,
정체불명의 정체성이라는 것을 압니다.

우리는 몇 가지 단어를 사용해야 하는데, 이 단어들은 **실재**를 묘사하는 것에 근접합니다.

질: 제가 보니 당신께서는 '익명의', '자연발로적', '정체불명의', '보이지 않는' 같은 단어들을 사용하시는데, 그 단어들은 숨겨진 것을 지칭하고, '알려지지 않은' 것에, 말하자면 '드러나지 않은' 것에 근접합니다. 저는 그것들이 정말 도움이 된다고 느꼈습니다. 왜냐하면 이 단어들은 '마음'에 의해 쉽게 파악될 수 없기 때문입니다. 오히려 그것들은 마음을 무장해제하고, 상상력이 그와 연관되는 생각과 개념들을 떠올리지 못하게 합니다. 상상력은 그러기를 좋아하는데 말입니다.

마: 실재를 알고 나면
모든 개념이 사라질 것입니다.

여기 오기 전에는 그대가 환幻 아래 있었고, 자신을 한 개인으로 여겼습니다. 많은 환적인 문제를 가지고 있었습니다. 이제는 모든 것이 변했습니다. 차분하고 고요해지십시오. 극도로 차분하고 고요해지십시오. 그대의 분투는 끝났습니다!

더 이상 어떤 종류의 추가적인 지知도 필요하지 않습니다. 왜냐하면 그대의 현존이 곧 살아 있는 지知이기 때문입니다.

그대는 살아 있는 지知입니다.
그대는 살아 있는 한 스승입니다.
이제 그대는 더 나은 도리를 압니다.
이제 그대는 압니다.

그대는 실재가 그대 안에 있다는 것을 압니다. 언젠가 한 제자가 **니사르가닷따 마하라지**님께 말했습니다. "저는 매일 같은 해를 보고, 같은 사람들, 같은 세계를 봅니다." 마하라지님이 대답했습니다. "그대는 매일 그대 자신을 먼저 본 다음 세계를 봅니다." 이것이 **실재**입니다.

이제 그대는 더 이상 한 개인이 아니니, 보는 자·아는 자 같은 그런 모든 개념들은 사라질 것입니다. 그 개념들은 자기 목적을 다했습니다. 그것들은 의사소통과 이해를 위해 사용되었을 뿐입니다. 실재를 알고 나면 모든 개념들이 사라질 것입니다. 영적인 지知는 그대가 자신을 알도록 돕습니다. 존재성 이전에 그대가 어떻게 있었고, 존재성이 해소된 뒤에 그대가 어떻게 있을지를 알도록 말입니다. 지知는 그대의 **정체불명의 정체성**을 규명하기 위해 사용되었을 뿐입니다. 그것은 모든 환幻과 개념들, 혼란, 갈등, 죽음을 둘러싼 비합리적인 두려움 등을 제거하는 데 잘 쓰였습니다.

그대는 진보한 단계에 있습니다.

이것은 확신 이후의 단계를 의미합니다.

그대는 어떤 지知와도 무관합니다. 그대는 어떤 지知와도 무관합니다. 지知는 그대를 **궁극적 진리**로 몰아가는 매개물이었습니다. 그것의 작업은 이제 끝났습니다!

질: 우리가 **궁극적 실재** 안에 자리 잡았을 때도 여전히 경각심을 가질 필요가 있습니까?

마: **자연발로적 확신** 이후에는 아닙니다. 아니지요! 누가 경각심을 갖거나 미리 조심하겠습니까? 누구의 경각심입니까? 그대가 여전히 자신을 하나의 몸으로, 몸-형상 안에 있다고 여긴다면 경각심을 가질 수 있겠지요. 이 단계에서는 모든 언어가 사라지고[당신은 손뼉을 치신다], 모든 사고 과정이 사라집니다[다시 손뼉을 치신다].

어떤 생각도, 어떤 사고도 없습니다.

왜냐하면 생각하는 자가 알려져 있지 않기 때문입니다.

이 '모름'의 단계에서 그대는 "나는 생각하는 자다"라는 것을 모르고, 그래서 모든 생각이 사라집니다. 생각하는 자는 무형상이고, 익명이고, 보이지 않습니다. 우리가 그 생각하는 자나 아는 자에게 '스승', '신' 혹은 '브라만'이라는 이름을 붙일 때, 그것은 그냥 알기 위해, 그냥 알기 위해서일 뿐입니다. 이것은 희유한 지知입니다. 책 지식이 아니고 **직접지**입니다.

158. 서서히, 말없이, 영구적으로

질문자: 당신께서는 우리가 우리 자신의 힘을 깨닫는 것이 아니며, 우리는 그것을 자각하지 못하지만 이 자각은 신체적인 것이 아니라고 종종 말씀하시는데요?

마하라지: 그것은 **자연발로적 자각**입니다. 실재는 **자연발로적**인데, 그대는 자각을 두고 뭔가를 생각하고, 거기에 어떤 속성을 부여하고 있습니다. 모든 사고 과정은 몸-지知와 관련되어 있습니다. "나는 영적인 여자다." 존재성 이전에 그대가 영적인 여자였습니까? 그리고 몸이 사라진 뒤에는 어떻겠습니까? 아니지요! 몸이 사라진 뒤에 무엇이 남겠습니까? 그대는 "나는 모른다"고 말합니다.

"나는 모른다"는,

'나'가 어떤 형상으로도 있지 않다는 것을 뜻합니다.

저는 압니다!

따라서 인내심을 가지십시오! 지知를 흡수하는 데는 시간이 걸립니다. 명상을 하면 **자연발로적 확신**이 올 거라고 제가 그대들에게 이야기했습니다. 그러니 단호히 명상을 하되, 인내심을 가지십시오.

여기 간단한 이야기가 하나 있습니다. 몇 명의 제자가 **스승**의 말씀을 듣고 난 뒤, 자신들은 지知를 얻지 못하고 있다고 하소연했습니다. **스승**은 그들에게 정원 안에 도랑을 하나 파서 물이 식물들에게 닿을 수 있게 해보라고 했습니다. 그들은 가장 높은 지점에서 물을 부었으나 물이 흐르지 않았습니다. 조급해진 그들은 그만 포기해 버렸습니다. 그러나 단호한 제자 한 명은 계속 물을 붓고 또 부었고, 결국 식물들이 있는 곳까지 분명한 물길이 생겼고, 식물들이 물을 다 흡수했습니다.

마찬가지로, 지知가 흡수되려면 시간과 인내가 필요합니다. 그리고 그렇게 되려면 그대가 명상을 계속해야 합니다. 그것이 흐르기 시작하는 순간, 더 이상 수행할 필요가 없을 것입니다. 그것이 **자연발로적**일 것입니다.

이 모든 지知가 땅에 의해 흡수되었기 때문에 물이 흐르기 시작할 것입니다. 물은 땅속에 흡수될 것이고, 땅은 그 흐르는 물을 서서히, 말없이 빨아들입니다.

사람들은 말합니다. "왜 아직도 그렇게 되지 않습니까? 저는 30년간 수행해 왔습니다." 그 수행이 과학적이어야지, 얼음 위에 서 있거나 몸을 고문하는 것 같은 그런 식이 아니어야 합니다. 그것은 지知가 아닙니다. 지知가 그대 안에서 **자연발로적으로** 열릴 것입니다. 그것이 이미 있습니다. 인내심을 가지십시오!

질: 물이 일단 밑으로 흡수되면, 어떤 분수가 슉! 솟아오를 것입니다.

마: 저는 여러 가지 방식을 써서 전달하려 하고 있습니다. 저는 그대들에게 환적인 생각이나 의심으로 자신을 과소평가하지 말라고 계속 말하고 있습니다. 예컨대 "**스승님**이 말씀하시는 것이 어떻게 가능하겠는가?"라든가, "그런 일이 정말로 일어날까?" 같은 의심 말입니다. 용기를 가지십시오! 스승이 그대에게 용기와 힘을 줍니다. 그 결과 그대는 어떤 문제도 대면할 수 있게 됩니다. 설사 생각들이 공격해 와도, 스승은 그대가 경각심을 가질 것이고 그에 영향 받지 않을 거라고 말해줍니다.

만일 스승이 그대에게 어떤 일이 일어날 거라고 말하면,

그 일이 일어날 것입니다.

따라서 늘 그대의 스승이 말해준 지침, 가르침을 고수하고, 남들의 이야기에 귀를 기울이지 마십시오.

니사르가닷따 마하라지님은 "내 **스승님**은 위대하시다"라고 말씀하시곤 했습니다. 이것이 **깨달음**의 한 표지입니다. 시험과 도전과 유혹들이 있겠지만, 그대 자신과 스승에게 신뢰와 믿음을 가지면 어떤 것에도 마음이 끌리지 않을 것입니다. 때로는 부정적이거나 우울한 생각들이 올 수도 있겠지요. 그런 것들이 일어나게 되어 있습니다. 그럴 때 그대는 경각심을 가지고 대비할 것이고, 그런 것들에 어떤 주의도 기울이지 않을 것입니다. 그대에게 **실재를**, '**명료실재**'를 보여 드렸습니다! 어떤 의심, 갈등, 혼란도 없어야 합니다.

질: **명료실재**! 물론입니다! 저는 강합니다. 어떤 걱정도 없습니다. 바잔의 어느 구절에서 "나는 신을 내 호주머니 안에 가졌네"라고 하듯이 말입니다.

159. 실재에 충성하라

마하라지: 그대는 무아인 진아에 대한 많은 정보와 지知를 가지고 있습니다. 이제 그것을 유지해야 합니다. 그대의 **자연발로적 현존**이 몸에 의해 덮여 있고, 그것이 그대가 몸-지知에서 나오지 못하게 하고 있습니다. 실용적일 필요가 있습니다. 몸에 대한 사랑과 애정이 해소될 필요가 있습니다.

　　몸과 함께하지 말고, 그대와 함께하십시오.

질문자: 그것을 얼마만큼의 시간 동안도 유지해 가기가 어렵습니다.

마: 그대가 축적해 온 것들을 잊어버리고, **집중하는** 자에게 집중해야 합니다. 그대 자신을 무아인 진아 속으로 던져야 합니다. 물질적 집착들이 해소되지 않으면 **궁극적 실재**를 알지 못할 것입니다.

　　이 집착이 해소될 때, 거기에 그대가 있습니다!

　그대의 몸을 이용하여 진정한 의미에서 그대 자신을 아십시오. 몸은 그것을 통해 **궁극적 진리**를 알 수 있는 매개물일 뿐입니다. 그대가 **최종적 진리**입니다. 그대의 **익명의 현존**은 도처에 있고 아무 형상이 없습니다. 그대가 자신을 알지 못하는 것은 형상에 대한 집착 때문입니다. 강한 용기와 깊은 투신을 가지십시오! 대충 편하게 파트타임으로 하는 방식으로는 충분하지 않습니다.

　세계는 그대의 존재, 그대의 **현존**의 한 투사물입니다. 따라서 전적으로, 완전하게 순복하십시오. 에고는 영적인 공부 도상의 한 장애물입니다.

　　이제 그대는 이 모든 지知를 가졌으니,

　　미세한 에고가 그것을 망쳐놓지 못하게 하십시오.

몸이 올 수 있고 몸이 갈 수 있지만, 그대는 어디로도 가지 않습니다. 그대가 노년을 향해 달음박질해 갈 때는 내면에서 어떤 두려움이 나타날 수 있습니다. 어떤 약함이 드러나면 문제들이 일어날 것입니다. 그러니 그대의 헌신에서 힘을 끌어내십시오.

    때로는 그대가 세계에 집중하면서,

    그대의 무아인 진아에 주의를 기울이지 않고,

    심지어 그것을 등한시하기도 합니다.

    늘 그대의 무아인 진아를 고수하십시오.

  이것이 직접적인 노선입니다. 어떤 두 길도 없습니다. 모든 길이 끝나는 곳, 거기에 그대가 있습니다. 그대가 **최종 목적지**입니다.

    물질성에 충성하지 말고 실재에 충성하십시오.

질: 당신께서 일체를 다 말씀하셨으니, 이제 나머지는 저에게 달렸습니다.

마: 일체가 그대 앞에 제시되고 놓아졌습니다.

    이제 그대가 그것을 온전히 받아들여야 합니다.

    한 번 살펴보십시오.

    (만트라를) **염**하고, (가르침을) **기억**하십시오.

    그것으로 충분할 것입니다!

  기본적인 것은 "나는 어떤 사람이다"라는 환幻에 대한 집착을 해소하는 것입니다. 일체가 분명하고 단순합니다. 몸은 그대의 **정체성**이 아니며, 그렇게 남아 있지 않을 거라는 것은 공개적인 사실입니다. 생각들을 관찰하는 것은 그대에게 달렸습니다. 그대 자신의 생각에 제물이 되지 않도록 조심하십시오. 생각이 그대의 영적인 삶 전체를 망칠 수 있습니다. 작은 모기 한 마리가 온몸에 질병을 가져올 수 있듯이 말입니다.

  가장 중요한 것은 그대의 **실재**에 충성하는 것입니다.

    그대 자신을 순복시키고,

    몸에 대한 그대의 집착을 순복시키고,

    그대는 불생이라는 것을 아는 데서 오는 용기를 이용하여

    어떤 두려움도 해소해야 합니다.

지知를 실행하고, 흡수하고, 향유하십시오.

우리가 여기 있는 것은 단어들을 분석하고 해부하기 위해서가 아닙니다. 그것은 혼란만 야기합니다. 우리가 여기 있는 것은 수많은 신들을 논의하기 위해서가 아니고, 성자와 스승들을 비교하기 위해서도 아닙니다. 스승들이 가르치고 전달하고 싶어 하는 것은 그대의 이야기, 독자의 이야기입니다.

이 모든 신들, 남신과 여신들을 누가 낳았습니까?

그들이 그대보다 위대하다고 상상한다면,

이는 그대가 무지의 도랑 속으로

다시 뛰어들었음을 의미합니다.

제가 여러 번 말했지만 그 누구도, 그 무엇도 그대보다 위대하지 않습니다! 그대는 더 이상 어린애가 아닙니다. 그대가 가진 이 분석과 비교의 습習은 문자적 지知의 바다에서 맹목적으로 헤엄치는 것에 지나지 않습니다.

그 독자의 이야기는 **최종판**(Final Edition)입니다. 그대가 **최종판**이고, 마지막 **정체성**, **최종적 정체성**, **궁극적 진리**입니다. 일체가 끝날 때, 거기에 그대가 있습니다. 이것이 모든 지知의 요지이고 요약입니다.

무아인 진아가 최종적 진리입니다.

이것이 감로입니다.

그대는 언제까지 책들을 읽으려고 합니까? 그 독자의 지知를 읽으십시오. 그 독자의 **정체성**을 아십시오. 마음이 들어와 지知를 망치면서, 실은 아주, 아주 단순한 **진리**를 복잡하게 만들었습니다.

성자들이 그대의 이야기를 전해 줄 때,

그대가 취하고, 듣고, 경청하고, 이해해야 할 것은

줄거리가 아니라 그 이야기의 원리입니다.

줄거리가 아니라 그 이야기의 원리를 취하십시오.

이것은 오락 프로그램이 아닙니다.

질: 이런 것은 잠자리에서 들려주는 이야기가 아니라는 말씀이군요?

마: 스승은 "그대가 **브라만이다**"라고 하는데, 그러고 나면 그대는 (고행을 하러) 다시 강둑으로 달려갑니다. 그대가 지知를 분석하기 시작할 때마다 그대

는 에고를 취합니다.

그 이야기들을 누가 분석하고 있습니까?

이 지知는 실재이고 진리입니다.

그대의 실재, 그대의 진리입니다. 그것은 비非지적입니다.

존재성 이전에는 그대가 영적인 공부와 철학에 대해 아무것도 몰랐습니다.

그 범주를 깨십시오.

지知는 곧 무지입니다. 그대가 궁극입니다.

왜 그대가 몸으로 돌아가고 싶겠습니까?

생각들은 실재라는 단순한 순수성을 오염시키는 박테리아요, 바이러스와 같습니다.

일체를 몰아내려면 큰 노력이 필요합니다.

싯다라메쉬와르 마하라지님이 말했습니다. "진지해지십시오! 영적인 공부는 아이들 장난이 아닙니다."라고.

그대가 영적으로 성숙되지 않으면

실재를 알 수 없을 것입니다.

인내심을 가져야 합니다. 마음은 이야기들에 큰 관심을 갖습니다. 그것이 마음의 그릇입니다! 우리의 오직 한 가지 관심은 그 이야기들의 원리, 요지입니다. 그것이 무엇보다 중요합니다.

160. 그대의 실재를 끌어안으라

질문자: 당신께서는, 세계는 잊어버리고 **무아인 진아**에 대해 생각하라고 말씀하시는데요?

마하라지: 초기 단계에서는 그대가 몸-지知와 환幻에 둘러싸여 있었습니다. 이제 그대는 더 분별력 있고 욕망이 적습니다. 이제 그대는 **실재**를 압니다.

그러나 여전히 그대를 다시 붙들려고 하는 뭔가가 있습니다. 어떤 혼란과 환幻이 있습니다. 그대와 접촉을 유지하십시오. 규칙적인 운동으로 몸을 건강하게 유지하는 것과 마찬가지로, 영적으로 건강을 유지하십시오.

영靈을 건강하게 유지하려면 온전한 집중이 필요합니다. 일체를 가볍게(집착 없이) 받아들이십시오. 그대가 하는 어떤 일의 접촉도 받지 마십시오. 완전히 초연하고, 어떤 분위기에도 접촉 당하지 않는 상태로 있으십시오.

"나는 몸과 무관하다."

'그대가 남자'라는 사실을 받아들인 것과 마찬가지로, 이 **실재**, 이 사실을 받아들여야 합니다.

실재는 하나의 개념이 아닙니다.

그것은 그대의 진리, 최종적 진리입니다.

그것이 그대의 핵심에 깊이 새겨져야 합니다.

여러 가지 온갖 모습으로 변장하고 다가오는 환적인 개념들로부터 그대 자신을 보호하십시오.

그대의 영적인 지知,

그대의 영적인 몸을 보호하십시오.

저의 말을 문자적으로 받아들이지 마십시오! 그대는 정상에 도달할 필요가 있습니다. 누구에게도 영향을 받지 마십시오. 그대의 아래쪽에서 "내려와요! 함께해요!"라고 하는 사람의 말에 귀를 기울이지 마십시오. 집중을 잃고 뒤로 미끄러지지 마십시오! 그대 주위의 환幻을 피할 수는 없지만, 내적으로 강해야 합니다. 그대의 지知를 실천에 옮기십시오.

사람들은 그들의 영적인 삶을 가정생활에 통합하려고 애씁니다. 가정생활은 환幻이고, 몸-지知입니다. **크리슈나**에게는 부인이 다섯이었습니다. 그것이 그대의 삶과 무슨 상관입니까? 사람들은 **스승**들의 개인적 문제와 가정생활에 관심을 갖는 습관이 있습니다. **스승**들이 행하는 것보다 **스승**들이 말하는 것을 하십시오! 어떤 어리석은 생각도 들어와서는 안 됩니다. 사회 속에 머물러 있되, 어떤 어리석은 생각도 받아들이지 마십시오.

이것은 몸-지知에서 나와 **실재**를 끌어안을 수 있는 기회입니다. 만일 그대의 **실재**, 그대의 **궁극적 진리**를 중요시하지 않으면, '환생'이라고 하는 또 한 번의 꿈이 있을 것입니다. 그대의 **실재**, 그대의 **궁극적 진리**를 그대 자신에게 깊이 인상 지워야 합니다.

누군가의 생각에 제물이 되지 않도록 조심하십시오. 투신하여 깊은 바다에서 헤엄칠 용기를 가지십시오. 깊은 바다에서 헤엄칠 용기를 얻으십시오. 그러면 거기서 즐거움을 발견할 것입니다. "그래! 이거 대단하다!" 그대는 그대 자신의 힘을 모릅니다. 그대가 모든 것입니다!

필요한 것은 약간의 용기가 전부입니다.

누구의 자비에도 의존하지 마십시오.

그대의 머리 위에 그대의 손을 얹고, 그대 자신을 축복하십시오.

스승의 인도를 받으십시오. 그대와 저 사이에는, 몸 외에 아무 차이가 없습니다. 독일의 하늘과 미국의 하늘에 무슨 차이가 있습니까? 그대는 사고력, 영적인 사고력을 가지고 있습니다. 그것을 사용하십시오! 그대의 영적인 분별력을 사용하십시오. **니사르가닷따 마하라지님**이 이렇게 말씀하신 것은 지당합니다. "밑지면서 그대 자신을 팔아서, 남들이 그대를 호주머니에 집어넣게 하지 말라."

염주를 세고, 사프란색 법복을 입고 화환을 걸친 사람들이 많이 있습니다. 그들이 하는 일이라고는 몸을, 환적인 몸을 장식하는 것뿐입니다.

만일 뭔가를 장식하고 싶다면

영적인 지知로써, 믿음으로써,

그대의 내적인 스승을,

그대의 내적인 청자를 장식하십시오.

이것이 무엇보다 중요합니다.

그것은 아주, 아주 단순합니다. 강한 의욕과 결의가 필수적입니다.

"그래! 나 자신을 알아야 한다. 이것은 완전정지다."

이 확신을 확립하십시오!

이제 그대는 **실재**를 아니, 다른 데로 가고 싶다는 어떤 욕망도 없어야 합니다. 그대가 새로 얻은 지위를 왜 위태롭게 하고 싶겠습니까? 그대의 입지가 확고해야 합니다.

"나는 달리 어디로도 가지 않는다.

나는 목적지에 도달했다."

사방으로 끌리고 있는 동요하는 마음으로는 어떤 평안도 발견하지 못할 것입니다. 내적으로 강해지십시오! 그대는 신체적으로 강하지만, 영적으로 강해지십시오!

완전한 순복!

그대 자신을 완전히 순복시키십시오.

겸허하십시오! 지知와 함께 그대의 세계관이 바뀌었습니다.

그대는 무아인 진아와 하나입니다.

그대의 무아인 진아와 하나가 되었습니다.

이제 그대는 이것을 압니다.

"나의 현존은 하늘과 같고, 그것은 모든 존재 안에 있다.

어떤 분리도 없다.

어떻게 나쁜 하늘, 좋은 하늘이 있을 수 있겠는가?

어느 하늘이 나쁘고 어느 하늘이 좋은가?"

분별할 수 있습니까? 아니지요! 내면에서 일어난 그 변화는 더없이 중요한 것입니다. 그대의 인식과 견해가 극적으로 바뀌었습니다.

그대가 아직 몸을 보유하고 있기는 하지만,

더 이상 그것과 연관되어 있지 않습니다.

왜냐하면 이제는 그대가 존재성과 연관되어 있지 않기 때문입니다.

존재성이 뒤에 남아 있으면 어떤 일이 일어날까요? 몸을 떠날 때가 되면 어떤 일이 일어날까요? 아무 일도 일어나지 않을 것입니다! 천당과 지옥에 대한 이야기는 모두 말도 안 되는 이야기이고, 아무도 천당이나 지옥을 본 적도 없지요! 니사르가닷따 마하라지님은 곧잘 이렇게 말했습니다.

"그대의 현재 가치를 모르는데,

어떻게 환생에 대해 이야기할 수 있는가?"

현재에 대해서도 이야기할 수 없는데, 어떻게 (미래의) 환생에 대해 이야기할 수 있습니까? 받아들이지 마십시오! 이것이 영적인 공부의 원리인데, 그것이 자연발로적으로 흡수되어야 합니다. 확신을 갖게 될 때까지 명상하십시오.

    그대의 실재에 대해 생각하십시오.
    그대 자신에 대해 생각하십시오!
    그대는 이제 지知의 거울을 가졌습니다.

명상과 바잔은 그대의 **무아인 진아**를 안전하게 모셔둘 것입니다. 이 연속성은 절대적으로 필요합니다. 늘 외적인 힘들이 있을 것이고, 수많은 개념들이 있어서 계속 그대를 환幻 속으로 다시 끌어당기려 할 것입니다. 그것들은 성공하지 못할 것입니다. 그대의 입지는 확고하고 튼튼합니다. 이 수련들이 워낙 그대의 경각심을 일깨워주어 적이 감히 들어오지 못할 것입니다. 환적인 개념들이 감히 그대 안으로 들어오지 못할 것입니다. 그대는 바이러스들을 제거하기 위한 안티바이러스 소프트웨어를 설치했습니다. 그대는 이제 만만치 않은 강자입니다. 그대에게 맞설 상대가 없습니다.

161. 그대의 무아인 진아를 규명하라

마하라지: 바우사헵 마하라지님은 우리를 공격하는 환적 개념들의 끝없는 흐름에 맞서는 체계적 방안을 고안했습니다. 당신은 (수행자들이 빠지는) 함정들이 무엇인지, 그리고 한눈팔 거리들이 집중을 얼마나 쉽게 망쳐버릴 수 있는지를 알았습니다. 당신은 18년간 명상을 했는데, 숲속에 서서 명상했습니다. 우리가 매일 하는 **만트라** 염송·명상·바잔의 수행은 이 **스승님**의 직접적인 체험에서 바로 나온 것입니다. 당신은 자신이 직접 경험해 보았기 때문에 약점과 함정들을 너무 잘 알고 있었습니다. 우리는 이제 당신이 발견한 성과와 지혜에서 이익을 얻고 있고, 아주 확실한 행법을 가졌습니다.

평안의 상실, 번뇌, 마음의 불균형, 기억 등이 있을 때, 이런 모든 것이 올 때는 그것이 그대의 안정을 위협할 소지가 있습니다. 그런 일이 없도록 하기 위해 명상과 바잔이 필수적입니다. 그것은 "그대가 **궁극적 진리다**"라는 것을 부단히 상기시켜 주는 역할을 합니다.

분별과 함께, 명상과 바잔은
그대가 경각심을 유지하는 데 도움을 줄 것입니다.

분별력을 사용하십시오! 그대의 행복은 이름나기·돈·성이라는 세 가지 끌림 요인들을 넘어서 있습니다. 그대의 행복은 **자연발로적 행복**입니다. 그것은 어떤 물질적 원인도 요하지 않고 존재합니다. 전적이고 **자연발로적인 침묵**이 그대의 수행 결과로 나올 것입니다.

실재를 진지하게 받아들이십시오!
그대의 참된 지위를 최대한의 주의로 대하십시오.
만일 무차별적인 생각들이 들어오게 허용하면,
그것들이 또 하나의 꿈을 창조할 것입니다.
위험한 생각들을 멀리하십시오.

그대는 이 꿈과 같은 또 하나의 꿈을 원치 않습니다. 환생은 어릴 때부터 심어진 하나의 개념입니다. 그것을 없애버리십시오!

방어가 소홀한 순간, 에고가 그대를 공격할 것입니다. 따라서 온전한 집중으로 **그대에게** 투신하십시오. 온전한 집중! 언젠가 그대는 이 뼈와 피와 살을 떠나게 될 것입니다. 준비하고 있으십시오! 묘지 안이나 시체들이 태워지는 곳 근처에서 시간을 보내십시오. 그것은 유용하고 실용적인 연습이 될 수 있습니다!

그대의 무아인 진아를 규명하십시오.
그대가 최종적 진리입니다.
그대가 브라만이고, 그대가 신입니다.
그대는 그대 자신과 별개가 아닙니다.
그대는 몸-형상으로 그대 자신을 고려했습니다.
그대는 결코 몸이 아니었습니다.

그대의 보이지 않는 현존이 늘 존재해 왔습니다.

그대의 무아인 진아를 규명하십시오.

지금이 그대가 남자도 여자도 아니고, 그대는 **브라만**이라는 것을 정말로 알고 깨달을 멋진 기회입니다! 그 **자연발로적 확신**이 나타날 것입니다.

그대가 그것인 그 실재를 끌어안으십시오.

마음·에고·지성이 그대가 이 **실재**를 완전히 받아들이는 것을 허용하지 않고 있습니다. **실재**가 무엇입니까? 그대가 **궁극적 진리**입니다! 이것이 **실재**입니다. 수행으로써 그것을 새기십시오. 이 단계에서는 더 이상 무엇을 공부하고, 더 이상의 가르침을 구할 필요가 없습니다. 그대의 **현존** 이후에 온 이 모든 단어들, 우리에 의해 창조된 단어들이 더 이상 아무 쓸모가 없습니다.

질문자: 계보, 곧 **빠람빠라**(*Parampara*)의 가르침이 도움이 된다고 생각하지 않으십니까?

마: 그것은 좋지만, 존재성 이전에 이 '빠람빠라'가 어디 있었습니까? 그대는 몸을 만났을 때, 이 모든 몸-지知를 만났습니다.

지知 아님이 지知입니다.

지知 아님이 지知입니다.

그대 자신을 공부하십시오. 그대 자신의 영적인 탐구를 하고, **빠람빠라**의 지知가 아닌 그대 자신의 **진아지**를 발견하십시오! 왜 이런 달콤한 단어들을 다시 논의하고 싶어 합니까? '빠람빠라', '우빠사나(*upasana*-'가까이 앉음', '숭배')', '발현업'! 그대 자신의 **진아지**를 발견하십시오!

그대는 세계에 대해 아무것도 알지 못하고,

빠람빠라에 대해 아무것도 알지 못하고,

영적인 공부에 대해 아무것도 알지 못합니다.

궁극적으로 영적인 공부도 무지입니다.

'**확신**', '**자연발로적 확신**'은 그런 단어들이 그대를 가로막지 못하게 합니다! 일체가 환幻, 곧 다양한 개념이라는 옷입니다.

그것이 하나의 꿈임을 아십시오.

개념들로 가득 찬 이 옷들을 벗으십시오.

이 모든 관계들, 남편·아내, 모든 몸 관계들은 몸과 관련되며, 그 이상 아무것도 아니라는 것을 기억하십시오. 몸 이전에는 하늘만 있었고, 우리는 하늘을 넘어서 있습니다. 우리는 모든 행위와 사건들에 상관하지 않습니다.

어떤 일도 일어나지 않았고,

어떤 일도 일어나지 않고 있고,

어떤 일도 일어나지 않을 것입니다.

과감하되, 에고적으로 과감하지는 마십시오. 받아들이되 그대가 받아들이는 것이 근거에 기초하도록 하십시오. 그것을 통해 이 세계가 투사되는 그대의 **무아인 진아**를 존중하십시오. 세계는 전혀 그대의 **정체성**이 아니니 그것을 받아들이지 마십시오.

'죽는 순간'이 비참해서는 안 됩니다. 그것은 "어서 와라, 어서 와!" 하는 기대와 열망으로 충만된, 행복한 순간이어야 합니다.

실재를, 그대의 실재를 받아들이십시오.

그대가 최종적 진리입니다.

그대가 최종 종착지이고, 마지막 목적지입니다.

어떤 중간 매개자도 없습니다.

아쉬람에 오기 전에 그대는 주소를 하나 가졌고, 그것이 그대를 여기로 데려왔습니다.

영적인 지知가 그 주소와 같습니다.

그것이 그대에게 주어졌고, 그래서 그대는

그대의 무아인 진아에 도달할 수 있었습니다.

강한 확신이 있어야 합니다. 강한 의지력을 가져야 합니다. 모든 **스승님**들은 의지가 강했습니다. **니사르가닷따 마하라지님** 같은 믿음을 가지십시오! 그런 믿음이 있으면 **실재**에 이르게 될 것입니다. 안정되십시오! 처음에 불안정하면 그대의 뿌리에서 벗어나게 될 것입니다.

깨달은 어느 스승이나 찾아가도 되지만,

그대의 내적인 스승에게 나아가

가르침을 받는 것이 더 중요합니다.

사두들이 **아루나찰라**를 여러 번 돕니다. 아주 좋습니다! 그러나 그들은 정확히 무엇을 성취하려고 하는 것입니까? 왜 몸을 수고롭게 하고 몸에 스트레스를 안겨줍니까?

그대는 이미 그대와 함께합니다.

책들도 같은 것을 말해줍니다.

무아인 진아가, 존재하는 전부입니다.

이제 그대는 그것을 유지해야 한다는 것을 압니다.

몸에게 어떤 고문이나 인내력 시험도 치르게 할 필요가 없습니다.

유지가 필수적입니다! 만일 수행을 계속하지 않고 그대의 **실재**를 등한시하면 환幻이 돌아올 것입니다. 그대의 토대를 강화하고 그것을 완전하게 만드십시오. 완전한 토대를 가지면 완전을 알게 될 것입니다. **자연발로적 완전을! 전적인 평안을!**

(지금 그대의) 이 정체성은 일시적인 정체성입니다. 시계가 몸에 대해 똑딱, 똑딱, 똑딱거리며 가고 있습니다. 몸은 하나의 시간기록계입니다. 엄격한 투신을 하고, 세계에 대해서는 신경 쓰지 마십시오. 그것은 이제 그대에게 달렸습니다. 한 가지 욕망만, 진정한 의미에서 자유로워지고 싶다는 욕망만 가지십시오. 저는 그대 안의 **보이지 않는 청자**에게 말하고 있습니다.

"나는 실재를 알고 싶다!"는

강한 욕망을 가지고 나서십시오.

그렇지 않으면 스승이 나타나지 않을 것입니다.

무아인 진아에게 순복해야 합니다. 겸허하고, 정중하고, 공경심이 있고, 평화로우십시오. 어떤 질투도, 어떤 매력도, 어떤 투쟁도, 어떤 언쟁도 없어야 합니다. 그냥 평화로우십시오! 왜 싸웁니까? 누구와 싸웁니까? 영靈은 하나입니다. 에고는 위험하며, 그것이 아예 해소되어야 그대가 차분해질 수 있습니다.

우리가 전에 이야기한 여섯 가지 자질에 비추어 그대 자신을 가늠하여, 그대의 영적인 공부가 얼마나 깊이 흡수되는지 살펴봐도 됩니다. 그것은 관용, 인내, 깨달음의 기대, 알려는 욕망, 전적인 헌신, 그리고 마지막으로 스승에 대한 믿음입니다. 그대가 (무아인 진아에) 점점 가까이 갈수록 전 세계가 잊힐 것입니다. 만일 그대가 계속 눈을 뜨고 있으면서 그 무엇도 맹목적으로 받아들이지 않으면, 그대 안의 **실재**를 알게 될 것입니다. 니사르가닷따 마하라지님의 이 조언을 따르십시오.

"너무 값싸게 굴어 세상 사람들이 그대를
호주머니에 집어넣을 수 있게 하지 말라."

어떤 선생들은 호흡법을 가르치면서 백 달러를 청구합니다! 그런 어떤 선생도 따르지 마십시오. 그 무엇, 그 누구도 맹목적으로 따르지 마십시오.

그대 자신에게 충성하십시오.

그대의 무아인 진아를 존중하십시오.

(외적인) **탐색**을 그만두고,

궁극적 진리인 그 탐색자에게 집중하십시오.

그대 안의 **스승적 본질**을 보여준 그대의 스승에게 강한 믿음을 가지십시오. 언젠가 그대는 제가 이야기하는 것과 같은 방식으로, 자연발로적으로 이야기하고 있는 그대 자신을 발견할지 모릅니다.

지知의 흐름이 자연발로적일 것입니다.

그대의 무아인 진아를 존중해야 합니다.

실재를 존중해야 합니다.

"내가 최종적 진리다"라고.

162. 그대에게 투신하라

마하라지: 그대는 스승의 말을 경청했습니다. 그런 다음 지知에 대해 내관했고, 그것이 이해를 가져다주었습니다. 그대는 치열한 명상으로 지적인 확

신을 얻었습니다. 그것은 뭐 좋습니다. 진보한 단계에서는 일체가 흡수되어야 합니다. 치열한 명상은 **자연발로적 확신**, 곧 **진리**의 직접적인 체험으로 이어질 것입니다.

바로 지금 그대는 이해하고 알지만, 동시에 얼마간의 추측이 여전히 이루어지고 있습니다. 그냥 조금이겠지만 말입니다. 그건 괜찮습니다! **자연발로적 확신**이 일어날 것입니다. **자연발로적 확신**이 일어날 것이고, 그때는 그대가 남자나 여자인 것만큼이나 확실하게, "그래, 내가 **브라만**이야"라고 말할 것입니다.

    그 몸의 보유자를 브라만이라고 하며,
    그것은 세계와 몸과는 아무 연관이 없습니다.
    이것이 그 확신의 성질입니다.

영적인 공부의 표지는 전적인 차분함, 고요함, 평화로움입니다. 이런 자질들은 내면에 있습니다. 그것은 과시용이 아닙니다!

그대는 이미 **그대**와 함께합니다. 그렇지만 그대의 숨겨진 힘을 더 중요시할 필요가 있습니다. 명상과 **자기탐구**의 수행을 계속해 나가십시오. 처음에는 그것이 필수적입니다. 그것이 하나의 계단일 뿐이고 **궁극적 진리**가 아니라는 것을 안다 해도, 그것을 넘어서 계속 더 깊이 나아가 이 질문을 해야 합니다.

    "나는 누구를 위해 이 수행을 하고 있나?"

질문자: 무슨 말씀을 하시는지 알겠습니다. 수행 속에서 길을 잃을 수 있는 위험이 있고, 선택 가능한 수많은 행법들이 있습니다.

저는 최근에 한 **구루**를 방문했는데, 그분에게는 우리가 따라야 하는 한 가지 특정한 행법이 있었습니다. 저는 모발과 관련해, 머리 모양을 어떻게 하고 면도는 하지 말아야 하는 등 다섯 가지 규칙을 따라야 했습니다.

마: 존재성 이전에 그대에게 어떤 모발이 있었습니까?
    그대가 그대 자신에게 알려져 있지 않았습니다.
    그대가 그대 자신을 모릅니다.

모발에 대해서는 신경 쓰지 마십시오! 존재성 이전에는 어떤 물질도, 어떤 지적인 지知도 없었습니다. 그대가 그대에게 알려져 있지 않았습니다. 모발에 대한 그런 말도 안 되는 규칙들은 몸·마음·에고·지성하고만 연관됩니다. 그것은 모두 물질적인 지知입니다.

    자연발로적 진아지는

    그대의 깨달음 밑바닥, 그대의 깨달음 밑바닥과,

    몸이 없이 연관되어 있습니다. 자연발로적으로!

 제가 하는 말들은 아주 특수합니다. 영적인 지知와 지적인 지知, 그리고 마음·에고·지성은 모두 신체적·지적 지知입니다.

    그런 종류의 지知는 물질적인 지知이고,

    몸의 미세한 부분과 연관되어 있습니다.

    존재성 이전에는 그것이 없었습니다.

그것은 몸과 함께 왔고, 몸과 함께 해소될 것입니다.

    따라서 그대가 마음·에고·지성과

    모든 영적인 지知를 낳은 것입니다.

'영적인' 것에 대해 수많은 이야기가 있습니다. 그런 모든 영적인 이야기에, 그리고 가장 최근에 '세간에 뜨는 구루(Guru on the Block)'가 한 말들에 그대가 주의를 기울일 때마다, 그대는 **궁극적 진리인 그대의 보이지 않는 청자**를 등한시하고 있습니다. 그대 자신을 과소평가하고 있을 뿐 아니라, 그대 자신을 모욕하고 있는 것입니다. 그대에게 투신하십시오!

영성의 바다에 그대 자신을 던지면 재미있을 겁니다! 아주 흥미롭고 즐겁다는 것을 알 것입니다. 몸이 젖지 않은 채 안전하게 있으려고 노심초사하며 강둑에만 머물러 있지 마십시오. 깊은 바다에서 헤엄치십시오! 거기서 즐거움을 발견할 것입니다. "그래! 이거 굉장하네!" 그대의 **힘**을 알게 될 것입니다. 그대가 모든 것입니다!

    다른 누구의 자비에도 의존하지 마십시오.

    그대의 머리 위에 그대의 손을 얹으십시오!

 그대는 **스승의** 지도하에 명상을 하여 영적인 공부, 실용적인 영적 공부의 기법을 배웠습니다.

햇수를 세고, 온갖 행법으로 몸을 고문하고, 사프란색 법복을 입고, 화환을 두르고, 몸을 장식하는 등의 것들. 왜입니까? 그런 걸 왜 합니까? 그런 것을 해서 무엇을 얻겠습니까? 아무것도 얻지 못하지요!

만일 그대가 무엇을 장식하고 싶다면
영적인 지知로써, 믿음으로써
그대 내면의 청자聽者를 장식하십시오!
그것이 무엇보다도 중요합니다!

어떻게 합니까? 아주, 아주 간단합니다. 필요한 것은 그대의 의욕뿐입니다.

"그래, 내가 알아야겠다! 이것은 완전정지다.
그 확신이 있어야 한다. 그래!"

"그래! 이게 내 마지막 주소다. 이것은 내 집이다! 나는 어디도 가지 않겠다! 여기 그대로 있겠다!" 내적으로 강해지십시오! 영적으로 강해지십시오!

전적으로 순복하십시오. 전적인 순복!
그대의 세계관이 바뀌었습니다!
항상 단일성만이 있었습니다.
계속 나아가서, 무아인 진아에
더 가까이, 더 가까이 가십시오.

그 내적인 변화가 일어났다는 것은 그대가 존재성과 어떤 연관도 없다는 것을 뜻합니다. 이것이 **자연발로적으로 흡수되는 영적인 공부의 원리입니다**.

그대 자신에 대해 생각하십시오.
그대에게 지知의 거울이 주어졌습니다.
그것은 그대의 거울입니다.

지속적으로 수행하고 흡수하면서,
그대 자신을 알고, 무아인 진아 안에 있으십시오.
그대 자신을 알고, 무아인 진아 안에 있으십시오.

163. 충만한 빛 속에서

질문자: 이 아주 고요한 상태가 침묵입니까? 이 비상한 침묵은 무엇과 같겠습니까?

마하라지: 그런 질문과 답변들은 그대 안에 있을 뿐입니다. 영적인 학에서는 '말'이 태어나는 네 가지 단계―침묵의 단계에서 언어적 단계까지―를 이야기합니다. 그러나 그에 대해서는 신경 쓰지 마십시오! 그대의 질문들에 대한 모든 답변은 그대의 안에서만 찾을 수 있습니다.

몸 안에서의 삶은 고통스럽습니다.
몸 이전에는 어떤 고통도 없었습니다.
왜냐하면 어떤 신체적 교란이나 (그에 따른) 결과도 없었기 때문입니다.
여기서 영적인 공부가 그대에게 도움이 될 것입니다.

질: 그러니까 진정한 '나'는 신을 넘어서 있군요?

마: 그대가 알다시피 '신'은 어떤 초자연적 힘에 붙여진 하나의 이름일 뿐입니다. 그대의 **자연발로적 존재**는 일체를 넘어서 있고, 따라서 어떤 정의定義도 필요로 하지 않습니다.

그대는 하늘을 넘어서 있습니다.

질: 니사르가닷따 마하라지님은 "신은 숭배를 위해 존재한다"고 말씀하셨습니다. 이제 저는 처음으로 그것을 이해합니다.

마: 어떤 사람들은 어떤 돌이나 상像을 신으로 숭배합니다. 그 상像은 "나는 신이다"라는 것을 모릅니다. 그들이 그 상을 중요시하는 것은 그들 자신의 중요성을 모르기 때문입니다. 실은 그들 자신이 신이라는 것을 모르는 것입니다.

그대가 신입니다.
그대가 곧 그대가 숭배하는 신입니다.
그대가 숭배자이자 숭배 받는 자입니다.
몸-지知가 갖가지 많은 고통을 가져왔습니다. 백 년 전에는 그대에게 어떤 지知도 없었습니다! 지금부터 백 년 뒤에도 아무 지知가 없겠지요! 하지만 지금은 그대가 자랑스럽게 말합니다. "저는 좋은 지知를 가졌습니다. 저는 아는 게 아주 많습니다."라고.

    그것이 그대를 강하게 만들어주고,
    그대가 "나는 죽지 않는다"는 것을 깨닫는 데 도움이 되지 않는다면,
    그런 지知가 무슨 소용 있습니까?

영적인 지知는 몸이 그대의 '이웃집 아이'라는 것을 깨닫는 데 도움이 됩니다. 왜냐하면 그대는 "나는 누구인가?"의 진리에 도달했기 때문입니다. 그 결과는 그대가 몸에 상관하지 않게 된다는 것입니다. 명상이 그대에게 힘을 부여하는데, 그 힘은 그대에게 무슨 일이 닥쳐오든 그대의 포용력과 감내력을 증진하는 데 도움이 될 것입니다.

최후의 순간은 행복한 순간이어야 합니다. 그것이 영적인 공부의 목적입니다. 최후의 순간을 즐거운 것이 되게 만드는 것은 그대에게 달렸습니다.

    저는 그대가 그대의 무아인 진아에
    주의를 기울일 것을 강조합니다.
    그대는 이제 이 모든 지知를 가졌으니, 주의를 기울이십시오!

미세한 에고가 도처에 있으면서, 우리가 우리 자신의 범주 안에서 사는 것을 선호하도록 만들고 있습니다. 그 범주에는 "내 아내는 이와 같아도 한다. 그녀는 내 기대에 미치지 못하게 살고 있다", 또는 "내 남편은 더 좋은 직업을 얻어야 한다" 등의 온갖 기대와 불평이 있습니다.

    평소에 하던 식으로 되돌아가서
    물질적인 것들로부터 행복을 찾지 마십시오.

그대는 더 나은 도리를 압니다! 그대는 그 한계를 압니다. 초콜릿을 먹을 때는 그대가 잠시 행복을 얻겠지요? 그 다음은?

    그대 자신을 아십시오. 그러면 모든 고통스러움이 해소될 것입니다. 이것은 단순하고 단순한 지知입니다. 어떤 사람들은 "나는 누구인가?"에 대한 답변 하나를 찾아서 수십만 루피를 씁니다. 그들은 주된 관심이 상업적인 이른바 선생들에 에워싸여 있습니다. 그 선생들은 구도자들이 무지하여 참

된 선생과 가짜를 구분하지 못할 때가 많다는 것을 압니다.

그대의 **무아인 진아**를 알려면 영적인 성숙이 필요합니다. 그대 삶의 매 순간이 아주 중요합니다. 그대는 묻습니다. "나는 어디 있지? 제임스가 어디 있지? 제임스가 어디 있지?" 그대가 제임스입니다. 그대는 그대 자신을 찾고 있습니다. 제임스는 여기 있습니다. 저는 사실과 수치數値를 그대 앞에 놓아드리고 있습니다.

그래서 우리는 우리의 **스승님들**을 인정하고 이렇게 말합니다. "내 **스승님**은 위대하시다. 그분은 신을 넘어서 있다." 그대는 신을 넘어서 있습니다. **깨달은 스승**을 만나면 그대의 탐색은 끝이 납니다. 그 **스승적 본질**이 이미 그대 안에 있습니다. 스승은 단지 그대가 그것을 인식하게 해줄 뿐입니다.

    그대의 스승에게 강한 믿음을 가지고,

    그대 자신에게 강한 믿음을 가지십시오.

그대가 세상 어디에 있든, 그대의 **정체불명의 정체성**과 함께하십시오. 그대의 머리에 그대의 손을 얹고 그대 자신을 축복하십시오.

질: 진정한 '나'는 신의 어떤 모습도 넘어서 있습니다.

마: 그렇지요!

    왜냐하면 그대가 그대 자신에게 알려져 있지 않기 때문입니다.

어떤 신의 모습(*murti*)과 같이 우리가 그에 대해 이야기할 수 있는 것은 몸-지知·지성·논리와 관련되며, 환幻의 한 표지입니다.

    우리가 그에 대해 뭐라고 이야기할 수 없는 것은

    실재의 한 표지입니다.

그대는 (자신이 가난하다고 생각한) 거지소년과 같았지만, (실은) 늘 부자였습니다. 단지 자신이 부자라는 것을 몰랐을 뿐입니다. 이제 **실재**를 알았으니 그대는 깨쳤습니다.

    스승은 몸이 아닙니다. 화자와 청자, 후자를 전자와 같이 만드십시오! (스승은) **보는 자**의 반영입니다. **보는 자**(무아인 진아)는 위대합니다! 우리는 **보는 자**를 존중합니다! **보는 자**는 무형상이고, 뼈와 살과 피가 아닙니다.

    마음이 없고, 에고가 없습니다.

거기에 그대가 있습니다.

지금은 그대가 그 침묵이 어떤 것일지 추측할 수 있을 뿐입니다. 말이 없이 그대는 어떻게 있으려고 합니까? 그대는 어떻게 있겠습니까?

알려지지 않은 것이 알려졌습니다.

그 알려진 것이 알려지지 않은 것 속으로 해소될 것입니다.

그대는 몸을 통해서 그대 자신을 알게 되었습니다. 왜냐하면 그대가 그대 자신에게 알려져 있지 않기 때문입니다. 이후로 그 몸은 다시 알려지지 않은 것 속으로 해소될 것입니다. 이것은 매우 흥미로운 지知입니다. 그대가 깊이, 깊이, 깊이 들어간다면 말입니다.

저는 그대가 그대의 무아인 진아 속으로

깊이 또 깊이 들어갈 것을 강조하고 있습니다.

명상을 하면 그대에게 열리지 않던 문이 열릴 것입니다. 그 문이 활짝 열릴 것입니다. 깊은 지知의 동굴이 열릴 것인데, 그것은 그대의 상상을 넘어서 있습니다. 그것이 마스터키입니다! 명상의 세계가 마스터키입니다. 그대 스스로 사용해야 합니다. 그런 다음,

열고, 열고, 여십시오.

충만한 빛 속에서 그대의 무아인 진아를 볼 때까지.

164. 최후의 순간을 즐겁게 만들라

마하라지: 우리는 왜 명상을 하고, 만트라를 받고, 만트라를 염하고, 자기탐구를 하고, 내관을 하고, 책을 읽습니까? 왜냐하면 최후의 날, 최후의 순간이 행복한 순간, 즐거운 순간이어야 하기 때문입니다. 영靈이 몸에서 분리되는 순간이 왔을 때 "나는 죽는다"는 어떤 생각도 없도록, 우리는 준비시키고 있고, 보증하고 있습니다.

그때가 되면 그대는 온전한 확신으로,
"나는 불생이다"라는 것을 알 것입니다.
그 확신이 있고, 이미 확립되어 실재합니다. 그대들이 즐겁고 행복한 기분으로 최후의 순간을 행복한 순간으로 만들도록, 그 확신이 있습니다.

이것은 논변이나 반론의 여지가 없는 아주, 아주 단순한 지知입니다. 이것은 토론이 아닙니다. 이것은 "무엇이 참인가?"나 "무엇이 거짓인가?"에 대한 것이 아닙니다. 왜냐하면 어떤 참이나 거짓도 없기 때문입니다. 궁극적 진리는 '참도 없고 '거짓'도 없음을 의미합니다. 이것을 궁극적 진리라고 합니다.

지난 몇 주에 걸쳐 우리는 '불생의 아이'에 대해 이야기했습니다. 우리가 영적인 공부에 대해 이야기하든 철학에 대해 이야기하든, 모든 이야기는 그 불생의 아이에 대한 것입니다.

어떤 일도 일어난 적이 없습니다. 우리는 어떤 일도 일어나지 않는 것에 대해 이야기했습니다. 제자인 그대들은 뿌리로, 기초로 나아가야 합니다. 그 뿌리는 그대들의 무아인 진아입니다. 고요하게 그리고 차분하게, 어떤 단어도 세계도 없이, 그곳에 머무르십시오. 존재성 이전에는 어떤 단어도, 어떤 세계도 없었습니다.

거기서 그대들은 원리를,
말없고 말 없는, 보이지 않는 청자를 볼 수 있습니다.
그 너머는 무無입니다.

우리가 여러 시간, 여러 해를 계속하여 이야기한다 해도 원리는 여전히 동일할 것입니다. 원리는 동일한 것으로 남을 것입니다.

질문자: 헌신은 어떻습니까, 마하라지님? 확신을, 깨달음을 얻은 뒤에 그것이 필요합니까?

마: 전적인 확신을 얻은 뒤에,
궁극적 진리가 확립된 뒤에는,
헌신이 계속되어야 합니다.
헌신을 계속해야 합니다.

왜냐하면 우리가 몸을 보유하고 있기 때문입니다.

헌신을 계속하는 것이 필요하고, 절대적으로 필수적입니다. 한 헌신자가 저를 찾아오곤 했습니다. 그는 철학에 관한 책들을 쓰기도 했습니다. 아주 정직하고 겸손한 사람이었습니다.

그러다가 느닷없이 그가 한눈을 팔게 되어 정치에 이끌렸습니다. 그 모든 것에 워낙 깊이 개입하여 선거에 출마하고 싶어 하기까지 했습니다. 부지불식간에 거기 사로잡혀, 뭐가 어떻게 되는지 알아차리지도 못한 채 그는 자신의 영적인 공부를 내버렸고, 그런 식이 되었습니다. 그의 삶은 정치로 아주 바빠졌고, 너무 분주해서 어떤 헌신도 할 겨를이 없게 되었습니다. 그는 자신의 초점을, 집중을 잃었습니다.

지知를 얻은 뒤에는 헌신이 필수적입니다.

헌신이 그대를 겸허하게 유지시켜 줄 것입니다.

질: 저는 행복합니다, 마하라지님. 왜냐하면 40여 년간의 탐색 끝에 이제 마지막 단계에 와 있기 때문입니다. 어제는 몸이 없다고 느끼기도 했고요!

마: 그대가 이야기하고 있는 그 단계가 무엇입니까? 어떤 단계도 없습니다. 그리고 누가 헤아리고 있습니까? 30년, 40년이라. 아무도 없는데, 어떻게 몸이 없다고 느낄 수 있습니까? 그대의 **현존**이 없는 그대가 (햇수를) 헤아릴 수 없습니다. 그대의 **현존** 없이는 그대가 어떤 체험도 할 수 없습니다. 그대의 **정체성**은 체험을 넘어서 있습니다.

그런 식의 체험이 좋은 것임은 의심할 바 없지만, 그것은 **궁극적 진리**가 아니고, **최종적 진리**가 아닙니다. 그런 것은 진보하는 단계들, 랜드마크라는 것을 기억하십시오. 오늘은 그대가 "나는 **브라만이다**"라는 체험을 하고, 내일은 "나는 **전능한 신이다**"를 체험할지 모릅니다. 좋은 체험이기는 하지만 그것은 여전히 체험입니다. 그런 체험, 혹은 어떤 체험이라도 갖는다는 것은 여전히 어떤 환幻이, 어떤 환의 자취가 남아 있음을 의미합니다.

그대는 브라만도 아니고 신도 아닙니다.

그런 식의 영적인 체험을 가지고 돌아다니지 마십시오.

영적인 체험들에 집착하기는 쉽지만 그것은 단지 에고만 돌아오게 할 것입니다. 그대는 그 모든 것과 별개입니다. "내가 놀라운 체험을 했다. 나는 **브라만·아뜨만·빠라마뜨만·신**에 대해 그런 대단한 체험을 했다." 그것은 에고를 다시 돌아오게 할 것입니다.

그대는 전적으로 무형상입니다. 어떤 체험도, 어떤 체험자도 없습니다. 그대가 무엇을 체험하든 그것은 그대의 **자연발로적 현존**에 무엇이 하나 덧붙은 것, 하나의 부가물입니다.

체험에 대해서 이야기하지 말고
그대의 자연발로적 현존을 고수하십시오.

질: 그러니까, 저는 그것을 자각하지도 못했습니다. 큰 영적 체험들에 신이 났고 거기에 정신을 빼앗겼습니다!

마: 그대가 어떤 체험을 한다면, 그것은 **궁극적 진리**가 아닙니다.

궁극적 진리는 그것 너머, 그것 너머입니다.
너머이고, 너머이고, 너머입니다.
모든 체험이 끝날 때, 거기에 그대가 있습니다.

"오, 나는 지知가 있어! 깨쳤어!"라고 말하는 사람들에게는 많은 무지가 존재하고 있습니다. 그들은 책을 읽었거나 남들의 이야기를 들었을지 모르지만, 그들 중 많은 사람은 그냥 **스승**들을 흉내 내어 그들의 가르침을 앵무새처럼 전달할 뿐일 것입니다. 마치 아인슈타인의 운전기사 해리의 이야기에서처럼 말입니다. 이 운전기사는 아인슈타인과 오래 함께하다 보니 (아인슈타인처럼) 유창하게 이야기를 할 수 있었습니다. 그러나 해리는 결코 아인슈타인일 수 없습니다.

아인슈타인은 아인슈타인이고, 운전기사가 아닙니다.

마찬가지로, 그대가 영적인 문헌, **스승**들의 말씀을 읽고 나면 그 읽은 것과 그런 외적인 출처에서 기억한 것들에 대해 이야기할 수 있을지 모르지만, 사람들이 질문을 쏟아내기 시작하면 갈피를 잡지 못할 것입니다.

그대가 책을 읽고 **스승**들을 방문하면서, 어떤 **자기탐구**와 **진아지**도 생략할 때 그런 일이 일어납니다. 그대는 지知를, 여러 층의 지知를 수집해 두고 그에 대해 이야기할 수 있을지 모르지만, 그것은 물질적 지知이지 **궁극**

적 진리가 아닙니다.

질: 햇수를 헤아리는 것이 무의미하다는 것은 압니다. 그렇기는 하나, 사람들은 나이가 들면서 더 초조해집니다. 그리고 저 자신을 포함한 어떤 사람들은 여전히 마음과 지성을 가지고 **진리**를 파악하려고 애쓰고 있습니다.

마: '나이 드는 것'은 신경 쓰지 마십시오. **현존**에는 나이가 없습니다. 그것은 늙지도 젊지도 않습니다. 과거에 무엇을 읽거나 들었든, 그대가 수집한 모든 지知를 놓아버려야 합니다! 사람들은 그러기를 원치 않지요.

> 사람들은 그들의 몸-지知나,
> 그들의 영적인 투자라고 보는 것을
> 기꺼이 포기하려 들지 않습니다.

"오, 나는 이걸 하면서 30년을 보냈어! 40년간의 내 영적인 공부." 그래서 그들은 **궁극적 진리**를 쉽게 받아들이지 않습니다. 그들은 현 상태로 머물러 있고 싶어 하지만, 그러면서도 **실재**를 알고 싶어 합니다.

> 그대는 환적인 세계에 머무르고 싶어 하지만,
> 그러면서도 실재를 알고 싶어 합니다.

질2: 저는 이제 20년 넘게 **니사르가닷따 마하라지**님의 가르침을 배워 온 사람입니다. 어떤 때는 제가 쳇바퀴를 돌고 있는 것처럼 느껴집니다. 예, 그 가르침은 더없이 사람을 고양시킵니다. 그러나 저는 방향이 없는 느낌이고, 거의 또는 전혀 진전이 없습니다. 제가 그 가르침에 목말을 타고 가면서 영적인 공부를 또 다른 정체성으로 삼아 왔을지 모른다는 감이 옵니다. 이제는 그것이 보입니다. 스승이 여전히 별개로 존재하고, 그래서 어떤 이원성이 있습니다.

마: 그대는 스승의 책들을 읽었지만, 그대의 **내적인** 스승을 등한시하고 있습니다. 자신에게 물어보십시오. 그대가 오늘날 가지고 있는 영적인 지知가 무엇이든, 그대가 마지막 숨을 거둘 때 그것이 그대에게 도움이 되겠는지를. 보세요, 이 소위 영적인 지知가 가장 큰 환幻입니다.

지적인 이해는 그대에게 도움이 되지 않을 것입니다. 스승의 말씀을 가지고 노는 것은 미세한 에고를 먹여 살리는 것입니다. 어떤 스승의 이름과 일체감을 느끼는 것도 에고를 먹여 살립니다. 그대는 **스승**과 별개가 아닙니다.

그 스승적 본질은 하나입니다.

니사르가닷따 마하라지 안에 있는 바로 그 본질이

그대 안에도 있습니다.

그대는 그 이름과 일체감을 느끼고 그에 집착하고 있고, 어쩌면 그 스승의 형상에 대해서도 그럴지 모릅니다. 스승은 그 이름이 아닙니다. 스승은 그 형상이 아닙니다. 그가 **니사르가닷따 마하라지**든, **란지트 마하라지**든, **싯다라메쉬와르 마하라지**든, 라마나 마하르쉬든, 스와미 비베카난다든, **샹까라**든 관계없이 말입니다.

존재성 이전에 이 스승들이 어디 있었습니까?

그대는 "그분이 이렇게 말한 것은 무슨 뜻입니까? 그분이 저렇게 말한 것은 무슨 뜻입니까?"라고 합니다. 스승의 말은 지시물입니다. 그 말에 걸리지 마십시오. 스승이 말하는 것에 믿음을 갖고, 그의 메시지를 받아들이십시오. 마음을 뒤로하고, 말을 분석하고 해부하는 것을 그만두십시오. 스승이 말하고 전달하려고 하는 것의 의미를 고수하십시오. 말에 집착하는 것을 그만두십시오.

이것은 그대의 이야기이고, 그대의 실재입니다.

그 실재를 받아들이십시오.

이 **실재**는 영적인 공부의 영원한 학인(student)으로 머물러 있는 것보다 무한히 더 중요합니다.

그대는 끊임없이 책을 읽어 왔지만,

그 읽는 자를 읽지는 않았습니다.

책들이 그대를 여기로 데려왔습니다. 그러나 그대가 무엇을 읽었든, 그것으로는 불충분합니다. 그대의 공부 이면의 원리를 알아낼 필요가 있습니다. 그대가 찾고 있는 것은 무엇입니까? 어떤 개념이 그대에게 가장 많은 문제를 안겨주고 있습니까? 죽음과 죽음에 대한 공포입니까? 그대는 이 **스승**이 말한 것을 공부하고, 저 **스승**이 말한 것을 공부하면서, 언제나 그 공부하는 자를 등한시하고 있습니다.

그 공부하는 자를 등한시하지 마십시오!

공부하는 데 집중하기보다는 누가 공부하고 있는지를 알아내고, **자기탐구**를 하십시오. 그대, 곧 **보이지 않는** 독서자를 고수하십시오.

책들을 읽고, 스승의 지知를 듣고 나서는 그대 자신의 책, 그대 자신의 이야기를 읽을 필요가 있습니다.

그대 자신의 책을 읽고, 자기를 발견하십시오.

자신을 돌아보십시오!

제 스승님이 말했습니다. "실재는 그대들이 워낙 모르는 것입니다. 그러니 (실재 자체를 알려고 하기보다) 그와 같이 사십시오. 그러면 그것이 그대들에게 문제되지 않을 것입니다." **무아인 진아**를 아십시오. **자기탐구**를 하고, 명상을 하고, **만트라**를 염하고, 바잔을 부르십시오. 그대의 **내적인 스승**의 가르침을 경청하십시오. 그대가 한 **스승**입니다.

질: 제가 추측컨대, 우리는 진리를 들으면 너무 겁을 먹고, 어쩌면 실제로 도약해서 그것이 되기를 원치 않는지도 모릅니다. '무엇이 되는 것(becoming)'은 없습니다. 그렇지 않습니까? 그리고 우리는 되돌아갈 수도 없다는 것을 감지합니다.

어쩌면 우리는 그냥 더욱 더 많은 지知를 수집하고, 에고를 쓰다듬는 것만 좋아하는지도 모릅니다. 그러면 그 가짜 에고가 위안을 얻습니다. 아니면 우리는 실제로 가르침 속으로 충분히 깊이 들어가서 그 이면의 의미를 실제로 찾는 것을 원치 않는 것일까요?

마: 제가 그대들에게 말했지요!

그것은 어렵지 않다고!

실재를 알고 나면, 그 일이 마치 밧줄과 뱀의 이야기에서처럼 그렇게 일어날 것입니다. 그것이 밧줄임을 알면 일순간에 "오! 알았다! 내가 왜 저 밧줄을 겁냈지? 그건 나의 착각이었어." 모든 것이 일순간에 변합니다. 거지 소년의 경우도 마찬가지입니다. 자신이 부자라는 것을 알게 되자, 다음날은 구걸을 나가지 않았습니다.

질: 하지만 우리는 여전히 다음날도 구걸을 나갑니다. 그것은 만약 그러지

않으면 40년간의 추구가 헛수고였던 것처럼 보이고, 무의미하고 허무해 보이기 때문 아니겠습니까?

마: 그대가 햇수를 가늠하는 것은 그 **탐색자**를 잊어버렸기 때문입니다. 누가 햇수를 가늠하고 있습니까?

질: 아, 예, 그것이 다 환幻이라는 것은 압니다. 그것은 그냥 이 몸이 마치 (타고 있는) 향대처럼 남은 도화선이 짧다는 것을 제가 알고 있고, 그래서 어떤 긴박감을 느낀다는 것뿐입니다.

마: 그대의 내적인 스승은 전능합니다.

이 **진리를 고수하십시오**! 그대는 햇수를 세면서, 그 모든 이름과 그 환적인 몸이 방문한 모든 장소를 여전히 애틋하게, 아무 어려움 없이 기억하고 있습니다. 그러나 그대 안의 **전능한** 스승을 얼마나 쉽게 잊어버립니까!

　　그대는 그대 안의 전능한 스승을 잊어버립니다.

　싯다라메쉬와르 마하라지님이 말합니다. "만일 사람들이 눈이 멀면 **실재**를 모를 것이고, 자신들이 신이라는 것을 모를 것이다. 신은 그대 안에 있다. 신이 그대를 통해서 일체를 하고 있다." 미세한 에고가 완전히 녹아야 합니다. "내가 이것과 저것을 하고 있다"고 하는.

　　제가 여러 번 말했듯이,
　　그대는 아무것도 하지 않습니다.
　　그대는 아무것도 할 수 없습니다.
　　어떤 행위자도 없습니다.

질: 그러니까, 스승이자 **교사**로서 당신께서는 실제로 사람들의 이야기에 관심이 있지는 않으시군요. 예를 들어 저의 힘들고 오랜 영적 여정에 대해서 말입니다.

마: 사람들이 여기 오면 압니다. 무지의 길을, 곧 환적인 몸을 떠난 뒤에는 스승과 제자 사이에 아무 차이가 없다는 것을 말입니다. 스승은 이미 그대 안에 있습니다. 그대는 한 마리 사자이며, 한 스승입니다. 그대는 몸과 오래 친교해 왔고, 그래서 **실재**를 그리 쉽게 받아들이지 못하고 있습니다.

질: 24시간 연속 수행은 정말 놀라운 것입니다!

마: 그대는 24시간을 '생각하면서' 보내는데, 그렇다면 그것은 그대에게 정상이군요! [웃음].

질: 좋습니다, 그러면 논스톱 수행입니다! 여기 오는 사람들이 먼저 놀라는 것은, 그것이 얼마나 치열한가 하는 것입니다. 파트타임으로 하는 게임이나 뭐 그런 것이 아닙니다. 또 명상에 대한 그들의 인식은, 그것이 그들의 삶과 사뭇 별개라는 것입니다. 예를 들면 "나는 5분, 10분, 한 시간, 두 시간 동안 명상하겠다"고 하지만, 그들 삶의 나머지 부분은 완전히 다릅니다.

마: 이 지知는 단순합니다. 그것은 아주 단순하지만, 그대를 인도해 주고, 망치질해 주고, 그대에게 (실재를) 가리켜 보이고, **보이지 않는** 청자의 주의를 요청해 줄 깨달은 스승이 있어야 합니다. "그대가 **궁극적 진리다**. 그대가 **최종적 진리다**"라고 말입니다. 망치질! 망치질! 스승이 큰 바위에 망치질을 하고 나면 조각품이 하나 드러날 것입니다. 신의 한 모습이 드러날 것입니다.

질: 망치질에 망치질. 망치질에 끌로 떼어내기군요! 저는 망치질이 많이 필요합니다!

마: 그 신은 이 큰 바위 속에 들어 있습니다. 스승이 그 원치 않는 부분들을 제거해야 합니다. 그대는 그것이 마음에 안 들지 모르지만 그것을 허용해야 합니다. 신을 발견하고 싶다면 그대가 그 망치질을 참아 내야 합니다. 용감해야 하고, 스승이 그 바위에서 원치 않는 부분들을 제거할 때 그것을 허용해야 합니다.

그대는 그대의 삶의 과정들을 다루고 있고, 따라서 어떤 어려움과 저항에 직면하게 되어 있습니다. 그런 어려움과 문제들에 너무 많은 중요성을 부여하지 마십시오.

질: 당신의 가르침은 마하라지님, 굉장히 급진적이고 심오합니다. 그것은 일체를 절단하고, 아주 직접적이고 절대적이지만, 동시에 아주 현실적이고 매우 직설적입니다. 직접적인 높은 가르침입니다. 이 지知는 신선하고, 이전에는 이런 식으로 들어본 적이 없는 것입니다. 이것은 획기적입니다.

마: 그것은 제 스승이신 **니사르가닷따 마하라지**님의 은총 덕분입니다.

165. 비상한 행복

질문자: 마하라지님, 실재·무상태의 상태·궁극적 실재에 대해서 더 말씀해 주실 수 있습니까? 어제 그것은 매우 흥미롭다고 말씀하셨습니다.

마하라지: 그것은 모두에게 독특합니다. 모두가 서로 다른 배경을 가지고 있고, 따라서 이 실재·궁극적 진리는 그대들 각자에게 저마다 독특한 방식으로 전개될 것입니다. 여기 한 예가 있습니다. 그대가 주소를 알면 목적지에 도달할 수 있습니다. 그곳에 당도하면, 그것이 그대에게 큰 행복감을 안겨줍니다. 그대가 목적지를 알 때, 그 목적지로 직행했을 때는 행복이, 표현할 수 없는 행복이 있습니다.

그 모든 투신·헌신·수행·공부·지知를 닦은 뒤에 그대가 홀연히 "오! 내가 추구하던 그것! 그것이 나로구나!" 하는 것을 깨달으면, 책 지식을 일순간에 잊어버립니다. 확신의 순간에는, 설사 그대가 몸을 보유하고 있다 해도 "내가 최종적 진리다. 내가 최종 종착지다"라는 깨달음과, 그것이 가져다주는 행복은 어떤 말로도 묘사할 수 없습니다. 제가 이야기하는 이 행복은 비상한 행복이며, 묘사가 불가능합니다.

스와미 람다스는 말합니다. "만약 벙어리가 막설탕같이 단 것을 먹으면 그 맛이 어떤지 묘사할 수 없다." 마찬가지로, 확신을 얻고 나면 설명할 수 없습니다. 그 행복을 묘사할 수 없고, 자신이 그것을 어떻게 즐기는지 말할 수 없습니다. 말문이 막힙니다. 그것을 설명할 수 없는 것은, 그 평안, 그 만족, 그 성질들이 묘사를 넘어서 있고, 설명을 넘어서 있기 때문입니다.

여기가 모든 말이 끝나는 곳입니다.
여기가 그 '곳'입니다[이 말씀을 문자적으로 받아들이지 말라]. '모든 말이 끝나는 곳'이란 없습니다. 전혀 어떤 '곳'도 없습니다.

어떤 주시자도, 어떤 주시도, 어떤 체험도, 어떤 체험자도 없습니다. 비상한 내적 행복, 내적 평안이 있을 것입니다. 그대는 몸과, 몸과 연관된 모든 단어에 전적으로 상관하지 않는 상태로 있게 될 것입니다.

전 세계가 몸과 연관되어 있습니다.

전 세계가 몸과 연관되어 있고,

얻을 수 있는 어떠한 지知도 모두 단어들의 형태로 되어 있습니다.

이 단어들 자체가 모두 몸과 연관되어 있습니다.

몸이 있으면 지知가 있습니다. 몸이 없으면 지知가 무슨 소용 있으며, 이 모든 단어들이 무슨 소용 있습니까? 지知는 (진리가 있는 곳을) 가리켜 보이지, 그것이 **궁극**은 아닙니다. 따라서 일체가 몸을 위해 존재합니다. 몸이 해소되는 순간, 일체가 해소됩니다.

모든 질문은 몸과 관련된 것입니다. 그대가 몸이 아니었을 때는 어떤 질문도 없었습니다. 왜냐하면 어떤 신체적 현존도 없었기 때문입니다. 그대는 **자연발로적 현존**이며, 어떤 개인성도 없습니다. **자연발로적 현존**이고, 어떤 개인성도, 어떤 '나'도, 어떤 '너'도 없습니다. 몸을 만났을 때 우리는 '나', "내가 있다", "나는 아뜨만이다, 브라만이다"를 말합니다. 아뜨만이나 브라만이 뭔지는 아무도 모릅니다. '궁극', '궁극적 진리', '최종적 진리', '무아인 진아' 같은 이름들은 청자의 정체불명의 정체성, 보이지 않는 정체성을 가리키는 말입니다.

그 너머에는 달리 아무것도 없습니다.

그 너머에는 아무것도 없습니다.

그러니 강해지고, 다시 지知의 축적을 시작하지 마십시오. 무엇 때문에 그럽니까? 그것이 무슨 소용 있겠습니까? 누구를 위해 우리는 축적하고 있습니까? 누구를 위하여 우리가 그 많은 돈(지知)을 모으고 있습니까? 누구를 위한 만족이고, 누구를 위한 평안입니까?

실재는 눈에 보이지 않고, 알려져 있지 않습니다.

그래서 그대는 불생의 아이를 위해 돈을 모으고 있습니다.

이것을 납득해야 합니다.

그러면 어떤 유혹이나 끌림도 없을 것이고,

어떤 물질적 원인도 없는 비상한 평안만이 있을 것입니다.

이 평안의 본질, 성질은 설명할 수 없습니다. 마치 벙어리가 단 것을 먹을 때처럼 말입니다. 어떤 사람이 "단맛이 난다"고 말했다 해도, '달다'는 것이 어떤 의미입니까? 그대 스스로 그것을 맛보아야 합니다. 그대가 해야 할 일은 그것을 맛보는 것입니다. 말에 의존할 수가 없습니다.

 그 내적인 자기확신을 유지하고,
 말에 의해 또다시 옆길로 새지 않아야 합니다.

 말에 의존하지 마십시오. 그 모든 영적인 책과 영적인 지知는 "브라만·아뜨만·빠라마뜨만·신·네 가지 몸·구원·씨앗·탄생·환생·발현업" 같은 몸-지知와 연관되어 있습니다. 수많은 단어가 있는데, 모두 몸-지知와 연관되어 있습니다.

 그대는 그 모든 것을 넘어서 있습니다.

 이런 단어들이 그대의 **자연발로적 현존** 주위에 있습니다. 전 세계, 전 우주가 그대의 **자연발로적 현존** 주위에 있습니다.

 몸-지知에 떨어지지 마십시오.
 그대는 일체가 그대 안에 있다는 것을 압니다.
 밖에는 아무것도 없습니다.
 더 이상 발견할 것이 없습니다.

 그대의 수행을 하고, 그대의 임무를 다하십시오. 그것을 하십시오! [당신은 당신의 다리를 두드리신다.] 그러나 어떤 에고도 없이 하십시오. 관심 있는 사람들과 이 지知를 함께 나누십시오. 그러나 만약 그렇게 한다면 조금도 에고가 없이, 어떤 유형의 에고도 없이 그렇게 하십시오. 왜냐하면 그대는 몸이 아니기 때문입니다. 용기를 가지십시오! 한계를 넘어가십시오! 영적인 학學은 한계가 있습니다. 그것은 하나의 범주를 창조했고, 그 범주 안에서 그대는 자신을 이해하려고 애썼습니다.

 이제 그대는 그 범주에서 나왔으니,
 그대의 정체성이 그 모든 것을 넘어서 있고,
 일체를 넘어서 있다는 것을 깨닫습니다.

 확신을 갖게 되면 어떤 투쟁도, 논의나 논쟁도 없을 것입니다. 이것이 사실입니다. 저는 그 먼 거리를 와서 지知를 듣고 난 다음, 여기를 떠나면 여전히 여기저기 가고 싶은 유혹을 느끼는 사람들을 딱하게 여깁니다.

만약 원하면 다른 선생이나 성지를 찾아가십시오. 문제될 게 없습니다! 그러나 다른 데 가서 무엇을 얻으려고 합니까? 무엇을 성취하려 합니까? 마하라지를 만난 다음 다른 사람을 만나고, 이런 저런 의식儀式을 한다, 그건 좋습니다! 거기서 그대가 무엇을 얻겠다는 아무 기대가 없는 한, 다른 데 가는 것도 좋습니다.

최근에 어떤 사람이 띠루반나말라이(Tiruvannamalai)에서 왔습니다. 그는 거기서 **아루나찰라**를 쉬지 않고 돌았습니다. 그는 몸을 고문하고 장기간 동굴에서 살면서, 몸에 혼란을 야기하고 있었습니다.

존재성 이전에 그대가 동굴에 있었습니까?

존재성 이전에 그대가 동굴에 살았습니까?

그런 관념은 상상에서 나왔습니다. 그것은 상상에서 곧바로 나온 것입니다. 어떤 개념이 발전되었고, 그러자 사람들이 걸어서 돌기 시작했습니다. 하나의 추세가 형성되었고, 그런 다음 사람들이 그것을 추종했습니다. 멈춰서서 그 목적이 무엇일지를 묻지 않았습니다.[7]

제가 말하는 것은, 누가 영적인 공부에 대해 생각이라도 해 보는 것이 아주, 아주 드물다는 것입니다. 10만 명 중 한 사람이 영적인 공부에 대해 생각할지 모릅니다. 아주, 아주 드물지요. 그리고 그런 사람들이 20년, 30년, 40년 동안 영적인 공부를 해도 여전히 두려움을 가지고 있을 수 있습니다. 주로 죽음에 대한 공포지만 말입니다.

질: 왜 그들의 영적인 공부가 효과가 없습니까?

마: 그들의 기초가 몸 기초이고, 그들의 영적인 공부가 미세한 에고를 먹여 살리고 있기 때문입니다. "내가 이 의식을 했다. 내가 이 수행을 하고 있다." 또 그들은 끊임없이 말을 가지고 놀고, 말을 가지고 싸우고 있습니다.

질: 마치 머리카락을 분할하듯 시시콜콜히요?

---

[7] T. 아루나찰라를 걸어서 도는 것과 관련하여, 마하라지는 라마나 마하르쉬가 다년간 헌신자들과 함께 아루나찰라 오른돌이를 했고, 사람들에게 그것을 '좋은 수행'으로 권장했다는 사실은 알지 못하신 듯하다.

166. 실재는 단어들과 무관하다

마하라지: 단어들과 의미를 이해하려는 그 온갖 분투와 싸움, 그 온갖 지적인 분석·비교·결론이 왜 있어야 합니까? 실재는 단어들과 무관하고, 지성과 무관합니다. 그것은 모든 몸-지知를 넘어서 있습니다.

그대는 존재성 이전에 자신이 어떻게 있었는지 말하지 못합니다.

어떤 단어도, 어떤 지知도, 아무것도 없었습니다.

단어들은 '무無'를 묘사하지 못합니다.

몸-형상이 존재하는 한, 그 몸-형상에게 영적인 지知가 있는 것은 문제가 없습니다. 몸-형상이 사라질 때는 어떻게 될지 아무도 모릅니다. **확신을** 얻고 난 뒤에는 이 지知가 바르고 예리하게, 아주 빨리, 예리함과 함께 옵니다. 그럴 때는 더 이상 평안이나 행복이 아무 필요 없습니다.

행복과 평안은 몸을 위한 것입니다.

왜냐하면 그 몸-형상 안의 존재가 견딜 수 없기 때문입니다.

몸-형상이 그대의 **궁극적 진리**가 아니라는 것을 납득하는 순간, 어떤 '부정적인' 일이 몸에 일어난다 해도 그것을 얼마간 거리를 두고 보게 됩니다. 마치 그대가 아니라 이웃집 아이에게 일어난 어떤 일을 보듯이 말입니다. 이 몸은 물질적인 몸이기 때문에 그대가 그것을 느끼기는 하겠지요. 그러나 동시에 상관하지 않을 것입니다. 왜냐하면 그것은 그대가 아니라 이웃집 아이에게 일어난 일이기 때문입니다.

초연함이 깨달음의 표지들 중 하나입니다.

질문자: 이 단계 이전에는, 사람들이 그들 자신의 몸을 아주 중요한 것으로 소유하고 있다는 강한 소유 의식이 있군요?

마: 오, 그렇지요! 그러나 소유가 아니고, 그대는 소유자가 아닙니다. 소유자는 5대 원소입니다. 그대는 임대 조건으로 (몸 안에) 머무르고 있습니다. 그것은 몸의 '빌리는 힘'일 뿐입니다. 그대는 물을 빌리고, 음식을 빌리고 있습니다. 몇 년 간은 사용권을 가지고 있는데, 그러다가 사용권이 연장됩

니다. **외인 출입금지!** 음식과 물의 공급을 중단하자마자 어떻게 됩니까?

질: 그때는 자기 집에서 쫓겨납니다!

마: 그것은 하나의 새장(cage)이지 집이 아닙니다. 그대는 새장 안에 머무르며 당근을 씹고 있습니다. 그것은 무엇을 만나느냐에 따라 금 새장일 수도 있고, 은 새장, 구리 새장일 수도 있습니다. 부자들은 금 새장을 만들 수 있고, 가난한 사람들은 철 새장을 얻습니다.

질: 그래도 그것은 하나의 새장입니다.

마: 현자가 그 새장 안에 머무르고 있습니다. 그것은 하나의 '**현자 새장**'입니다. 그대가 확신을 얻는 순간, 그 새장을 깨트리게 될 것입니다. 제가 그대에게 용기를 주고 있습니다.

 "그대는 떠날 수 있습니다!

 그 새장을 여십시오! 활짝 여십시오!

 그대는 한 마리 자유로운 새입니다!"

이야기, 다양한 단어, 비유, 예들을 사용하는 이런 것이 **확신**을 얻는 방법입니다. 그러나 제 이야기를 잘 들으십시오! 영적인 학學 전체가 이 불생의 아이에 대해서 이야기하고 있을 뿐입니다.

 초기 단계에서는 사람들이 듣기는 합니다.

 그러나 나중에는, 계속 실재 속으로 깊이 들어가고,

 더 깊이 들어가는 사람이 그리 많지 않습니다.

 그들은 가르침을 해부하고,

 그것을 표현하기 위해 사용된 단어들을

 서로 비교하는 것을 훨씬 더 좋아합니다.

결정적 순간이 오면 일반적으로 사람들은 내면을 향하고 고요해지는 데 별 관심이 없습니다. 그들은 몸-지知의 예전 방식을 더 편하게 여깁니다. 실재의 의미를 논의하고 토론하는 것이 더 쉽다고 느낍니다. 그것은 쓸모가 없습니다!

 실재는 논의나 토론에 적합하지 않습니다.

그래서 제가 모두에게 같은 질문을 합니다. "그 모든 영적인 책들을 읽고 난 그대의 결론은 무엇입니까?"라고. 만일 두려움이 없다면 그건 좋습니다. 몸을 떠날 때가 오면 두려움이 없기를 바랍니다. 그러나 확실히 하십시오! 만일 여전히 두려움이 그대 주위를 맴돌고 있다면, 그대의 모든 문헌적 추구는 시간 낭비였습니다.

두려움에 직면하여 떠는 것은 (유용한) 지知가 아닙니다.

지知는 그대가 임종하는 자리에서 유용해야 합니다.

영적인 공부는 그대를 두려움 없게 만들고, 그 결과 그대에게는 **자연발로적 평안과 행복**이 있습니다. 마치 호주머니에 돈이 하나도 없으면 강도를 두려워할 이유가 없듯이 말입니다. 강도에게 오라 하십시오! 그대의 호주머니는 비어 있습니다! 이제 그대는 확신을 가졌으니 그럴 때 도움이 될 것입니다. 어떤 두려움도, 그 무엇도 없고, 오직 평안뿐일 것입니다. 언젠가 그대는 그 집을 떠나야 합니다.

매일 그대 자신에게 이렇게 말해야 합니다.

"이 집은 내 것이 아니다." 그것을 잊어버리십시오!

그대는 이 몸을 이용하여 그대의 **무아인 진아**를 알고, 존재성 이전에 그대가 어떻게 있었는지를 알 기회를 가졌습니다. 그대 삶의 매 순간이 아주, 아주 중요합니다. 그대 삶의 매 순간이 아주, 아주 중요합니다. 그렇지 않으면 또 하나의 꿈, 또 하나의 꿈, 또 하나의 꿈이 있게 될 것입니다.

이 악순환에서 나와야 합니다.

그대 자신의 힘으로 그럴 수 있습니다.

그대 자신의 힘으로 이 악순환을 깨트리십시오.

그대는 그것을 깨트릴 수 있습니다!

그대가 궁극적 실재이기 때문입니다.

다시는 어떤 것에도 맹목적으로 서명하지 마십시오! 그대는 불생不生입니다. 주의하십시오! 외적인 힘들, 보이지 않는 힘들의 압력 때문에 **실재**를 등한시하지 마십시오. 영적인 힘들, 신체적 힘들, 정신적 힘들, 논리적 힘들, 지적인 힘들 때문에 **실재**를 등한시하지 마십시오.

실재를 등한시하지 마십시오.

모두가 **스승**들의 이름으로 그 자신의 관념을 (사람들에게) 인상 지우려고 애쓰고 있습니다. 일반적으로, 그들에게는 고개를 끄덕이면서 "맞습니다, 맞습니다"라고 말할 것이 기대됩니다. 그대는 아닙니다! 그대는 아니지요, 더 이상 그대는 아닙니다!

이제 그대는 지知의 거울을 이용하여

무엇이 옳고 그른지, 무엇이 진짜고 진짜가 아닌지,

판단할 수 있습니다.

그 지知의 거울에 비추어 분별하고 판단할 수 있습니다.

그대는 확신을 가지고 있습니다! 몇 가지 단어는 그대가 사용할 필요가 있을지 모르지만, 단어들은 **궁극적 진리**가 아니라는 것만 기억하십시오!

다시는 단어들의 제물이 되지 마십시오.

다시는 그 함정에 빠지지 마십시오.

그런 일은 일어납니다.

그런 일이 일어나는 것을 본 적이 있습니다.

질: 저는 어떤 책이나 교사들에 의해서도 유혹당하지 않을 것입니다, 마하라지님. 그 점은 염려하지 않으셔도 됩니다. 저는 그들의 몸-지知가 가진 한계를 압니다. 그리고 전에 없이 **진아지**가 펼쳐지고 있는데, 제가 왜 책 지식을 구하겠습니까?

마: 아주 좋습니다! 우리가 단어들을 창조했고 거기에 의미를 부여했습니다. 우리는 늘 단어들을 사용하고 있습니다. '**신**'과 '**당나귀**'라는 단어를 봅시다. 우리는 '**신**'이 신적 존재인 반면 '**당나귀**'는 동물이라고 말합니다. 만일 우리가 "당나귀는 신을 뜻한다"고 말하면 어떻게 됩니까? 아무 일도 일어나지 않습니다! 그것은 단지 단어들이 바뀐 것일 뿐, 본질이나 실체가 바뀐 것이 아닙니다. 단어들에 대해서는 신경 쓰지 마십시오. **실재**와 함께하십시오! 즐거운 시간을 갖고, 그대의 영성을 즐기십시오!

고요하고 행복하십시오!

167. 무아인 진아 안에 있으라

마하라지: 계속 그대 자신에게 망치질을 하여 여전히 그대 주위를 맴돌고 있는 어떤 환적인 개념도 해소하십시오. 남아서 어른거리는 어떤 잔여물도 제거하십시오. 무아인 진아 쪽으로 움직이고, 무아인 진아 안에 있으십시오. 계속 환적인 개념들을 순복시키고, 계속 무아인 진아의 '자아'를 순복시키십시오. 제가 계속 말하듯이,

모든 몸-지知가 해소되기 전까지는

궁극적 실재가 나타나지 않을 것입니다.

명상, 만트라 염송의 수련들을 계속해 나가십시오. 헌가를 부르면 **영**靈이 고양될 것이고, 그대가 몸을 잊어버리는 데 도움이 될 것입니다.

이제 그대는 불이 밝게 타고 있는 단계에 있습니다. 그대는 큰 열의를 보여주고 있습니다. 실재를 발견하고 근원으로 돌아가려고 이전 어느 때보다도 더 추진력을 받고 있습니다. 의심들이 사라졌고 그대 자신을 순복시켰습니다. 온전한 확신과, 스승과 그대 자신에 대한 신뢰가 있어, 이제는 그 무엇도 그대를 멈출 수 없습니다!

질문자: 맞습니다, 마하라지님. 추진력을 받고 있습니다. 저는 알아야겠습니다. 더 깊이 더 깊이 들어가야 합니다. 점점 더 많은 것이 드러나고 있습니다. 저는 말하자면 바짝 추적하고 있습니다.

마: 그대는 **헌신자**에서 **헌신**으로, 헌신에서 **신**으로 가는 과정을 거쳤습니다. 그대 안에 있는 **신**의 **상**像이 그냥 더욱 더 발견될 필요가 있습니다. **지**知의 **흡수**가 서서히, 말없이, 영구적으로 일어나면서 그렇게 될 것입니다. 자아의 모든 자취가 사라졌을 때, 그리고 남은 것이 **무아인 진아**가 전부일 때, 그렇게 될 것입니다.

환幻을 다시 들여 놓지 마십시오! 수행을 계속해 나가십시오. 그대는 산의 정상에 아주 근접하고 있는 등반가와 같습니다. 거의 다 왔습니다. 돌아보지 마십시오! 돌아보면 집중을 잃을 것입니다. 일어나는 일에 대해 생각

하지 마십시오. 두뇌에 스트레스를 주지 마십시오!

감로 나무가 꾸준히 자라고 있다는 것을 믿으십시오. 어떤 노력도 하지 마십시오! 확신이 있고, 더 깊이 들어가고 있고, 흡수되고 확립되고 있습니다. 그러다가 **자연발로적 확신, 깨침, 깨달음**이 있을 것입니다. 그것을 뭐라고 부르든, 이름은 중요하지 않다는 것을 그대는 압니다. 그때가 되면 "내가 **그것**이다"를 알 것입니다.

질: 마하라지님, 전에는 당신과 별개라는 느낌이 있었지만 이제 그것이 사라졌습니다. 당신께서는 "그대 안의 **보이지 않는 화자**와 내 안의 **보이지 않는 청자**가 똑같은 **하나다**"라고 여러 번 말씀하셨습니다. 제가 이제 그것을 **압니다**. 정말로 압니다. 마치 어떤 합일이 일어난 것 같습니다. 이제는 마치 우리가 **하나**여서, 당신이 제 안에 계시고 제가 당신 안에 있는 것 같습니다.

마: 그것은 좋은 표지, 아주 좋은 표지입니다. 그 합일 과정이 **단일성**을 향해 진군하고 있습니다. **단일성**이 늘 있었지만 그것이 환적인 개념들이라는 재에 덮여 숨겨져 있었습니다.

질: 일전에 마하라지님, 명상 중에 당신의 **현존**이 정말 강하게 느껴졌습니다. 당신의 에너지와 힘이 아주 강했습니다.

마: 그대의 에너지이고 파워지요! 그것은 그대의 에너지이고 파워라는 것을 기억하십시오! 그것은 그대에게서 나옵니다. 그대가 스승과 가까이 있기 때문에 그 힘과 파워의 느낌이 있습니다. 그런 일이 일어납니다! 그것은 그대 안의 **스승적 본질**입니다. 그것은 그대의 **내적인 스승**에게서 나옵니다. 그대는 **외적인 스승**의 도움으로 **내적인 스승**에게 점점 더 가까이 가도록 인도받아 왔습니다. 그대의 **내적인 스승**은 그대의 가장 좋은 친구이며, 늘 충성스럽다는 것을 알게 될 것입니다.

질: 당신께서는 스승이 조각가로서 망치로 계속 쪼아낸다는 비유를 사용하십니다. 저는 그런 일이 정말로 일어나고 있다고 느낍니다. 신을 덮고 있던 원치 않는 부분들을 당신께서 제거해 주셨습니다. 모든 환幻이 사라졌다는 것은 아니지만, 상당히 많이 그렇게 되었습니다. 당신께서 망치질에 망치질

을 하시고, 떼어내고 끌질을 하면서 점점 더 깊이 들어가셔서, 원치 않는 모든 덮개들이 제거되었습니다. 놀랍습니다! 놀라움과 흥분이 있습니다! 저는 백 퍼센트 이상 확신하고 있고, 내면의 **신**이 찬란한 광채를 발하며 자연발로적으로 드러날 것이라는 흔들림 없는 믿음을 가지고 있습니다.

마: 그대가 강한 헌신을 가지고 있기 때문에 저는 매우 행복합니다. 이런 비상한 영성은 드뭅니다. 그것은 제 **스승이신 니사르가닷따 마하라지님**의 은총 덕분입니다. 보세요, 저는 아무것도 하지 않고 있습니다. 저는 그대에게 새로운 어떤 것도 말해 주지 않습니다. 그저 그대를 보여주고, **이미 그대 안에 있는 것**을 다시 일깨워 줄 뿐입니다. 그것은 그대의 **지**知이고 그대의 힘이며, 그대의 실재이고, 그대의 **진리**입니다.

질: 또한 마하라지님, 당신께서 "그대는 재에 덮여 있고, 밑에서는 불이 타고 있다"고 말씀하시곤 할 때, 그것은 적절한 말씀이었습니다. 생각들, 일종의 분주함이 휘돌고 있었고, 무작위적 기억들이 불쑥불쑥 들어왔습니다. 그러나 이제는 그 모든 것이 사라졌습니다. 아주 적은 생각만이 있습니다.

전체적인 느낌은, 말하자면 공空의 느낌에, 광대한 평안과 만족이 함께하는 것입니다. 재가 날려갔고, 저변에 있던 불이 행복으로 타오르고 있습니다. 행복으로는 그것을 참으로 묘사하지 못합니다. 그것은 행복을 넘어서 있고, 말을 넘어서 있습니다. 마하라지님, 당신께 너무나 감사드립니다.

직관적으로, 대부분의 시간 동안 저는 최대의 존경과 고마움으로 당신께 절하고 싶은 그런 충동을 가지고 있습니다.

마: 그대에게 절하십시오! 그대가 **스승**에게 절을 할 때, 그것은 그에게 절하는 것이 아니라 **무아인 진아**에게 절하는 것입니다! 그러니 그대에게 절하십시오! 그대에게 절하십시오! **무아인 진아**에 점점 더 가까이 가십시오.

무아인 진아와 함께하십시오.

저는 그대의 **내적인 스승**을 자극하고 있습니다.

그대의 **내적인 스승**에게 이야기를 하십시오. 질문을 하십시오. 그러면 답변을 얻을 것입니다. 답변을 요구하십시오! 그대의 **내적인 스승**이 답을 할 것이고, 그대에게 가르침을 줄 것입니다. 그대의 **스승적** 본질이 그대를 인도할 것입니다. 무아인 진아를 끌어안으십시오. 무아인 진아를 끌어안으십시오. 그대의 내적인 스승이 다시 깨어났습니다.

그대가 궁극적 진리입니다.
그대가 궁극적 실재입니다.
그대가 최종적 실재입니다.

더 이상 말할 것이 아무것도 없습니다. 우리는 말을 넘어서 있습니다. 이제 말은 군더더기입니다. 저는 지知가 환幻이라고 그대에게 말했습니다. 우리는 첫 번째 환적인 가시를 제거하기 위해 이 환적인 가시를 사용했습니다. 이제 이 지知가 그 목적을 다했으니, 우리에게 그것이 더 이상 전혀 필요치 않습니다. 그것은 환幻, 곧 무지를 쉽게 제거할 수 있게 해주었습니다. 이제는 지知라는 환幻도 해소되어야 합니다.

전체 지知가 단일성 속에 흡수되었습니다.
전체 지知가 단일성 속에 흡수되었습니다.

환幻에서 실재에 이르는 과정이, 말하자면 끝이 났지만, 그 단-어-들을 문자적으로 받아들이지 마십시오. 어떤 시작도, 끝도, 어떤 과정도, 어떤 환幻도 없습니다.

무아인 진아 안에 있으십시오.

차분하고 고요하십시오! 행복하십시오! 그 비상한 평안, 그 비상한 침묵을 즐기십시오! 무아인 진아의 감로에 도취하십시오!

질: 절하는 것에 대해 말씀하신 것을 들었습니다만, 그래도 당신께 절을 하고 싶습니다, 마하라지님. 왜냐하면 내면에서 늘 깊은 고마움의 느낌이 솟구쳐 오르기 때문입니다.

마: 그것은 좋습니다. 헌신을 계속하십시오. 헌신을 계속해 나가는 것이 중요합니다. 그것은 우리를 겸허하게 만듭니다.

헌신이 없는 지知는 건조하고 공허합니다.
그것은 무의미합니다.

또한 스승이 제자에게 그가 **궁극적 실재**이고, **최종적 진리**라는 것을 보여주었습니다. 따라서 그런 **자연발로적 고마움**이 일어나는 것이 당연합니다.

그대의 무아인 진아 외에는 어떤 신도,

브라만도, 아뜨만도, 빠라마뜨만도, 스승도 없습니다.

이 구절이 가르침의 요지를 담고 있습니다. 그것을 그대 가까이 두십시오.

그대 자신을 알고, 무아인 진아 안에 있으십시오.

이것은 그대가 **전능한 신**이고, 브라만·아뜨만·빠라마뜨만이라는 것을 알라는 뜻입니다. 그 말을 할 것도 없이 말입니다.

그 말을 할 것도 없이, 그대가 전능한 신입니다.

그러니 무아인 진아 안에 있으십시오.

무아인 진아 안에 있으십시오.

168. 실재의 달인이 되라

마하라지: 철학이나 영성의 달인이 되는 데 그치지 말고 실재의 달인이 되십시오. 이 지知는 실용적인 지知입니다. 따라서 그대 자신의 교사가 되십시오. 그대가 질문자이자 답변자입니다. 모든 몸-지知가 잊혔을 때는 더 이상 어떤 종류의 분별이나 차별도 없습니다. 어떤 스승과 제자, 화자와 청자도 없습니다.

집들은 서로 달라도 하늘은 하나입니다.

몸들은 서로 달라도 영靈은 하나입니다.

이따금 동요가 있겠지요. 그래서 그대가 강한 상태를 유지할 필요가 있습니다. 그대의 토대는 흔들릴 수 없기 때문에 그대에게 어떤 문제도 없을 것입니다. 작은 지진이 와도 확고히 서 있을 것입니다. 때로 지진들이 일어나지만 영향을 받지 않을 것입니다. 왜냐하면 그대는 치열한 특공대 훈련을 해 왔기 때문입니다.

그것이 그대에게 지휘적 성품을 부여했고, 그대는 그런 시험들을 반기면서 "지진들이 오라고 하지. 올 테면 와 봐!"라고 할 정도입니다. 이것이 명상과 그에 관련된 수행의 결과입니다. 그대는 강하고, 그대는 **전능**합니다.

질문자: 예, 저는 무적이고 파괴 불가능이라고 느낍니다. 눈에 띄는 다른 차이는, 내면에서 일어나고 있는 모든 놀라운 것들입니다. 경이롭습니다! 그것은 하나의 우주적 빛의 쇼 같습니다! 현재, 저는 어떤 사람들과도 어울릴 필요를 느끼지 못합니다.

마: 그렇지요, 폭발들이 일어나고 있습니다. 마치 뭔가가 끓고 있듯이 말입니다. 그대는 빛을, 물결들을 볼 수 있습니다. 많은 기적적인 체험을 할 수도 있습니다. 그것은 좋은 진보적 단계들입니다. 그것은 **궁극적 진리**가 서서히 노출되고 있고, 나오고 있다는 것을 의미합니다. 그 과정이 그대에게 워낙 내적인 행복을 안겨주고 있어서, 다른 사람들과 함께 있고 싶지 않은 것이 당연합니다.

그러니 그대와 함께하고,
무아인 진아와 계속 어울리십시오.
무아인 진아와 대화하십시오. 일체를 무아인 진아와 논의하십시오.
이 우정, 이 헌신을 함양하십시오.
깊이, 깊이, 깊이 들어가십시오. 그것이 그대의 심장을 접촉하게 하십시오! 이 모든 수행들이 존재하는 것은 이미 그대 안에 있는 **궁극적 진리**를 확립하기 위해서일 뿐입니다. 그것들은 **궁극적 침묵**과 차분함을 가져오기 위해 있습니다.

그대가 **최종적 진리**입니다. 그대가 **궁극적 진리**입니다. 무아인 진아 외에는 아무것도 없습니다. 스와미 람다스는 말합니다. "『다스보드』에서 이야기하는 모든 것은 합리적인 사고의 결과이다. 그것은 합리적인 **진아**지이다."

질: 우리가 『다스보드』 송경을 들으며 명상할 때, 저는 때로 아주 감동을 느낍니다. 물론 그게 무슨 뜻인지는 모르지만—왜냐하면 마라티어로 되어 있으니까요—몇 번인가 그것이 저를 감동시켜 눈물이 나게 했습니다.

마: 그대가 그 언어를 모른다 해도, 그대의 **내적인 심장**, 내적인 **현존**이 알고 감동받는 것입니다.

질: 어떤 때는 마음을 빼앗기기도 합니다. 그것은 어떤 에너지가 있고, 기운을 전해줍니다.

마: 제 스승님이 저에게 단어 하나하나의 의미가 반사되게 『다스보드』 읽는 법을 가르쳐 주셨지요. 그것을 약 5년간 이른 아침마다 읽었습니다. 니사르가닷따 마하라지님과 교류를 가졌던 것은 아주, 아주 행운이었습니다.

질: 그리고 이제 저희가 아주 행운입니다. 기도는 어떻습니까, 마하라지님?

마: 헌가 부르기, 기도하기는 모두 아주 좋습니다. 영靈이 그것을 좋아하고, 기도에서 행복과 평화로움을 얻습니다. 그것을 통해서 **궁극적 진리와 하나 됨**이 있습니다. 왜냐하면 외적인 정체성이 잊히기 때문입니다.

그 헌신에서는 어떤 체험자도, 체험도, 어떤 주시자도, 주시도 없고, 따라서 영靈이 궁극적 진리와 하나가 됩니다. 『기타』에서는 이렇게 말합니다. "나는 하늘에 머물러 있지 않고, 성자들의 심장 속에 있지도 않다. 내 헌신자들이 기도하는 곳, 거기에 내가 있다."

깊이, 깊이, 그리고 더 깊이 들어가십시오. 그러면 비상한 행복을 발견할 것입니다. 이 행복은 묘사를 넘어서 있습니다.

책에서는 이 행복을 발견할 수 없습니다.

그것은 그대 안에서 발견할 수 있습니다.

왜냐하면 그대가 행복의 근원이기 때문입니다.

그대는 실재의 한 달인입니다.

질: 희유한 가르침입니다!

마: 제 스승님들의 은총 덕분입니다. 그분들이 저와 함께 나누신 것을 이제 제가 그대와 함께 나눌 수 있습니다.

지知의 동굴이 그대에게 열렸습니다.

그것을 받아들이십시오!

원하는 만큼 많이 보물을 가져가십시오.

질: 저는 모든 보석을 보석함째 가져가려고 너무 오랫동안 기다렸습니다!

마: 그대는 헤엄치는 법을 아주 잘 배웠습니다. 이제 심해 잠수를 하러 가서 대양 속으로 더 깊이 뛰어들어야 합니다.

169. 무념의 실재

마하라지: 저는 생각을 하지 않습니다. 생각함이 없이 이야기하고, 그대들의 질문에 답변하고, 자연발로적으로 말합니다. 같은 힘이 그대들 안에도 있습니다. 깨달음을, 자연발로적 확신을 얻으면 그대들도 그렇게 할 수 있습니다. 라마나 마하르쉬, 싯다라메쉬와르 마하라지, 니사르가닷따 마하라지 등 모든 성자들은 **실재**의 근저로부터 이야기했습니다.

그분들은 궁극적 진리를 살아냈습니다.

그분들은 생각함이 없이 그들 자신을 표현했습니다.

깨달음을 얻고 나면 어떤 추측도, 상상도, 마법도, 어떤 무엇도 없을 것입니다. 순전한 진리, 무념의 실재입니다.

질문자: 어떤 영리한 수법도 없습니다!

마: 없지요! 어떤 매개물도 없습니다. 그것은 아주 단순합니다. 우리는 이 환적인 세계, 마음, 에고, 지성, 독서, 그릇된 해석, 그릇된 사고, 그릇된 추론, 의심, 끼는 구름들, 구름, 구름, 구름의 압박 하에 있습니다. 그러면 또다시 그대들은 그 범주 안에서 돌고 있습니다. 그 범주에서 나와야 합니다. 이 궁극의 단계에 계속 머물러야 합니다.

이제 어떤 앎도, 아는 자도,

어떤 체험도, 어떤 체험자도 없어야 합니다.

존재성 이전도 없고, 존재성 이후도 없습니다.

"존재성 이전"과 "존재성 이후"는 단어들일 뿐입니다.

어떤 존재성 이전, 혹은 존재성 너머도 없습니다.

이런 모든 달콤하고 세련된 단어들을 제거하십시오.

질: 그것은 무아인 진아도 포함합니까? 무아인 진아는 어떻습니까?

마: 물론이지요! 이런 것들은 단어일 뿐입니다. 이제 그대의 입지가 분명해야, 아주 분명해야 합니다.

질: 그 모든 단순성에도 불구하고, 깨달음은 여전히 드문 사건입니다!

마: 단 하나의 장애물, 하나의 환幻이 있는데, 그것은 그대 자신을 한 개인으로 내세우는 것입니다. 전혀 어떤 환幻도 없고, 전혀 어떤 장애물도 없습니다. 그대가 그것을 장애물로 만들면 그것은 장애물로 남아 있겠지요. 다시 들으십시오.

단 하나의 장애물, 하나의 환幻이 있는데,
그것은 그대 자신을 한 개인으로 내세우는 것입니다.

질: 우리가 우리 자신을 제물로 만듭니다. 당신 자신께서 말씀하셨듯이, "그대가 평안을 방해하고 있다"는 것입니다. 제가 저 자신이 하는 생각들의 제물입니다.

마: 우리가 그물을 창조하고, 그 속에 걸려들고 있습니다. 불생의 아이에게는 어떤 장애물도 없습니다. 어떤 장애물도 없습니다. 때로는 기분 상태가 변하고, 약간의 투쟁이 찾아올 수는 있습니다. 그러나 그대가 경각심을 갖게 될 것입니다. 그런 것이 일어나고 있다는 것을 알 것이고, 또한 그것을 그냥 한 겹의 경험으로 인식하게 될 것입니다.

왜냐하면 그대는 자신이 그 모든 것과
전적으로 다르다는 것을 알기 때문입니다.

질: 그러니까 특공대 훈련으로 우리가 극도로 경각심을 갖게 되었기 때문에, 방심하다가 당하는 일은 없겠군요?

마: 구름들이 오고, 구름들이 갑니다. 어떤 때는 해가 나오고 어떤 때는 구름이 끼지만, 그것은 늘 지나가는 순간이고, 일시적이며, 영구적이지 않습니다. 우울·슬픔·똥함·행복·평안·구름 등. 그 모든 것 내내 그대는 안정되어 있습니다. 그 모든 것 속에서 내내 그대는 안정되어 있습니다.

그것은 그대가 기차를 타고 있는 것과 같습니다. 기차가 움직이고, 움직입니다. 나무들이 움직이지만 그대는 가만히 그 자리에 있습니다. 때로는 그대가 여행할 때 즐거운 것과 언짢은 것을 봅니다. 무엇이 보이든 그것은 그대에게 아무 영향을 주지 못합니다. 그대는 안정되어 있습니다.

기차가 움직이지, 그대는 움직이지 않습니다.
그대는 안정되어 있습니다.

(잘 안 된다고) 의기소침해하지 마십시오! 이 지_知를 그대의 일상생활에 적용하면, 단순합니다. 이것은 실용적인 지_知입니다. 생각들이 흐르고 있을 때라 해도, 그 생각이 좋은 것이든 나쁜 것이든, 그대는 안정되어 있습니다. 우울한 생각, 슬픈 생각, 기쁜 생각, 이런 것들은 모두 생각이고 환_幻입니다! 어느 순간이든, 그대가 받은 훈련으로 인해 경각심을 갖게 될 것입니다. 왜냐하면 자신이 그런 모든 생각과 무관하다는 것을 알기 때문입니다. 그리고 그런 어떤 생각의 제물도 되지 않을 것입니다.

    그대가 스승입니다.
    그러니 나타나는 생각들에 얼마나 많은 주의를 베풀지
    그대가 결정해야 합니다.
    그대는, 만일 원치 않는 생각들에 주의를 베풀면
    고통이 있을 거라는 것을 압니다.
    그런 것들을 무시하면
    고통은 없습니다!

어린아이가 넘어지면, 예를 들어 작은 여자아이가 넘어지면 그대는 그 아이에게 주의를 베풉니다. 자신이 그대의 주의를 끌었다는 것을 알면 아이는 넘어진 것을 더 극적인 장면으로 만들어, 울고 또 계속 웁니다. 아이를 무시해 버리면 울지 않겠지요. 이것은 기본적인 심리이지만 사실입니다. 따라서 만약 일어나고 있는 일들에 대해 그대가 연민을 가지면 그것이 고통스럽겠지만, 사건들을 무시하면 고통이 없습니다! 그것은 그대에게 달렸고, 그대가 스승입니다.

    몸-지_知가 해소되는 순간이 가장 행복한 순간이고, 가장 평화로운 순간입니다. 니사르가닷따 마하라지님이 말했습니다. "나는 거지가 아니었다. 이 모든 괴로움, 일체가 다 하나의 꿈이었다. 그러다가 깨어난 뒤에는 **실재**가 있었다."

    "일체가 환_幻이다. 어떤 마음·에고·지성도 없다"고 그대가 말할 수 있을 때까지는 질문들이 있을 것입니다. 일체가 무_無에서 나오고 무_無 속으로 흡수됩니다.

깨달았고 깨친, '아는 자'에게는

그런 생각, 느낌, 기분들이 있는 그대로 인식됩니다.

거기에 어떤 주의도 베풀지 않습니다.

왜냐하면 더 이상 몸에 상관하지 않기 때문입니다.

이런 방식으로 지知를 적용해야 합니다. 그대는 진정한 의미에서 그대 자신을 압니다. 이제는 이 지知의 견지에서 살아야 합니다.

170. 그 비밀을 즐겨라

마하라지: 이런 유형의 직접적인 경험은 다른 어디에서도 얻지 못할 것입니다. 왜냐하면 여기서는 아무도 자신이 잘났다고 주장하거나, 자랑스럽게 돌아다니면서 "나는 대단하다"고 말하지 않기 때문입니다. **계보 스승님들**이 당신들의 위대함을 남들에게 전해주고 있고, 당신들의 위대함을 말없이 겸손하게 함께 나누고 있습니다.

마찬가지로, 저는 위대한 스승이라고 주장하지 않고, 단순히 제 **스승님**이 저와 함께 나누신 모든 것을 그대와 함께 나누고 있을 뿐입니다. 행복하십시오! 전적으로 행복하십시오! 이제 그대는 그 비밀을 압니다.

그대의 삶의 비밀을 즐기십시오.

그대는 무엇을 원합니까?

무無입니다!

그대의 임무를 다하고, 어떤 환적인 생각에도 말려들지 마십시오.

실재를 고수하십시오.

그대의 실재를.

그대가 실재이고,

그대가 궁극적 진리입니다.

그대가 경험하고 있는 생각과 느낌들은 신체적 느낌일 뿐입니다. 그것들은 오고가는 파도와 같습니다. 그대는 뿌리를 내렸고, 닻을 내렸고, 안정되어 있습니다. 일어나고 있는 모든 것을 하나의 영화같이 보십시오. 그대는 여러 장면들을 지켜보면서, 어떤 때는 울고 어떤 때는 웃기도 합니다. 그대가 보고 있는 것은, 그대에게서 투사되는 하나의 영화, 하나의 각본일 뿐입니다. 그대는 한 사람의 마법사입니다!

그대가 보는 것은
그대의 투사물입니다.

늘 뭔가를 요구하고 있는 마음과 함께 놀지 마십시오. 마음은 그대와 별개입니다. 그대는 그것과 무관합니다.

싯다라메쉬와르 마하라지, 니사르가닷따 마하라지와 같은 우리 계보의 스승님들은 모두 자신의 스승에게 완전히 헌신했습니다. 이런 자기투신, 이런 종류의 적극적인 헌신이 필요합니다.

그대의 스승에게 계속 강한 헌신을 가지고 있으면,
일체가 내면에서 나타날 것입니다.
그리고 그대가 절을 하게 될 것입니다.
왜냐하면 그대의 내면에서
지知가 흐르기 시작하기 때문입니다.

자신도 모르게 그대가 이야기를 시작할지도 모릅니다. 이것은 일종의, 내적 스승의 깨어남입니다. 모르는 사이에 이 모든 지知가 하나의 강물처럼 흐르기 시작할 것입니다. 어떤 의도적인 생각을 할 필요도 없이, 그것이 자연발로적으로 일어날 것입니다.

만일 그대에게 그런 일이 일어나면, 사람들은 그대에게 기도를 하기 시작하고, 이런 말을 퍼뜨릴 것입니다. "이분은 **신인**神人(God-man)이다!" 제가 하는 말은 허구가 아닌 사실입니다! 위대한 **스승**들에게 일어났던 일입니다.

만일 그대가 스승에게
타협 없는 완전한 헌신을 가지고 있다면,
그 효과는 무엇이겠습니까?

스승의 위대함이

그대에게로 흘러갈 것입니다.

질문자: 그것은 어떤 힘의 전이 같은 것입니까?

마: 그럴 때 그대는 그대의 **스승**과 같이, 기적적인 체험들을 갖게 될 것입니다. 깊은 행복과 비상한 평안을 갖게 될 것입니다. 어떤 두려움도, 어떤 끌림 요인도, 어떤 번뇌도 없을 것입니다.

그것은 그냥 일종의 도취,

자기성취와 같습니다.

어떤 물질적인 지知, 대상, 혹은 원인 없이 그대가 그대 자신을 성취하고 있습니다. 그것은 자기행복, 자기평안입니다. 스스로 산출하는 행복이고, 스스로 산출하는 평안입니다.

거기에 그대가 있습니다.

그대만이,

홀로.

달리 아무것도 없습니다.

171. 무아인 진아와 어울려라

마하라지: 지知를 흡수하고 나면 **자연발로적 확신**이 있을 것입니다. 그대는 이미 **깨달아** 있지만, 몸과의 연관으로 인해 자신이 **실재**와 다르다고 느낍니다. 이것을 아는 것이 매우 중요합니다. 그것이 그대를 방해할 수 있는 하나의 미세한 장애입니다.

이 느낌이 해소되어야 합니다.

그러면 일체가 분명해질 것입니다.

질문자: 당신께서 하시는 말씀이 정말 흥미롭습니다, 마하라지님. 최근의

한 명상에서 제가 바로 그것을 자각하게 되었습니다. 남아 있는 것이 무엇인지를 살피고 순복하면서 책 지식의 자취를 찾고 있었는데, 그것이 떠올랐습니다. 어떤 느낌, 깨달음이라는 개념을 둘러싼 그런 느낌이 있다는 것, 그것이 하나의 장애물이 되어 있었다는 것을 깨달았습니다. 바로 지금 말씀하신 그것 말입니다.

마: 그대의 **무아인 진아**에게 순복해야 합니다.

그러면 어떤 차별이나 분리도 없을 것입니다. 왜냐하면 그대가 한 **스승**이고, 그대가 한 제자이기 때문입니다. 그대가 신이고, 그대가 헌신자입니다.

일체가 그대 안에 있습니다. 일체가 그대 안에만 있습니다. 왜냐하면, 제가 말해 왔듯이 그대의 **현존**, 그대의 **자연발로적 현존** 없이는 그대가 세계를 볼 수 없기 때문입니다. 그대가 알다시피 전 세계는 그대의 **자연발로적 현존**의 한 투사물입니다.

그대가 이 세계의 아버지입니다.

몸과 함께 수많은 개념들이 그대 안에서 나타났습니다. 개념들은 문제를 안겨주지만, **실재**를 알고 나면 개념들의 힘이 눈에 띄게 줄어들 것입니다.

스승의 인도를 받아야 합니다.

제가 그대에게 말해주는 것을 따르십시오.

모든 기억을 지워버리려면

지속적인 명상이 필수입니다.

질: 제가 어디선가 읽은 바로는, 성자들과 어울림을 갖는 것이 매우 유익하다고 합니다.

마: 성자들과의 어울림(Santa Sangha), 곧 성스러운 사람들과의 친교親交란 실은 **무아인 진아**와 친교를 갖는 것을 의미합니다. 그것은 성스러운 사람들, 신체적인, 곧 몸에 기초한 친교의 문제가 아니라, 그것 없이는 그대가 '나'를 말할 수 없는 그대의 **무아인 진아**와의 쉼 없는 친교의 문제입니다.

그래서 그런 이야기는 논의상의 목적을 위한 것일 뿐입니다. 지知가 흡수되어야 합니다. 그대가 흡수해야 할 지知가 많습니다. 우리는 여러 가지 각도, 여러 가지 차원을 이용하여 같은 것을 말하고 있고, 늘 같은 것을 망치질하고 있습니다. 그대의 **무아인 진아**와 별개로는 아무것도 없습니다.

그러니 그 **최종적 진리**에 그대 자신을 오픈하십시오.

그것은 그대의 진리이고, 그 청자의 진리입니다.

그것은 브라만·아뜨만·빠라마뜨만·신의 진리가 아닙니다.

최종적 진리가
언제 전적으로 확립될지는 알 수 없고,
아는 것이 불가능합니다.

사람들은 상서로운 강에서 목욕을 합니다. 북쪽에서 남쪽까지 그들은 그런 성지들을 방문하고, 온갖 의식과 고행적 행법들을 하고 있습니다. 몸을 고문하는 것은 **궁극적 진리**가 아닙니다. (사람들을) 치유하는 수많은 치유사(healer)들이 있고, 수많은 종교가 있습니다.

그 모든 행법들은 몸에 기초해 있습니다.
외적인 것들이 그들을 깨닫게 해줄 수 있을 거라고
사람들이 진짜로 생각한다는 것이 정말 놀랍습니다.

일체가 내면에 있습니다. 그대는 이제 그것을 알고 있고, 따라서 어디로도 가고 싶은 마음이 나지 않을 것입니다. 그것은 그대가 다른 곳을 방문하지 않을 거라는 의미가 아니라, "거기 가서 뭔가를 얻어야지", 혹은 "그곳을 방문하고 나면 내가 깨칠 거야" 같은 어떤 부담, 어떤 기대도 없을 거라는 의미일 뿐입니다.

질: 리시케시는요?

마: 아, 리시케시! 그리고 그 모든 곳들. 올해 꿈바 멜라(Kumbha Mela)가 나시크에서 열릴 겁니다! 인도에는 북쪽에서 남쪽까지 수많은 성지가 있지요.

사람들은 그런 곳들을 방문하지만
그 방문자를 등한시하고 있습니다.
그들은 그 방문자를 등한시하고 있습니다.

그들이 그 방문자를 등한시하는 것은 그들에게 보는 눈이 없기 때문입니다. 스승이 그대에게 보는 눈을 줍니다. 즉, 그대가 '남들'이 아니라 그대의 **무아인 진아**를 볼 수 있도록 **지**知라는 안경을 주고 있습니다. 전 세계가 그대의 자연발로적인, 보이지 않는 현존에서 투사된다는 것을 알면서, 왜 여기저기 갑니까? 그래서 제가, 이 가르침은 이해하기는 쉽지만 흡수하기가 어렵다고 하는 것입니다. 왜냐하면 주위에 온통 환幻이 있기 때문입니다.

도처에서 마음을 끄는
세간적인 것들의 함정에 빠지지 마십시오.
그대가 그런 환幻들을 창조했다는 것을 기억하십시오.
마야는 그대의 아기입니다!
부단히 무아인 진아와 어울리십시오.

172. 그대의 행복이 나의 행복

질문자: 무아인 진아 없이는 제가 아무것도 할 수 없다는 것을 깨닫고 있습니다. 저는 직관적으로 저에게 온 이 지知를 심화하려고 노력하고 있습니다. 중요한 것은 무아인 진아뿐입니다. 마음은 제가 깨어 있을 때, 그리고 제가 꿈을 꾸고 있을 때, 늘 이야기들을 만들어낼 뿐입니다. 저는 이 모든 것을 바라보고 있고, 깊은 수준에서 그 모두를 주시하고 있습니다. 지知와 이해가 깊어지고 있지만 어떤 순간에는 제가 다시 몸 안에 있고, 그래서 시간이 걸리고 있습니다. **자연발로적 확신이 일어나려면 은총이 필요합니까?**
마하라지: 아닙니다. 그것은 마치 자신이 남자나 여자라는 것과 같은, 하나의 자연발로적 느낌입니다.
질: 마하라지님, 당신께서 일어날 거라고 말씀하신 모든 것이 이제 일어나고 있습니다.
마: 어떤 일도 일어나고 있지 않지요!
질: 그렇기는 하나, 어떻게 하면 **확신**을 정말 확고하게 만들어서 그것이 늘 있게 할 수 있습니까?

마: 그것은 명상·남(Naam)·헌가 등의 과정을 통해 일어날 것입니다. 영靈이 그것을 자연발로적으로 받아들일 것입니다.

   초자연적 힘의 뿌리가 그대 안에 있습니다.

질: 그 이해가 아주 깊다고 해도, 저의 일부는 여전히 "신이 어디 있지?"라고 묻고 있습니다.

마: 제가 말해준 것을 기억하십시오! 초자연적인 힘에 '신'이라는 이름이 붙지만, '신'을 말하기 위해서는 먼저 그대의 **현존**이 있어야 합니다.

질: 대부분의 시간 동안 저는 어떤 형상도 느끼지 못하고, 공空만 느낍니다. 그러나 직장으로 돌아가면 다시 형상 속으로 들어갑니다. 어떤 때는 조금 참을성이 없어지기도 합니다. **자연발로적 확신을 얻으려면** 시간이 아주 오래 걸립니까, 마하라지님?

마: 아니지요! 그것은 순간입니다. 그대가 깨닫는 순간, 그것이 **자연발로적 확신**입니다. 그대가 좋은 토대를 가지고 있어서 제가 기쁩니다.

질: 구루의 축복이 늘 있습니다! 저는 **싯다라메쉬와르 마하라지님의 탄신일**에 아주 깊은 이해를 얻었습니다, 마하라지님. 그때 제가 은총은 늘 얻을 수 있는 거라는 것을 알았습니다. 우리가 보는 눈만 있으면 **구루, 스승**이 늘 우리와 함께합니다. 일체가 **하나라는** 것을 이해하는 것은 너무 아름답습니다. 저는 저 자신의 바깥에 있는 신에게 기도하고 예배하는 법을 배웠는데, 이제는 결론에 도달했습니다. "누가 누구에게 예배하는가?"라는 것입니다. 기도할 때도 아무것도 청하지 않습니다. 누가 누구에게 청하겠습니까? 제가 하는 것은 헌신·예배가 전부이고, 그것뿐입니다. 그저 감사드리고, 찬양하고, 예배합니다. 결코 청하지 않습니다!

마: 헌신·명상·지知의 과정이 갖는 의미가 매우 중요합니다.

   왜냐하면 (그것을 통해) 그대의 실재를 부단히 새롭게 하고,

   경각심을 유지하기 때문입니다.

질: 명상이 정말 중요합니다. 왜냐하면 그것이 저를 더 가까이, 더 가까이 이끌어주기 때문입니다.

마: 명상이 모든 환적인 개념을 씻어냅니다.

명상에서는
죽음의 공포와,
그에 관련되는 기운들을 반겨야 합니다.

질: 저는 이제 일체가 5대 원소의 일부일 뿐이라는 것을 알겠고, 그래서 제 주위에 있는 것들에 주의를 베풀지 않으려고 노력합니다. 보이는 그 어떤 것도 중요시하지 않습니다. 사물들에 대한 그런 종류의 집착이 점차 사라지고 있습니다.

마: 좋습니다! 아주 좋습니다! 왜냐하면 존재성 이전에는 그 모든 것이 없었기 때문입니다.

질: 세간에서는 몇 가지 어려움이 있습니다. 가족관계, 일 같은 그런 것들 말입니다. 그러나 그럴 때는 저 자신에게, "만일 내 임무를 다하지 않으면 남들이 혜택을 보지 못할 거야"라고 이야기합니다.

마: 그대의 임무를 다해도 됩니다. 그것은 영적인 공부와 별개입니다. 그것은 하나의 꿈입니다!

삶은 하나의 긴 꿈입니다.

평상해지십시오!

질: 감사합니다, 마하라지님. 당신께서 저에게 가르쳐 주신 모든 것에 대해 너무나 고마운 마음입니다. 제가 지금 경험하는 이런 행복과 기쁨을 가졌던 적이 없었다고 생각됩니다.

마: 그대의 행복이 저의 행복입니다!

173. 치열한 열망

질문자: 부단히 분별력을 사용하다 보니 제가 더욱 더 초연해졌고, 무욕이 되었습니다. 우리는 자신이 (깨달음에) 더 가까워졌을 때를, 진아 깨달음이 임

박했을 때를 어떻게 압니까?

마하라지: 만트라를 염하고 분별력을 사용하면서 꾸준히 수행하다 보면, 매혹하고 유혹하는 것들이 자동적으로 점점 적어집니다. 왜냐하면 그대가 알기 때문입니다. 그대는 더 나은 도리를 압니다. 그리고 알기 때문에, 논리적으로 다시 환幻 속으로 끌려가지 않게 될 것입니다. 그렇다면 그것은 이 경각심, 초연함, 집중과 안정화를 계속해 나가는 문제입니다.

질: 예, 그러나 어떤 표지들이 있습니까?

마: 그대 자신을 점검하여, 어떤 자질들이 그대 안에 존재하는지 살펴볼 수 있겠지요. 그러면 어떤 감이 올 것입니다. 영적인 학學에서는 여섯 가지 자질 혹은 덕을 열거합니다. 그것들을 검토하여 체크나 곱셈표를 해도 됩니다. 그러나 거기에 너무 많은 주의를 기울이지 마십시오. 요약하면, '늘 고요함', 이어서 '무엇에도 유혹당하지 않음', '욕망이 사라져 평화롭게 살기', '잘 감내하여 어떤 동요도 없음', '스승과 그대 자신에 대한 헌신과 믿음', 마지막으로 '세계에 대한 전적인 무관심'입니다. 만일 원한다면 이런 자질들에 비추어 그대의 진보를 가늠해 볼 수 있겠지요.

> 이보다 더 중요한 것은,
> 그대 안에서 부단히 타오르는 불이라는
> 한 가지 욕망에 의해 추동되는 것입니다.
> 더 깊이, 더 깊이 들어가고,
> 무아인 진아에
> 더 가까이, 더 가까이 가고 싶다는
> 강렬한 열망 말입니다.

그대 자신을 완전히, 거리낌 없이 순복시키십시오. 이것이 최선의, 그리고 최고의 헌신입니다. 에고를 무조건적으로, 절대적으로 내놓으십시오. 이런 완전한 순복이 있으면 어떤 유혹도, 어떤 세간적 끌림도, 몸과 관련된 어떤 사랑과 애정도 없을 것입니다. 일체가 **자연발로적**일 것입니다. 깨치십시오!

174. 나는 아무것도 모른다

질문자: 이번 주에 이해가 더 깊어졌습니다. 저는 존재하지 않습니다. 정말로 존재하지 않습니다. 저는 또 파악할 것이 아무것도 없고, 이해할 것이 아무것도 없다는 것을 이해합니다. 왜냐하면 저는 아무것도 모르기 때문입니다. 알 것이 아무것도 없고, 파악할 것이 아무것도 없고, 그냥 공空입니다. 그냥 공空입니다. 그리고 이것이 아름다운 점은, 그 씨앗이 이미 심어졌고 저절로 싹이 트고 있다는 것입니다. 아무도 무엇을 하고 있지 않습니다.

마하라지: 그것은 자연발로적으로 싹이 틉니다.

질: 이제는 답변들이 저절로 나오고 있습니다. 당신께서 사용하신 하늘의 비유가 이해를 깊게 해주었습니다. 하늘은 자신이 무엇인지 모릅니다. 하늘은 그 자신을 인식하지도 못합니다. 그와 마찬가지로, '너'도 없고 '나'도 없고, 인식할 것이 아무것도 없고, 그냥 공空입니다.

이 이해를 얻게 해 주신 모든 **스승님**들께 감사드립니다! 이해하는 데 너무 많은 세월이 걸렸지만, 이제 그것이 정말 뿌리를 내렸습니다. 제가 지금 이해하는 것, 그것은 저의 잉태 이전과 같다고 저는 믿습니다. 아무것도 없었습니다. 바로 지금도 똑같은 일이 일어나고 있습니다. 그리고 그 답변이 나오고 있습니다. 저에게 더 이상 긴장이 없고, 더 이상 의식적인 열망이 없습니다. 그것은 그냥 있는 그대로입니다. 그것은 있는 그대로입니다.

마: 왜냐하면 그대의 **자연발로적 존재**는 일체를 넘어서 있기 때문입니다.

질: 예, **현존**이 늘 있습니다. 이전에는 책들만 있었고, 저는 그것을 통해 지적인 이해를 얻었습니다. 그러나 이제는 그것이 지적인 것이 아니라 훨씬 더 깊다는 것을 압니다.

제가 도움이 되었다고 느낀 다른 점은 당신께서 독毒에 대해 말씀하신 것이었습니다. 저에게 그것이 아주 생생히 다가왔습니다. 독이 몸 속으로 흘러들면 그것이 어떻게 될지 물을 필요가 없습니다. 그 독이 작용할 거라는 것을 알고 받아들입니다. 그래서 그것을 아주 강하게 받아들였는데, 감로甘露, 곧 지知가 흡수되고 있다는 이해 속에 그것이 들어갔습니다. 그래서 실은 어떤 이해도 필요치 않습니다. 붙들거나 파악할 것이 아무것도 없기 때문입니다.

마: 그것은 비상한 확신입니다. 이해가 '어떤 것'이라면 확신은 다른 어떤 것입니다. **자연발로적 확신은 다른 어떤 것, 즉 "나는 이 세계와 무관하다"**입니다. 제가 그대에게 말했듯이,

> 영적인 지知도 큰 환幻입니다.
> 그것은 첫 번째 환幻을 없애기 위해 있습니다.

책을 읽을 때는 우리가 에고를 덧붙입니다.

질: 처음에는 그것이 필요하다고 생각합니다. 그렇지 않으면 우리가 어떤 관념도 갖지 못하니까요.

마: 물론이지요! 그것은 (먼저 박힌 가시를 빼내기 위한) 가시와 같습니다. 그러다가 두 가시 모두 버려집니다.

> 확신을 얻고 나면 지知가 필요하지 않습니다.
> 지知 또한 환幻입니다.

질: 스승은 실은 내면에 있습니다. 그래서 모든 방법이 허비되는 것은 그 방법들이 바깥을 보기 때문입니다. 스승은 내면에 있으면서 모든 답변을 줍니다.

마: 맞습니다. 그것을 '무아인 진아' 헌신이라고 하는데, 거기서는 어떤 대화가 흐르고 있습니다. 질문과 답변들이 흐르고 있습니다. 흐르는 대담이지요! 그것이 무아인 진아 헌신입니다.

> (그 상태에서의) 영적인 생각들은 전혀 생각이 아닙니다.
> 그것은 실재이고, 영적인 실재의 흐름입니다.

그 흐름이 안에서 일어나고, 그러다가 저 실재를 통해 모든 질문이 해소됩니다.

질: 이해가 깊어지기 때문에 질문이 해소되고, 내면에서 답변이 나옵니다.

마: 저는 그대의 진보가 매우 기쁩니다.

질: 또한 남들을 비난한다는 문제가 일어나지 않습니다. 그것이 자신에게서

나온다는 것을 알면서, 어떻게 누구를 비난할 수 있습니까? 일체가 우리에게서 나오고 있습니다. 그래서 제가 비난할 사람이 아무도 없고 어떻게 할 사람이 아무도 없습니다. 그냥 **무아인 진아**입니다. 저에게 어떤 질문이 있다고는 느끼지 않습니다. 질문들이 올 수도 있겠지만, 모르겠습니다.

마: 질문 없는 기간이 필요합니다. 왜냐하면 **확신**을 얻은 뒤에는 어떤 영적인 교육을 받지 않아도 되기 때문입니다.

질: 그러나 명상은 필요합니다. 그것이 이해를 깊게 해주니까요.

마: 명상은 보이지 않는 명상자의 주의를 요청하기 때문입니다. "그대가 궁극적 진리다"라고.

질: 우리가 해야 할 일은 그것뿐입니다. 즉, 명상을 하여 **진리** 속으로 더 깊이 들어가는 것입니다. 이것을 가지고 수십 년간 분투한 끝에, 이제 너무나 많은 행복이 있습니다.

저는 그 도상의 매 걸음마다 내적인 스승이 저와 함께 했다는 것을 인식합니다. 어떤 사람들은 저에게 책을 주었고, 이야기를 해 주었습니다. 그러다가 마침내 인터넷상에서 당신을 발견했고, 당신과 접촉하게 되었습니다.

마: 그대는 아주 좋은 기초, 토대를 가지고 있습니다. 왜냐하면 그것이 확신을 가져왔기 때문입니다. 이제는 달리 무엇도 해서는 안 됩니다.

　어디도 가서는 안 됩니다.

　니사르가닷따 마하라지님은 이렇게 말씀하시곤 했습니다.

　"이제 그대는 현존의 초콜릿을 씹어야 한다."

질: 그 깊어짐이 성숙해야 한다고 생각합니다. 제가 당신과 이야기한 짧은 시간 동안에 가르침이 저에게서 제자리를 찾아 들어갔습니다. 우리가 이야기를 하면 할수록 저는 영적인 공부의 핵심에 더 가까이 갑니다. 더 이상 책이 필요 없습니다.

마: 어떤 헌신자나 제자가 온전한 **확신**, 명료한 **확신**, 완전한 **확신**을 가졌다는 것을 알 때 저는 매우 기쁩니다. 그대가 이 단계에 도달하면 개인성이 사라지고, 더 이상 **현존**에 대해 이야기하지 않게 됩니다. 결코 **현존**을 거론하지 않을 것이고, 어떤 **현존**의 체험도 없을 것입니다.

마지막 단계에서는 현존도 해소됩니다.

질: 그리고 무소부재無所不在가 됩니까?

마: 그렇지요, 그러나 그것을 인식하지 못합니다.

질: 감사합니다, 마하라지님. 시간을 내 주셔서 고맙습니다. 당신께서 대화를 나누셔야 할 사람들이 분명 더 많이 있을 줄 압니다.

마: 저야 즐겁지요! 저는 진지한 헌신자들을 좋아합니다. 저는 그들에게서 아무것도 기대하지 않지만, 누가 확신을 가지면 그것은 저의 자산이고, 저의 즐거움입니다.

175. 만족으로 불타올라

질문자: 마하라지님, 저는 다년간 명상을 해왔지만 이 가르침을 듣고, 남 만트라를 받고 나서부터야 모든 실린더가 가동되는 것 같습니다. 너무 많은 일이 일어나고 있어 참으로 놀랍습니다. 그것은 묘사하기 어려운데, 전반적 느낌이 공空의 느낌이라는 말씀만 드리겠습니다. 그리고 공空과 함께 큰 행복이 있습니다. 그런데 제가 묘사하고 있는 그것은 오고가지 않고, 항상적입니다! 어떤 밤에는 제가 만족으로 불타고 있어서 잠이 오지 않습니다. 누운 채 깨어 있는데, 얼굴에 함박웃음이 피고, 평화롭고 지복스럽습니다!

마하라지: 아주 좋습니다! 그것은 무아인 진아에서 나오는 향기입니다.

질: 또 아주 신성한 어떤 것이 접촉되고 있다는 느낌이 있습니다. 제가 워낙 감동 받아서 어떤 때는 눈물이 떨어지기 시작합니다. 저의 반응은 절하는 것뿐입니다. 그것이 제가 할 수 있는 전부입니다. 모든 것에 대해 당신께 너무 고마움을 느낍니다, 마하라지님. 스승님들의 환영이 많이 있는데, 어제는 어떤 목소리가 이렇게 말씀하시는 것을 들었습니다. "너는 무아인 진아이다." 거기에 어떤 분홍색 빛이 수반되었습니다. 그 메시지와 분홍빛

은 안과 밖에서 다 나오는 것 같았습니다. 그러나 저는 안도 밖도 없다는 것을 압니다. 그래서 그냥 절을 했습니다. 그것이 워낙 명료하고 실체적이어서, 제가 정말 고무되었습니다. 저는 점점 더 깊이 들어가고 있고, 점점 더 가까이 가고 있습니다. 저에게는 '그것'이 성취 가능하다는 완전한 믿음이 있습니다.

마: 그것은 그대의 내적인 스승입니다. 그것은 비상한 것입니다! 그것이 궁극적 진리입니다. 그런데 그렇게 빨리! 그것은 제 스승이신 니사르가닷따 마하라지님의 은총 덕분입니다. 저는 그대의 강한 투신, 그대의 깊은 투신이 매우 기쁩니다. 계속하십시오! 전진하십시오! 전진하십시오! 제 스승님의 축복이 늘 그대와 함께합니다!

몸-지知가 해소되는 순간 무無를 보게 될 것입니다. 그것은 일종의 영적인 도취입니다. "아! 그래, 그게 다 이거로군!" [당신은 마치 황홀경에 드신 듯 두 손을 흔드신다.] 그대의 일을 하되, 동시에 그 영적인 지知, 그 감로를 마시십시오.

질: 저는 정말 뿌자(puja)[예배]를 올리고 싶은 욕망이 있습니다. 그러나 어떤 것이 가장 좋은 뿌자입니까? 그것을 놓아버리고 싶지 않은데, 그것을 하는 것이 그렇게 아름답습니다.

마: 뿌자는 늘 그대의 무아인 진아와 접촉하고 있는 것을 의미합니다. 그대의 무아인 진아와 늘 접촉하고 있어야 합니다. 그것이 예배입니다.

그대가 그 예배입니다.

그대가 그 예배자입니다.

그대가 그 예배 받는 자입니다.

그대는 일체입니다! 그대가 스승이고 그대가 제자입니다. 그대가 신이고 그대가 헌신자입니다.

질: 우리는 왜 바잔을 합니까?

마: (바잔을 통해서) 그대의 무아인 진아의 경각심을 일깨워 주는 거지요. 주위에 있는 외적인 힘들이 그대를 실재에서 한눈팔게 하려고 하기 때문입니다. 영靈은 바잔과 기도를 좋아합니다.

영적인 공부는 관두고라도, 누군가가 그대를 인정하고 칭찬해주면 그대가 행복해집니다. 마찬가지로, 영은 바잔을 듣는 데서 큰 행복을 얻습니다.

 그대가 자신의 무아인 진아를 즐겁게 할 때,

 그대는 자신의 무아인 진아를 찬양하는 것입니다.

외적인 신을 중요시하는 것이 아니라 그대의 **무아인 진아**를 중요시하는 것입니다. 누가 그대를 칭찬하면 그대는 기분이 좋고 힘이 납니다. 바잔을 부를 때 영靈도 마찬가지입니다. 주 크리슈나가 말했습니다. "나는 헌신자들의 심장 속에 거주한다." 찬양은 영靈을 즐겁게 합니다. 바잔이 민감한 영靈을 건드릴 때, 저 내면의 신이 찬양 받습니다. 그러고 나면 그대가 춤을 추고 싶어집니다. 그대가 행복하고 평화롭습니다.

 동시에 그대의 **무아인 진아**의 경각심을 일깨워, 그 결과 외적인 힘들이 그대를 공격하거나 그대를 실재에서 한눈팔지 못하게 합니다.

질: 저는 하루에 바잔 한두 가지만 듣지만, 그것조차도 저를 아주 행복하게 만듭니다. 이런 식으로 저를 기억하는 것은 정말 쉽다고 느낍니다. 만약 그것을 하지 않으면 어떤 나쁜 습관들에 쉽사리 도로 떨어질 수 있습니다. 늘 외부에서 오는 많은 압력이 있고, 바잔은 정말 도움이 됩니다. 당신을 기억하는 것도 마하라지님, 도움이 많이 됩니다. 그리고 저는 일체가 안에 있다는 것을 압니다. 그것을 제대로 사용하기만 하면 됩니다. 확신이 정말, 정말로 강합니다. 제가 압니다.

마: 그대의 행복에서 저의 행복을 봅니다.

질: 이 화면상(스카이프 화면)에서 당신께서는 늘 웃고 계신 것 같습니다. 그냥 하나의 큰 웃음입니다. 환상적이고, 너무 고맙습니다. 어쩌면 더 많이 보기 위해 제가 마라티어를 배울지도 모릅니다!

마: 언어는 나중에 왔습니다. 그대의 **무아인 진아** 속으로 깊이, 깊이 들어가십시오. 그러면 거기서 **무**無를 발견할 것입니다. 왜냐하면 일체가 무無에서 나왔기 때문입니다.

질: 그것이 다 어떻게 일어났는지는 모르겠지만, 대단합니다!

마: 그 대단함은 그대 안에 있습니다. 스승은 아무것도 하지 않았습니다.

그는 그대가 그대 안에 있는 모든 것, **실재**를 볼 수 있도록, 그대를 그대 자신에게로 인도했습니다. 그가 재를 제거했고, 환幻을 드러나게 했고, 그대가 그것을 가지고 볼 수 있는 빛을 주었습니다.

그대의 자연발로적 현존은
말이 없고, 보이지 않고, 익명인, 정체불명의 정체성입니다.

환幻에서 실재로 가는 과정이, 말하자면 끝났습니다. 어떤 과정도 없었습니다. 시작도 없고, 끝도 없었습니다.

전적인 지知가 단일성 안에 흡수됩니다.

176. 마음이 사라지다

질문자: 어떤 사람들은 깨닫게 되면 말을 하거나 가르치지 않습니다.
마하라지: 그것은 상황 나름이지요. 지知의 어떤 자연발로적 흐름이 있다면 말입니다. 어떤 사람들은 깨달아도 **실재**를 공개하지 않습니다. 모두가 가르치는 사람이 되지는 않습니다. 지知와 함께 흐르는 사람들, 그러면서 가르치는 사람들은 아마 아주 드물 것입니다.

마찬가지로, 많은 사람들이 영적인 지知를 가지고 있지만 그 지知가 흡수되어야 합니다. 지적 깨달음은 깨달음이 아닙니다. 그것이 내면에서 나오는 **자연발로적 깨달음**이어서, 그 사람이 어떤 정체성도 없이 그 삶을 살고 있어야 합니다.

깨달은 자에게는 어떤 세계도, 어떤 단어도 없습니다. 그는 그 자신 안에 전적으로 흡수됩니다. 그가 이야기를 할 때는, 마치 자신의 전기를 들려주는 것처럼 이야기하게 됩니다. 왜냐하면 그가 **실재**를 마치 자신의 생애담을 알듯이 잘 알고 있고, 철저히 알고 있기 때문입니다. 그 지知는 의도적인 노력이나 상상이나 추론 없이, 자연발로적으로, 수월하게 흐릅니다.

그 흐름은 자연발로적입니다.

니사르가닷따 마하라지님이 말했습니다. "누가 질문을 하면 저는 그냥 자연발로적으로, 마치 나 자신의 삶에 대해 이야기하듯이 그에게 답변한다. 우리는 자신의 생애담을 들려줄 수 있다. 왜냐하면 우리 자신의 삶의 세부적인 일들을 누구보다도 잘 알고 있기 때문이다." 마찬가지로,

만약 그대가 깨달은 자의 삶을 살고 있다면,

그대의 지知는 직접 경험한 지知이고, 자연발로적인 지知입니다.

그것은 문자적 지知나 책 지식이 아닙니다. 스승의 지知가 무아인 진아 안에 흡수됩니다. 어떤 분리도 없고, 마치 우리가 자신의 무아인 진아에 대해 이야기하는 것과 같습니다.

그대의 이름은 제임스이고, 어릴 때부터 제임스로 살아 왔습니다. 그대는 자신의 삶을 속속들이 알고 있습니다. 마찬가지로, 깨달은 사람들, 저 성자들은 자연발로적으로, 유창하게 이야기합니다. 어떤 마음의 자취도 남아 있지 않고 어떤 지성도 없습니다. 지知가 그들에게서 흐르고 있고, 그들은 수월하게 이야기할 수 있습니다. 어떤 사람들에게는 그런 일이 일어납니다.

저는 제 스승님의 은총 덕분에 어떤 힘, 어떤 영적인 힘을 받았습니다. 그래서 제가 그대와 이야기할 수 있습니다.

그대는 제가 몸이라는 이 도구를 통해 이야기하는 것을 보지만,

사실 저를 통해서 이야기하고 있는 분은 제 스승님입니다.

그것은 어렵지 않습니다. 그대가 무엇을 듣든, 그것은 이미 그대 안에 있습니다. 위대한 성자들의 영靈은 그대 안에 있는, 모두의 안에 있는 영靈과 동일합니다. 그대는 신체적 효과(몸과의 동일시) 때문에 그대의 **자연발로적 현존을 등한시했습니다.** 그리고 보이는 것을 중요시하곤 했는데, 이제는 **보는 자와 함께 머무르고 있습니다.**

그대는 이 아쉬람을 찾아오는 주소를 얻었습니다. 이곳에 도착했을 때는 더 이상 그 주소가 필요 없었습니다. 마찬가지로, 저는 명상과 지知라는 형태로 하나의 주소를 그대에게 드리고 있습니다.

이 주소에 나오는 지침을 따르면,

그것이 그대를 무아인 진아 속으로 깊이 데려갈 것입니다.
확신을 얻고 나면 그 주소를 버리십시오. 헌신을 강하게 견지하십시오.
이것은 절호의 기회이고, 아주 중요한 때입니다.
몸을 떠난 뒤에는 이 기회가 사라집니다.
자연발로적 확신을 얻고 나면 어떻게 살아가야 합니까? 무엇을 해야 합니까? 그대의 모든 행위는 자연발로적 행위일 것입니다. 그대의 모든 행동은 지성 없이도 자연발로적인 행동일 것이고, 그래서 가정생활이나 일상생활을 소홀히 하지 않으면서도 정상적으로 살아갈 수 있습니다.
깊은 잠 속에서조차도 자연발로적 확신이 있습니다.
우리는 모두 몸에 대한 사랑과 애정을 가지고 있습니다. 우리는 "나는 몸이 아니다"라고 말하지만, 그래도 아직 미세한 자아 개념들이 있습니다.
사소한 것 하나하나가 명상으로 다 지워질 것입니다.
그 영적인 빗자루는 일체를 제거합니다.
모든 박테리아를, 미세한 박테리아, 강력히 저항하는 박테리아를 말입니다. 때로는 끓는 물도 박테리아를 죽이지 못하고, 항생제도 죽이지 못합니다. 개념이라는 형태의 박테리아들을 명상으로 영구히 절멸해야 합니다.
만트라가 그대를 치유할 것입니다.
늘 만트라를 해야 합니다.
그것은 언제나 염할 수 있습니다.
나중에는 염송자나 염송을 의식하지 못하는 가운데, 그것이 자연발로적으로 될 것입니다.
그대가 모르는 사이에
보이지 않는 염송자가 만트라를 염송합니다.
서서히, 말없이, 영구적으로, 그대가 **만트라를 통해 확신으로 인도됩니다**.
서서히, 말없이, 영구적으로,
실재가 만트라를 통해 그대에게 인상 지워집니다.
그대가 알다시피, 모든 것은 하나의 목적이 있습니다. 이 만트라의 목적은 명상자의 주의를 요청하는 것입니다.

그대가 궁극적 진리라고 말입니다.
실재가 그대 안에 인상 지워집니다. 무엇이 실재입니까?

나는 몸이 아니다,

나는 몸이 아니었다,

나는 몸으로 남아 있지 않을 것이다.

계속 앞으로 나아가고, 계속 더 깊이 들어가십시오.

자연발로적인 지知가 흐르기 시작할 것입니다.

177. 그대의 이야기: 가장 위대한 이야기

마하라지: 그대의 이야기를 들려드렸습니다.

그것은 이제까지 나온 것 중 가장 위대한 이야기입니다.

왜냐하면 일체가 그대 안에 있기 때문입니다.

그대 외에는 아무것도 없습니다. 차분하고 고요해지십시오. 행복하십시오!
그 비상한 평안, 비상한 침묵을 즐기십시오!

존재성 이전에 그대가 있던 대로 머무르십시오.

"나는 모른다"를 고수하십시오.

지知 아님이 지知라는 것을 기억하십시오.

지知 아님이 지知입니다!

그대 자신을 축복하고, 무아인 진아의 감로에 취하십시오. 즐기십시오!

질문자: 저는 어떤 면에서, 저의 자서전이 끝났고 '영적 전기'가 막 시작되었다고 느낍니다! 베일이 걷히고 있고, 장식되지 않은 무아인 진아의 순수함이 빛나고 있습니다. 어떤 거대한 감사의 느낌이 있습니다. 당신께서는 실재에 대해 말씀하셨을 뿐만 아니라 그것을 '저'의 안에서 보여주셨습니다.

마: 그것은 제 스승이신 니사르가닷따 마하라지님의 은총 덕분입니다. 저는

아무것도 아니고, 그냥 하나의 해골, 꼭두각시입니다.

처음에 스승이 말했습니다. "그대는 이미 깨달아 있습니다. 저는 제가 몸이 아니라는 것을 알지만 그대는 모른다는 것 외에, 그대와 저 사이에 아무 차이가 없습니다. 그대는 자신의 정체성을 잊어버렸을 뿐입니다." 그런 다음 저는 그대의 이야기를, '청자의 이야기'를 들려주었고, 그것이 그대를 다시 깨어나게 했습니다.

영靈이 스승에게서 그 자신의 반영을 보았고,

자신의 이야기를 인식했고, 반응했습니다.

그것은 다시 춤추기 시작했습니다!

저는 그대의 궁극적 실재, 최종적 진리를 그대에게 보여주었습니다. 이제 그대는 자신의 정체성을 압니다.

수행과 헌신을 계속해 나가십시오.

헌신이 진아지의 완성이라는 것을 기억하십시오.

이제 가서, 그대의 마음·에고·지성을 뒤로하십시오.

흡수를 계속하십시오.

고요하고 행복하십시오.

다음 구절이 모든 가르침의 요지를 담고 있습니다. 가까이 두십시오.

그대의 무아인 진아 외에는

어떤 신도, 브라만도, 아뜨만도, 빠라마뜨만도, 스승도 없습니다.

* * *

스리 니사르가닷따 마하라지님과
계보의 모든 스승님들께 경배합니다.
무아인 진아에 절합니다.
자이 구루!
스리 사드구루 라마깐트 마하라지 끼 자이(Ki Jai)!

용어 해설

Arati	아라띠. 예공이나 바잔 때 숭배의 불꽃을 올리는 의식.
Atma, Atman	진아眞我. 아뜨만.
Atma Nivedanam Bhakti	무아인 진아와의 대화로서의 헌신. 자기순복.
Atma Prakash	진아[영靈]의 빛.
Bhajan	바잔. 스승들의 상像이나 사진을 모신 곳에서 하루에 세 번 또는 네 번 하는 예배, 혹은 그때 부르는 헌가.
Bhakti	헌신.
Brahman	브라만. 절대적, 궁극적 실재.
Brahmin	브라만 계급의 사람, 특히 힌두 사제.
Dattatreya	닷따뜨레야. 나브나트 계보의 시조始祖인 성인.
Dronacharya	드로나짜리야. 아르주나(Arjuna)의 궁술 스승.
Gunas	속성, 성질. 사뜨와(*sattva*), 라자스(*rajas*), 따마스(*tamas*)의 세 가지.
Jiva	개아個我. 개인적 영혼.
Jnana	지知.
Karma	업業. 행위.
Krishna	크리슈나. 비슈누의 화신이라고 한다.
Kumbha Mela	꿈바 멜라. 힌두교도들이 성스러운 강변에 모여 목욕을 하는 축제. 하리드와르, 알라하바드, 나시크, 웃자인의 네 곳에서 각기 12년에 한 번씩 거행된다.
Mahasamadhi	대삼매. 대합일. 구도자의 궁극적 목표.
Mahatma	마하트마. 위대한 영혼.
Maya	마야. 환幻.
Naam Mantra	남 만트라. 인쩌기리 삼쁘라다야에서 사용하는 만트라.
Moksha	해탈.

Neti-Neti	"이건 아니다, 이건 아니다" 방식의 탐구법.
Nirguna	니르구나. 조건지워지지 않은, 속성이 없는 (것).
Parabrahman	빠라브라만. 지고의 실재.
Paramatman	빠라마뜨만. 지고아至高我.
Parampara	스승들의 계보.
Paramartha, Parmartha	영적인 삶. 드높은 진리.
Prarabdha	발현업發現業. 운명. 과거업의 누적된 효과.
Prasad	쁘라사드. 은사물. 신이나 스승에게 바친 음식 등을 다시 헌신자들에게 나눠준 것.
Puja	뿌자. 예공禮供. 예배 의식.
Rajas	라자스. 활동성, 들뜸, 에고성의 성질. 세 가지 구나 중 하나.
Sadguru	사드구루. 참스승.
Sadhana	수행.
Satsang	삿상. 진리 안에서의 만남.
Sadhu	사두. 고행자.
Sampradaya	전통. 스승들의 계보.
Samadhi	삼매三昧. 진아와 하나 된 상태. 황홀한 몰입 상태.
Sannyasin	산야신. 출가수행자.
Shanti	평안.
Shiva	시바. 힌두 3신의 하나. 우주의 파괴주破壞主. 가장 높은 수준에서, 시바는 무한하고, 초월적이고, 형상이 없고, 불변인 실재로 간주된다.
Tamas	따마스. 어둠, 불활성, 수동성. 세 가지 구나의 하나.
Upasana	가까이 앉음. 숭배.
Vishnu	비슈누. 힌두 3신의 하나. 우주의 유지주維持主.
Vairagya	무욕. 세간적 욕망이 없는 것.
Yama	야마. 죽음의 신.
Yoga	합일. 개인적 영혼이 보편적 영(Universal Spirit)과 하나됨을 성취하기 위한 수행.
Yogi	요기. 요가 수행자.

옮긴이의 말

이 책에서 만나는 **라마깐트 마하라지**의 말씀들은 단순하고도 명료하다. 그것은 우리가 이제까지 끌어안고 살아온 '오인된 정체성'을 일거에 타파하면서, 우리가 무한한 **진아**이자 절대적 **실재**임을 단호히 선언한다. 마하라지는 어떤 철학도 추종하지 않고, 어떤 종교적 기치도 내걸지 않는다. '업'· '환생' 등의 관념은 근본적으로 부정되고, **신·브라만·아뜨만** 등도 '세련된 **단어들**'로 격하된다. 그런 점에서 그의 메시지는 매우 급진적이다. 마하라지에 따르면, **무아인 진아** 외에는 아무것도 없고, 실재에 대한 스승들의 가르침들은 곧 우리 자신의 **이야기**이다. 삶은 하나의 '긴 꿈'이며, 우리는 이 꿈에서 깨어나기 위해 여러 스승과 많은 가르침을 추구했다. 실은 스승조차도 '보는 자'인 '나'의 '반영'이다! 진아의 화현인 그러한 스승이 또다시 우리를 깨우기 위해 우리의 참된 정체성에 대한 이야기를 들려주고 있다.

이 가르침을 흡수하려면 **마하라지**가 사용하는 몇 가지 용어를 이해할 필요가 있다. 우선 '존재성'은 개인적 존재성, 곧 개인성을 의미한다. '존재성 이전'이란 몸을 가진 개인이 출현하기 이전이다. 이것은 인류 역사의 흐름 속에서 특정인이 태어나기 이전이라는 의미는 아니다. 또한 그것은 윤회하는 무수한 주체가 생겨났을 것으로 여겨지는 영겁 이전도 아니다. 시공을 포함한 '세계' 자체가 우리의 '**자연발로적 현존**'에서 투사되므로, 역사적 시간은 개인의 등장과 함께 창조된 개념일 뿐이다. 따라서 '존재성 이전'은 모든 존재의 '**근원**'인 우리의 '**현존**' 그 자체일 수밖에 없다. 즉, 그것은 시공을 넘어선 우리의 '**무아인 진아**'이다. 그 자리에서 우리는 본래 '불생不生'이어서 결코 태어난 적이 없으며, 몸의 탄생과 죽음은 **나**와 무관하다. 그러한 우리의 본질이 "말이 없고, 보이지 않고, 익명인, 정체불명의 정체성"이다.

우리가 이것을 깨달을 '방법'은 무엇인가? 니사르가닷따 마하라지는 『아이 앰 댓』에서 "내가 있다", 곧 지금 여기 내가 존재하고 있다는 의식에 집중할 것을 강조했는데, 라마깐트 마하라지는 '나'가 이미 있으니 "내가 있다"에 집착하지 말고, "존재성 이전에 그대가 어떻게 있었는지를 보라"고 말한다. "내가 있다"는 현존을 가리키는 하나의 '개념'(말) 또는 '지시물'일 뿐이며, 현존은 "내가 있다" 이전이기 때문이다. 따라서 현존 자체로 머무르는 것이 더 중요하다. 마하라지는 이것을 "그대와 함께하라"로 표현한다. 또 당신은 '명상'이 필수적이라고 강조하는데, 이 명상은 '남 만트라' 염송은 물론이고 자기탐구와 같은 자각·존재의 수행 등을 널리 포괄한다. 아울러 스승의 '망치질'을 통한 지知의 이해, 그리고 계보 스승들에 대한 헌가인 '바잔'도 권장한다. 이들 행법을 한데 묶어 열심히 닦으면 진리가 열리고 '확신'이 자연발로적으로 일어나며, 이어서 지知가 '흡수'되기 시작한다. 마하라지가 말하는 확신 혹은 진아지는 소위 '견성見性'을 가리키며, 스승에 대한 완전한 믿음과 헌신으로 수행을 계속해 나가면 완전한 진아 깨달음을 성취하게 된다.

편자에 따르면, 마하라지의 이 어록은 2013년 7월부터 2015년 2월 사이 나시크 아쉬람의 회당이나 당신의 댁에서 나눈 대담들이 주가 되고, 외국 헌신자들과 인터넷상으로 나눈 화상 문답도 일부 포함되었다. 당신과 마주하고 가르침을 직접 듣는 사람은 소수였고 많아야 10명을 넘지 않았다고 한다(그래서 마하라지가 그들을 호칭할 때 '여러분', '그대들' 혹은 '그대'로 하였다). 원서 초판에 있었으나 삭제된 문장 중 일부는 옮긴이가 되살렸다. 바우사헵 마하라지에서 라마깐트 마하라지에 이르기까지, 이 계보의 마하라지들은 함께 힘을 모아 강력한 가르침의 전통을 발전시켰다. 그래서 이 가르침에는 이 계보 스승들의 힘과 지혜가 한데 집약되어 있다. 우리가 무아인 진아로 거듭나려면 이것을 잘 흡수하여 궁극의 지점에 안착할 필요가 있다. 스승 라마깐트 마하라지의 존재와 그의 가르침은 우리에게 하나의 큰 축복이다.

옮긴이 씀